[改訂版]
# 企業金融の経済理論

辻　幸民 [著]

創 成 社

# まえがき (改訂版)

　この度,改訂版を出版する機会に恵まれたのは正に望外の喜びである。昨今のたいへん厳しい出版事情にもかかわらず,本書のような絶対に「売れない」本に対して,改訂版出版を勧めて下さった創成社様に,まずは謹んで敬意を表したいと思う。

　この改訂版では,初版原稿のほぼすべてに手を加えている。修正箇所は無数に及び,単純なミスタイプの誤りから,著者の理解不足や勘違いによる議論の誤りや不備まで,様々な種類の修正を施したが,全体の内容は初版とあまり違わない。第I部と第II部の章立ては全く同じである。第1章から第6章までの要約は初版「まえがき」をご参照頂きたい。この改訂版の差異としては,読みやすさという点で若干の工夫をした。極めて技術的な議論や著者の趣味的な話などは本文から分離し,「補論」という形で欄外コラムに配置した。また「補論」が大規模化したものは「付録」として章末に掲載した。

　第III部では少なからず変更がある。初版の第7章と第9章は紙幅の都合で割愛した。この改訂版の第7章は初版第8章の議論を大幅に加筆修正したものである。初版時において著者の理解不足だった点を修正補足している。さらにこの議論を利用して,投資の必要収益率の問題を取り上げたのが,続く第8章である。この第8章の議論でもって,「なぜ投資の意思決定にWACCを用いるのか」という問題に,著者なりの答えを与えたように思う。

　本書の対象とする読者は,初版「まえがき」に記されているとおりであるが,著者の想定する本当の読者は,本音をいえば,わが国の大学・大学院で「コーポレートファイナンス」あるいは「企業金融論」と銘打って教壇に立っておられる方々かもしれない。この15年ほどの間で,「企業金融論」に関す

るアメリカの著名な代表的入門書がいくつも翻訳されて，日本語でも容易に利用可能な状態にはなった。しかしどうであろうか。これら著名な入門書を読んで，読者は内容を理解できるであろうか。著者はというと，率直なところさっぱりチンプンカンプンなのである。本書が企業金融論の基本的な考え方の理解に少しでもお役に立つなら幸いである。

　さて最後になってしまったが，改訂版をまとめるに際して，多くの人々のお世話になった。著者の勤務先の先輩・同僚として，金子隆先生，深尾光洋先生，和田賢治先生，富田信太郎先生には，常日頃から親しく様々なことを教えてもらっている。ここに記して謝意を表したい。またこの改訂版作成の労を取って下さった創成社の西田徹様に感謝申し上げたい。なお，慶應義塾大学学事振興資金から研究資金を頂戴している。

2015 年 12 月 25 日
著　者

# まえがき (初版)

　本書は企業金融論に関する著者の研究をまとめたものである。この10年ほどの間に，企業金融論の対象分野は多岐に及ぶようになった。これらの多くを1冊の書物でカバーすることは著者の能力上とても不可能である。本書の取り上げた分野は，企業金融論の中でも最も伝統的なテーマである資本構成の理論を中心としている。企業金融論の本格的な理論の発祥であるModigliani-Millerの古典的な命題 (MM命題) から，最近盛んな契約理論に基づく諸議論まで，この40年間の資本構成に関する理論の展開過程を一通り網羅している。ただ網羅したといっても，より多くのトピックスを総花的に並べる手法は取らなかった。本書では，今日の観点から重要と思われるトピックスをある程度取捨選択し，取り上げられたテーマ各々についてできる限り理論モデルを構築してみることで，その本質的に重要な点や問題点を明らかにしようと試みている。企業金融論に関して，広範なサーベイは優れた文献が既に少なからず存在するし，入門的な教科書は無数に存在する。しかし厳選したトピックスを体系的かつ詳細に分析しようと努めた文献を著者は知らない。この点が本書の最大の特徴といえる。従って本書では，基本的なポイント，本来なら省略されてしまうような議論も，それが本質的な理解に欠かすことのできないものなら，できる限り省略せずに議論に取り込むようにしている。もちろん著者のこの試みがどの程度成功したかは，先輩諸兄の叱責を待つことで判断したい。

　このことから本書は，今日では周知の基礎知識として省略可能な議論もあえて取り上げている。これは第I部の「完全資本市場の基礎理論」としてまとめてある。企業金融論，特に資本構成の理論では証券の価値 (価格) をど

うやって求めるかという点が非常に重要である。証券の価値評価という問題は，資本市場の理論 capital market theory ないしは証券投資理論と称される分野の扱うテーマで，その中心が資本資産価格モデル capital asset pricing model(略して CAPM) である。この分野は今日では企業金融論と一線を画していて，あたかも独立な分野であるかのような印象さえあるが，MM 命題はこの資本市場の理論と密接に関わっていて，MM 命題の議論をきちんと展開するには資本市場の理論を避けるわけにはいかない。また著者個人は，後の章で見るように，資本市場の理論は今日でも企業金融論の理論的根幹であるべきと考えている。そこで第 1 章では資本市場の理論として，証券価値の評価方法という問題から本書の議論を始めることにする。証券価値を決定するという問題は，経済学的な議論としては要求利回り決定の問題に帰着する。この点から次の第 2 章では，CAPM を説明して要求利回りの決定メカニズムについて明らかにしたい。そしてこの第 1 章と第 2 章の議論を前提に第 3 章では MM 命題を取り上げる。MM 命題は 3 つの無関連命題から成り，企業の意思決定に対する資本構成 (負債) の無関連性，投資に対する資金調達手段の無関連性，配当政策の無関連性を各々，詳しく説明する。特に MM 命題が資本市場の理論とどのように関連しているかについて力点を置いている。MM 命題とは，単に複雑な裁定行動を考案しただけの議論ではないのである。

本書の対象読者は，入門的な勉強を一通り終えて研究者を志す人々であることを念頭に置いている。第 I 部の「完全資本市場の基礎理論」については，その目次を見ると，表面的には通常の教科書のようにも見える。その意味で，上級の学部学生や大学院生を対象とした授業の教科書としても利用できるよう，表現はできる限り理解しやすいように配慮した。それ故，議論が論文スタイルに比べて冗長ぎみになっている点はご容赦願いたい。そして議論の中身は，著者の考え方や好みを反映して通常の教科書のものと若干異なっている部分もある。この第 I 部のトピックスは，今日では現代ファイナンス理論全般の共通の基礎知識ともいえるので，企業金融論に限らずファイナンスの他分野を専門的に勉強しようとされる方にも，是非読んで頂きたいと思っている。

さて第II部「資本構成理論の展開」にある3つの章は，MM命題以降今日までに発展してきた資本構成の理論を順番に取り上げている。この展開過程は大きく2つに分けることができる。その分水嶺となったのが，1980年ごろから盛んになった情報の経済学である。情報の経済学の影響を受ける前の時代，資本構成の理論は，MM命題の考慮してなかった様々な現実的要因を理論モデルに含めることで，MM命題を拡張していくというスタイルが主流であった。この研究は第4章で取り上げられる。負債の無関連性を主張したMM命題に対して，主に実務家から強い反対意見が出され，最適資本構成 (最適な負債依存度) が存在するという見解が通説であった。またその後の実証研究でも，負債の無関連性より最適資本構成の方が支持された。そこで理論モデルが最適資本構成，つまり企業にとっての最適な負債依存度を決定できるよう，MM命題を拡張・発展させる必要がある。当時，幾多の理論モデルが展開されたが，どれも現実の資本構成を十分把握できるというには今一つの感があった。そんな中で登場したのが情報の経済学に基づく理論である。これは第5章のテーマである。ここでいう情報の経済学とは，情報の不完全性を前提にした議論のことをいう。情報の不完全性に基づく資本構成理論といっても，情報の不完全性というMM命題の考慮しなかった要因を取り込もうというのであるから，第4章のようなMM命題の拡張・発展と捉えることもできるであろう。しかし実際には，MM命題とは理論の前提条件が大きく異なっているので，やはりMM命題とは異質のものと考えるのが正しい。大雑把にいえば，このことは逆にMM命題による縛り (理論的制約) から解き放たれることにもなる。それ故か実に様々な理論仮説が登場し，情報の不完全性が企業金融に影響するいくつかのメカニズムが解明される。その中でも特に重要な (今日でも生き残っている) 仮説は，情報の事後的不完全性に伴い発生するエージェンシーコストであろう。ところで経済学では1980年代後半から契約理論が隆盛するところとなる。エージェンシーコストは，契約の不完備性から発生する問題として考えることもできるので，1990年代の企業金融論は，不完備契約を扱う契約理論が情報の (事後的) 不完全性にとって代わり一世を風靡する。そこで第6章では契約理論に関する議論を取り上げている。

最後の第 III 部「企業金融論の応用研究」は，第 I 部と第 II 部の議論を基にした著者のオリジナルな研究 3 つを紹介する．まず第 7 章でわが国企業の資本構成を実証分析したい．前の章で様々な理論仮説を展開しているので，これら理論仮説の検証作業として実証分析をするのが本来であろう．しかし残念ながら，資本構成の理論仮説の現状は抽象度が高すぎて，直接的に計測可能な形の理論モデルが作られていない．従ってここの実証分析は前の理論仮説の検証ではない．資本構成の観察事実に対し，(従来の理論仮説にこだわらず) 率直にわが国金融構造の歴史的推移から見て，どのような解釈が可能かを明らかにしたい．こうすることでむしろ，今後のあるべき理論モデルの方向性が見えてくる．そこで第 8 章では，エージェンシーコストを考慮して第 4 章の理論モデルを拡張することを目指す．この理論モデルでは，第 4 章の議論では困難であった現実企業の資本構成の把握が可能になる．そしてこの理論モデルを使うと，負債のエージェンシーコストの量的大きさも把握できるようになる．ただその際に判明する問題点は企業の収益性である．現実企業の収益率は，理論モデルから推計されるものより極めて低い．わが国企業の低収益性はよく指摘される点であるが，この理論モデルは図らずもこの点を浮き彫りにしてしまう．そこで第 9 章では投資の資本コストの問題を扱う．企業の収益率が低いということは，企業の (実物) 投資に問題があるからであろう．ところで投資の資本コストに関する理論は，企業金融論の 40 年間の理論展開の中で MM 命題以外ではほとんど扱われていない．これは投資の資本コストの定式化が，証券価値のそれに比べて格段に難しいといった事情があるからである．第 9 章では，株価にミスプライスが存在することを前提にして，第 3 章の MM 命題にある投資の資本コストの議論を拡張する．この分析の結論は，株価のミスプライスは過大投資・過小投資を誘発する．ということは，わが国企業の低収益性の一因は株式市場における株価に問題があるということになる．

　以上が本書の構成であるが，本書を執筆するにあたり，多くの方々のお世話になった．まずは著者の学部生・院生時代の指導教授であった田村茂先生である．田村先生には，資本市場の理論や企業金融論を基礎から教えて頂いた．仮に先生の教えがなかったならば，第 I 部は全く異なる姿になっていた

であろうし，そもそも本書のような形で研究をまとめることもできなかったであろう．次に著者の院生時代から今日までご指導頂いている金子隆先生である．第II部と第III部の多くの章は金子先生との日常会話から生まれたといっても決して過言ではないし，著者のドラフトに対しいつも有益なご教示を頂いている．また深尾光洋先生からも常日頃，有益なアドバイスを頂いている．本書のメインイベントともいえる第8章は，深尾先生の下さったアイディアから生まれた研究である．岩田暁一先生には院生時代より計量経済学やオプション理論を教えて頂いた．残念ながら本書ではこれらを取り上げなかったが，岩田先生の教えは著者が研究を進める際の大きな武器になっている．以上の先生方には特にお名前をあげて謝意を表したい．もちろん本書にある間違いについてはすべて著者の責任であることはいうまでもない．第I部のドラフトに対しては，読者の立場からということで，私のゼミ出身の小林里美氏と小林梨絵氏から詳細なコメントを頂いた．本書全体については，熊谷善彰氏からいくつかの誤りをご指摘頂いた．これらの方々にも謝意を表したい．なお本書の研究を進めるに際して，日本証券奨学財団(1994年度)，慶応義塾学事振興資金(1995年度)，清明会(1996年度)より研究助成資金を頂いた．最後になってしまったが，創成社の佐藤文彦氏と鈴木範之氏に感謝の言葉を申し上げたい．

2001年12月20日
著者

# 目次

## 第I部 完全資本市場の基礎理論 　1

### 第1章 価値評価と完全資本市場 　3
- 1.1 はじめに ..... 3
- 1.2 現在価値 ..... 5
- 1.3 割引配当モデル (DDM) ..... 7
- 1.4 効率的市場仮説 ..... 9
- 1.5 割引率 $\rho$ と資本市場の均衡 ..... 13
- 1.6 完全資本市場とは：議論の諸仮定 ..... 19
- 1.7 負債の価値評価 ..... 24
  - 1.7.1 負債と株式の差異 ..... 25
  - 1.7.2 負債の価値評価：基本的な考え方 ..... 27
  - 1.7.3 具体的な数値例 ..... 30
- 1.8 結び ..... 34
- 1.9 付録：無裁定と完備市場 ..... 35

### 第2章 資産選択と資本市場均衡 　41
- 2.1 はじめに ..... 41
- 2.2 資産選択理論とは ..... 42
  - 2.2.1 期待効用仮説 ..... 42
  - 2.2.2 2パラメターアプローチ ..... 47

| | | | |
|---|---|---|---|
| 2.3 | 投資家の無差別曲線 | | 49 |
| 2.4 | 有効フロンティアと最適な資産選択 | | 54 |
| | 2.4.1 | 2つの危険資産のみ存在する場合 | 55 |
| | 2.4.2 | $n$ 個の危険資産のみ存在する場合 | 59 |
| | 2.4.3 | 安全資産を考慮する場合 | 63 |
| | 2.4.4 | 最適ポートフォリオと分離定理 | 66 |
| 2.5 | マーケットポートフォリオと資本市場線 | | 70 |
| 2.6 | 資本資産価格モデル：CAPM | | 75 |
| | 2.6.1 | CAPM の導出 | 75 |
| | 2.6.2 | CAPM の解釈 | 81 |
| | 2.6.3 | マーケットモデル | 86 |
| 2.7 | 結び | | 88 |

## 第 3 章　企業金融論の基礎：MM 命題　　91

| | | | |
|---|---|---|---|
| 3.1 | はじめに | | 91 |
| 3.2 | 基本的な諸概念 | | 93 |
| | 3.2.1 | 完全資本市場における企業 | 94 |
| | 3.2.2 | 企業の目標 | 97 |
| | 3.2.3 | 株主，企業価値，EBIT | 103 |
| | 3.2.4 | 定常状態 | 110 |
| 3.3 | 資本構成の理論 | | 117 |
| | 3.3.1 | MM 命題 | 117 |
| | 3.3.2 | 負債のてこ効果と資本市場均衡 | 123 |
| | 3.3.3 | 平均資本コスト | 131 |
| | 3.3.4 | MM 命題における株価 | 134 |
| 3.4 | 投資と資金調達 | | 137 |
| | 3.4.1 | 企業投資の意思決定 | 139 |
| | 3.4.2 | 投資の資本コスト | 146 |
| | 3.4.3 | 投資と企業価値 | 155 |
| 3.5 | 配当政策の理論 | | 158 |

|  |  |  |  |
|---|---|---|---|
|  | 3.5.1 | 配当金支払と自社株買い . . . . . . . . . . . . . . . | 159 |
|  | 3.5.2 | 配当に関する MM 命題 . . . . . . . . . . . . . . . . . | 162 |
|  | 3.5.3 | 内部金融モデル . . . . . . . . . . . . . . . . . . . . | 165 |
| 3.6 | 負債の無関連性について：再論 . . . . . . . . . . . . . . . . . . | 168 |
| 3.7 | 結び . . . . . . . . . . . . . . . . . . . . . . . . . . . . . . . . | 171 |
| 3.8 | 付録：多期間 CAPM と定常状態 . . . . . . . . . . . . . . . . . | 172 |

# 第 II 部　資本構成理論の展開　　　　　　　　179

## 第 4 章　最適資本構成の理論　　　　　　　　　181

| | | |
|---|---|---|
| 4.1 | はじめに . . . . . . . . . . . . . . . . . . . . . . . . . . . . . . | 181 |
| 4.2 | 法人税：修正 MM 命題 . . . . . . . . . . . . . . . . . . . . . . | 184 |
|  | 4.2.1　概説 . . . . . . . . . . . . . . . . . . . . . . . . . . . . | 184 |
|  | 4.2.2　資本市場均衡 . . . . . . . . . . . . . . . . . . . . . . . | 189 |
|  | 4.2.3　平均資本コスト . . . . . . . . . . . . . . . . . . . . . | 191 |
| 4.3 | 貸倒れリスクと MM 命題 . . . . . . . . . . . . . . . . . . . . . | 198 |
|  | 4.3.1　若干の準備 . . . . . . . . . . . . . . . . . . . . . . . . | 198 |
|  | 4.3.2　MM 命題：法人税を考慮しない場合 . . . . . . . . . | 202 |
|  | 4.3.3　修正 MM 命題：法人税を考慮する場合 . . . . . . . | 213 |
|  | 4.3.4　定常状態と貸倒れリスク . . . . . . . . . . . . . . . | 220 |
| 4.4 | 法人税と所得税を考慮する場合：Miller 均衡 . . . . . . . . . . | 225 |
|  | 4.4.1　企業価値の定式化 . . . . . . . . . . . . . . . . . . . . | 225 |
|  | 4.4.2　Miller 均衡 . . . . . . . . . . . . . . . . . . . . . . . . | 227 |
| 4.5 | 倒産コストモデル . . . . . . . . . . . . . . . . . . . . . . . . . | 230 |
|  | 4.5.1　概説 . . . . . . . . . . . . . . . . . . . . . . . . . . . . | 230 |
|  | 4.5.2　モデルの説明 . . . . . . . . . . . . . . . . . . . . . . . | 236 |
|  | 4.5.3　比較静学：シミュレーション . . . . . . . . . . . . . | 246 |
| 4.6 | 負債以外の節税要因 . . . . . . . . . . . . . . . . . . . . . . . . | 250 |
|  | 4.6.1　概説 . . . . . . . . . . . . . . . . . . . . . . . . . . . . | 250 |
|  | 4.6.2　モデルの説明 . . . . . . . . . . . . . . . . . . . . . . . | 251 |

|  |  |  | |
|---|---|---|---|
|  | 4.6.3 | シミュレーション | 254 |
| 4.7 | 最適資本構成の複合化モデル | | 256 |
|  | 4.7.1 | 1期間モデルの定式化 | 256 |
|  | 4.7.2 | シミュレーション | 266 |
| 4.8 | 企業価値最大化の意味 | | 268 |
| 4.9 | 結び | | 273 |
| 4.10 | 付録：修正MM命題と投資の意思決定 | | 274 |
|  | 4.10.1 | 数値例：NPV法 | 275 |
|  | 4.10.2 | 数値例：APV法とFTE法 | 281 |
|  | 4.10.3 | 企業価値の定式化と投資の意思決定方法 | 283 |
| 4.11 | 付録：partial momentの導出 | | 287 |

## 第5章 情報の不完全性と資本構成　293

| | | | |
|---|---|---|---|
| 5.1 | はじめに | | 293 |
| 5.2 | 逆選択 | | 297 |
| 5.3 | シグナル均衡 | | 299 |
|  | 5.3.1 | 概説 | 299 |
|  | 5.3.2 | モデル：Rileyのシグナル均衡 | 303 |
| 5.4 | ペッキングオーダー理論 | | 308 |
|  | 5.4.1 | 概説 | 309 |
|  | 5.4.2 | モデル：社債発行が株式発行よりも優先される理由 | 311 |
| 5.5 | 負債のエージェンシーコスト | | 319 |
|  | 5.5.1 | 過小投資問題：デットオーバーハング | 321 |
|  | 5.5.2 | 過大投資問題：資産代替 | 324 |
|  | 5.5.3 | 情報の不完全性とエージェンシーコスト | 327 |
|  | 5.5.4 | モデル：デットオーバーハング | 331 |
|  | 5.5.5 | モデル：資産代替 | 337 |
| 5.6 | フリーキャッシュフローのエージェンシーコスト | | 342 |
|  | 5.6.1 | 経営者の役得perquisite | 343 |
|  | 5.6.2 | フリーキャッシュフロー | 345 |

|  |  |  | xiii |
|---|---|---|---|

|  | 5.6.3 | モデル：フリーキャッシュフロー . . . . . . . . . | 348 |
|---|---|---|---|
| 5.7 | 結び | . . . . . . . . . . . . . . . . . . . . . . . . . . . . . . | 351 |
| 5.8 | 付録：企業価値最大化の意味 (その 2) . . . . . . . . . . . . . | | 353 |
|  | 5.8.1 | 負債のエージェンシーコストの補足説明 . . . . . | 353 |
|  | 5.8.2 | 企業価値最大化の意味 . . . . . . . . . . . . . . . | 357 |

## 第 6 章　契約理論と資本構成　361

| 6.1 | はじめに：負債と株式 . . . . . . . . . . . . . . . . . . . . . | | 361 |
|---|---|---|---|
| 6.2 | 負債型契約の最適性 . . . . . . . . . . . . . . . . . . . . . . | | 368 |
| 6.3 | 株式型の契約 . . . . . . . . . . . . . . . . . . . . . . . . . | | 378 |
|  | 6.3.1 | 株式は資金調達手段か . . . . . . . . . . . . . . | 378 |
|  | 6.3.2 | モデル . . . . . . . . . . . . . . . . . . . . . . . | 380 |
| 6.4 | 不完備契約における資本構成の役割 . . . . . . . . . . . . . | | 386 |
|  | 6.4.1 | 検証不可能な変数は何か . . . . . . . . . . . . . | 387 |
|  | 6.4.2 | モデル . . . . . . . . . . . . . . . . . . . . . . . | 389 |
| 6.5 | 結び . . . . . . . . . . . . . . . . . . . . . . . . . . . . . . | | 397 |

## 第 III 部　企業金融論の応用研究　399

## 第 7 章　負債のエージェンシーコストの数量的尺度　401

| 7.1 | はじめに . . . . . . . . . . . . . . . . . . . . . . . . . . . | | 401 |
|---|---|---|---|
| 7.2 | 証券価値の定式化 . . . . . . . . . . . . . . . . . . . . . . . | | 406 |
| 7.3 | 負債のエージェンシーコストのモデル化 . . . . . . . . . . . | | 410 |
|  | 7.3.1 | 従来の倒産コストモデルとの差異 . . . . . . . . | 411 |
|  | 7.3.2 | 完全情報の仮定の意味 . . . . . . . . . . . . . . | 414 |
|  | 7.3.3 | 負債のエージェンシーコストの定式化 . . . . . . | 416 |
| 7.4 | シミュレーション . . . . . . . . . . . . . . . . . . . . . . . | | 421 |
| 7.5 | 現実企業への適用 . . . . . . . . . . . . . . . . . . . . . . . | | 428 |
| 7.6 | 結び . . . . . . . . . . . . . . . . . . . . . . . . . . . . . . | | 434 |
| 7.7 | 付録：$\mu_Z$ が $L$ の減少関数となる点について . . . . . . . . | | 435 |

|  |  |  |
|---|---|---|
|  | 7.7.1 デットオーバーハング | 435 |
|  | 7.7.2 資産代替 | 438 |

## 第 8 章　投資の資金調達と必要収益率　441

- 8.1 はじめに　441
- 8.2 企業投資のモデル　446
  - 8.2.1 基本的な考え方：企業投資の必要収益率　446
  - 8.2.2 純粋に規模を大きくするだけの投資　452
  - 8.2.3 数値例　454
- 8.3 シミュレーション　462
- 8.4 現実企業への適用：平均資本コストとの比較　467
- 8.5 結び　471

参考文献　473

索引　484

第 I 部

完全資本市場の基礎理論

# 第1章

# 価値評価と完全資本市場

## 1.1 はじめに

　資本市場とは，日常用語としては長期の金融市場を指すのが一般的になっている。長期とは満期限が1年以上先の将来という意味であるのが普通であろう。対して満期限が1年未満の短期金融市場をマネーマーケットという。資本市場に所属する市場は，様々な金融市場の中で短期のマネーマーケットに所属しない市場ということになるが，具体的には，株式市場や(満期が1年を超える)国債・社債の市場のことである。しかし本書でいう「資本市場」とは，もう少し抽象的かつ広い概念である。現代ファイナンス理論の世界では，将来における収益の源泉となるものを「資本資産 capital asset」といったりする。この資本資産が取引される市場を本書では資本市場と定義する。従って満期限の長短については問題にされない。

　まずこの章では，資本市場を分析対象にする際の最も基本的な考え方・基礎概念を説明したい。主に2つあって，1つは資本資産の評価方法についてであり，もう1つは完全資本市場についてである。これらは現代ファイナンス論の基礎理論の根幹をなす概念といってもよい。資本市場において資本資産の価格が決定されるが，資本資産がいくらであれば妥当な価格なのであろうか。「妥当」というためにはその根拠となる理論的な裏付けが必要であろう。すなわち，資本資産価格の理論的な定式化とはどのようなものなのであ

ろうか。これが資本資産(価格)の評価方法の問題であり，これに関する理論が一般に「資本市場の理論 capital market theory」といわれる。もう1つの完全資本市場とは，資本市場の理論を展開する上で必要な，最も基本的な諸仮定のことを総称したものである。

そもそも人々がなぜ資産を保有するのかというと，資産を保有することで将来に収益が得られると予想するからである。それ故，前で述べたように，資本資産とは将来における収益の源泉であると定義される。ほとんどすべての資産は，それが「資本資産」である限り資本市場の理論を適用できる。世の中に存在する様々な資産は，金融資産を主としてほとんどすべてが資本資産と考えられるが，「資本市場の理論」と命名されているように，その理論は資本資産が売買される市場の存在が前提となっている。

もちろん経済学そのものは，市場として需要と供給の出会う抽象的な場をイメージしているだけで，必ずしも具体的物理的に本当に存在する取引所のような市場の存在を前提にしていない。これと同様，資本市場の理論も，本当の取引所を前提にしているわけではなく，売りと買いが出会う抽象的な場として市場を捉えているにすぎない。しかし実際のところ，資本資産に関する市場ということで現実を見ると，経済学でイメージされている市場に近い(決して同じではない)形で，本当に売買がなされている本物の市場が存在する。いうまでもなく株式市場である。ファイナンス理論の源は，古く株式市場や株価の変動を占うようなアド・ホックな諸研究に端を発しているといっても過言ではない。従って資本資産とは主に株式が想定されていることが多く，その場合，資本市場の市場とは株式市場のことを指す。この章で以下述べる議論は，実はすべての資本資産に適用可能なのであるが，具体的には株式が想定され，株価の理論的な定式化とはという観点から議論が進められる。

株価を理論的に定式化するための最も中心的なモデルが，割引配当モデル discounted dividend model(以下 DDM と略記)といわれるもので，1.2節から1.5節まで DDM について詳しく解説される。繰り返しになるが，DDM は，株価を念頭に説明がなされるが，この考え方は資本資産一般に広く適用できるので，現代ファイナンス理論における最も基本的な概念なのである。

その後の 1.6 節で，現代ファイナンス理論における共通の土俵ともいえる役割を担う「完全資本市場」という概念を説明したい。完全資本市場の仮定は，この章と続く 2 つの章の第 I 部における共通の大前提でもある。完全資本市場の仮定というのが具体的に何を意味するかをまとめておきたい。

最後の 1.7 節で負債について触れる。企業金融論では株式と負債，2 種類の資産が議論の中心となる。1.2 節から 1.5 節までは，株式を念頭に置いた議論であった。それでは負債の場合はどう考えるべきであるか。これについて簡単に 1.7 節でまとめておく。

## 1.2　現在価値

株価の最も基本的なモデルである DDM を説明するには，まず現在価値という概念を知らなければならない。例えば現在既に入手している 1 万円と，将来入手する (見込みの)1 万円とは，表面上は同じ 1 万円という金額であるが，経済的には同等・等価のものと考えることはできない。なぜなら現在既に入手済の 1 万円を今，消費に使えば，即座に消費から満足を得られるのに対し，将来の入手見込みにすぎない 1 万円そのものを使って，現在の消費による満足を得ることはできないからである。

将来の 1 万円から消費の満足を得るのは，時間が経過して「将来」が到来し 1 万円を実際に入手したときということになる。ということは，現在の 1 万円と比べて将来の 1 万円は，消費の満足を得るのに将来まで待たなければならない。また将来の 1 万円はあくまでも見込みであり，将来のことが確実に予想できるものでもないので，将来の 1 万円は実際には入手できないかもしれない。つまり将来の 1 万円は，現在の 1 万円にはないリスクを負っているといえる。以上，「待つ」ということと「リスク」ということの 2 つの不便益から，将来の 1 万円は現在の 1 万円に比べると多少割引かれた価値しか持っていない。

この点は見方を変えれば，次のように述べることもできる。現在の $M$ 円を消費せずに投資するとしよう。このとき，消費による現在の満足は得られず，投資した結果，将来入手するであろうお金から消費による満足を得るこ

とになる．つまりこの人は，投資という行為によって，現在のお金から得る消費の満足を，将来のお金から得るであろう消費の満足に変換したといえる．前で述べたとおり，将来のお金には現在のお金にない「待ち」や「リスク」という不便益を伴う．それではこの人は，これら不便益を被るにもかかわらず，なぜこのような変換をすすんで行うのか．それは，投資の結果，将来入手するお金には収益 (リターン) が付いてくる見込みがあるため，これら不便益を相殺して余りあるぐらい大きな，将来のお金による消費満足を見込んでいるからである．

では今，ある投資家にとって，現在のお金と将来 (1 年後) のお金とを同等にするような，1 年後に付加される収益が $x$ であるとしよう．もしこの投資家が，消費せずに投資することで，1 年後に $(M+x)$ 円以上のお金を入手でき，それを使ってより大きな満足を享受できると見込んでいるなら，現在において $M$ 円を消費せずに投資して，将来の消費を享受しようとする．逆にこの投資家が，投資による 1 年後の入手見込み金額を $(M+x)$ 円よりも小さいと考えているなら，投資せずに現在の $M$ 円を即消費に使ってしまうであろう．

このように現在の消費か投資 (将来の消費) かという，意思決定の分岐点となるような収益 $x$ を率で表し，$M+x=M(1+\frac{x}{M})$ であるから，$\frac{x}{M}$ のところを $\rho$ と記す．この投資家にとっては，現在の $M$ 円と 1 年後の $(1+\rho)M$ 円とが同等ということである．さらに収益率 $\rho$ が時間を通じて一定であるなら，現在の $M$ 円と 2 年後の $(1+\rho)^2M$ 円とが同等であり，現在の $M$ 円と 3 年後の $(1+\rho)^3M$ 円とが同等，… ということである．

この関係を使うと，1 年後の $M$ 円と同等な現在のお金は $\frac{M}{1+\rho}$ 円ということになり，以下同様に，2 年後の $M$ 円と同等な現在のお金は $\frac{M}{(1+\rho)^2}$ 円，3 年後の $M$ 円と同等な現在のお金は $\frac{M}{(1+\rho)^3}$ 円，… という金額に相当する．収益率 $\rho$ が正である限り，$\frac{M}{1+\rho}$ という値は必ず $M$ よりも小さくなる．つまり将来の $M$ 円という金額は，現在の同等のお金に換算すると，$M$ よりも小さな価値しか持っていない．これを一般に，将来の金額を現在の等価の金額に「割引く」という．割引かれた金額 $\frac{M}{1+\rho}$ や $\frac{M}{(1+\rho)^2}$，$\frac{M}{(1+\rho)^3}$ が各々，1 年後，2 年後，3 年後の $M$ 円の現在価値である．

1.3 割引配当モデル (DDM)　　　　　　　　　　　　　　　　　　　　7

　以上のことから，現在価値とは，将来の金額を割引いて現在の同等な価値に引き直したものであるといえる。なお割引きに用いられた収益率 $\rho$ のことを当面，割引率と称することにしよう。

## 1.3　割引配当モデル (DDM)

　この章の冒頭で資本資産は収益の源泉であると述べたように，資本資産を保有することにより，保有者は，資本資産が将来産み出すことになるキャッシュフロー cash flow を収益として受け取る。例えるなら，資本資産とは，将来のキャッシュフローが一杯詰まっている「キャッシュフローの缶詰」とみなすことができる。であるなら，資本資産がいくらの値段で今売買されるのかという資本資産の価値評価は，資本資産という缶詰に詰まっている個々の将来キャッシュフローを適当に評価して，これらすべてを合計すればよいであろう。ただし将来に受け取るキャッシュフローを単純にそのまま合計することはできない。前の節で見たとおり，将来のキャッシュフローは現在価値に直して評価しなければならない。それ故，資本資産の価値は，資本資産という缶詰に詰められている個々の将来キャッシュフローを現在価値に割引いて，これらキャッシュフローの現在価値を合計した値として求められる。

　それでは株式について説明しよう。株主が株式を購入し永久に保有するなら，企業が倒産して消滅しない限り，株主はその株式から将来永久に配当金を得ることができる。ということは，株式という資本資産は毎期毎の将来の配当金が詰まった缶詰とみなせるので，株式の評価 (株価) は将来に受け取る配当金の現在価値をすべて合計したものである。この考え方に基づいて株価を定式化したものが，割引配当モデルといわれるものである。

　この株式に適用される割引率を $\rho$ で表そう。この $\rho$ が何であるかは後で詳しく述べる。またこの株式から 1 年後に受け取る配当金を $d_1$，2 年後の配当金を $d_2$，3 年後の配当金を $d_3$，…とする。すると，これら将来の配当金の現在価値は各々，$\frac{d_1}{1+\rho}$，$\frac{d_2}{(1+\rho)^2}$，$\frac{d_3}{(1+\rho)^3}$ のように記すことができる。現在の株値を，現在を表す添字 $_0$ をつけて $P_0$ で表すと，将来配当金の現在価値を合

計した

$$P_0 = \frac{d_1}{1+\rho} + \frac{d_2}{(1+\rho)^2} + \frac{d_3}{(1+\rho)^3} + \cdots = \sum_{k=1}^{\infty} \frac{d_k}{(1+\rho)^k} \quad (1.1)$$

が株価 $P_0$ の定式化である．この式が割引配当モデル (DDM) といわれる，株式評価の基本モデルである．

　ところでこの議論は株主が株式を永久に保有することを前提にしている．それでは，有限の $n$ 期間のみ株式を保有する場合，上の議論はどのようになるであろうか．議論の単純化のため，ここでは株主が 1 期間のみ株式を保有して売却する場合を考えよう．株主が第 0 時点 (現在) で株式を購入し，1 期間保有して第 1 時点に株価 $P_1$ で売却するとしよう (添字 $_1$ で第 1 時点を表す)．すると，1 期間株式を保有することによる将来のキャッシュフローは，第 1 時点で受け取る配当金 $d_1$ と売却金額 $P_1$ のみということになる．ということは，第 0 時点の株価 $P_0$ は，第 1 時点のキャッシュフローである $d_1 + P_1$ を現在価値に割引いたものということになるので，

$$P_0 = \frac{d_1 + P_1}{1+\rho} \quad (1.2)$$

である．この $P_0$ は，前の (1.1) 式の $P_0$ と同じか否か．結論からいうと，これらは同じものになる．

　(1.2) 式の中には $P_1$ が入り込んでいるが，今度はこの $P_1$ がどのように定式化できるかを考えよう．株主はやはり 1 期間のみしか株式を保有しないので，第 1 時点で株式を購入する株主は第 2 時点でそれを株価 $P_2$ で売却する．ということは，第 1 時点から第 2 時点までに株式を保有することの将来キャッシュフローは，第 2 時点で受け取る配当金と売却金額の和 $d_2 + P_2$ である．従って第 1 時点の株価は，$d_2 + P_2$ を 1 期間分割引いた

$$P_1 = \frac{d_2 + P_2}{1+\rho} \quad (1.3)$$

として定式化できる．(1.3) 式の $P_1$ を (1.2) 式の $P_1$ に代入しよう．すると第 0 時点の株価 $P_0$ は

$$P_0 = \frac{d_1}{1+\rho} + \frac{d_2 + P_2}{(1+\rho)^2} \quad (1.4)$$

となって，今度は $P_2$ が $P_0$ の式の中に登場する．

同様にして $P_2$ は，第 2 時点に株式を購入して第 3 時点に売却する場合を考えて

$$P_2 = \frac{d_3 + P_3}{1 + \rho}$$

であるから，これを (1.4) 式に代入すると，

$$P_0 = \frac{d_1}{1+\rho} + \frac{d_2}{(1+\rho)^2} + \frac{d_3 + P_3}{(1+\rho)^3}$$

を得る．この操作を任意の第 $T$ 時点まで繰り返すと，次のような形の式が得られる．

$$P_0 = \sum_{k=1}^{T} \frac{d_k}{(1+\rho)^k} + \frac{P_T}{(1+\rho)^T}$$

ここで $T \to \infty$ としよう．もし遠い将来の株価が無限大に発散しないなら，上の式の第 2 項は，

$$\lim_{T \to \infty} \frac{P_T}{(1+\rho)^T} = 0$$

であるので，第 0 時点の株価 $P_0$ は結局 (1.1) 式に等しいことがわかる．

以上のことから，株主の株式保有期間がたとえ 1 期間であったとしても，その株価の定式化 ((1.2) 式) は (1.1) 式に帰着させることが可能であるので，株主の株式保有期間をどのように想定しようとも，その想定自体は株価の定式化にとって些細な問題と考えることができる．いいかえれば，株価を (1.1) 式で定式化しようとも (1.2) 式で定式化しようとも，両者は等しくなることが証明できるので，実質的には同じことを表しており，両者の差は表面的な差にすぎないということになる．これが (1.1) 式を株式評価の基本モデルと称した理由である．

## 1.4 効率的市場仮説

前の節では，将来に受け取る配当金や株価はあたかも値が既知であるかのように議論した．すなわち，不確実性の存在しない確実な世界であった．し

かし実際には，将来の配当金や株価は現在時点では不確実で未知の値である。このように値が未知のものについては確率変数であると考えるのが，経済学の一般的手法であり，ここでもこれに従う。確率変数はその値が確からしさ (確率分布) でもってしかわからない。つまりある確率でもって複数の値を取り得る。(1.1) 式に登場する $d_k$ は確率変数で，その値は複数の値を取り得る。複数の値を取り得るのであるから，(1.1) 式の形のままでは，数学的には $P_0$ も複数の値を取り得ることになってしまう。ところが $P_0$ そのものは現在の値でこれは既知である (市場で値が建っているので，市場を見ればその値を知ることができる)。これでは (1.1) 式で株価を決定していることにはならないので，不確実性を考慮する場合，(1.1) 式は若干修正されなければならない。

どのように修正するのかというと，不確実性の場合，$d_k$ が未知なのであるから，(1.1) 式の $d_k$ のところにその予測値を代わりに用いる。すなわち，不確実性の場合の DDM は，将来の配当金について何らかの予測値を使わなければならない。それではどのような予測値が望ましいのであろうか。

予測値としては予測の誤差が最小であることが望ましいのはいうまでもない。統計学の命題によると，予測値が現時点での情報を条件とした条件付き期待値で与えられるなら，平均 2 乗誤差を最小にするという意味で最適予測がなされているといえる。今，将来の配当金が未知で確率変数であることを明示して，これを $\tilde{d}_k$ のように変数の上に~を付ける。また現在時点 (第 0 時点) での情報 (既知のもの) を抽象的に $\Omega_0$ で表そう。現在の情報を条件とした $\tilde{d}_k$ の条件付き期待値とは，$\mathrm{E}[\tilde{d}_k|\Omega_0]$ で記され，確実性下の DDM の (1.1) 式は，不確実性下では次のように書き直される。

$$P_0 = \sum_{k=1}^{\infty} \frac{\mathrm{E}[\tilde{d}_k|\Omega_0]}{(1+\rho)^k} \tag{1.5}$$

通常 (入門) の統計学に登場する期待値なら $\mathrm{E}[\tilde{d}_k]$ として記され，あたかも定数であるかのように扱われる。これを条件が何も付いていないという意味で無条件期待値という。条件付き期待値とは期待値が条件に依存するようなもので，期待値は，定数ではなく，条件である情報 $\Omega_0$ に依存した関数とし

## 1.4 効率的市場仮説

て扱われる。

今の場合，情報 $\Omega_0$ が確率変数でない既知のものなのであるから，これを条件とした期待値 $E[\tilde{d}_k|\Omega_0]$ も現在 (第 0 時点) で既知の値である。当然，情報が変化すれば，これを条件とした期待値も変化する。投資家は現在時点で既知の情報 $\Omega_0$ を使って，将来時点 $k$ の配当金 $\tilde{d}_k$ に関する予想をしたい。投資家が何らかの統計的手法を用いれば，情報 $\Omega_0$ から $\tilde{d}_k$ の条件付き期待値を求めることができる。そしてその値をもって $\tilde{d}_k$ の予測値とするなら，その予想は，最適予測をしているのであるから，「合理的期待が形成されている」ともいわれる。

要するに，不確実性下の DDM である (1.5) 式では，株価は現在時点における将来配当金の予測値から決定され，これら予測値は現在時点での情報から決定される。つまり株価は現在時点で利用可能な情報に依存して決定されるのである。現在利用可能な情報が変化すれば，将来配当金の予測値の変化を通じて株価は変化する。例えば企業の増益のニュースが今，株式市場に伝えられたとしよう。このニュースが新しい情報として投資家の将来配当金の予想を上方修正させるなら，(1.5) 式に従い現在の株価は上昇するであろう。

不確実性下の DDM として，株価の決定を上で述べたように考えるなら，当然次のような疑問が湧く。それは，現在の情報がどの程度現在の株価に反映されているのであろうかという点である。現在の情報は現在の株価に瞬時に反映されるのであろうか。それとも徐々に時間をかけて反映されるのであろうか。これが市場の効率性といわれる問題である。

実際には現在時点 (第 0 時点) の株式市場で現在の株価が成立している。実際の株価が本当に (1.5) 式を満たすようなものかどうかは本当のところわからない。もし実際の株価が (1.5) 式と整合的であるなら，この株価は，現在時点で利用可能な情報を使って，最適な予想を行った結果成立している株価ということになり，このことを「(情報) 効率的」であるという。[1] またこ

---

[1] 効率的 efficient という言葉は，通常のミクロ経済学では全く異なる概念として使われている。資源配分が最適でパレート効率性が達成されるという意味で効率的という場合が普通である。ファイナンス理論で使われる効率的という言葉は，これとは別のものであり，区別するために情報効率的といわれることもある。

のような株価を形成する株式市場は，効率的な市場 efficient market であるといわれる。効率的市場であるなら，情報は最適予測 (合理的期待) によって即座に将来配当金の予想 (条件付き期待値) に反映されるので，現在の株価が (1.5) 式に従っているなら，株価は情報を十分に反映したものと考えられる。つまり新しい情報は瞬時に株価に織り込まれるのである。逆に，もし新しい情報が徐々にしか株価に織り込まれないなら，これは予想が最適予測になっていないことを意味するから，このような場合は効率的ということはできない。

株式市場が実際どの程度効率的なのかという点 (市場の効率性) を問題にする際，具体的にどのような情報を対象として取り上げるかによって，効率性は 3 つの形に分類されるのが一般的になっている。これは有名な Fama(1970) の論文の多大な影響に依る。1 つは「ウィークフォーム weak form」といわれるもので，情報としてはその株式の過去の株価のみを考える。2 つ目は「セミストロングフォーム semi-strong form」といわれるもので, (過去の株価を含む) 現在時点までに公開されたすべての情報 public information を考える。3 つ目は「ストロングフォーム strong form」で，これは公開情報のみならず内部情報も情報として考える。前の例の企業の増益情報が瞬時に株価に反映されているなら，株価はセミストロングフォームで効率的である。

実際の株式市場が上記 3 つの効率性のどれに相当するか，今までに膨大な数の実証研究がなされたが，これらの結果について様々な見解があるものの，一言で大雑把 (かつ大胆) に要約するなら，アメリカの株式市場は概ねセミストロングフォームの効率的市場だが，日本の株式市場ではウィークフォームでも効率的市場かどうか怪しい，という具合にまとめることが許されるであろう。

現実の株式市場が完璧な効率的市場なのかというと大いに疑問ではあるが, 以下，資本市場の理論を展開するには，効率的市場を仮定し，株価が (1.5) 式に従って決定されると仮定することが単純化のため必要不可欠である。

## 1.5 割引率 $\rho$ と資本市場の均衡

　前の節では株価の最も基本的なモデルとして DDM を定式化した。DDM によると，株価は，将来配当金の予測値とこれを現在価値に割引く際の割引率とに依存して決定されることがわかる。将来配当金の予測値の方は，効率的な株式市場を仮定することで条件付き期待値を用いればよい。条件付き期待値の値を具体的に求めるには，何らかの統計的手法が必要不可欠になり，時系列分析等の統計モデルが議論されなければならない。しかしこの議論は本書の範囲を超えてしまうため以下では触れない。前で述べたとおり，効率的市場の仮定を議論の大前提として，現在時点で利用可能な情報，そして条件付き期待値の値を所与として取り扱う。

　この章で以下議論したいのは，もう 1 つの決定要因の割引率の方である。将来配当金の予測値が統計的手法から機械的に与えられるとしても，割引率 $\rho$ が与えられなければ株価の値を決定することはできない。それでは割引率 $\rho$ はどのように決定されるべきなのであろうか。そもそも，DDM というモデルとして株価を (1.5) 式のように定式化したが，この定式化自体，今の段階では株価の定義式にすぎないといえる。なぜなら 1.3 節で述べられた DDM とは，株式を将来の配当金 (キャッシュフロー) の源泉と定義することで，株式の価値を，将来配当金の現在価値合計額に等しいものと仮定しているにすぎないからである。(1.5) 式は，この仮定の具体的な表現にすぎず，株式の定義から導かれた定義式と位置付けられる。それでは DDM とは本当に単なる定義式なのであろうか。これに何らかの経済学的な意義を与えることはできないのであろうか。

　1 年後の $M$ 円を現在の $\frac{M}{1+\rho}$ 円に割引くのは，投資家が現在の $M$ 円と 1 年後の $(1+\rho)M$ 円とが等価であると考えるからであった。現在のお金と等価にするのに，なぜ 1 年後のお金には $\rho M$ 円という収益が付加されるのかというと，将来のお金には現在のお金にはない不便益を伴うからである。この不便益には，満足を将来まで遅らせなければならないという「待ち」と，将来の満足は不確実であるという「リスク」の 2 種類がある。これら不便益を少

なくともちょうど相殺する報酬がなければ，誰もが現在のお金を将来のお金よりも選好するであろう。いいかえると，これら不便益をちょうど相殺する報酬が将来のお金に付加されることではじめて，将来のお金と現在のお金とが等価になると投資家は考えるのである。そしてこの報酬の収益率 $\rho$ が現在価値を求める際の割引率であった。

　ということは，株式を購入するということは，現在のお金を手放して代わりに将来のお金を入手するということであるから，この株式は1年毎に少なくとも収益率 $\rho$ の収益を産み出す見込みがなければならない。そうでないなら，誰もこの株式を購入しようとはしないであろう。このように収益率 $\rho$ は，投資 (現在のお金を手放す) の際に，投資家の要求する必要最低限の収益率ということになり，この収益率のことを要求利回りという。現在価値を求める際の割引率とは投資家の要求利回りでなければならない。また将来のお金に伴う不便益には2種類あった。2種類の不便益に対応して，報酬である要求利回りも2つに分解される。1つは「待ち」に対する報酬の部分で，これを以下では純粋利子率と称する。もう1つはリスクに対する報酬部分で，これをリスクプレミアムと称する。要求利回りは純粋利子率とリスクプレミアムの和と考えられる。また純粋利子率は，リスクのない場合の利子率という意味で，無危険利子率と称されることもある。

　さて実際に株式に投資することから見込まれる収益率が，常に $\rho$ に等しいかどうかはわからない。この収益率がどのように表されるかを考えてみよう。DDMの議論では，株主の株式保有期間は些細な問題と指摘されたので，ここでも単純化のため，株主は株式を1期間だけ保有して売却するものとしよう。現在 (第0時点) で株価 $P_0$ 円で購入し，第1時点で株価 $P_1$ 円で売却する。第1時点で産み出されるキャッシュフローは $\tilde{d}_1 + \tilde{P}_1$ である。なお現在 (第0時点) において第1時点は不確実であるので，配当金 $\tilde{d}_1$ と売却価格 $\tilde{P}_1$ は確率変数である。この予測値として現在の情報を条件とした条件付き期待値をとると，予想される収益は $E(\tilde{d}_1|\Omega_0) + E(\tilde{P}_1|\Omega_0) - P_0$ のように記される。第1項の $E(\tilde{d}_1|\Omega_0)$ は配当金による予想収益，次の $E(\tilde{P}_1|\Omega_0) - P_0$ は，正であれば予想される値上がり益 (キャピタルゲイン)，負であれば予想

## 1.5 割引率 $\rho$ と資本市場の均衡

される値下がり損(キャピタルロス)を表す.これを収益率の形にするなら,

$$\frac{\mathrm{E}(\tilde{d}_1|\Omega_0) + \mathrm{E}(\tilde{P}_1|\Omega_0) - P_0}{P_0} \tag{1.6}$$

のように記すことができ,この予想収益率のことを以下では期待利回りと称する.

今定義された期待利回りと前で述べた要求利回りとは,根本的には異なる概念である.要求利回りは,ある株式に投資する際,その不便益の代償として要求される必要最低限の収益率のことであるのに対し,期待利回りは,この株式に実際に投資しようとする際,最適予測を前提にして予想される収益率見込みである.これらが常に等しいという保証は今の段階では存在しない.しかしここで均衡という経済学的概念を導入するなら,均衡においては,常に期待利回りは要求利回りに等しいと考えることができる.そしてそのときに限り,DDM が株価の定式化として成立するようになるのである.

それでは期待利回りと要求利回りとが一致していないとき,どのようなメカニズムが働くであろうか.もし期待利回りが要求利回りよりも大きければどうであろうか.株式に投資する際の必要最低限を上回る収益率が見込まれるのであるから,投資家は喜んでその株式を購入しようとするであろう.その結果,株価は上昇することになる.逆に,もし期待利回りが要求利回りよりも小さければどうなるであろうか.株式投資に求められる最低限の水準にも満たない収益率しか見込めないのであるから,誰もその株式を購入しようとはしないであろう.それどころか,そのような株式を保有している投資家はすすんで売却しようとするであろう.その結果,株価は下落することになる.

このような株価の調整がなされるとき,要求利回りと期待利回りの値はどう変化するであろうか.まず要求利回りの方であるが,これは株式投資の不便益に対する必要最低限の報酬であるので,株価が上昇して,手放さなければならない現在のお金が大きくなると,これと等価にするような,将来のお金に付加されるべき収益も大きくならなければならない.すなわち,収益率で表される要求利回りの値は,株価の値の変化に対しそれほど変化することはないであろう.対して期待利回りの方は,株価が上昇するということは購

入コストの上昇をもたらすから，収益率の低下を意味することになる。この株価上昇が現在の経済実態の改善を意味するものであるなら，将来配当金や将来株価の予測値を上昇させる可能性もあるが，ここの株価上昇は経済実態の改善というよりも，不均衡からの是正，単なる調整ということであるから，将来の予想を改善させるものとは考え難い。そこで予測値が一定であるなら，期待利回りを定義する(1.6)式から，株価の上昇(下落)は同時に期待利回りの低下(上昇)を意味することになる。

以上のことから，期待利回りが要求利回りよりも大きいと株価は上昇し，この株価上昇は同時に期待利回りの低下をもたらす。このメカニズムが進行する限り株価の上昇は続き，やがて期待利回りは要求利回りの水準にまで下落するであろう。また期待利回りが要求利回りよりも小さいとき株価は下落して，この株価下落は同時に期待利回りの上昇をもたらす。やはりこのメカニズムが作用し続けるなら，株価の下落によって，やがて期待利回りは要求利回りの水準まで上昇するであろう。結局，期待利回りが要求利回りに等しくなるとき，そしてそのときに限り，投資家は現状に満足して，これ以上自らすすんで株式を購入したり売却したりしなくなるであろう。このような状況をある種の安定状態という意味で「均衡」が成立しているという。つまり株式市場の均衡とは，株式に対する投資家の要求利回りと期待利回りとが一致する状況のことであり，株価の調整によってこれら利回りの一致が保証されているといえる。従って均衡株価とは，要求利回りの水準に期待利回りが一致するような株価の水準である。そしてこのような状況が広く資本資産すべてに成立しているという意味で，一般に資本市場均衡といわれる。

それでは資本市場均衡では株価はどのように定式化されるのか。要求利回りと期待利回りとが等しいというのは，

$$\rho = \frac{\mathrm{E}(\tilde{d}_1|\Omega_0) + \mathrm{E}(\tilde{P}_1|\Omega_0) - P_0}{P_0}$$

が成立しているときである。これを書き換えると，

$$P_0 = \frac{\mathrm{E}(\tilde{d}_1|\Omega_0) + \mathrm{E}(\tilde{P}_1|\Omega_0)}{1+\rho}$$

である。これは株主が1期間保有する場合のDDMの株価に他ならない。

## 1.5 割引率 $\rho$ と資本市場の均衡

すべての時点において資本市場均衡が成立しているなら，すべての時点でこの式と同様な形で株価を定式化できる．任意の時点を $k(k = 1, 2, \cdots)$ とすると，

$$P_k = \frac{\mathrm{E}(\tilde{d}_{k+1}|\Omega_k) + \mathrm{E}(\tilde{P}_{k+1}|\Omega_k)}{1+\rho}$$

である．そこで各時点の株価を順に代入し，さらに条件付き期待値の特徴を用いれば，次のような式が得られる．

$$P_0 = \sum_{k=1}^{T} \frac{\mathrm{E}(\tilde{d}_k|\Omega_0)}{(1+\rho)^k} + \frac{\mathrm{E}(\tilde{P}_T|\Omega_0)}{(1+\rho)^T}$$

ここで

$$\lim_{T\to\infty} \frac{\mathrm{E}(\tilde{P}_T|\Omega_0)}{(1+\rho)^T} = 0$$

であるなら，第 0 時点の株価 $P_0$ は最終的に (1.5) 式として導出できる．このように資本市場の均衡ということを考えるなら，DDM の (1.5) 式は均衡における株価の定式化とみなすことができる．

### ＜補論：条件付き期待値の性質＞

$P_0$ の式の中の $\tilde{P}_1$ に，$P_k$ の式の $k = 1$ の場合を代入する．すると次のような式になる．

$$P_0 = \frac{\mathrm{E}(\tilde{d}_1|\Omega_0)}{1+\rho} + \frac{\mathrm{E}\left(\mathrm{E}(\tilde{d}_2|\Omega_1)\big|\Omega_0\right)}{(1+\rho)^2} + \frac{\mathrm{E}\left(\mathrm{E}(\tilde{P}_2|\Omega_1)\big|\Omega_0\right)}{(1+\rho)^2}$$

この式の第 2 項と第 3 項の期待値であるが，これらは，

$$\mathrm{E}\left(\mathrm{E}(\tilde{d}_2|\Omega_1)\big|\Omega_0\right) = \mathrm{E}(\tilde{d}_2|\Omega_0)$$

$$\mathrm{E}\left(\mathrm{E}(\tilde{P}_2|\Omega_1)\big|\Omega_0\right) = \mathrm{E}(\tilde{P}_2|\Omega_0)$$

のように書き直せる．条件付き期待値のこの性質を反復条件付き iterated conditioning という．[*2] この性質を適用できるためには，$\Omega_0 \subset$

---

[*2] これについては Shreve(2004) の I 巻第 2 章を参照願いたい．

$\Omega_1$ でなければならない．本文では情報を抽象的に $\Omega_k$ で表していたが，実は $\Omega_k$ は第 $k$ 時点で既知の様々な情報から成る集合である．第 0 時点での情報集合 $\Omega_0$ が第 1 時点での情報集合 $\Omega_1$ の部分集合であるということは，第 0 時点で既知の情報は (忘れられることなく) そのまま第 1 時点に引き継がれ，これと第 1 時点で新たに入手する情報とが第 1 時点での情報集合を形成するという意味である．

================================＜補論終わり＞

資本市場均衡として，要求利回りの値に期待利回りが等しくなるよう株価が調整され，2 つの利回りがちょうど等しくなるような水準に株価が決定される．そしてそのときの株価が DDM の式で与えられるのである．そこで次の問題は，要求利回り $\rho$ の値をどのようにして決めればよいのかという点である．結局，株価の決定とは，最適予測という統計的問題を所与とするなら，経済学的問題としては，要求利回りをどのように決めればよいのかという問題に帰着する．要求利回りの決定が株価の決定を意味するためには，株価の定式化が資本市場の均衡から導出されるものであるため，要求利回りも資本市場の均衡の中から決定される必要がある．資本市場均衡から要求利回りの定式化を求めた議論を，資本資産価格モデル capital asset pricing model(以下 CAPM と略記) という．次の章はこの CAPM の導出を試みる．

ところで本書では以下，最も単純な 1 期間モデルの CAPM を展開する．またその後の企業金融論の議論でも，要求利回りの定式化が必要な部分は 1 期間モデルか，多期間であっても同じ状態が繰り返し持続する (ということは，事実上は 1 期間モデル) という定常状態モデルが取り上げられる．今までの議論では，最適予測として条件付き期待値を用いてきたが，実はこのような世界において，条件付き期待値はそれほど積極的な意味を持たない．なぜなら 1 期間モデルでは，情報が刻々と変化して株価も逐次変化するという動学的問題を分析するには，あまりに不十分であるのは明らかであるからである．そこで本書では以下，効率的な資本市場を議論の大前提としつつも，表記を単純にするため，情報 $\Omega_0$ とこれを条件とする条件付き期待値を明示することはせず，期待値を単に無条件期待値であるかのように記す．そのた

め株価は次のような形で定式化される。

$$P_0 = \sum_{k=1}^{\infty} \frac{E(\tilde{d}_k)}{(1+\rho)^k} \tag{1.7}$$

## 1.6 完全資本市場とは：議論の諸仮定

　完全資本市場という場合，資本市場の理論を展開する上で必須となる諸仮定を総称してそういうことが多い。例えば株価を形成する土台である株式市場を，どのような市場と考えて議論するのかというと，最も基本的な議論としては「完全資本市場」が仮定される。前のDDMの説明も実は完全資本市場の仮定を前提にしている。現代ファイナンス理論では，理論を構築する上で最も基本的な議論の共通の舞台が完全資本市場の仮定なのである。

　しかし一言で「完全資本市場を仮定する」といっても，これは総称であるから，具体的に何が仮定されているかは，ケース・バイ・ケースで微妙な違いがあるともいえる。この節では，完全資本市場という基礎概念の説明を兼ねて，本書で以下「完全資本市場の仮定」という場合，具体的に何が仮定されているのかをまとめておきたい。

　経済学には完全競争市場という概念があり，この完全競争の仮定が，今日の経済学の基礎理論を構築する上での最も基本的な仮定である。簡単にいってしまえば，この概念を資本市場に適用したものが完全資本市場に他ならない。ただ完全資本市場といった場合，単に完全競争という仮定のみならず，様々な仮定が追加で設定される。これらを以下順に見ていこう。

　まず完全競争市場とはどのような市場であろうか。完全資本市場の仮定として，完全競争であるための条件を3つ列挙する。[3]

**仮定1**　摩擦的要因のない市場
**仮定2**　プライステイカー
**仮定3**　完全情報

---

[3] 「完全競争」のための仮定としては，通常上記3つの他に「参入退出の自由」が設定される。本書でももちろんこれが仮定されているが，明らかであるために省略した。

資本市場の具体例として株式市場を取り上げて，まずその市場参加者を考えてみよう。株式という資本資産を最終的に保有(需要)するのは投資家であり，株式を供給するのは発行者の企業である。しかし発行者である企業は，一般に「資本市場の理論」といわれる議論の中では受動的な役割しか果たさない。各企業が一定の数の株式数を既に発行している(発行済株式数という)とみなされるだけで，投資家はこれを所与とするからである。

　「資本市場の理論」という場合，中心的な役割を果たす経済主体は投資家である。投資家を中心人物にして市場の理論を組み立てようというのが資本市場の理論であり，またこの理論を前提としつつ，発行者である企業に中心的な役割を演じさせる理論が企業金融論である。上の3つの条件は，需要者としての投資家には無条件に適用される条件なのであるが，実は発行者としての企業にこれらを適用しようとすると，いくつかの点を留保する必要がある。企業に関する留保点については，企業金融論に関する議論であるから，後の第3章で説明される。この章では「資本市場の理論」を展開するのが目的であるため，以下では投資家を中心に説明したい。

　まず仮定1の「摩擦的要因のない市場」とは，取引する上で，市場参加者にとって取引コストの一切ない市場という意味である。取引コストとは主に手数料と税金のことである。投資家が株式を売買する際に必要な手数料や税金，また投資家の所得に課せられる税金など，これらはすべて存在しないものと考える。それでは取引コストの存在はなぜ摩擦的要因なのか。取引コストの存在を考慮すると，最も厄介な問題は，そのコストの大きさが経済主体によって異なるものになるという点である。投資家に課される所得税の税率や売買手数料の料率は，個々人の間で異なるのが普通であるから，取引コストは個々の投資家の間を差別する要因となり，このような差別化が取引を阻害する要因，つまり取引の際の摩擦的要因となるのである。従って摩擦的要因のない市場というのは，いいかえれば，個々の経済主体を差別化するような要因が一切存在しない市場ということもできる。

　取引コストの存在によって個々の投資家が差別化されてしまうと，分析は(不可能ではないとしても)極めて複雑になってしまう。例えばこの章で述べた議論でいうと，期待利回りの値は取引コストの違いによって個々の投

## 1.6 完全資本市場とは：議論の諸仮定

資家で異なるので，個々の投資家毎に異なる値の「均衡」株価が存在することになってしまい，明らかにこの章で述べた議論だけでは説明不足である。これに取り組むには，市場全体で見た本当の均衡株価はいくらなのか，という議論が必要になるのであるが，これに答えを与えるべく理論モデルを展開したとしても，複雑な数式展開の割には自明な結論しか得られないかもしれない。そこで議論の本質を明らかにするため，単純化のための仮定として，「摩擦的要因のない市場」が経済学やファイナンス理論の一般的な考察対象となっているのである。

次に仮定2のプライステイカーであるが，これは，個々の経済主体が零細でかつ多数のため，1人の主体の行動が市場に及ぼす影響は，無視してもよいぐらいに微小なものにすぎないという意味である。従って市場で決まる価格に1人の主体の行動が影響を及ぼすことはなく，その主体は価格を所与として意思決定を行うことができる。つまり自分の行動の変化が価格を変化させる可能性を無視して，意思決定することができるということである。注意しなければならないのは，価格を変化させるためには，(1人ではなく) すべての主体が行動を変化させるような状況を考えなければならないが，ただその際も個々の主体は価格を所与として意思決定する。このような主体の設定を経済学では「プライステイカー」の仮定というが，完全資本市場の「プライステイカー」の仮定も同じであると考えて支障はない。例えば前の議論では，期待利回りが要求利回りよりも高いとき株価が上昇すると述べたが，これは，すべての投資家がそう考えて株式を購入しようとするから，株価が上昇するのである。しかしその際，個々の投資家は，自分の株式購入が株価を上昇させるものとは考えていない。

仮定3の完全情報であるが，経済学における元々の意味は，すべての経済主体は，取引される財の品質に関する情報を，正しくかつ同じように知っているというものである。完全資本市場における完全情報とは基本的にはこれと同じ意味である。資本市場における「財の品質」が具体的に何のことであるのか，その定義は後の章まで待たねばならぬが，財とは取引される資本資産のことであるのは明らかであろう。品質とはその資産が将来産み出す収益の可能性とでも，とりあえず定義しておこう。完全資本市場においては，投

資家も企業も同様に，この「財の品質」を正しく知っているのである。企業は自分の発行する株式の品質を，自分のことであるから正しく知っているが，大切なことは，企業の知っていることを個々の投資家も等しく知っているという点である。従って投資家個々人について，その保有する情報にバラツキはない。これが完全情報の仮定である。

　以上が，完全資本市場の仮定のうち，完全競争に関する仮定の説明である。本書では，現代ファイナンス理論の慣例に従って「完全資本市場の仮定」という言葉で，経済学の完全競争の仮定よりも強くて広い様々な条件を含む総称として，この言葉を用いたい。厳密に考えるなら，以下で述べる様々な条件を完全資本市場の仮定の一部とみなすのは，多少の抵抗がある。しかし今日では完全資本市場というと，上の完全競争の3つの仮定と並んで必ず設定される仮定であるので，本書では，これらを以下，まとめて「完全資本市場の仮定」と称してしまう。

　その中で最も基本的な仮定は，

**仮定4　合理的投資家**

である。これが具体的に何を意味することになるのかは第2章で説明されるが，とりあえずここでは抽象的表現で，投資家は小さな富より大きな富を選好する，という具合いに定義しておこう。この章の議論ならこの定義で十分なのであるが，実は次の第2章に登場する投資家にはもっと強い合理性が要求される。投資家の合理性に関する定式化は，非常に形式的数学的な議論になってしまうので，本書では取り上げず，単に「合理的投資家」と称するに留めたい。ところでこの仮定4は，投資家という経済主体に関する仮定で，市場の仮定とはいい難いのであるが，今日，資本市場の理論を経済モデルという形で構築する際には，議論の大前提となっているので，「完全資本市場の仮定」の中に含めてしまうことにしたい。

**仮定5　効率的資本市場**

　これについては1.4節で述べた。もし投資家が合理的であるなら，その予想も合理的なはずであり，投資家は，最適予測(条件付き期待値を求める)と

## 1.6 完全資本市場とは：議論の諸仮定

いう手続きを経て合理的期待を形成する。すべての投資家がそのような予想をするなら，その結果，資本市場で決定される株価は情報効率的なはずであり，資本市場は効率的な市場ということになる。この仮定は，投資家の予想を条件付き期待値で与件にしてしまうのであるから，完全競争の仮定よりもはるかに強い仮定である。しかし完全資本市場を仮定する理論は，ほぼ例外なく効率的市場を仮定するので，これも「完全資本市場の仮定」に含めてしまう。

**仮定 6** 期待の同質性

これが何を意味する仮定であるか，詳しくは第 2 章で述べられるが，要するに，異なる投資家各々の予想は，すべて同じものになるという意味である。この仮定は，一見すると極めて強い仮定のように思えるが，仮定 3 と仮定 4，仮定 5 を併せて考慮するなら，理論的には整合的な仮定と考えることができる。完全情報の仮定によって，同じ正しい情報をすべての合理的投資家が保有するなら，その同じ情報から形成される合理的期待も同じものになるはずである。もし異なる期待を持つのであれば，それは投資家が合理的ではないか，情報が完全ではないかのどちらかであり，前で述べた諸仮定と矛盾することになる。

このことから，資本市場の理論の中でこの仮定 6 は広く用いられている。この章で述べた議論も実はこの仮定を前提としている。なぜなら，将来配当金の予測値 $\mathrm{E}(\tilde{d}_k|\Omega_0)$ が投資家によって異なるなら，DDM の (1.5) 式は，その値が投資家間で異なってしまい，市場で決まる株価の定式化とみなすことはできなくなる。また 1.5 節もこの仮定なしでは議論できない。従って期待の同質性という仮定は，資本市場の理論，特にその基礎理論においては極めて重要な役割を果たしている仮定なのである。このような理由から，本書ではこの仮定 6 を完全資本市場の仮定の中に入れることにする。

**仮定 7** 投資家は無リスクかつ無制限に貸出と借入が可能で，金利は，貸出と借入とで同じ利子率が適用される。

投資家は，お金を株式に投資することもできるが貸出をすることもでき，

この貸出はいくらの金額であっても無リスクである。無リスクでの貸出とは，今，お金を貸出すことに対する報酬として利子を将来に受け取ることができるが，その利子と返還される元本とは絶対確実に入手できるという意味である。また投資家は借入をすることもでき，これも金額がいくらであっても，確実に将来，借入の元本と利子とを返済することができる。さらに投資家が借入の際に負担する利子率は，貸出の際に適用される利子率と同じものである。以上が仮定7の意味である。

この仮定7は，特に借入に関する仮定のところは明らかに現実感覚から外れたものであり，かつては，仮定7を借入に関して修正した場合，完全資本市場の理論モデルがどのように変更されるのかという議論が盛んな時代もあった。しかし今日では，このような議論は下火になり，完全資本市場というとほぼ例外なくこの仮定7も設定される。従ってこれも完全資本市場の仮定の中に含めよう。

以上が，本書で「完全資本市場の仮定」という場合に設定される諸仮定である。

## 1.7 負債の価値評価

これまでは主に株式を対象にして，その価値評価の考え方を述べてきた。この章の最後に負債の価値評価について説明する。負債の価値評価といっても，基本的な考え方は株式と全く同様である。ただ価値評価の元となる将来キャッシュフローが，負債と株式とでは随分と性質が異なっている。また負債と一言でいっても様々なものが存在していて，その将来キャッシュフローも様々である。金融機関からの借入 (手形貸付や証書貸付) から，国債や社債に代表される債券も負債である。

そこでまず1.7.1節で，負債とは何か，負債は株式とどう違うのかという点について，本書の考え方を述べておこう。次に1.7.2節で，負債の価値評価についての考え方をまとめて，さらに1.7.3節で数値例を使い，様々な負債の特徴を概観する。

## 1.7 負債の価値評価

### 1.7.1 負債と株式の差異

負債も株式も，いわゆる支払約束の一種である。赤字主体(収入よりも支出の大きい主体)が不足資金を調達するため，将来の支払を約束する証文を発行する。この証文のことを金融論では「支払約束」といい，われわれの日常用語としての「証券」と考えて差し支えない。支払約束はあくまでも約束であるから，この約束の型に応じて，様々な証券が存在し得る。実際には，古くから存在する型として2種類に大別でき，これが株式と負債である。ただし近年では，デリバティブに代表されるように，これら2種類に大別できない第3の型がいくつも存在している。

株式の約束とは，将来獲得するかもしれない収益の分け前を提供しようというものである。赤字主体は現在，不足資金の調達が必要であるが，将来，収入が支出を上回り(正の)収益があがるなら，これを分け合うことを約束する証文を発行する。これが株式である。収益とは，収入から控除すべき支出をすべて差し引いた残りと考えられ，株式は，この残りに対する分け前の請求権であるから，残余請求権と称される。また残余を自由に処分できる立場というのは，その残余の源に対する所有権を意味していて，この考え方から，残余請求権，つまり株式を購入した者は，その発行者に対する所有者の立場となる。株主は企業のオーナーとされる理由である。所有者であるなら，所有物に対する支配権を持っている。以上のことから，株式を保有する株主は，発行者の収益の分け前として，配当金を受け取ることができ，また支配権の証として，発行者の最高意思決定機関，株主総会で議決権を行使できる。

他方，負債の約束は株式とはかなり異なる。株式が企業の所有権であるのに対し，負債は資金の使用権と考えられる。赤字主体が不足資金を負債で調達するなら，その資金の使用権を資金提供者から享受したことになる。この使用権に対する報酬が利子である。そして使用権の最終期限が満期であり，満期までに，使用対象の資金は資金提供者に返済される。この使用対象資金のことを元本という。これらのことから，支払約束としての負債とは，将来

の満期までに元本を返済し，また資金使用の報酬として利子を支払うことを約束したものということができる。なお利子あるいは利子率のことを，以下では単に金利と称する場合もある。

　以上のような支払約束が株式と負債であるが，これらは約束の強制力という点でもかなり異なっている。株式のキャッシュフローである配当金は，将来の不確かな収益の分け前であるため，配当の金額自体に強制力はない。事前に発行者がどのような配当金額を約束しようとも，その約束自体に強制力はない。将来が実際に到来して，そのときの収益がなければ，発行者は配当金を支払う必要はない。ただし，株主は最高意思決定者として，配当金に不満があるなら，株主総会で発行者の経営に一定の介入ができる。

　他方，負債の方は，約束された支払金額そのものに事実上の強制力があると考えられる。負債が約束する金利支払や元本返済は必ず実行されなければならない。これらが約束どおりに実行されなければ，貸倒れ（デフォルト）となる。具体的には後述するが，貸倒れは負債の発行者に大きな不都合をもたらすことになるため，発行者は余程のことがない限り，貸倒れを回避すべく，極力約束どおりの支払履行に尽力する。このため負債という支払約束には，事実上の強制力があるといってよい。

　このことから，将来のキャッシュフローは，それが未知の将来のものであったとしても，負債と株式とは随分異なるように感じられる。仮に発行者の貸倒れる可能性がほとんどないのであれば，負債の支払約束は確実に履行されるわけであるから，負債の将来キャッシュフロー，金利支払や返済元本は確実な値とみなせる。将来キャッシュフローが確実な資産を安全資産というが，発行者の貸倒れが無視できるなら，負債は安全資産なのである。安全資産であれば，リスクプレミアムはゼロで，価値評価の際の要求利回りは無危険利子率に等しい。

　しかし，発行者の貸倒れが無視できないような場合はどうであろうか。負債の約束する金利や元本が確実には支払われないので，負債の将来キャッシュフローは，やはり値の不確かな確率変数となる。このリスクに対しリスクプレミアムが求められ，これを無危険利子率に付加した要求利回りでもって，将来キャッシュフローの期待値から，負債の価値評価がなされることに

なる。この形式は株式の価値評価と何ら変わりはない。将来キャッシュフローの不確実な資産を危険資産というが，発行者の貸倒れが問題であるようなら，負債は株式と同じ危険資産なのである。

### 1.7.2 負債の価値評価：基本的な考え方

負債の最も基本的なタイプとして，固定利付債の債券を取り上げよう。債券には額面があり，元本返済として満期に額面金額が償還される。債券が利付債の場合，額面に表面利率(クーポンレートともいう)を乗じた金額が金利(利子)として満期まで定期的に支払われる。大概の利付債は半年毎あるいは1年毎に金利が支払われる。ここでは話を単純化するため，1年毎の金利支払としよう。なお固定利付債の「固定」とは，満期までの金利支払に関して，表面利率が固定されていることをいう。ちなみに変動利付債の場合は，予め決められたルールの下，表面利率がそのときどきの状況に応じて変更される。今，固定利付債を購入するとして，最初の金利支払がちょうど1年後，満期は $T$ 年後であるとする。この利付債の将来キャッシュフローは，額面を $M$，表面利率を $i$ とすると，$T$ 年間，毎年 $iM$ の金利が支払われ，$T$ 年後には $M$ の元本が返済される。

発行者が貸倒れをしない限り，負債の約束するキャッシュフローは必ず履行されるので，上記債券の将来キャッシュフローは確実な値である。そうであるなら，その要求利回りは，リスクプレミアムがゼロであるから，無危険利子率 $R_F$ に等しい。つまり $\rho = R_F$ である。以上のことを前の DDM に適用すれば，発行者の貸倒れがないとき，利付債の価値 $P_B$ は，

$$P_B = \frac{iM}{1+R_F} + \frac{iM}{(1+R_F)^2} + \cdots + \frac{M(1+i)}{(1+R_F)^T} \tag{1.8}$$

のように書ける。将来キャッシュフローは期待値ではなく，値の確定した定数であり，これを要求利回りとしての無危険利子率 $R_F$ で割引いて現在価値が求められる。このようにして求められる $P_B$ が市場で売買される価格である。この債券が発行されるときは，元本の $M$ に対し $P_B$ という値段で資金提供者に売却される。すなわち，発行者は $P_B$ 円を調達して，将来 $M$ 円の返

済義務を負う。当然，$i = R_F$ でなければ，$P_B = M$ とはならない。簡単に確認できるが，$i < R_F$ であれば $P_B < M$ となり (これをアンダーパーという)，$i > R_F$ であれば $P_B > M$ となる (これをオーバーパーという)。[*4]

発行者の貸倒れが無視できないような場合はどうであろうか。この場合，将来キャッシュフローは確定した値ではなく，金利や元本返済は見込みにすぎないことになる。そこでこれらを確率変数とみなして，将来キャッシュフローのところ (DDM の式の分子) は期待値で書くしかない。要求利回りは無危険利子率ではなく，発行者が貸倒れるかもしれないというリスク (これを信用リスクという) を勘案して，リスクプレミアムが発生する。

このリスクプレミアムの評価には，理論的には CAPM を用いるべきであるが，実際には，信用リスクに関するリスクプレミアムを CAPM から評価するという習慣は，学界・実務界ともにあまりない。これに関する理論モデルがいくつか存在するが，定石といえるほどのものは未だ存在しないともいえる。ただ発行者の貸倒れ・信用リスクを考慮する場合，負債に対する要求利回りが無危険利子率ではなく，何らかのリスクプレミアムを含んだものであることは間違いない。以上のことから，発行者の貸倒れを考慮して債券の価値評価を記すなら，それは株式の価値評価 (1.5) 式と類似したものとなる。株式の場合は無限の将来に関する和であったが，負債の場合は $T$ 年後までの将来キャッシュフロー期待値を要求利回りで割り引いて現在価値を求めることになる。

### ＜補論：利回り曲線と価値評価＞

負債の価値評価に関して，以上の議論が本書にとって必要十分なのであるが，これで話を終わってしまうと，大きなミスリードを招く恐れがある。そこで誤解のないよう注意しておきたいが，上の (1.8) 式は，あくまでも債券の現在価値の定式化であって，よく見られる複利

---

[*4] 等比数列の和の公式を用いれば，(1.8) 式の右辺は，

$$P_B = \frac{M}{(1+R_F)^T} + \frac{iM}{R_F}\left(1 - \frac{1}{(1+R_F)^T}\right)$$

のように変形できる。$i = R_F$ であればこの右辺は $M$ になるから，$P_B = M$ が成立する。このことから $i > R_F$ であれば $P_B > M$ である。

## 1.7 負債の価値評価

最終利回りの計算式ではない。ただ式の形が，両者で今の場合同じになっているにすぎない。なぜ同じになるのか。その理由は，本書が水平な利回り曲線のケースを想定しているからである。そもそも株式の価値評価を記した (1.5) 式が，利回り曲線が水平であることをその前提としている。

利回り曲線とは，満期までの時間 (これを残存期間という) の違いによって，利回りがどのように異なるかを見るもので，満期以外のその他条件が同じ債券の利回りについて，図の横軸に残存期間，縦軸にその残存期間の利回りを描いた曲線のことである。通常は国債について，利回り曲線が描かれる。「満期以外のその他条件が同じ」という条件を満たす債券はほぼ唯一，国債しか存在しないからである。国債であれば，非常に多種類の満期，ごく短期のものから 30 年の超長期まで盛んに市場取引がされている。また国債は，企業の発行する社債よりも信用リスクが小さいのが普通である。国債も信用リスクが厳密にゼロとはいえないかもしれないが，その他の発行者と対比すれば，国家の信用力は絶大で，その意味で国債を安全資産とみなして差し支えあるまい。従って利回り曲線の利回りは，無危険利子率であると考えてよい。

利回り曲線は常に水平とは限らない。右上がりになったり，時には右下がりになったり，また残存期間の短い部分は右上がりで，長い部分は右下がりという，コブ状の形をする場合もある。利回り曲線が水平でないということは，残存期間に応じて国債の利回りが異なるのであるから，安全資産の無危険利子率は，今後何年間を対象としたものであるかによって異なってくることを意味する。であるなら，将来のキャッシュフローを割り引く割引率は，何年後の将来キャッシュフローであるかによって，その値は異なるものになろう。残存期間を $t$ で表すなら，利回り曲線の教える利回りは，今後 $t$ 年間に関する無危険利子率と考えられ，これを $R_F(t)$ と記す。

国債のように発行者の貸倒れリスクが無視できる場合，その債券の価値評価は，

$$P_B = \frac{iM}{1+R_F(1)} + \frac{iM}{(1+R_F(2))^2} + \cdots + \frac{M(1+i)}{(1+R_F(T))^T} \quad (1.9)$$

という具合に表記されるのが本当である。そしてこのように導出され

た債券価格 $P_B$ と，その将来キャッシュフローから，

$$P_B = \frac{iM}{1+y} + \frac{iM}{(1+y)^2} + \cdots + \frac{M(1+i)}{(1+y)^T}$$

という式に従って $y$ の値が計算される。こうして求められた $y$ が複利最終利回りである。*5 仮に利回り曲線が水平なら，$R_F(1) = R_F(2) = \cdots = R_F$ であるから，(1.9) 式は (1.8) 式に帰着し，これは複利最終利回りを計算する式と同じ形の式になる。

本当なら，株価の価値評価式である DDM の (1.5) 式も，利回り曲線を反映させた表記をすべきなのかもしれない。この場合，(1.5) 式の $\rho$ のところを，(1.9) 式と同様，何年間を対象とした割引率なのかを示して $\rho(t)$ のように記せばよい。ただ企業金融論の議論では，そのようなことをしないのが通常で，利回り曲線は水平であることを仮定して，(1.5) 式のように記すのである。

================================<補論終わり>

### 1.7.3 具体的な数値例

前で負債の価値評価に関する基本的な考え方を説明したので，ここではもう少し具体的に数値例を使って議論を整理しよう。なおこの小節では，発行者の貸倒れが無視できるものとする。すなわち，負債は安全資産で，将来キャッシュフローは確定している。

まず前で述べた固定利付債であるが，(1.8) 式にあるとおり，その現在価値 $P_B$ は，額面 $M$ と満期までの残存期間 $T$，表面利率 $i$，無危険利子率 $R_F$ に依存している。この中で通常，額面と満期，表面利率は，発行時に決定されて償還まで変わることはない。対して要求利回りとしての無危険利子率は，時々の金融情勢により刻々と変化する。これに伴って，利付債の現在価値が

---

*5 利回り曲線で使われる「利回り」は，上記の複利最終利回りの利回りとは違う。複利最終利回りにはバイアスのあることが知られていて (これをクーポン効果という)，この問題を回避するため，利回り曲線にはスポットレートを用いるのが通常である。スポットレートとは，割引債の利回りのことである。わが国では割引債は短期から中期 (5年) の残存しか実在しないが，これを超える長期の利付債の価格から，スポットレートを推計することができる。

## 1.7 負債の価値評価

変化し,その時々の現在価値に応じた価格で取引がなされる.実際には,これに経過利息を加味した金額が受け渡されるが,ここでは話を単純にして経過利息はないものとする.[*6]

今,数値例として,額面 $M$ を 100,満期までの残存期間 $T$ を 4 年,表面利率 $i$ を 4% とする.年 1 回の金利支払とすると,毎年 4 という金利が支払われる.ここで利回り曲線は水平であるとして,無危険利子率 $R_F$ が 5% なら,これらを (1.8) 式に代入して,$P_B$ = 96.454 を得るし,もし $R_F$ が 3% なら,$P_B$ = 103.717 となる.ここで注意すべきことは,この利付債を新たに発行する場合,発行者の入手する金額は $M$ ではなく,$P_B$ となる点である.$R_F$ が 5% という金融情勢 (利回り曲線) において,上記の利付債を発行するなら,発行者は,将来 $M$ = 100 という元本返済 (償還) の義務を負うのに対し,現在の調達額は 96.454 しかない.この差額 3.546 だけ余分な負担のように思えるかもしれないが,そうではない.今 96.454 の資金を調達し,毎年 4 の金利を支払い,最後に 100 を返済すると,ちょうど 5% のコストになる.

次に表面利率がゼロの債券,これが割引債である.表面利率ゼロであるから,満期まで金利は一切支払われない.将来キャッシュフローは,満期に額面が支払われるだけである.その現在価値は,(1.8) 式で $i = 0$ として,

$$P_B = \frac{M}{(1 + R_F)^T}$$

である.額面 $M$ = 100,満期までの残存期間 $T$ が 4 年の割引債は,$R_F$ が

---

[*6] 株式の配当金であれば,たとえ配当の権利落ち日前日に株主になったとしても,その期の配当金全額を享受することができる.株主としてその期の権利を獲得できる最終日の翌日を権利落ち日という.権利落ち日に株主になってもその権利を受け取れないので,その権利の価値分だけ株価は下落する.これが株価の権利落ちである.ところが,債券には権利落ち日がない.これは (1.8) 式に相当する価格 (これを裸値段という) に経過利息を加えたものが受渡価格になっているからである.債券にも利子支払日があり,この日に債券を保有している者に金利全額が支払われる.経過利息とは,直近の利子支払日から取引日までの経過日数を求め,1 回分の金利支払額を日割りで按分したものである.例えば,金利が年 1 回支払われ,前の利子支払日からちょうど 3 ヶ月経過したところで売買がなされるなら,1 回の金利支払額の 1/4 が経過利息として,受渡価格に含まれることになる.この買い手が次の利子支払日まで 9 ヶ月間債券を保有し続けるなら,利子支払日が到来すると,金利支払額全額を受け取るが,購入時に既にその 1/4 を支払っているので,結局その期に享受できる金利は,保有期間に相当する 3/4 ということになる.

5%であるなら，その現在価値 $P_B = 82.27$ が計算できる。4年間金利が支払われないので，$P_B$ は $M$ よりも利子相当分を含んで小さな値となる。表面利率ゼロの債券を割引債と称する理由である。さらに，残存期間 $T$ が20年の長期の割引債では，$R_F = 5\%$ のとき $P_B = 37.689$ となって，その現在価値は額面 $M$ の 1/3 近くまで小さくなる。最近では割引債のことを，ゼロ・クーポン債とかストリップス債と称することがある。また表面利率がゼロではないため，厳密な意味では割引債ではなく利付債なのであるが，表面利率が極めて低く，満期も長いため，その市場価値が額面を大きく下回っているものをディスカウント債と称することもある。

　負債が債券の場合の価値評価は以上のとおりであるが，貸借取引の場合の価値評価はどのように考えればよいか。貸借取引とは通常，今1万円を借りたら，将来元本1万円に金利を付けて返すという形が基本であろう。ここではこの形を貸借取引と称しよう。このとき負債の価値評価を表した (1.8) 式はどのように考えられるべきか。いうまでもないであろうが，1万円を借りたということは，今1万円を受け渡しして，借手が1万円を入手したことに他ならない。すなわち，負債の現在価値が1万円ということである。それでは，現在価値が1万円となるべく，これが将来の返済元本1万円と両立するにはどうすればよいか。そうなるように支払うべき金利の方が，式から計算されると考えるのである。

　現在の調達金額と将来の返済元本が与えられている場合，負債の価値評価の (1.8) 式は，表面利率 $i$ を決定するための式と考えればよい。要求利回りとしての $R_F$ は金融情勢から値が与えられる。現在の調達金額 $P_B$ が将来の返済元本 $M$ に等しいなら，そうなるように $i$ が決定されると考える他にない。ただ前でも見たように，$P_B = M$ であれば $i = R_F$ が成立する。調達金額と返済元本が同じ場合，支払うべき金利は無危険利子率となる。もちろんこの自明な結論は，ここの単純な議論の仮定に依拠したものである。この仮定とは，貸倒れが無視できて負債が安全資産であること (将来キャッシュフローは定数)。そして利回り曲線が水平であること。これら2つの単純化の仮定の下で導出された話であることには，留意しておくべきである。

　もう1点注意すべきことは，実際の金融機関からの借入，例えば証書貸付

## 1.7 負債の価値評価

のケースでは，現在の調達金額と将来の返済元本が同じであったとしても，元本の返済方法が，(1.8) 式で想定されているような満期一括ではなく，均等分割返済されるのが一般的である。元本が途中で一部返済されるので，その後の金利は元本が減るのに伴い小さくなる。この場合，現在価値の定式化は (1.8) 式から変更される必要があり，若干複雑な数式となるためここでは割愛するが，考え方は同じである。現在価値 $P_B$ が $M$ に等しくなるように，表面利率 $i$ が決定される式とすればよい。ただしここの 2 つの単純化の仮定の下では，元本の返済が分割であったとしても，やはり $i = R_F$ となることに変わりはない。

### <補論：利回り曲線が水平でないとき>

本文で述べた 2 つの単純化の仮定を外した場合はどうなるか。まず貸倒れが無視できず負債が安全資産ではなくなる場合，もはや単純明快な議論は無理である。将来キャッシュフローは期待値となり，要求利回りにはリスクプレミアムを含めなければならない。そこで，負債は安全資産のままであるとして，利回り曲線が水平でない場合はどうなるか。このケースを数値例でもって示しておこう。

今，利回り曲線として $R_F(1) = 3.5\%$, $R_F(2) = 4.5\%$, $R_F(3) = 5\%$, $R_F(4) = 5.25\%$ であるとする。この利回り曲線がそのときの金融情勢を表現していて，所与の情報である。このとき本文にあるような利付債，額面 $M = 100$，残存期間 $T = 4$ 年，表面利率 $i = 4\%$ の利付債の現在価値 $P_B$ は，(1.9) 式に従って

$$P_B = \frac{4}{1.035} + \frac{4}{1.045^2} + \frac{4}{1.05^3} + \frac{104}{1.0525^4} = 95.734$$

のように計算できる。上記のような金融情勢で，この利付債は 95.734 という価格で取引される (経過利息は無視している)。複利最終利回りは 5.210% である。

同じ利回り曲線の下，貸借取引の金利はどうなるか。返済元本 $M = 100$ と現在価値 $P_B = 100$ とが両立するような $i$ を求めればよい。満期一括返済を想定すると，(1.9) 式を若干書き換え，

$$100 = \frac{100i}{1.035} + \frac{100i}{1.045^2} + \frac{100i}{1.05^3} + \frac{100(1+i)}{1.0525^4}$$

を満たすような $i$ を求めればよい。これは 5.198% となる。この金融情勢では，満期一括返済型の貸借取引の金利は 5.198% が妥当である。

最後に均等分割返済型の貸借取引ではどうか。100 という金額を調達して，100 という元本を 4 年かけて均等分割返済すると，将来キャッシュフローは，金利支払に加えて，毎年 25 という元本返済額が現れる。また金利支払額は未返済の元本から計算される。1 年後の金利は $100i$ であるが，1 年後に 25 が返済されるので，2 年後の金利は残りの元本 75 に対して発生する。従って 2 年後の金利は $75i$ である。同様に 3 年後，4 年後の金利を計算する。以上のことから，

$$100 = \frac{25 + 100i}{1.035} + \frac{25 + 75i}{1.045^2} + \frac{25 + 50i}{1.05^3} + \frac{25(1+i)}{1.0525^4}$$

の式右辺が均等分割返済型貸借取引の現在価値である。これがちょうど 100 になるように $i$ を求めると，$i = 4.799\%$ である。満期一括返済型に比べると，少なからず金利は小さな値となる。これはよく考えれば当然の結果であることがわかろう。均等分割型は満期一括型よりも早く元本を返済しなければならない。その分支払は早くなされることになるが，今の利回り曲線では，満期の短い方が小さな金利で済む。従って，均等分割型は満期一括型よりも小さな金利支払で済む。この逆に，もし利回り曲線が右下がりであるなら (満期の短いものほど大きな金利)，$i$ は均等分割返済の方が満期一括返済よりも大きくなる。

================================<補論終わり>

## 1.8 結び

この章では資産価値の評価方法に関する考え方を説明した。最も基本的なモデルは DDM(割引配当モデル) といわれ，これによると，株価は将来配当金の予測値とこれを現在価値に割引く際の割引率とに依存して決定される。将来配当金の予測値の方は，効率的な株式市場を仮定することで条件付き期待値を用いればよい。条件付き期待値の値をどうやって求めればよいかは，統計モデルの議論になってしまうので本書では触れない。以下では効率的

市場の仮定を議論の大前提として，条件付き期待値の値を所与として取り扱う。

　もう1つの決定要因の割引率であるが，資本市場の均衡は要求利回りと期待利回りとが等しいような状況とみなせる。この均衡条件から株価を導出すると，株価は要求利回りを割引率とするDDMで与えられる。このことから，DDMの定式化が均衡株価であるためには，その割引率は要求利回りでなければならない。

　それでは次に，要求利回りそれ自体はどのように決めればよいのか。要求利回りの決定が株価の決定を意味するためには，株価の定式化 (DDM) が資本市場均衡から導出されるため，要求利回りも資本市場の均衡の中から決定される必要がある。この点は次の章で取り上げられる。

## 1.9　付録：無裁定と完備市場

　1.5節では，もはやこれ以上売買のないような状況を，ある種の安定状態という意味で資本市場均衡と称した。この考え方の背景には，無裁定と市場均衡という問題がある。裁定がないときをもって，市場は均衡していると考えるのである。この問題は，企業金融論の分野であれば，前で展開した議論で実用上の支障はないと著者は思っているが，ファイナンス理論ということでは，もう少し注意深い取り扱いが必要である。特に裁定という言葉についてはもっと厳密に定義されるのが普通である。そこでこの付録では，「無裁定」でいうところの裁定とは何かという点について若干の補足をしておく。

　資本市場均衡における株価を均衡株価と称したが，まず均衡株価を表現する手段として，完備市場の考え方について簡単に触れておこう。ここで注意すべきは，通常の理論モデルで想定される市場の均衡とは，ここで述べる完備市場ほど強い仮定を必要としない。「完備市場」と「市場均衡」とは同じものではない。完備市場であれば市場均衡であるが，市場均衡だからといって必ずしも完備市場とはならない。しかし，完備市場の概念に依拠すると，無裁定との関係が明確にわかる。そこで，市場均衡として完備市場を想定することにする。

それでは完備市場とは何か。今，将来起こり得る様々な「状態 state」を想定し，どの状態が実際に生起するかは事前にはわからないことでもって，将来の不確実性を表現するものとしよう。状態依存請求権 state contingent claim とは，様々な状態が考えられる中で，ある特定の 1 つの状態が発生した場合に限り，1 円が確実に支払われることを約束する証券のことである。もちろんこのような証券は実在しないが，現実の証券をこの状態依存請求権の合成物とみなすことで，現実の証券の均衡価格を状態依存請求権の価値から導出する。

簡単な例で説明しよう。将来の状態は 3 つのみであると仮定して，これらを状態 1，状態 2，状態 3 と称する。将来にどの状態が生起するか事前にはわからない。ある株式の将来キャッシュフローは，状態 1 が発生するなら 10 円，状態 2 であるなら 7 円，状態 3 であるなら 5 円であるとする。事前にどの状態が生起するかわからないので，この株式の将来キャッシュフローは不確実な確率変数である。3 つの状態があるので，3 種類の状態依存請求権が存在するものとしよう。であるなら，上記の株式は，状態 1 が生起したときに 1 円を支払う状態依存請求権 10 単位，および状態 2 のときに 1 円を支払う状態依存請求権 7 単位，状態 3 のときに 1 円を支払う状態依存請求権 5 単位から成る合成物と考えることができる。なぜなら，このとき株式と状態依存請求権の合成物とは同じキャッシュフローを産み出すからである。

ここでもし状態依存請求権の現在価値 (価格) が決定されているなら，この株式の株価を導出するのは簡単である。状態 1 の状態依存請求権の価格を $s_1$，状態 2 のそれを $s_2$，状態 3 のそれを $s_3$ で表すとすると，この株価 $P$ は，

$$P = 10 \times s_1 + 7 \times s_2 + 5 \times s_3$$

のように定式化できる。各状態に関する状態依存請求権の価格 $s_i$ (ただし，$i = 1, 2, 3$) が正の値で一意的に (唯一の解として) 決定できるような市場を完備市場という。[*7]

---

[*7] どうして株価が状態依存請求権の価格の線形結合 (1 次式) で表記されると，その株価が市場均衡を意味することになるのか。また同じことであるが，どうして完備市場が市場均衡を意味するのか。この点を説明するには，投資家の効用関数から始まる一連の経済

## 1.9 付録：無裁定と完備市場

それでは次にこの $s_i$ をどうやって求めればよいか。状態依存請求権は実在しないが，完備市場では，実在する複数の証券価格から，一定の数学的な条件を満たすことで，状態依存請求権の価格 $s_i$ を計算によって導出することができるものと考える。例えば，上記の株式の価格が 8 円であったとしよう。また別の株式の将来キャッシュフローは，状態 1 のときが 8 円，状態 2 のときが 7 円，状態 3 のときが 2 円で，その株価が 6.5 円であるとする。もう 1 つ別の証券も存在して，将来キャッシュフローは状態にかかわらず 1 円で，その価格が 0.952 円であったとしよう。3 つの証券が存在することになるが，これら 3 つの証券の価格を，前の式のように状態依存請求権の価格 $s_i$(ただし，$i = 1, 2, 3$) を使って表現すると，

$$8 = 10 \times s_1 + 7 \times s_2 + 5 \times s_3$$
$$6.5 = 8 \times s_1 + 7 \times s_2 + 2 \times s_3$$
$$0.952 = s_1 + s_2 + s_3$$

のとおりになる。これは $s_i(i = 1, 2, 3)$ に関する連立方程式であり，その解は $s_1 = 0.538$, $s_2 = 0.273$, $s_3 = 0.141$ となる。このような連立方程式が正の値の一意の解を持つとき，市場は完備市場であり，状態依存請求権の価格を知ることができる。

ところで 3 番目の証券は，将来キャッシュフローが状態にかかわらず同じであるから，リスクのない安全資産である。その価格 0.952 円は，$\frac{1}{1+R_F}$ に等しいはずである。将来キャッシュフローは 1 円で確定し，リスクプレミアムはゼロで，要求利回りは無危険利子率 $R_F$ に等しいからである。ということは $R_F$ は 5% として求められる。前の式にあるように，将来キャッシュフローにリスクがないという安全資産の特徴から，状態依存請求権の価格をすべて合計したものは，$\frac{1}{1+R_F}$ という具合に無危険利子率と一定の関係を持つ。

次に裁定について説明しよう。例えば，2 種類の株式があるものとする。1 番目の株式は前と同様，各状態毎の将来キャッシュフローが状態 1 では 10 円，状態 2 では 7 円，状態 3 では 5 円で，現在の価格は 8 円であるが，2 番

---

モデルを展開する必要がある。が，これは本書のこの後の議論とあまり関係ないので省略したい。詳しくは池田 (2000) 第 4 章を参照願いたい。

目の株式は前とは異なり，状態 1 では 10 円，状態 2 では 6 円，状態 3 では 5 円というのが将来キャッシュフローで，その現在価格はやはり 8 円であったとする。このとき，1 番目の株式を 1 単位買って，同時に 2 番目の株式を 1 単位売るとどうなるか。取引の結果，現在の受払は，価格が同じであるからゼロである。将来のキャッシュフローは状態 1 と状態 3 が実現すればゼロ，状態 2 が実現すれば 1 円という金額を得ることができる。これは現在の負担なしに，将来損することが絶対にない。場合によっては (状態 2 が実現することで) 儲けが期待できる。[*8] この取引を第 1 種の裁定という。

第 1 種の裁定が可能であるような上記の例を連立方程式で表現すると，

$$8 = 10 \times s_1 + 7 \times s_2 + 5 \times s_3$$
$$8 = 10 \times s_1 + 6 \times s_2 + 5 \times s_3$$
$$0.952 = s_1 + s_2 + s_3$$

である。これは簡単な計算によると，$s_i (i = 1, 2, 3)$ の一意解を持つ。その解は $s_1 = 0.648$，$s_2 = 0$，$s_3 = 0.304$ である。数学的には確かに解くことができるのであるが，問題は $s_2 = 0$ にある。完備市場においては，状態依存請求権の価格は正でなければならない。そうでないと経済的な意味をなさないからである。この連立方程式はこれ以外に解は存在しないので，上記 2 種類の株式からなる市場は，($s_2 = 0$ となってしまうため) 完備市場とはいえない。この例が示すように，裁定の機会が発生するとき完備市場ではない。

ちなみに，1 番目の株式が同じく現在価格 8 円であるが，その将来キャッシュフローが，状態 1 では 10 円，状態 2 では 7 円，状態 3 では 4 円であったならどうであろうか。仮に 1 番目の株式を 1 単位買って，同時に 2 番目の株式を 1 単位売るという取引を実行すると，現在の受払はゼロでも，将来キャッシュフローは，状態 2 が実現すれば 1 円の儲けであるが，状態 3 が実現すれば 1 円の損を被る。このような取引は裁定ではない。連立方程式で示

---

[*8] 例えば次のように考えよう。株式を売るということは，その前に株式を保有しているはずである。2 番目の株式を保有し続ければ，将来に状態 2 の実現で 6 円を得られる。が，売却すれば，売却代金 8 円を今得るが，将来のキャッシュフローを得ることはできない。この売却代金の 8 円でもって 1 番目の株式を購入すれば，状態 2 の実現で 7 円を得る。従ってこの裁定取引で，状態 2 では 1 円の儲けとなる。

## 1.9 付録：無裁定と完備市場

せば，

$$8 = 10 \times s_1 + 7 \times s_2 + 4 \times s_3$$
$$8 = 10 \times s_1 + 6 \times s_2 + 5 \times s_3$$
$$0.952 = s_1 + s_2 + s_3$$

であり，この解は一意で，$s_1 = 0.614$，$s_2 = 0.169$，$s_3 = 0.169$ が求められるから，この場合は完備市場である。

裁定にはもう 1 つ別のタイプがある。2 種類の株式は両方とも将来キャッシュフローは全く同じで，状態 1 のとき 10 円，状態 2 のとき 7 円，状態 3 のとき 5 円であるとする。両者で異なるのは現在価格で，1 番目の株式の価格が 7 円，2 番目の株式の価格が 8 円である。このとき，1 番目の株式を 1 単位購入し，同時に 2 番目の株式を 1 単位売却するという取引を実行すれば，将来の損得は一切ないにもかかわらず，現在において 1 円という確実な儲けを得ることができる。この取引を第 2 種の裁定という。この株式を連立方程式で示せば，

$$7 = 10 \times s_1 + 7 \times s_2 + 5 \times s_3$$
$$8 = 10 \times s_1 + 7 \times s_2 + 5 \times s_3$$
$$0.952 = s_1 + s_2 + s_3$$

であるが，この連立方程式には解がない。[*9] 状態依存請求権の価格が求められないのであるから，完備市場は成立しない。やはり，裁定の機会があるときは完備市場ではない。本文 1.5 節で登場した裁定は，この第 2 種の裁定を暗黙に想定している。またこれは第 3 章の MM 命題の証明でも使われる。

以上のように，裁定機会が存在する場合，市場は完備市場ではない。これ以上の議論は，この簡単な数値例だけでは無理で，線形代数のいろいろな知識が必要になる。それによると，市場を利用した裁定機会が存在しない，つまり無裁定であることの必要十分条件は完備市場であることが証明されている。そして完備市場であるなら当然，市場均衡でもある。ところで，第 1 種

---

[*9] 例えば，3 番目の式を使って，1 番目の式と 2 番目の式から $s_1$ を消去する。しかし消去後の 2 つの式は，$s_2$ と $s_3$ から成る平面で平行な 2 本の直線となり，解を持たない。

の裁定あるいは第2種の裁定ともに，その裁定の条件はもう少し広くてもよい。この問題に関する，より厳密な説明は池田 (2000) を参照願いたい。

# 第 2 章

# 資産選択と資本市場均衡

## 2.1 はじめに

　第 1 章で資本市場の理論とは，資本資産の価格，具体的には株価を定式化するための理論モデルであると述べた。その理論モデルとして DDM を説明したが，DDM によると，株価を決定するということは実は要求利回りを決定することに他ならない。それでは要求利回りをどのように決定すればよいのであろうか。要求利回りの決定は資本市場の均衡においてなされる必要がある。なぜなら DDM の定式化が妥当であるためには，資本市場が均衡していなければならないからである。そこでこの章では，完全資本市場を仮定して，資本市場の均衡における要求利回り決定メカニズムを説明したい。

　この章では，資本市場の理論の中心的存在ともいえる資本資産価格モデル capital asset pricing model(以下 CAPM と略記) を導出する。[*1] CAPM とは一般には，多数の資本資産の市場を対象にした一般均衡を考え，そのときに成立する収益率のリスクとその期待値との関係を記述したものといわれている。しかしこれは表面的な解釈であって，実は CAPM とは，資本市場均衡における要求利回り，そして株価を決定するためのモデルと考えることができ，それ故に資本市場の理論の中心的存在なのである。

---

[*1] ここで取り上げるのは Sharpe(1964)，Lintner(1965)，Mossin(1966) の導出した 1 期間 CAPM で，CAPM の中でも最も基本的なモデルである。

ところで CAPM 自体は市場レベルの議論なのであるが，その最大の特徴は，個々の投資家の最適な行動という主体レベルの議論と直接的に結び付いている点にある．従ってその導出は，投資家の最適な意思決定とはというところから議論を始めなければならない．投資家の意思決定とは，投資家がどのようにして資産に対する需要を決めるのかということ，つまり投資家の資産選択 (ポートフォリオセレクション) のことである．しかし投資家は不確実性に直面しているので，経済学で確実性下の場合になされる需要者の効用最大化では不十分である．合理的投資家が不確実性に直面する場合，その意思決定の基準は「期待効用」という概念に依らなければならない．それでは期待効用とは何かという説明から始めて，資産選択の理論を展開しよう．

そして次に個々の主体レベルの行動から市場レベルに議論を移す．そこでは投資家という各主体の資産需要を集計し，多数の資産市場における均衡状態を考える．そこで登場する概念がマーケットポートフォリオであり，これを使って CAPM が定式化されることになる．

## 2.2 資産選択理論とは

資産選択理論とは何か．続く 2.3 節と 2.4 節で展開される議論がその答えを与えることになるが，この節はそこにつながる導入部分である．なぜ資産選択理論というフレームワークが (普通のミクロ経済学とは異なる形で) あらためて必要であるのか，そしてそのフレームワークとはどのようなものなのかといった点を概観する．2.2.1 節で期待効用仮説について述べ，2.2.2 節では 2 パラメターアプローチを紹介する．

### 2.2.1 期待効用仮説

不確実性を考慮しない通常の経済学では，主体はその選好を効用関数で表現し，効用最大化をもたらすように財の需要を決める．しかし投資家が資産に対する需要を決める際には何を基準にすべきであろうか．資産の収益率は資産を購入 (需要) するときには未知の値であり，確からしさ (確率分布) で

## 2.2 資産選択理論とは

| 資産 | 収益率 $\tilde{R}$ | | 収益率期待値 $E(\tilde{R})$ |
|---|---|---|---|
| a | $\tilde{R}_a = 10\%$ | 確率 1.0 | $E(\tilde{R}_a) = 10\%$ |
| b | $\tilde{R}_b = \begin{cases} 15\% \\ 5\% \end{cases}$ | 確率 0.5<br>確率 0.5 | $E(\tilde{R}_b) = 10\%$ |
| c | $\tilde{R}_c = \begin{cases} 6\% \\ 4\% \end{cases}$ | 確率 0.5<br>確率 0.5 | $E(\tilde{R}_c) = 5\%$ |

表 2.1　3 つの資産：単純な例

もってしか収益率の値を知ることはできない。このような不確実性に直面している投資家は，何を基準にしてその選好を表現すればよいのであろうか。結論をいうと，もし投資家が合理的に行動するのであれば，不確実性の下，投資家は期待効用を基準にして意思決定を行うことになることが示される。これが有名な von Neumann と Morgenstern の導いた期待効用仮説である。いいかえると，不確実性に直面する投資家は，期待効用をその選好の基準とし，期待効用を最大化するように意思決定を行う。この小節では，期待効用とはどのようなものか，これと投資家の選好とがどのように関わっているのかを説明しよう。[*2]

資産の収益率 $R$ に関する効用関数 $U(R)$ が与えられたとすると，期待効用とは，収益率 $R$ のもたらす効用について，効用の期待値を計算したものである。収益率 $R$ は確率変数であることを明示して $\tilde{R}$ で記すと，期待効用，つまり効用の期待値とは $E[U(\tilde{R})]$ である。それでは期待効用の直感的イメージを得るため，ごく単純な例として表 2.1 にあるような 3 つの資産を考えよう。

資産 a と b は収益率の期待値が同じ 10% であるが，資産 a が 10% の収益率を確実に実現するのに対し，資産 b は，確率 $\frac{1}{2}$ で 15% の収益率が実現し，確率 $\frac{1}{2}$ で 5% の収益率が実現する。すなわち，資産 a の収益率は既知なのに対し，資産 b の収益率は確からしさでもってしかその値がわからない。資産 c も，b と同様，確からしさでもってしか収益率がわからないが，実現

---

[*2] なぜ合理的な投資家が期待効用に従うことになるのかという証明は，極めて形式的数学的であるから本書では取り上げない。これについて日本語のテキストなら酒井 (1982) が詳しい。そこでは，期待効用の問題点も併せて説明されているので，参照願いたい。

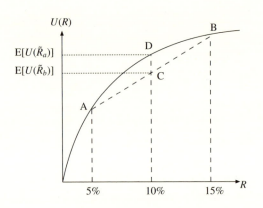

図 2.1 危険回避者の効用関数

する収益率の値は各々確率 $\frac{1}{2}$ で 6% と 4% である. 資産 b と比べると, 収益率の変動は小さくて済む一方, 収益率の期待値が 5% と小さい. 一般に, 資産 a のように, 収益率の値が既知で確実に実現するものを安全資産という. また資産 b や c のように, 確からしさでもってしか収益率の値のわからないものを危険資産という. また危険資産の中でも, 収益率変動が大きい (小さい) 資産をリスクが大きい (小さい) 資産という. つまり資産 b は c に比べてリスクが大きく収益率期待値も大きいので, このことをハイリスク・ハイリターンと称する. それではまず資産 a と b を用いて, それぞれの資産を保有する場合の期待効用を図に示してみよう.

図 2.1 と図 2.2, 図 2.3 は, 横軸に資産の収益率 $R$, 縦軸に効用 $U(R)$ が測られている. まず図 2.1 では, 効用関数 $U(R)$ が上に凸な曲線の関数 (凹関数) として描かれている. 効用関数を所与として, 資産 a か b を保有する場合の期待効用を与えよう. 資産 a の場合は単純である. 資産 a は 10% の収益率を確実に産み出す. 10% という収益率の効用は点 D の高さで与えられるが, 資産 a はこの効用の水準を確実に与えるのであるから, 効用の期待値である期待効用の値は点 D の高さそのものということになる. これを形式

## 2.2 資産選択理論とは

的に

$$E[U(\tilde{R}_a)] = E[U(10\%)] = U(10\%)$$

のように表そう．

次に資産 b はどうであろうか．資産 b の収益率が 15% であるならそのときの効用水準は点 B の高さで与えられ，収益率が 5% であるなら効用水準は点 A の高さで与えられる．これら収益率を実現する確率が各々 $\frac{1}{2}$ なのであるから，効用の水準も $\frac{1}{2}$ の確率で点 B，$\frac{1}{2}$ の確率で点 A が実現する．従って期待効用はこれら効用の水準の期待値を計算することで求められ，

$$E[U(\tilde{R}_b)] = \frac{1}{2}U(5\%) + \frac{1}{2}U(15\%)$$

という式で表される．この式が図 2.1 において意味するところは，点 A と点 B とを結んだ直線 AB を 1 対 1 に内分する点 C の高さである．1 対 1 に内分するのは，点 A と点 B の実現する確率が各々 $\frac{1}{2}$ であることを反映している．

要するに，資産 a を保有する場合の期待効用は点 D の高さで表され，資産 b を保有する場合の期待効用は点 C の高さで表される．説明の便宜上，図 2.1 を使ったが，事情は図 2.2 と図 2.3 でも同じである．図 2.2 は効用関数 $U(R)$ が直線の場合，図 2.3 は効用関数 $U(R)$ が下に凸な曲線 (凸関数) の場合を示している．それでは点 C と点 D の高さは，それぞれの図でどちらが大きいであろう．いうまでもなく，点の高さの高い方が期待効用が大きく，投資家にとってより満足の大きな資産といえる．

資産 a, 資産 b の収益率の期待値は同じ ($E(\tilde{R}_a) = E(\tilde{R}_b) = 10\%$) であった．もし図 2.1 のように効用関数 $U(R)$ が凹関数であるなら，点 D の方が点 C よりも上方に位置することになる．つまり期待効用は資産 a の方が資産 b よりも大きい．このことから，収益率期待値が同じならば，リスクのない資産の方がリスクのある資産よりも期待効用が大きいので，このような投資家 (効用関数が凹関数) を危険回避者 risk averter という．

次にもし図 2.2 にあるように効用関数 $U(R)$ が右上がりの直線であるなら，点 C と点 D とは一致してしまう．これは期待効用が資産 a でも資産 b でも同じであることを意味する．すなわち，リスクのあるなしは関係がないとい

**46**　　　　　　　　　　　　　　　　第 2 章　資産選択と資本市場均衡

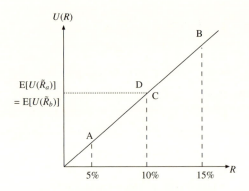

図 2.2　危険中立者の効用関数

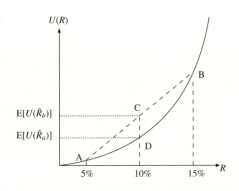

図 2.3　危険愛好者の効用関数

うことで，このような投資家 (効用関数が直線) を危険中立 risk neutral であるという．このとき，期待効用の大小は収益率の期待値のみに依存することになる．

　最後に図 2.3 にあるように，もし効用関数 $U(R)$ が凸関数であるならどうであろうか．この場合，点 C の方が点 D よりも上方に位置するので，期待

## 2.2 資産選択理論とは

効用は資産 b の方が資産 a よりも大きい。このことから，収益率期待値が同じならば，リスクのある資産の方がリスクのない資産よりも期待効用が大きいので，このような投資家 (効用関数が凸関数) を危険愛好者 risk lover という。

今述べたように，投資家の選好には 3 種類のタイプが考えられる。ただ通常，投資家は危険回避者であるとみなされるのが一般的になっている。この章でも以下，投資家は危険回避者であることを仮定して議論が進められる。

ここで注意すべき点は，危険回避者は危険資産を避けて全く保有しないわけではないということである。上の説明は，収益率の期待値が同じである限り，リスクの小さい方をより選好するということであって，収益率の期待値が異なれば，リスクの大きい方を選好することもある。例えば表 2.1 にある資産 c を保有する場合の期待効用を考えてみよう。図が繁雑になるのを避けるため明示していないが，その期待効用を表す点は図 2.1 の点 A よりも下方の点になるであろう。その点の高さは明らかに点 C の高さよりも低い。資産 b は資産 c に比べハイリスク・ハイリターンであるが，ハイリスクの危険資産であっても，危険回避者の投資家の期待効用は高くなり得るのである。従って投資家の選択対象が資産 b か資産 c であるなら，投資家は，リスクの小さい資産 c ではなく，リスクの大きな資産 b をすすんで保有する。もちろん，ハイリスクの危険資産が高い期待効用をもたらすためには収益率期待値が高い，つまりハイリターンでなければならない。このことから危険回避者の投資家とは，リスクを引き受けるに見合う十分な収益率が期待できるならば，危険資産をすすんで保有するような投資家ということができる。

### 2.2.2　2 パラメーターアプローチ

前の小節では，不確実性に直面する合理的投資家は，その期待効用を基準にして意思決定することを述べた。危険回避者の投資家は，資産の収益率期待値が同じであるならリスクの小さな資産を選好し，またリスクの大きな資産でも，収益率期待値が十分に大きいなら期待効用が大きくなり得るので，これを保有し得ることが示された。そこでは単純に 3 つの資産が検討された

が，現実の投資家は多数の資産を同時に保有している。そしてこれら資産の収益率の確率分布も，もっと複雑なものを想定した方がより現実的である。前の小節では，資産収益率の取り得る値が2つだけのとき，期待効用を図で簡単に説明できたが，複雑な収益率の確率分布(例えば正規分布)では，これを簡単に図示することはできなくなる。そして多数の資産の組合せを考えるなら，資産全体の収益率の確率分布は複雑になり得るので，図を使った直感的な理解はとても不可能である。

　一般に，多数の資産の組合せのことをポートフォリオといい，どの資産をどれだけ保有して組合せるのかという問題を資産選択 portfolio selection の問題という。この問題に理論的枠組みを与えるのがポートフォリオ理論である。その骨子は次のような単純なものである。不確実性に直面する投資家の満足を期待効用で考え，危険回避的な投資家を想定する。このような投資家が多数の資産からポートフォリオを作成するとき，どの資産をどれだけ保有するのかという資産選択の問題に対する答えは，期待効用を最大化するような資産の需要を考えればよいというものである。しかしこれだけでは資産選択は単に数学的な問題にすぎなくなってしまい，恐らく今日のようなポートフォリオ理論の隆盛はなかったであろう。

　ポートフォリオ理論は今日，専門家以外の人々にも広く知られるようになっているが，これに最も貢献したのが2パラメターアプローチであろう。ある一定の制約の下，投資家の期待効用は収益率の期待値と標準偏差で表現できるようになるので，資産選択の問題は，これら2つの観点から期待効用を最大にするよう決定すればよい。期待値と標準偏差は収益率の確率分布を特定化する2つのパラメターであるから，これら2つのパラメターを使ったポートフォリオ理論を2パラメターアプローチという。[*3] このアプローチの最大の利点は，期待値を縦軸，標準偏差を横軸にとった平面上で，ポートフォリオ理論の与える基本的な含意を図示することが可能になることである。

---

[*3] 期待値と標準偏差という2つのパラメターを使って，ポートフォリオを表現しようというアイディアは Markowitz(1952) が最初である。このアイディアを，投資家の資産選択行動として経済学的に整理展開したのが Tobin(1958) である。

日常用語として「リターン」と「リスク」という言葉が一般的に使われている。期待値とは確率分布の位置を表すパラメーターであるから，これをある資産(ないしはポートフォリオ)の収益率見込みに関する代表値・予測値とみなして，その資産(ないしポートフォリオ)の「リターン」の尺度と考えることができる。次に標準偏差とは期待値周りの散らばりを表すパラメーターであるから，これは期待値という見込み値からの外れを表しているので，「リスク」の尺度と考えられる。2パラメーターアプローチは，「リターン」と「リスク」を表す平面上でポートフォリオを表そうというのであるから，資産選択に関する直感的な理解が得られやすいという点も，その利点としてあげられるであろう。なお以下では，2.3節と2.4節で2パラメーターアプローチを詳しく展開する。収益率期待値を $\mu_R$ で，収益率の標準偏差を $\sigma_R$ で表し，$\mu_R$ を縦軸に，$\sigma_R$ を横軸にとった平面を $\mu_R - \sigma_R$ 平面ということにする。

## 2.3 投資家の無差別曲線

投資家の期待効用は $\mu_R - \sigma_R$ 平面上でどのように表現できるか。前でも述べたように，一定の制約の下，期待効用は収益率の期待値と標準偏差から決定できることが知られている。このことから投資家の期待効用は，$\mu_R - \sigma_R$ 平面上では無差別曲線群として表現できる。無差別曲線とは，同じ期待効用をもたらすような期待値と標準偏差との組合せを表す1本の曲線である。別の水準の期待効用をもたらす期待値と標準偏差の組合せは，別の1本の無差別曲線で表され，様々な期待効用の水準を表す複数の無差別曲線，つまり無差別曲線群が投資家の期待効用を表現することになる。

それでは無差別曲線の形はどのようなものであろうか。危険回避者の投資家であれば，その無差別曲線群は図2.4のようになる。危険回避者の無差別曲線は右上がりで下に凸な曲線で，左上に位置する曲線ほど期待効用の水準は大きい。前の節で見たように，危険回避者は同じ収益率期待値であるなら，大きなリスクの資産を避け小さなリスクの資産を選好した。これは，収益率の期待値が同じなら，その標準偏差の小さい資産の方が期待効用が高くなって，より好まれることを意味している。また収益率の標準偏差が同じで

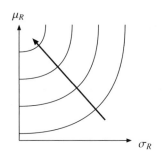

図 2.4 危険回避者の無差別曲線

あるなら,もちろん収益率期待値の大きい方が好まれる (期待効用が高い) ことはいうまでもない。これらのことは要するに,収益率期待値は期待効用にプラスの効果を持ち,収益率の標準偏差は期待効用にマイナスの効果を持つということに他ならない。このことから,期待値が大きくなる方向かつ標準偏差が小さくなる方向,つまり $\mu_R - \sigma_R$ 平面の左上の方向に位置する無差別曲線が,より高い期待効用の水準に対応しているのは明らかであろう。これが図 2.4 にある左上方向の矢印の意味である。

また危険回避者の無差別曲線が右上がりになることも明らかである。なぜなら無差別曲線として期待効用を一定に維持するような組合せは,収益率の標準偏差が大きいならその期待値も大きくなければならないからである。標準偏差が大きいことで期待効用は低下するが,期待値が大きいことの期待効用上昇でその低下が相殺され,期待効用は一定に維持されるのである。

図 2.4 であまり明らかでないのは,下に凸な曲線であるという点であろう。これは前で述べた「一定の制約」に伴う数学的特徴ともいえるが,経済的には重要な意味を持つ。もし仮に無差別曲線が上に凸な曲線ならば,最適なポートフォリオは端点解で表され,内点解は存在しないことになってしまう。つまり最適な解は無差別曲線上の接点では表されない。詳しい説明は後のコラムで述べるが,これは経済的には,最適な資産配分が分散投資ではな

## 2.3 投資家の無差別曲線

く集中投資であることを意味し,多数の資産を同時保有する現実の姿から納得的な結論とはいえない。このような経済的な意味を考慮して,無差別曲線は下に凸な曲線であることを仮定しておかなければならないし,「一定の制約」の下では事実,下に凸な曲線が導出される。

さて $\mu_R - \sigma_R$ 平面上で,期待効用が無差別曲線群として表現できるために課されなければならない「一定の制約」とは,どのようなものであろうか。「一定の制約」とは次のどちらかが満たされることである。

(a) 投資家の効用関数が 2 次関数であるとき。
(b) 収益率の確率分布が正規分布に従うとき。

### <補論:効用関数と無差別曲線>

以下では,上記の「一定の制約」について多少詳しく証明を与える。まず (a) の条件にある 2 次関数の効用関数とは,

$$U(R) = aR^2 + bR + c \quad \text{ただし } a < 0, \ b > 0, \ c > 0, \ R < -\frac{b}{2a}$$

の形で定義される。ここの投資家は危険回避者であるから,効用関数は右上がりで凹関数でなければならない。上の 2 次関数でこの条件を満たすためには,パラメーターの値と $R$ の範囲を制約する必要がある。そのために不等式が 2 次関数に付加されている。

収益率 $R$ を確率変数とし,この 2 次関数の両辺に期待値をとり,次のように式を展開する。

$$\begin{aligned} \mathrm{E}\left[U(\tilde{R})\right] &= a\,\mathrm{E}(\tilde{R}^2) + b\,\mathrm{E}(\tilde{R}) + c \\ &= a(\sigma_R^2 + \mu_R^2) + b\mu_R + c \\ &= a\sigma_R^2 + a\left(\mu_R + \frac{b}{2a}\right)^2 + c - \frac{b^2}{4a} \\ &\equiv EU(\mu_R, \sigma_R) \end{aligned}$$

収益率の期待値は $\mu_R = \mathrm{E}(\tilde{R})$,収益率の分散は $\sigma_R^2 = \mathrm{E}(\tilde{R}^2) - \mu_R^2$ であるので,この分散の式を変形した $\mathrm{E}(\tilde{R}^2) = \sigma_R^2 + \mu_R^2$ を用いると,2 行目の式が導かれる。そしてこの式が $\mu_R - \sigma_R$ 平面では,点 $\left(-\frac{b}{2a}, 0\right)$ を中心とする円になることを示したのが 3 行目の式である。確かに効用

関数が 2 次関数であれば，期待効用は収益率期待値 $\mu_R$ と標準偏差 $\sigma_R$ の関数になっていて，このことを明示したのが 4 行目の $EU(\mu_R, \sigma_R)$ という表記である。今，効用関数の定義から，$R < -\frac{b}{2a}$ のように $R$ の範囲が限定されているので，当然，$\mu_R < -\frac{b}{2a}$ でなければならない。また標準偏差は常に正であるので $\sigma_R \geq 0$ でなければならない。これら 2 つの条件から，上の式の円で，無差別曲線に相当する部分は円の右下の部分ということになる。つまり無差別曲線は右上がりで下に凸な曲線となる。

次に条件 (b) について説明しよう。正規分布という確率分布は，期待値と標準偏差という 2 つのパラメターにのみ依存する関数になっている。正規分布の確率密度関数を $f(R; \mu_R, \sigma_R)$ とすると，期待効用は

$$\mathrm{E}\left[U(\tilde{R})\right] = \int_{-\infty}^{\infty} U(R) f(R; \mu_R, \sigma_R) dR \equiv EU(\mu_R, \sigma_R)$$

であるが，確かに期待効用は，正規分布密度関数 $f(R; \mu_R, \sigma_R)$ を通じて，$\mu_R$ と $\sigma_R$ のみに依存する関数になっている (もう 1 つの変数 $R$ は積分変数で，これは積分を解くと消えてしまう)。すなわち，$\mu_R$ と $\sigma_R$ という 2 つのパラメターが決まれば，期待効用の値が定まる。このことを明示して $EU(\mu_R, \sigma_R)$ という関数で表す。

危険回避者の無差別曲線が右上がりの曲線になることは，前の説明で自明であるので証明を省略する。条件 (b) の下で自明とはいい難いのは，下に凸な曲線という点であるので，以下これを証明したい。[*4]

その準備としてまず，上の $\tilde{R}$ という $N(\mu_R, \sigma_R^2)$ の確率分布に従う確率変数を，$N(0, 1)$ の標準正規分布 (期待値ゼロ，標準偏差 1) に従う確率変数 $\tilde{z}$ に変換して，上の期待効用を書き換えたい。周知のように，$z = (R - \mu_R)/\sigma_R$ という式により $\tilde{R}$ から $\tilde{z}$ への変換がなされるが，この変換式を変形すると $R = \mu_R + \sigma_R z$ であるので，期待効用は

$$\mathrm{E}\left[U(\tilde{R})\right] = \int_{-\infty}^{\infty} U(\mu_R + \sigma_R z) q(z) dz \equiv EU(\mu_R, \sigma_R)$$

のように書くこともできる。この $q(z)$ は標準正規分布の確率密度関数である。

---

[*4] この証明は Tobin(1958) に依存している。

## 2.3 投資家の無差別曲線

ここで同一無差別曲線上の 2 点, $(\mu_R^*, \sigma_R^*)$ と $(\mu_R^{**}, \sigma_R^{**})$ を考える。同じ無差別曲線上の点なのであるから $EU(\mu_R^*, \sigma_R^*) = EU(\mu_R^{**}, \sigma_R^{**})$ である。これらの中点は $\left(\frac{1}{2}(\mu_R^* + \mu_R^{**}), \frac{1}{2}(\sigma_R^* + \sigma_R^{**})\right)$ であるが, 無差別曲線が下に凸ということは, この中点における期待効用が $EU(\mu_R^*, \sigma_R^*)$ よりも高くなることを示せばよい。危険回避者の効用関数 $(U(R))$ が凹関数になるということは, $R = \mu_R + \sigma_R z$ の関係式を使えば,

$$\tfrac{1}{2}U(\mu_R^* + \sigma_R^* z) + \tfrac{1}{2}U(\mu_R^{**} + \sigma_R^{**} z) < U\left(\frac{\mu_R^* + \mu_R^{**}}{2} + \frac{\sigma_R^* + \sigma_R^{**}}{2}z\right)$$

という関係が成立しているのであるから, この式を使って次のような式展開が可能である。

$$\begin{aligned}
EU\left(\frac{\mu_R^* + \mu_R^{**}}{2}, \frac{\sigma_R^* + \sigma_R^{**}}{2}\right) &= \int_{-\infty}^{\infty} U\left(\frac{\mu_R^* + \mu_R^{**}}{2} + \frac{\sigma_R^* + \sigma_R^{**}}{2}z\right)q(z)dz \\
&> \tfrac{1}{2}\int_{-\infty}^{\infty} U(\mu_R^* + \sigma_R^* z)q(z)dz + \tfrac{1}{2}\int_{-\infty}^{\infty} U(\mu_R^{**} + \sigma_R^{**} z)q(z)dz \\
&= \tfrac{1}{2}EU(\mu_R^*, \sigma_R^*) + \tfrac{1}{2}EU(\mu_R^{**}, \sigma_R^{**}) = EU(\mu_R^*, \sigma_R^*) = EU(\mu_R^{**}, \sigma_R^{**})
\end{aligned}$$

この式の意味するところは, 中点 $\left(\frac{1}{2}(\mu_R^* + \mu_R^{**}), \frac{1}{2}(\sigma_R^* + \sigma_R^{**})\right)$ が, 元の点 $(\mu_R^*, \sigma_R^*)$ や $(\mu_R^{**}, \sigma_R^{**})$ よりも, 上方の無差別曲線上にある (期待効用が高い) ということであるので, 無差別曲線は下に凸な曲線であるといえる。

以上, 2 パラメターアプローチが適用できるためには, 2 つの条件のうち 1 つを仮定しなければならないが, 著者の印象では条件 (a) よりも条件 (b) を仮定することが一般的である。その際の期待効用 (無差別曲線) の関数形を定式化するのに, 指数型の効用関数を仮定することが多い。指数型の効用関数とは,

$$U(R) = A - \exp(-aR)$$

のことで, ここの $a$ は正で, 危険回避度のパラメターと称される。確かに $a$ が大きくなると, 曲線の曲がり具合が急になるので, 危険回避の度合は大きくなる。指数関数の特徴から $-\exp(-aR)$ は右上がりの凹関数であるが, その値は負である。効用を正の値にするには $A > 0$ という適当な定数を加えればよいが, $A = 0$ とされることも多い。

このときの期待効用は，収益率 $\tilde{R}$ が $N(\mu_R, \sigma_R)$ という正規分布に従っているなら (条件 (b))，両辺に期待値をとることで，

$$\begin{aligned}E[U(\tilde{R})] &= A - E(\exp(-a\tilde{R})) \\ &= A - \exp\left(-a\mu_R + \tfrac{1}{2}a^2\sigma_R^2\right) = EU(\mu_R, \sigma_R)\end{aligned} \quad (2.1)$$

という具合いに展開できる。一般に確率変数 $\tilde{x}$ が $N(\mu_x, \sigma_x)$ という正規分布に従うなら，$e^x$ は対数正規分布という確率分布に従うことが知られており，$e^x$ の期待値 $E(e^x)$ は，元の正規分布のパラメターを用いて $\exp\left(\mu_x + \tfrac{1}{2}\sigma_x^2\right)$ である。このことを使って 2 行目の式が導かれる。この式を見ると，確かに期待効用は $\mu_R$ と $\sigma_R$ とで決定することができ，無差別曲線は右上がりで下に凸な曲線になることが容易に確認できる。

================================＜補論終わり＞

## 2.4 有効フロンティアと最適な資産選択

　前の節の無差別曲線群は，収益率の期待値と標準偏差に関する投資家の選好を表す道具であった。投資家にとっては $\mu_R - \sigma_R$ 平面の左上ほど好ましい。しかしこの平面で，限りなく左上の期待値と標準偏差を提供する投資機会が存在するわけではなく，投資家が利用できる投資機会には一定の限界がある。この限界は選択対象となる危険資産に依存して決まる。それでは投資家にとって，利用可能な収益率の期待値と標準偏差を提供する投資機会がどうなっているのかという点をこの節で考えよう。そして投資家の資産選択は，利用可能な投資機会の中から，最適な (期待効用を最大にする) ものが選ばれることになる。

　個々の資産の収益率の期待値と標準偏差は，それぞれ $\mu_R - \sigma_R$ 平面の 1 点として表されるが，実際には投資家は多数の資産を同時に保有しているのであるから，複数の資産を組合せること (ポートフォリオを作ること) によって作り出される収益率の期待値と標準偏差が，投資家にとって利用可能な投資機会ということになる。事実，様々なポートフォリオを作ることで，利用

## 2.4 有効フロンティアと最適な資産選択

可能になる収益率の期待値と標準偏差とを $\mu_R - \sigma_R$ 平面に描いていくと，投資機会を表す軌跡が得られる。これを投資機会軌跡 investment opportunity locus ということにしよう。以下の 2.4.1 節から 2.4.3 節では，様々な資産を選択対象とするときの投資機会軌跡を導出する。そして 2.4.4 節で，投資家にとって最も好ましい資産選択とはどのようなものかを考える。

### 2.4.1 2 つの危険資産のみ存在する場合

まず最も単純なケースとして，2 つの危険資産からポートフォリオを作るとき，ポートフォリオ全体の収益率の期待値と標準偏差とがどのような投資機会を作り出すかを考えよう。2 つの危険資産 A と B があって，危険資産 A の収益率 $\tilde{R}_A$ の期待値を $\mu_A$，標準偏差を $\sigma_A$ で表し，危険資産 B の収益率 $\tilde{R}_B$ の期待値を $\mu_B$，標準偏差を $\sigma_B$ で表す。いうまでもないであろうが，

$$\mu_A \equiv \mathrm{E}[\tilde{R}_A], \qquad \sigma_A \equiv \sqrt{\mathrm{E}[(\tilde{R}_A - \mu_A)^2]}$$
$$\mu_B \equiv \mathrm{E}[\tilde{R}_B], \qquad \sigma_B \equiv \sqrt{\mathrm{E}[(\tilde{R}_B - \mu_B)^2]}$$

である。ただし $\mu_A > \mu_B$，$\sigma_A > \sigma_B$ とする。危険資産 A について $(\mu_A, \sigma_A)$，危険資産 B について $(\mu_B, \sigma_B)$ という期待値と標準偏差は，図 2.5 の点 A と点 B である。

ここで危険資産 A に比率 $w$，危険資産 B に比率 $1 - w$ の割合でこれらを組合せよう（ただし $0 \leq w \leq 1$）。ポートフォリオの収益率 $\tilde{R}_P$ は $\tilde{R}_P = w\tilde{R}_A + (1-w)\tilde{R}_B$ になるから，この期待値と標準偏差は次のとおりである。

$$\begin{aligned} \mathrm{E}(\tilde{R}_P) &= w\mu_A + (1-w)\mu_B \\ \sigma(\tilde{R}_P) &= \sqrt{w^2\sigma_A^2 + (1-w)^2\sigma_B^2 + 2w(1-w)h_{AB}\sigma_A\sigma_B} \end{aligned} \qquad (2.2)$$

**＜補論：標準偏差の計算方法＞**

(2.2) 式の標準偏差の導出を示しておこう。分散は次のように導か

れる。

$$\begin{aligned}
\sigma(\tilde{R}_P)^2 &= \mathrm{E}\left[\left(\tilde{R}_P - \mathrm{E}(\tilde{R}_P)\right)^2\right] \\
&= \mathrm{E}\left[\left(w(\tilde{R}_A - \mu_A) + (1-w)(\tilde{R}_B - \mu_B)\right)^2\right] \\
&= w^2 \mathrm{E}\left[(\tilde{R}_A - \mu_A)^2\right] + (1-w)^2 \mathrm{E}\left[(\tilde{R}_B - \mu_B)^2\right] \\
&\quad + 2w(1-w)\mathrm{E}\left[(\tilde{R}_A - \mu_A)(\tilde{R}_B - \mu_B)\right] \\
&= w^2 \sigma_A^2 + (1-w)^2 \sigma_B^2 + 2w(1-w)\operatorname{cov}(\tilde{R}_A, \tilde{R}_B)
\end{aligned}$$

最下行の第 3 項は $\tilde{R}_A$ と $\tilde{R}_B$ の共分散で，

$$\operatorname{cov}(\tilde{R}_A, \tilde{R}_B) = \mathrm{E}\left[(\tilde{R}_A - \mu_A)(\tilde{R}_B - \mu_B)\right]$$

である。これは 2 つの変数がどの程度共に変化するかを表す尺度である。この共変関係の程度を基準化したのが相関係数で，

$$\operatorname{corr}(\tilde{R}_A, \tilde{R}_B) = \frac{\operatorname{cov}(\tilde{R}_A, \tilde{R}_B)}{\sigma_A \sigma_B} \equiv h_{AB}$$

のように定義される。この相関係数を用いて上の分散を書き換え，その平方根が標準偏差である。

================================＜補論終わり＞

標準偏差 $\sigma(\tilde{R}_P)$ の中に現れる $h_{AB}$ は $\tilde{R}_A$ と $\tilde{R}_B$ の相関係数である。(2.2) 式を見てわかることは，ポートフォリオの構成比率 $w$ が変われば，当然，$\mathrm{E}(\tilde{R}_P)$ と $\sigma(\tilde{R}_P)$ は異なる値に変わる。ということは，様々な $w$ の値に対して，様々な値の $\mathrm{E}(\tilde{R}_P)$ と $\sigma(\tilde{R}_P)$ が対応し，これら期待値と標準偏差とを $\mu_R - \sigma_R$ 平面上に描いていくと 1 本の軌跡が得られる。これが，2 つの危険資産 A と B からポートフォリオを作る場合の投資機会軌跡である (図 2.5 を参照)。数学的には $w$ を消去して得られる $\mathrm{E}(\tilde{R}_P)$ と $\sigma(\tilde{R}_P)$ との関係式が投資機会軌跡である。

その具体的な形は相関係数 $h_{AB}$ の値に依存する。図 2.5 は 5 つの相関係数の値について，実際に投資機会軌跡を描いたものである。$h_{AB} = 1$ のとき軌跡は直線となって，直線 AKB が投資機会軌跡になる。また $h_{AB} = -1$ の

## 2.4 有効フロンティアと最適な資産選択

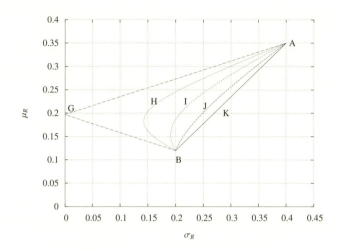

図 2.5 2つの危険資産の投資機会軌跡

とき，軌跡は折れ線 AGB になる。一般的なケースである $-1 < h_{AB} < 1$ のときは，三角形 AGB の中間の 3 本の曲線のように，左側に膨らんだ曲線が投資機会軌跡である。これら 3 つの曲線は各々，曲線 AJB が $h_{AB} = 0.7$，曲線 AIB が $h_{AB} = 0.2$，曲線 AHB が $h_{AB} = -0.4$ のときに相当する。このように，どの程度の膨らみの曲線になるかは相関係数の値に依存する。

**＜補論：$h_{AB} = \pm 1$ のときの投資機会軌跡＞**

相関係数が 1 と -1 のときの投資機会軌跡の形について，ここで簡単に説明しておこう。まず相関係数が 1 のとき，投資機会軌跡が直線になることは自明であろう。なぜなら，$h_{AB} = 1$ とすると，(2.2) 式の $\sigma(\tilde{R}_P)$ は，$0 \leq w \leq 1$ であるなら平方根の中が必ず正になるので，

$$\sigma(\tilde{R}_P) = w\sigma_A + (1-w)\sigma_B$$

という簡単な形になってしまう。この式と (2.2) 式の $E(\tilde{R}_P)$ から $w$ を消去すると，

$$E(\tilde{R}_P) = \frac{\mu_A - \mu_B}{\sigma_A - \sigma_B}\sigma(\tilde{R}_P) + \frac{\sigma_A\mu_B - \sigma_B\mu_A}{\sigma_A - \sigma_B}$$

のような $E(\tilde{R}_P)$ と $\sigma(\tilde{R}_P)$ の関係式を得る。これが直線 AKB に相当する。

次に相関係数が $-1$ のとき，投資機会軌跡が折れ線 AGB になる理由は次のとおりである。$h_{AB} = -1$ を代入すると，$\sigma(\tilde{R}_P)$ は，式の平方根の中が必ずしも常に正になるわけではないので，

$$\sigma(\tilde{R}_P) = \sqrt{(w\sigma_A - (1-w)\sigma_B)^2}$$
$$= |w\sigma_A - (1-w)\sigma_B|$$

という具合に展開しなければならない。この絶対値を開くのに，$w$ について場合分けする必要があり，2本の直線が登場することになる。$w \geq \sigma_B/(\sigma_A + \sigma_B)$ のときは $\sigma(\tilde{R}_P) = w\sigma_A - (1-w)\sigma_B$ であるから，これと (2.2) 式の $E(\tilde{R}_P)$ の式とから $w$ を消去すると，

$$E(\tilde{R}_P) = \frac{\mu_A - \mu_B}{\sigma_A + \sigma_B}\sigma(\tilde{R}_P) + \frac{\sigma_A\mu_B + \sigma_B\mu_A}{\sigma_A + \sigma_B}$$

の関係式を得る。これは直線 AG である。また $w < \sigma_B/(\sigma_A + \sigma_B)$ のときは $\sigma(\tilde{R}_P) = -w\sigma_A + (1-w)\sigma_B$ であるから，同様に $w$ を消去すると，

$$E(\tilde{R}_P) = \frac{-\mu_A + \mu_B}{\sigma_A + \sigma_B}\sigma(\tilde{R}_P) + \frac{\sigma_A\mu_B + \sigma_B\mu_A}{\sigma_A + \sigma_B}$$

を得て，これは直線 BG である。以上のようにして，相関係数が $-1$ であると，折れ線 AGB の投資機会軌跡が導出される。

===============================＜補論終わり＞

相関係数が 1 のときを除いて，投資機会の軌跡は左側に膨らんだ曲線となる。これが何を意味するのか。$w = 0$ の場合，ポートフォリオは危険資産 B のみから成るので，点 B は $w = 0$ の場合のポートフォリオを表す。ここで $w$ が $0 < w < 1$ となるよう，危険資産 A を併せて保有しよう。資産 A は資産 B よりも期待値・標準偏差が大きいから，資産 A を含めた保有は，資産 B のみの保有よりも，期待値と標準偏差が大きくなると考えるのが直感的であろう。しかし逓増の程度は，$h_{AB} = 1$ でないなら，期待値が大きくなっても標準偏差は直線的に大きくなるわけではない。

## 2.4 有効フロンティアと最適な資産選択

相関係数が 1 でないなら，期待値が大きくなるように 2 つの危険資産からポートフォリオを作っても，標準偏差は期待値ほど増えない。さらに相関係数の値によっては，資産 B の標準偏差よりも小さな標準偏差となるようなポートフォリオの作成も可能なのである。図 2.5 の曲線 AIB や曲線 AHB は，最も左の点が元の資産 B よりも左側にある。また相関係数が $-1$ のとき，折れ線 AGB が示しているように，標準偏差ゼロとなるポートフォリオさえ作成できる。これらのことは，資産 B だけではなく資産 A をも併せて保有する，つまり分散投資をすることで，全体のリスクを軽減できるということを表している。このことを一般にリスク分散ないし分散化投資のメリットと称する。

相関係数が 1 であるなら，直線 AKB が表すように，ポートフォリオの期待値が大きくなるに従い，その標準偏差も直線的に大きくなってしまう。これではリスク分散とはいえない。通常，相関係数が 1 であるような資産は，ほぼ同様な資産であると考えられる。例えば国債と事業債の価格変動 (収益率) の相関係数は 1 に近いであろう。これらは同じ「債券」というグループに属し，国債と事業債の間で分散投資しても，ここで述べたような収益率のリスク軽減という意味では，分散化投資のメリットがあるとはいえない。これに対して「株式」というグループではどうであろう。著者の知る範囲では，相関係数が 1 に近い株式銘柄は存在しないといってもよい。この章では，危険資産として主に株式を念頭に置いているので，以下では危険資産の収益率の相関係数は 1 よりも小さいものと想定する。

### 2.4.2 $n$ 個の危険資産のみ存在する場合

3 つの危険資産 A，B，C のみが存在するときを考えよう。実は $n$ 個の危険資産に一般化しても議論自体は全く同じであるので，以下では危険資産が 3 つのみ存在するとして議論しよう。危険資産 A，B，C は図 2.6 の各々，点 A，点 B，点 C で表されている。各資産間の相関係数は 1 より小さいものとすると，前の 2 資産の場合の議論を適用し，資産 A と資産 B とから曲線 AHB という投資機会の軌跡が作られる。また資産 B と資産 C とから曲

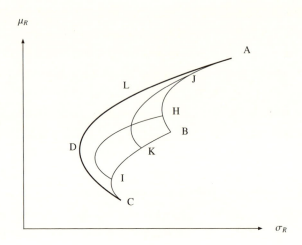

図 2.6　$n$ 個の危険資産のケース

線 BIC という投資機会の軌跡が作られる。3 つの危険資産が存在すると話はここで留まらない。というのは，曲線 AHB 上の任意の点を 1 つの危険資産とみなし，曲線 BIC 上の任意の点を 1 つの危険資産とみなして，これら 2 つを組合せるポートフォリオを形成することができるからである。例えば曲線 HI や曲線 JK がそうである。これら曲線上の点に相当するポートフォリオは，3 つの危険資産から構成されることになるであろう。このように危険資産が 1 つ増えて 3 つになっただけで，無数の投資機会軌跡を描くことができるようになるのである。

　ただ無数の軌跡が描けるからといって，もちろん最終的な投資機会まで自由自在になってしまうというわけではない。3 つの資産から構成されるポートフォリオの中で，同じ期待値をもたらすポートフォリオは無数に存在するが，そのうち最も標準偏差の小さなポートフォリオが必ず存在する。例えば点 L の高さに相当する期待値をもたらす無数のポートフォリオの中で，最小の標準偏差をもたらすポートフォリオが存在し，そのポートフォリオの標準偏差の値から点 L が与えられることになる。

## 2.4 有効フロンティアと最適な資産選択

このように，期待値の様々な値に対して，最小の標準偏差をもたらすポートフォリオを求め，そのポートフォリオの標準偏差の値とそのときの期待値の値とを，$\mu_R - \sigma_R$ 平面にプロットしていって求められる軌跡が曲線 ALDC である。曲線 ALDC はある期待値の下で実現可能な最小の標準偏差を与えたものであるので，ある期待値を確保する際のリスク分散の限界といえる。このように，3 つの危険資産から作り出される実現可能な投資機会は，ALDCBA というエリアで表されることになる。なお点 D は，曲線の最も左側の点であり，すべてのポートフォリオの中で最小の標準偏差をもたらすものである。

### ＜補論：曲線 ALDC を求めるには＞

曲線 ALDC の導出を数学を使って表現すると次のとおりである。資産 A，B，C の収益率の期待値と標準偏差は各々，$(\mu_A, \sigma_A)$，$(\mu_B, \sigma_B)$，$(\mu_C, \sigma_C)$ で，また資産間の収益率の相関係数は $h_{AB}$，$h_{AC}$，$h_{BC}$ で与えられている。これら 3 つの資産に対する投資配分を各々，比率 $w_A$，$w_B$，$w_C$ で表し，これらは $w_A + w_B + w_C = 1$ である。任意の保有比率 $(w_A, w_B, w_C)$ に対して，ポートフォリオ収益率は $\tilde{R}_P = w_A \tilde{R}_A + w_B \tilde{R}_B + w_C \tilde{R}_C$ であるから，この期待値と標準偏差は

$$E(\tilde{R}_P) = w_A \mu_A + w_B \mu_B + w_C \mu_C$$
$$\sigma(\tilde{R}_P) = [w_A^2 \sigma_A^2 + w_B^2 \sigma_B^2 + w_C^2 \sigma_C^2 \\ + 2(w_A w_B h_{AB} \sigma_A \sigma_B + w_A w_C h_{AC} \sigma_A \sigma_C + w_B w_C h_{BC} \sigma_B \sigma_C)]^{\frac{1}{2}} \tag{2.3}$$

のようになって，これらは $(w_A, w_B, w_C)$ という 3 つの変数の関数になっている。ここで次のような制約条件付最小化問題を考えよう。

$$\min_{w_A, w_B, w_C} \sigma(\tilde{R}_P) \quad \text{subject to} \quad \begin{cases} w_A + w_B + w_C = 1 \\ E(\tilde{R}_P) = \overline{\mu} \end{cases}$$

これは，ポートフォリオの収益率期待値を $\overline{\mu}$ としておいて，その標準偏差を最小化するような保有比率 $(w_A, w_B, w_C)$ を求めようという問題である。実際にこの問題を解いて，求められた $(w_A, w_B, w_C)$ を使って $\sigma(\tilde{R}_P)$ の値を計算する。そして同様の問題を，$\mu_C \leq \overline{\mu} \leq \mu_A$ の範囲にある様々な $\overline{\mu}$ の値について解くことで，制約条件となった期待値と

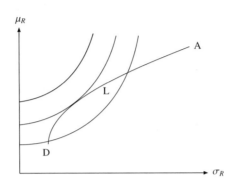

図 2.7 危険資産のみの最適ポートフォリオ

求められた標準偏差とをプロットしていくと，曲線 ALDC が求められる。

==============================<補論終わり>

　ではこのエリアの中で，危険回避者の投資家が選択対象とすべき部分はどこであろうか。危険回避者の投資家というのは，同じ期待値であるなら，標準偏差が小さいポートフォリオほど期待効用が高くなった。ということは，同じ期待値であれば，標準偏差を最小にするポートフォリオを選択するであろう。従って ALDCBA というエリアの中で，投資家の選択対象となり得るのは曲線 ALDC 上のみということになる。
　ところで，今度は標準偏差が同じであれば期待値の大きいポートフォリオが当然選択される。ということは，曲線 ALDC 上のポートフォリオのうち，曲線 DC 上のものは，同じ標準偏差でより大きな期待値の別のポートフォリオが存在するため，決して選択されることはない。以上のことから結局，曲線 ALD 上のポートフォリオが危険回避的な投資家の最終的な選択対象である。この曲線 ALD を有効フロンティアといい，曲線 ALD 上に相当するポートフォリオを有効ポートフォリオという。

## 2.4 有効フロンティアと最適な資産選択

もし投資家の資産が危険資産のみから成るのであれば，その最適な資産選択は図 2.7 のように表現できる．投資家の投資機会は有効フロンティア ALD であるので，この曲線上で期待効用を最大にする点を選べばよい．つまり投資家の最適な意思決定 (最適ポートフォリオ) は，無差別曲線と有効フロンティアとが接する点であり，この点に対応するポートフォリオを最適な危険資産の組合せとすればよい．

### 2.4.3 安全資産を考慮する場合

投資家の選択対象となる投資機会の軌跡，つまり有効フロンティアが曲線 ALD で表せるというのは，あくまでも危険資産だけからポートフォリオを作成しようという場合である．実は (複数の) 危険資産に安全資産を組合せると，その有効フロンティアを，危険資産のみの場合よりもさらに左上にシフトさせることが可能である．従って危険資産のポートフォリオに安全資産を組合せたポートフォリオの方が，危険資産のみから成るポートフォリオよりも投資家に高い期待効用を与えることになる．

安全資産とは収益率のリスクのない資産のことであった．リスクがゼロということは収益率の標準偏差がゼロであるから，安全資産は $\mu_R - \sigma_R$ 平面の縦軸上の点として表すことができる．以下では安全資産の収益率を $R_F$ とし，これを無危険利子率と称する．図 2.8 にあるように，縦軸上の点 $R_F$ が安全資産を表している．なおいうまでもないが，$E(R_F) = R_F$，$\sigma(R_F) = 0$ である．[*5]

さてこの安全資産と組合せるべき危険資産の方であるが，投資家の選択対象となり得る危険資産の組合せは，曲線 ALD 上のポートフォリオであった．従って安全資産と危険資産との資産選択は，曲線 ALD 上の点に相当する (危険資産のみから成る) ポートフォリオを，あたかも 1 つの危険資産であるかのようにみなし，これと安全資産とを組合せることを考えればよい．いいかえると，安全資産に相当する縦軸上の点 $R_F$ と，危険資産に相当する

---

[*5] もし複数の安全資産が存在するなら，最大の収益率のものが選ばれ，この収益率を $R_F$ とする．

曲線 ALD 上の任意の点とを組合せると，どのような投資機会軌跡を作ることができるのかということになる。

今，曲線 ALD 上の任意の点に相当するポートフォリオについて，その収益率期待値を $E(\tilde{R}_R)$，標準偏差を $\sigma(\tilde{R}_R)$ で表そう。安全資産を比率 $w_F$ で，曲線 ALD 上の危険資産ポートフォリオを比率 $1-w_F$ で組合せるようなポートフォリオを考えよう。このポートフォリオ収益率 $\tilde{R}_P$ は $\tilde{R}_P = w_F R_F + (1-w_F)\tilde{R}_R$ で，期待値と標準偏差は次のとおりである。

$$E(\tilde{R}_P) = w_F R_F + (1-w_F)E(\tilde{R}_R)$$
$$\sigma(\tilde{R}_P) = (1-w_F)\sigma(\tilde{R}_R)$$
(2.4)

このように，$\sigma(R_F) = 0$ であるために $\sigma(\tilde{R}_P)$ は非常に簡単な形になってしまう。様々な $w_F$ の値に対して $E(\tilde{R}_P)$ と $\sigma(\tilde{R}_P)$ の様々な値が対応し，投資機会軌跡は，上の2つの式から $w_F$ を消去すると，

$$E(\tilde{R}_P) = R_F + \frac{E(\tilde{R}_R) - R_F}{\sigma(\tilde{R}_R)}\sigma(\tilde{R}_P)$$

という直線となる。この直線は，式を見るとわかるように，安全資産を表す点 $R_F$ と，危険資産を表す曲線 ALD 上の任意の点 $\bigl(E(\tilde{R}_R), \sigma(\tilde{R}_R)\bigr)$ とを結んだ直線に他ならない。

そこで，曲線 ALD 上のどのポートフォリオを危険資産ポートフォリオとして選ぶべきか。図 2.8 にあるように，曲線 ALD 上の無数の危険資産ポートフォリオに応じて，上で求めた投資機会軌跡は無数に存在することになる。ところで投資家の期待効用は $\mu_R - \sigma_R$ 平面の左上ほど高くなった。ということは，無数の投資機会の直線のうち結局，点 $R_F$ から曲線 ALD への接線 $R_F$T が，投資家の期待効用を最大にし得る投資機会軌跡になる。従って危険資産の組合せとしては，接点 T に対応するポートフォリオが最も好ましいものとして選ばれる。すなわち，図 2.8 にあるように，接点 T の危険資産ポートフォリオと安全資産とを組合せた投資機会軌跡 $R_F$T が，投資家の期待効用を最大にし得るという意味で，安全資産を考慮して資産選択する場合の有効フロンティアである。[*6]

---

[*6] 今，個々の資産の保有比率に制約はなく，負の保有比率 (危険資産の空売り) も可能で

## 2.4 有効フロンティアと最適な資産選択

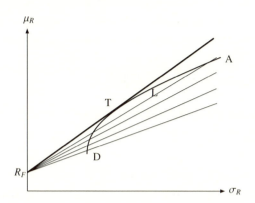

図 2.8 安全資産と危険資産の投資機会軌跡

　直線 $R_F\mathrm{T}$ は，曲線 ALD への接線であるから曲線 ALD よりも必ず左上方に位置する．曲線 ALD は危険資産のみから資産選択する場合の有効フロンティアであった．以上のことは，資産選択の対象の中に，危険資産のみならず安全資産を新たに加えることで，有効フロンティアは曲線 ALD から直線 $R_F\mathrm{T}$ へと変更され，投資家の期待効用はより高い値を達成できることを意味している．従って期待効用を最大化しようとする投資家は，通常，危険資

---

あるとする．この場合，厳密にいうと，図 2.8 にあるような形で有効フロンティアが導出できるためには，無危険利子率 $R_F$ が点 D のポートフォリオの収益率期待値よりも小さくなければならない．もしこの条件が満たされないなら，安全資産を含む場合の有効フロンティアは導出できないか，導出できたとしても全く異なる形になる．もう少し直感的にいうと，点 $R_F$ が点 D よりも高い所に位置するなら，点 $R_F$ から曲線 ALD に接線を引くことはできない．図 2.8 を見ると接線を引けそうにも見えるが，これは図が不正確であることによる．この議論は本書の範囲を超えるので省略するが，詳しくは Huang-Litzenberger(1988)，日本語なら沢木 (1994) を参照願いたい．曲線 ALD は正確には双曲線であり，本書では曲線 ALD を描画ソフトで描いたが，双曲線を上手に書くことはできなかったのでご容赦頂きたい．なお本書の以下の議論ではこの条件が満たされているものとしている．

産のみではなく必ず危険資産に安全資産を組合せることになる。[*7] この点に関して，投資家に選択される最適ポートフォリオには興味深い特徴が存在する。これが次に説明される「分離定理」といわれるものである。

### 2.4.4 最適ポートフォリオと分離定理

安全資産と危険資産から作られる有効フロンティアは接線 $R_F$T であるので，投資家の期待効用を最大化する最適なポートフォリオとは，投資家の無差別曲線と直線 $R_F$T との接点で表されることになる。これは図 2.9 で示されている。図 2.9 には 2 つの無差別曲線群が描かれている。投資家の危険回避度が大きい場合は，それの小さい場合に比べ，リスク(標準偏差)の一定の増加に対して，期待値の増加がより大きいものでなければ期待効用を一定に保てない。従って危険回避度の大きい場合の無差別曲線は，小さい場合に比べて，傾きの急な曲線になるであろう。図 2.9 の点 V は投資家の危険回避度が大きい場合の最適ポートフォリオ，点 Y は危険回避度が小さい場合の最適ポートフォリオということができる。

ところで分離定理を説明する前に，図 2.9 の点 V や点 Y の意味を確認しておこう。まず点 V は点 $R_F$ と点 T の中間に位置している。これは安全資産と危険資産との保有比率 $w_F$ が $0 < w_F < 1$ の範囲内にあることを意味し，投資家の保有する富の金額が $W$ であるとすると，$W$ の一部 $w_F W$ の金額だけ安全資産を保有し，残りの $(1-w_F)W$ の金額で，接点 T に相当するポートフォリオをあたかも 1 つの危険資産であるかのように保有する。ちなみに点 $R_F$ は $w_F = 1$ を意味し，富 $W$ のすべてが安全資産で保有される。また点 T は $w_F = 0$ で，富 $W$ のすべてが接点 T の危険資産ポートフォリオで保有される。

では次に点 Y はどうであろう。点 Y は点 T の右側にあり，この部分は $w_F < 0$ に相当する。$w_F < 0$ とは，安全資産のマイナス保有であるので借入に他ならない。この投資家は，無危険利子率 $R_F$ で借入をしているのである。

---

[*7] 唯一の例外は接点 T を最適ポートフォリオとして選ぶ投資家で，安全資産は保有されない。

## 2.4 有効フロンティアと最適な資産選択

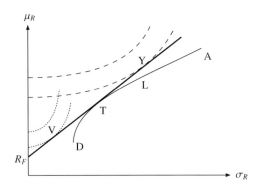

図 2.9　最適ポートフォリオ

従って点 Y を選択する投資家のポートフォリオは，$|w_F W|$ の金額を借入れて ($w_F W$ の値は負)，この資金と自分の富 $W$ との合計金額だけ接点 T の危険資産ポートフォリオを保有する。なおこの危険資産への投資金額は $(1-w_F)W$ であるが，この値は $w_F < 0$ より $W$ よりも大きく，$W$ を超過する額が借入額である。

さて期待効用を最大化する最適点が点 V であれ点 Y であれ，[*8] 投資家は，危険資産として接点 T に相当するポートフォリオを選択することに変わりはない。すなわち，直線 $R_F$T が有効フロンティアである限り，投資家の危険回避度がいかなるものであっても，接点 T のポートフォリオが危険資産として選択されるのである。それでは接点 T はどのように決定されたかというと，これは，点 $R_F$ から曲線 ALD への接点であるから，個々の危険資

---

[*8] もし無差別曲線が上に凸な曲線なら，どのようなことになるか。最適点は直線 $R_F$T の端点である。ただしここでは完全資本市場の仮定 7 より，投資家は無制限に無危険利子率 $R_F$ で借入可能であるから，有効フロンティアは直線 $R_F$T を無制限に右側に延長できる。従って最適ポートフォリオは，無限大の資金を借入れて接点 T の危険資産ポートフォリオに投資するということになる。これが現実的に納得のいく結論でないことは明らかであろう。また借入が一切不可能なら，有効フロンティアは点 $R_F$ から点 T までであるが，どちらの点が端点解として選択されるかは無差別曲線の形に依存する。もし点 $R_F$ が選ばれるなら，最適ポートフォリオは安全資産に集中投資することである。

産の収益率期待値と標準偏差や相関係数(曲線 ALD が決まる),そして無危険利子率とから決定されるので,接点 T の決定に投資家の選好(危険回避度)は全く影響を与えない(投資家が危険回避者であるという大前提を除いて)。このように,投資家の選好(危険回避度)にかかわらず,危険資産として接点 T のポートフォリオが必ず選択され,その接点 T の決定自体は投資家の選好(危険回避度)から独立している。このことを一般に「分離定理」という。これが,2 パラメーターアプローチにおける最適な資産選択の最も顕著な特徴である。

この「分離定理」の意味するところを,もう少し具体的に述べよう。接点 T が何を意味しているのかというと,これは危険資産全体に対する個々の危険資産の保有比率を表す。つまり危険資産のみを考慮して,個々の危険資産を組合せてポートフォリオを作る際,その構成比率を表すのが接点 T である。接点 T の決定が投資家の選好から独立しているということは,危険資産ポートフォリオの構成比率が,投資家の選好に依存することなく決定できるということである。ということは,投資家が資産選択をする際,個々の危険資産をどのように組合せて危険資産ポートフォリオを作成すればよいのかという問題は,その危険資産ポートフォリオをどのように安全資産と組合せるのかという問題から,分離していることになる。すなわち,資産選択問題はまず前者の問題を(投資家の選好とは独立に)解く。そして後者の問題は,その解を所与として投資家の選好を考慮して解くことになる。このようにして投資家の最適ポートフォリオが決定されるのである。

### ＜補論：最適ポートフォリオを求めるには＞

投資家の最適ポートフォリオを実際にどうやって求めるのか,ここでは具体的な計算方法に関するアイディアを示そう(表計算ソフトで計算できるように)。資産選択の対象資産は,3 つの危険資産 A, B, C と安全資産であるとする。前で使われた記号をそのまま利用すると,危険資産全体に対する個々の危険資産の保有比率は各々,$w_A$, $w_B$, $w_C$ で,$w_A + w_B + w_C = 1$ であった。曲線 ALD は前で述べた制約条件付き最小化問題を解くことで導出できたが,その問題は,期待値の値 $\bar{\mu}$ を制約条件として,標準偏差を最小化する保有比率を求めようとするものであった。これから求められた保有比率は制約条件の値 $\bar{\mu}$ の

## 2.4 有効フロンティアと最適な資産選択

関数である。このことを明示して $(w_A^*(\overline{\mu}), w_B^*(\overline{\mu}), w_C^*(\overline{\mu}))$ と記す。これら関数は，普通に表現すると繁雑であるので明記しないが，行列を用いるなら比較的単純な形になる。ただ行列の説明は本書の範囲を超えてしまうので，具体的な関数形については沢木 (1994) などの文献を参照願いたい。

次にこれら関数を (2.3) 式の $\sigma(\tilde{R}_P)$ の中にある $(w_A, w_B, w_C)$ に各々代入する。するとこの $\sigma(\tilde{R}_P)$ も $\overline{\mu}$ の関数になり，これを明示して $\sigma^*(\overline{\mu})$ と記す。この $\sigma^*(\overline{\mu})$ こそ曲線 ALD を表す式に他ならない。さて曲線 ALD と $R_F$ の値が与えられるなら，接点 T と接線 $R_F$T を求めることができるが，これをどうやって計算すればよいか。方法はいろいろ考えられるが，最も単純なものは，点 $R_F$ と曲線 ALD 上の任意の点の傾きを最大化する問題を解けばよい。曲線 ALD 上の任意の点とは $(\overline{\mu}, \sigma^*(\overline{\mu}))$ のこと (本文では $(E(\tilde{R}_R), \sigma(\tilde{R}_R))$ のこと) であるから，その傾きとは

$$\frac{\overline{\mu} - R_F}{\sigma^*(\overline{\mu})}$$

であり，これを $\overline{\mu}$ について最大化すればよい。この問題は，表計算ソフトに付属のプログラムを使えば極めて簡単に解くことができる。求められた解を $\mu_T$ とすると，$(w_A^*(\mu_T), w_B^*(\mu_T), w_C^*(\mu_T))$ が接点 T のポートフォリオである。

次の問題として，この投資家は，富に対して安全資産を比率 $w_F$ で，危険資産ポートフォリオを比率 $1 - w_F$ で保有する。接点 T は $(\mu_T, \sigma^*(\mu_T))$ で与えられるので，有効フロンティアは，

$$E(\tilde{R}_P) = w_F R_F + (1 - w_F)\mu_T$$
$$\sigma(\tilde{R}_P) = (1 - w_F)\sigma^*(\mu_T)$$

として記すことができる。この期待値と標準偏差を適当な期待効用の関数 $EU(E(\tilde{R}_P), \sigma(\tilde{R}_P))$ に代入し，これを最大化するように $w_F$ を解くと，最適ポートフォリオが計算できる。この解を $w_F^*$ とすると，富 $W$ を持つ投資家の最適ポートフォリオは安全資産に $w_F^* W$ を，接点 T の危険資産ポートフォリオに $(1 - w_F^*)W$ を配分し，この危険資産ポートフォリオを構成するのに，各々個別の危険資産 A，B，C の保有額は $(1 - w_F^*)w_A^*(\mu_T)W$，$(1 - w_F^*)w_B^*(\mu_T)W$，$(1 - w_F^*)w_C^*(\mu_T)W$ となる。

==============================<補論終わり>

## 2.5 マーケットポートフォリオと資本市場線

　前節の議論は投資家の意思決定の問題で，主体レベルの議論であった。この節では個々の投資家の資産選択を所与として，複数の投資家を市場集計するところから話を始めよう。すなわち，議論は市場レベルの話へと移る。そして市場の均衡というものを考えて，均衡におけるリスクとリターンの関係を導出する。

　個々の投資家の資産への需要は，前節で述べたような資産選択の議論から決まるが，今度は市場全体の需要を把握するために，複数の投資家の資産選択を考え，彼らの資産への需要を集計するということをしなければならない。ただ複数の投資家が存在するというだけでは，投資家といっても様々な投資家が存在し得るため，議論が非常に複雑になって，単純な形の結論を得ることはとても無理である。そこで市場レベルの議論をする際には，強い仮定を1つ置くことが必要不可欠になる。その仮定とは期待の同質性といわれるものである。

　期待の同質性の仮定とは，すべての投資家が資産収益率の期待値と標準偏差，相関係数に同じ値を想定することをいい，この仮定の結果，資産収益率の予想が投資家の間で異なることはなくなる。例えば2人の投資家がいて，資産Aという銘柄に，投資家1は期待値20%と標準偏差18%，投資家2は期待値30%と標準偏差25%という具合いに，各々独自の収益率の予想をたてているというのが現実的な姿であろう。期待の同質性とは，すべての投資家が，例えば資産Aという銘柄なら期待値24%と標準偏差20%，資産Bという銘柄なら期待値35%と標準偏差27%というように，各銘柄に対して同じ予想をしていることをいう。

　この期待の同質性を仮定する結果，どのようなことが考えられるのか。各資産収益率の期待値や標準偏差，相関係数の値がすべての投資家で共通ということは，これらの値から描かれる曲線ALDや直線$R_F$Tは，すべての投資家で寸分違わぬ同じ図が描かれるということである。つまり図2.8はすべて

## 2.5 マーケットポートフォリオと資本市場線

の投資家で同じものになる。ところで，今仮定されているのは投資家の期待についての同質性だけで，投資家の危険回避度については何も仮定されていない。投資家の危険回避度は投資家毎に異なっているのであるが，前で述べた分離定理から，すべての投資家は，その危険回避度にかかわらず危険資産ポートフォリオとして接点 T を選択する。そして今，すべての投資家が同じ有効フロンティアの図を描くのであるから，すべての投資家について接点 T は同じものであるはずである。このことは，接点 T に相当するポートフォリオを作成する際，すべての投資家について，個々の危険資産相互の構成比率は同じであることを意味している。

もっと具体的にいうと，危険資産は 3 つのみ存在するとして，接点 T の危険資産ポートフォリオが，例えば資産 A に 10%，資産 B に 40%，資産 C に 50% の割合 (危険資産相互の構成比率は 1:4:5) で，個々の危険資産を組合せるものであるとする。するとすべての投資家が，個々の危険資産を 1:4:5 の構成比率で保有しようとするというのが，この説明の意味である。ただし安全資産と接点 T の危険資産ポートフォリオとの組合せ比率は，各投資家の危険回避度に応じて異なるものとなることに注意されたい。

各投資家の危険資産に対する需要が以上のような場合，複数の投資家の需要を集計した市場均衡はどのような姿となるであろうか。いうまでもなく，市場均衡とは，存在する危険資産のすべてが投資家に過不足なく保有されている状態のことをいう。結論からいうと，すべての投資家が危険資産ポートフォリオとして，現存する危険資産のミニチュアセットを保有する状態が市場均衡であるといえる。ここのミニチュアセットとは何か。またどうしてこれが均衡といえるのか。これらを説明するには話を具体的にした方がわかりやすい。

3 つの危険資産 A, B, C のみがこの世界に存在するものとしよう。またこの世界で投資家は 2 人のみであるとしよう。投資家 1 の富は 100，投資家 2 の富は 50 であるとする。各々の危険回避度 (無差別曲線の形) に応じて，投資家 1 は富の 80% を，投資家 2 は富の 40% を危険資産ポートフォリオに配分する。すると，危険資産への総投資額は投資家 1 が 80，投資家 2 は 20 ということになる。また投資家 1 と投資家 2 の保有しようとする危険資

産ポートフォリオ，つまり接点 T は資産 A，B，C に 1:4:5 の比率で投資するようなものであるとする．これらのことから，投資家 1 と投資家 2 の危険資産 A，B，C への需要金額は次の表のようにまとめられる．

|  | A | B | C | 合計 |
|---|---|---|---|---|
| 投資家 1 | 8 | 32 | 40 | 80 |
| 投資家 2 | 2 | 8 | 10 | 20 |
| 需要計 | 10 | 40 | 50 |  |

他方，資産の現存量は，各資産の時価総額 (株式ならば，発行済株式数 ×1 株当り株価) で与えられ，危険資産 A，B，C の現在の時価総額が

|  | A | B | C |
|---|---|---|---|
| 時価総額 | 5 | 35 | 60 |

であったとしよう．このとき，危険資産 A に対しては 10 という金額の需要に対し，現存量は 5 しかないので需要超過である．また資産 B についても同様に需要超過である．他方，資産 C については，50 という金額の需要に対し現存量は 60 も存在するから，供給超過といえる．通常，需要超過であれば価格は上がり，供給超過であれば価格は下がるので，A と B の価格は上昇し，C の価格は下落するであろう．価格が変化すれば当然，時価総額が変化することになる．

話を単純にするため，この価格変化に対して接点 T が不変であるとすると，結局，時価総額が

| <均衡> | A | B | C |
|---|---|---|---|
| 時価総額 | 10 | 40 | 50 |

となるように価格が調整されて，このとき，2 人の投資家からの需要額に現存量である時価総額が等しくなるので，市場均衡の成立するところとなる．時価総額は資産 A が 10，資産 B が 40，資産 C が 50 に対して，投資家 1 はちょうど時価総額の 4/5 の各資産を需要し，投資家 2 はちょうど時価総額の 1/5 の各資産を需要する．

このように投資家は，結果的には危険資産の現存量 (時価総額) に関する構成比率でもって，危険資産ポートフォリオを作成すべく個々の危険資産を需要する．このとき，投資家の保有する危険資産ポートフォリオは，市場に存

## 2.5 マーケットポートフォリオと資本市場線

在するすべての資産の集合のミニチュアを保有しているかのようである。これが，市場均衡においては，各投資家が現存する危険資産のミニチュアセットを保有するということの意味である．つまりこの単純なケースでは，投資家 1 は市場に存在するすべての危険資産の集合に対して，4/5 のスケールのミニチュアとなる危険資産ポートフォリオを保有し，投資家 2 は 1/5 のスケールのミニチュアを保有する．[*9]

要するに，すべての投資家が危険資産ポートフォリオとして，接点 T の表す構成比率でもって個々の危険資産を需要し，そしてすべての投資家について接点 T が同じものであるなら，この世に存在する危険資産は，接点 T の構成比率でもってしか存在し得ないのである．実際に現存する個々の危険資産は，その構成比率を達成すべく価格の上昇・下落を通じてその現存量が決められ，その結果，各危険資産の現存量と全投資家の需要額とが等しくなって，市場均衡が成立するのである．

このことから，もし市場が均衡しているということを前提にするなら，有効フロンティア $R_F T$ の接点 T は，投資家の最適な危険資産ポートフォリオを表すということに留まらず，あらゆる危険資産のすべての現存量に関する構成比率を表すことにもなる．そこで市場均衡を前提とするなら，接点 T は，市場全体の姿を表す特別なポートフォリオということになるから，マーケットポートフォリオという名前が与えられる．さらにマーケットポートフォリオと安全資産とを組合せることで，様々なリスク (標準偏差) とリターン (期待値) を持ったポートフォリオを作り出すことができるが，そのリスクとリターンの関係は，市場均衡とマーケットポートフォリオを前提にして導出されるものであるから，これは市場均衡におけるリスク・リターン関係を記述したものと考えることができる．この関係を表したものを資本市場線

---

[*9] 実はこの説明は議論を大幅に単純化してあり，実際はもっと複雑である．というのは，前の章でも述べたが，将来キャッシュフローの予想が不変であったとしても，価格 (株価) 調整は同時に期待利回りを変化させる．このことは，この章においては収益率期待値と標準偏差が変化することを意味するので，有効フロンティアは変化し，接点 T は変化してしまう．すなわち，市場の需給に不均衡があって価格が動くなら，価格の変動の度に，投資家は新しい有効フロンティアの図を描き直し，新しい接点 T を計算し直して危険資産を需要する．そして何度かの価格変動を繰り返した後，やがてすべての危険資産について，その需要が現存量に等しい状況が訪れる．これが市場均衡である．

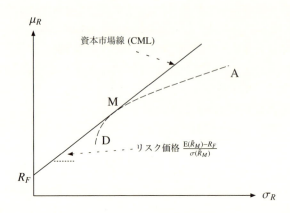

図 2.10　資本市場線

capital market line という。

　もっとストレートにいってしまうと，前の図 2.8 にあった接点 T と有効フロンティア $R_F$T は，あくまでも 1 人の投資家の資産選択に関する図である。しかしこの図に (期待の同質性を仮定して)「市場均衡」という概念を結びつけるなら，接点 T はマーケットポートフォリオ M に，有効フロンティア $R_F$T は資本市場線という名前に変わり，これらは均衡という市場レベルの概念に変身するのである。従って市場均衡を前提として描き直した図 2.10 は，一見すると図 2.8 と同じなのであるが，その経済的意味は全く違うのである。

　それでは資本市場線を定式化してみよう。マーケットポートフォリオと安全資産を組合せるといっても，手続き的には前の (2.4) 式のところで，危険資産ポートフォリオと安全資産を組合せて投資機会軌跡を求めた方法と全く同様である。ただ記号が変わるだけである。マーケットポートフォリオの収益率を $\tilde{R}_M$ で記すと，その期待値は $E(\tilde{R}_M)$，標準偏差は $\sigma(\tilde{R}_M)$ である。マーケットポートフォリオと安全資産を組合せたポートフォリオ収益率について，期待値 $E(\tilde{R}_P)$ と標準偏差 $\sigma(\tilde{R}_P)$ との関係は，(2.4) 式の $\tilde{R}_R$ を $\tilde{R}_M$ に置き

2.6 資本資産価格モデル：CAPM

換えて，次のように書ける．

$$\mathrm{E}(\tilde{R}_P) = R_F + \frac{\mathrm{E}(\tilde{R}_M) - R_F}{\sigma(\tilde{R}_M)} \sigma(\tilde{R}_P)$$

この直線が資本市場線である．これは市場均衡におけるリスク・リターンの関係なのであるから，この傾きは，リスク1単位の増加に対して市場均衡を達成するのに，リターンが何単位増えなければならないかを表している．つまり傾き $(\mathrm{E}(\tilde{R}_M) - R_F)/\sigma(\tilde{R}_M)$ は，市場均衡において，リスク1単位の増加に対して要求されるリターンの報酬を意味するから，リスク価格と称される．

## 2.6 資本資産価格モデル：CAPM

前節で述べた資本市場線とは，標準偏差というリスクに対して，市場均衡におけるリターン(期待値)の値を与えるものである．すなわち，リスクと，そのリスクに対し市場均衡に必要なリターンの組合せを表すものと考えてよい．しかしこのリスク・リターンの関係は，あくまでもマーケットポートフォリオを安全資産と組合せたものにすぎないので，各個別資産のリスク・リターンの関係がどのようなものであるかは明らかではない．そこで各個別資産について，均衡におけるリスク・リターンの関係を記述しようというのが，資本資産価格モデル (CAPM) といわれるものである．この関係を図で表したものを証券市場線という．この節では，まず2.6.1節でこれらの導出を展開した後，2.6.2節でその経済的意味を述べ，2.6.3節で簡単な現実への適用方法を述べる．

### 2.6.1 CAPMの導出

資本市場線の導出に際して，マーケットポートフォリオと安全資産とを組合せるというのは，1人の投資家から見れば，(均衡における) 有効フロンティア上のポートフォリオを作ることに他ならない．従って資本市場線とは，有効フロンティア上にあるポートフォリオについてのリスク・リターン

関係であるといえる。一般に，個々の危険資産が単独で有効フロンティア上にのることはないため，資本市場線自体は，個々の危険資産のリスク・リターン関係を記述するものではない。これを導出するにはもう一工夫必要なのである。

なぜ個々の危険資産のリスク・リターン関係を，資本市場線で記述できないのかというと，すべての投資家は個々の危険資産を，マーケットポートフォリオの中で保有しているのであって，単独で保有しているわけではないからである。個々の危険資産のリスクは，ポートフォリオの中では分散化されて小さくなってしまうから，個々の危険資産の収益率標準偏差そのものが実はそのままリスクになるわけではない。投資家にとって危険資産として関心があるのは，あくまでもマーケットポートフォリオであって個々の危険資産ではない。ということは，個々の危険資産がどの程度マーケットポートフォリオと関連があるのかという点が，投資家にとって真に大切なことということになる。

CAPMはこの観点から，個々の危険資産の均衡におけるリスク・リターン関係を導出する。この導出方法にはいくつかの方法があり，まずはごく直感的で大雑把な説明から始めよう。

投資家がある危険資産$i$を新たに(微小単位だけ)保有するとしよう。[*10] 彼の本当の関心はマーケットポートフォリオなのであるから，この資産のリスクに関して大切なことは，この追加保有がマーケットポートフォリオのリスクにどの程度の影響を与えるのかということになるであろう。実はこの影響度こそ，投資家にとって個別危険資産の真のリスクということになる。この影響度を測る物差しとして，資産$i$の構成比率$w_i$が増えるとき，マーケットポートフォリオのリスクがどの程度増えるのかを，

$$\frac{d\sigma(\tilde{R}_M)}{dw_i} = \frac{\mathrm{cov}(\tilde{R}_i, \tilde{R}_M)}{\sigma(\tilde{R}_M)} \tag{2.5}$$

---

[*10] どうして微小単位なのかというと，ある資産を余分に保有するということは，その投資家は危険資産ポートフォリオとして，マーケットポートフォリオを保有することにはならなくなってしまう。これは矛盾であるから，ほんのわずかに微小単位だけ保有するという想定をするのである。

## 2.6 資本資産価格モデル：CAPM

で与える。資産 $i$ の収益率が $\tilde{R}_i$，これとマーケットポートフォリオ収益率 $\tilde{R}_M$ との共分散が $\text{cov}(\tilde{R}_i, \tilde{R}_M)$ である。(2.5)式がリスクの量であるとすると，均衡におけるリスク価格は $(\text{E}(\tilde{R}_M) - R_F)/\sigma(\tilde{R}_M)$ であったので，これらの積

$$\frac{\text{E}(\tilde{R}_M) - R_F}{\sigma(\tilde{R}_M)} \frac{\text{cov}(\tilde{R}_i, \tilde{R}_M)}{\sigma(\tilde{R}_M)}$$

は，この資産 $i$ を保有することのリスクから必要になる均衡でのリターンを意味する。これは，前の章で述べた「リスク」に対する報酬，つまりリスクプレミアムに他ならない。

資産 $i$ の保有には「待ち」に対する報酬である純粋利子率も必要である。純粋利子率というのは無リスクな利子率ということであるので，これは無危険利子率のことである。従って無危険利子率とリスクプレミアムの和である

$$R_F + \frac{\text{E}(\tilde{R}_M) - R_F}{\sigma^2(\tilde{R}_M)} \text{cov}(\tilde{R}_i, \tilde{R}_M) \tag{2.6}$$

は，投資家が資産 $i$ を保有する際に必要となる要求利回りである。しかもこれは，マーケットポートフォリオという市場均衡を前提にしているので，リスクに対し均衡で必要となるリターンということでもある。ところで前の章で，資本市場均衡というのは要求利回りと期待利回りとが等しい状況であると述べた。ここの期待利回りとは単に資産 $i$ の収益率期待値 $\text{E}(\tilde{R}_i)$ であるので，これと (2.6) 式とが等しい状況

$$\text{E}(\tilde{R}_i) = R_F + \frac{\text{E}(\tilde{R}_M) - R_F}{\sigma^2(\tilde{R}_M)} \text{cov}(\tilde{R}_i, \tilde{R}_M) \tag{2.7}$$

がリスク・リターンの均衡関係ということになる。この最終的な (2.7) 式が，資本資産価格モデル (CAPM) といわれる式である。

### ＜補論：(2.5) 式の導出方法＞

(2.5) 式の微分計算は，行列の微分演算を用いれば一発で結果を得るのであるが，それは本書の範囲を超えてしまうので，ここでは再び，危険資産が 3 つのみの場合について計算してみよう。まず 3 つの危険資産 A，B，C から成るポートフォリオと，資産 A の収益率の共

分散 $\mathrm{cov}(\tilde{R}_A, \tilde{R}_P)$ がどのように書き直せるのかを確認しておこう。これは，$\tilde{R}_P = w_A \tilde{R}_A + w_B \tilde{R}_B + w_C \tilde{R}_C$ を用いて，次のように展開できる。

$$\begin{aligned}
\mathrm{cov}(\tilde{R}_A, \tilde{R}_P) &= \mathrm{cov}(\tilde{R}_A, w_A \tilde{R}_A + w_B \tilde{R}_B + w_C \tilde{R}_C) \\
&= w_A \sigma(\tilde{R}_A)^2 + w_B \mathrm{cov}(\tilde{R}_A, \tilde{R}_B) + w_C \mathrm{cov}(\tilde{R}_A, \tilde{R}_C) \quad (2.8)\\
&= w_A \sigma_A^2 + w_B h_{AB} \sigma_A \sigma_B + w_C h_{AC} \sigma_A \sigma_C
\end{aligned}$$

他方，(2.3) 式の $\sigma(\tilde{R}_P)$ を $w_A$ について微分してみよう。その結果は，

$$\frac{d\sigma(\tilde{R}_P)}{dw_A} = \frac{w_A \sigma_A^2 + w_B h_{AB} \sigma_A \sigma_B + w_C h_{AC} \sigma_A \sigma_C}{\sigma(\tilde{R}_P)}$$

であり，この分子は (2.8) 式の共分散に他ならない。また，ここのポートフォリオはマーケットポートフォリオであるから，$\tilde{R}_P$ を $\tilde{R}_M$ で置き換えると，本文のような結果を書くことができる。

===============================＜補論終わり＞

上の説明は，ごく大雑把なものにすぎないが，CAPM の本質を端的に表現したものといえる。この点については後で詳しく振り返る。次になすべきことは，CAPM をもっと形式的に数学を使って導出することであろう。この導出は次のとおりである。[11]

前と同じく，任意の危険資産 $i$ の期待値を $E(\tilde{R}_i)$，標準偏差を $\sigma(\tilde{R}_i)$ としよう。この危険資産とマーケットポートフォリオとを組合せるポートフォリオ Q を考え，このポートフォリオの収益率期待値を $E(\tilde{R}_Q)$，標準偏差を $\sigma(\tilde{R}_Q)$ とする。

$$\begin{aligned}
E(\tilde{R}_Q) &= w_Q E(\tilde{R}_i) + (1 - w_Q) E(\tilde{R}_M) \\
\sigma(\tilde{R}_Q) &= \sqrt{w_Q^2 \sigma^2(\tilde{R}_i) + (1 - w_Q)^2 \sigma^2(\tilde{R}_M) + 2 w_Q (1 - w_Q) \mathrm{cov}(\tilde{R}_i, \tilde{R}_M)}
\end{aligned} \quad (2.9)$$

$w_Q$ は構成比率であり，比率 $w_Q$ で資産 $i$ を，比率 $1-w_Q$ でマーケットポートフォリオを組合せている。比率 $w_Q$ を変化させると，$E(\tilde{R}_Q)$ と $\sigma(\tilde{R}_Q)$ は様々な値を取り得るが，その投資機会軌跡は図 2.11 の曲線 iMG のようになる。

---

[11] これは Fama(1968) の方法である。

## 2.6 資本資産価格モデル：CAPM

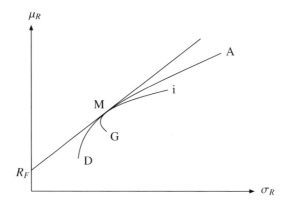

図 2.11　CAPM の導出

　曲線 iMG の点 M は，マーケットポートフォリオであるから $w_Q = 0$ に相当する。また資産 $i$ は図 2.11 の点 i である。2 つの危険資産の組合せのケースから，これらの点を結んだ曲線 iM は，$w_Q$ がプラスで $0 \le w_Q \le 1$ の場合に相当することがわかるであろう。それでは残りの曲線 MG の部分は何に相当するであろうか。これは実は $w_Q$ が負の場合に相当している。$w_Q$ が負とはどういうことなのであろうか。マーケットポートフォリオとは，現存するすべての危険資産の現存量の比率を構成比率とするポートフォリオであった。ということは，資産 $i$ が現存する限り，マーケットポートフォリオ M の中には必ず資産 $i$ が含まれているはずである。$w_Q$ が負とは，マーケットポートフォリオを構成する資産 $i$ の保有分を減らして，ポートフォリオ Q を作るということに他ならない。
　このようにして得られる曲線 iMG であるが，ここで大事なことは，曲線 iMG と曲線 AMD とは，点 M で接しなければならないということである。証明は非常に形式的なものになるため本書では省略するが，直感的には図から明らかであろう。曲線 AMD は，(3 つ以上の) 危険資産のみから作成される有効フロンティアであるが，これは無数に描かれる危険資産の組合せの投

資機会軌跡の包絡線でもある．大雑把にいうと，包絡線とは，すべての曲線を包み込むような曲線という意味であるが，これら無数の曲線の少なくとも1つと必ず接していなければならない．従って包絡線上の点（例えば点 M）を使って作成されるポートフォリオの投資機会軌跡は，必ずこの包絡線と接していなければならない．もし接するのではなく交わっているのであれば，この包絡線はすべての曲線を包み込むことにならなくなってしまうので，包絡線ではなくなってしまう．

　曲線 iMG が曲線 AMD と点 M で接するということは，直線 $R_F$M とも接しているということである．ということは，曲線 iMG の点 M での接線の傾きは，直線 $R_F$M の傾き $(\mathrm{E}(\tilde{R}_M) - R_F)/\sigma(\tilde{R}_M)$ に等しくなっていなければならない．そこで曲線 iMG の点 M における傾きを求めると，これは

$$\frac{\sigma(\tilde{R}_M)[\mathrm{E}(\tilde{R}_i) - \mathrm{E}(\tilde{R}_M)]}{\mathrm{cov}(\tilde{R}_i, \tilde{R}_M) - \sigma^2(\tilde{R}_M)} \tag{2.10}$$

のようになるので，結局，次の式が成立していなければならない．

$$\frac{\sigma(\tilde{R}_M)\left[\mathrm{E}(\tilde{R}_i) - \mathrm{E}(\tilde{R}_M)\right]}{\mathrm{cov}(\tilde{R}_i, \tilde{R}_M) - \sigma^2(\tilde{R}_M)} = \frac{\mathrm{E}(\tilde{R}_M) - R_F}{\sigma(\tilde{R}_M)}$$

この式を書き換えると，次の CAPM の式が得られるのである．

$$\mathrm{E}(\tilde{R}_i) = R_F + \frac{\mathrm{E}(\tilde{R}_M) - R_F}{\sigma^2(\tilde{R}_M)} \mathrm{cov}(\tilde{R}_i, \tilde{R}_M)$$

### ＜補論：(2.10) 式の導出＞

　どうして曲線 iMG の点 M での傾きが (2.10) 式であるのか，ここで簡単に説明しよう．まず $\mathrm{E}(\tilde{R}_Q)$ と $\sigma(\tilde{R}_Q)$ を $w_Q$ について微分すると，

$$\frac{d\mathrm{E}(\tilde{R}_Q)}{dw_Q} = \mathrm{E}(\tilde{R}_i) - \mathrm{E}(\tilde{R}_M)$$

$$\frac{d\sigma(\tilde{R}_Q)}{dw_Q} = \frac{w_Q \sigma^2(\tilde{R}_i) - (1-w_Q)\sigma^2(\tilde{R}_M) + (1-2w_Q)\mathrm{cov}(\tilde{R}_i, \tilde{R}_M)}{\sigma(\tilde{R}_Q)}$$

であるが，曲線 iMG 上の任意の点における傾きとは，これら 2 つの

## 2.6 資本資産価格モデル：CAPM

微分の比で表される。

$$\frac{d\,\mathrm{E}(\tilde{R}_Q)}{d\sigma(\tilde{R}_Q)} = \left.\frac{d\,\mathrm{E}(\tilde{R}_Q)}{dw_Q}\right/\frac{d\sigma(\tilde{R}_Q)}{dw_Q}$$

$$= \frac{\sigma(\tilde{R}_Q)[\mathrm{E}(\tilde{R}_i) - \mathrm{E}(\tilde{R}_M)]}{w_Q \sigma^2(\tilde{R}_i) - (1 - w_Q)\sigma^2(\tilde{R}_M) + (1 - 2w_Q)\mathrm{cov}(\tilde{R}_i, \tilde{R}_M)}$$

これを点 M について求めればよいのであるが，点 M ということは $w_Q = 0$ であり，このとき $\sigma(\tilde{R}_Q) = \sigma(\tilde{R}_M)$ であるから，これらを代入すると，上の式は次のように本文の (2.10) 式となる。

$$\left.\frac{d\,\mathrm{E}(\tilde{R}_Q)}{d\sigma(\tilde{R}_Q)}\right|_{w_Q=0} = \frac{\sigma(\tilde{R}_M)[\mathrm{E}(\tilde{R}_i) - \mathrm{E}(\tilde{R}_M)]}{\mathrm{cov}(\tilde{R}_i, \tilde{R}_M) - \sigma^2(\tilde{R}_M)}$$

==============================＜補論終わり＞

### 2.6.2 CAPM の解釈

CAPM の経済的意味をわかりやすいものにするために，次のような書き換えをしよう。

$$\begin{aligned}\mathrm{E}(\tilde{R}_i) &= R_F + \frac{\mathrm{E}(\tilde{R}_M) - R_F}{\sigma(\tilde{R}_M)} \frac{\mathrm{cov}(\tilde{R}_i, \tilde{R}_M)}{\sigma(\tilde{R}_M)\sigma(\tilde{R}_i)} \sigma(\tilde{R}_i) \\ &= R_F + \frac{\mathrm{E}(\tilde{R}_M) - R_F}{\sigma(\tilde{R}_M)} \mathrm{corr}(\tilde{R}_i, \tilde{R}_M)\sigma(\tilde{R}_i) \end{aligned} \quad (2.11)$$

ここで $\mathrm{corr}(\tilde{R}_i, \tilde{R}_M)$ は，資産 $i$ とマーケットポートフォリオの収益率どうしの相関係数である。これに資産 $i$ の $\sigma(\tilde{R}_i)$ をかけたものが資産 $i$ に関するリスクといえる。

前でも述べたが，投資家はあくまでも危険資産としてマーケットポートフォリオを保有する。資産 $i$ は，単独で保有されているわけではなく，マーケットポートフォリオの中の一構成要素としてのみ保有されているのである。であるなら，資産 $i$ 単独の元々のリスクは $\sigma(\tilde{R}_i)$ であるが，投資家が本当にリスクとして感知するのは，資産 $i$ のリスクのうち，マーケットポートフォリオと共変する部分と考えるのが妥当であろう。資産 $i$ の収益率が，

マーケットポートフォリオ収益率と，どの程度共に変動するのかということを示す尺度が相関係数 $\mathrm{corr}(\tilde{R}_i, \tilde{R}_M)$ であり，これに資産 $i$ の標準偏差を乗じた $\mathrm{corr}(\tilde{R}_i, \tilde{R}_M)\sigma(\tilde{R}_i)$ が，資産 $i$ の収益率変動 (標準偏差) のうち，マーケットポートフォリオと共変する部分を表す。なおこれは，投資家が資産 $i$ のリスクとして本当に感知する部分という意味で，システマティックリスクと称される。

他方，資産 $i$ のリスクの残りの部分は $(1 - \mathrm{corr}(\tilde{R}_i, \tilde{R}_M))\sigma(\tilde{R}_i)$ であるが，これは非システマティックリスクといわれ，本当のリスクとしては評価されない。投資家はマーケットポートフォリオという分散化したものを保有しているので，非システマティックリスクとは，分散化投資の結果，消えてしまうリスク部分と考えてよい。

ともかく投資家はマーケットポートフォリオを保有するのであるから，資産 $i$ 単独のリスクである標準偏差ではなく，そのシステマティックリスクをリスクの量として感知する。これにリスク価格をかけると，このリスクに対するリターンが求められる。リスク価格は，市場均衡を前提に求められたもので，リスク 1 単位に対して均衡に必要なリターンの値を表している。従ってリスク価格にリスクをかけたものは，リスクの量に対する，均衡におけるリスクプレミアムということになる。(2.11) 式右辺の第 2 項は，資産 $i$ に対する均衡でのリスクプレミアムである。また (2.11) 式右辺の第 1 項 $R_F$ は無危険利子率で，これは「待ち」に対して求められる報酬，つまり純粋利子率である。以上のことから，CAPM の式右辺は純粋利子率とリスクプレミアムとの和であるから，これは投資家の要求利回りを表していて，前章の記号では $\rho$ に相当するものである。さらにいうと，資産 $i$ の期待利回りは $\mathrm{E}(\tilde{R}_i)$ であるから，CAPM の式全体は，期待利回りと要求利回りとが等しくなる資本市場の均衡状態を表す式であることがわかる。

CAPM の経済的意味を理解するには (2.11) 式の表記の方が便利なのであるが，実用という観点からは，これと異なった形で CAPM を定式化することが多い。まず

$$\beta_i \equiv \frac{\mathrm{cov}(\tilde{R}_i, \tilde{R}_M)}{\sigma^2(\tilde{R}_M)}$$

## 2.6 資本資産価格モデル：CAPM

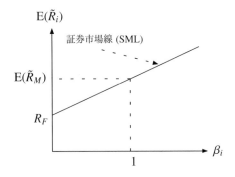

図 2.12 証券市場線

のように $\beta_i$ という変数を定義しよう．この定義が何を意味するかは後で述べるが，これは一般にベータ係数と称される．この $\beta_i$ を使って前の式を書き換えよう．

$$E(\tilde{R}_i) = R_F + \left[E(\tilde{R}_M) - R_F\right]\beta_i \tag{2.12}$$

は証券市場線 security market line ともいわれ，CAPM の最も一般的な定式化である．これは，横軸に $\beta_i$ をとると，図 2.12 に描かれているような傾き $(E(\tilde{R}_M) - R_F)$ の直線として表現される．

(2.12) 式の右辺第 2 項はリスクプレミアムであり，その中の $\beta_i$ は共分散を含んでいるから，これは，資産 $i$ とマーケットポートフォリオとの共変性を表す 1 つの尺度と考えることができる．そこで証券市場線では，このベータ係数がシステマティックリスクとしての役割を果たす．つまり本当のシステマティックリスクとは，前で述べたように，$\mathrm{corr}(\tilde{R}_i, \tilde{R}_M)\sigma(\tilde{R}_i)$ なのであるが，証券市場線においては，この代理変数として $\beta_i$ を資産 $i$ のシステマティックリスクの尺度とみなすのである．このことからベータ係数はベータリスクと称されることもある．

なぜこのような置き換えをわざわざするのかというと，今日のように計算機の発達した時代なら，システマティックリスクとして $\mathrm{corr}(\tilde{R}_i, \tilde{R}_M)\sigma(\tilde{R}_i)$ を計算するのと $\beta_i$ を計算するのとで，かかる手間にさしたる差はない．しか

しCAPMが登場し広く知られるようになったのは1960年代から70年代にかけてであるから，計算機が発達・普及する以前の時代である。次の小節で見るように，$\beta_i$は，計量経済学等で広く利用されていた回帰分析の推定手続きを，そのまま利用して一発で求められる。この計算上の利便性という点は当時，切実な問題だったのである。そこでCAPMは，ベータ係数を使った証券市場線の形で定式化されるのが，実用的ということで一般的になり，この慣習が今日まで続いていると考えられる。

ともかく証券市場線とは，ベータ係数を使ってCAPMを書き換えたもので，個々の危険資産のベータ係数がその資産のリスク尺度となる。それでは推定の結果得られたベータ係数の値を，どのように解釈すればよいのであろうか。もし仮に任意の資産$i$の収益率が，マーケットポートフォリオ収益率と全く同じ様に動いて，$\text{cov}(\tilde{R}_i, \tilde{R}_M) = \sigma^2(\tilde{R}_M)$であるなら，これは$\beta_i = 1$であるから，当然，証券市場線では$\text{E}(\tilde{R}_i) = \text{E}(\tilde{R}_M)$となり，資産$i$の収益率期待値はマーケットポートフォリオと同じものになる。

また任意の資産のベータ係数が1を上回れば，その資産の収益率期待値はマーケットポートフォリオのそれを上回り，ベータ係数が1を下回れば，その資産の収益率期待値はマーケットポートフォリオのそれを下回る。それではベータ係数が1以上または1以下の資産とはどのようなものか。$\beta_i$は，定義の分子にある共分散のところを書き換えると，次のような形になる。

$$\beta_i = \text{corr}(\tilde{R}_i, \tilde{R}_M) \frac{\sigma(\tilde{R}_i)}{\sigma(\tilde{R}_M)}$$

これを見ると，$\beta_i > 1$であるためには，$\sigma(\tilde{R}_i) > \sigma(\tilde{R}_M)$かつ$\text{corr}(\tilde{R}_i, \tilde{R}_M)$が1に近くなければならない。いいかえると，マーケットポートフォリオよりも収益率の変動(標準偏差)が大きく，かつマーケットポートフォリオとの共変性の高いような資産が，1以上のベータ係数を持つものということができる。逆にマーケットポートフォリオよりも収益率変動(標準偏差)が小さく，マーケットポートフォリオとの共変性の低い資産は，ベータ係数が1以下となる。

以上のことから大雑把にいうと，ベータ係数1以上の資産はハイリスクの資産であるから，均衡における収益率期待値はマーケットポートフォリオの

## 2.6 資本資産価格モデル：CAPM

それよりも大きくなり，逆にベータ係数が小さくなるほどローリスクの資産ということになるから，均衡における収益率期待値は小さくなるのである。

ところで証券市場線の高さは，ベータ係数で測ったリスクに対し，市場均衡を達成するために，その危険資産の収益率期待値がいくらでなければならないかを表している。ということは，ベータ係数が同じであるような危険資産が複数あるなら，それらの収益率期待値はみな同じものであることが見込まれなければならない。さもないと市場が均衡しないからである。

もしある資産の期待利回り (収益率期待値) が証券市場線の下側にあるならば，同じベータ係数をもつ別の資産よりも不利であるから，その資産は売られ，その価格が下落する。価格下落は期待利回りを上昇させるから，やがてその資産の期待利回りは証券市場線上まで到達するであろう。また逆に，ある資産の期待利回りが証券市場線の上側にあるならば，同じベータ係数を持つ別の資産よりも有利であるから，その資産は買われ，その価格は上昇する。価格上昇は期待利回りを下落させるから，やがてその資産の期待利回りは証券市場線上に到達するであろう。

このように資産のベータ係数と期待利回りが証券市場線上にあるとき，はじめて均衡が成立することになり，同じベータ係数を持つ複数の資産はすべて同じ収益率期待値になる。ある資産と同じベータ係数を持つ別の資産とは，リスクが同じという意味で，元の資産に対する代替的な投資機会を提供するものである。従って証券市場線とは，ある資産に対し，均衡における代替的投資機会の収益率期待値を表すものであるということができる。

証券市場線が均衡での代替的投資機会を表現するものと考えられるなら，CAPM の (2.11) 式も同様である。両者の差はリスクの定義が異なるだけである。証券市場線ではベータ係数がリスクの尺度であったが，(2.11) 式ではシステマティックリスク $\mathrm{corr}(\tilde{R}_i, \tilde{R}_M)\sigma(\tilde{R}_i)$ がリスク尺度であった。ということは，(2.11) 式の右辺は，ある資産に対し，同じシステマティックリスクを持つような代替的投資機会の収益率期待値を表現していると考えられる。ところで，前で述べたように，(2.11) 式の右辺は要求利回りであった。従って要求利回りは，均衡における代替的投資機会から決定されるということができる。これが要求利回りの決定メカニズムである。

### 2.6.3 マーケットモデル

まず前で述べた CAPM のことをしばらく忘れて，次の式を見て頂きたい。このようなモデルを，一般にマーケットモデルという。

$$\tilde{R}_i = a_i + b_i\tilde{R}_M + \tilde{\varepsilon}_i$$
$$\text{ただし，} E(\tilde{\varepsilon}_i) = 0, \ \sigma(\tilde{\varepsilon}_i) = s_i, \ \text{cov}(\tilde{R}_M, \tilde{\varepsilon}_i) = 0 \quad (2.13)$$

なおこのモデルの意味するところは，資産 $i$ の収益率 $\tilde{R}_i$ はいろいろな要因によって変化するであろうが，その変化がマーケットポートフォリオの収益率 $\tilde{R}_M$ という要因の変化と，具体的には何かよくわからない要因 $\tilde{\varepsilon}_i$ の変化とから決まるというものである。前者は説明変数，後者は撹乱項である。なお撹乱項 $\tilde{\varepsilon}_i$ は，期待値ゼロ，標準偏差 $s_i$ で一定，説明変数 $\tilde{R}_M$ との相関ゼロ，という性質を持つものと仮定される。

さて実際には，危険資産の市場で継続して価格が付けられている限り，われわれは過去の価格の値を用いて収益率の値をデータとして入手できる。すなわち，確率変数 $\tilde{R}_i$ や $\tilde{R}_M$ の実現値をサンプルとして入手できる。このサンプルをもとにして，残りの未知なるものを推定しようという手続きが回帰分析の手法である。例えば今，第 $t$ 時点における資産 $i$ の収益率が $R_{it}$，同じ時点のマーケットポートフォリオ収益率が $R_{Mt}$ であるとしよう。$R_{it}$ や $R_{Mt}$ は確率変数ではなく，具体的な数値のわかっているデータを表している。このデータを $T$ 組集めよう。つまり $T$ 個の時点における 2 つの収益率をサンプルとする (よって，$t = 1, \cdots, T$ ということ)。

このサンプルを前提にして，マーケットモデルの式を次のように書き換えよう。

$$R_{it} = a_i + b_iR_{Mt} + \varepsilon_{it} \quad \text{ただし，} t = 1, \cdots, T$$

この式は回帰式であり，この回帰式の中で $R_{it}$ や $R_{Mt}$ がサンプルとして値が所与であっても，実際には第 $t$ 時点における撹乱項の値 $\varepsilon_{it}$ が未知であるため，$a_i$ と $b_i$ の値も未知である。そこで回帰分析では，$R_{it}$ と $R_{Mt}$ のサンプルを使って，$a_i$ と $b_i$ を最小 2 乗法により推定する。次の式が $a_i$ と $b_i$ の推定量

## 2.6 資本資産価格モデル：CAPM

である。

$$\hat{b}_i = \frac{\sum_{t=1}^{T}\left(R_{it} - \overline{R}_i\right)\left(R_{Mt} - \overline{R}_M\right)}{\sum_{t=1}^{T}\left(R_{Mt} - \overline{R}_M\right)^2}$$

$$\hat{a}_i = \overline{R}_i - \hat{b}_i \overline{R}_M$$

$$\text{ただし，} \overline{R}_i = \frac{1}{T}\sum_{t=1}^{T} R_{it}, \quad \overline{R}_M = \frac{1}{T}\sum_{t=1}^{T} R_{Mt}$$

各々，推定量であることを表すため，$a_i$ と $b_i$ の上に記号^を付けている。これら推定量は，ある一定の条件を満たすなら，統計的に最も望ましい性質を持っていることが知られている。

以上がマーケットモデルの説明であるが，このように純粋に統計的なモデルであるマーケットモデルが，どうして CAPM とならんで必ずテキストに登場するのかというと，実はマーケットモデルで推定される $\hat{b}_i$ の値が，CAPM のベータ係数の推定値となっているからである。上の $\hat{b}_i$ の式の分子分母を $T$ で割ると，

$$\hat{b}_i = \frac{\frac{1}{T}\sum_{t=1}^{T}\left(R_{it} - \overline{R}_i\right)\left(R_{Mt} - \overline{R}_M\right)}{\frac{1}{T}\sum_{t=1}^{T}\left(R_{Mt} - \overline{R}_M\right)^2}$$

であるが，この分子は資産 $i$ とマーケットポートフォリオとの共分散の推定量であり，この分母はマーケットポートフォリオの分散の推定量である。従ってこれらの比率 $\hat{b}_i$ は，前で定義したベータ係数 $\beta_i$ の推定量であると考えられる。このことから，マーケットモデルはベータ係数を推計する最も簡単な手法として利用されるのである。

さてマーケットモデルを利用して CAPM の議論を補足しよう。(2.13) 式を使うと，資産 $i$ の収益率の分散は

$$\sigma^2(\tilde{R}_i) = b_i^2 \sigma^2(\tilde{R}_M) + s_i^2 \tag{2.14}$$

のようになる。これは，$\tilde{R}_M$ と $\tilde{\varepsilon}_i$ とが無相関であるという，マーケットモデルの仮定に依存して得られる結果である。第 1 項の $b_i^2 \sigma^2(\tilde{R}_M)$ は CAPM の

(本当の) システマティックリスクに相当する．$b_i$ は $\beta_i$ のことであるから，

$$\beta_i^2 \sigma^2(\tilde{R}_M) = \frac{\text{cov}^2(\tilde{R}_i, \tilde{R}_M)}{\sigma^2(\tilde{R}_M)} = \left(\text{corr}(\tilde{R}_i, \tilde{R}_M) \sigma(\tilde{R}_i)\right)^2$$

という関係が成り立つことを考慮すると，(2.14) 式の第 1 項は，システマティックリスク $\text{corr}(\tilde{R}_i, \tilde{R}_M) \sigma(\tilde{R}_i)$ を 2 乗したものであることがわかる．このことから，証券市場線において，単に $\beta_i$ のみで資産 $i$ のシステマティックの代理変数とみなすことの妥当性が納得できるであろう．

また資産 $i$ のリスクからシステマティックリスクを除いた残りのリスクを，非システマティックリスクといったが，リスクを分散で捉えるなら，これに相当するのが $s_i^2$ である．$s_i^2$ とは撹乱項 $\varepsilon_i$ の分散である．撹乱項とは，様々な資産に共通に影響する要因としては，具体的に何かよくわからない要因ということであるが，これは資産 $i$ だけが持つ独自の要因と考えることができる．従って非システマティックリスクとは，(リスクを分散で捉えた場合の) その資産の独自要因に関わるリスクということができる．ところで CAPM において，非システマティックリスクはリスクとして評価されなかった．ということは，マーケットポートフォリオの中で，資産の独自要因によるリスクは，分散投資のおかげでゼロということになるのである．

## 2.7 結び

この章では完全資本市場を仮定して，資本市場の均衡における要求利回り決定メカニズムを説明した．具体的には，資本市場の理論の最も基本的かつ中心的なモデルともいえる資本資産価格モデル CAPM の導出を詳しく述べた．CAPM 自体は市場レベルの議論であるが，最大の特徴は投資家の最適行動という主体レベルの議論と直結している点にある．従ってこの章の議論は，投資家の資産選択理論から始まり，次に投資家の行動を集計して議論を市場レベルに移す．多数資産の市場均衡において登場する概念がマーケットポートフォリオであり，これを使って CAPM が定式化されることになる．CAPM の式右辺が投資家の要求利回りである．

要求利回りは，「待ち」に対する報酬の無危険利子率と「リスク」に対する

## 2.7　結び

報酬のリスクプレミアムとの和であり，リスクプレミアムに影響を及ぼすリスクのことをシステマティックリスクという。CAPM によるとある資産のシステマティックリスクは，その資産がマーケットポートフォリオとどれぐらい共変するのかがその尺度となる。これは，すべての投資家が危険資産としてマーケットポートフォリオを保有することに依っている。

　注目すべきは，リスクプレミアムの定式化に，投資家個々の危険回避度を示すパラメターが明示的に表れていないという点である。このことから CAPM における経済的な含意として，投資家が資産を保有する際の要求利回りは，投資家個々の危険回避度によって決まるのではなく，資本市場均衡におけるその資産の代替的投資機会から決まるということになる。ただ注意しなければならないのは，要求利回りが投資家の危険回避度から全く独立なのかというと実はそうではない。投資家個々人の危険回避度の差は，要求利回りの差にはならないが，仮にすべての投資家の危険回避度が上昇したとするなら，これはリスク価格の上昇を通じて，要求利回りを上昇させることになるであろう。

# 第3章

# 企業金融論の基礎：MM命題

## 3.1 はじめに

　前の2つの章では完全資本市場における資産価格の決定について説明した。そこでの知識を前提に，この章以降，企業金融論を展開する。企業金融論の理論展開の出発点として，この章では完全資本市場のフレームワークにおける議論を取り上げよう。これはModigliani-Miller(1958)により理論構築がなされ，今日ではMM命題として広く認められるに至っている。MM命題は，企業金融論の基礎理論であることはいうまでもないが，もっと広く現代ファイナンス理論全体にとってもその発祥となった議論である。

　企業金融論とは何を分析するための議論なのであろうか。まず本書でいう企業金融論の分析対象を明確にしておく必要がある。一言でいうと，企業金融論の目的は，企業の資金調達行動を分析することにある。ただし企業の資金調達行動は，資金をどのような活動のために使うのかという点に依存している可能性が高い。企業の活動は，非常に単純に考えても，短期的な日々の活動と多少長期的な活動とに分けることができる。

　企業にとって，いわゆる安いコストの資金調達が望ましいのはいうまでもないことであるが，その資金が日々の活動に使われることを目的としたものであるなら，コストの安さばかりを追求するわけにはいかないであろう。なぜなら，日々の活動ということになると，活動に伴う日々の支払をこなさな

ければならない．これらの支払に間に合わないなら，企業は貸倒れという事態を招いて様々なコストを被らなければならない．従って日々の活動に関する資金調達は，そのコストの安さのみならず，調達のスピードという点も大切な要素となる．このようにどのような企業活動を対象とするのかに応じて，資金調達に際し重要な要素も異なることになるであろう．以下本書の問題とする企業金融論は，日々の企業活動に伴い発生する資金調達の問題を扱わない．本書が扱うのは，もう少し長い期間で考えた企業活動に伴う資金調達の問題である．

　一般に企業はゴーイング・コンサーン(永久の事業継続)であるとよく指摘される．この観点から具体的な問題として次の2つが重要であり，これに関連する資金調達の問題が企業金融論の分析対象である．企業が永久に事業継続していくためには，不断の発展拡大への努力が必要不可欠であり，そのためには，企業の投資の成否が重要である．従って企業金融としては，投資の資金調達が重要な問題の1つである．企業が投資を実行するにはその資金調達が必要になる．それでは，企業はどのように投資の意思決定をして，どのような資金調達手段を用いればよいのであろうか．資金調達の手段には様々なものが考えられるが，調達手段の違いによって投資の意思決定にはどのような影響があるのであろうか．これらの問題が投資の資金調達の問題である．

　また企業にとって，活動継続を阻害する要因の1つに倒産がある．企業金融論のもう1つの重要な問題とは，この倒産に関連して，資本構成の問題が非常に重要な議論になっている．企業は資金調達に際して様々な手段が利用可能であるが，これらは大きく分けて，負債に属する手段と自己資本に属する手段とがある．前者と後者の違いは，前者は約束された支払を必ず履行しなければならないが，後者は必ずしもその必要はない．もし負債に属する調達手段が支払約束を履行できなければ，現実には，貸倒れということで倒産という事態を招く．倒産とは，貸倒れに伴って，企業は普通の活動が継続できなくなるような状態のことをいう．倒産により，場合によっては企業は消滅することもある．企業は，倒産しなければ被らなかったコストを，倒産によって被らなければならないであろう．それ故，企業が全体としてどの程度

## 3.2 基本的な諸概念

の負債に依存しているのかという点は，非常に重要な関心事といえる。このような問題意識から，企業全体における負債依存度，もっと正確には，負債と自己資本とをどのようなバランスで保持すべきかというのが資本構成の問題である。

この章では，今述べた企業金融論の基本的な2つの問題，具体的には，投資の資金調達の問題と資本構成の問題に対し，完全資本市場のフレームワークの中で答えを与えることにする。これが前で述べた Modigliani-Miller(1958) によって理論構築された MM 命題である。まず最初の 3.2 節では，企業金融論の議論を展開する上で欠かすことのできない基本的な諸概念を説明する。次の 3.3 節で，資本構成の問題に関する MM 命題を説明する。続く 3.4 節が投資の資金調達に関する MM 命題の議論である。ところで次の 3.5 節では配当政策を取り上げた。一般に，企業がどれぐらいの配当金を株主に支払うべきかという問題は配当政策の理論といわれる。配当政策自体は本書では以下取り上げないが，配当政策についても MM 命題といわれる有名な仮説があり，これも完全資本市場の基礎理論として今日広く知られるに至っている。またこの議論は資本構成の議論に重要な示唆を与えることになるので，最後の 3.6 節でこの点を説明する。

## 3.2 基本的な諸概念

この節では，MM 命題，さらにはその後の資本構成の理論展開を議論する上で，欠かすことのできない重要な諸概念をまとめておきたい。まず 3.2.1 節では，「完全資本市場の仮定」における企業という主体の取り扱いについて，前の 1.6 節の議論を延長しておく。3.2.2 節では企業の目標について述べる。企業の目標は株主の富の最大化である。3.2.3 節では，株主・企業価値・企業収益に関する本書の考え方を示しておく。ところで，MM 命題の議論というのは，実は定常状態の仮定に決定的に依存している。最後の 3.2.4 節では，この定常状態とは何かということを詳しく取り上げる。

## 3.2.1 完全資本市場における企業

　完全資本市場という場合，具体的に何が仮定されているのかは第1章で述べた。資本市場の理論というのは，基本的には投資家を中心とする市場の理論であるから，その中で企業という証券発行者としての役割は皆無といってもよい。しかし企業金融論の主役はあくまでも企業であり，完全資本市場に直面している企業が，その中でどのような立場にあるのかを明確にしておくことは，企業金融論の理論展開を理解する上でも極めて大切なポイントである。そこでまず，証券発行者としての企業に関して「完全資本市場の仮定」といった場合，企業をどのように考えているかを，第1章の説明に補足する形でまとめておきたい。

　資本市場の具体例として，ここでも株式市場を取り上げる。まず仮定1「摩擦的要因のない市場」であるが，これは，市場参加者が取引する上で取引コストの一切ない市場という意味であった。取引コストとは主に手数料と税金であったが，問題なのは企業に課せられる税金，法人税である。どうして問題なのかというと，完全資本市場の仮定として，取引コストが存在しないと仮定されるのであるから，当然税金も存在しないものとして無視されるのが整合的な考え方であろう。しかし企業金融論の議論では，その理論展開上，法人税が非常に大きな役割を果たす。企業金融論の理論モデルでは，法人税の存在と完全資本市場の仮定とを並んで設定することがしばしばである。これ自体，必ずしも矛盾した想定と簡単に割り切ることはできない。

　摩擦的要因のない市場というのは，一言でいうなら，個々の経済主体を差別化するような要因が一切存在しない市場ということであった。法人税は，企業に課される税金で，投資家に直接課せられるわけではないので，確かに投資家と企業を差別化する要因ではあるが，投資家個々人の間を差別化する要因では決してない。前で述べたように，資本市場の理論は基本的には投資家を中心とする市場の理論で，その中で証券発行者としての企業の積極的役割は皆無といってよい。それ故，法人税の存在は，個々の投資家の間では必ずしも摩擦的(差別化)要因と考える必要はないので，法人税が存在すると

## 3.2 基本的な諸概念

しても，資本市場の理論はそのまま適用可能である。故に法人税と完全資本市場の仮定とは必ずしも矛盾した想定とはいえない。企業金融論では長い間このように考えられているので，本書でもこの見解を踏襲して次の章以降で法人税を取り上げる。しかし著者個人の意見では若干の疑問がないわけではない。そこで本書では，完全資本市場という場合，法人税は存在しないという立場をとる。従って完全資本市場を対象にしたこの章では，法人税は存在しないものとして無視される。

次に仮定2「プライステイカー」であるが，これについても留意することがある。投資家の方は，単に個々の投資家がプライステイカーであるということで十分である。対して企業の方は，自分の発行する株式に対する唯一の供給者である。従って企業の行う資金調達行動は自分の株価に対して影響を及ぼし得る。つまり自分の発行する株式に対してのみ，企業はプライステイカーではなく，価格支配力を持つ。ただし株式市場には非常に多数の銘柄が上場されているので，ある企業の株式は，株式市場全体から見れば無視してもよいぐらいのウエイトしか占めない。その意味で個々の企業は，すべての企業全体からすると，やはり零細多数なのであって，株式市場全体の動きを与件と考える。

企業が積極的な役割を持たない資本市場の理論ではこの点を意識する必要は全くなかったが，企業金融論では最も基本的な議論の前提となっている。前の章で述べたCAPMを使い，もう少し具体的に述べよう。企業の資金調達行動は，資本市場の均衡メカニズムを所与としても，その発行株式の要求利回りや期待利回りを変化させ得る。であるなら，厳密にはこれはマーケットポートフォリオそのものを変化させるであろう。しかし1つの企業は株式市場全体からすると零細なのであるから，その変化は微々たるものであって，マーケットポートフォリオを不変とみなしても差し支えないかもしれない。そこで分析の単純化のため，1つの企業の資金調達行動はマーケットポートフォリオには影響を与えないと仮定される。

3つ目の仮定「完全情報」であるが，この点に関して企業について特別に留意する点はない。自分の発行する株式の品質を，企業は正しく知っているが，企業の知っていることすべてを個々の投資家も知っている。これが完全

情報の仮定である．もう少し話を具体化すると，ここの品質とは，投資家の受け取る将来キャッシュフロー(配当金)の確率分布のことで，情報とはその確率分布の予想に影響する諸々のものである．将来の配当金の源は企業のあげる将来の収益である．将来の収益は企業の実行する投資や資金調達行動の影響をも受けるであろう．従ってここの情報とは，現在時点において企業が予定している将来の投資や資金調達行動を含む．すなわち，企業は，現在のみならず将来に実行予定のものすべてを現在時点でアナウンスし，これは投資家すべてに等しく行き渡る．このような状況が完全情報の仮定である．そして仮定5「効率的資本市場」から，これら情報はすべて瞬時に現在時点の株価に反映されてしまうのである．

仮定4「合理的投資家」と仮定6「期待の同質性」については，基本的には投資家と資本市場に関する仮定である．これらが仮定される結果，どのような投資家が想定され，市場がどのようなメカニズムで機能しているかは前で述べた．ところで企業の目標についてであるが，これは多少違った観点の議論から導出すると有益であるため，次の小節で説明される．

最後に仮定7「無リスクの貸出と借入」であるが，この章では企業についても，投資家と同様，無リスクでの貸出や借入が可能であるとする．そして無リスクであるから，金利は無危険利子率 $R_F$ が適用される．企業金融論において，企業の貸出が明示的に議論されることはあまりないが，企業の借入については1つの重要なポイントである．現実にはもちろん，企業は貸倒れ(デフォルト)を起し得るので，無危険の借入が可能であることを仮定すると不十分な分析しかできないかもしれない．しかし企業の貸倒れの可能性を考慮すると，不必要に議論が複雑になってしまうこともまた事実なのである．そこで基礎理論の解説というこの章の役割から，単純化のための仮定として，企業の借入は無リスクであることを仮定する．すなわち，この章では企業の貸倒れリスクを無視する．貸倒れを考慮すると，この章の議論がどのように変更されるのかされないのか，という点については次の章で詳しく述べることにしたい．

以上が企業に関する補足説明であり，これと1.6節の説明とを併せたものが，本書で「完全資本市場の仮定」と述べた場合に意味する内容となる．た

## 3.2 基本的な諸概念

だし注意すべきは，MM 命題そのものはこれら仮定のすべてに依存しているわけではないという点である。この章では単に MM 命題を形式的に証明するだけではなく，MM 命題と資本市場均衡との関連について詳述したい。そのためには，資本市場均衡における要求利回りおよびリスクプレミアムの定式化として CAPM に依存しなければならないから，CAPM が成立するための仮定が必要で，MM 命題そのものが必要とする仮定よりも，若干強い仮定が「完全資本市場の仮定」として採用されている。

### 3.2.2 企業の目標

企業は何を目標として意思決定すべきであろうか。この点を説明するために最も簡単な世界で議論しよう。今，現在と将来の 2 時点のみから成るとする。この小節に限って将来の不確実性，つまりリスクを無視するとしよう。

ある個人は現在に $Y_0$ と将来に $Y_1$ を受け取る。これら $Y_0$ と $Y_1$ を便宜上，所得と称しよう。この個人はこれら所得をそのまま消費して，現在に $C_0 = Y_0$，将来に $C_1 = Y_1$ の消費から満足を享受することができる。これが図 3.1 の点 A で表されている。もちろん点 A における消費の満足がこの個人にとって最適とは限らない。この個人には現在の消費と将来の消費の組合せについて選好があり，この選好は図 3.1 の無差別曲線群として表現されている。個人は現在の所得の一部を消費せずに貯蓄して，これが投資されることで将来に新たな所得を産み出すなら，この個人は現在と将来の消費の組合せを点 A から変更することができる。従って点 A よりも高い満足を示す無差別曲線に達するよう，消費の組合せを変更してやればよい。

それではまず投資の機会として資本市場での貸借取引を考える。リスクは存在せず，ここでは貸借取引の金利を $i$ で表す。個人は所得 $Y_0$ の中から $T_0$ を消費せずに資本市場で貸出をするとしよう。すると将来では貸出の返済として元本 $T_0$ と金利 $iT_0$ を受け取る。そうすることで将来では，この元利返済と元々の所得 $Y_1$ を加えたものを消費できる。従って現在と将来の消費の

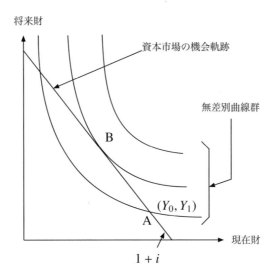

図 3.1　資本市場の機会軌跡

組合せ $(C_0, C_1)$ は,

$$C_0 = Y_0 - T_0$$
$$C_1 = Y_1 + (1+i)T_0$$

のように記すことができる。これらの式から $T_0$ を消去すると,

$$C_1 = Y_1 - (1+i)(C_0 - Y_0) \tag{3.1}$$

という式を得ることができる。

なお貸借取引は資本市場でなされている。個人の貸出額 $T_0$ に比べて市場は極めて巨大であるから, $T_0$ が増えたとしても金利 $i$ が低下することはない。いいかえると, 市場は巨大であるから, この個人がどれだけ貸出を増やしたとしても, この個人から金利 $i$ で好んで借入れようとする人は無数にいる。このため金利 $i$ は $T_0$ の大きさに関係なく一定である。$i$ が一定であるなら, (3.1) 式は点 A を通る傾き $-(1+i)$ の直線で表される。

## 3.2 基本的な諸概念

　この個人が貸出を増やすほど，つまり正の $T_0$ の値が大きくなるほど，消費の組合せはこの直線上の左上にある点に相当する。また個人が借入れるなら $T_0$ の値は負で，借入が増えるほど負の $T_0$ の値は小さくなり (絶対値は大きくなり)，消費の組合せはこの直線上の点 A から右下方に位置する。従って (3.1) 式の直線は，資本市場の貸借を通じた，現在・将来の消費の組合せの機会を表す軌跡となっている。故にこの直線は資本市場の機会軌跡と名付けられる。もし個人の投資機会が唯一資本市場の貸借取引のみであるなら，この個人の最適な消費の組合せは，無差別曲線と資本市場の機会軌跡との接点 B であろう。この個人は元の点 A の組合せよりも，貸借取引を行って点 B の消費の組合せを好んで選択する。

　しかし個人の投資機会は資本市場での貸借取引のみであるとは限らない。個人は現在の所得の一部を使って自ら生産活動を行い，将来に高い収益をあげることができるかもしれない。この生産的投資の収益率が金利 $i$ を上回るなら，個人は貯蓄を資本市場の貸出よりも生産的投資に回す方が，満足を高めることができるであろう。現在の所得 $Y_0$ の一部 $I_0$ を生産活動に投入する結果，将来に $R_1$ の産出があるとしよう。ここで以下の説明の便宜上，

$$W_0 = Y_0 - I_0$$
$$W_1 = Y_1 + R_1$$

のように $(W_0, W_1)$ を定義する。生産的投資は元々の所得 $(Y_0, Y_1)$ を $(W_0, W_1)$ に変換するための活動と考えることができる。

　前の貸借取引の場合，$i$ は $T_0$ の大きさに関係なく一定であった。今の場合，生産的投資の収益率は $I_0$ に関係なく一定であろうか。いいかえると，$R_1$ は $I_0$ に対し比例的に増加すると考えることができるであろうか。答えは否である。なぜなら限界生産力逓減の法則から，$I_0$ が大きくなるほど限界生産力は逓減するからである。生産的投資とは，$I_0$ を投入し $R_1$ を産出する生産活動に他ならない。(時点のズレがあるものの) 生産活動には $R_1 = g(I_0)$ のような生産関数 $g(\cdot)$ が想定される。$I_0$ のうち最初の 1 単位の投入は，高い限界生産力を反映して収益率の高い産出をもたらすであろう。次の 1 単位の投入は初めの 1 単位の投入に比べて限界生産力は低下するので，産出の収益

率は低下する。このように生産的投資の投入量を増やせば増やすほど，産出の限界的な収益率は限界生産力逓減により低下していく。従って生産的投資によって変換される新しい組合せ $(W_0, W_1)$ の軌跡は直線ではなくて，図 3.2 にあるような上に凸な曲線となるであろう。

もし投資の機会が唯一生産的投資のみであるなら，この個人の利用可能な消費の組合せは $C_0 = W_0$ と $C_1 = W_1$ であるから，図 3.2 にある上に凸な曲線は，生産的投資による (消費の) 機会軌跡ということになる。[*1] そしてこの個人の最適な消費の組合せは図 3.2 の点 C のような接点である。もし生産的投資の限界的な収益率，つまり軌跡の曲線の傾きが金利 $i$ よりも高ければ，点 C は前の点 B よりも高い無差別曲線に達するから，個人の満足は貸出よりも生産的投資を行うことでより増大する。

以上の議論は，個人の投資機会として，資本市場の貸借取引と生産的投資とを別々に考えていた。しかしこれらが同時に可能であるなら，この個人はさらに満足を高めることができる。それでは両方が可能である場合，本当の最適点はどこであろうか。これを表したのが図 3.3 であり，最適な消費の組合せは点 G で示される。確かに図 3.3 の点 G は図 3.1 の点 B や図 3.2 の点 C よりも上方の無差別曲線上にある。この個人は，次のようにして，当初の所得の点 A から最適な消費の組合せ点 G に移ることができる。

図 3.3 の記号で説明すると，まず現在の所得 $Y_0$ から $I_0$ として AN を生産的投資に投入し，将来に $R_1$ として DN の産出を獲得する。この点 D は傾き $-(1 + i)$ の直線が生産的投資の機会軌跡に接する点である。すなわち，個人は生産的投資の限界的な収益率 (曲線の傾き) が金利に等しくなるまで生産的投資を拡大し，ちょうど等しくなったときの投入量が AN なのである。この生産的投資の結果，所得は点 A の $(Y_0, Y_1)$ から点 D の $(W_0, W_1)$ に変換されるので，次にこの個人は，当初の所得があたかも点 D であるかのように資本市場で貸借取引に臨む。そして資本市場で現在 GM の借入をして，将来その元利合計の DM を返済する。こうすることで，生産的投資により達成

---

[*1] ここでは生産的投資による機会軌跡という言葉を用いたが，本文で述べているとおり，生産活動が元の所得 $(Y_0, Y_1)$ を新しい所得 $(W_0, W_1)$ に変換したと考えることもできるので，このような上に凸な曲線は，変形曲線 transformation curve といわれることもある。

## 3.2 基本的な諸概念

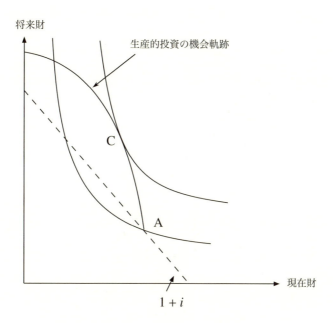

図 3.2　生産的投資の機会軌跡

される点 D から，資本市場を通じて最適な点 G に到達することができる。

　以上のことをまとめると，この個人は，現在に GM の借入をして AN の生産投入を行い，将来に DN の産出物を獲得して DM の借入返済を行う。これらの差額に元々の所得 ($Y_0, Y_1$) を加えて，点 G の消費組合せを達成するのである。個人にとって生産的投資の機会軌跡と資本市場の金利が所与であるなら，この個人は点 G よりも高い満足を達成することはできない。

　この図 3.3 は，実は非常に興味深いことを示唆している。というのは，生産的投資という生産活動を行う人間が，消費を享受する人間と同一人物でなければならないという必然性はない。生産活動の成果はどうしてもそれに携わる人間の能力に大きく依存し，高い収益率をあげるような生産活動のできる能力を備えた人間もいれば，そうでない人間もいる。ある個人が直接自分

**102**　　　　　　　　　　　　　第 3 章　企業金融論の基礎：MM 命題

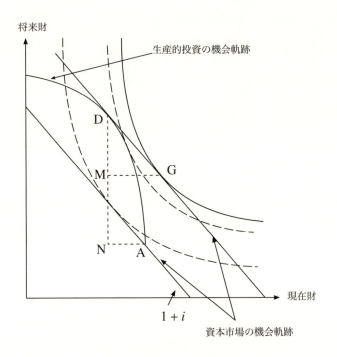

図 3.3　資本市場と生産的投資

で生産活動を行うより，高い能力を備えた別の人間を見つけ出し，その人間に生産活動を委ねた方が生産的投資の収益率は上昇するかもしれない。

　もしそうならば，その個人は自分で生産するよりも別の人間に生産活動を委ねた方が，生産的投資の機会軌跡を右上にシフトさせることができ，より右上に位置する新しい点 D を達成することができる。そしてその個人自身は，新しい点 D を基に，資本市場の貸借取引を行って自分の最適点を達成するならば，新しい最適点は元の最適点よりも必ず望ましいものになる。であるから，個人にとって，生産活動による産出 (図の DN) を受け取るという権利は保持しつつ，生産活動の元手を自分よりも能力の高い別の人間に委ねる (つまり AN の出資をする) 方が，自分で直接生産活動に携わるよりも有利で

## 3.2 基本的な諸概念

ある。いうまでもなく，ここの「別の人間」というのが企業に相当し，「個人」というのが株主に相当する。

それではこの図から，生産活動を委ねられる企業は何を目標にすべきであろうか。それは生産的投資の収益率を高めて，図の点 D ができる限り右上方に位置するよう努めることである。生産活動を委ねた株主は，資本市場取引を使うことで，自分自身の選好に従い最適点 G を選択できる。しかし資本市場の機会軌跡の位置は点 D に依存している。そこで点 D をできる限り右上方に持っていくということは，資本市場の機会軌跡をできる限り右上方にシフトさせるということに他ならない。ところで資本市場の機会軌跡の横軸の切片は $W_0 + \frac{W_1}{1+i}$ で表され，[*2] これは $(W_0, W_1)$ という所得の現在価値であるから，$(W_0, W_1)$ という所得に直面する株主の富を表しているといってよい。

従って資本市場の機会軌跡を右上方にシフトさせるということは，この機会軌跡の切片が大きくなるということであり，株主の富が大きくなることを意味する。以上のことから，企業の目標は，資本市場の機会軌跡をできる限り右上方にシフトさせるべく，生産的投資の収益率を高めることであり，そうすることで株主の富を最大化させる。企業の目標とは，株主の富の最大化であるということができるのである。

### 3.2.3 株主，企業価値，EBIT

この小節では 3 つの重要な概念，株主と企業価値，企業の収益 EBIT について説明する。

---

[*2] 前の (3.1) 式は，$(Y_0, Y_1)$ という所得の組合せに対して導かれた資本市場の機会軌跡であった。生産的投資で $(Y_0, Y_1)$ から $(W_0, W_1)$ に変換されたのであるから，(3.1) 式の $(Y_0, Y_1)$ を $(W_0, W_1)$ に置き換えて，

$$C_1 = W_1 - (1+i)(C_0 - W_0)$$

が資本市場の機会軌跡となる。この式で横軸の切片は，$C_1 = 0$ としたときの $C_0$ の値である。

## 株主

　前の小節でも触れたが，株主とは企業への出資者であり，出資の報酬として企業のあげた成果に対しそれを受け取る請求権を保持する。もう少し具体的にいうと，企業が存続し活動を続ける限り，企業の成果は配当金として株主に分配され，株主は株主であり続ける限り永久に配当金を受け取ることができる。そして将来受け取ると予想される配当金を現在価値に割引いて合計したものが株価に他ならないから，株主の富とは株価のことである。

　投資家が株主になるためには，出資という形で企業に直接資金提供して株式を保有する場合もあるが，そうでない場合もある。既発の株式が売買される株式流通市場で，別の投資家が転売した株式を購入したとしても，その投資家は，出資による株主と全く同等の権利を持つ株主であって，同様に企業の配当金を受け取ることができる。従ってこの場合も，株主の富とはやはり株価であるということができる。しかし注意しなければならない点がある。モデルとして離散型の時間を考えているとき，株価は権利落ちの価格であるから，株価には今現在の時点で受け取る配当金が含まれていない。そこで場合によっては株主の富として，株価に加えて現在受け取った配当金も併せて考えた方がよい場合もある。

　現在時点において株式が売買される結果，現在時点の前から株主であった者と現在時点で新しく株主になった者とが共存する。前者を既存株主，後者を新株主と称することにすると，[3] 新株主は現在時点で配当金を受け取ることはできないが，既存株主は現在時点の配当金を受け取っている。従って両者を区別する必要があるなら，新株主の富は株価のみとして定義されるのが妥当であるが，現在時点の既存株主の富は，株価に現在時点で受け取る配当金を加えたものとして定義するのが正しい。

---

[3] もう少し正確にいうと，現在時点以前から株主である既存株主には2種類ある。1つは現在時点でも引き続き株主であり続ける者と，もう1つは現在時点で売却してしまっている株主である。しかしどちらであっても，現在時点における既存株主の富は現在の配当金に株価を加えた値である。ただ違いは保有している資産の形態である。前者の場合に資産は株式と配当金として受け取る現金であるが，後者の場合には資産は現金のみである。

## 3.2 基本的な諸概念

このように株主の富として，現在の配当金を含めるべきかどうかは分析対象とする問題に依存し，その都度明記することが必要である．いずれにしても株主の富として株価が含まれているので，この小節では以下，株主の富は株価で表されると考えよう．前の小節では，企業の目標は株主の富の最大化であると述べたが，今の議論からすると，企業の目標は株価の最大化といってもよいことになる．ところで企業金融の議論では，企業の目標は企業価値の最大化として定式化される場合も多い．それでは企業価値とは何か．企業価値と株価とはどのような関係にあるのか．この点を以下説明しよう．

**企業価値**

まず企業価値を定義しよう．株価に発行済株式数を乗じた値は，その企業の発行株式全体の市場価値を表していて，自己資本の時価と考えられる．以下ではこれを株式価値と称することにしよう．企業価値とはこの株式価値に負債の市場価値を加えたもので，式で表すと

$$\text{企業価値} = (\text{株価}) \times (\text{発行済株式数}) + \text{負債価値}$$

として定義される．負債の市場価値を以下では負債価値と称する．ただし負債価値とはいっても，ここでは貸倒れリスクを無視しているので，これは負債の額面のことであると考えてよい．負債を満期まで保有するなら，将来に受け取るキャッシュフローは現在時点で確定するから，負債は安全資産である．安全資産であるなら，負債に対する要求利回りは無危険利子率の $R_F$ である．もしこの負債の金利 $i$ が $R_F$ に等しく，負債の額面 $B$ に対し毎期末の金利支払額が $iB$ であるなら，負債価値は額面 $B$ に等しくなる．また発行済株式数の方は，新株発行や買入消却を行わない限りこれは定数である．

当然のことではあるが，もし株価から見て，負債や発行済株式数が所与の定数とみなせるなら，株価と企業価値とは 1 対 1 の関係にある．つまり株価を最大化するということは企業価値を最大化することと同値になる．このことから企業金融論では，株主の富の最大化という企業の目標を，企業価値の最大化として定式化することが多い．この章の 3.4 節で取り上げる投資の意思決定の議論では，単純にこのように考えても差し支えない．ところが，資

**106**　　　　　　　　　　　　　第 3 章　企業金融論の基礎：MM 命題

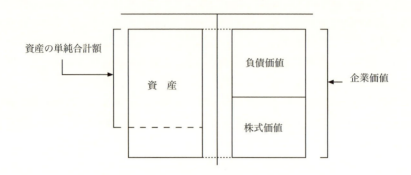

図 3.4　市場価値で評価した架空 B/S

本構成に関する議論，3.3 節や第 4 章の議論ではもっと深い背景がある．これについてはその都度必要に応じて説明するが，企業価値最大化の意味については今日，十分注意する必要があり，第 4 章の最後であらためて振り返ることにする．

さて企業価値とはこのように定義されるのであるが，バランスシート (以下 B/S と称する) 流にその定義式を見れば，企業価値は B/S の右側，つまり負債と自己資本を時価評価したものと考えることができる．そこで今，すべての項目を市場価値で評価した架空の B/S を想像してみよう．図 3.4 にあるように，企業価値の値は，その定義としてはこの架空 B/S の右側の大きさを与えるものとみなせる．それでは次に，企業価値は，この架空 B/S の左側，つまりすべての資産を時価評価した資産合計の値と同じであるとみなせるであろうか．仮に個々の資産すべてが時価評価されて計上されていたとしても，この資産合計が個々の資産すべての単純合計であるならば，恐らくは，企業価値と資産合計は全く異なる値となるであろう．これらの間の差は一体何を意味しているのか．いうまでもないであろうが，株価は，この架空 B/S の資産合計と企業価値とが一致すべく決定されているわけではないから，両者が一致しないのは当然のことであろう．

## 3.2 基本的な諸概念

前でも述べたとおり，株価は将来の配当金によって決まる。将来の配当金は，企業のあげる将来の収益から決まる。企業はどのようにして収益をあげるのかというと，保有する個々の資産を適材適所かつ効率的に組合せて活動することで，その成果として収益を獲得する。企業とは個々の資産を単純に組合せたものではなく，これらをいかに創意工夫して組合せ有効に活用するかが，企業活動の成否の鍵であろうから，企業とは個々の資産の有機的な構成物であるといえる。個々の資産を有機的に構成して活動した結果が企業の収益なのであるから，この収益を基にして価値評価したものには，資産の有機的構成という点も価値評価の中に反映されているはずである。

従って株価は，資産時価の単純合計ではなく，この有機的構成という点が評価されて決定されていることになる。これが企業価値が架空 B/S の資産合計から乖離する理由である。両者の差額は，資産の有機的構成という点を評価した価値額と考えられる。仮に全く同じ資産を保有していたとしても，保有する資産を上手く活用した企業は，そうでない企業に比べて，将来高い収益をあげ，将来高い配当金が見込めるので，今の株価は高くなり，企業価値は大きく，その結果，資産の有機的構成の価値額は大きくなる。つまり企業価値と資産合計の差額は大きい。[*4]

### EBIT

上の説明から，株価や企業価値の評価には，企業の収益が最も基本的な源であることがわかる。それではここでいう企業の収益とは具体的に何であろ

---

[*4] この議論は，いわゆるトービンの (平均の)q が，均衡で 1 になるか否かという議論と関連している。この平均の q とは一般的に，(企業価値)/(再取得価額) という比率でもって定義される値であるが，この「再取得価額」が何を意味するものであるかは今一つ曖昧である。この「再取得価額」が文字どおり，企業を再び (ゼロから作り直して) 取得する場合の金額で，資産時価の単純合計額を意味するものであるなら，平均の q は 1 ではない。著者の考えは本文で述べたとおり，平均の q の均衡値は 1 よりも大きいはずである。しかし，資産すべてを単純に市場で再取得しただけでは，企業を本当に再取得したことにはならない。企業にとって重要なのは，保有する資産すべてをいかに有効活用して収益を産み出していくかということであるから，「再取得価額」の中に本文で述べた「資産の有機的構成の価値額」を含めるべきである。そうであれば，この平均の q の値は定義として常に 1 になるはずで，その比率の値を議論することの意味自体が希薄になってしまう。

うか．企業金融論で問題にされる収益とは，会計上の利益とは多少異なっている．両者が具体的にどのように異なっているかは，会計学上の諸議論に触れなければならず，これは著者の能力を超えるため省略する．ここでは企業金融論における考え方を説明したい．

企業は様々な収入を得て，様々な費用を負担する．これらの差額が収益であるが，どのような収入と費用を計算対象として考慮するかに応じて様々な収益の概念があり得る．そこで，すべての収入から費用などの控除すべきものをすべて控除して計算された，最終的な収益を今，「残余利益」と呼ぼう．これは株主のものである．株主は，この「残余利益」に対する請求権と引き換えに出資しているといってよい．企業は「残余利益」の中から配当金を株主に支払い，残りを内部留保する．内部留保は投資に回り，投資は将来に収益を産み出し，将来の収益は将来の配当金として分配される．株主は永遠の将来まで配当金を受け取ることができるので，内部留保される分もやはり株主のものである．従って企業のあげるこの「残余利益」こそが株主に帰属する利益である．それ故，株主は「残余利益」に対する請求権者であるから，残余請求権者 residual claimer と称される．[*5] このことから，株式全体の市場価値である株式価値は，株主に帰属する「残余利益」を価値評価したものと考えることができる．

他方，負債の方はどうであろうか．債権者は資金を提供した報酬として金利を受け取ることができるので，企業の金利支払に相当する金額が債権者に帰属する利益である．当然，負債価値はこの利益を価値評価したものである．前で述べたように企業金融の中心的問題は，負債か自己資本 (あるいは株式) かといった点にあるから，企業金融論の対象とする利害関係者は主に債権者と株主ということになる．従って債権者に帰属する利益と株主に帰属する利益とが，企業全体にとっての重要な収益であると企業金融論では考える．金利支払額は残余利益を求める際，既に費用として控除されてしまっているので，企業の収益とは，債権者に帰属する利益の金利支払額と，株主に

---

[*5] 企業の「残余利益」が株主のものであるということは，株主は企業の所有者とみなすことができる．「所有権」に関する経済分析は後の章で詳しく述べられるのでここでは触れない．

## 3.2 基本的な諸概念

帰属する利益の残余利益との合計額である。またこの章では無視されているが，後の章における理論展開では法人税の果たす役割が大きい。そこでこの合計額に法人税額を加えたものを，企業の産み出す収益であると考えよう。

一般的に，残余利益に金利支払額と法人税額を加えたものは，EBIT (earning before interest and tax を略記) と称されていて，これが投資家 (株主と債権者) と政府に分配される企業の収益である。EBIT の値を具体的に求めたいのであれば，計算上は3つの和として求めるより仕方ないのであるが，考え方としては，EBIT という英語名の示すとおり，金利と法人税を控除する前 (before) の収益，すなわち，金利と法人税以外のすべて控除すべきものを控除し，金利と法人税だけをまだ控除していないという意味での収益である。そしてこの EBIT の中から，まず債権者に分配がなされ (金利支払)，政府に分配され (法人税)，最後に残りが株主に分配されることになる。この章では法人税を無視している (法人税額はゼロと仮定している) が，本書では以下，企業の収益とは EBIT のことを指すものとする。

さて企業価値は株式価値と負債価値の合計であるから，企業価値が対象とする収益とは，株主に帰属する利益と債権者に帰属する利益の合計額である。ところで企業とは個々の資産の有機的構成物と考えることができるので，企業というもの自体をあたかも1つの架空の資産であるかのごとくにみなそう。すると，企業という仮想的な1つの資産の産み出す将来キャッシュフローは，今述べた株主と債権者に帰属する利益の合計額のことであり，企業価値は，この合計額を適切な要求利回りで割引いて価値評価することでも導出できるはずである。このことから企業価値とは，定義こそ株式価値と負債価値を加えたものであるが，その経済的な意味は，企業をあたかも1つの仮想的な資産とみなした場合の価値評価なのであり，企業という資産に対する市場価格であるということができる。企業価値とは企業につけられる値段なのであって，実務の世界では，例えば企業を買収しようとするとき，非常に重要な尺度となっている。

### 3.2.4 定常状態

次の 3.3 節「資本構成の理論」と 3.4 節「投資と資金調達」では,定常状態 stationary state という仮定がなされる。この仮定により,企業金融論においては,本質を失うことなく大幅に簡単化された議論をすることができる。また厳密な意味での定常状態ではないが,同じく大幅に簡単化された定式化として有名なものにもう 1 つ,定率成長モデルの株価がある。これについてもこの小節の最後に簡単に触れる。

**定常状態とは**

定常状態とは「静態」とも訳されるが,「嗜好・技術・および資源が時間を通じて不変のままであるような,動学的体系の特殊の場合である」と定義されている。[*6] この定義は最も一般的な記述であるから,これだけでは何が具体的に仮定されているのかイメージすることは難しい。そこで本書では,定常状態というとき,毎期毎期について同じことの繰り返しが予想できるような状態のことであるとする。

この章では離散型時間が想定されている。連続でなく離散的に各時点があって,時点と時点の間が 1 つの期間である。離散型時間のモデルとは,これら時点でのみすべての物事が出現し,途中の期間には表面上何も起らない。つまり各時点において,1 つの状態 state が発生し,情報が生まれ,意思決定がなされ,市場で取引が行われる。例えば前の小節にあった収益でいうと,本来なら収益はフロー変数であるから,「ある期間の収益」というのが正しいが,本書では便宜上「ある時点の収益」という言葉を用いる。これは,その時点の前の時点からその時点に至る期間における収益というのが正しく,省略してそのように称するということでもよいのであるが,もう少しいうと次のような意味である。現在を第 0 時点とすると,第 1 時点の収益が確率変数であるなら,当然第 0 時点でその値は未知で,1 期間経過して第 1 時点の到来によってはじめて実現する値である。従ってその時点が到来する

---

[*6] Hicks(1946) 翻訳書 pp.164-165。

## 3.2 基本的な諸概念

ことで値が実現する収益という意味で,「ある時点の収益」といっている.

前の章でも述べたが,将来の値が未知であるなら,ある時点における意思決定・市場取引に際し,未知の値は予想されなければならない.この予想はその時点で利用可能な情報に基づく条件付き期待値で表される.[*7] 第 1 時点の収益を $\tilde{X}_1$, 第 2 時点の収益を $\tilde{X}_2$, 第 3 時点の収益を $\tilde{X}_3$, ⋯ とすると,本書でいう定常状態とは,

$$E_0(\tilde{X}_1) = E_0(\tilde{X}_2) = E_0(\tilde{X}_3) = \cdots = E(\tilde{X}) \tag{3.2}$$

であることを意味するものとする.定常状態であるなら,$E_0(\tilde{X}_1)$ や $E_0(\tilde{X}_2)$ など,将来時点の収益に関する現在時点 (第 0 時点) の予想が,すべての将来時点について同じ $E(\tilde{X})$ になるのである.このことから定常状態とは,将来に同じことが繰り返されると現在時点で予想できるような状況ということができる.なおここの $E(\tilde{X})$ は無条件期待値 (統計学で登場する普通の期待値) である.条件付き期待値がなぜ普通の期待値になるのかについては,若干細かい説明が必要なので,後のコラムで述べる.

定常状態を仮定すると,株価は極めて単純な形で定式化できる.第 $k$ 時点の 1 株当り配当金 $\tilde{d}_k$ は確率変数で,定常状態の仮定は,1 株当り配当金について $E_0(\tilde{d}_1) = E_0(\tilde{d}_2) = \cdots = E(\tilde{d})$ ということになるので,第 1 章にあった株価の式にこれを適用する.現在時点の株価 $P_0$ は,要求利回りを $\rho$ とすると

$$\begin{aligned} P_0 &= \sum_{k=1}^{\infty} \frac{E_0(\tilde{d}_k)}{(1+\rho)^k} \\ &= \frac{E(\tilde{d})}{1+\rho} + \frac{E(\tilde{d})}{(1+\rho)^2} + \frac{E(\tilde{d})}{(1+\rho)^3} + \cdots = \frac{E(\tilde{d})}{\rho} \end{aligned} \tag{3.3}$$

という具合に簡単な式になってしまう.当然のことではあるが,多数の将来時点の配当金の期待値を,1 つの期間の配当金期待値 $E(\tilde{d})$ で置き換えてしまうわけであるから,定常状態の仮定は,本来,多期間モデルであったも

---

[*7] これは完全資本市場の仮定 5 にある効率的資本市場の仮定である.このとき投資家は合理的期待として条件付き期待値で予想を形成する.第 $t$ 時点の情報集合を $\Omega_t$ で表し,$\Omega_t$ を基にして形成される $\tilde{X}_k$ (ただし,$k > t$) の条件付き期待値は,$E(\tilde{X}_k|\Omega_t)$ で記されるが,以下ではこの表記を単純にして $E_t(\tilde{X}_k)$ のように記す.

のを，あたかも 1 期間モデルの議論であるかのように単純化してしまうということもできる。以下では定常状態が仮定される場合，株価の定式化として (3.3) 式を多用する。1 株当り期待配当金 $E(\tilde{d})$ を分子に，要求利回りを分母とする分数でもって，(定常状態における均衡) 株価とする。

　前の小節で，企業の収益というのは，その企業の保有する資産の有機的構成から産み出されることを述べた。将来の各時点の収益についてその期待値が同じということは，将来の各時点に関して企業の保有する資産が同じままである，と予想できることを意味する。というのは，もし将来の各時点で保有する資産の構成が異なっているなら，当然それが産み出す各時点の収益に関する予想も異なることになるはずであるからである。この点は企業金融論の理論を理解する上で非常に重要なポイントとなる。そして定常状態ということで，将来に渡って資産が永遠に不変であり続けることを予想させるには，実は次の 2 つのことを仮定する必要がある。さもないと，この予想は不整合な予想ということになってしまう。

　1 つは，資産の一部は時間の経過とともに劣化減耗するという点である。これについて企業が何もしないのなら，資産が同一のままであり続けることは不可能である。そこで次のような想定をする。企業は減価償却費を計上していて，各時点で計上された減価償却費を使い保有する資産の更新投資を行う。この更新投資によって資産は前の時点と同一のまま維持されるものとする。もちろん減価償却費は，EBIT の計算に際して既に控除された費用であるので，減価償却に伴う更新投資が議論に表面化することはない。この点は後の節で登場する新規投資と決定的に違う点であるが，詳しくは後で説明する。

　もう 1 つは，将来時点の EBIT を正の値として予想している ($E(\tilde{X}) > 0$) ときに，保有する資産が同一のままであると予想することは，果たして整合的なのかという点である。仮に企業の稼いだ EBIT が投資家に全く分配されず企業の外に流出しないのなら，EBIT がゼロでない限り，ある時点の資産は前の時点に比べて必ず EBIT の分だけ増加してしまう。すなわち，ある時点の EBIT の期待値が正であると予想するなら，それは，EBIT が投資家に分配される前の段階では，EBIT の分だけ資産は前の時点に比べて大きくなる

## 3.2 基本的な諸概念

ことを予想していることに等しい。これでは保有する資産が同一であり続けると予想していることにはならない。

そこで次のような想定が必要である。将来の各時点での EBIT は，各々の時点ですべて投資家に分配され，社外から流出してしまうものと仮定する。EBIT がすべて社外に流出するということは，企業は内部留保を一切しないと仮定することと同じである。従って企業の収益 EBIT は次のように分配される。まず金利支払額が債権者へのキャッシュフローであり，これが債権者に帰属する利益である。そして (法人税を考慮しているなら) 法人税額が支払われ，金利と法人税を支払った残りが株主に帰属する利益になるが，これは全額が配当金支払として株主へのキャッシュフローとなる。各時点で企業が新たに稼ぐ分はそのまま社外に流出するので，資産は前の時点と同一のままであり続けることが可能になる。この仮定によって，将来時点の EBIT の期待値が正であると予想することは，将来時点で保有する資産が同一のままであると予想することと整合性を維持できるのである。

以上のように，定常状態を仮定することの意味は，企業の保有する資産が現在時点から将来に渡って永遠に同一であり続けることが，現在に予想されるということであり，同一であり続けることが可能であるためには，更新投資の仮定と EBIT がすべて社外に分配されるという仮定とが必要不可欠になるのである。以下，定常状態の仮定される 3.3 節と 3.4 節とでは，暗黙にこれらのことが仮定されている。[8]

---

[8] 本書では，企業の産み出す収益が投資家に分配されるキャッシュフローの源で，その企業収益を EBIT と称しているが，この EBIT は，結局のところ，投資家と税金に分配されるキャッシュフローのことを意味する。この点は確かに紛らわしく，なぜストレートに，「企業の産み出す (分配可能な) キャッシュフローとは EBIT のことである」としないのか。実はこの点について若干複雑な事情がある。まず実際の現実に関する話をする。現実には減価償却費は現金の支出を伴わない費用項目である。減価償却費は EBIT の計算では費用として控除されるが，現金を支出しないのであるから，減価償却費の金額だけ現金が社内に蓄えられることになる。このことから，減価償却費は内部資金の源泉の 1 つとみなされるのが通常である。従って，本書で言う EBIT に相当する変数，つまり投資家と税金に分配可能なキャッシュフローを表す変数は EBIT そのものでは拙く，EBIT に減価償却費を加えた EBITDA でなければならない。実際に，企業全体のキャッシュフローとしては EBITDA という変数がよく用いられる。以上は現実面の話である。ところが本書の中心的な議論である MM 命題は，定常状態を仮定した世界の話である。本文で

**<補論：定常状態の定義について>**

本書の議論の範囲内なら，定常状態として (3.2) 式を仮定すれば必要十分なのであるが，定常状態とは本当はもう少し強い仮定を要するもののように思う。それは，

$$E_0(\tilde{X}_1) = E_1(\tilde{X}_2) = E_2(\tilde{X}_3) = \cdots = E(\tilde{X}) \tag{3.4}$$

のように想定することができることをいう。すなわち，すべての時点で (1 時点先の) 将来に関して同じ予想が形成される。合理的期待の下，$E_0(E_1(\tilde{X}_2)) = E_0(\tilde{X}_2)$，$E_0(E_2(\tilde{X}_3)) = E_0(\tilde{X}_3)$，… であるから，[*9] (3.4) 式は (3.2) 式の成立を意味する。ただ注意しておかなければならないのは，(3.4) 式が成立すれば (3.2) 式が成立するが，その逆は真ではないという点である。

例えば第 2 時点の $\tilde{X}_2$ を考えてみよう。現在時点 (第 0 時点) において利用可能な情報を基に条件付き期待値 $E_0(\tilde{X}_2)$ という予想がなされる。そして第 1 時点が到来するなら $\tilde{X}_1$ が実現するが，これが予測値どおりに実現するかどうかはどうでもよく，何か適当に $X_1$ という値として実現したとしよう。第 1 時点ではこの $X_1$ を含めて新しい情報集合が形成され，この新しい情報を基にした $\tilde{X}_2$ の予測値は $E_1(\tilde{X}_2)$ になる。(定常状態を仮定しない) 一般的なケースなら，第 0 時点の情報集合に基づく期待値 $E_0(\tilde{X}_2)$ が，第 1 時点の情報集合に基づく期待値 $E_1(\tilde{X}_2)$ に等しいという必然性は全くない。もし (3.2) 式が成立すると仮定して，

$$E_0(\tilde{X}_1) = E_0(\tilde{X}_2)$$

であったとしても，これだけでは $E_0(\tilde{X}_2)$ と $E_1(\tilde{X}_2)$ が等しいということはできない。しかし (3.4) 式が仮定されるということは，

$$E_0(\tilde{X}_1) = E_1(\tilde{X}_2)$$

---

述べたように，定常状態の世界では，減価償却費は本当に支出されることが仮定されている。つまり減価償却費は社内に蓄えられず投資家に分配できない。定常状態の世界では，投資家と税金に分配可能なキャッシュフローは EBIT そのものということになる。以上のような事情から，本書では多少紛らわしい言い方をする。

[*9] これは第 1 章で説明した条件付き期待値の性質，反復条件付き iterated conditioning である。

## 3.2 基本的な諸概念

ということであるから，両方併せて $E_0(\tilde{X}_2) = E_1(\tilde{X}_2)$ である。$E_0(\tilde{X}_2)$ と $E_1(\tilde{X}_2)$ が等しくなるということは，第 1 時点の到来によって形成される新しい情報集合は，$\tilde{X}_2$ の予想にとって無関連であることを意味する。そこで定常状態の仮定の下では，将来時点毎の情報というのは全く重要性を持たないので，情報集合は省略して，条件付き期待値を単に無条件期待値であるかのごとく，$E(\tilde{X})$ として記しても差し障りはないということになる。

　定常状態とは将来に同様の予想が繰り返されることをいい，これは合理的期待の下，将来時点に同じことが繰り返されると現在時点で予想していることに等しい。しかし予想しているというだけのことであって，実際に将来時点で過去と同じことが繰り返し実現されるということでは決してない。定常状態の仮定といっても，将来時点で実際に実現することは様々であり得る。定常状態の仮定とは，実際に将来時点の実現する状態 (情報集合) を無視しているといえるので，現在時点のみが分析対象なのであり，状態が将来時点毎にどう展開していくかというような点は考察の対象外になるのである。[*10]

================================＜補論終わり＞

**定率成長モデルの株価**

　ところで，厳密な意味での定常状態ではないが，前に述べた定常状態の株価の定式化と並んでもう 1 つ，単純な形の株価の定式化として有名なものがある。配当金が定率成長する場合の株価である。配当金が毎年 $g$ という一定の成長率で永久に大きくなっていくことが予想されるとする。各将来時点の配当金に関する現在時点 (0 時点) での予測値は順番に，$E_0(\tilde{d}_1)$，$E_0(\tilde{d}_2) = (1 + g) E_0(\tilde{d}_1)$，$E_0(\tilde{d}_3) = (1 + g) E_0(\tilde{d}_2) = (1 + g)^2 E_0(\tilde{d}_1)$，… であ

---

[*10] 定常状態を表現する仮定として，本文の (3.2) 式よりもやや強いここの (3.4) 式の方が相応しいと考える理由は，今述べた各時点の情報集合の排除という問題に加えて，例えば，条件付き期待値に依存する多期間 CAPM を，定常状態の下で (無条件期待値で表現される)1 期間 CAPM に帰着させようとするときに効いてくる。この章の付録の議論を参照願いたい。

る．これらを (1.5) 式の DDM 株価に代入すると，

$$P_0 = \sum_{k=1}^{\infty} \frac{\mathrm{E}_0(\tilde{d}_k)}{(1+\rho)^k}$$
$$= \frac{\mathrm{E}_0(\tilde{d}_1)}{1+\rho} + \frac{(1+g)\mathrm{E}_0(\tilde{d}_1)}{(1+\rho)^2} + \frac{(1+g)^2\mathrm{E}_0(\tilde{d}_1)}{(1+\rho)^3} + \cdots = \frac{\mathrm{E}_0(\tilde{d}_1)}{\rho-g} \quad (3.5)$$

が得られる．これは初項 $\frac{\mathrm{E}_0(\tilde{d}_1)}{1+\rho}$，公比 $\frac{1+g}{1+\rho}$ の無限等比級数の公式を適用して導かれる．

　この定式化が重宝されるのは，支払配当金が小さいにもかかわらず，高い株価をつける銘柄が実際に少なからず存在するからである．配当金が小さいにもかかわらず株価が高いのは，企業が将来成長して値上り益を見込めるからであるとされる．この式を見れば確かに，$g$ が大きいほど (もちろん $\rho > g$ が前提)，株価 $P_0$ は大きくなる．容易に確認できるが，このモデルにおいて，将来の株価は $g$ の率で高くなっていくことが期待されているといえる．例えば，第 1 時点の株価 $P_1$ は上と同様な展開をすれば，$P_1 = \mathrm{E}_1(\tilde{d}_2)/(\rho-g)$ のように書けるが，$P_1$ と $P_0$ の比に 0 時点での条件付き期待値を取って，その性質を適用すると，

$$\mathrm{E}_0\left(\frac{\tilde{P}_1}{P_0}\right) = \mathrm{E}_0\left(\frac{\mathrm{E}_1(\tilde{d}_2)}{\mathrm{E}_0(\tilde{d}_1)}\right) = \frac{\mathrm{E}_0\left(\mathrm{E}_1(\tilde{d}_2)\right)}{\mathrm{E}_0(\tilde{d}_1)} = \frac{\mathrm{E}_0(\tilde{d}_2)}{\mathrm{E}_0(\tilde{d}_1)} = 1+g$$

のようにすることができる．すなわち，株価の値上り益として $g$ の利回りが予想されているのである．

　(3.5) 式を書き換えれば，

$$\rho = \frac{\mathrm{E}_0(\tilde{d}_1)}{P_0} + g$$

である．これは資本市場の均衡条件を意味していて，この式右辺は期待利回りで，これは第 1 項の配当利回りと第 2 項の値上り益とから構成される．これらの和が式左辺の要求利回り $\rho$ に等しくなっている．

　将来の株価がなぜ上昇するのかは，企業が将来成長拡大していくことが前提になっている．企業が将来成長していくには，企業が (収益性のある) 投

資を将来続けていくことが必要不可欠である．この点については，後の配当政策における内部金融モデルで再び触れる．

## 3.3 資本構成の理論

この節では資本構成の問題を取り上げる．資本構成の問題とは，企業が負債と自己資本とをどのような割合で組合せるべきかという議論である．これは企業が全体としてどの程度の負債依存度であるべきかという問題ということもできる．この点について MM 命題の主張は，完全資本市場を想定すると，企業の負債依存度は企業の意思決定に無関連であるというものである．すなわち，完全資本市場の下では，負債と自己資本をどのように組合せようとも，企業には何ら影響を与えない．これは負債の無関連性 irrelevancy とも称され，MM 命題の第 1 命題となる．3.3.1 節ではこの第 1 命題の証明を取り上げる．

そして次に，3.3.2 節で，負債の無関連性が前の章で述べた資本市場均衡の議論とどのように関連しているのかを説明する．このとき，株式の利回りには，MM 命題の第 2 命題とも称される有名な関係式が成立することを示す．さらに 3.3.3 節では，Weighted Average Cost of Capital，一般には WACC と略称される平均資本コストについて取り上げる．これが一体何を意味する概念なのか，資本市場均衡という観点から議論する．最後に 3.3.4 節では，(1 株当り) 株価に焦点をあてる．MM 命題の下，株価がどうなっているのか説明する．

### 3.3.1 MM 命題

まず始めに，MM 命題そのものを Modigliani-Miller(1958) の方法により形式的に証明しておく．

MM 命題の主張をもう少し正確に述べよう．仮に 2 つの同じ企業が存在するとしよう．企業とは個々の資産の有機的構成物であるから，同じ企業とは，全く同じ資産を保有し同じように活用して，同じ EBIT を稼ぐと予想さ

れる企業のことである．ただこれら 2 つの企業の間には，負債が存在するか否かという点で唯一の違いがあり，1 つは負債の全くない企業で，もう 1 つは負債のある企業であるとする．企業の目標は株主の富の最大化であるので，株価の最大化を達成すべく意思決定がなされることになる．もしここで，株価の最大化が企業価値の最大化と同値であると考えられるなら，企業の意思決定は企業価値を基準にしてなされるといってもよいことになる．従って 2 つの同じ企業の企業価値が同一であるならば，両者の唯一の差，つまり負債の有無は企業の意思決定に影響を与えることにはならない．MM 命題の主張を正確にいうと，同じ EBIT が予想される企業については，資本構成にかかわらずその企業価値は同じになる．

以下では，負債のない自己資本のみから成る企業を企業 U と記す．もう 1 つの企業は，負債として社債を $B$ 円発行しているもので，これを企業 L としよう．負債のない企業を unlevered firm，負債のある企業を levered firm というので，企業金融論では頭文字をとって企業 U，企業 L と表すことが多い．これら企業の EBIT は $\tilde{X}$ であり，$\tilde{X}$ に対する予想が同じであるので，その期待値を共通に $E(\tilde{X})$ で表す．前でも述べたように定常状態を仮定するので，将来時点毎の EBIT の期待値はすべて $E(\tilde{X})$ で，企業の EBIT はすべて投資家にキャッシュフローとして分配されて社外に流出するものとしよう．すなわち，負債が存在するなら，EBIT からまず債権者に金利が支払われ，法人税は存在しないと仮定されているので，残りはすべて株主に配当金として支払われる．またここでは貸倒れを無視して負債を安全資産として扱うので，EBIT が金利支払額を下回ることはない，と仮定するのが最も単純な設定である．

企業 U と企業 L の各々の株価，発行済株式数，株式価値，負債価値，企業価値を表す記号は次の表のようにまとめられる．

|  | 株価 | 発行済株式数 | 株式価値 | 負債価値 | 企業価値 |
|---|---|---|---|---|---|
| 企業 U | $P_U$ | $n_U$ | $S_U = P_U n_U$ |  | $V_U = S_U$ |
| 企業 L | $P_L$ | $n_L$ | $S_L = P_L n_L$ | $B$ | $V_L = S_L + B$ |

株価を $P$，発行済株式数を $n$，株式価値を $S$，企業価値を $V$ という記号で表し，企業 U か企業 L かを添字で区別している．前で述べたように，負債は

## 3.3 資本構成の理論

安全資産で，負債の金利 $i$ が無危険利子率に等しいものと仮定すると，[*11] 負債価値 $B$ は額面の $B$ ということになる。さらに定常状態であるから，企業 L は永久に負債 $B$ を保持し続ける。満期限のないコンソル債のような永久債を発行していると考えてもよいし，各時点に満期がきて永久に $B$ 円の借り換えを行っていると考えてもよい。とにかく企業は将来永久に金利 $iB$ 円を支払い続ける。であるから，$B$ は定数であると考えられる。また発行済株式数 $n_U$ と $n_L$ も定数である。従って株価と企業価値とは1対1の関係にあり，株価の最大化と企業価値の最大化とは同値ということになる。以上のことから，MM 命題の証明は $V_U = V_L$ が成立することを形式的に示せばよい。

まずケース1として，$V_U > V_L$ であったとする。このとき，企業 U の株式は割高で企業 L の株式は割安の可能性がある。もしそうなら，企業 U の株主はその保有株式を売却し，代わりに企業 L の株式を購入すると利益を得られるかもしれない。そこで企業 U の発行株式総数のうち $\alpha$ の割合で株式を保有する株主を考えよう。なお $0 < \alpha < 1$ である。この株主は，企業 U の稼ぐ収益に対し $\alpha$ 部分の請求権を持つことになるから，仮に株式を売却せずに保有し続けるなら，将来の時点毎に配当金として $\alpha \mathrm{E}(\tilde{X})$ 円のキャッシュフローを期待することができる。他方，この株主が企業 U の株式を売却してしまうなら，将来の配当金期待値 $\alpha \mathrm{E}(\tilde{X})$ が見込めなくなる代わりに，売却代金 $\alpha V_U$ 円を現在得る。それでは，この売却代金を使って企業 L の株式を購入し，かつこの株式から期待配当金 $\alpha \mathrm{E}(\tilde{X})$ を得るにはどうすればよいであろうか。単に企業 L の株式を購入するだけでは，$\alpha \mathrm{E}(\tilde{X})$ の配当金を期待することはできない。なぜなら，企業 L には企業 U と違って負債があるため，企業 L の EBIT のすべてが配当に回るわけではなく，配当金支払の前に金利が支払われなければならない。金利支払額は $iB$ 円で，企業 L の支払配当金総額の期待値は $\mathrm{E}(\tilde{X}) - iB$ であり，これは企業 U の支払配当金総額の $\mathrm{E}(\tilde{X})$ と異なっている。

---

[*11] この章の議論の範囲内であれば，負債の金利をストレートに無危険利子率 $R_F$ と記しても一向に構わないと著者は思うが，企業金融論の伝統に従って，負債の金利 (表面利率) $i$ と無危険利子率 $R_F$ を表記上区別しておく。この第3章と次の第4章4.2節の議論では $i = R_F$ である。

|  | 購入金額 | 期待キャッシュフロー |
|---|---|---|
| 株式購入 | $\alpha S_L = \alpha(V_L - B)$ | $\alpha(\mathrm{E}(\tilde{X}) - iB)$ |
| 負債購入 | $\alpha B$ | $\alpha iB$ |
| 合計額 | $\alpha V_L$ | $\alpha \mathrm{E}(\tilde{X})$ |

表 3.1　MM の裁定ポートフォリオ：$V_U > V_L$ のケース

　それでは投資家が，企業 L の株式を購入しつつ，あたかも企業 U の株式を保有し続けているかのように配当金 $\alpha \mathrm{E}(\tilde{X})$ を期待できるためには，どうすればよいか．それは企業 L の株式を $\alpha$ 部分購入し，かつ企業 L の負債を $\alpha$ 部分購入すればよい．このようなポートフォリオを保有することで，まず企業 L の株式から将来時点毎に配当金 $\alpha(\mathrm{E}(\tilde{X}) - iB)$ 円を期待できる．そして負債から毎期末の金利 $\alpha iB$ 円が入手でき，両者で合計 $\alpha \mathrm{E}(\tilde{X})$ 円が期待できることになる．すなわち，企業 U の株式の $\alpha$ 部分を保有するのと，企業 L の株式と負債をそれぞれ $\alpha$ 部分保有するというポートフォリオでは，同じキャッシュフローが期待できるのである．次にこのポートフォリオを購入するのに必要な金額はいくらであろうか．企業 L の株式価値は $S_L$ であった．投資家はこの $\alpha$ 部分を購入するので，株式購入に $\alpha S_L$ 円を支払う．また負債価値は $B$ であったから，この $\alpha$ 部分の購入に対して $\alpha B$ 円を支払う．従って投資家はこのポートフォリオの購入に $\alpha S_L + \alpha B = \alpha V_L$ 円を支払う．以上がこのポートフォリオを保有することの期待キャッシュフローと購入金額であり，表 3.1 のようにまとめられる．

　ということは，今，$V_U > V_L$ であるから，投資家は，企業 U の株式を売却して売却代金 $\alpha V_U$ を入手し，そのお金で上記ポートフォリオを $\alpha V_L$ 円で購入するなら，差額の $\alpha(V_U - V_L)$ 円を現在獲得でき，かつ企業 U の株式を保有し続けるのと同様のキャッシュフローを期待できる．このように，割高のものを売却し割安のものを購入することで，無リスクの利益をあげることができる行動を裁定という．この裁定によって，企業 U の株式は売却され，企業 L の株式は購入されるから，企業 U の株価は下落し，企業 L の株価は上昇する．株価の上昇・下落は企業価値の上昇・下落でもあるから，$V_U$ は下落し，$V_L$ は上昇して，$V_U > V_L$ という状況はやがて消滅するであろう．

## 3.3 資本構成の理論

|  | 購入金額 | 期待キャッシュフロー |
|---|---|---|
| 株式購入 | $\alpha V_U$ | $\alpha E(\tilde{X})$ |
| 借入 | $-\alpha B$ | $-\alpha i B$ |
| 合計額 | $\alpha(V_U - B)$ | $\alpha(E(\tilde{X}) - iB)$ |

表 3.2 MM の裁定ポートフォリオ：$V_U < V_L$ のケース

それでは次にケース 2 として，$V_U < V_L$ の場合を考えよう．今度は，企業 U の株価が割安で企業 L の株価が割高の可能性があるから，企業 L の株式を売却し，その売却代金で企業 U の株式を適当な形で購入すれば，前と同様，裁定による利益を得られるかもしれない．そこで，企業 L の株式の $\alpha$ 割合を保有している投資家を考えよう．この投資家が企業 L の株式を保有し続けるなら，将来時点毎に配当金から $\alpha(E(\tilde{X}) - iB)$ 円のキャッシュフローを期待できる．他方，株式を売却するなら，期待キャッシュフローを犠牲にして $\alpha S_L$ 円の売却代金を入手できる．それではこの売却代金から，企業 U の株式を購入し，かつ $\alpha(E(\tilde{X}) - iB)$ 円というキャッシュフローを期待できるようにするには，どのような形で企業 U の株式を購入すべきであろうか．答えは，$\alpha B$ 円を借入れて，この借入資金と株式売却代金とを使って，企業 U の株式の $\alpha$ 部分を購入すればよい．つまり企業 L の株式を保有する代わりに，企業 U の株式プラス借入というポートフォリオを作るのである．このポートフォリオの期待キャッシュフローと購入金額は表 3.2 のとおりである．

企業 U の株式の $\alpha$ 部分を保有するのであるから，将来時点毎の配当金として $\alpha E(\tilde{X})$ 円が期待できる．しかし $\alpha B$ 円を借入れているから $\alpha i B$ の金利を支払わなければならない．従って期待キャッシュフローは合計で $\alpha(E(\tilde{X}) - iB)$ 円である．また購入金額の方は，企業 U の株式購入については $\alpha V_U$ 円を支払わなければならないが，そのうち借入で $\alpha B$ 円をまかなうのであるから，ネットの $\alpha(V_U - B)$ 円が自己負担の購入金額ということである．

このことから，企業 L の株式を $\alpha$ 部分保有することと，$\alpha B$ 円を借入れて企業 U の株式を $\alpha$ 部分保有することとは，同じ期待キャッシュフローを見込めることがわかる．ところで今，$V_U < V_L$ であり，$V_L$ は定義により $V_L = S_L + B$ であるから，これを使って書き換えると，この不等式は $V_U - B < S_L$ であ

る。ということは，企業 L の株式を売却し，その売却代金に借入資金を加えて企業 U の株式を購入すると，差額の $\alpha S_L + \alpha B - \alpha V_U = \alpha(V_L - V_U)$ だけの金額を現在獲得することができ，かつ株式 L を保有し続けるのと同じキャッシュフロー $\alpha(E(\tilde{X}) - iB)$ 円を期待することができる。つまり $V_U < V_L$ の場合は，このような裁定を行うことで無リスクな利益を得るから，その結果，企業 U の株式は購入され，企業 L の株式は売却され，企業 U の株価・企業価値は上昇し，企業 L の株価・企業価値は下落する。やがては $V_U < V_L$ という状況は解消されてしまうであろう。

さてケース 1 の $V_U > V_L$ であれ，ケース 2 の $V_U < V_L$ であれ，どちらの不等式が当てはまる状況であっても，各々，上記の裁定が働く結果，その不等式の状況は解消されてしまうのであるから，結局，$V_U = V_L$ が成立するときに限って裁定は発生しないということになる。この無裁定な状況とは，人々が現状に満足してこれ以上何かをしようとはしない状況であるから，均衡状態と考えることができる。従って均衡においては $V_U = V_L$ が成立するということができるのである。

以上が MM 命題に関する形式的な証明である。それでは，この議論の経済的な意味を最後にまとめておこう。企業 U と企業 L の唯一の差は負債 B を負っているか否かであった。企業 U は負債がないから，その株主が，企業 U の株式を単に企業 L の株式に持ち替えるだけでは無差別ではあり得ない。ケース 1 の裁定で説明したように，企業 U の株式を売却した後に保有すべきポートフォリオは，企業 L の株式に企業 L の負債を購入するというものであった。企業 L の負債は安全資産であり，これを購入するということは，無危険の貸出，つまり負の無危険借入をしているということである。従ってこのポートフォリオの意味は，企業 L の行っている借入を，投資家サイドで貸出 (負の借入) を行うことで打ち消すということであり，このような投資家サイドのポートフォリオの工夫によって，負債のある企業の株式を，あたかも負債のない企業の株式を保有しているかのようにすることができるのである。

またケース 2 の裁定では，企業 L の株式売却後に保有すべきポートフォリオは，借入をして企業 U の株式を購入することであった。これも同様で，

## 3.3 資本構成の理論

負債のある企業 L の株式と同等の期待キャッシュフローを，負債のない企業 U の株式を使って作り出すには，投資家サイドで借入をして，あたかも負債のある企業 L の株式を保有しているかのごとくにできるというものである。

このように，企業サイドにおける負債の有無によって生じる違いは，実は投資家サイドの借入や貸出でいかようにも調整・相殺することができる。ということは，投資家サイドから見れば，企業がどれぐらいの負債を持っているかという問題は表面的な些細な問題で，真に大切なことは，企業がどれくらいの収益を稼ぐことができるのか，という企業の実物面がポイントということになる。今の場合，企業 U と企業 L とでは，企業の収益として EBIT に同じものを期待できると仮定されているから，企業全体の評価，つまり企業価値は同じという結論を得る。同じ収益を稼ぐものには同じ価値評価を資本市場で与えるというのが，MM 命題の意味するところで，その結論は，経済学の完全市場における「一物一価の法則」が，企業というものにも当てはまることを示したものなのである。[*12]

### 3.3.2 負債のてこ効果と資本市場均衡

前の小節で MM 命題を最も有名な方法に従い証明した。裁定が行われる結果，もはや裁定の発生しない状況，つまり無裁定の状況が均衡であり，そのとき企業価値は負債がある場合とない場合とで同じになる。

この MM 命題が成立するとき，企業 L と企業 U の株式の利回りには，負債のてこ効果と称される有名な関係が成立する。負債のてこ効果は実は資本市場均衡と密接な関係にあり，これは株式の利回りのリスクと表裏の関係にあることを説明する。また最後に，株式利回りのリスクとリスクプレミアムについて簡単に述べる。

---

[*12] 裁定を用いた証明から明らかであろうが，$V_U = V_L$ という結論を得るのに，前で述べた「完全資本市場の仮定」すべてに依存しているわけではない。仮定 6 の「期待の同質性」は全く必要ないし，前で述べた定常状態の定義を若干の変更すれば，仮定 5 の「効率的資本市場」も必要ない。また仮定 2 と仮定 4 はもう少し弱い仮定であってもよい。仮定 2 の「プライステイカー」に関して企業は零細多数である必要はないし (もちろん企業はプライステイカーではない)，仮定 4 の「合理的投資家」については期待効用のような強い合理性を必要としない。

## 負債のてこ効果

「均衡」とは株式市場,もっと広く資本市場の均衡のことである。前の章では,資本市場の均衡とは要求利回りと期待利回りとが等しい状況であることが説明され,さらに資本市場の均衡においては,リターンとリスクの間に一定の関係の成立することが示された。MM 命題は均衡における企業価値を導いているのであるから,そのとき,前の章で述べたような資本市場均衡の諸関係も成立しなければならないはずである。このことによって,企業金融論の MM 命題が資本市場の均衡と整合性を保ち,密接に関連した議論であることが明らかとなる。

資本市場均衡の議論では株式収益率 (利回り) が議論された。それではまず,株式の収益率がどのように表されるかを定式化するところから始めよう。企業 U の株式 (これを以下,株式 U と称する) は将来時点で EBIT の全額 $X$ の配当金総額を支払うが,発行済株式数が $n_U$ であるから,1 株当り配当金は $X/n_U$ と記せる。もちろん現在時点で将来時点のことは未知であるから,これは確率変数で,この値として期待値を予想しているにすぎない。1 株当り配当金の期待値は,EBIT の期待値が $E(\tilde{X})$ であるから,$E(\tilde{X})/n_U$ である。そして定常状態を仮定しているから,投資家はこの値を各時点毎に永久にキャッシュフローとして受け取れるものと考えている。よって 1 株を購入する投資家は,現在時点で株価 $P_U$ 円を支払い,その報酬として将来時点毎に $E(\tilde{X})/n_U$ 円のキャッシュフローを期待している。このとき収益率は

$$E(\tilde{y}_U) = \frac{E(\tilde{X})/n_U}{P_U} = \frac{E(\tilde{X})}{V_U} \tag{3.6}$$

のように表される。この式の最右辺は,企業 U に負債が存在しないから,株式価値 $n_U P_U$ がそのまま企業価値 $V_U$ になることを利用している。この収益率はあくまでも (現在時点での) 見込み,つまり期待値であるので,$E(\tilde{y}_U)$ としている。以後,この $E(\tilde{y}_U)$ を株式 U の期待利回りと称しよう。

次に企業 L の株式 (以下,株式 L と称する) の期待利回りを定式化しよう。企業 L には負債が存在し,期末に金利 $iB$ を支払わなければならない。従って株式 L への配当金総額は EBIT から金利を控除した金額 $X - iB$ である。

## 3.3 資本構成の理論

今，貸倒れの可能性を無視しているので，金利支払額 $iB$ は確実に支払われ確率変数ではない。確率変数は EBIT のみで，配当金総額の期待値を取ると $E(\tilde{X}) - iB$ である。企業 L の発行済株式数は $n_L$ であるから，1 株当り配当金の期待値は $(E(\tilde{X}) - iB)/n_L$ となって，株式 L を 1 株購入する投資家はこの値を将来時点毎に期待できるキャッシュフローと考える。当然この株式を取得するには株価 $P_L$ 円を支払わなければならないから，この収益率は次のような形で定式化できる。

$$E(\tilde{y}_L) = \frac{(E(\tilde{X}) - iB)/n_L}{P_L} = \frac{E(\tilde{X}) - iB}{S_L} \qquad (3.7)$$

この最右辺は株式価値 $S_L = n_L P_L$ を利用して記している。この $E(\tilde{y}_L)$ を以下では株式 L の期待利回りと称する。

さてここで，前で述べた MM 命題の結論 ($V_U = V_L$) を利用すると，株式の期待利回り $E(\tilde{y}_U)$ と $E(\tilde{y}_L)$ との間には次のような関係が成立している。この関係は MM 命題の第 2 命題といわれている。

$$E(\tilde{y}_L) = E(\tilde{y}_U) + \frac{B}{S_L}(E(\tilde{y}_U) - i) \qquad (3.8)$$

これを導くには，株式 L の期待利回り (3.7) 式を変形して，

$$\begin{aligned} E(\tilde{y}_L) &= \frac{E(\tilde{X})}{V_U} \frac{V_L}{S_L} - i \frac{B}{S_L} \\ &= E(\tilde{y}_U)\left(1 + \frac{B}{S_L}\right) - i \frac{B}{S_L} \end{aligned} \qquad (3.9)$$

のように導く。1 行目の式の右辺第 1 項は $V_U = V_L$ ならば $E(\tilde{X})/S_L$ に帰着できる。2 行目の式右辺は，(3.6) 式の $E(\tilde{X})/V_U = E(\tilde{y}_U)$ と $\frac{V_L}{S_L} = 1 + \frac{B}{S_L}$ という関係を用いて書き直したものである。この式から (3.8) 式が得られるのは自明であろう。

この (3.8) 式の意味は，もし $E(\tilde{y}_U) > i$ なら，企業 L の負債 $B$ が大きいほど $E(\tilde{y}_L)$ が大きくなるということである。企業 L は，企業 U と比べて唯一負債のある点のみが異なっていて，保有する資産は同一で同じ期待値の EBIT が企業の収益として見込まれている。企業の実態は同じであるのに，負債を

負っているだけ，株式 L は株式 U に比べて期待利回りが高くなっている。このような負債の効果を「てこ効果 leverage effect」という。実は負債のてこ効果とは，もともと企業財務論において，企業の株主資本利益率 ROE が負債の増大とともに上昇することをいう。財務論で指摘された負債のてこ効果は株主資本を簿価で考えるのが一般的であるが，ここでは株式価値として株主資本を時価で評価している。しかし時価評価であったとしても，$V_U = V_L$ という MM 命題を前提にすると，同様に負債のてこ効果が発生する。

(3.6) 式や (3.7) 式を見直してみると，ここの期待利回りとは，実は株主に帰属する利益 (の期待値) を株主資本 (の市場価値) で割ったものに他ならない。つまりここで期待利回りと称されているものは，時価で評価した (期待値から求められる) 予想 ROE とも考えられる。このことから (3.8) 式は，企業の負債が大きいほど，時価評価の予想 ROE は上昇することを示しているので，時価評価における負債のてこ効果を表したものといってよい。

さて資本市場の均衡ではリスクとリターンとの間に一定の関係が成立する。それでは要求利回りの方はどうなっているのであろうか。要求利回りは株式のリスクから決定されるので，株式 U と株式 L のリスクはどうなっているのであろうかといい直してもよい。

まず株式 U のリスクであるが，株式 U の利回り $\tilde{y}_U$ は，その期待利回り $E(\tilde{y}_U)$ と同様，$\tilde{y}_U = \tilde{X}/V_U$ として記される。EBIT の $\tilde{X}$ が確率変数なので，株式 U の利回り $\tilde{y}_U$ も確率変数である。この標準偏差は

$$\sigma(\tilde{y}_U) = \frac{\sigma(\tilde{X})}{V_U}$$

で，これが株式 U のリスクになる。なお $\sigma(\tilde{X})$ は $\tilde{X}$ の標準偏差である。前の章で述べた CAPM を適用すると，マーケットポートフォリオ収益率 $\tilde{R}_M$ との相関係数に，標準偏差を乗じたものがシステマティックリスクになり，さらにリスク価格を乗じたものがリスクプレミアムで，これに無危険利子率を加えたものが株式 U の要求利回りとなる。これを $\rho_U$ としよう。形式的には

$$\rho_U = R_F + \alpha_U = R_F + \frac{E(\tilde{R}_M) - R_F}{\sigma(\tilde{R}_M)} \mathrm{corr}(\tilde{R}_M, \tilde{y}_U) \sigma(\tilde{y}_U) \qquad (3.10)$$

のように表される。なお $\alpha_U$ は株式 U のリスクプレミアムである。

## 3.3 資本構成の理論

次に株式 L の方であるが，その利回り $\tilde{y}_L$ は確率変数で，

$$\tilde{y}_L = \frac{\tilde{X} - iB}{S_L}$$

のように定式化できる。注意すべき点は，$\tilde{y}_L$ が確率変数なのは EBIT の $\tilde{X}$ が確率変数であるからで，金利支払額 $iB$ は負債の貸倒れを無視しているから定数である。このことから，$\tilde{y}_L$ の標準偏差を求めると，

$$\sigma(\tilde{y}_L) = \frac{\sigma(\tilde{X})}{S_L}$$

で，これが株式 L のリスクである。株式 U と同様に CAPM を適用すると，リスクプレミアムを $\alpha_L$，要求利回りを $\rho_L$ で表すと，これらは次のように書ける。

$$\rho_L = R_F + \alpha_L = R_F + \frac{E(\tilde{R}_M) - R_F}{\sigma(\tilde{R}_M)} \mathrm{corr}(\tilde{R}_M, \tilde{y}_L)\sigma(\tilde{y}_L) \tag{3.11}$$

(3.10) 式と (3.11) 式とで異なっているのは，相関係数 $\mathrm{corr}(\tilde{R}_M, \tilde{y}_U)$ と $\mathrm{corr}(\tilde{R}_M, \tilde{y}_L)$ のところと，標準偏差 $\sigma(\tilde{y}_U)$ と $\sigma(\tilde{y}_L)$ のところで，これらがどのように異なっているかを調べれば，リスクプレミアム $\alpha_U$ と $\alpha_L$，さらには要求利回り $\rho_U$ と $\rho_L$ とがどのような関係にあるのかが明らかとなる。株式 U と株式 L の利回り $\tilde{y}_U$ と $\tilde{y}_L$ との間には，前の (3.9) 式と同様の展開をすると，

$$\tilde{y}_L = \tilde{y}_U\left(1 + \frac{B}{S_L}\right) - i\frac{B}{S_L} \tag{3.12}$$

という関係がある。この式から，$\tilde{y}_U$ の標準偏差と $\tilde{y}_L$ の標準偏差との間には，

$$\sigma(\tilde{y}_L) = \sigma(\tilde{y}_U)\left(1 + \frac{B}{S_L}\right) \tag{3.13}$$

が成立する。(3.12) 式の第 2 項は確率変数ではないので，標準偏差では消えてしまう点に注意して頂きたい。株式 L のリスク $\sigma(\tilde{y}_L)$ は株式 U のリスク $\sigma(\tilde{y}_U)$ に比べ，$(1 + \frac{B}{S_L})$ 倍だけ大きい。さらに $\sigma(\tilde{y}_L)$ は，

$$\sigma(\tilde{y}_L) = \sigma(\tilde{y}_U) + \sigma(\tilde{y}_U)\frac{B}{S_L}$$

のようにも書けるので，株式 L のリスクは次の 2 つに分解して考えることが可能である。第 1 項 $\sigma(\tilde{y}_U)$ は負債がなくても存在するリスクで，これは EBIT のリスクを直接反映したリスク部分であると考えられるから，営業上のリスク business risk と名付けられる。第 2 項の $\sigma(\tilde{y}_U)\frac{B}{S_L}$ は負債が存在することによって生じるリスク部分であるので，財務上のリスク financial risk といわれる。負債の存在する企業 L の株式は，負債のない企業 U の株式に比べて，財務上のリスクの存在する分リスクは大きくなる。

### ＜補論：財務上のリスクとは＞

この財務上のリスクと，負債の貸倒れの可能性から発生する貸倒れリスクとを混乱しないよう注意して頂きたい。負債の貸倒れリスクが無視されている (存在しない) にもかかわらず，財務上のリスクは発生する。債権者に帰属する利益は株主に帰属する利益よりも先に分配される。このことにより株主に帰属する利益の変動は，負債が大きくなるほど相対的に大きくなると考えられる。これが財務上のリスクである。簡単な数値例で確認しよう。EBIT の取り得る値が確率 $\frac{1}{2}$ ずつで $X = 140$ と $X = 100$ の 2 つのみであるとする。負債が存在しなければ，EBIT がそのまま株主に帰属する利益であるから，その期待値は 120，標準偏差は 28.28 である。ここで負債への支払額 (債権者に帰属する利益) が 60 であるとする。EBIT から 60 を支払った残りが株主に帰属する利益であるから，これは確率 $\frac{1}{2}$ ずつで $140 - 60 = 80$ と $100 - 60 = 40$ となる。つまり株主に帰属する利益の期待値は 60，標準偏差は 28.28 である。これら標準偏差は (当然) 同じ値になっている (貸倒れリスクがないから)。しかし標準偏差の値が同じ 28.28 であっても，期待値が 120 のときの 28.28 と期待値が 60 のときの 28.28 とでは，明らかに後者の変動は前者のそれに比べて大きい。負債が大きくなるほど，株主に帰属する利益の変動は相対的に大きくなる。この点を財務上のリスクと称しているのである。

===============================＜補論終わり＞

それでは次に相関係数の方はどうであろうか。相関係数については, (3.12)

## 3.3 資本構成の理論

式から次のように計算することができる。

$$\mathrm{corr}(\tilde{R}_M, \tilde{y}_L) = \frac{\mathrm{cov}(\tilde{R}_M, \tilde{y}_L)}{\sigma(\tilde{R}_M)\sigma(\tilde{y}_L)}$$

$$= \frac{(1+\frac{B}{S_L})\mathrm{cov}(\tilde{R}_M, \tilde{y}_U)}{\sigma(\tilde{R}_M)(1+\frac{B}{S_L})\sigma(\tilde{y}_U)} = \mathrm{corr}(\tilde{R}_M, \tilde{y}_U)$$

相関係数は株式 U と株式 L とで変化しない。従って株式 L のシステマティックリスクは，株式 U のそれよりも $(1+\frac{B}{S_L})$ 倍だけ大きくなる。

リスク価格は不変であるから，結局リスクプレミアムは

$$\alpha_L = \left(1 + \frac{B}{S_L}\right)\alpha_U$$

のように定式化できる。このことから株式 L の要求利回りは

$$\rho_L = R_F + \alpha_L = R_F + \left(1 + \frac{B}{S_L}\right)\alpha_U = \rho_U + \frac{B}{S_L}\alpha_U$$

$$= \rho_U + \frac{B}{S_L}(\rho_U - R_F) \tag{3.14}$$

として表すことが可能になる。この式から，もし $\rho_U > R_F$ であるなら，株式 L の要求利回り $\rho_L$ は負債 $B$ が大きくなるほど上昇することがわかる。

さてこの (3.14) 式を前の (3.8) 式と見比べてみよう。もちろん今，$i = R_F$ である。資本市場が均衡である限り要求利回りと期待利回りとは等しい。企業 U についてこれが成立しているなら $(\rho_U = \mathrm{E}(\tilde{y}_U))$，企業 L についても同様のことが成立していて $(\rho_L = \mathrm{E}(\tilde{y}_L))$，また逆も真である。負債の存在する企業は，負債のない企業に比べ，時価で評価した予想 ROE，ないしは株式の期待利回りが大きくなる。これを負債のてこ効果といった ((3.8) 式)。他方，負債の存在する企業の株式は，負債のない企業の株式に比べて，財務上のリスクが発生する分リスクは大きくなって要求利回りは上昇する ((3.14) 式)。(3.8) 式と (3.14) 式は，負債のてこ効果による期待利回り上昇の大きさと，財務上のリスクによる要求利回り上昇の大きさとがちょうど一致することを示している。従って企業 U の株式が均衡であれば，企業 L の株式も自ずと均衡しているのであり，負債の有無に関係なく資本市場均衡の条件は保持されているといえる。

実は，これらの関係はすべて MM 命題の結論 ($V_U = V_L$) を前提に導出されているので，MM 命題が成立しているなら資本市場の均衡条件もやはり満たされていて，MM 命題のいう無裁定な均衡とは，資本市場均衡のことであると考えることができる。

ところで企業 U と企業 L の株式リスクという観点に立つと，MM 命題で述べられた裁定の意味がより明らかとなるであろう。ケース 1 では株式 U の代わりに保有すべきものは，株式 L 単独ではなく，株式 L と負債 (安全資産) とのポートフォリオであった。これは株式 U と株式 L とでリスクが違っているからである。つまり株式 L は，株式 U よりもリスクの大きい分，安全資産を保有してリスクを軽減しなければ，株式 U と比較することはできない。それ故，ケース 1 のようなポートフォリオを作ることで株式 U の代替物となり得るのである。またケース 2 も同様で，株式 L の代わりに保有すべきものは，株式 U 単独ではなく，株式 U に借入を組合せたポートフォリオであった。一般に借入で危険資産を購入するとそのポートフォリオのリスクは増大する。株式 U は，株式 L よりもリスクが小さいから，借入をしてリスクを高めることで株式 L の代替物となり得るのである。

### リスクとリスクプレミアム

前の議論では，リスクを標準偏差で表した。これは企業金融論の伝統的な説明方法を踏襲したからである。しかし結局のところ，資本市場均衡として CAPM が想定されると，リスクプレミアムに影響を及ぼすリスクはシステマティックリスクということになり，これは $\mathrm{corr}(\tilde{R}_M, \tilde{y}_L)\sigma(\tilde{y}_L)$ であるから，リスクプレミアムへの影響を調べるには，相関係数と標準偏差の 2 つを検討しなければならない。

実はもっと簡単にリスクプレミアムを調べる方法がある。相関係数の定義を使い，新たに $\lambda$ という変数を定義して，リスクプレミアムを次のように定

## 3.3 資本構成の理論

式化しよう。

$$\alpha_L = \frac{E(\tilde{R}_M) - R_F}{\sigma(\tilde{R}_M)} \operatorname{corr}(\tilde{R}_M, \tilde{y}_L) \sigma(\tilde{y}_L) = \frac{E(\tilde{R}_M) - R_F}{\sigma(\tilde{R}_M)^2} \operatorname{cov}(\tilde{R}_M, \tilde{y}_L)$$
$$= \lambda \operatorname{cov}(\tilde{R}_M, \tilde{y}_L) \qquad \text{ただし,} \quad \lambda \equiv \frac{E(\tilde{R}_M) - R_F}{\sigma(\tilde{R}_M)^2}$$

この $\lambda$ は $\tilde{y}_L$ の影響を受けない。$\tilde{y}_L$ は $\tilde{R}_M$ との共分散にのみ現れる。資本構成のリスクプレミアムに与える影響を調べるのに，$\lambda$ は定数として扱えるから，共分散 $\operatorname{cov}(\tilde{R}_M, \tilde{y}_L)$ のところだけを検討すれば十分である。そこで以下では，この $\lambda$ をリスク価格 (の代理変数) とみなし，共分散 $\operatorname{cov}(\tilde{R}_M, \tilde{y}_L)$ をシステマティックリスク (の代理変数) と称することにする。

リスクとして，$\operatorname{cov}(\tilde{R}_M, \tilde{y}_L)$ というシステマティックリスクを問題にするなら，前の議論はどうなるか。株式 L の利回り $\tilde{y}_L$ は株式 U の利回り $\tilde{y}_U$ と (3.12) 式の関係にあるから，これを使うと，

$$\operatorname{cov}(\tilde{R}_M, \tilde{y}_L) = \left(1 + \frac{B}{S_L}\right) \operatorname{cov}(\tilde{R}_M, \tilde{y}_U)$$

である。この両辺に $\lambda$ を乗じるとリスクプレミアムの関係式 $\alpha_L = (1 + \frac{B}{S_L})\alpha_U$ が得られる。ここの $\alpha_U$ は株式 U のリスクプレミアムで，株式 L の場合と同様，$\alpha_U = \lambda \operatorname{cov}(\tilde{R}_M, \tilde{y}_U)$ と定義される。また上記の共分散は

$$\operatorname{cov}(\tilde{R}_M, \tilde{y}_L) = \operatorname{cov}(\tilde{R}_M, \tilde{y}_U) + \frac{B}{S_L} \operatorname{cov}(\tilde{R}_M, \tilde{y}_U)$$

ということでもあり，この右辺第 1 項が営業上のリスク，第 2 項が財務上のリスクに相当する。このように，以下では株式利回りのリスクとして，共分散のシステマティックリスクを問題にする。

### 3.3.3 平均資本コスト

平均資本コストについて述べる前に，資本コスト cost of capital という言葉について説明しておかなければならない。結論からいうと，資本コストとは要求利回りのことである。要求利回りとは，前の章で述べたように，資産を投資家に保有させるのに最低限必要な利回りのことであった。要求利回り

を下回る利回りしか見込めないような資産を，投資家は決して保有しない。従ってそのような資産は売却されて価格は下落することになる。要求利回りとは投資家・資本市場サイドの観点にたつ用語で，これを企業サイドから見た用語が資本コストといえる。企業の発行した株式は，そのリスクの大きさに応じ資本市場で要求利回りの値が決まる。もしこの値を下回るような利回りしか見込めないなら，いいかえると，期待利回りが要求利回りを下回るなら，投資家はこの株式を売却して，株価は下落する。株価下落は，株主の富を最大化しようという企業の目標に矛盾するから，絶対に避けなければならない事態である。従って企業は，要求利回り以上の利回りを投資家が見込めるような経営を行っていかなければならない。

つまり企業にとって要求利回りの値は，企業目標(株主の富の最大化)を達成するために，絶対に稼がなければならない必要最低限の収益率を意味する。ということは，この値は企業にとっては経営の際の必要最低限の「負担」を意味し，経済的なコストと考えられる。この意味で要求利回りは，企業サイドから見て資本コストと命名される。

さて企業 U と企業 L について資本コストを考えてみよう。企業 U については，発行株式に対する要求利回り $\rho_U$ が企業 U の資本コストとなる。他方，企業 L は株式と負債の両方を発行している。株式に対する要求利回りは $\rho_L$ であるから，これが企業 L の発行株式に対する資本コストである。また負債は安全資産であるから，要求利回りは無危険利子率 $R_F$ で，これが負債の資本コストである。このように企業 L は株式と負債の 2 種類を発行しているので，それぞれの証券に応じて資本コストは異なった値となる。それでは企業全体の資本コストはいくらと考えればよいであろうか。この尺度が平均資本コストといわれる概念である。平均資本コストを定義すると，発行証券それぞれの資本コストを，それぞれの証券価値でウエイトした加重平均値が平均資本コストである。企業 L について定式化すると次のとおりである。

$$\rho_W = \frac{S_L}{V_L}\rho_L + \frac{B}{V_L}R_F \tag{3.15}$$

それでは平均資本コスト $\rho_W$ は負債 $B$ の大きさとどのような関係にあるの

## 3.3 資本構成の理論

か。(3.15) 式の $\rho_L$ のところに (3.14) 式を代入して $\rho_W$ を書き換えてみよう。

$$\rho_W = \frac{S_L}{V_L}\left(\rho_U + \frac{B}{S_L}(\rho_U - R_F)\right) + \frac{B}{V_L}R_F$$

$$= \frac{S_L}{V_L}\left(\frac{S_L + B}{S_L}\rho_U - \frac{B}{S_L}R_F\right) + \frac{B}{V_L}R_F = \rho_U$$

この式は結局 $\rho_W = \rho_U$ となる。$\rho_U$ は，負債のない企業の株式の要求利回りであるから，負債 $B$ とは無関係である。従って負債のある企業 L の平均資本コストは，その負債の大きさには依存しない。一般には $\rho_L > R_F$ であろうから，負債は株式よりも資本コストの安い資金調達手段である。企業 L にとっては，負債 $B$ が大きいほど安い資本コストのウエイトが増えるのであるから，一見すると企業全体の平均資本コストは減少するように思える。しかし前の小節で見たように，負債 $B$ が大きいほど，今度は財務上のリスクが大きくなり，株式 L に対する要求利回りは増大する。よって，負債が大きいほど株式の資本コストが高くなり，この効果は安い資本コストのウエイトが大きくなる効果とちょうど相殺されて，企業全体の平均資本コストは負債の大きさとは無関係な一定の値になる。これが $\rho_W = \rho_U$ という式の意味である。

このことから，企業が資本構成をどうすべきか，負債依存度をどうすべきなのかという意思決定に対し，これらはどうでもよい些細な問題であると結論するのが自然であろう。同様のことは $V_U = V_L$ という MM 命題で指摘された。ということは，平均資本コストと企業価値との間には何らかの関係があって，平均資本コスト一定ということは，企業価値が負債の大きさに関係なく一定ということの別の表現になっているはずである。最後にこの点について示しておこう。

資本市場均衡を前提とする限り，要求利回りと期待利回りは等しい。企業 L の株式については $\rho_L = \mathrm{E}(\tilde{y}_L)$ である。これと $R_F = i$ を使って平均資本コストの定義式を書き直そう。

$$\rho_W = \frac{S_L}{V_L}\mathrm{E}(\tilde{y}_L) + \frac{B}{V_L}i = \frac{S_L}{V_L}\frac{\mathrm{E}(\tilde{X}) - iB}{S_L} + \frac{B}{V_L}i = \frac{\mathrm{E}(\tilde{X})}{V_L} \qquad (3.16)$$

前で述べたように，企業というのは仮想的な 1 つの資産であるかのようにみなすことができ，企業の EBIT はその仮想的な資産が産み出すキャッシュフ

ローであると考えられる．この期待値を企業の価格である企業価値で割った値は，企業という資産に関する期待利回りを意味している．つまりこの最右辺 $\mathrm{E}(\tilde{X})/V_L$ は企業の期待利回りである．[*13] 資本市場均衡において，期待利回りに等しいものは要求利回りでなければならないので，左辺の $\rho_W$ は要求利回りでなければならない．このことから平均資本コストとは，企業という仮想的な資産に対する要求利回りになっているのである．またこの式を書き換えると

$$V_L = \frac{\mathrm{E}(\tilde{X})}{\rho_W}$$

であり，定常状態の仮定の下で企業の産み出す期待キャッシュフローを，その要求利回り $\rho_W$ で割引いたものが企業価値であるということを，この式は表している．

(3.16) 式を見ると確かに，負債にかかわらず平均資本コスト一定というのは，企業価値一定ということの別の表現になっている．負債 $B$ の大きさに関係なく $\mathrm{E}(\tilde{X})$ は一定であるので，$V_L$ が $B$ にかかわらず一定であるなら，$\rho_W$ も $B$ にかかわらず一定である．

### 3.3.4 MM 命題における株価

今までは，企業 U と企業 L として 2 つの企業を想定してきた．しかし 2 つの企業といっても，保有資産は同じで同じ企業収益が予想され，異なる点は唯一負債が存在するか否かという点のみであった．従って企業 U と企業 L とが実は 1 つの企業で，前者が負債のない場合，後者が負債を持った場合と考えることも可能である．このように考えるなら，次のような問題を設定することができる．企業は当初負債の全くない状態であったが，社債を発行して負債を負った場合，その企業価値はどうなるか．この問いに対する答えは，前の MM 命題を適用すると，企業の保有資産が負債の発行前後で同一

---

[*13] ここでは法人税を無視しているので，株主に帰属する利益と債権者に帰属する利益の合計額は企業の EBIT に等しい．本当は，企業価値の対象となるキャッシュフローは株主と債権者への利益の合計額であって，EBIT そのものではない．法人税が存在するならこれらは乖離する．この点は第 4 章を参照願いたい．

## 3.3 資本構成の理論

で,EBIT の確率分布が変化しないなら,企業価値は負債の発行に関係なく同じである。すなわち,負債のない状態の企業価値を $V_U$ とし,これと同一の保有資産のまま負債のある状態の企業価値を $V_L$ とすると,当然 $V_U = V_L$ が成立する。それでは,このとき (1 株当り) 株価はどうなっているか。

まず注意しておきたいが,ここの企業 U と企業 L とが本当に別々の 2 つの企業であったなら,この小節のように株価を議論することに意味はない。なぜなら株価は発行済株式数に依存するが,別々の企業であるなら,発行済株式数に一定の関係を見い出すこと自体,無意味であるからである。資本市場の均衡ということで $V_U = V_L$ は成立するが,株価は,たまたま与えられた発行済株式数 $n_U$ と $n_L$ の値に応じて,いかような値をも取り得る (もちろん株価は正の値でなければならないが)。この小節で問題にしたいのは,あくまでも 1 つの企業が,同一の保有資産を維持したまま,負債なしのときを企業 U,負債を負ったときを企業 L とみなす場合である。このとき,発行済株式数 $n_U$ と $n_L$ の間には一定の関係が成立する必要がある。この点から説明しよう。

繰り返しになるが,$V_U = V_L$ という MM 命題が成立するためには,企業の保有資産が同一でなければならない。この点が最も重要なポイントである。当初,負債の全くない企業が負債を発行すると,負債価値の分だけ現金が企業に流入する。よって企業の保有資産は,負債を負う際にこの流入現金分だけ変化してしまうことになる (図 3.5 の矢印 (1))。この段階では,負債を負う前後で保有資産を同一に維持していないから,MM 命題は成立しない。MM 命題が成立するためには,この流入現金全額を企業外に流出させて保有資産を元の状態に戻さなければならない。このための方法は 2 つ考えられる。1 つは自社株の買入消却を実施することである。もう 1 つは配当金を株主に支払うことである。

まず自社株買いの場合から説明しよう。自社株買いの実施により,発行済株式数は,負債のない最初の状態の $n_U$ から,負債で入手した現金 $B$ を使って株式を買入消却する分だけ減少する。その結果の発行済株式数が $n_L$ であり,また企業の保有資産は,現金 $B$ がそのまま企業外に流出するから元の状態に戻る (図 3.5 の矢印 (2))。それではどれだけの発行済株式数が減少す

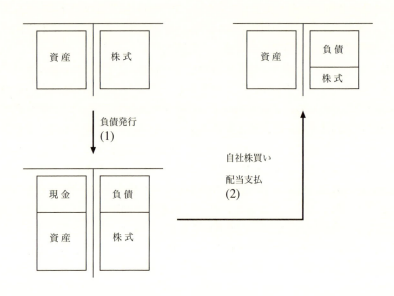

図 3.5 資本構成の変化

るのか。効率的な資本市場は，企業の負債や自社株買いの実施等を企業が公表するや否や，情報として瞬時に株価に反映させてしまうから，企業が自社株買いを実施するときの株価は既に $P_U$ から $P_L$ に変化してしまっている。従って $B$ 円で購入できる自社株の株式数は $B/P_L$ である。これだけの株式が消却されるので，発行済株式数は $n_U$ から $n_U - \frac{B}{P_L}$ に変化する。このように，同じ企業が負債なしの状態から負債を負うとき，同一の保有資産を維持するのに自社株の買入消却を行うなら，負債を負う前後の発行済株式数は，

$$n_L = n_U - \frac{B}{P_L} \tag{3.17}$$

という関係でなければならない。

それでは，負債を負う前の株価 $P_U$ と負債を負った後の株価 $P_L$ とはどの

## 3.4 投資と資金調達

ような関係にあるか。企業価値 $V_L$ の定義式の $n_L$ に (3.17) 式を代入すると，

$$V_L = S_L + B = n_L P_L + B = n_U P_L$$

が得られる。他方，企業価値 $V_U$ は定義から $V_U = n_U P_U$ である。これらのことから，もし $V_U = V_L$ であるなら $P_U = P_L$ である。いいかえると，負債のない企業が負債を負っても，企業価値が不変で MM 命題が成立するのなら，その株価も変化しない。株価が不変であるから株主の富も不変である。

次に株主へ配当金を支払う場合はどうであろうか。負債で入手した資金 $B$ はそのまま企業外に流出するのであるから，発行済株式数は変化せず $n_U = n_L$ である。企業価値 $V_L$ の定義式を変形して，株価 $P_L$ の式に書き直すと

$$P_L = \frac{V_L - B}{n_L}$$

であるが，もし MM 命題が成立するなら $V_L = V_U$ であるので，この式は

$$P_L = \frac{V_L}{n_L} - \frac{B}{n_L} = \frac{V_U}{n_U} - \frac{B}{n_U} = P_U - \frac{B}{n_U}$$

という具合に展開できる。このように，負債で得た資金をすべて現在時点の配当金支払に充てるなら，株価 $P_L$ は $P_U$ に比べて配当の権利落ち分 ($B/n_U$) だけ下落する。しかし株主は株価下落分の配当金を受け取っているので，現在時点での株主の富は不変であり，この株価下落は表面的な問題にすぎないことになる。

以上のことから，MM 命題が成立するようなとき，負債の有無にかかわらず企業価値不変というのは，実は株主の富が負債の有無にかかわらず不変であるということになっているのである。

## 3.4 投資と資金調達

この節では，企業の投資とその資金調達に関する意思決定の問題を取り上げよう。企業が投資を実行するということは，投資の分だけ企業の保有資産は増加する。そして B/S 上では資産サイドの増分に応じて，同時に負債・資

本サイドも増加する。すなわち，資産の増加のために資金調達がなされている。いうまでもないが，投資による資産の増加がいかなるものでも企業にとって望ましいというわけではない。劣悪な資産を新たに保有するなら，企業の収益率が低下し，これは株価を下落させてしまうからである。それでは株主の富の最大化という企業の目標から見て，望ましい投資の意思決定はどのようになされるべきであろうか。

投資によって資産サイドが増加するということは，それに伴う資金調達が必ずなされているということであり，資金調達の具体的な方法は数種類ある。それでは資金調達の方法の違いによって，投資の意思決定が影響を受けることがあるのであろうか。これについて完全資本市場のフレームワークの中で答えを示したのが，Modigliani-Miller(1958) である。これは MM の第3命題であり，予め結論をいうと，投資の意思決定は資金調達手段の違いによって影響を受けることがない。つまり投資の意思決定に資金調達手段の選択は無関連である。この節ではこの点について説明したい。

まず 3.4.1 節で投資の意思決定に関する予備知識をいくつか述べた後，3.4.2 節で MM の第3命題について取り上げる。投資を実行すべきか否かという投資の意思決定は，投資実行で株主の富が増えるかどうかに依存する。ここでは投資の資金調達手段として3種類を考える。新株発行と内部留保，負債の3つである。ただどの調達手段を用いようとも，株主の富を増やすような投資実行の条件式は同じものになる。このことをもって，投資の意思決定は資金調達手段には無関連であると結論される。最後に 3.4.3 節では，投資実行の条件式を企業価値でもって表現する。

3.4.2 節の議論から，投資の資金調達方法は結局些細な問題という結論になる。ところで前節でも資本構成の問題として，負債と自己資本とをどのように組合せるべきかという点は，些細な問題であることが示された。これらは，完全資本市場においてはどのように金融するかという問題が，実は本質的な問題ではないことを表すものである。新古典派流の経済学では，金融はベールのようなものであって，実物経済と完全に分離していることが示されるが，MM 命題とは，金融と実物経済との分離について，ミクロ的な基礎付

## 3.4 投資と資金調達

| 案件 | 期待収益率 | 投資金額 |
|---|---|---|
| A | 28 % | 3 億円 |
| B | 25 % | 1 億円 |
| C | 35 % | 2 億円 |
| D | 8 % | 4 億円 |
| E | 16 % | 3 億円 |

表 3.3 企業の投資案件

けを与えたものと考えることができるのである。[*14]

### 3.4.1 企業投資の意思決定

普通，企業は複数の投資案件を抱えていて，しかもこれら投資案件は案件毎に異なる期待利回りが見込まれるであろう。なお以下では，資本市場の議論で登場する株式の「期待利回り」と混乱しないように，企業投資については期待収益率と称する。企業は表 3.3 のように 5 つの投資案件に直面していたとしよう。そこで図 3.6 のように，横軸に投資金額を，縦軸に期待収益率をとって，期待収益率の高い順に各投資案件を並べてみよう。最も収益率の高いのは案件 C で，その金額は 2 億円で 35% の期待収益率である。これは最も左側の矩形で表される。次に高い収益率は案件 A で同様の矩形を書いてみる。5 つの案件すべてを並べると階段型の関数が出来上がり，これを経済学の用語では「資本の限界効率」，財務論の用語では「資本予算 capital budget」という。

---

[*14] 投資の資金調達手段の無関連性を形式的に示すだけなら，もっと単純な議論で証明可能である。Modigliani-Miller(1958) やこれを解説した小宮・岩田 (1973) を参照願いたい。この議論をヒントにしてここでは 3.4.3 節が展開される。どうして 3.4.2 節のような面倒な議論をしているのかというと，この方が企業金融 (ここでは投資の資金調達) の問題と資本市場均衡との関連が明確になっているからである。投資の資金調達の無関連性の証明として，Modigliani-Miller(1958) や小宮・岩田 (1973) の議論には疑問の余地ありと著者個人は考えている。なぜなら，3.4.3 節の議論をほんの少しだけ単純化すれば，Modigliani-Miller(1958) や小宮・岩田 (1973) と同じになるのであるが，3.4.3 節の議論自体は，この無関連性を証明するためのものというより，単なる定義的関係を羅列したものにすぎないからである。

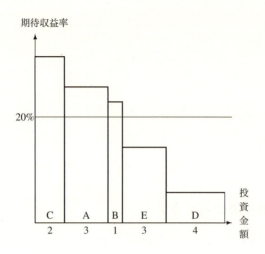

図 3.6　資本予算表

　ここで資本コスト $\rho$ が例えば 20% の値であるとして図 3.6 に書き加える。案件 C と A，B の期待収益率は資本コストの値を超えているが，案件 E と D は資本コストを下回っている。この資本コスト $\rho$ がなぜ 20% であるかはここでは触れない。次の小節では $\rho$ を厳密に導出するが，当面，この値はどこかで決定されているものとして考えて頂きたい。ただし「資本コスト」と称されるからには，前で述べたように，その値は企業が絶対に稼がなければならない必要最低限の収益率であることに変わりはない。なぜならその値以下の収益率では株価が下落してしまうからである。C と A，B の 3 つの案件は，最低限必要な値を上回る期待収益率の投資であるから，いわば超過収益を見込める投資案件といえる。これら 3 つの案件は各々，超過収益の見込みにより，実行されるなら株価を上昇させることになる。他方，E と D の 2 つの案件は，必要最低限の収益率を下回るような収益率しか見込めないので，これらが実行されるなら株価の下落要因となるであろう。
　すなわち，資本コストを上回るような期待収益率の投資案件は，株価の上昇要因であるから採用され，資本コストを下回るような期待収益率の投資案

## 3.4 投資と資金調達

件は，株価の下落要因なので採用されない。そして企業の目標が株主の富の最大化であるので，資本コストを上回る収益率の見込める投資案件のみを余すことなくすべて実行すること，これが企業の最適な投資行動である。このように資本コストは投資案件の採否を決める基準となるので，これを投資のカットオフレートという場合もある。またこの値を，資本コストと同様，どうしても稼がなければならない必要最低限の収益率であるので，投資の必要収益率という場合もある。さらに用語の定義としてもう1点だけ述べると，ここの「資本コスト」という言葉が，前節の平均資本コストで登場した「資本コスト」と厳密に同じものであるという保証は，今の段階ではない。従って以下では，投資のカットオフレートという意味での資本コストを，「投資の資本コスト」ということにする。以上が企業の投資に関する意思決定方法の基本的な考え方である。

### IRR 法と NPV 法

ここでしばらく，定常状態の仮定という理論の世界から離れて，多少現実に近い状況を考えてみよう。実は，企業投資の意思決定方法には非常に有名な2種類の考え方があって，これについて若干の説明をしたいからである。具体的には IRR 法 (内部収益率法) と NPV 法 (正味現在価値法) である。説明のための例として次のような投資案件を考える。現在時点で $I$ 円を支出して投資を実行すると，次の第1時点から第 $n$ 時点までにその投資の効果で収益が増え，キャッシュフローの増分 (以下，簡単に投資収益と称する) として，$\overline{\Delta}_1, \overline{\Delta}_2, \cdots, \overline{\Delta}_n$ の値が期待できるとしよう。添字の数字は各時点を表している。

まず IRR 法であるが，これは次のような式に従い，内部収益率 internal rate of return と呼ばれる収益率 $y$ を計算する。

$$I = \frac{\overline{\Delta}_1}{1+y} + \frac{\overline{\Delta}_2}{(1+y)^2} + \cdots + \frac{\overline{\Delta}_n}{(1+y)^n} \quad (3.18)$$

この $y$ を手計算で求めることは極めて面倒であるが，表計算ソフトを使うなら簡単に求められる。こうして計算された $y$ を投資の資本コスト $\rho$ と比較して，$y > \rho$ であれば投資を実行し，$y < \rho$ であるなら投資を実行しない。これ

|  | 現在 | 1年後 | 2年後 | 3年後 |
| --- | --- | --- | --- | --- |
| キャッシュフロー増分 | −1000 | 600 | 500 | 400 |

表3.4 キャッシュフローの例1

がIRR法である.

次にNPV法であるが，投資の資本コスト $\rho$ を割引率として用いて，投資収益の期待値 $\overline{\Delta}_1, \cdots, \overline{\Delta}_n$ から投資収益の現在価値 $PV$ を求める.

$$PV = \frac{\overline{\Delta}_1}{1+\rho} + \frac{\overline{\Delta}_2}{(1+\rho)^2} + \cdots + \frac{\overline{\Delta}_n}{(1+\rho)^n} \quad (3.19)$$

この $PV$ から投資額 $I$ を引いた値が正味現在価値 $NPV$ とよばれるもので，$NPV = PV - I$ である．そして投資の意思決定は $NPV > 0$ であれば投資実行し，$NPV < 0$ であれば投資をしない．

以上がIRR法とNPV法を形式的に説明したものであるが，これらは類似しているけれども，決して同じものではない．事実，これらは現実の世界において常に同じ結論をもたらすとは限らない．投資収益の時間パターン(現在の $I$ および将来の $\overline{\Delta}_1, \cdots, \overline{\Delta}_n$ 各々の大きさ)に依存して，IRR法では採用される投資案件がNPV法で採用されなかったり，その逆が起ったりする．この点を確認するには，表3.4と表3.5にあるような数値例を見るのがわかりやすい．特にIRR法については，内部収益率の計算に際して深刻な問題を引き起すことがある．

**数値例**

表3.4の数字は，投資を実行すると，現在時点で投資支出によりキャッシュフローが1000だけ減ってしまうものの，その後1年後から3年後までに600, 500, 400という投資収益が予想されることを表している．表3.4のように現在時点で負のキャッシュフロー増分があり，その後の将来に正のキャッシュフロー増分が見込めるようなケースでは，問題は少ない．大概はIRR法であれ，NPV法であれ，両者は同じ結論をもたらす．実際に計算を

## 3.4 投資と資金調達

|  | 現在 | 1年後 | 2年後 | 3年後 |
|---|---|---|---|---|
| キャッシュフロー増分 | −400 | 600 | 600 | −900 |

表 3.5 キャッシュフローの例 2

してみると，

$$1000 = \frac{600}{1+y} + \frac{500}{(1+y)^2} + \frac{400}{(1+y)^3}$$

を満たす $y$ を求めると，$y = 25.35\%$ が IRR の値である．もし資本コストが 20% であれば，この投資は実行すべきであり，逆に資本コストが 30% なら，この投資は実行すべきでないと結論される．

次に NPV 法であるが，資本コストが 20% のとき，この投資の $NPV$ は

$$\frac{600}{1.2} + \frac{500}{1.2^2} + \frac{400}{1.2^3} - 1000 = 78.70$$

のように計算できるので $NPV$ は正となり，対して資本コストが 30% であるなら，

$$\frac{600}{1.3} + \frac{500}{1.3^2} + \frac{400}{1.3^3} - 1000 = -60.537$$

となって $NPV$ は負となる．従って，表 3.4 のような投資であるなら，NPV 法は IRR 法と同じ結論をもたらす．

ところが，現実の投資に伴う投資収益の時間パターンは，表 3.4 のような素性の良いものばかりとは限らない．例えば表 3.5 のような場合はどうであろうか．表 3.5 の数字の意味は，現在の支出は 400 で済み，1 年後と 2 年後には 600 のキャッシュフロー増加を見込めるものの，3 年後には 900 の支出が予想されるような状況である．この時間パターンは，始めに負の値 (キャッシュアウト) があり，次に正 (キャッシュイン) となり，そして最後にまた負 (キャッシュアウト) となっている．このようなケースは，例えば投資支出の一部が後払いに回されるような場合や，投資期間を終了するときになって，その除却などに少なからず費用がかかるような場合などが該当する．これらは現実に十分あり得ることであろう．

表 3.5 のような投資に IRR 法を適用すると，非常に困った事態に直面する。前と同様に

$$400 = \frac{600}{1+y} + \frac{600}{(1+y)^2} - \frac{900}{(1+y)^3}$$

という式から $y$ を求めると，その解は 2 つ存在する。1 つが 22.47% で，もう 1 つが 49.99% である。どちらが妥当な内部収益率の値であろうか。実は，内部収益率として求められる値が複数個ある場合，どれが妥当な値であるかを判断するための合理的・客観的な基準は存在しない。つまり，内部収益率が複数あるとき，どの値を内部収益率とみなせばよいか，企業は判断できないのである。仮に資本コストが 30% とすると，内部収益率を 49.99% と考えれば，投資を実行すべきであるが，内部収益率を 22.47% と考えるなら，この投資は実行されない。また資本コストが 20% であるなら，どちらの値を内部収益率と考えたとしても，投資は実行すべきという結論に至る。

IRR 法は，今述べたような現実適用上の困難にしばしば直面するため，今日の企業金融論の教科書では NPV 法が議論の主流になってきている。確かに NPV 法であれば，この問題は回避できる。資本コストが 20% であるとき，表 3.5 の投資に関する $NPV$ を計算すれば，

$$\frac{600}{1.2} + \frac{600}{1.2^2} - \frac{900}{1.2^3} - 400 = -100$$

のように，$NPV$ は負の値となって，この投資は実行すべきでないという結論を得られる。このように，NPV 法と IRR 法とは異なる結論をもたらすことが起り得る。食い違ったときにどちらを優先すべきなのかといった点について，著者の印象としては，きちんとした議論は存在しないように思うが，内部収益率を 1 つの値に決められない場合があるという困難さゆえか，IRR 法は敬遠されているのが今日の傾向のように思う。

**定常状態では**

この章では，定常状態という理論的な世界が議論の中心であるから，ここで再び定常状態の世界に戻ろう。定常状態において，NPV 法と IRR 法とは常に一致する。この点について確認しておこう。

## 3.4 投資と資金調達

　IRR 法で述べた内部収益率とは，投資収益の期待値から計算されるので，期待利回りに他ならず，本当は $y$ ではなく $E(\tilde{y})$ と記述する方が誤解がないであろう．さらに定常状態を仮定して，投資収益が永遠に同じ値を期待できるものとすると，これは $\overline{\Delta}_1 = \overline{\Delta}_2 = \cdots = \overline{\Delta}$ ということであるから，(3.18) 式の右辺は単に $\overline{\Delta}/E(\tilde{y})$ になってしまう．このことから (3.18) 式を書き換えると，

$$E(\tilde{y}) = \frac{\overline{\Delta}}{I}$$

であるから，定常状態における内部収益率の定義式は，$\tilde{y} = \tilde{\Delta}/I$ とできる．今まで断りもなく，収益率・利回りを求める際，(1 期間当りで期待できる) キャッシュフローを分子に，(資産購入時の) 支出額を分母にした分数を計算してきたが，これは (定常状態における) 内部収益率を計算していることに他ならない．

　さて定常状態において，IRR 法と NPV 法とが同じものであることは上の計算から自明であろう．$\overline{\Delta}_1 = \overline{\Delta}_2 = \cdots = \overline{\Delta}$ の仮定から，(3.19) 式の右辺は $\overline{\Delta}/\rho$ になるので，

$$NPV \equiv \frac{\overline{\Delta}}{\rho} - I > (<)0 \quad \Leftrightarrow \quad \rho < (>)\frac{\overline{\Delta}}{I} \equiv E(\tilde{y})$$

という関係がある．矢印 ($\Leftrightarrow$) の右側と左側とを比べると，$NPV > 0$ となるような投資案件は必ず $E(\tilde{y}) > \rho$ となるので，定常状態という単純化された理論世界では，NPV 法と IRR 法とは同一の結論をもたらす．

　さてここまでの議論で最も疑問に思う点は，投資の資本コスト $\rho$ がどうやって決まるのかということであろう．これについては次の小節で厳密に議論するが，ここで一言述べておきたいのは，現実的な状況で $\rho$ をきちんと定式化することは，実はそれほど容易なことではないということである．米国ビジネススクール向けのテキストでは，$\rho$ は原則として，前節で述べた平均資本コストが考えられているようであるが，この第 I 部では，完全資本市場という理論的抽象的な世界で成立している基本定理を説明するのが目的であるから，次に続く小節では，定常状態を仮定した世界の中に議論を戻して，投資の資本コスト $\rho$ を理論的に導出したい．

## 3.4.2 投資の資本コスト

ここでは，投資の資本コスト $\rho$ が何であるかを導出する。ところで，前の議論では「更新投資」という言葉が登場した。資産の時間的な劣化減耗に対し，資産を同一に維持するための修理・修繕を目的とした投資という意味であった。更新投資に必要な資金は減価償却費として計上され，これは EBIT の計算の際には既に控除されている。従って議論の中で定常状態を仮定して，同一の資産が維持され将来時点毎に $E(\tilde{X})$ の EBIT が予想されるというだけで，実は更新投資が暗黙のうちに実行されているのである。しかしここの投資とは，企業の保有資産を増やすためのものであるから，更新投資とは根本的に異なる。ここの投資を更新投資と区別するために，新規投資といった方がよいのかもしれないが，以下では更新投資を明示的に扱うことはしないので，新規投資を単に投資ということにする。この投資に伴って必要になる資金の金額を $I$ で表そう。企業金融論では投資の問題を扱うとき，$I$ は EBIT の計算の際に控除されていないとするのが一般的である。その方が投資の意思決定を明示的に表現できるからである。

また議論を複雑にしないために，ここでも定常状態が仮定される。投資は資産サイドを増加させるから，必然的に調達サイドも増加することになって，投資の問題に資金調達の問題は密接不可分なはずである。資金調達の問題を扱うには，証券の価値評価が不可欠で，これをできる限り単純にするのに，定常状態の仮定も不可欠である。

しかし投資を実行するとなると，資産が変化してしまう。定常状態とは同一の資産が将来に渡って保持されることが前提になっている。定常状態を仮定しつつ投資の問題を取り上げるためには，次のように考えればよい。投資は現在時点でのみ 1 回だけ実行され，投資が実行された場合の現在時点の資産がその後永久に保持されると予想する。ということは，投資を実行するか否かの意思決定は，現在時点で $I$ を支払って新たな資産を獲得し，現在の新しい資産の有機的構成を将来に渡って保持する場合と，現在時点で $I$ を支払わずに元々存在した資産の有機的構成を保持する場合とで，どちらが好まし

## 3.4 投資と資金調達

いのかという比較の問題である。

それでは以下で，投資の資金調達手段別に，投資実行のための条件式を導出する。新株発行と内部留保，負債という3種類の調達手段を検討するが，どの調達手段を用いたとしても，投資実行の条件式はすべて同じになる。負債のない自己資本のみから成る企業の株式の要求利回りは $\rho_U$ であるが (今の場合，この $\rho_U$ は平均資本コスト $\rho_W$ でもある)，投資の期待収益率 $\overline{\Delta}/I$ が $\rho_U$ を超えているなら，この投資の実行は株主の富を増加させる。従ってこの投資は実行すべきである。逆に投資の期待収益率が $\rho_U$ 未満であるなら，この投資は，株主の富を毀損するので実行すべきではない。すなわち，負債を利用するしないにかかわらず，投資の期待収益率が $\rho_U$ より大きいか小さいかで，投資実行か否かが決まる。この $\rho_U$ が投資のカットオフレート，つまり投資の必要収益率ということになる。投資の資本コストとは，企業 U の株式の要求利回りのことである。

以上がこの小節の結論である。以下では，今述べたことを調達手段別に検討したい。[*15] まずモデルの前提条件を説明した後，各調達手段別に投資実行の条件を導出する。ただし，数式を用いた議論に興味のない読者は，3.4.3節までスキップしても構わない。

**モデルの前提条件**

簡単化のため，投資の実行前においては，負債のない自己資本のみから成る企業を考えよう。この企業が次のような1件の投資案件に直面しているとしよう。この案件は現在時点で $I$ 円を支出する必要があり，分割不可能であるとする。すなわち，投資実行として $I$ 円をまとめて支出する必要があり，これを小規模に分割して実行することはできない。そしてもし現在時点で $I$ 円を支出して投資を実行するなら，投資の効果は次の時点から現れて，それ以降永久に各時点の EBIT を $\tilde{X}$ から $\tilde{X}+\tilde{\Delta}$ に変化させるものとする。投資を実行しなかった場合 ($I$ 円は必要ないので当然，資金調達も行わない)，定常状態の仮定によって EBIT は $E(\tilde{X})$ 円の期待値を見込むのに対し，投資を

---

[*15] この議論は田村 (1980) の手法に依っている。

実行した場合，時点毎に期待される EBIT は $E(\tilde{X}) + \overline{\Delta}$ 円に上昇する。$E(\tilde{\Delta})$ を以下では $\overline{\Delta}$ と記す。このことから投資の期待収益は $\overline{\Delta}(>0)$ で，期待収益率は $\overline{\Delta}/I$ である。この $I$ 円の資金調達として，具体的には新株発行(時価発行増資) と内部留保という自己資本金融と，負債金融の 3 つの調達手段を順番に検討する。

まず企業が投資実行を発表する前の段階，あるいは投資を実行しない場合のことをまとめておこう。この企業には負債がないから企業の株価は $P_U^{(0)}$ で，発行済株式数は $n_U^{(0)}$，企業価値は $V_U^{(0)} = n_U^{(0)} P_U^{(0)}$ である。ここで添字の $(0)$ は投資を実行していないことを示している。前節と同様，ここでも将来時点の EBIT はすべて投資家に分配されるので，1 株当りの配当金は $\tilde{X}/n_U^{(0)}$ で，株式の利回り $\tilde{y}_U^{(0)}$ は

$$\tilde{y}_U^{(0)} = \frac{\tilde{X}/n_U^{(0)}}{P_U^{(0)}} = \frac{\tilde{X}}{V_U^{(0)}}$$

である。次にこの株式のリスクには，資本市場均衡の CAPM を適用して，

$$\mathrm{cov}(\tilde{R}_M, \tilde{y}_U^{(0)}) = \frac{\mathrm{cov}(\tilde{R}_M, \tilde{X})}{V_U^{(0)}}$$

という株式利回りのシステマティックリスクを問題にする。この株式のリスクプレミアムを $\alpha_U$ とすると，$\alpha_U = \lambda \mathrm{cov}(\tilde{R}_M, \tilde{y}_U^{(0)})$ であり (ただし $\lambda = (E(\tilde{R}_M) - R_F)/\sigma(\tilde{R}_M)^2$)，要求利回り $\rho_U$ は $\rho_U = R_F + \alpha_U$ となる。

企業が投資を実行しない場合，1 株当り期待配当金は $E(\tilde{X})/n_U^{(0)}$ で，しかも定常状態の仮定からこれは将来時点に渡って一定である。要求利回りは $\rho_U$ なのであるから，株価 $P_U^{(0)}$ は

$$P_U^{(0)} = \frac{E(\tilde{X})/n_U^{(0)}}{\rho_U} \tag{3.20}$$

のとおりであり，以上のことを企業にとっては与件とみなす。

次にこの企業が投資を実行する場合を考えよう。問題は株式利回りのリスクである。企業が負債なしのままなら，この企業の株式リスクはやはり営業上のリスクである。企業が投資を行うと EBIT の確率分布が変化して，期待

## 3.4 投資と資金調達

値は $E(\tilde{X})$ から $E(\tilde{X}) + \overline{\Delta}$ に変化することは前で述べた。投資が実行されると当然，EBIT のリスクも変化すると考えられ，システマティックリスクという観点から，共分散は $\text{cov}(\tilde{R}_M, \tilde{X})$ から $\text{cov}(\tilde{R}_M, \tilde{X} + \tilde{\Delta})$ に変化するものとしよう。この変化に伴い株式リスクも変化するのが普通であろう。これによって，投資の実行により営業上のリスクやこれに対するリスクプレミアムが変化することになるが，実はこれらの変化を考慮すると分析が不必要に複雑になってしまう。

そこで単純化のための仮定として，投資が行われても営業上のリスクとそのリスクプレミアムは不変であるとする。すなわち，企業が負債なしのままであるなら，投資が実行されても株式リスクとそのリスクプレミアムは不変であると仮定するのである。もし企業の投資が，既に保有している資産と同じようなリスクを持った資産の獲得に向けられるのなら，このような投資を行った企業の株式のリスクは，投資前と何ら変化しないと株主は考えるであろうし，そうであるなら株式に求めるリスクプレミアムも変化しないであろう。これが営業上のリスク不変という仮定の意味である。そしてこの仮定により，企業が負債なしでいる限り，リスクプレミアムは $\alpha_U$ のままで，要求利回りも $\rho_U$ のままであるから，分析は大幅に単純化することができる。なお営業上のリスク不変という仮定の具体的な定式化は次に述べる。それでは以下，資金調達手段別に投資の資本コストを導出してみよう。

### 新株発行による資金調達

まず新株発行 (時価発行増資) である。これは発行時の時価，つまりそのときの株価でもって新株を発行し資金調達することである。企業が新株発行によって投資実行をアナウンスするや否や，効率的な資本市場ではこのニュースを反映して株価が変化する。そこで新株発行で資金調達して投資を実行する場合，現在時点での株価は $P_U^{(s)}$ になるとしよう。添字の $^{(s)}$ は，新株発行で資金調達がなされて投資が実行された場合を表している。負債なしの企業が新株を発行した後も当然，企業は負債なしの状態であり，このとき (新株発行後の) 発行済の総株式数を $n_U^{(s)}$，企業価値を $V_U^{(s)} = n_U^{(s)} P_U^{(s)}$ で表す。新株発行によって新しく発行される株式数は，アナウンスされた段階で株価が

$P_U^{(s)}$ であり，$I$ 円の資金を確保する必要があるので，$I/P_U^{(s)}$ である．従って新株発行後の発行済株式数は $n_U^{(s)} = n_U^{(0)} + \frac{I}{P_U^{(s)}}$ である．

投資実行がアナウンスされると，1 株当り配当金は $(\tilde{X} + \tilde{\Delta})/n_U^{(s)}$ に変化するから，株式の利回りを $\tilde{y}_U^{(s)}$ とすると，その定式化は

$$\tilde{y}_U^{(s)} = \frac{(\tilde{X} + \tilde{\Delta})/n_U^{(s)}}{P_U^{(s)}} = \frac{\tilde{X} + \tilde{\Delta}}{V_U^{(s)}}$$

のようになる．負債がないのでこの株式のリスクはやはり営業上のリスクである．投資実行で営業上のリスク不変とは，この株式利回りのシステマティックリスクが投資実行によっても不変であることをいう．式で表すと，$\mathrm{cov}(\tilde{R}_M, \tilde{y}_U^{(0)}) = \mathrm{cov}(\tilde{R}_M, \tilde{y}_U^{(s)})$ で，

$$\mathrm{cov}(\tilde{R}_M, \tilde{y}_U^{(0)}) = \frac{\mathrm{cov}(\tilde{R}_M, \tilde{X})}{V_U^{(0)}} = \frac{\mathrm{cov}(\tilde{R}_M, \tilde{X} + \tilde{\Delta})}{V_U^{(s)}}$$

の成立を仮定しているということに他ならない．であるなら，これに $\lambda$ を乗じたものがリスクプレミアムであるから，リスクプレミアム $\alpha_U$ は不変で，株式の要求利回りも $\rho_U$ のままである．

1 株当り期待配当金は $(E(\tilde{X}) + \overline{\Delta})/n_U^{(s)}$ であるから，投資実行の場合の株価は

$$P_U^{(s)} = \frac{(E(\tilde{X}) + \overline{\Delta})/n_U^{(s)}}{\rho_U}$$

のように書ける．この式に $n_U^{(s)} = n_U^{(0)} + \frac{I}{P_U^{(s)}}$ を代入すると，

$$P_U^{(s)} = \frac{E(\tilde{X}) + \overline{\Delta}}{\rho_U \left(n_U^{(0)} + \frac{I}{P_U^{(s)}}\right)} = P_U^{(s)} \frac{E(\tilde{X}) + \overline{\Delta}}{\rho_U n_U^{(0)} P_U^{(s)} + \rho_U I}$$

であるからさらに整理して，$\rho_U n_U^{(0)} P_U^{(s)} + \rho_U I = E(\tilde{X}) + \overline{\Delta}$ という関係が得られる．これを $P_U^{(s)}$ の式に書き直す．

$$P_U^{(s)} = \frac{E(\tilde{X}) + \overline{\Delta} - \rho_U I}{\rho_U n_U^{(0)}} = P_U^{(0)} + \frac{\overline{\Delta} - \rho_U I}{\rho_U n_U^{(0)}} \tag{3.21}$$

## 3.4 投資と資金調達

さて企業の目標は株主の富の最大化であるから,投資を実行することで株価が上昇するなら,その投資案件は実行されるべきである。よって投資実行のための条件は $P_U^{(s)} > P_U^{(0)}$ である。これを満たすためには (3.21) 式で $\overline{\Delta}/I > \rho_U$ でなければならない。すなわち,投資の期待収益率 $\overline{\Delta}/I$ が $\rho_U$ を上回れば投資を実行し,下回れば投資を実行しない。故に,$\rho_U$ は投資の採否を決める基準となっているから投資のカットオフレートであり,投資の資本コストといえるものである。新株発行で資金調達する場合の投資の資本コストは,株式の要求利回り(資本コスト)の $\rho_U$ であることがわかる。

**内部留保による資金調達**

次に内部留保で資金調達して投資を実行する場合を説明する。企業は各時点で EBIT を産み出すが,これはすべて投資家に分配されるものと考えているので,実はこの企業は内部留保を一切保有していないとみなすのが最も単純な想定である。予め内部留保を保有していてもいいのであるが,その内部留保を取り崩して投資するとなると,これは保有資産を変化させる。ここでは,投資実行の有無によって資産サイドで変化するのは,投資で新たに取得された資産のみで,それ以外の元々保有していた資産は同じと考えているから,内部留保の取り崩しで資産が変化するというのは,前提条件を変えることになってしまって議論が煩雑になる。最も単純な内部留保の想定は,現在時点で $I$ 円を確保するために,現在時点で配当される資金を配当せずに内部留保し,この資金をすぐに投資に支出してしまうことである。

ただし現在時点の株価は,現在時点の配当金の権利落ち株価として定式化されているので,このような内部留保の資金調達を想定しても,この想定自体は株価の定式化に表れない。投資実行の場合の株価を $P_U^{(r)}$ で記し,発行済株式数は変わらずに $n_U^{(0)}$ で,資本構成は負債なしのままであるから,企業価値は $V_U^{(r)} = n_U^{(0)} P_U^{(r)}$ である。ここの添字 $(r)$ は,内部留保の資金調達で投資が実行されたことを表している。また 1 株当り期待配当金は $(E(\tilde{X}) + \overline{\Delta})/n_U^{(0)}$ であり,さらに投資実行で営業上のリスクは不変であるので,株式への要求利回りは $\rho_U$ のままである。以上のことから株価 $P_U^{(r)}$ を定式化すると次のよう

になる。

$$P_U^{(r)} = \frac{(E(\tilde{X}) + \overline{\Delta})/n_U^{(0)}}{\rho_U} \qquad (3.22)$$

1株を保有している株主を考えよう。もし企業が投資を実行しなければ (このとき資金調達も実行されない)、株主の富は $P_U^{(0)}$ である。対して内部留保で投資が実行されるなら、株価は $P_U^{(r)}$ に変化するが、同時に現在時点で受け取る配当金が、投資実行されない場合に比べて $I/n_U^{(0)}$ 円だけ減ってしまう。従って比較されるべき株主の富は $P_U^{(r)} - \frac{I}{n_U^{(0)}}$ である。投資の実行が株主の富を増加させる限り、その投資案件は実行されるべきであるから、その条件は $P_U^{(r)} - \frac{I}{n_U^{(0)}} > P_U^{(0)}$ として記せる。この式に (3.20) 式と (3.22) 式を代入して、簡単な計算をすると、その条件は $\overline{\Delta}/I > \rho_U$ に帰着する。新株発行の場合と同様、投資の期待収益率が $\rho_U$ を上回るなら、株主の富を増加させるので投資は実行されるべきであり、下回るなら実行されるべきではない。やはり $\rho_U$ が投資のカットオフレートになっているので、これが内部留保の場合の投資の資本コストということになる。

**負債金融による資金調達**

負債で資金調達して投資を実行する場合、前の議論と最も異なる点は、株式の要求利回りが $\rho_U$ のままではあり得ないということである。投資の実行でたとえ営業上のリスクが不変であったとしても、資本構成には新たに負債が存在するから、株式利回りのリスクには営業上のリスクに加え財務上のリスクが発生する。このことにより、株主の要求利回りは $\rho_U$ から変化するはずである。

負債で資金調達して投資を実行する場合、株価は $P_L^{(b)}$ になるとする。ここの添字 $(b)$ は、負債による資金調達で投資を実行したことを表す。負債が存在するので株価の添字には $L$ を使う。負債は $B$ で、この負債により投資 $I$ の資金を確保しなければならないから $B = I$ である。発行済株式数 $n_L$ は $n_U^{(0)}$ のままであるから、株式価値は $S_L^{(b)} = n_U^{(0)} P_L^{(b)}$ で、企業価値は $V_L^{(b)} = S_L^{(b)} + B$ になる。企業は株主に配当金を支払う前にまず金利を支払わなければならない。ここの負債は安全資産であり、金利支払額を $iB$ とする。株主への支払

## 3.4 投資と資金調達

配当金総額は $\tilde{X} + \tilde{\Delta} - iB$ となって，1 株当り配当金は $(\tilde{X} + \tilde{\Delta} - iB)/n_U^{(0)}$ である。

このことから株式の利回りを $\tilde{y}_L^{(b)}$ とすると，これは

$$\tilde{y}_L^{(b)} = \frac{(\tilde{X} + \tilde{\Delta} - iB)/n_U^{(0)}}{P_L^{(b)}} = \frac{\tilde{X} + \tilde{\Delta} - iB}{S_L^{(b)}}$$

として定式化できる。このシステマティックリスクを求めると，

$$\mathrm{cov}(\tilde{R}_M, \tilde{y}_L^{(b)}) = \frac{\mathrm{cov}(\tilde{R}_M, \tilde{X} + \tilde{\Delta})}{S_L^{(b)}}$$

であるが，これを前と同様に書き換えて，営業上のリスクと財務上のリスクとに分解してみる。

$$\mathrm{cov}(\tilde{R}_M, \tilde{y}_L^{(b)}) = \frac{\mathrm{cov}(\tilde{R}_M, \tilde{X} + \tilde{\Delta})}{V_U^{(s)}} \frac{V_U^{(s)}}{S_L^{(b)}} = \mathrm{cov}(\tilde{R}_M, \tilde{y}_U^{(0)}) \frac{V_L^{(b)}}{S_L^{(b)}}$$
$$= \mathrm{cov}(\tilde{R}_M, \tilde{y}_U^{(0)}) \left(1 + \frac{B}{S_L^{(b)}}\right)$$

この式展開の 1 行目最初の等号の右辺に登場する $V_U^{(s)}$ は，新株発行によって投資実行した場合の企業価値である。新株発行の場合，資本構成に負債は存在しないから，$\mathrm{cov}(\tilde{R}_M, \tilde{X} + \tilde{\Delta})/V_U^{(s)}$ は株式の営業上のリスクを表していて，これが投資実行で不変と仮定されているので，2 番目の等号の右辺のように $\mathrm{cov}(\tilde{R}_M, \tilde{y}_U^{(0)})$ となっている。また資金調達が新株発行であろうと負債であろうと，投資が実行された場合の企業の保有資産は同一である。ということは投資実行後も MM 命題が成立していて，負債で資金調達して投資実行する場合の企業価値 $V_L^{(b)}$ と，新株発行で調達して投資実行する場合の企業価値 $V_U^{(s)}$ とは等しい。これが 2 番目の等号の右辺における分数で $V_U^{(s)}$ が $V_L^{(b)}$ に置き換わる理由である。2 行目の右辺は $V_L^{(b)} = S_L^{(b)} + B$ より自明であろう。要するに，企業が新たに負債を負うことで，株式のリスクは $(1 + \frac{B}{S_L^{(b)}})$ 倍になる。

資本市場均衡では，株式のシステマティックリスクの増加に比例してリスクプレミアムも増加するから，新しいリスクプレミアムを $\alpha_L$ とすると，こ

れは元々 (負債を負う前) の $\alpha_U$ というリスクプレミアムに対して,

$$\alpha_L = \alpha_U \left(1 + \frac{B}{S_L^{(b)}}\right) \tag{3.23}$$

という関係にある。このことから株式の要求利回りは $\rho_L = R_F + \alpha_L$ でなければならない。

上で定式化された $\rho_L$ を用いると,株価 $P_L^{(b)}$ は次のとおりである。

$$P_L^{(b)} = \frac{(\mathrm{E}(\tilde{X}) + \overline{\Delta} - iB)/n_U^{(0)}}{\rho_L} \tag{3.24}$$

投資実行のための条件は株主の富が増加するということであったから,それは $P_L^{(b)} > P_U^{(0)}$ という条件として表現できる。(3.24) 式の $P_L^{(b)}$ を書き換えると,

$$P_L^{(b)} = \frac{\mathrm{E}(\tilde{X}) + \overline{\Delta} - iB}{n_U^{(0)}(\rho_U - \alpha_U + \alpha_L)} = \frac{\mathrm{E}(\tilde{X}) + \overline{\Delta} - iB}{n_U^{(0)}\rho_U + n_U^{(0)}\alpha_U \frac{B}{S_L^{(b)}}} = \frac{\mathrm{E}(\tilde{X}) + \overline{\Delta} - iB}{n_U^{(0)}\rho_U P_L^{(b)} + \alpha_U B}$$

のように展開できる。最初の等号の右辺は $\rho_L = R_F + \alpha_L = \rho_U - \alpha_U + \alpha_L$ という関係を分母に用いている。2番目の等号の右辺は (3.23) 式を $\alpha_L - \alpha_U$ の形に変形した結果を代入している。3番目の等号の右辺は $S_L^{(b)} = n_U^{(0)} P_L^{(b)}$ を使って書き直したものである。この式は $n_U^{(0)} \rho_U P_L^{(b)} + \alpha_U B = \mathrm{E}(\tilde{X}) + \overline{\Delta} - iB$ という式になり,これを $P_L^{(b)}$ について解くと,

$$P_L^{(b)} = \frac{\mathrm{E}(\tilde{X}) + \overline{\Delta} - \rho_U B}{n_U^{(0)} \rho_U} = P_U^{(0)} + \frac{\overline{\Delta} - \rho_U I}{n_U^{(0)} \rho_U} \tag{3.25}$$

という結果が得られる。投資実行のための条件は $P_L^{(b)} > P_U^{(0)}$ であるから,これは $\overline{\Delta}/I > \rho_U$ という条件を意味する。つまり投資のカットオフレートは,負債金融であってもやはり $\rho_U$ であって,負債金融の場合の投資の資本コストも $\rho_U$ であるということになる。

この章の負債は安全資産であると仮定されているので,負債自体に対する要求利回り,そして資本コストは無危険利子率の $R_F$ である。負債で資金調

## 3.4 投資と資金調達

達して投資実行する場合，一見すると，負債の資本コスト $R_F$ が投資の資本コストでもあるかのように思われるが，実はこれは誤りなのである．理由は，負債の存在は財務上のリスクを発生させ，株式の要求利回り (資本コスト) が $\rho_U$ から上昇してしまうからである．負債自体にはリスクプレミアムのない分 (株式よりも) 安いコストで済むが，同時に株式の資本コストは上昇してしまう．ここで示されたことは，負債で資金調達すると両者の効果がちょうど相殺されて，投資の資本コストは，元々 (負債を負う前) の株式の資本コスト $\rho_U$ になるということである．

### 3.4.3 投資と企業価値

前節では，各調達手段別に投資の資本コストを導出した．その結果，完全資本市場においては，どの資金調達方法を用いようとも，投資の資本コストには差のないことがわかった．企業の目標は株主の富の最大化であるから，投資を実行するか否かという意思決定は，投資の実行により株価が上昇するかどうかである．すなわち，前の小節では 1 株当り株価でもって，投資実行のための条件を考えた．1 株当り株価で表現した条件式は，実は企業価値でもって表現することもできる．投資の意思決定を企業価値という尺度から捉えるとしたら，それはどのような条件式になるであろうか．

この条件式について予め要約しておこう．今，企業価値は $V_L^{(0)}$ であるとする．なお添字 $^{(0)}$ は投資を実行する前，あるいは投資を実行しなかった場合を表す．次に，この企業が 1 つの投資案件に直面し，この投資を実行して $I$ 円が支出されるなら，企業価値は $V_L^{(0)}$ から $V_L^{(1)}$ に変化するものとしよう．添字 $^{(1)}$ は投資を実行した場合を表す．$I$ 円の資金調達方法にかかわらず，

$$V_L^{(1)} - V_L^{(0)} - I > 0 \tag{3.26}$$

が成立するなら，この投資案件は実行されるべきである．というのは，この左辺が既存株主の富の増減を表していて，これが正であるということは，投資の実行で株主の富は増加することを意味するからである．企業の目標は株主の富の最大化にあるので，この目標を達成するための最適な投資行動とは，(3.26) 式を満たす投資案件すべてを余すことなく実行することである．

これにより株主の富は最大化される。

次にこの (3.26) 式が投資実行のための条件式となることを導く。企業が投資案件に直面する前，あるいは投資を実行しなかった場合，株式価値は $S_L^{(0)}$，負債価値は $B^{(0)}$ で，両者の合計が企業価値 $V_L^{(0)}$ である。また株式価値 $S_L^{(0)}$ は発行済株式数 $n_L^{(0)}$ と 1 株当り株価 $P_L^{(0)}$ との積である。この企業が投資案件に直面し，この投資を実行するために $I$ 円の資金が必要であるが，この資金調達方法としては新株発行と内部留保，負債の 3 つを考慮する。新株発行を通じて $I_S$ 円が調達され，内部留保を通じて $I_R$ 円が調達され，負債による調達は $I_B$ 円としよう (従って $I_S + I_B + I_R = I$)。このように資金 $I$ を確保して投資を実行した場合，株式価値は $S_L^{(1)}$，株価は $P_L^{(1)}$，発行済株式数は $n_L^{(1)}$，負債価値は $B^{(1)}$ に変化するものとする。企業価値 $V_L^{(1)}$ は $S_L^{(1)} + B^{(1)}$ である。

ここで株主の富はどのように表されるか。企業が投資案件に直面する前から 1 株を保有している株主を考えよう。この株主を既存株主と称する。もし企業が投資を実行しないなら，既存株主はいくらかの配当金を受け取り，その権利落ちの株価が $P_L^{(0)}$ である。この 1 株当り配当金を $d_0$ と表すと，この株主の富は $P_L^{(0)} + d_0$ である。もし企業が投資 $I$ を実行するなら，その資金調達として内部留保から $I_R$ 円が確保されなければならない。この $I_R$ 円は配当金の減少でまかなわれる。つまり投資が実行される場合，株主全体に支払われる配当金は $I_R$ 円の分だけ減少する。この配当金を受け取る権利のある発行済株式数は $n_L^{(0)}$ であるから，1 株当りにすると，$d_0 - I_R/n_L^{(0)}$ が投資実行の場合の支払配当金となる。従って既存株主の富は，投資が実行されることによって $P_L^{(1)} + d_0 - I_R/n_L^{(0)}$ へと変化する。

企業の目標は株主の富の最大化であるから，1 つの投資案件を実行することが既存株主の富を増加させるか減少させるかということが，その投資案件の採否を決める。投資の実行が既存株主の富を増加させるということは，

$$P_L^{(1)} + d_0 - \frac{I_R}{n_L^{(0)}} > P_L^{(0)} + d_0$$

が成立しているということであり，これを書き換えて得られる

$$P_L^{(1)} - P_L^{(0)} - \frac{I_R}{n_L^{(0)}} > 0 \qquad (3.27)$$

## 3.4 投資と資金調達

という式左辺は，投資の実行による既存株主の富の増減を示している。これが正であるということは，既存株主の富は増加しているので，投資は実行されるべきである。この (3.27) 式は，(1 株保有の既存株主の富で表現された) 投資が実行されるための条件式である。

これと同様の式を次は企業価値で表現することを考えよう。企業価値は株式価値と負債価値の和であるから，まず株式価値について見てみる。投資を実行する場合，$I_S$ 円を新株発行により調達するから，発行済株式数は $n_L^{(0)}$ から $n_L^{(1)}$ へと増加する。企業が投資およびその資金調達の実行をアナウンスするや否や，株価は即座にこれを織り込んで $P_L^{(0)}$ から $P_L^{(1)}$ に変化する。投資を実行する場合の株式価値は $S_L^{(1)} = n_L^{(1)} P_L^{(1)}$ である。

新株発行時，株価は $P_L^{(1)}$ になっているので，$I_S$ 円を調達するには $I_S / P_L^{(1)}$ 株が新たに発行される株式数である。これにより発行済株式数の間には $n_L^{(1)} = n_L^{(0)} + I_S / P_L^{(1)}$ という関係が成立する。この関係式を使うと，株式価値は $S_L^{(1)} = n_L^{(0)} P_L^{(1)} + I_S$ であるが，これを次のように書き換えよう。

$$S_L^{(1)} = S_L^{(0)} + I_S + n_L^{(0)} \left( P_L^{(1)} - P_L^{(0)} \right)$$
$$= S_L^{(0)} + I_S + I_R + n_L^{(0)} \left( P_L^{(1)} - P_L^{(0)} - \frac{I_R}{n_L^{(0)}} \right)$$

1 行目の式右辺は，まず $S_L^{(0)}$ を加え，次にこれと同じ $n_L^{(0)} P_L^{(0)}$ を減じて表記したものである。2 行目の式は 1 行目の式に $I_R$ を同様に加減して明示させたものである。さらにこの式の項を適当に移行すると，

$$S_L^{(1)} - S_L^{(0)} - I_S - I_R = n_L^{(0)} \left( P_L^{(1)} - P_L^{(0)} - \frac{I_R}{n_L^{(0)}} \right) \tag{3.28}$$

が得られる。式右辺の括弧内は，(3.27) 式で述べたように，1 株を保有する既存株主の富が投資の実行でどれぐらい増減するかを表したものである。既存株主の全員が保有する株式数は $n_L^{(0)}$ であるから，この式の右辺は，既存株主全体の富の増減を表すことになる。

最後に負債価値についてであるが，負債を使って $I_B$ 円を調達しているから，もし負債価値について

$$B^{(1)} = B^{(0)} + I_B \tag{3.29}$$

とすることができるならば，話は単純である。この章では，負債は安全資産であり，貸倒れリスクを無視しているから，(3.29) 式は常に成立すると考えて構わない。[*16] 投資実行の前から存在する既存債務の価値は $B^{(0)}$ のままで，この $B^{(0)}$ に新債務で調達した金額 $I_B$ が加わって，新しい負債価値は $B^{(1)}$ となる。

(3.28) 式と (3.29) 式から，

$$V_L^{(1)} - V_L^{(0)} - I \equiv S_L^{(1)} + B^{(1)} - (S_L^{(0)} + B^{(0)}) - (I_S + I_R + I_B)$$
$$= n_L^{(0)} \left( P_L^{(1)} - P_L^{(0)} - \frac{I_R}{n_L^{(0)}} \right) \tag{3.30}$$

という式が得られるので，(3.26) 式が企業価値で表現した投資実行の条件式となることは明らかであろう。もし投資 $I$ が (3.26) 式を満たすものであるなら，(3.30) 式は，この投資が既存株主の富を増加させるものであることを教えてくれる。

以上のように，企業価値で表現した (3.26) 式を満たすような投資案件をすべて余すことなく実行すれば，そのとき株主の富は最大化されることがわかる。

## 3.5 配当政策の理論

企業の資金調達という本書の中心的な話題から外れてしまうが，完全資本市場の基礎理論として説明しておかなければならない問題がもう 1 つある。もう 1 つの MM 命題ともいえる配当政策の基本定理である。これは Miller-Modigliani(1961) に依るため，以下では配当に関する MM 命題と称する。配当政策とは，企業が残余利益の中からどれぐらいを配当金として支払い，どれぐらい内部留保として残すべきかという問題である。

この節の題名は「配当政策 dividend policy」としたが，今日では事情が若干異なっている。残余利益から現金を社外に流出させる手段として，かつて

---

[*16] (3.29) 式はいかなる時でも成立する関係ではない。もし貸倒れリスクが存在するなら，既存債務は新債務の発行量次第で希薄化される可能性があり，そのとき，(3.29) 式は厳密には成立しない。

3.5 配当政策の理論                                                                159

は配当金支払しかなかったが,今日ではこれと並んで自社株買いも一般的になっている。この点を反映して,「配当政策」という表題は今日,payout policy(利益還元政策)と総称されることも多い。ただ 3.5.1 節で見るように,配当金支払と自社株買いは,表面的には異なっていても,本質的には同じものとみなせる。またこの節の目的はあくまでも,オリジナルの「配当に関する MM 命題」を説明することであるから,この節の題名は「配当政策」とし,これに続く議論では,配当金支払を念頭に置いている。

3.5.2 節で配当に関する MM 命題を説明する。結論を要約すると,完全資本市場において,将来期待される EBIT の値が将来の配当支払額から独立であるなら,いくらの配当金を支払うかという問題は株価や企業価値に影響を与えない。つまり配当政策は株価とか企業価値とかの企業の評価には影響せず,やはり配当政策の無関連性が成立する。注意すべき点は,この MM 命題の無関連性は,あくまでも将来の EBIT が配当政策に影響されないということが前提になっている。もし将来の EBIT が配当政策から影響されるなら,配当政策の無関連性は成立しない。この点を端的に表現しているのが内部金融モデルといわれるもので,3.5.3 節ではこの内部金融モデルを詳しく取り上げる。[*17]

### 3.5.1 配当金支払と自社株買い

残余利益から現金を社外流出させるか内部留保するかの意思決定は,payout policy(利益還元政策)と称され,今日,現金を社外流出させる方法は 2 種類ある。1 つは配当金支払,もう 1 つは自社株買いである。ここではこれら 2 つの方法が,本質的には同じものであることを示したい。

図 3.7 は企業の貸借対照表 (B/S) をイメージしたものである。左の B/S は現金流出直前を,右は流出直後の状態である。議論の単純化のため,負債は存在しないものとする。企業が社外に流出させる現金を $C$ で,現金流出前の企業価値を $V'$ で表す。現金流出した後の企業価値が $V$ である。現金が流

---

[*17] この節の議論では,単純化のため負債は登場しない。負債の有無を区別する必要がないので,企業価値や株価の添字 $U$ は省略している。

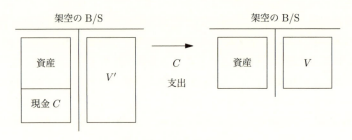

図 3.7 B/S のイメージ

出すると,配当金支払による場合は権利落ちにより株価が下落することで,また自社株買いの場合は発行済株式数が減少することで,ともかく企業価値は低下する。payout policy の問題の本質は,流出した現金 $C$ の大きさだけ正確に企業価値が低下するかどうかという点にある。つまり $V = V' - C$ が成立しているか否かである。

企業の現金が社外に流出すれば,幾ばくか企業価値が低下するのは当然であろう。ただ正確に $V = V' - C$ が成立するのかどうかはわからない。例えば,現金 $C$ を内部留保して,有利な投資に使うことができるなら,これは将来の収益性を改善し,株価や企業価値は上昇するであろう。現金流出はその将来収益増加の機会を奪うものであるから,$C$ 流出後の企業価値 $V$ は,流出前の $V'$ に比べて,$C$ の分以上に小さくなるかもしれない。あるいは逆に,現金 $C$ が社内にストックされると,無駄な支出に使われる恐れもあるから,その際は現金流出させれば,無駄使いの恐れもない。ということは,$C$ 流出後の企業価値 $V$ は,流出前の $V'$ に比べて,$C$ の分ほどに小さくならないかもしれない。そこで以下では,$V = V' - C + T$ という具合に,$V$ と $V' - C$ との差額 $T$ を明示することで,この $T$ が正なのか負なのか,あるいはゼロなのかを検討する。これが payout policy の本質的な問題である。

ところで,現金 $C$ を社外に流出させるための 2 種類の方法,配当金支払と自社株買いに実質的な違いはない。まずこの点をはっきりさせておこう。現金流出の前の段階で発行済株式数を $n'$,1 株当り株価を $P'$ で表す。企業価値 $V'$ は,$V' = n'P'$ である。また現金が流出した後,企業価値は $V$ になる

## 3.5 配当政策の理論

が，その時の発行済株式数は $n$, 株価は $P$ であるとすると，当然 $V = nP$ となっている。

まずは配当金支払のケースである。このとき発行済株式数は不変であるから，$n' = n$ である。1 株当り配当金は $C/n'$ であり，流出後の株価 $P$ は流出前の株価 $P'$ からこの配当の権利落ち分だけ下落するが，現金を内部に留めるか社外に流出させるかの差異を反映させて，$P = P' - \frac{C}{n'} + t$ という関係にあるとしよう。この $t$ は内部留保か社外流出かの差異を 1 株当り株価で評価した値と考えられる。ここで企業価値を求めるために，株価の式の両辺に $n$ をかける。

$$V = nP = n'\left(P' - \frac{C}{n'} + t\right) = V' - C + n't$$

という式が展開できるので，前で企業価値で見たときの差異 $T$ は，1 株当り株価の差異 $t$ を使うなら，$T = n't$ であることがわかる。

次に自社株買いのケースを考えてみよう。株価の権利落ちはないので，現金を内部留保するか社外流出させるかで，$P = P' + t$ という関係が株価に成立するはずである。自社株買いは $C$ という資金を元に時価で株式を買入れるから，発行済株式数は $C/P$ だけ減少する。ただし実際には，自社株買いが即，発行済株式数の減少をもたらすのではなく，買入れた株式は金庫株として企業が一時的に保有し，しかるべき手続きを経て，市場に再販売される可能性もある。ここでは議論の単純化のため，買入れ株式はすぐに消却されるものとする。そうであれば自社株買いの前と後とで，発行済株式数には $n = n' - \frac{C}{P}$ という関係が成立する。このとき企業価値 $V = nP$ は次のように書き換えることができる。

$$V = \left(n' - \frac{C}{P}\right)(P' + t) = V' - C + n't$$

この式の意味するところは，自社株買いで現金を社外に流出させるか，あるいは (自社株買いをせずに) 現金を内部に留めるか，企業価値の差異 $T$ は $n't$ で表現することができ，この差異は配当金支払のケースと同じである。

以上のことから，現金を社外流出させるかどうかという payout policy は，これに伴って企業価値の差異 $T$ が正の値となるか負の値となるかが重要な

点であり，どうやって現金を社外に流出させるかという点，つまり配当金支払か自社株買いかという点は企業価値の差異 $T$ に対し同じ影響を及ぼす。この意味で配当金支払か自社株買いかという点に本質的な違いはないのである。そこで以下では，配当金支払を念頭に置いて，企業価値の差異 $T$ がどうなるかを説明する。

### 3.5.2 配当に関する MM 命題

ここでは配当に関する MM 命題を説明する。まずできる限りオリジナルに近い形式を述べた後で，前の小節での議論に立ち返る。

なおここの議論で，定常状態の仮定は外される。その理由は，配当政策の問題を検討するのに，定常状態を仮定するのは理論的に非整合であると考えるからである。配当金支払額の増減は企業の内部留保を変化させるが，内部留保は通常，収益を産む資産の形で保有されている。すなわち，将来時点毎に内部留保されると，それは投資に使われ，企業の保有資産は時点毎に変化していく。資産が変化していくので，将来時点毎に期待される EBIT の値も異なるものとなるであろう。前の節では各時点の EBIT の期待値がすべて同じ，つまり定常状態として $E_0(\tilde{X}_1) = E_0(\tilde{X}_2) = \cdots = E(\tilde{X})$ を想定していたが，各時点で保有資産が異なり得るなら，このような想定をすることはできない。そこでこの節では $E_0(\tilde{X}_1) \neq E_0(\tilde{X}_2) \neq E_0(\tilde{X}_3) \neq \cdots$ であるとする。EBIT の予測値は将来の時点毎に様々な値を取り得る。なお議論を単純にするため，資本構成に負債は存在せず自己資本のみから成る企業を考える。

説明の便宜上，第 1 時点を取り上げよう。企業が第 0 時点から 1 期間営業した結果，期末の第 1 時点に EBIT が実現する。これを $X_1$ で表す。なおこの節では添字の数字は時点を表すものとしよう。この $X_1$ から，第 0 時点で株主であった者に 1 期間株式を保有した報酬として，1 株当り配当金 $d_1$ が支払われる。第 0 時点での発行済株式数を $n_0$ とすると，企業の第 1 時点での配当金支払総額 $D_1$ は $D_1 = n_0 d_1$ である。負債は存在しないので，内部留保は $X_1 - D_1$ である。

企業は第 1 時点までに $I_1$ の投資を実行する計画を予めたてていたとする。

## 3.5 配当政策の理論

もし $X_1 - D_1 < I_1$ であったなら，当然第 1 時点で企業は資金不足に直面する。この資金不足は第 1 時点での新株発行でまかなわれるものとしよう。第 1 時点の株価を $P_1$ で，発行される新株式数を $m_1$ で表すと，$I_1 - (X_1 - D_1) = m_1 P_1$ である。この式は第 1 時点での企業の予算制約式である。そして新株発行の結果，第 1 時点の発行済株式数 $n_1$ は $n_1 = n_0 + m_1$ となる。ところで $X_1 - D_1 > I_1$ なら企業は資金余剰で，予算制約式から $m_1$ は負の値になる。これは企業が第 1 時点で余剰資金を使って自社株の買入消却することを意味する。自社株買い (負の $m_1$) により発行済株式数は減少する ($n_1 < n_0$)。

今述べたような関係は任意の第 $t$ 時点 ($t = 1, 2, \cdots$) でも成立している。第 $t$ 時点の予算制約式は $I_t - (X_t - D_t) = m_t P_t$ として記され，配当金総額 $D_t$ は $D_t = n_{t-1} d_t$ である。第 1 時点と同様，第 $t$ 時点で支払われる配当金は第 $t-1$ 時点で株主であった者に対してであり，配当金総額は第 $t$ 時点の 1 株当り配当金 $d_t$ に第 $t-1$ 時点の発行済株式数を乗じた値となる。また第 $t$ 時点で新株発行ないしは自社株買いで発行済株式数が変化するため，$n_t = n_{t-1} + m_t$ である。そして現在時点 (第 0 時点) ではこれらの値はすべて未知であるから確率変数で，その予測値は第 0 時点での情報を所与とした条件付き期待値で表される。

以上のことから第 0 時点での企業価値を定式化しよう。前の章で述べたように第 0 時点の株価は，

$$P_0 = \frac{E_0[\tilde{d}_1 + \tilde{P}_1]}{1 + \rho_U}$$

として表すことができる。なおここの $\rho_U$ は負債のない企業の株式に対する要求利回りである。この両辺に $n_0$ を乗じると企業価値 $V_0$ が得られる。

$$V_0 = \frac{E_0[n_0 \tilde{d}_1 + n_0 \tilde{P}_1]}{1 + \rho_U} = \frac{E_0[\tilde{D}_1 + n_0 \tilde{P}_1]}{1 + \rho_U}$$

ここで第 1 時点の企業価値 $\tilde{V}_1$ を書き換えると，

$$\tilde{V}_1 = \tilde{n}_1 \tilde{P}_1 = (n_0 + \tilde{m}_1) \tilde{P}_1 = n_0 \tilde{P}_1 + \tilde{m}_1 \tilde{P}_1$$

であるから，これを使って企業価値の式の $n_0 \tilde{P}_1$ を消去する。

$$V_0 = \frac{E_0[\tilde{D}_1 + \tilde{V}_1 - \tilde{m}_1 \tilde{P}_1]}{1 + \rho_U}$$

予算制約式から，$\tilde{D}_1 - \tilde{m}_1\tilde{P}_1 = \tilde{X}_1 - \tilde{I}_1$ なので，企業価値は

$$V_0 = \frac{\mathrm{E}_0[\tilde{X}_1 - \tilde{I}_1 + \tilde{V}_1]}{1 + \rho_U} \tag{3.31}$$

として表現できる．この関係は任意の第 $t$ 時点においても

$$V_t = \frac{\mathrm{E}_t[\tilde{X}_{t+1} - \tilde{I}_{t+1} + \tilde{V}_{t+1}]}{1 + \rho_U}$$

として成立しているので，$V_t$ を順番に代入して，第 1 章で述べた条件付き期待値の特徴を適用すると，次のような結果が得られる．

$$V_0 = \sum_{t=1}^{\infty} \frac{\mathrm{E}_0[\tilde{X}_t - \tilde{I}_t]}{(1 + \rho_U)^t} \tag{3.32}$$

そしてこの両辺を $n_0$ で割れば現在の株価が求められるが表記は省略する．

さてこの式の意味であるが，任意の第 $t$ 時点について (ただし $t = 1, 2, \cdots$)，$D_t$ が $X_t$ や $I_t$ に関する現在時点 (第 0 時点) での予測値に全く影響を与えないなら，当然 $D_t$ は企業価値 $V_0$ に影響を与えることはない．すなわち，将来いくらの配当金を支払っていくかという企業の配当政策は，それが企業の EBIT や投資額の予測値に影響を与えないなら，現在の企業価値に影響することはない．従って配当政策は企業価値や株価に対して無関連ということになる．これが配当に関する MM 命題である．

どうして配当政策が EBIT や投資額に対して影響を与えずにいられるかというと，将来の各時点で発生する資金不足や資金余剰に対して，新株発行や自社株の買入消却を行ったりして，現在時点での予定どおりに投資が実行されることを可能にしているからである．これが最も重要な点である．予定どおりの投資実行が将来可能であることを現在時点で予想できるから，株主はこの予定された投資計画を前提に将来時点の EBIT を予想する．これが $\mathrm{E}_0(\tilde{X}_1)$, $\mathrm{E}_0(\tilde{X}_2)$, $\cdots$ という予測値となる．そして将来の配当金支払額がいくらであっても，将来の資金調達が可能であることによって，予定された投資は実行可能であることが保証されているので，将来時点の EBIT の予測値が将来の配当金支払額と無関係であることができ，配当政策は現在時点の企業価値 (株価) と無関連であるということが可能になる．

3.5 配当政策の理論                                                            165

　以上で述べたような，配当に関する MM 命題が妥当であるなら，3.5.1 節で取り上げた議論はどう結論されるか．企業が現金 $C$ を社外流出させても内部留保させても，どうでもよい些細な問題なのであるから，流出前の企業価値 $V'$ は流出後の企業価値 $V$ との間に，ちょうど正確に $V = V' - C$ という関係が成立する．すなわち，現金 $C$ の社外流出前後での企業価値の差異 $T$ はゼロということになる．

### 3.5.3 内部金融モデル

　配当政策の MM 命題は，将来の各時点で投資が計画どおり実行できるように，時点毎に新株発行の資金調達が可能であることを前提にしていた．それでは将来の時点毎の資金調達が不可能であったなら，配当に関する MM 命題の議論はどうなるであろうか．任意の第 $t$ 時点 ($t = 1, 2, \cdots$) の予算制約式は，$m_t = 0$ であるから

$$I_t - (X_t - D_t) = 0$$

となって，配当金総額の増加は必然的に投資の減少にならざるを得ない．このように，将来時点における資金調達が不可能であるなら，投資は EBIT のうち配当金として支払われなかった残りの部分によってのみまかなわれることになるので，このようなモデルを内部金融モデルという．

　内部金融モデルでは，配当金の増減は内部留保の増減を通じて投資の増減を生み出す．すなわち，配当政策は投資政策と表裏の関係にあるといってもよい．将来の配当金支払が将来の投資額に影響を与えるなら，将来投資を前提とする将来時点の EBIT も配当政策から影響を受けるはずで，将来時点の EBIT の現在時点における予測値が，配当政策から独立であると想定することは不可能になってしまう．

　それでは内部金融モデルにおける企業価値を定式化しよう．次の式展開は前の小節と同じである．

$$V_0 = n_0 P_0 = \frac{\mathrm{E}_0[n_0 \tilde{d}_1 + n_0 \tilde{P}_1]}{1 + \rho_U} = \frac{\mathrm{E}_0[\tilde{D}_1 + n_0 \tilde{P}_1]}{1 + \rho_U}$$

ここでは発行済株式数の増減はないので $n_0 = n_1$ であるから，$n_0 \tilde{P}_1 = n_1 \tilde{P}_1 = \tilde{V}_1$ である。これと予算制約式の $\tilde{D}_1 = \tilde{X}_1 - \tilde{I}_1$ という関係とを用いて書き換えると，企業価値は

$$V_0 = \frac{\mathrm{E}_0[\tilde{X}_1 - \tilde{I}_1 + \tilde{V}_1]}{1 + \rho_U} = \sum_{t=1}^{\infty} \frac{\mathrm{E}_0[\tilde{X}_t - \tilde{I}_t]}{(1 + \rho_U)^t} \tag{3.33}$$

のようになる。この (3.33) 式は，MM 命題の議論で導いた (3.32) 式と同じである。

MM 命題であろうと内部金融モデルであろうと，企業価値を定式化する式の形は表面上全く同じものとして導くことができるが，その結論は全く異なる。内部金融モデルでは前で述べたように，配当金の増減が投資額の増減と表裏の関係にあるから，MM 命題のように配当政策が将来の企業収益や投資額と独立な関係にあるという想定をすることはできない。このことを単純な形で明示するには，配当政策と投資に関して，更なる単純化の仮定が必要である。

配当政策についてであるが，将来の配当性向は一定であると仮定する。つまり $\tilde{D}_t = k\tilde{X}_t$ で $(t = 1, 2, \cdots)$，$k$ は定数で既知の値であるとする。このような形で配当政策を想定すると，配当政策とは $k$ というパラメターの値をどうするのかという問題に帰着される。このとき，予算制約式から投資 $I_t$ は $\tilde{I}_t = \tilde{X}_t - \tilde{D}_t = (1 - k)\tilde{X}_t$ となる。次に投資に関する単純化の仮定であるが，これは，あらゆる投資は一定の収益率 $R$ を永久に産み出すという仮定である。なお $R$ は定数で既知の値であるとする。

以上の仮定を用いると，

$$\tilde{X}_2 = \tilde{X}_1 + R\tilde{I}_1 = \tilde{X}_1[1 + R(1-k)]$$
$$\tilde{X}_3 = \tilde{X}_2 + RI_2 = \tilde{X}_1 + RI_1 + RI_2 = \tilde{X}_1[1 + R(1-k)] + R(1-k)\tilde{X}_2$$
$$= \tilde{X}_1[1 + R(1-k)]^2$$

であるから，任意の第 $t$ 時点の $\tilde{X}_t$ は，$\tilde{X}_t = \tilde{X}_1[1 + R(1-k)]^{t-1}$ として表すことができる。この $\tilde{X}_t$ を (3.33) 式に代入すると，

$$V_0 = \sum_{t=1}^{\infty} \frac{k\,\mathrm{E}_0[\tilde{X}_1\{1 + R(1-k)\}^{t-1}]}{(1 + \rho_U)^t}$$

## 3.5 配当政策の理論

となって,これは初項 $\frac{k\mathrm{E}_0[\tilde{X}_1]}{1+\rho_e}$,公比 $\frac{1+R(1-k)}{1+\rho_e}$ の無限等比級数であるから,公式を適用して次のような式が企業価値の定式化として得られる。[*18]

$$V_0 = \frac{k\mathrm{E}_0[\tilde{X}_1]}{\rho_U - R(1-k)} \qquad (3.34)$$

さてこの (3.34) 式を利用すると,配当政策の変更が企業価値にどのような影響を及ぼすかが明らかとなる。(3.34) 式を $k$ で微分すると,

$$\frac{dV_0}{dk} = \frac{(\rho_U - R)\mathrm{E}_0[\tilde{X}_1]}{(\rho_U - R(1-k))^2}$$

であるから,もし $R > \rho_U$ であるなら,$k$ の下落は企業価値 $V_0$ を上昇させ,逆にもし $R < \rho_U$ であるなら,$k$ の上昇が企業価値 $V_0$ を上昇させる。つまり投資の収益率が投資の資本コストを上回っているなら,配当性向を下落させることで,内部留保を増やし投資を増加させることが企業価値を上昇させる。逆にもし収益率が資本コストを下回るような投資であるなら,配当性向を上昇させて投資を減少させた方が企業価値は上昇するのである。このように内部金融モデルでは,配当政策が投資政策と表裏の関係であるために,配当政策は企業価値や株価に影響を及ぼすことになるのである。

さて以上の議論を,3.5.1 節の議論とつなげるとどうなるか。もちろん,両者は直接的には食い違いがある。3.5.1 節で取り上げた現金 $C$ は現在時点のもので,ここのモデルの配当性向 $k$ は将来時点の現金流出である。こういった差異はあるものの,このモデルの持つ含意は明らかであろう。投資の収益率が資本コストを上回っているなら,配当性向を下落させて,現金を社内に留保して投資を増やせば,企業価値は上昇する。このとき,$C$ の現金流出はその分投資の減少・将来収益の減少を招くから,企業価値は流出現金 $C$ 以上に低下することになる。つまり投資の収益率が資本コストを上回るとき,$T$ は負である。これとは逆に,投資の収益率が資本コストを下回るなら,配当性向を上昇させて,現金を社外流出させた方が無駄な投資が減る分,企業価

---

[*18] この (3.34) 式は,一定の企業成長を前提とした場合の株価 (ここでは企業価値) として有名な定式化である。この級数の分子をよく見ると,EBIT は $R(1-k)$ の率で成長している。

値は上昇する。企業価値は流出現金 $C$ の分ほどには低下しない。つまり投資の収益率が資本コストを下回るとき，$T$ は正であると考えられる。

## 3.6 負債の無関連性について：再論

前の 3.3 節では，MM 命題における負債の無関連性を証明した。すなわち，同じ企業であれば負債の有無に関係なく企業価値は同じになる。しかしその議論は定常状態を仮定して導出されたものである。前で述べたように，定常状態は極めて強い制約であり，負債の無関連性はこの強い制約によって導かれているのかもしれない。そこでこの節では，定常状態を仮定しないとき，この負債の無関連性がどうなるかを検討したい。そして定常状態の仮定がないとき，どのような条件の下でなら負債の無関連性が成立することになるのか明らかにする。

3.5 節では，配当政策として定常状態を仮定しないモデルを展開した。ただそこでは負債が存在しないものと仮定された。ここでは定常状態を仮定せずに負債を考慮するのであるから，3.5 節のモデルに負債を導入して修正すればよい。ただし 3.5 節で登場した $\rho_U$ はここでも一定と仮定する。$\rho_U$ は資本構成に負債が存在しないときの株式に対する要求利回りである。定常状態を仮定しないのであるから，$\rho_U$ は時点 $t$ の関数として $\rho_{U,t}$ のようにすべきであろう。そうしてもよいのであるが，そうすると式展開の最後のところで，金利の期間構造に関する条件付き期待値の取り扱いについて，非常に技術的な議論をしなければならなくなる。この議論は今本質的な問題ではなく省略したいので，ここでは $\rho_U$ は単に定数と仮定する。そして，$\rho_U$ を構成する無危険利子率の $R_F$ やリスクプレミアムの $\alpha_U$ も定数と仮定しよう。

$\rho_U$ や $\alpha_U$ を定数と仮定しても，負債が存在する場合の株式のリスクプレミアムは時点の関数になる。なぜなら負債が存在すると財務上のリスクが発生し，リスクプレミアムはその時点の株式価値に依存するからである。任意の第 $t$ 時点において，負債の存在する場合の株式の要求利回りを $\rho_{L,t}$，リスクプレミアムを $\alpha_{L,t}$ で表そう。第 $t$ 時点の株式価値を $S_{L,t}$，負債価値を $B_t$ と

## 3.6 負債の無関連性について：再論

すると，3.3 節の議論から次の関係の成立することが類推できよう．

$$\rho_{L,t} = R_F + \alpha_{L,t} = R_F + \alpha_U\left(1 + \frac{B_t}{S_{L,t}}\right) \quad (3.35)$$

定常状態を仮定しないのであるから，第 2 章で見たような CAPM は成立しないし，これを前提とした 3.3 節のリスクとリスクプレミアムとの関係も不明確である．しかし実は，定常状態を仮定しない多期間モデルであっても消費 CAPM といわれる類似の関係式が成立するので，リスクとリスクプレミアムとの関係に関しても同じ展開が可能であるとしてよいであろう．[19] そこで上の (3.35) 式が成立するものと考える．

さて任意の第 $t$ 時点における企業の予算制約式は，負債が考慮されることで 3.5 節のものを

$$I_t - (X_t - iB_{t-1} - D_t) = m_t P_{L,t} + B_t - B_{t-1}$$

のように変更しなければならない．$P_{L,t}$ は第 $t$ 時点の株価で，$m_t$ は第 $t$ 時点における株式数の増減である．議論の単純化のためここでも貸倒れは無視され，負債は安全資産であるとする ($i = R_F$)．負債の金利支払額は前の第 $t-1$ 時点の負債残高についてのもので $iB_{t-1}$ である．また $I_t$ は投資額，$X_t$ は EBIT，$D_t$ は配当金総額である (記号は 3.5 節を踏襲している)．この予算制約式が正の値であるなら資金不足が発生していて，式左辺は不足要因を表し，式右辺はその資金調達を意味している．資金不足は新株発行 ($m_t > 0$) か負債の増加 ($B_t - B_{t-1} > 0$) でまかなわれる．

さて第 $t$ 時点の株式価値 $S_{L,t}$ は $S_{L,t} = n_t P_{L,t}$ であるから ($n_t$ は発行済株式数)，

$$S_{L,t} = \frac{E_t[\tilde{D}_{t+1} + n_t \tilde{P}_{L,t+1}]}{1 + \rho_{L,t}}$$

である．ここで配当金総額 $D_{t+1}$ は $D_{t+1} = n_t d_{t+1}$ で，$d_{t+1}$ は 1 株当り配当金である．式右辺分母の $\rho_{L,t}$ の中に $S_{L,t}$ が含まれているから，上式に (3.35) 式

---

[19] 消費 CAPM については章末の付録を参照願いたい．またそこでは，第 2 章で導いた 1 期間の CAPM が定常状態でも成立すること，いいかえると，多期間モデルの消費 CAPM が，定常状態を仮定すると，1 期間モデルの CAPM と同じ形に帰着できることを証明している．

を代入して $S_{L,t}$ について解くと次の式が得られる．

$$S_{L,t} = \frac{E_t[\tilde{D}_{t+1} + n_t \tilde{P}_{L,t+1} - \alpha_U B_t]}{1 + \rho_U}$$

これを使うと企業価値 $V_{L,t}$ は

$$V_{L,t} = S_{L,t} + B_t = \frac{E_t[\tilde{D}_{t+1} + n_t \tilde{P}_{L,t+1} + (1+i)B_t]}{1 + \rho_U}$$

となって，次に式最右辺の分子の中にある $\tilde{D}_{t+1}$ に，第 $t+1$ 時点の企業の予算制約式を代入して書き換える．$n_{t+1} = n_t + m_{t+1}$ と $V_{L,t+1} = n_{t+1} P_{L,t+1} + B_{t+1}$ より，

$$V_{L,t} = \frac{E_t[\tilde{X}_{t+1} - \tilde{I}_{t+1} + \tilde{V}_{L,t+1}]}{1 + \rho_U}$$

が得られる．この関係が任意の時点で成立しているのであるから，順次代入していくと，結局現在時点 (第 0 時点) の企業価値 $V_{L,0}$ は次の式のように定式化できる．

$$V_{L,0} = \sum_{t=1}^{\infty} \frac{E_0[\tilde{X}_t - \tilde{I}_t]}{(1 + \rho_U)^t} \tag{3.36}$$

企業価値を表すこの (3.36) 式には負債に関連する項が一切登場していない．このことだけをもって，定常状態を仮定しない多期間モデルでも，負債の無関連性が成立すると主張してよいのであろうか．答えは否である．3.5 節の配当政策のところで，配当政策の無関連性を示した MM の議論とその逆の主張をする内部金融モデルとでは，企業価値に関する定式化が表面上同じものになることを示した．そこでの議論と全く同様のことがここでも当てはまる．すなわち，負債の無関連性が成立するためには，現在時点の負債 $B_0$ が将来 EBIT や投資の期待値 $E_0(\tilde{X}_t)$ や $E_0(\tilde{I}_t)$ に影響を及ぼさない，ということが明示されなければならない．逆にいうと，もし現在の負債 $B_0$ が $E_0(\tilde{X}_t)$ や $E_0(\tilde{I}_t)$ に影響を及ぼすのであれば，負債の無関連性は成立しない．そして $B_0$ が $E_0(\tilde{X}_t)$ や $E_0(\tilde{I}_t)$ に影響を及ぼすような状況は十分に考え得る．[20] もし

---

[20] この点は，後の章で詳しく述べることになるが，エージェンシーコストの議論と密接に関係している．

そうであるなら，前で企業価値の (3.36) 式には負債の項が登場しないと述べたが，これは多少不正確な表現で，正しくは条件付き期待値の情報の中に負債が入り込んでいる。このとき，$E_0(\tilde{X}_t)$ や $E_0(\tilde{I}_t)$ は $B_0$ の関数であり，負債は企業価値に影響を与え，負債の無関連性は成立しない。

とはいえ，この章では企業の貸倒れを無視して負債は安全資産であると考えた。この範囲内に議論を限定するのであれば，$B_0$ が $E_0(\tilde{X}_t)$ や $E_0(\tilde{I}_t)$ に影響を及ぼすことはないであろう。それ故，定常状態を仮定しない多期間モデルでも，完全資本市場を仮定すれば負債の無関連性が成立すると考えて支障はない。しかし議論をその範囲の外に拡張するとき，例えば負債の貸倒れを考えるようなとき，現在の負債の存在は将来の投資行動に影響を与えるかもしれない。その結果，現在の負債は将来の EBIT にも影響し得る。完全資本市場を仮定するというだけでは，定常状態を仮定しない多期間モデルにおいて，負債の無関連性が成立するかどうかは不明確なのである。そこで負債の無関連性を主張するためには，負債が将来の EBIT や投資行動に影響しないということを明示しなければならない。

## 3.7　結び

この章では完全資本市場のフレームワークにおける議論として，今日，MM 命題と称される企業金融論の基礎理論を詳しく展開した。MM 命題とは 3 つの無関連命題から成る。1 つは資本構成の無関連性である。資本構成のみ異なる同じ企業であれば，資本構成が異なっても企業価値は同じである。2 つ目は投資の資本コストにおける資金調達手段の無関連性である。投資の資金調達に新株発行，負債，内部留保のどの調達手段を選んでも，投資の資本コストは同じである。3 つ目は配当政策の無関連性である。企業の将来の EBIT や投資行動に配当政策が影響を与えない限り，配当政策は現在の株価・企業価値に影響することはない。

上記の MM 命題は，企業金融論のその後の理論展開の出発点となった議論である。企業金融論の理論展開の中心テーマは資本構成の理論である。従って本書の展開も資本構成の理論が中心であり，1 つ目の MM 命題がこれ

に深く関わることになる。それでは資本構成の理論は MM 命題からどのように発展していくことになるのか。これについて次の第 II 部で取り上げる。

ところで 3 つ目の配当政策は，企業の資金調達行動の分析という本書のテーマから外れるものであるが，実はこの 3 つ目の MM 命題の議論は，1 つ目の MM 命題 (負債の無関連性) に対し極めて重要な含意を与える。それは定常状態を仮定しない多期間モデルにおいて，負債の無関連性はどうなるのかという点である。定常状態を仮定しない多期間モデルにおいて，負債の無関連性が成立するためには，現在の負債の存在が，将来の投資行動や将来の EBIT に影響しないということを明示しなればならない。単に完全資本市場を仮定するというだけでは不十分なのである。

## 3.8　付録：多期間 CAPM と定常状態

ここでは多期間を考慮して導出される CAPM が，定常状態を仮定された下では前の章で述べた 1 期間 CAPM になることを示そう。

まず多期間における投資家の最適行動は，次のような目標関数の最大化であるとする。

$$\max EU = \max \mathrm{E}_0\Bigl[\sum_{t=1}^{\infty} u_t(\tilde{c}_t)\Bigr] \tag{3.37}$$

ここの $c_t$ は第 $t$ 時点から第 $t+1$ 時点までの期間における消費を表し，$u_t(c_t)$ はこの消費に対する効用関数である。各時点の効用 $u_t$ は，その時点で計画される消費 $c_t$ にのみ依存して，他の時点の消費からは影響されない。そして各将来時点の $u_t$ を $t = 1, 2, \cdots, \infty$ について合計したものが，最大化すべき効用関数であると想定する。このような定式化を一般に state-independent and time-additive な効用関数という。もちろん将来のことは未知であるから，投資家は効用の現在時点における期待値 (期待効用) を最大化する。これが上の目標関数の意味である。

次に任意時点の消費 $c_t$ は，途中時点で資産からの所得以外の他の所得が

## 3.8 付録：多期間 CAPM と定常状態

一切ないものとすると，次のような予算制約式に従わなければならない．

$$W_t - c_t = \sum_{i=0}^{n} \alpha_{i,t} P_{i,t}$$

$$W_t = \sum_{i=0}^{n} \alpha_{i,t-1}(d_{i,t} + P_{i,t}) \qquad \text{for } t = 1, \cdots$$

$n+1$ 個の資産が存在し，第 0 資産が安全資産で ($i = 0$)，$n$ 個の危険資産が $i = 1, \cdots, n$ であるとする．$\alpha_{i,t}$ は第 $t$ 時点における第 $i$ 資産の保有数量である．1 番目の式は，第 $t$ 時点の富 $W_t$ のうち，第 $t+1$ 時点までの計画消費 $c_t$ を除いた残りの部分が，すべて $n+1$ 個の資産に投資されることを表す．そして第 $t$ 時点における富 $W_t$ は，前の時点のポートフォリオ $\alpha_{i,t-1}$（ただし $i = 0, \cdots, n$）から産み出された配当金 ($d_{i,t}$) と資産の価値 ($P_{i,t}$) から構成されるというのが 2 番目の式である．これら 2 つの式から富 $W_t$ を消去すると，

$$c_t = \sum_{i=0}^{n} \alpha_{i,t-1}(d_{i,t} + P_{i,t}) - \sum_{i=0}^{n} \alpha_{i,t} P_{i,t} \qquad (3.38)$$

が得られる．[21] この (3.38) 式を (3.37) 式に代入したとすると，最適性の 1 階

---

[21] $l$ 番目の投資家について，消費を $c_t^l$，第 $i$ 資産の保有数量を $\alpha_{i,t}^l$ のように明示すると，(3.38) 式は

$$c_t^l = \sum_{i=0}^{n} \alpha_{i,t-1}^l (d_{i,t} + P_{i,t}) - \sum_{i=0}^{n} \alpha_{i,t}^l P_{i,t}$$

であるが，今，投資家が $L$ 人存在するものとして，この合計を取る．

$$\sum_{l=1}^{L} c_t^l = \sum_{l=1}^{L} \sum_{i=0}^{n} \alpha_{i,t-1}^l (d_{i,t} + P_{i,t}) - \sum_{l=1}^{L} \sum_{i=0}^{n} \alpha_{i,t}^l P_{i,t}$$

第 $i$ 資産の現存数量 (株式であれば発行済株式数) は，$L$ 人の投資家の保有数量の合計に等しいはずで，さらに第 $i$ 資産の現存数量は時間を通じて不変とする．これを $\bar{\alpha}_i$ で表すと，

$$\bar{\alpha}_i = \sum_{l=1}^{L} \alpha_{i,t}^l = \sum_{l=1}^{L} \alpha_{i,t-1}^l$$

であるから，これを用いると $L$ 人の投資家の予算制約の合計式は，

$$\sum_{l=1}^{L} c_t^l = \sum_{i=0}^{n} \bar{\alpha}_i d_{i,t}$$

条件は，(3.37) 式を $\alpha_{i,t}$ で偏微分した

$$\frac{\partial EU}{\partial \alpha_{i,t}} = \mathrm{E}_0 \left[ -u'_t(c_t)P_{i,t} + \mathrm{E}_t[u'_{t+1}(\tilde{c}_{t+1})(\tilde{d}_{i,t+1} + \tilde{P}_{i,t+1})] \right] = 0$$
$$\text{for } i = 0, 1, \cdots, n \text{ and } t = 1, \cdots$$

から導かれることになる。なお $u'_t$ は $u_t$ の 1 階の導関数である。[*22]

この 1 階の条件式を次のように書き換えよう。

$$\mathrm{E}_t \left[ \frac{u'_{t+1}(\tilde{c}_{t+1})}{u'_t(c_t)} \frac{\tilde{d}_{i,t+1} + \tilde{P}_{i,t+1}}{P_{i,t}} \right] = 1$$

資産各々の収益率を $1 + R_{i,t+1} \equiv (d_{i,t+1} + P_{i,t+1})/P_{i,t}$ として定義すると，危険資産 $i = 1, \cdots, n$ については，

$$\mathrm{E}_t \left[ \frac{u'_{t+1}(\tilde{c}_{t+1})}{u'_t(c_t)} (1 + \tilde{R}_{i,t+1}) \right] = 1 \qquad \text{for } i = 1, \cdots, n \text{ and } t = 1, \cdots$$

である。当然，危険資産の収益率 $R_{i,t+1}$ を第 $t$ 時点で知ることはできないから，これは確率変数 $\tilde{R}_{i,t+1}$ である。ところが安全資産 (第 0 資産) については，$1 + R_{0,t+1} \equiv (d_{0,t+1} + P_{0,t+1})/P_{0,t}$ であるが，第 $t$ 時点において第 $t+1$ 時点の値 ($d_{0,t+1}$ や $P_{0,t+1}$) が分かっている。つまり第 $t$ 時点において $R_{0,t+1}$ は既知であり，この点を明示して，$R_{0,t+1}$ を $R_{F,t}$ のように記すことにする。$R_{F,t}$ は第 $t$ 時点では確率変数ではないため，次式のように第 $t$ 時点の条件付き期待値の外に出せる。

$$\mathrm{E}_t \left[ \frac{u'_{t+1}(\tilde{c}_{t+1})}{u'_t(c_t)} \right] (1 + R_{F,t}) = 1 \qquad \text{for } t = 1, \cdots$$

---

を得る。経済全体で見ると，消費は資産の産み出す果実部分だけからまかなわれているということを上式は意味している。

[*22] この問題は (確率的) 動学的最適化問題であるから，本来ならば動的計画法 dynamic programming を使って解を導かなければならないが，動的計画法を用いると議論が非常に技術的になってしまう。ここの問題は制約なしの最適化問題に帰着させることが可能であるので，本稿のような「簡便法」に依ると，大幅に議論を短縮化できる上に同じ最適条件が導ける。なお動的計画法に基づく解法は Huang-Litzenberger(1988) 第 7 章などを参照願いたい。

## 3.8 付録：多期間 CAPM と定常状態

ここで上記の危険資産の条件式から安全資産の条件式を引いて，さらに分母の $u'_t(c_t)$ を無視すると，

$$E_t[u'_{t+1}(\tilde{c}_{t+1})(\tilde{R}_{i,t+1} - R_{F,t})] = 0 \quad \text{for } i = 1, \cdots, n \text{ and } t = 1, \cdots$$

が導かれるが，この式ないしはこれをさらに書き換えた

$$\frac{E_t[u'_{t+1}(\tilde{c}_{t+1})\tilde{R}_{i,t+1}]}{E_t[u'_{t+1}(\tilde{c}_{t+1})]} = R_{F,t} \quad \text{for } i = 1, \cdots, n \text{ and } t = 1, \cdots \quad (3.39)$$

が多期間 CAPM を導出する際の最も基本的な条件式である。どうして投資家の主体的な最適条件が，市場均衡の条件である CAPM になるのかというと，ここではあたかも 1 人の投資家しか存在しないかのごとくに考えているからである。この想定を代表的個人 (投資家) の仮定という。仮に投資家が 1 人しか存在しないなら，その需要を決める条件式が市場均衡を表す式であるということも可能である。というのは，供給サイド (資産の現存数量) が所与で不変であることを前提にするなら，市場均衡の特徴は，事実上，需要サイドの特徴から決まってしまうからである。従って市場が均衡するような収益率期待値は (3.39) 式を満たすようなもの，すなわち，(3.39) 式から導かれる収益率期待値が CAPM であるということができる。[*23]

さて (3.39) 式をもう少し変形してみよう。一般に $E_t[u'_{t+1}(\tilde{c}_{t+1})\tilde{R}_{i,t+1}]$ は (条件付き) 共分散を用いると，

$$E_t[u'_{t+1}(\tilde{c}_{t+1})\tilde{R}_{i,t+1}] = \text{cov}_t(u'_{t+1}(\tilde{c}_{t+1}), \tilde{R}_{i,t+1}) + E_t[u'_{t+1}(\tilde{c}_{t+1})] E_t[\tilde{R}_{i,t+1}]$$

であるが，さらに $\tilde{c}_{t+1}$ と $\tilde{R}_{i,t+1}$ が正規分布に従うなら，

$$\text{cov}_t(u'_{t+1}(\tilde{c}_{t+1}), \tilde{R}_{i,t+1}) = E_t[u''_{t+1}(\tilde{c}_{t+1})] \text{cov}_t(\tilde{c}_{t+1}, \tilde{R}_{i,t+1})$$

の成立することが知られている (Stein's lemma)。これらの関係を用いると，

---

[*23] 投資家が 1 人なら均衡条件は $\alpha_{i,t} = \bar{\alpha}_i$ である。なお代表的個人 representative agent について，ここでは一言で済ませてしまったが，もちろん深遠な議論が存在する。Huang-Litzenberger(1988) 第 5 章と第 7 章，より精緻な議論としては池田 (2000) 第 7 章を参照願いたい。

(3.39) 式は

$$\mathrm{E}_t[\tilde{R}_{i,t+1}] - R_{F,t} = -\frac{\mathrm{E}_t[u''_{t+1}(\tilde{c}_{t+1})]}{\mathrm{E}_t[u'_{t+1}(\tilde{c}_{t+1})]} \mathrm{cov}_t(\tilde{c}_{t+1}, \tilde{R}_{i,t+1}) \quad (3.40)$$

となって，これが多期間 CAPM である。均衡における収益率期待値は消費に依存することになるため，多期間 CAPM は消費 CAPM ともいわれる。[*24]

以上が多期間 CAPM の導出であるが，次に定常状態を仮定すると，(3.40)式の多期間 CAPM が 1 期間 CAPM に帰着することを示そう。前のコラムで述べたが，本来の定常状態とは，すべての時点において (1 時点先の) 将来に関する同様な予想 (確率分布) を持つような状況として定義すべきである。任意の資産 $i$ の期待収益率はすべての時点で等しく，

$$\mathrm{E}_1[\tilde{R}_{i,2}] = \mathrm{E}_2[\tilde{R}_{i,3}] = \cdots = \mathrm{E}_t[\tilde{R}_{i,t+1}] = \cdots = \mathrm{E}[\tilde{R}_i]$$

であり，各時点共通の期待収益率を無条件期待値 $\mathrm{E}[\tilde{R}_i]$ のように記す。これを安全資産に適用すると，無危険利子率については

$$R_{F,1} = R_{F,2} = \cdots = R_{F,t} = \cdots = R_F$$

ということになる。

消費の効用は，同じ量の消費から得られる効用の値は，時点にかかわらず同じということであるなら，各時点の効用関数は

$$u_t(c_t) = \gamma^t u(c_t)$$

のように書くことができよう。ここの $\gamma$ は時間選好率であるとする。従って定常状態を想定すると任意の資産 $i$ について (3.39) 式は

$$\frac{\mathrm{E}_1[u'(\tilde{c}_2)\tilde{R}_{i,2}]}{\mathrm{E}_1[u'(\tilde{c}_2)]} = \frac{\mathrm{E}_2[u'(\tilde{c}_3)\tilde{R}_{i,3}]}{\mathrm{E}_2[u'(\tilde{c}_3)]} = \cdots = \frac{\mathrm{E}_t[u'(\tilde{c}_{t+1})\tilde{R}_{i,t+1}]}{\mathrm{E}_t[u'(\tilde{c}_{t+1})]} = \cdots = R_F \quad (3.41)$$

のような形の式となる。この式の意味は，投資家のポートフォリオを決める最適条件が，すべての時点で同じ形の式になるというものである。最適条件

---

[*24] 多期間 CAPM あるいは消費 CAPM の定式化は，上記以外に様々な表記が可能である。これについては Huang-Litzenberger(1988) 第 7 章などを参照願いたい。なお以上のドラフトに対して熊谷彰善氏から有益なコメントを頂いた。記して謝意を表したい。

## 3.8 付録：多期間 CAPM と定常状態

が同じであれば最適解も同じであるから，資産の保有数量 $\alpha_{i,t}$ はすべての時点で共通の値になって，

$$\alpha_{i,1} = \alpha_{i,2} = \cdots = \alpha_{i,t} = \cdots = \alpha_i \quad \text{for } i = 0, \cdots, n$$

とすることができる．であるなら，予算制約式である (3.38) 式は

$$c_{t+1} = \sum_{i=0}^{n} \alpha_i d_{i,t+1}$$

となって，各時点の消費は資産からの配当金や金利の合計に等しい．すなわち，資産の産み出す果実部分が各時点の消費に使われ，元本部分はそのまま再投資される．

ところでポートフォリオに対する個々の資産の保有比率 $w_i$ を使うと (ただし $\sum_{i=0}^{n} w_i = 1$)，個々の資産の果実部分は $W_t w_i R_{i,t+1}$ として表すこともできるので，$\sum_{i=0}^{n} \alpha_i d_{i,t+1} = \sum_{i=0}^{n} W_t w_i R_{i,t+1}$ である．またすべての危険資産の組合せはマーケットポートフォリオであり，その収益率 $R_{M,t+1}$ は

$$R_{M,t+1} = \sum_{i=1}^{n} \frac{w_i}{\sum_{i=1}^{n} w_i} R_{i,t+1} = \sum_{i=1}^{n} \hat{w}_i R_{i,t+1}$$

として定義される．ここの $\hat{w}_i$ は，安全資産を除いた危険資産のみから成るポートフォリオにおける保有比率である ($\sum_{i=1}^{n} \hat{w}_i = 1$)．以上のことから資産の果実部分は，マーケットポートフォリオ収益率 $R_M$ と無危険利子率 $R_F$ を使って表現することができるので，消費 $c_{t+1}$ の予算制約式は次のように書き換えることができる．

$$c_{t+1} = W_t w_0 R_{F,t} + W_t (1 - w_0) R_{M,t+1} \tag{3.42}$$

さて (3.42) 式の $c_{t+1}$ を (3.40) 式の共分散に代入しよう．

$$E_t[\tilde{R}_{i,t+1}] - R_{F,t} = -\frac{E_t[u''_{t+1}(\tilde{c}_{t+1})]}{E_t[u'_{t+1}(\tilde{c}_{t+1})]} W_t (1 - w_0) \operatorname{cov}_t(\tilde{R}_{M,t+1}, \tilde{R}_{i,t+1})$$

この式の両辺に $\hat{w}_i$ を乗じ，$i$ を 1 から $n$ について合計すると，

$$E_t[\tilde{R}_{M,t+1}] - R_{F,t} = -\frac{E_t[u''_{t+1}(\tilde{c}_{t+1})]}{E_t[u'_{t+1}(\tilde{c}_{t+1})]} W_t (1 - w_0) \sigma_t(\tilde{R}_{M,t+1})^2$$

であるから，これら 2 つの式から，

$$\mathrm{E}_t[\tilde{R}_{i,t+1}] - R_{F,t} = \frac{\mathrm{E}_t[\tilde{R}_{M,t+1}] - R_{F,t}}{\sigma_t(\tilde{R}_{M,t+1})^2} \mathrm{cov}_t(\tilde{R}_{M,t+1}, \tilde{R}_{i,t+1})$$

が導出できる。もちろん定常状態では，収益率の (条件付き) 分散・共分散はすべての時点で共通の値に等しいので，これら共通の値を無条件のものと考えて，

$$\mathrm{cov}_1(\tilde{R}_{M,2}, \tilde{R}_{i,2}) = \cdots = \mathrm{cov}_t(\tilde{R}_{M,t+1}, \tilde{R}_{i,t+1}) = \cdots = \mathrm{cov}(\tilde{R}_M, \tilde{R}_i)$$
$$\mathrm{E}_1(\tilde{R}_{M,2}) = \cdots = \mathrm{E}_t(\tilde{R}_{M,t+1}) = \cdots = \mathrm{E}(\tilde{R}_M)$$
$$\sigma_1(\tilde{R}_{M,2})^2 = \cdots = \sigma_t(\tilde{R}_{M,t+1})^2 = \cdots = \sigma(\tilde{R}_M)^2$$

のように記すとすると，結局次のような 1 期間 CAPM の表記を得ることができる。

$$\mathrm{E}[\tilde{R}_i] - R_F = \frac{\mathrm{E}[\tilde{R}_M] - R_F}{\sigma(\tilde{R}_M)^2} \mathrm{cov}(\tilde{R}_M, \tilde{R}_i)$$

第Ⅱ部

# 資本構成理論の展開

# 第4章
# 最適資本構成の理論

## 4.1 はじめに

　第3章では完全資本市場の下で成立するMM命題を詳しく説明した。その結論は，企業の意思決定にとって資本構成は無関連 irrelevant であって，最適な資本構成は存在しないというものであった。この主張に対し主に実務家サイドから強い反対意見が示され，MM命題以後の資本構成理論は，MM命題で考慮されていなかった様々な要因を導入して，MM命題を拡張するという形で理論展開がなされた。特に実務家サイドでは最適資本構成が存在するという通説が支配的であったため，資本構成の理論展開は，最適資本構成をもたらすような理論モデルを，どのように構築すればよいのかという議論が主流を占めることになる。

　そこでこの章では最適資本構成の理論として，様々な不完全性を表す現実的な要因を考慮して，完全資本市場下のMM命題を順番に拡張していきたい。ここで取り上げる現実要因とは法人税，所得税，貸倒れリスク，倒産コスト，負債以外の節税要因の5つである。そして最後にまとめとして，これら諸要因を併せた複合化モデルを提示する。

　まず4.2節は法人税を考慮する場合である。これは Modigliani-Miller(1963) が試みた拡張で，その後，修正MM命題と称されているものである。彼らの目的は最適資本構成を示すことではなかったが，彼らの議論

は,その後の資本構成の理論展開に最も基本的な第一歩を提供したものである。修正 MM 命題の結論は,負債が増えるほど企業価値は大きくなるというものである。

ところで完全資本市場下の MM 命題であれ,法人税を考慮した修正 MM 命題であれ,負債の貸倒れリスクはすべて無視されている。次の 4.3 節では,負債の貸倒れリスクを考慮した場合,MM 命題や修正 MM 命題がどのように影響を受けるかを検討する。この問題は Stiglitz(1969) や Rubinstein(1973),Baron(1975) などが取り上げていて,貸倒れリスクの存在そのものは,MM 命題や修正 MM 命題の結論を変更させるものではないことを主張している。ここではできる限り厳密にこの点を確認したい。

MM 命題および修正 MM 命題の提唱者である Miller は,その後,法人税のみならず,投資家個人に課される所得税をも併せて考慮したなら,負債は企業価値に対し再び無関連になり得ることを示した。4.4 節ではこの議論を簡単に紹介する。Miller(1977) に依る Miller 均衡の議論である。Miller 均衡の結果は負債の無関連命題であるから,内容的にはこの章の最適資本構成の理論とは相容れないのであるが,今日でも,所得税という要因を Miller(1977) の定式化に依拠してモデル化することは少なくない。この Miller(1977) の定式化は,4.3 節で使った分析枠組みをほんの少し拡張すれば導出できるので,4.4 節で取り上げておく。

さて,貸倒れリスクを考慮したとしても,修正 MM 命題の結論が当てはまるのであるなら,企業の目標は企業価値 (株主の富) の最大化であるから,最適資本構成は,負債に 99.999…% まで依存するような資本構成ということになってしまう。現実企業の中でこのような資本構成は皆無であるから,現実の要因を考慮して導かれた修正 MM 命題の結論は,かえって現実企業の姿と大きく乖離してしまうことになる。しかしこのような結論が導かれるのは当然のこととも考えられる。なぜなら修正 MM 命題の議論は,負債利用のメリットのみが考慮されていて,負債利用のデメリットが十分に明示されていないからである。

メリットのみが考慮された理論モデルであるなら,そのメリットをフルに利用しようという結論が導かれるのは当然である。そこで登場するのが 4.5

## 4.1 はじめに

節の倒産コストモデルである。倒産コストという形で負債利用のデメリットを理論モデルの中で考慮することで始めて，最適資本構成の存在を可能にする理論モデルが出来上がる。倒産コストモデルの文献は非常に多いが，最も代表的なものは Kim(1978) であろう。4.5 節の理論モデルは，基本的には Kim(1978) を参考にしたものであるが，モデルの展開は相当に異なる。倒産コストモデルは，その後の理論展開に大きく貢献したものであるから，著者の観点から詳しく取り上げる。

負債の利用にブレーキをかけるもう 1 つの要因が，負債以外の節税要因 non-debt tax shield といわれるものである。これは DeAngelo-Masulis(1980) に依る。この章では彼らの議論を大幅に単純化した形で，4.6 節で取り上げる。

続く 4.7 節で，諸要因を複合化したモデルを最適資本構成のモデルとして提示した。[*1] というのは，倒産コストモデルや負債以外の節税要因を考慮したモデルでは，負債の大きさに応じてキャッシュフローの定式化を変更しなければならない。各々のモデルを完全な形で展開するには，負債のあらゆる大きさに応じて，それぞれのケースの定式化を展開していかなければならない。これは無駄が大きく，議論が冗長かつ煩雑になってしまう。そこで 4.5 節と 4.6 節では，最も特徴的と思われるケースのみを提示して議論をスリム化している。そして 4.7 節では，倒産コストモデルと負債以外の節税要因を考慮したモデルとの複合化モデルを展開して，あらゆる負債の大きさのケースを検討する。いうまでもなく，ここの複合化モデルの特殊モデルとして，倒産コストモデルや負債以外の節税要因を考慮したモデルが位置付けられることになる。ところでこの複合化モデルをシミュレーションすると，この章で展開された最適資本構成の理論の問題点が明らかとなる。

この章ではすべて，企業の目標を企業価値最大化とみなし，企業価値を最大にするような資本構成を最適資本構成としている。それでは，企業価値最大化の意味は何か。この章の議論では，企業価値の最大化は株主の富の最大

---

[*1] ここの複合化モデルは，この章で議論した様々な要因を取り込んだ総合的な最適資本構成のモデルであるが，諸要因のうち所得税は無視している。Miller 均衡の結論は最適資本構成のモデルとは相容れないからである。

化と同値である。これについては，必要に応じて文中で何度か指摘されることになるが，議論が散発的に登場するため少々わかりにくい。資本構成理論を理解するための大切なポイントでもあるため，最後の 4.8 節でこの議論をまとめておく。

## 4.2 法人税：修正 MM 命題

この節ではまず法人税を考慮する場合を検討しよう。議論の前提条件は第 3 章と同じで，唯一の違いは法人税が存在する点である。すなわち，法人税が存在することを除いて完全資本市場が仮定される。企業の貸倒れリスクは無視されて，企業の借入は無危険である。またここでも議論の単純化のため定常状態が仮定される。これらを前提にして第 3 章と同様，2 つの同じ企業，企業 U と企業 L を考えよう。第 3 章では，法人税が存在しないものと仮定されて $V_U = V_L$ の成立することが示された。それでは法人税が存在するとき，企業 U と企業 L の企業価値の間にはどのような関係が成立するのか。これは修正 MM 命題と称され，4.2.1 節ではまず直感的な説明によってこの関係を導こう。4.2.2 節では資本市場均衡を想定した厳密な形で修正 MM 命題を導く。さらに 4.2.3 節で，修正 MM 命題の下での平均資本コストや株価がどうなるかを説明する。

### 4.2.1 概説

説明の便宜上，EBIT から金利支払額を控除した金額のことを税引前利益と呼ぼう。ここの法人税とは，この税引前利益に対して税率 $\tau$ で課税されるというものである。企業 U は負債がないので，その金利支払額はゼロで，EBIT の $X$ が企業 U の税引前利益である。課税額は $\tau X$ であるから，この課税額を EBIT から控除した額 $X - \tau X = (1 - \tau)X$ が，残余利益として株主に配当される。他方，企業 L はどうであろうか。企業 L には負債 $B$ があり，企業の貸倒れは無視されているので負債は安全資産である。負債の金利 $i$ が無危険利子率 $R_F$ であるとすると，$B$ は負債価値と負債額面を表すことにな

## 4.2 法人税：修正 MM 命題

り，企業は金利として $iB$ を支払う．企業 L の税引前利益は $X - iB$ であるから課税額は $\tau(X - iB)$ となり，残余利益は，EBIT から金利支払額とこの課税額を控除した金額，$X - iB - \tau(X - iB) = (1 - \tau)(X - iB)$ という具合いに示すことができ，これが企業 L の株主に配当される．

さてここで，債権者に帰属する利益と株主に帰属する利益の合計額として，債権者へのキャッシュフローと株主へのキャッシュフローの合計を考えよう．これを投資家全体へのキャッシュフローと称することにする．負債のない企業 U については，株主への配当金支払額がそのまま投資家全体へのキャッシュフローとなり，これは $(1 - \tau)X$ である．企業 L については，債権者へのキャッシュフローが金利支払額 $iB$ であるから，これと株主への配当金支払額とを加え，$iB + (1 - \tau)(X - iB) = (1 - \tau)X + \tau iB$ が投資家全体へのキャッシュフローになる．両者を比較すると，同じ EBIT の $X$ に対し投資家全体へのキャッシュフローは，企業 L の方が企業 U よりも $\tau iB$ だけ大きい．

それではこの $\tau iB$ はどこから発生したのであろうか．明らかなことであろうが，これは課税額が企業 U よりも企業 L の方が小さいことから生じたものである．確かに，企業 U の課税額は $\tau X$ であるのに対し，企業 L の課税額は $\tau(X - iB)$ で $\tau iB$ だけ小さい．ここでは企業の貸倒れリスクは無視され，常に $X > iB$ であると仮定されている．このとき課税額の計算は，EBIT から金利支払額を控除した額に対して課税されるので，金利支払額が大きいほど課税額は小さくなる．この計算方法を実務の用語を援用して，金利支払額の損金算入という．すなわち，金利支払額を費用として損金処理(控除)した金額を課税対象所得に認めるという意味である．この損金算入によって，EBIT が金利支払額よりも大きい限り，金利支払額が大きいほど課税額は小さくなる．負債の金利支払は税金を節約することができるので，これを負債の節税効果という．

負債のある企業は，この節税効果によって課税額を小さくできる分，投資家全体へのキャッシュフローを大きくすることができる．ところで，投資家全体へのキャッシュフローを適切な要求利回りで割引いたのが企業価値であったから，負債のある企業の企業価値は，負債のない企業に比べて大きくなるはずである．それでは，企業 L の企業価値 $V_L$ は，企業 U の企業価値

$V_U$ に比べてどれぐらい大きいのか。

まず企業 U を考え，企業価値 $V_U$ を定式化しよう。EBIT は現在時点では値の未知な確率変数であるから，$X$ が確率変数であることを明示して $\tilde{X}$ のように記す。その期待値 $\mathrm{E}(\tilde{X})$ が EBIT に関する現在時点の予測値である。定常状態の仮定の下では，各将来時点の EBIT の予測値として，共通の $\mathrm{E}(\tilde{X})$ を現在時点に予想している。ということは，投資家全体へのキャッシュフローとしては，将来時点毎に $(1-\tau)\mathrm{E}(\tilde{X})$ を予想しているということである。また企業 U の株式に対する要求利回りは $\rho_U$ であるとする。企業 U は株式しか発行していないので，株式の要求利回りがそのまま平均資本コストということになる。企業価値を求めるのに際し，前で述べた「適切な」要求利回りとは平均資本コストのことであるから，企業価値 $V_U$ は

$$V_U = \frac{(1-\tau)\mathrm{E}(\tilde{X})}{\rho_U} \tag{4.1}$$

として定式化できる。

次に企業 L については多少の議論が必要になる。まず企業 U と同様，企業 L の EBIT の期待値は $\mathrm{E}(\tilde{X})$ が予想されるので，投資家全体へのキャッシュフロー期待値は $(1-\tau)\mathrm{E}(\tilde{X}) + \tau iB$ のように書ける。問題は平均資本コストの方である。企業 L は負債と株式の両方を発行しているので，この場合の平均資本コストは両者の資本コストの加重平均値になる。負債の資本コストは，前の章と同様，貸倒れが無視されていて負債は安全資産であるから，無危険利子率 $(i = R_F)$ であろう。しかし株式の資本コストは今の段階ではわからない。なぜなら，第 3 章の議論では $V_L$ と $V_U$ の関係を前提として，株式 L のリスク，リスクプレミアムおよび要求利回りを導いたが，まだわれわれは $V_L$ と $V_U$ の関係を知らないからである。もちろん，株式 L のリスクプレミアムや要求利回りが資本市場均衡の観点からどのように決定され，その際 $V_L$ と $V_U$ がどのような関係になければならないかを導出することもできる。これについては次の小節で厳密に議論されるが，実はもっと簡便な考え方で企業価値 $V_L$ を定式化する方法がある。この小節を「概説」と称し，「直感的な説明」としているのはこの簡便法を用いているからである。

この簡便法とは価値加法原理 value additive principle と呼ばれるものであ

## 4.2 法人税：修正 MM 命題

る。企業 L に関する $(1-\tau)\mathrm{E}(\tilde{X}) + \tau iB$ を，$(1-\tau)\mathrm{E}(\tilde{X})$ と $\tau iB$ の 2 つに分解しよう。それぞれを要求利回りで割引いて価値評価を求め，これらの和を求めれば，この和は元の $(1-\tau)\mathrm{E}(\tilde{X}) + \tau iB$ を直接価値評価したものと等しくなっているという考え方である。第 1 項の $(1-\tau)\mathrm{E}(\tilde{X})$ は企業 U の投資家全体へのキャッシュフローと同じであり，これを価値評価したものが企業価値 $V_U$ であった。次の第 2 項 $\tau iB$ は金利支払の損金算入から発生する節税分である。貸倒れがないと仮定されているので，EBIT は金利支払額を確実に上回り，この節税分は無リスクで確実なキャッシュフローとして投資家に分配される。であるなら，これに対する要求利回りは無危険利子率 $R_F$ のはずで，価値評価すると，$i = R_F$ であるから

$$\frac{\tau iB}{R_F} = \tau B$$

でなければならない。価値加法原理によると，これらの和 $V_U + \tau B$ が $(1-\tau)\mathrm{E}(\tilde{X}) + \tau iB$ を直接価値評価したものに等しい。$(1-\tau)\mathrm{E}(\tilde{X}) + \tau iB$ を価値評価したものは企業 L の企業価値 $V_L$ に他ならないので，結局

$$V_L = V_U + \tau B \tag{4.2}$$

という関係が成立する。これが企業 L と企業 U の企業価値に関する関係で，法人税を考慮して修正された MM 命題である。以下ではこの (4.2) 式のことを単に修正 MM 命題と称することにする。

さて (4.2) 式を見るとわかるように，企業 L の負債 $B$ が大きいほど，その企業価値は企業 U に比べてより大きなものになる。企業の目標が企業価値の最大化であるなら，企業はできる限り負債を大きくする方が望ましいという結論が得られる。仮に法人税が存在しないなら，税率 $\tau$ はゼロとなるので，前の章で述べたような MM 命題（$V_U = V_L$）の成立するところとなる。従って負債が存在することによる企業価値の増分 $\tau B$ は，法人税により生じたものということができる。負債が大きいほど金利支払額の損金算入額は大きくなって課税額は小さくなる。税金が節約される分，投資家全体へのキャッシュフローは大きくなって，企業価値も大きくなるのである。ところでこの議論は企業の貸倒れが存在しないという仮定を前提にしている。もし

企業の貸倒れリスクが考慮されるなら，議論はもう少し複雑なものとなる。この点については次節で取り上げる。

### ＜補論：修正 MM 命題の形式的証明＞

この小節では (証明なしに) 価値加法原理という簡便法を用いて修正 MM 命題を導いた。もちろん価値加法原理に依存しなくても，修正 MM 命題を導くことは可能である。最もオーソドックスな証明方法は，3.3 節で述べたような裁定を使った議論であろう。ただし表面的な違いはあるものの，議論の本質は 3.3 節で述べた裁定と全く同じで，繰り返しになるため本書では簡便法に依った。ここでは 3.3 節のような裁定を用いた証明方法を簡単に指摘するに留めたい。

まずケース 1 は $V_U + \tau B > V_L$ の場合である。このとき株式 U を $\alpha$ 部分保有する株主は，株式 U を売却して代わりに株式 L と安全資産のポートフォリオを購入することで裁定利益を得る。具体的には株式 L の $\alpha$ 部分を購入し，安全資産として企業 L の負債を $\alpha(1-\tau)$ 部分購入する。このポートフォリオから将来時点毎に

$$\alpha(1-\tau)(\mathrm{E}(\tilde{X}) - iB) + \alpha(1-\tau)iB = \alpha(1-\tau)\mathrm{E}(\tilde{X})$$

というキャッシュフローを期待できる。この式の左辺第 1 項が株式 L からの期待配当金，左辺第 2 項が安全資産からの金利である。これらの合計である右辺は株式 U からの期待配当金に等しい。すなわち，株式 U からこのポートフォリオに変更することで，株式 U からの期待キャッシュフローと同等のキャッシュフローを期待できつつ，売却代金 ($\alpha V_U$) と購入代金 ($\alpha S_L + \alpha(1-\tau)B$) との差額が利益として入手できる。

次にケース 2 は $V_U + \tau B < V_L$ の場合である。このとき株式 L を $\alpha$ 部分保有する株主は，株式 L を売却して代わりに株式 U と借入から成るポートフォリオを購入する。株式 U の $\alpha$ 部分を $\alpha V_U$ で購入し，この購入代金の一部を $\alpha(1-\tau)B$ の借入でまかなう。このポートフォリオの将来時点毎の期待キャッシュフローは

$$\alpha(1-\tau)\mathrm{E}(\tilde{X}) - \alpha(1-\tau)iB = \alpha(1-\tau)(\mathrm{E}(\tilde{X}) - iB)$$

である。この式の左辺第 1 項は株式 U からの期待配当金，左辺第 2 項は借入の金利支払額である。これらの合計の右辺は株式 L からの

## 4.2 法人税：修正 MM 命題

期待配当金と同じである．株式 L からこのポートフォリオに変更することで，株式 L からの期待キャッシュフローと同じキャッシュフローを期待できつつ，売却代金 $(\alpha S_L)$ と購入代金 $(\alpha V_U - \alpha(1-\tau)B)$ との差額が裁定利益になる．

以上 2 つのケースの裁定を想定することで，これら裁定のない場合が均衡になり，そのとき $V_U + \tau B = V_L$ が成立する．

================================＜補論終わり＞

### 4.2.2 資本市場均衡

第 3 章では法人税の存在しない完全資本市場において，MM 命題が成立するなら資本市場の均衡条件も満たされることが示された．ここでは逆の論理で，法人税が存在する場合の修正 MM 命題を導いてみよう．すなわち，期待利回りと要求利回りとが一致しているという資本市場の均衡条件から，$V_L$ と $V_U$ の間に成立する関係を導くのである．

定常状態の仮定の下，法人税が存在する場合，企業 U と企業 L のそれぞれの株式の利回りはどのように定式化できるか．企業 U の株式 (以下，株式 U) は，税引後の $(1-\tau)\tilde{X}$ が各時点毎の支払配当金になる．発行済株式数を $n_U$ とすると，1 株当りの配当金は $(1-\tau)\tilde{X}/n_U$ となり，また株価は $P_U$ であるとすると，利回り $\tilde{y}_U$ は

$$\tilde{y}_U = \frac{(1-\tau)\tilde{X}/n_U}{P_U} = \frac{(1-\tau)\tilde{X}}{V_U} \tag{4.3}$$

のように定式化できる．ここの企業価値 $V_U$ は $V_U = n_U P_U$ である．他方，企業 L の株式 (以下，株式 L) については，$(1-\tau)(\tilde{X}-iB)$ が将来時点毎の株主への支払配当金である．発行済株式数を $n_L$ とすると，1 株当り配当金は $(1-\tau)(\tilde{X}-iB)/n_L$ となり，また株価を $P_L$ とすると，その利回り $\tilde{y}_L$ は

$$\tilde{y}_L = \frac{(1-\tau)(\tilde{X}-iB)/n_L}{P_L} = \frac{(1-\tau)(\tilde{X}-iB)}{S_L} \tag{4.4}$$

である．ここの $S_L$ は企業 L の株式価値で $S_L = n_L P_L$ である．

このように株式の利回りを定式化したとすると，これら $\tilde{y}_U$ と $\tilde{y}_L$ にはどのような関係があるか．これを導くには，企業価値 $V_L$ と $V_U$ がどのような関係であるかを知らなければならない．そこで $V_L = V_U + T$ であると仮定しよう．実は資本市場均衡においてこの $T$ が一体何であるのかという点が，この小節で示したいことなのであるが，とりあえず任意の $T$ でもって企業価値の関係が記述できるものとしよう．$V_L = V_U + T$ という関係を前提にすると，

$$\begin{aligned}\tilde{y}_L &= \frac{(1-\tau)\tilde{X}}{V_U}\frac{V_U}{S_L} - (1-\tau)i\frac{B}{S_L} = \tilde{y}_U\left(1 + \frac{B-T}{S_L}\right) - (1-\tau)i\frac{B}{S_L} \\ &= \tilde{y}_U + \frac{B-T}{S_L}(\tilde{y}_U - i) + \frac{\tau i B - iT}{S_L}\end{aligned} \quad (4.5)$$

が $\tilde{y}_L$ と $\tilde{y}_U$ との関係を記述する式ということになる．1 行目最初の等号の右辺第 1 項は，分子と分母とで $V_U$ が相殺されることを用いて (4.4) 式を書き換えたもので，2 番目の等号の右辺は (4.3) 式の $\tilde{y}_U$ で置き換え，これを整理すると 2 行目の式が得られる．

さて期待利回りであるが，株式 U の期待利回り $\mathrm{E}(\tilde{y}_U)$ と株式 L の期待利回り $\mathrm{E}(\tilde{y}_L)$ は，(4.3) 式と (4.4) 式の両辺に期待値を取って，

$$\begin{aligned}\mathrm{E}(\tilde{y}_U) &= \frac{(1-\tau)\mathrm{E}(\tilde{X})}{V_U} \\ \mathrm{E}(\tilde{y}_L) &= \frac{(1-\tau)(\mathrm{E}(\tilde{X}) - iB)}{S_L}\end{aligned} \quad (4.6)$$

であることは自明であろう．また $\mathrm{E}(\tilde{y}_L)$ は (4.5) 式を使うと次のように書くこともできる．

$$\mathrm{E}(\tilde{y}_L) = \mathrm{E}(\tilde{y}_U) + \frac{B-T}{S_L}(\mathrm{E}(\tilde{y}_U) - i) + \frac{\tau i B - iT}{S_L} \quad (4.7)$$

他方，要求利回りの方はリスクプレミアムが CAPM で定式化できるなら，株式 U のリスクプレミアムを $\alpha_U$，株式 L のそれを $\alpha_L$ で表すと，これらは

$$\begin{aligned}\alpha_U &= \frac{\mathrm{E}(\tilde{R}_M) - R_F}{\sigma(\tilde{R}_M)^2} \mathrm{cov}(\tilde{R}_M, \tilde{y}_U) \\ \alpha_L &= \frac{\mathrm{E}(\tilde{R}_M) - R_F}{\sigma(\tilde{R}_M)^2} \mathrm{cov}(\tilde{R}_M, \tilde{y}_L)\end{aligned}$$

## 4.2 法人税：修正 MM 命題

であるが，ここの共分散には，(4.5) 式を用いると

$$\mathrm{cov}(\tilde{R}_M, \tilde{y}_L) = \left(1 + \frac{B-T}{S_L}\right)\mathrm{cov}(\tilde{R}_M, \tilde{y}_U)$$

という関係が導出できるので，リスクプレミアムには

$$\alpha_L = \alpha_U\left(1 + \frac{B-T}{S_L}\right) \tag{4.8}$$

が成立しなければならない。であるなら，株式 L の要求利回り $\rho_L$ と株式 U の要求利回り $\rho_U$ には

$$\begin{aligned}\rho_L &= R_F + \alpha_L = R_F + \alpha_U\left(1 + \frac{B-T}{S_L}\right) \\ &= \rho_U + \frac{B-T}{S_L}(\rho_U - R_F)\end{aligned} \tag{4.9}$$

という関係があるはずである。

今，負債は安全資産で $i = R_F$ であり，資本市場均衡は $\mathrm{E}(\tilde{y}_U) = \rho_U$ と $\mathrm{E}(\tilde{y}_L) = \rho_L$ である。$\mathrm{E}(\tilde{y}_U) = \rho_U$ であるなら，$\mathrm{E}(\tilde{y}_L)$ の (4.7) 式と $\rho_L$ の (4.9) 式を比較すると，$\mathrm{E}(\tilde{y}_L) = \rho_L$ であるためには (4.7) 式の第 3 項がゼロ，つまり $T = \tau B$ でなければならない。従って資本市場が均衡であるためには，企業価値には $V_L = V_U + \tau B$ という関係が成立しなければならないことになる。以上のことから，資本市場均衡であるなら修正 MM 命題が成立しているといえる。ところでこのときの株式 L の期待利回りと要求利回りは結局次のような式になる。

$$\mathrm{E}(\tilde{y}_L) = \mathrm{E}(\tilde{y}_U) + \frac{(1-\tau)B}{S_L}(\mathrm{E}(\tilde{y}_U) - i) \tag{4.10}$$

$$\rho_L = \rho_U + \frac{(1-\tau)B}{S_L}(\rho_U - R_F) \tag{4.11}$$

### 4.2.3 平均資本コスト

平均資本コストとは株式と負債，各々の資本コストを価値でもってウエイトした加重平均値である。そして平均資本コストの値は，投資家全体への

キャッシュフローを割引いて企業価値を直接求めようとする際，割引率としての役割を果たすものでもある．すなわち，投資家全体へのキャッシュフローを資本還元する際，これに適用される要求利回りとなるのが平均資本コストである．それでは法人税の存在する場合，平均資本コストはどのようになるのか．

前と同様，負債の存在する企業を企業 L，負債の存在しない場合を企業 U と称し，企業 U と企業 L は資本構成以外は同一の企業であるとする．本書では，法人税の存在の有無にかかわらず，負債が存在する場合の平均資本コスト $\rho_W$ を次のように定義する．

$$\rho_W = \frac{S_L}{V_L}\rho_L + \frac{B}{V_L}R_F \tag{4.12}$$

貸倒れリスクが存在しないと仮定されているので，負債に対する要求利回りは無危険利子率 $R_F$ で，これが負債に対する資本コストになる．また負債 $B$ を負う企業 (企業 L) の株式に対する要求利回りは $\rho_L$ であり、これは株式に対する資本コストになる．そしてこれら資本コストを各々の価値 $B$ と $S_L$ をウエイトにして加重平均をしたものが，平均資本コスト $\rho_W$ である．

さて $\rho_L$ は (4.11) 式で与えられるので，これを $\rho_W$ に代入しよう．

$$\rho_W = \frac{S_L}{V_L}\left(\rho_U + \frac{(1-\tau)B}{S_L}(\rho_U - R_F)\right) + \frac{B}{V_L}R_F = \rho_U - \frac{\tau B}{V_L}(\rho_U - R_F)$$
$$= \rho_U - \frac{\tau B}{V_U + \tau B}\alpha_U \tag{4.13}$$

1 行目は $\rho_W$ の中の $\rho_L$ に (4.11) 式を代入して整理しただけである．これに $V_L = V_U + \tau B$ と $\rho_U = R_F + \alpha_U$ を使って書き換えたのが 2 行目の式である．分数 $\tau B/(V_U + \tau B)$ は，1 よりも小さくかつ $B$ が大きくなると大きくなる．従って負債が存在しない場合 (企業 U) の株式のリスクプレミアムが正 ($\alpha_U > 0$) である限り，平均資本コスト $\rho_W$ は負債 $B$ が大きいほど小さな値となる．法人税が存在する場合，負債 $B$ が大きくなるほど企業価値は大きくなった (修正 MM 命題)．この企業価値の上昇に対応して，平均資本コストは小さくなるのである．

## 4.2 法人税：修正 MM 命題

資本市場均衡では要求利回りと期待利回りとが等しいので，$\rho_L = \mathrm{E}(\tilde{y}_L)$ である。平均資本コスト (4.12) 式の $\rho_L$ のところを $\mathrm{E}(\tilde{y}_L)$ で，$R_F$ のところを $i$ で置き換えて，$\mathrm{E}(\tilde{y}_L)$ に (4.6) 式を用いて書き換えると次の式が得られる。

$$\rho_W = \frac{S_L}{V_L}\mathrm{E}(\tilde{y}_L) + \frac{B}{V_L}i = \frac{(1-\tau)(\mathrm{E}(\tilde{X}) - iB)}{V_L} + \frac{B}{V_L}i$$

$$= \frac{(1-\tau)\mathrm{E}(\tilde{X}) + \tau iB}{V_L}$$

2 行目の式は，投資家全体へのキャッシュフローに関する期待利回りである。期待利回りに等しいものは資本市場均衡では要求利回りでなければならないから，$\rho_W$ はこの期待キャッシュフローを産み出す資産に対する要求利回りであると考えられる。つまり企業というものをあたかも 1 つの資産であるかのごとくにみなす場合，その資産に対する要求利回りとなるのが平均資本コストなのである。上の式を書き換えると，

$$V_L = \frac{(1-\tau)\mathrm{E}(\tilde{X}) + \tau iB}{\rho_W}$$

であるから，この式は定常状態において，同一の将来キャッシュフロー期待値 $(1-\tau)\mathrm{E}(\tilde{X}) + \tau iB$ を，$\rho_W$ でもって割引いた現在価値が企業価値 $V_L$ であることを表している。この割引率は期待キャッシュフローに対する要求利回りでなければならない。従って平均資本コスト $\rho_W$ は，企業という (架空の) 資産に対する要求利回りであって，この要求利回りを使って，この資産の産み出すキャッシュフロー (投資家全体へのキャッシュフロー) を価値評価したものが，企業価値 $V_L$ なのである。

### ＜補論：平均資本コストと株価＞

法人税の存在を考慮すると，負債が大きいほど平均資本コストが小さくなることの形式的な説明は以上のとおりであるが，ここではこの経済的な意味を考えてみよう。そのための材料として株価に注目してみる。法人税を考慮しなかった第 3 章でも述べたことであるが，もし企業 U と企業 L とが本当に別々の企業であるなら，企業 U の株価と企業 L の株価とを比較する意味はない。なぜなら両企業の発行済株式数に応じて株価はいかような値にもなり得るからである。しかし企

業 U と企業 L とが同一の企業で，企業 U が負債の全く存在しない負債を発行する前の状況を，企業 L が負債を発行した後の状況を各々表すものであるなら，負債の発行前後で同一企業であり続けるためには(保有資産が同一であり続けるためには)，負債の発行前後の発行済株式数は一定の制約に従わなければならず，負債の発行前後の株価を比較することは意味のあることである．そこで負債の全く存在しない企業を考え，この企業が負債を発行する前の状況を企業 U と称し，同一の資産を保持したまま負債を負っている状況を企業 L と称することにする．こうすることで，純粋に資本構成のみの変化が企業にいかなる効果を及ぼすかを検討することができる．

企業 U が負債を発行すると，現金が資産として企業に留まるから，この段階では企業の資産は元の資産と異なってしまい，同じ企業とはみなせないので，修正 MM 命題はもちろん成立しない．この企業が元の資産に復帰して企業 L となるためには，負債で得た現金を社外に流出させなければならない．その手段が自社株の買入消却と配当金支払である．前章の繰り返しになるので，前者の自社株買いのケースのみをごく簡単に説明する．自社株の買入消却の場合，発行済株式数は $n_L = n_U - B/P_L$ である．ここの $n_L$ は企業 L の発行済株式数，$n_U$ は企業 U の発行済株式数で，負債 $B$ で入手した現金を使い，企業 L の株価 $P_L$ でもって買入消却するので，消却される株式数は $B/P_L$ である．企業 L の企業価値 $V_L$ は，その定義式 $n_L P_L + B$ に $n_L = n_U - B/P_L$ を代入すると，$V_L = n_U P_L$ となる．また企業 U の企業価値 $V_U$ は $n_U P_U$ と定義される．$V_L$ と $V_U$ との間には修正 MM 命題が成立しなければならないから，$V_L = V_U + \tau B$ にこれらを代入すると，

$$P_L = P_U + \frac{\tau B}{n_U}$$

という式が得られる．これが負債を発行する前の株価 $P_U$ と，負債発行と自社株の買入消却を実施する際の株価 $P_L$ との関係を表す式である．この式には $\tau B/n_U$ という項が現れるので，負債 $B$ が大きくなるほど，企業 L の株価は企業 U に比べてより高くなる．

修正 MM 命題では，負債の節税効果が企業価値 $V_L$ を上昇させることをいっているが，この企業価値の上昇は株価の上昇によるものであることがわかる．それではなぜ株価は上昇するのか．いうまでもない

## 4.2 法人税：修正 MM 命題

が，負債の金利支払の損金算入によって税金を $\tau i B$ だけ節約することができるからである。この節税分は誰に帰属するのかというと株主である。つまり節税分は配当金の増分となるのである。[*2] このことにより，負債の発行前後で (企業 U と企業 L で) 同一の資産を保持し，同じ EBIT を見込む企業であるにもかかわらず，負債が存在するか否かで株主へのキャッシュフローは負債の節税分だけ上昇する。このことが株価を上昇させ，企業価値を上昇させるのである。[*3]

仮に負債の金利支払の損金算入が不可能であるとしよう。すると投資家全体へのキャッシュフローは，負債の大きさに関係なく一定の $(1-\tau)X$ となるから，第 3 章の法人税が存在しない場合と全く同様の議論が展開できる。数式上は第 3 章で登場した $E(\tilde{X})$ のところを $(1-\tau)E(\tilde{X})$ で置き換えさえすればよい。その議論を要約すると次のとおりである。負債の有無にかかわらず企業価値は一定で，負債の発行前後で株主の富も一定となる。株式に対する要求利回りは，負債が大きくなると財務リスクの上昇により大きくなり，株式の資本コストは増大する。しかし株式の資本コスト増大の効果は，相対的に安い資本コスト (無危険利子率に等しい) である負債のウエイトが大きくなる効果と相殺されて，企業全体としてみた平均資本コストは一定値である。

これに対して，負債の金利支払が損金算入できるものとすると，負債が大きいほど企業価値は大きくなり，株価 (株主の富) は負債の存在しない場合に比べてより大きくなる。このとき平均資本コストは小

---

[*2] もし金利支払の損金算入が不可能なら法人税額は $\tau X$ となって，株主へのキャッシュフローは $(1-\tau)X - iB$ となる。これと比べて金利支払の損金算入が可能な場合，株主へのキャッシュフロー $(1-\tau)(X-iB)$ は $\tau i B$ だけ大きくなっている。

[*3] 配当金支払により現金 $B$ を社外に流出させる場合，負債で入手した現金をそのまま株主に支払うだけであるから，発行済株式数は $n_L = n_U$ である。企業価値 $V_L$ の定義式を株価について書き換えて，$n_L = n_U$ を使うと $P_L = (V_L - B)/n_U$ であるが，これに修正 MM 命題 $V_L = V_U + \tau B$ と定義式 $V_U = n_U P_U$ を代入すると，株価 $P_L$ が求められる。

$$P_L = P_U - \frac{B}{n_U} + \frac{\tau B}{n_U}$$

このとき株価 $P_L$ は $P_U$ よりも低下することになるが，既存株主の富は株価に配当金を加えたものであるから，$B/n_U$ は消えて，既存株主の富は $B$ が大きくなるほど大きくなるといえる。従って本文の議論は「株価」の上昇ではなく，「既存株主の富」が上昇すると読み替えればよい。

さな値を取る。株式の資本コストは，やはり財務リスクの上昇から負債が大きいほど高くなるが，その増大の程度は，金利の損金算入が不可能な場合に比べて小さい。$B$ が大きくなると $S_L$ は小さくなるが，$\frac{B}{S_L}$ が1単位大きくなるとき，株式の資本コストがどの程度大きくなるか。第3章の (3.14) 式とこの章の (4.11) 式を比べると，損金算入が不可能な場合は株式の資本コスト $\rho_L$ は $\alpha_U$ 単位上昇するのに対し，損金算入が可能な場合，$\rho_L$ は $(1-\tau)\alpha_U$ 単位しか上昇しない。従って $\rho_L$ が $\alpha_U$ 単位上昇するなら平均資本コストは一定となるところ，$\rho_L$ は $(1-\tau)\alpha_U$ 単位しか上昇しないために，平均資本コストは下がることになるということができる。そして株式の資本コスト (要求利回り) が小さくなるなら，資本市場均衡の株価は大きくなるはずである。[4]

以上のことから，法人税が存在するとき (かつ金利支払の損金算入が可能であるとき)，負債が大きくなるほど平均資本コストが下がることの経済的意味は，負債による節税分が株主の利益となって株価の上昇をもたらすことで，株式の資本コストが十分に (損金算入不可能な場合に比べて) 大きくならないことから発生することなのである。

================================＜補論終わり＞

ところで本書では平均資本コストを (4.12) 式のように定義したが，実は法人税を考慮した場合の平均資本コストは

$$\hat{\rho}_W = \frac{S_L}{V_L}\rho_L + \frac{B}{V_L}(1-\tau)i \qquad (4.14)$$

$$= \rho_U - \frac{\tau B}{V_U + \tau B}\rho_U \qquad (4.15)$$

の1行目の式のように定義されるのが一般的になっている。[5] また2行目の

---

[4] もう少し詳しくいうと，株式Lの期待利回りにおいて，分子の期待キャッシュフローは当然損金算入可能な場合の方が不可能な場合よりも大きい。しかし期待利回りと等しいはずの要求利回りは，むしろ損金算入可能な場合の方が不可能な場合よりも小さくなる。ということは，資本市場が均衡するには期待利回りの分母である株価は大きくならなければならない。この点は田村 (1982) に依る。

[5] 例えばアメリカにおける企業金融論の最も代表的なテキストである，Brealey-Myers-Allen(2011) や Ross-Westerfield-Jaffe(2010) を始めとして，ほとんどすべてのテキストで平均資本コストは $\hat{\rho}_W$ の形で定義されている。この定義に対して疑問を提示した研究としては Arditti-Levy(1977)，Ben-Horim(1979)，Boudreaux-Long(1979) がある。

## 4.2 法人税：修正 MM 命題

式は $\rho_L$ に (4.11) 式を代入して整理したものである。さて $\rho_W$ と $\hat{\rho}_W$ の違いは負債の資本コストを $R_F$ ではなく，$(1-\tau)i$ としている点にある。どうして $(1-\tau)i$ なのかというと，負債 1 単位当り金利 $i$ を債権者に支払う必要があるが，金利支払は損金算入されるから，負債 1 単位当り $\tau i$ の節税効果がある。従って企業にとっての負担は負債 1 単位当り $(1-\tau)i$ になる。しかし著者はこの考え方は理論的に誤っていると思う。

その理由は，まず法人税があろうとなかろうと，債権者の要求利回りは (負債が安全資産であるなら) 無危険利子率 $R_F$ であるから，負債の資本コストは $R_F(=i)$ である。そして負債 $B$ から生じる節税分 $\tau i B$ は，あくまでも株主に分配されるキャッシュフローであり，この節税効果は株式の資本コスト $\rho_L$ の中に既に含まれていることは前で説明したとおりである。あらためて節税効果を (4.14) 式のように負債の資本コストとして含めてしまうと，$\tau i B$ が二重計算されてしまうことになるので，$(1-\tau)i$ を負債の資本コストとすることは理論的に間違っている。

そもそも資本コストとは要求利回りのことであると定義した。しかし平均資本コストを (4.14) 式の $\hat{\rho}_W$ のように定義すると，平均資本コストが何を意味する定義なのか不明瞭になってしまう。資本市場均衡では $\rho_L = \mathrm{E}(\tilde{y}_L)$ であるから，(4.6) 式を (4.14) 式に代入してみよう。すると

$$\hat{\rho}_W = \frac{S_L}{V_L}\mathrm{E}(\tilde{y}_L) + \frac{B}{V_L}(1-\tau)i = \frac{(1-\tau)\mathrm{E}(\tilde{X})}{V_L} \tag{4.16}$$

という結果を得るが，これが何を意味する式であるか一見して解釈することは不可能である。同様の手続きを (4.12) 式の方の平均資本コストに適用すると，企業という 1 つの資産に対する要求利回りに相当するのが，平均資本コスト $\rho_W$ であることが示された。要求利回りでないものに「資本コスト」と命名するのは，概念の混乱をもたらすので好ましいことではない。

平均資本コストを (4.14) 式の $\hat{\rho}_W$ の形で定義するのが一般的になっている理由は，実は投資の意思決定の問題に関係がある。その際，(4.16) 式は非常に重要な鍵となる。投資の意思決定についてはこの章の付録で議論する。

## 4.3 貸倒れリスクとMM命題

ここまでの議論は負債の貸倒れやこれに伴う倒産といった問題を一切無視してきた。ここでは貸倒れリスクdefault riskを考慮すると，MM命題や修正MM命題にどのような影響を与えるのかを検討したい。まず4.3.1節では有益なツールを導入する。4.3.2節で法人税を無視したMM命題について，4.3.3節で法人税を導入した修正MM命題について各々，貸倒れリスクを考慮すると議論がどのように変わるのかを検討する。MM命題や修正MM命題は定常状態を想定した議論であるから，4.3.4節で定常状態に関するまとめを行う。

### 4.3.1 若干の準備

貸倒れリスクを考慮した議論を始める前に，ここで有益なツールを1つ導入しておきたい。これは確実性等価アプローチといわれるもので，これを用いるなら，非常に形式的機械的に資産の均衡価格を定式化することができる。

資本市場均衡は期待利回りと要求利回りが等しくなるような状況であった。そして要求利回りは，定常状態の多期間モデルか1期間モデルを想定しているなら，第2章で導いたCAPMを適用できる。CAPMから導出される確実性等価アプローチは，定常状態が想定されているのか，1期間モデルが想定されているのかによって，資産の均衡価格は微妙に異なる式となる。この4.3節ではMM命題や修正MM命題が議論の対象であるから，定常状態が想定されている。また後の4.5節にある倒産コストモデル以降は，1期間モデルが多用されることになる。そこで以下この小節では，別々に提示しておく。

4.3 貸倒れリスクと MM 命題

**定常状態**

まず定常状態を想定する場合である。MM 命題あるいは修正 MM 命題が議論される場合である。前の繰り返しになるが，ある資産に関する価値評価の方法について今までの考え方を整理しておこう。資本市場均衡は期待利回りと要求利回りが等しくなるような状況であった。そして要求利回りは，第 2 章で導いた CAPM が適用される。ここである資産の要求利回りを $\rho$，期待利回りを $E(\tilde{y})$ で表そう。投資家が現在時点の価値 (価格)$V$ でこの資産を購入すると，将来キャッシュフローは各時点毎に同一の確率変数 $\tilde{Y}$ という収益で表されるから，定常状態における利回り (内部収益率) は $\tilde{y} = \tilde{Y}/V$ と表現できる。均衡条件は $E(\tilde{y}) = \rho$ であるので，これを書き換えて，$V = E(\tilde{Y})/\rho$ が資本市場均衡における資産の価格ということになる。

さて要求利回り $\rho$ は CAPM を使って

$$\rho \equiv R_F + \lambda \operatorname{cov}(\tilde{R}_M, \tilde{y}) \qquad \text{ただし，} \lambda \equiv \frac{E(\tilde{R}_M) - R_F}{\sigma(\tilde{R}_M)^2}$$

のように定式化される。明らかなことではあろうが，要求利回り $\rho$ を割引率とした DDM は，実は資産の均衡価格としてあくまでも 1 つの表記にしかすぎず，均衡価格についての解ではない。なぜなら要求利回り $\rho$ の中に価格 $V$ が入り込んでいるからである。具体的には，リスクを表す $\operatorname{cov}(\tilde{R}_M, \tilde{y})$ の $\tilde{y}$ は上で述べたように価格 $V$ に依存している。そこで (期待利回り)=(要求利回り) という均衡条件から価格 $V$ について解いてみよう。

$$E\left(\frac{\tilde{Y}}{V}\right) = R_F + \lambda \operatorname{cov}\left(\tilde{R}_M, \frac{\tilde{Y}}{V}\right)$$
$$\Rightarrow \quad V = \left[E(\tilde{Y}) - \lambda \operatorname{cov}(\tilde{R}_M, \tilde{Y})\right]\big/R_F \qquad (4.17)$$

この 1 行目が均衡条件を表し，2 行目が $V$ について解いた結果である。(4.17) 式のような均衡価格の定式化を確実性等価アプローチという。その意味は次のようなものである。将来キャッシュフロー $\tilde{Y}$ は不確実であるが，不確実なキャッシュフローと等価になるような確実な金額を換算し，この確実な金額を無危険利子率で割引いた値を，元の不確実なキャッシュフローに対

する価値評価とみなす。キャッシュフローのリスクは $\text{cov}(\tilde{R}_M, \tilde{Y})$ であるが，式の分子は，本来の期待キャッシュフロー $\text{E}(\tilde{Y})$ からリスク部分を減じることで，リスク調整済の期待キャッシュフローを求めたものと考えることができ，これが不確実なキャッシュフローと等価であるような確実な金額であるとみなす。

さて確実性等価アプローチの利点は，ある資産の産み出すキャッシュフローを定式化すれば，ストレートにその資産の均衡価格が得られることにある。前節では法人税を考慮する場合の修正 MM 命題を導出するのに，利回りの定式化から始めて，要求利回りと期待利回りを求め，これらを等しくするような均衡条件から企業価値を導いたが，このような面倒な手続きを踏まなくても，確実性等価アプローチを適用すれば，非常に簡単に修正 MM 命題を示すことができる。具体的な適用例として，確実性等価アプローチからもう一度，修正 MM 命題を導いてみよう。そこでは定常状態の多期間モデルが想定され，負債の貸倒れは無視され，企業の EBIT は $\tilde{X}$ で，その期待値は $\text{E}(\tilde{X})$ であった。負債のない企業 U の (株式の) キャッシュフローを $\tilde{Y}_U$ で表すと，$\tilde{Y}_U = (1-\tau)\tilde{X}$ であるから，$\text{E}(\tilde{Y}_U) = (1-\tau)\text{E}(\tilde{X})$，$\text{cov}(\tilde{R}_M, \tilde{Y}_U) = (1-\tau)\text{cov}(\tilde{R}_M, \tilde{X})$ が得られる。(4.17) 式を用いると，企業価値 (株式価値) $V_U$ は

$$V_U = \frac{(1-\tau)[\text{E}(\tilde{X}) - \lambda \text{cov}(\tilde{R}_M, \tilde{X})]}{R_F}$$

のように定式化できる。次に企業 L であるが，その株式のキャッシュフローを $\tilde{Y}_{LS}$ で表すと，$\tilde{Y}_{LS} = (1-\tau)(\tilde{X}-iB)$ であるから，$\text{E}(\tilde{Y}_{LS}) = (1-\tau)(\text{E}(\tilde{X})-iB)$，$\text{cov}(\tilde{R}_M, \tilde{Y}_{LS}) = (1-\tau)\text{cov}(\tilde{R}_M, \tilde{X})$ となる。負債は安全資産であるから，その金利 $i$ は無危険利子率 $R_F$ であり，金利支払額 $iB$ はリスクのない確実な値で共分散の中では消えてしまう。株式価値 $S_L$ は

$$S_L = \frac{(1-\tau)[\text{E}(\tilde{X}) - \lambda \text{cov}(\tilde{R}_M, \tilde{X})]}{R_F} - (1-\tau)B$$

である。他方，企業 L の負債のキャッシュフロー $\tilde{Y}_{LB}$ については，$\text{E}(\tilde{Y}_{LB}) = iB$，$\text{cov}(\tilde{R}_M, \tilde{Y}_{LB}) = 0$ であるから，負債価値は単に $B(= iB/R_F)$ となる。従っ

## 4.3 貸倒れリスクと MM 命題

て企業 L の企業価値 $V_L$ は $S_L$ と $B$ の和をとって

$$V_L = \frac{(1-\tau)[\mathrm{E}(\tilde{X}) - \lambda \mathrm{cov}(\tilde{R}_M, \tilde{X})]}{R_F} + \tau B \tag{4.18}$$

となるが，この第 1 項は企業価値 $V_U$ に他ならないので，結局 $V_L = V_U + \tau B$ の成立するところとなる。ところで企業 L の投資家 (株主と債権者) 全体に対するキャッシュフローを $\tilde{Y}_L$ とすると，$\tilde{Y}_L$ を直接的に価値評価した均衡価格が企業価値 $V_L$ であるということもできる。$\tilde{Y}_L = \tilde{Y}_{LS} + \tilde{Y}_{LB} = (1-\tau)\tilde{X} + \tau i B$ であるから，これに (4.17) 式を用いると，やはり (4.18) 式が導かれる。

以上のように確実性等価アプローチを用いるなら，資産のキャッシュフローを定式化しさえすれば，その期待値と ($\tilde{R}_M$ との) 共分散を求めることで，形式的に資本市場均衡における資産価値を導くことができる。以下では，例えば $\tilde{Y}$ というキャッシュフローに対する資産の均衡価格 (価値) を $V[\tilde{Y}]$ という具合に表すことがある。これは $\mathrm{E}(\tilde{Y})$ と $\mathrm{cov}(\tilde{R}_M, \tilde{Y})$ とから (4.17) 式に従って求められる資産価値のことである。

### 1 期間モデル

次に 1 期間モデルにおける資産の均衡価格を導出しよう。ところで 1 期間モデルとは，期首と期末の 2 時点のみを想定する。期末においてはすべてのものが清算されて投資が終了するものとみなされる。期末時点で見込まれるキャッシュフローを $\tilde{Q}$ で表すと，$\tilde{Q}$ は単に投資の果実である収益だけではなく，投資の元本部分も含まれることになる。従って期首時点の価格が $V$ なら，利回りは $\tilde{y} = \frac{\tilde{Q}}{V} - 1$ という具合に表現しなければならない。資本市場均衡における資産価格は，均衡条件 ($\mathrm{E}(\tilde{y}) = \rho$) を書き換えて $V = \mathrm{E}(\tilde{Q})/(1+\rho)$ となる。この表現は，第 1 章で述べたように，要求利回りを割引率として用いるなら，DDM(将来キャッシュフローの割引現在価値合計) が資産の均衡価格になるということに他ならない。

さて要求利回り $\rho$ は CAPM を使って求められるが，要求利回り $\rho$ を割引率とした DDM の均衡価格は，あくまでも 1 つの表記にすぎず，その解ではない。要求利回り $\rho$ の中に，$\tilde{y}$ を通じて価格 $V$ が入り込んでいるからである。そこで (期待利回り)=(要求利回り) という均衡条件から価格 $V$ について

解いてみよう。1期間モデルであるから，

$$\mathrm{E}\left(\frac{\tilde{Q}}{V} - 1\right) = R_F + \lambda \operatorname{cov}\left(\tilde{R}_M, \frac{\tilde{Q}}{V} - 1\right)$$
$$\Rightarrow \qquad V = \left[\mathrm{E}(\tilde{Q}) - \lambda \operatorname{cov}(\tilde{R}_M, \tilde{Q})\right]\Big/(1 + R_F) \qquad (4.19)$$

というのが資産の均衡価格になる。この (4.19) 式が 1 期間モデルにおける確実性等価アプローチである。

(4.19) 式の意味は，前の定常状態の場合と同じである。将来キャッシュフロー $\tilde{Q}$ は不確実で，そのリスク部分 $\operatorname{cov}(\tilde{R}_M, \tilde{Q})$ を期待キャッシュフロー $\mathrm{E}(\tilde{Q})$ から減じることで，(4.19) 式の分子をリスク調整済み期待キャッシュフローとみなす。4.5 節以降の 1 期間モデルでは，例えば $\tilde{Q}$ というキャッシュフローに対する資産の均衡価格 (価値) を $V[\tilde{Q}]$ という具合に表すことがある。これは $\mathrm{E}(\tilde{Q})$ と $\operatorname{cov}(\tilde{R}_M, \tilde{Q})$ から (4.19) 式に従って求められる資産価値のことである。このように 1 期間モデルにおいても，資産のキャッシュフローを定式化しさえすれば，その期待値と ($\tilde{R}_M$ との) 共分散を求めることで，確実性等価アプローチに依拠して，形式的に資産の均衡価格を導くことができる。

### 4.3.2 MM 命題：法人税を考慮しない場合

ここでは負債の貸倒れリスクを考慮することで，法人税が存在しない場合の MM 命題がどのように変更されるのかを検討してみよう。貸倒れリスクそのものの純粋な効果を見るために，第 3 章で述べた MM 命題の議論の想定に貸倒れリスクのみを追加する。すなわち，議論の基本的想定は定常状態である。以下，企業価値および資本コストについて，今までの議論を詳しく再検討する。そして最後に負債の借り換えの問題について言及する。

**企業価値**

ここでいう貸倒れリスクとは，予め約束された金利支払額を債権者が常に受け取ることができるとは限らず，それ以下の金額しか受け取れない状況も起り得ることをいう。貸倒れリスクが存在しないなら，債権者は常に一定の

## 4.3 貸倒れリスクと MM 命題

金利支払額を受け取るので，負債は安全資産であった．安全資産であるなら要求利回りは無危険利子率であり，負債の金利 $i$ が無危険利子率 $R_F$ であると仮定すると，簡単な計算から負債の額面と負債価値は一致した．しかし貸倒れリスクを考慮するとなると，債権者は一定の金額を常に受け取るわけではないから，負債は安全資産ではなくなり危険資産になってしまう．ということは，負債への要求利回りは無危険利子率にリスクプレミアムを付加された値になる．そして負債の金利 $i$ が無危険利子率のままであるなら，負債価値は負債の額面よりも小さくなるであろう．仮に今までのように負債価値と負債の額面とを一致させたいならば，$i$ は表面利率として負債の要求利回りよりも高い値になる．また負債が社債のような債券なら，$i$ をクーポンレートとして任意の水準に予め決めると，これと負債の額面 (と残存期間) とから負債価値が決定できる．この負債価値は負債額面と異なる値になるのが通常である．負債が危険資産になってしまうと，将来キャッシュフローが不確実になってしまうのであるから，株式と同様，リスクのある将来キャッシュフローに対し，現在価値としていくらの評価をするのかという点が重要になる．そこで以下では金利支払額を (金利)×(負債額面) という形で表すのはやめて，単に $H$ で表すことにする．また金利支払額 $H$ を約束する負債価値を (従来どおり) $B$ で表そう．

ここでは定常状態を想定しているので，話を簡単化するために，負債は満期が無限大の永久債であるとする．負債が毎期毎に借り換えられるケースは，本質的な議論は何ら変更を要しないのであるが，若干注意しなければならない点があるので後で述べる．負債の将来キャッシュフローを $\tilde{Y}_{LB}$ で表すと，

$$\tilde{Y}_{LB} = \begin{cases} H & (\tilde{X} \geq H \text{ のとき}) \\ \tilde{X} & (H > \tilde{X} \geq 0 \text{ のとき}) \\ 0 & (0 > \tilde{X} \text{ のとき}) \end{cases} \quad (4.20)$$

のようになる．ここの $\tilde{X}$ は企業の EBIT で，$H$ は金利支払額である．将来時点で企業の収益 EBIT が予め約束された金利支払額 $H$ 以上であるなら，企業は約束どおりの金利を支払うことができる．つまり $\tilde{X}$ が $H$ 以上である限り，$\tilde{X}$ の実現値に関係なく債権者に一定の金額 $H$ が支払われる．これが (4.20) 式の 1 行目である．次に EBIT が $H$ よりも小さいとき，企業は約束

された金利支払額を履行することができない．現実的には，収益で金利を支払いきれない場合，足りない金額を保有資産の売却で補填することになるのであろうが，ここでは定常状態が仮定されているので，保有資産は毎期同じでなければならない．資産売却は，保有資産が次の時点では異なることになり，資産の産み出す将来時点毎のEBITの期待値が同じという定常状態の仮定と相容れない．そこでここでは，保有資産の売却を考えず，単にEBITが金利支払額$H$よりも小さくなるときを貸倒れとし，そのとき債権者はEBITの全額を受け取るものとする．これが式の2行目の意味である．最後に3行目は，EBITが負になるとき債権者の受取額はゼロであることを示している．これは債権者が有限責任であることを意味する．EBITが負ということは，企業は営業活動に伴う支払をすべて支払いきれていないということになるが，この不足分を債権者が補填しなければならない義務はない．以上が負債のキャッシュフロー $\tilde{Y}_{LB}$ である．いうまでもなく，$\tilde{Y}_{LB}$ の実現値がいくらになるかは，$\tilde{X}$ の値がわからないと確定しない．従って $\tilde{Y}_{LB}$ は確率変数である．

さて上記のような負債のある企業を企業Lであるとしよう．次に企業Lの株主に対するキャッシュフローを考えなければならない．これを $\tilde{Y}_{LS}$ で表す．

$$\tilde{Y}_{LS} = \begin{cases} \tilde{X} - H & (\tilde{X} \geq H \text{のとき}) \\ 0 & (H > \tilde{X} \text{のとき}) \end{cases} \quad (4.21)$$

というのが $\tilde{Y}_{LS}$ の定式化となる．EBITが$H$以上であるなら，企業はまず負債の金利支払として$H$を債権者に支払う．残りが株主に配当金として支払われるのであるから，$\tilde{X} - H$ が株主のキャッシュフローである．定常状態であるから，企業はこれを内部留保しないものと仮定されている．これが(4.21)式の1行目の意味である．式の2行目は株主が有限責任であることを表している．EBITが$H$よりも小さいとき，EBITは全額債権者に支払われるが，$H$に足りない分を株主が負担しなければならない義務はないので，このとき株主へのキャッシュフローはゼロである．

前でも述べたように，EBITの $\tilde{X}$ が負ということは，企業は営業活動に伴って発生した(負債以外の)様々な支払義務をすべて履行できないという

## 4.3 貸倒れリスクと MM 命題

ことである。この支払義務とは例えば賃金などである。債権者や株主は有限責任であるから，当然両者にこの不足分を補填しなければならない義務はない。従って定常状態を仮定しながら貸倒れリスクを考慮するということは，負債を含むあらゆる支払義務について，それが履行不可能な状態がある時点で発生したなら，それはすべて踏み倒され，かつ次の時点では何事もなかったかのように企業活動が可能であるということを意味している。なお「踏み倒される」という言葉の意味は，誤解のないよう補足すると，可能な限り支払ってそれでも不足する場合，この不足分についての支払義務は消滅してしまうという意味である。

ここで企業 U のキャッシュフローを考えよう。企業 U とは，資本構成に負債が存在しないという点を除いて企業 L と同じ企業のことであった。負債が存在しないので，企業の EBIT が正であるなら，これは全額株主に配当される。しかし EBIT が負の場合，株主の有限責任から株主のキャッシュフローはゼロとなる。企業 U の (株主の) キャッシュフローを $\tilde{Y}_U$ で表すと，これは次のようにまとめられる。

$$\tilde{Y}_U = \begin{cases} \tilde{X} & (\tilde{X} \geq 0 \text{ のとき}) \\ 0 & (0 > \tilde{X} \text{ のとき}) \end{cases} \tag{4.22}$$

ところで，企業 L の株式のキャッシュフロー $\tilde{Y}_{LS}$ と負債のキャッシュフロー $\tilde{Y}_{LB}$ との合計を $\tilde{Y}_L$ としよう。$\tilde{Y}_L$ は投資家全体へのキャッシュフローである。

$$\tilde{Y}_L \equiv \tilde{Y}_{LS} + \tilde{Y}_{LB} = \begin{cases} \tilde{X} & (\tilde{X} \geq 0 \text{ のとき}) \\ 0 & (0 > \tilde{X} \text{ のとき}) \end{cases}$$

であるから，これは企業 U のキャッシュフローと同じになってしまう。つまり $\tilde{Y}_L = \tilde{Y}_U$ である。将来キャッシュフローが同じ確率変数であるなら，その現在価値も同じ値になるはずである。均衡における現在価値は，将来キャッシュフローに確実性等価アプローチを使うことで直接的に計算できた。$\tilde{Y}_U$ に確実性等価アプローチを適用すると，企業価値 $V_U = V[\tilde{Y}_U]$ が求められる。また $\tilde{Y}_L$ に確実性等価アプローチを適用するなら，これは投資家全体へのキャッシュフローに対する価値評価であるから，企業価値 $V_L = V[\tilde{Y}_L]$ に他ならない。当然 $\tilde{Y}_L = \tilde{Y}_U$ であるなら，$V_L = V_U$ である。以上のことから，

貸倒れリスクを考慮しても企業価値は負債の有無にかかわらず不変である。すなわち，貸倒れリスクを考慮しても，負債の無関連命題はそのまま成立する。

**資本コスト**

　負債の無関連命題が成立するとき，資本コストはどうなっているのか。貸倒れリスクを考慮しているから，負債も危険資産であり，負債の資本コストは無危険利子率ではなく，リスクプレミアムを付加した要求利回りでなければならない。企業 U の株式 (以下では株式 U と称する) の利回りを $\tilde{y}_U$，企業 L の株式 (株式 L と称する) の利回りを $\tilde{y}_L$，企業 L の負債 (単に負債と称する) の利回りを $\tilde{y}_B$ として各々表そう。定常状態が仮定されているから，これら利回りはキャッシュフローをその価格で割った分数になる。まず株式 L について，発行済株式数は $n_L$，(1 株当り) 株価は $P_L$ であり，株式価値 $S_L$ は $S_L = n_L P_L$ である。1 株当りのキャッシュフロー(配当金) は，$\tilde{Y}_{LS}/n_L$ のように書ける。これを株価で割ったものが定常状態の利回りであるから，

$$\tilde{y}_L = \frac{\tilde{Y}_{LS}/n_L}{P_L} = \frac{\tilde{Y}_{LS}}{S_L}$$

のとおりになる。この式の最右辺を見ると，利回りは，株式全体のキャッシュフローを株式全体の価値，つまり株式価値で除したものとして表現してもよい。株式 U の利回り $\tilde{y}_U$ や負債の利回り $\tilde{y}_B$ も同様に書ける。株式 U のキャッシュフロー $\tilde{Y}_U$ とこれに対する価値評価である $V_U$ を用いて，株式 U の利回りは $\tilde{y}_U = \tilde{Y}_U/V_U$ であるし，負債に関しては，負債のキャッシュフロー $\tilde{Y}_{LB}$ と負債価値 $B$ から，$\tilde{y}_B = \tilde{Y}_{LB}/B$ のように定式化できる。

　企業 U と企業 L のキャッシュフローには，$\tilde{Y}_U = \tilde{Y}_L \equiv \tilde{Y}_{LS} + \tilde{Y}_{LB}$ という関係があったので，これを使って株式 L の利回り $\tilde{y}_L$ を次のように書き換えてみよう。

$$\tilde{y}_L = \frac{\tilde{Y}_{LS}}{S_L} = \frac{\tilde{Y}_U - \tilde{Y}_{LB}}{S_L} = \frac{\tilde{Y}_U}{V_U}\frac{V_U}{S_L} - \frac{\tilde{Y}_{LB}}{B}\frac{B}{S_L}$$
$$= \tilde{y}_U \frac{V_U}{S_L} - \tilde{y}_B \frac{B}{S_L} = \tilde{y}_U \left(1 + \frac{B}{S_L}\right) - \tilde{y}_B \frac{B}{S_L}$$

## 4.3 貸倒れリスクと MM 命題

この式の 2 行目は $\tilde{y}_U$ と $\tilde{y}_B$ の定義を用いて書き直し，最後に MM 命題 $V_U = V_L = S_L + B$ を適用して，分数 $V_U/S_L$ のところを書き換えている．結局，株式 L の利回りは，

$$\tilde{y}_L = \tilde{y}_U + (\tilde{y}_U - \tilde{y}_B)\frac{B}{S_L} \tag{4.23}$$

のように書ける．貸倒れリスクを考慮する場合，MM 命題が成立していると，株式 U と株式 L，負債の 3 つの利回りの間には (4.23) 式の関係がある．

この両辺に期待値をとれば，期待利回りの関係式として

$$E(\tilde{y}_L) = E(\tilde{y}_U) + (E(\tilde{y}_U) - E(\tilde{y}_B))\frac{B}{S_L} \tag{4.24}$$

という MM の第 2 命題に相当する式を導出できる．貸倒れリスクがなく負債が安全資産の場合と比べて，差異は無危険利子率 ($i = R_F$) のところが $E(\tilde{y}_B)$ で置き換わるだけである．貸倒れリスクを考慮して負債が危険資産である場合，$E(\tilde{y}_U) > E(\tilde{y}_B)$ であるなら，企業 L の負債が大きくなっていくと，$B/S_L$ も大きくなるから，株式 L の期待利回りは株式 U のそれよりも上昇していく．これを負債のてこ効果といった．この原因は，負債の増大で株式 L のリスクが増大していくからであるが，この点について確認しておこう．

資本市場均衡では，すべての証券についてその期待利回りと要求利回りが等しい．ということは，(4.24) 式と同じ形の式が要求利回りについても成立しているはずである．株式 U の要求利回りを $\rho_U$，株式 L の要求利回りを $\rho_L$，負債の要求利回りを $\rho_B$ でもって表現しよう．資本市場均衡においては，それぞれ $E(\tilde{y}_L) = \rho_L$，$E(\tilde{y}_U) = \rho_U$，$E(\tilde{y}_B) = \rho_B$ であるから，これらを (4.24) 式に代入すれば

$$\rho_L = \rho_U + (\rho_U - \rho_B)\frac{B}{S_L} \tag{4.25}$$

が成立している．

要求利回りは無危険利子率 $R_F$ とリスクプレミアムの和である．株式 U のリスクプレミアムを $\alpha_U$ で表すと，$\rho_U = R_F + \alpha_U$ であり，株式 L については，そのリスクプレミアムを $\alpha_L$ で表すと，$\rho_L = R_F + \alpha_L$ が成立していて，

負債については、$\alpha_B$ でリスクプレミアムを表すと、$\rho_B = R_F + \alpha_B$ である。これら $\rho_U$ と $\rho_L$, $\rho_B$ を (4.25) 式に代入すると、

$$\alpha_L = \alpha_U + (\alpha_U - \alpha_B)\frac{B}{S_L} \tag{4.26}$$

という具合に無危険利子率 $R_F$ が消去できて、(4.26) 式は3つのリスクプレミアムの関係式として導出できる。

要求利回りの定式化を CAPM に依拠するなら、

$$\rho_U \equiv R_F + \alpha_U \quad \text{ただし、} \alpha_U = \lambda \operatorname{cov}(\tilde{R}_M, \tilde{y}_U)$$
$$\rho_L \equiv R_F + \alpha_L \quad \text{ただし、} \alpha_L = \lambda \operatorname{cov}(\tilde{R}_M, \tilde{y}_L)$$
$$\rho_B \equiv R_F + \alpha_B \quad \text{ただし、} \alpha_B = \lambda \operatorname{cov}(\tilde{R}_M, \tilde{y}_B)$$

である。ここの $\lambda$ がリスク価格、共分散が各利回りのシステマティックリスクに相当する。株式 L のシステマティックリスクは共分散 $\operatorname{cov}(\tilde{R}_M, \tilde{y}_L)$ であるが、利回り $\tilde{y}_L$ と $\tilde{y}_U$, $\tilde{y}_B$ との間には (4.23) 式のような関係が成立しているので、これを使うと、

$$\operatorname{cov}(\tilde{R}_M, \tilde{y}_L) = \operatorname{cov}(\tilde{R}_M, \tilde{y}_U) + \bigl(\operatorname{cov}(\tilde{R}_M, \tilde{y}_U) - \operatorname{cov}(\tilde{R}_M, \tilde{y}_B)\bigr)\frac{B}{S_L} \tag{4.27}$$

が導出できる。この式の両辺に $\lambda$ を乗じれば (4.26) 式となる。(4.27) 式の右辺第1項は株式 U のシステマティックリスクで、これは負債に関係なく存在するリスクである。第2項は、負債が存在することで、追加的に発生するリスクである。株式 L のシステマティックリスクは、この第1項の営業上のリスクと第2項の財務上のリスクとから成る。負債のてこ効果が正、すなわち、負債の増大が株式の期待利回りを上昇させるためには、$\operatorname{cov}(\tilde{R}_M, \tilde{y}_U) > \operatorname{cov}(\tilde{R}_M, \tilde{y}_B)$ でなければならない。

次に企業 L の平均資本コストはどうなっているか。定式化は、

$$\rho_W = \frac{S_L}{V_L}\rho_L + \frac{B}{V_L}\rho_B \tag{4.28}$$

のとおりであり、(4.28) 式の $\rho_L$ のところに (4.25) 式を代入して $\rho_W$ を書き換えると、

$$\rho_W = \frac{S_L}{V_L}\Bigl(\rho_U + \frac{B}{S_L}(\rho_U - \rho_B)\Bigr) + \frac{B}{V_L}\rho_B = \rho_U$$

## 4.3 貸倒れリスクと MM 命題

というように，$\rho_W$ は $\rho_U$ に等しくなる。負債の無関連性ということで，前で $V_U = V_L$ の成立を示したが，同様のことが平均資本コストでも成立していて，貸倒れリスクを考慮しても MM 命題はそのまま成立しているといえる。

ところで，上の議論のように，貸倒れを考慮するときのキャッシュフローは，$\tilde{X}$ の値に応じて分類がなされなければならない。このようなとき，価値はどのように定式化すればよいか。例えば負債価値を評価するには，負債のキャッシュフローの期待値 $\mathrm{E}(\tilde{Y}_{LB})$ や共分散 $\mathrm{cov}(\tilde{R}_M, \tilde{Y}_{LB})$ が必要で，これらを具体的に表記するには積分表記が不可欠である。$f(x)$ を $\tilde{X}$ の確率密度関数とすると，

$$\mathrm{E}(\tilde{Y}_{LB}) = \int_H^\infty H f(x) dx + \int_0^H x f(x) dx$$

のようにしなければならないが，このように逐一，確率密度関数を用いて積分を表記するのは非常に面倒である。そこで数学上の若干の工夫をして，簡単な表現で展開できるようにしたい。そのためには今，次のような関数を想定しよう。

$$\tilde{b}_{[A,C]} = \begin{cases} 1 & (C > \tilde{X} \geq A \text{ のとき}) \\ 0 & (\tilde{X} \text{ がそれ以外のとき}) \end{cases} \quad (4.29)$$

ただしここの $A$ と $C$ は任意の定数である。この関数の値は，$\tilde{X}$ の実現値が区間 $[A, C]$ の中にあれば 1 となり，この区間になければ 0 となる。関数の取り得る値は 1 か 0 であるが，どちらになるかは確率変数 $\tilde{X}$ の実現値が未知である限り未知なので，この関数は確率変数である。これを用いるなら，

$$\mathrm{E}(\tilde{Y}_{LB}) = H\,\mathrm{E}(\tilde{b}_{[H,\infty)}) + \mathrm{E}(\tilde{X}\tilde{b}_{[0,H)})$$

という具合に積分表記は必要ない。[6] この関数 $\tilde{b}$ を使うことで，企業価値

---

[6] この式の第 2 項は

$$\mathrm{E}(\tilde{X}\tilde{b}_{[0,H)}) = \int_0^H x f(x) dx$$

であるが，これはどのように展開できるか。通常の期待値であれば，積分範囲は $(-\infty, \infty)$ であるが，この積分範囲は有限区間 $[0, H]$ である。このようなものを partial moment といい，$f(x)$ が正規分布密度関数であるなら実際に積分を解くことで，partial moment は通常の期待値や分散などで表現することができる。付録では，様々なタイプの partial moment の導出を説明し，さらに関数 $\tilde{b}_{[A,C]}$ を使って，これら計算結果を公式としてまとめてある。

はキャッシュフロー $\tilde{Y}_L$ に確実性等価アプローチを適用して，次のように書くことができる．

$$V_L = V_U = \frac{\mathrm{E}(\tilde{X}\tilde{b}_{[0,\infty)}) - \lambda \operatorname{cov}(\tilde{R}_M, \tilde{X}\tilde{b}_{[0,\infty)})}{R_F} \qquad (4.30)$$

さらに $\tilde{X}$ が $\mathrm{N}(\mathrm{E}(\tilde{X}), \sigma(\tilde{X})^2)$ という正規分布に従うなら，付録で展開した公式を用いて，この式の分子に登場する期待値や共分散を，関数 $\tilde{b}_{[0,\infty)}$ に依存しないように書き換えることができる．後の議論に関係ないため結果の提示は省略する．

### <補論：システマティックリスクの導出>

(4.27) 式は，株式 L と株式 U，負債それぞれのシステマティックリスクの相対的な大きさを表しているだけである．これらシステマティックリスク個々がどのように表現できるか．そして，これらは本当に (4.27) 式を満たしているのであろうか．

まず株式 L について考えよう．株式 L のシステマティックリスクは $\operatorname{cov}(\tilde{R}_M, \tilde{y}_L)$ であり，この $\tilde{y}_L$ は $\tilde{Y}_{LS}/S_L$ であるので，$\tilde{Y}_{LS}$ のところを前で定義した関数 $\tilde{b}_{[H,\infty)}$ で表現し，さらに付録の公式を用いると，

$$\begin{aligned}
\operatorname{cov}(\tilde{R}_M, \tilde{y}_L) &= \frac{1}{S_L} \operatorname{cov}(\tilde{R}_M, \tilde{Y}_{LS}) \\
&= \frac{1}{S_L}\Big(\operatorname{cov}(\tilde{R}_M, \tilde{X}\tilde{b}_{[H,\infty)}) - H\operatorname{cov}(\tilde{R}_M, \tilde{b}_{[H,\infty)})\Big) \\
&= \frac{\operatorname{cov}(\tilde{R}_M, \tilde{X})}{S_L}[1 - F(H)]
\end{aligned}$$

のように展開できる．式の 2 行目は株式 L のキャッシュフロー (4.21) 式を関数 $\tilde{b}$ を用いて表現したものである．これに付録の公式を用いると 3 行目の式が得られる．これを導くためには，$\tilde{X}$ が $\mathrm{N}(\mathrm{E}(\tilde{X}), \sigma(\tilde{X})^2)$ の正規分布に従うことが前提になっていて，$F(H)$ はこの正規分布の累積分布関数である．

次に負債のシステマティックリスクは $\operatorname{cov}(\tilde{R}_M, \tilde{y}_B)$ であるが，$\tilde{y}_B$ のところは $\tilde{Y}_{LB}/B$ であり，(4.20) 式における $\tilde{X}$ の範囲に注意すると，$\tilde{Y}_{LB}$ は $\tilde{b}_{[H,\infty)}$ と $\tilde{b}_{[0,H)}$ の 2 つで表現できる．このことから，負債のシ

## 4.3 貸倒れリスクと MM 命題

ステマティックリスクは次のとおりである。

$$\begin{aligned}
\operatorname{cov}(\tilde{R}_M, \tilde{y}_B) &= \frac{1}{B}\operatorname{cov}(\tilde{R}_M, \tilde{Y}_{LB}) \\
&= \frac{1}{B}\Big(H\operatorname{cov}(\tilde{R}_M, \tilde{b}_{[H,\infty)}) + \operatorname{cov}(\tilde{R}_M, \tilde{X}\tilde{b}_{[0,H)})\Big) \\
&= \frac{\operatorname{cov}(\tilde{R}_M, \tilde{X})}{B}[F(H) - F(0)]
\end{aligned}$$

最後に企業 U のシステマティックリスク $\operatorname{cov}(\tilde{R}_M, \tilde{y}_U)$ の $\tilde{y}_U$ は $\tilde{Y}_U/V_U$ であるから，さらに (4.22) 式のキャッシュフローを関数 $\tilde{b}_{[0,\infty)}$ で表現して，

$$\begin{aligned}
\operatorname{cov}(\tilde{R}_M, \tilde{y}_U) &= \frac{1}{V_U}\operatorname{cov}(\tilde{R}_M, \tilde{Y}_U) = \frac{1}{V_U}\operatorname{cov}(\tilde{R}_M, \tilde{X}\tilde{b}_{[0,\infty)}) \\
&= \frac{\operatorname{cov}(\tilde{R}_M, \tilde{X})}{V_U}[1 - F(0)]
\end{aligned}$$

のとおりである。これら 3 つの式を使うと，若干の計算から，(4.27) 式の成立が確認できる。

================================＜補論終わり＞

**負債の借り換えの場合**

今までの議論は，負債に永久債 (満期無限大) を想定して，負債の元本返済を無視してきた。ここの負債は危険資産であるので，将来時点の負債キャッシュフローに対し，現在の負債価値がいくらであるかという観点から議論を展開した。この負債価値は負債額面 (元本額) に等しいという保証はない。負債価値に対し負債額面がどうなっていようとも，永久債であれば，元本返済をする必要がないから何も問題はない。それでは次に，負債に満期があって，負債元本が返済される場合はどうであろうか。

負債の満期は 1 期間で，負債は毎期毎に借り換えられるものとしよう。時点毎の元本返済額が負債額面であるから，危険資産の負債を想定して，負債価値と負債額面とが乖離するような状況は，負債の借り換えをする場合には都合が悪い。というのは，仮に負債価値と負債額面とが常に等しいような想

定をしているなら，時点毎の元本返済はその時点での負債発行で入手する資金でまかなえばよい。しかし負債価値と負債額面とが等しくないような状況では，負債発行で入手できる資金で元本返済額をまかなえるとは限らない。資金が不足するようなことになっても，ここでは定常状態が想定されているので資産売却は実行できない。そこで定常状態の世界において，負債の時点毎の借り換えを整合的に考えるためには，負債価値は負債額面に常に一致していなければならない。ただもしそうであったとしても，若干の記号の置き換えで今までの議論はそのまま適用可能である。

負債価値は (4.20) 式に確実性等価アプローチを適用し，さらに (4.29) 式の関数 $\tilde{b}$ を用いれば，

$$B = V[\tilde{Y}_{LB}] = \frac{\mathrm{E}(\tilde{Y}_{LB}) - \lambda \mathrm{cov}(\tilde{R}_M, \tilde{Y}_{LB})}{R_F}$$

$$= \frac{H\,\mathrm{E}(\tilde{b}_{[H,\infty)}) + \mathrm{E}(\tilde{X}\tilde{b}_{[0,H)}) - \lambda[H\,\mathrm{cov}(\tilde{R}_M, \tilde{b}_{[H,\infty)}) + \mathrm{cov}(\tilde{R}_M, \tilde{X}\tilde{b}_{[0,H)})]}{R_F}$$

であり，この 2 行目の式は $H$ の関数になる。この関数を $R(H)$ と表現しよう。つまり負債価値は $B = R(H)$ である。この意味は，企業が任意に $H$ という金利支払額を約束すると，資本市場は関数 $R(H)$ の与える $B$ の値を，均衡における負債価値として評価するということである。

ここで負債価値と負債額面とが同じ $B$ であったとしよう。負債の表面利率を $i$ とすると，企業の約束する金利支払額 $H$ は $H = iB$ であるから，当然，$B = R(iB)$ が成立することになるが，$B = R(iB)$ という式は ($i$ について解析的に解くことはできないものの) $i$ を決定するための式である。いいかえると，負債価値と負債額面とが同じという設定の下では，資本市場均衡のためには負債の表面利率 $i$ が $B = R(iB)$ を満たすように決定されなければならない。

以上のことから，負債として永久債を考えるか，毎期毎の借り換えを考えるかで生じる違いは，資本市場均衡で負債の何が内生的に決まるのかという違いにすぎない。永久債の場合は，$H$ が所与で，資本市場均衡で $B$ が内生的に決定される。毎期毎の借り換えの場合は，$B$ が所与で，資本市場均衡において $i$ が内生的に決定されると考えればよい。

## 4.3 貸倒れリスクと MM 命題

**補論：関数 $R(H)$ の導出**

ここでは関数 $R(H)$ の具体的な定式化を示しておこう。これは付録の公式を用いて次のように導出できる。

$$B = \frac{H\mathrm{E}(\tilde{b}_{[H,\infty)}) + \mathrm{E}(\tilde{X}\tilde{b}_{[0,H)}) - \lambda[H\mathrm{cov}(\tilde{R}_M, \tilde{b}_{[H,\infty)}) + \mathrm{cov}(\tilde{R}_M, \tilde{X}\tilde{b}_{[0,H)})]}{R_F}$$

$$= \Big\{ H[1 - F(H)] + \mathrm{E}(\tilde{X})[F(H) - F(0)] - \sigma(\tilde{X})^2[f(H) - f(0)]$$

$$- \lambda\mathrm{cov}(\tilde{R}_M, \tilde{X})[F(H) - F(0)] \Big\} \Big/ R_F \tag{4.31}$$

なお $f(H)$ や $f(0)$ は正規分布 $\mathrm{N}(\mathrm{E}(\tilde{X}), \sigma(\tilde{X})^2)$ の確率密度関数である。負債が永久債の場合、企業が $H$ という金利支払額を約束すると、資本市場はこの (4.31) 式から求められる $B$ の値を、均衡における負債価値として評価する。

ここで負債価値と負債額面とが同じ $B$ であったとしよう。企業の約束する金利支払額 $H$ は $H = iB$ であるから、これを (4.31) 式に代入する。

$$B = \Big\{ iB[1 - F(iB)] + \mathrm{E}(\tilde{X})[F(iB) - F(0)] - \sigma(\tilde{X})^2[f(iB) - f(0)]$$

$$- \lambda\mathrm{cov}(\tilde{R}_M, \tilde{X})[F(iB) - F(0)] \Big\} \Big/ R_F \tag{4.32}$$

もちろんこの (4.32) 式は、$i$ について解析的に解くことはできないが、数値的に解くことはできる。企業が額面 $B$ の負債を持つとしよう。表面利率が (4.32) 式を満たすような $i$ であるならば、負債価値は当然 $B$ となる。

================================<補論終わり>

### 4.3.3　修正 MM 命題：法人税を考慮する場合

ここでは、前の小節と同様に定常状態を想定しつつ、法人税を考慮する場合を検討する。法人税が存在するときの修正 MM 命題は、貸倒れリスクにより変更を要するか否か。結論から述べると、企業価値に関する修正 MM

命題は貸倒れリスクを考慮しても変更する必要はない。平均資本コストについても，基本点に変更は要しないが，ただ若干注意しなければならないことがある。

**企業価値**

　企業価値について検討しよう。前と同様に負債の存在する企業を企業 L と称する。負債が永久債か借り換えかは，記号を適当に定義し直すだけで同様の議論ができるから，ここでは永久債の負債を考える。負債の金利支払額 $H$ は法人税額を計算する際に損金算入できる。EBIT の $\tilde{X}$ が $H$ よりも大きければ，企業は債権者に $H$ を支払い，$\tau(\tilde{X} - H)$ の法人税を支払い，残りが配当金として株主に支払われる。しかし $\tilde{X}$ が $H$ よりも小さいなら，企業は債権者に $H$ を支払うことができない。このとき課税対象所得 $\tilde{X} - H$ は負で法人税額は負値になる。マイナスの法人税額とは税金が補助金のごとく企業に支払われることを意味する。現実には税金の還付が企業になされる場合もあるので，これは必ずしも非現実的な設定というわけではないが，負値の法人税額を考慮するか否かという点は，実は本質的な議論ではないので，簡単化のため課税対象所得が負のとき法人税額はゼロであるとする。すると，$\tilde{X}$ が $H$ よりも小さい場合，債権者へのキャッシュフローは $\tilde{X}$ である。つまり EBIT のすべてが債権者の下に移り，支払順序の劣る株式へのキャッシュフローはゼロになる。以上のことから，前の (4.20) 式で表される $\tilde{Y}_{LB}$ が，法人税が存在するとしても，そのまま負債のキャッシュフローの定式化になる。再掲しておこう。

$$\tilde{Y}_{LB} = \begin{cases} H & (\tilde{X} \geq H \text{ のとき}) \\ \tilde{X} & (H > \tilde{X} \geq 0 \text{ のとき}) \\ 0 & (0 > \tilde{X} \text{ のとき}) \end{cases} \quad (4.20)$$

この $\tilde{Y}_{LB}$ から均衡における負債価値 $B$ は (4.31) 式のように表される。

　また株式へのキャッシュフローは，これを $\tilde{Y}_{LS}^{(t)}$ で表すと，今の説明から

$$\tilde{Y}_{LS}^{(t)} = \begin{cases} (1 - \tau)(\tilde{X} - H) & (\tilde{X} \geq H \text{ のとき}) \\ 0 & (H > \tilde{X} \text{ のとき}) \end{cases} \quad (4.33)$$

## 4.3 貸倒れリスクと MM 命題

のようになるのは明らかであろう．なお上付き添字 $(t)$ は法人税を考慮している場合であることを示す．この $\tilde{Y}_{LS}^{(t)}$ に確実性等価アプローチを用いれば，株式価値 $S_L = V[\tilde{Y}_{LS}^{(t)}]$ を導くことができるが，具体的な表記は省略する．

ここで，企業 L の投資家全体 (株主と債権者) へのキャッシュフロー $\tilde{Y}_L^{(t)}$ として，$\tilde{Y}_{LS}^{(t)}$ と $\tilde{Y}_{LB}$ を合計すると，$\tilde{Y}_L^{(t)}$ は

$$\tilde{Y}_L^{(t)} = \begin{cases} (1-\tau)\tilde{X} + \tau H & (\tilde{X} \geq H \text{ のとき}) \\ \tilde{X} & (H > \tilde{X} \geq 0 \text{ のとき}) \\ 0 & (0 > \tilde{X} \text{ のとき}) \end{cases} \quad (4.34)$$

である．これに対して，負債の存在しない企業 U のキャッシュフローを考えよう．EBIT の $\tilde{X}$ が正であるなら，負債が存在しないので $\tilde{X}$ が課税対象所得で，これからまず税金 $\tau\tilde{X}$ が支払われ，残りが株主に配当される．しかし $\tilde{X}$ が負の場合は課税対象所得が負値になるから法人税はゼロであるとし，また株主は有限責任であるから，株主への配当金はゼロである．

このことから，企業 U の (株主の) キャッシュフロー $\tilde{Y}_U^{(t)}$ は次のように書くことができる．

$$\tilde{Y}_U^{(t)} = \begin{cases} (1-\tau)\tilde{X} & (\tilde{X} \geq 0 \text{ のとき}) \\ 0 & (0 > \tilde{X} \text{ のとき}) \end{cases} \quad (4.35)$$

この $\tilde{Y}_U^{(t)}$ を用いて，(4.34) 式の $\tilde{Y}_L^{(t)}$ を書き直すなら，

$$\tilde{Y}_L^{(t)} = \begin{cases} \tilde{Y}_U^{(t)} + \tau H & (\tilde{X} \geq H \text{ のとき}) \\ \tilde{Y}_U^{(t)} + \tau\tilde{X} & (H > \tilde{X} \geq 0 \text{ のとき}) \\ \tilde{Y}_U^{(t)} & (0 > \tilde{X} \text{ のとき}) \end{cases}$$

であるから，さらに (4.20) 式の $\tilde{Y}_{LB}$ に注意すると，企業 L の $\tilde{Y}_L^{(t)}$ は

$$\tilde{Y}_L^{(t)} = \tilde{Y}_U^{(t)} + \tau\tilde{Y}_{LB} \quad (4.36)$$

という関係式に帰着できる．

(4.36) 式のキャッシュフロー関係式に確実性等価アプローチを適用すれば，

$$\begin{aligned} V_L &= V[\tilde{Y}_L^{(t)}] = V[\tilde{Y}_U^{(t)}] + \tau V[\tilde{Y}_{LB}] \\ &= V_U + \tau B \end{aligned}$$

とできるように，企業価値に関する修正 MM 命題が成立する．上式では $V_U = V[\tilde{Y}_U^{(t)}]$ と $B = V[\tilde{Y}_{LB}]$ である．このように法人税が存在する場合も，定常状態を想定しているなら，修正 MM 命題は，貸倒れリスクの考慮によってその結論を変更する必要はないのである．

**資本コスト**

資本市場均衡における資本コストはどうなっているか．定常状態を仮定すると，株式 U の利回り $\tilde{y}_U$ が $\tilde{Y}_U^{(t)}/V_U$，株式 L の利回り $\tilde{y}_L$ が $\tilde{Y}_{LS}^{(t)}/S_L$，負債の利回り $\tilde{y}_B$ が $\tilde{Y}_{LB}/B$ である点は，法人税がない場合と同様である．

前で見たように，企業 L のキャッシュフローについては (4.36) 式の関係があり，これを使うと，株式 L のキャッシュフローは

$$\tilde{Y}_{LS}^{(t)} = \tilde{Y}_U^{(t)} - (1-\tau)\tilde{Y}_{LB}$$

というように記される．この式を使って，株式 L の利回りを書き換えてみる．

$$\tilde{y}_L = \frac{\tilde{Y}_U^{(t)} - (1-\tau)\tilde{Y}_{LB}}{S_L} = \frac{\tilde{Y}_U^{(t)}}{V_U}\frac{V_U}{S_L} - (1-\tau)\frac{\tilde{Y}_{LB}}{B}\frac{B}{S_L}$$
$$= \tilde{y}_U \frac{V_U}{S_L} - \tilde{y}_B \frac{B}{S_L}(1-\tau) = \tilde{y}_U\left(1 + \frac{B}{S_L}(1-\tau)\right) - \tilde{y}_B \frac{B}{S_L}(1-\tau)$$

であるから，株式 L の利回りは

$$\tilde{y}_L = \tilde{y}_U + (\tilde{y}_U - \tilde{y}_B)\frac{B}{S_L}(1-\tau) \tag{4.37}$$

のように導出できる．

この (4.37) 式の両辺に期待値を取れば，

$$E(\tilde{y}_L) = E(\tilde{y}_U) + (E(\tilde{y}_U) - E(\tilde{y}_B))\frac{B}{S_L}(1-\tau)$$

を得るし，さらに資本市場均衡で期待利回りと要求利回りが等しいということを用いると，

$$\rho_L = \rho_U + (\rho_U - \rho_B)\frac{B}{S_L}(1-\tau) \tag{4.38}$$

## 4.3 貸倒れリスクと MM 命題

となる。ここの $\rho_U$, $\rho_L$, $\rho_B$ は株式 U，株式 L，負債の要求利回りを表している。これらは法人税を考慮した場合の，MM の第 2 命題に関する修正版である。その意味は前と同じである。式右辺の第 1 項が株式 L の営業上のリスク，第 2 項が株式 L の財務上のリスクに関連している。法人税の有無による差異は，第 2 項に $(1-\tau)$ があるかどうかである。法人税を考慮した場合，この $(1-\tau)$ が付いている分，負債のてこ効果は小さくなると考えてよい。

ところで，上記の $\rho_L$ と $\rho_B$ は，企業 L の株式と負債の資本コストであるが，これらを使うと，法人税を考慮した場合の平均資本コストはどうなるか。平均資本コスト $\rho_W$ が

$$\rho_W = \frac{S_L}{V_L}\rho_L + \frac{B}{V_L}\rho_B \tag{4.39}$$

のように定義されるなら，この $\rho_L$ に (4.38) 式を代入して，

$$\rho_W = \frac{S_L}{V_L}\left(\rho_U + \frac{(1-\tau)B}{S_L}(\rho_U - \rho_B)\right) + \frac{B}{V_L}\rho_B = \rho_U - \frac{\tau B}{V_U + \tau B}(\rho_U - \rho_B) \tag{4.40}$$

というように $\rho_W$ を変形する。この最右辺第 2 項の分数は，$\tau B/V_L$ であるから，これは 1 よりも小さくかつ $B$ が大きくなると大きくなることが簡単に確認できる。従って $\rho_U > \rho_B$ である限り，平均資本コスト $\rho_W$ は負債 $B$ が大きいほど小さな値となる。法人税が存在する場合，負債 $B$ が大きくなるほど企業価値は大きくなり，これに対応して，平均資本コストは小さくなるのである。

(4.39) 式の形で定義される平均資本コスト $\rho_W$ は，企業を 1 つの資産と見なした場合の要求利回りになっている。そしてこれを割引率にして，企業の投資家全体へのキャッシュフローを価値評価すれば企業価値を導出できる。この点は次のコラムで詳しく述べる。

### ＜補論：2 つの平均資本コスト＞

法人税が存在する場合，株式や負債の要求利回り (資本コスト) の定式化は，貸倒れリスクを考慮することでどのように変更されなければならないか。まず企業 U の株式のリスクプレミアム $\alpha_U$ から導出しよう。リスクプレミアム自体は CAPM によって決定されるものと

し，さらに $\tilde{X}$ が正規分布 $N(E(\tilde{X}), \sigma(\tilde{X})^2)$ に従うことを仮定して付録の公式を利用すると，

$$\alpha_U = \lambda \operatorname{cov}(\tilde{R}_M, \tilde{y}_U) = \frac{\lambda(1-\tau)}{V_U} \operatorname{cov}(\tilde{R}_M, \tilde{X})[1 - F(0)] \qquad (4.41)$$

のような結果を得る。ここの $\tilde{y}_U$ は株式 U の利回りで，$\tilde{y}_U \equiv \tilde{Y}_U^{(t)}/V_U$ である。次に企業 L の株式のリスクプレミアム $\alpha_L$ と負債のリスクプレミアム $\alpha_B$ は，同様の方法で計算すると，

$$\alpha_L = \frac{\lambda(1-\tau)}{S_L} \operatorname{cov}(\tilde{R}_M, \tilde{X})[1 - F(H)]$$

$$\alpha_B = \frac{\lambda}{B} \operatorname{cov}(\tilde{R}_M, \tilde{X})[F(H) - F(0)]$$

という結果になるが，これらを (4.41) 式の $\alpha_U$ を使って書き換えよう。

$$\alpha_L = \alpha_U \frac{V_U}{S_L} \frac{1 - F(H)}{1 - F(0)} \qquad (4.42)$$

$$\alpha_B = \alpha_U \frac{V_U}{(1-\tau)B} \frac{F(H) - F(0)}{1 - F(0)} \qquad (4.43)$$

リスクプレミアムが (4.42) 式と (4.43) 式のように得られたので，これらを使って平均資本コストを次のように計算する。

$$\begin{aligned}\rho_W &= \frac{S_L}{V_L}\rho_L + \frac{B}{V_L}\rho_B = R_F + \frac{S_L}{V_L}\alpha_L + \frac{B}{V_L}\alpha_B \\ &= \rho_U - \frac{\tau B}{V_U + \tau B}\alpha_U + \frac{\tau}{1-\tau}\frac{V_U}{V_U + \tau B}\frac{F(H) - F(0)}{1 - F(0)}\alpha_U \\ &= \rho_U - \frac{\tau B}{V_U + \tau B}\alpha_U + \frac{\tau B}{V_U + \tau B}\alpha_B \qquad (4.44)\end{aligned}$$

なお，$\rho_L$ は株式 L の要求利回り $(= R_F + \alpha_L)$，$\rho_B$ は負債の要求利回り $(= R_F + \alpha_B)$，$\rho_U$ は株式 U の要求利回りである $(= R_F + \alpha_U)$。さて法人税が存在する場合，貸倒れリスクを考慮する場合の平均資本コストは上記の (4.44) 式，あるいは本文中の (4.40) 式のとおりであり，両者は同じものである。しかしこれらは，貸倒れリスクを考慮しない場合の (4.13) 式と異なる形になる。(4.44) 式の第 1 項と第 2 項が (4.13)

## 4.3 貸倒れリスクと MM 命題

式の $\rho_W$ に相当し，(4.44) 式には (4.13) 式に現れない第 3 項が存在する。この項の値は正である。

金利支払額 $H$ が増加するとき，平均資本コストの値はどうなるか。$H$ の増加は $B$ を増加させるのが一般的であろう。(4.40) 式から，$\rho_U > \rho_B$ である限り，そして $\text{cov}(\tilde{R}_M, \tilde{y}_U) > \text{cov}(\tilde{R}_M, \tilde{y}_B)$ である限り，貸倒れリスクを考慮したとしても，法人税が存在するときの平均資本コストは，負債の増加とともに減少することになる。

前節では，平均資本コストの一般的な定義が，本書の定義 $\rho_W$ と異なっていることを述べた。平均資本コストで一般的になっている $\hat{\rho}_W$ は，

$$\hat{\rho}_W = \frac{S_L}{V_L}\rho_L + \frac{B}{V_L}\rho_B(1-\tau) \tag{4.45}$$

という式の形である。この $\hat{\rho}_W$ は企業という資産に対する要求利回りになっていないので，理論的には「資本コスト」とはいい難いものであるが，なぜ $\hat{\rho}_W$ の定義式の方がよく用いられるのか。リスクプレミアム (4.42) 式と (4.43) 式を使って $\hat{\rho}_W$ を書き換えよう。

$$\hat{\rho}_W = \frac{S_L}{V_L}\rho_L + \frac{B}{V_L}(1-\tau)\rho_B = R_F - \frac{B}{V_L}\tau R_F + \frac{S_L}{V_L}\alpha_L + \frac{B}{V_L}(1-\tau)\alpha_B$$
$$= \rho_U - \frac{\tau B}{V_U + \tau B}\rho_U$$

この結果は，貸倒れリスクを考慮しない場合，法人税が存在するときの平均資本コストとして得られた (4.15) 式と同じである。この「同一性」があるために，法人税が存在するときの平均資本コストの定義として，$\hat{\rho}_W$ の方が好都合であるように思える。確かに一見すると，貸倒れリスクを考慮する場合と考慮しない場合とで，企業価値については負債に対して同じ関係式が成立するのに，平均資本コストについては，負債に対し異なる関係式が成立するというのは奇妙に思えるのかもしれない。しかし著者の考えでは，貸倒れリスクの考慮の有無で，企業価値のみならず平均資本コストにまで同一の関係式が成立する必然性はなく，むしろ異なっていて当然で，「同一性」を求める方がよほど恣意的である。最後にこの点を説明したい。

平均資本コストを $\hat{\rho}_W$ で定義する場合，どうして貸倒れリスクの考慮の有無にかかわらず同一の関係式が成立するのか。理由は簡単

である．資本市場均衡において要求利回りと期待利回りは等しいという関係を用いて，$\hat{\rho}_W$ を書き換えよう．$\rho_L = \mathrm{E}(\tilde{y}_L) \equiv \mathrm{E}(\tilde{Y}_{LS}^{(t)})/S_L$, $\rho_B = \mathrm{E}(\tilde{y}_B) \equiv \mathrm{E}(\tilde{Y}_{LB})/B$ であるから，

$$\hat{\rho}_W = \frac{S_L}{V_L}\mathrm{E}(\tilde{y}_L) + \frac{B}{V_L}(1-\tau)\mathrm{E}(\tilde{y}_B) = \frac{\mathrm{E}(\tilde{Y}_{LS}^{(t)} + (1-\tau)\tilde{Y}_{LB})}{V_L} = \frac{\mathrm{E}(\tilde{Y}_U^{(t)})}{V_L}$$

となって，分子は $H$ に依存しない．平均資本コスト $\hat{\rho}_W$ が $H$ によりどのように変化するかは，専ら分母の $V_L$ によって決まる．従って負債に対する企業価値の関係が，貸倒れリスクの有無にかかわらず同じであるなら，負債に対する平均資本コストの関係も貸倒れリスクの有無にかかわらず同一になる．

これに対して，本来の平均資本コスト $\rho_W$ はどうであろうか．同様にして書き換えると，

$$\rho_W = \frac{S}{V_L}\mathrm{E}(\tilde{y}_L) + \frac{B}{V_L}\mathrm{E}(\tilde{y}_B) = \frac{\mathrm{E}(\tilde{Y}_L^{(t)})}{V_L}$$

$$= \frac{\mathrm{E}(\tilde{Y}_U^{(t)}) + \tau H \mathrm{E}(\tilde{b}_{[H,\infty)}) + \tau \mathrm{E}(\tilde{X}\tilde{b}_{[0,H)})}{V_L}$$

のように展開できる．式の分子は企業 L の投資家全体への期待キャッシュフローで，これはもちろん $H$ に依存する．故に平均資本コスト $\rho_W$ が負債に対してどのような関係にあるかは，分母の企業価値 $V_L$ のみならず，分子の期待キャッシュフロー $\mathrm{E}(\tilde{Y}_L^{(t)})$ にも依存して決まることになる．このことから貸倒れリスクの有無により，負債に対する $V_L$ の関係が同じであったとしても，平均資本コスト $\rho_W$ が負債に対して同じ関係である必然性は全くないのである．

================================＜補論終わり＞

### 4.3.4 定常状態と貸倒れリスク

この節では，貸倒れリスクの存在を前提に，債権者と株主のキャッシュフローを定式化して，MM 命題および修正 MM 命題を議論した．負債が安全資産であるとき (貸倒れリスクを無視するとき) と貸倒れリスクを考慮した

## 4.3 貸倒れリスクと MM 命題

ときとで，同様の結論が導かれるのであるから，「貸倒れリスク」そのものは資本構成の議論に影響を与えないといえよう。[*7] しかし，MM 命題や修正 MM 命題では証券の価値評価のために定常状態が想定されている。定常状態の世界において，本当に貸倒れという要因を十分反映させた議論は可能なのであろうか。この小節では，この点について検討を加えることで，「貸倒れ」をモデル化するにはどのような配慮が必要なのかを明らかにしたい。

貸倒れとは一般に，負債が債権者に対し約束した支払額を完全に履行できないことをいう。そして，貸倒れが発生すると，企業の支配権が債権者に移転して，債権者は企業の所有者へと立場を変える。この支配権 (所有権) の移転という特性は，負債という支払約束を性格付ける上で大きな経済的意義を持つ。というのは，これにより負債の約束が事実上の強制力を持つようになるからである。企業の支配権を喪失しないためには，負債で約束した支払額を完全履行しなければならない。

ところで，証券を価値評価する際に定常状態を仮定するということは，毎期毎期，同じ確率分布に従う $\tilde{X}$ という企業収益の下，債権者と株主のキャッシュフローに $\tilde{Y}_{LB}$ と $\tilde{Y}_{LS}$ を毎期毎期想定していることに他ならない。この想定がなされているからこそ，証券価値は簡単な数式で記すことができるようになる。定常状態が仮定されなければ，本当なら DDM の (1.5) 式のように無限級数として定式化されるべき株価が，定常状態を仮定することで，(3.3) 式のような簡単な分数で定式化される。

ここで，定常状態を仮定していて，ある期間の期末で貸倒れが発生したと

---

[*7] MM 命題や修正 MM 命題で，企業価値の式を導出するのによく利用される「裁定」の議論であるが，貸倒れリスクを考慮した場合，この議論は破綻しているように著者個人は思う。問題は $V_U < V_L$ のケース (MM 命題)，あるいは $V_U + \tau B < V_L$ のケース (修正 MM 命題) である。どちらも，負債のない企業 U の株式に投資家サイドによる借入を組合せて，企業 L の株式を作り出そうとする。企業 L の貸倒れリスクと投資家個人の貸倒れリスクとは当然，別のものと考えるべきである。貸倒れリスクが違うなら，企業 L と投資家とで支払うべき金利 (キャッシュフロー) も異なる水準になろうから，MM の「裁定」は上手くいかない。しかしこの「裁定」の議論が破綻したとしても，資本市場均衡ではやはり，MM 命題あるいは修正 MM 命題が成立する。前にも述べたが，負債価値であれ，負債のクーポンレートであれ，負債の何が資本市場均衡で内生的に決定されようとも，そのこと自体は些細な (表記上の変更だけで済む) 問題なのである。

する。このとき $\tilde{Y}_{LB}$ と $\tilde{Y}_{LS}$ の定式化に従い，債権者は $\tilde{X}$ を得て，株主は何も得ない。にもかかわらず，定常状態の仮定というのは，この直後の次の期間の期首には，何事もなかったかのように，前と同様，期末キャッシュフローとして債権者は $\tilde{Y}_{LB}$ を予想し，株主は $\tilde{Y}_{LS}$ を予想するということである。このように，定常状態の仮定の下で想定される貸倒れとは，現実のそれとは似て非なるものなのである。仮に貸倒れが起こったとしても，その直後には何事もなかったかのように，粛々と時が経過していくというのが定常状態である。これでは「貸倒れ」の特徴を十分反映させたとはいい難いことも明らかであろう。「貸倒れ」という用語は，恐らくはネガティブな印象を与える言葉であるが，この点が定常状態の想定では反映されないのである。

なぜ「貸倒れ」がネガティブな意味を持つ言葉なのか。それは貸倒れが発生すると，様々な理由により，企業がその活動を通常どおり継続できなくなってしまうからである。そこで以下では，債権者に約束された支払が履行できないという事実そのもののことを「貸倒れ」と表現し，貸倒れの結果，企業活動の継続が困難になってしまうことを「倒産」と定義しておこう。そして，永続的活動(ゴーイングコンサーン)が大前提である企業が倒産ということになると，仮に倒産しなければ直面しないような数々の困難に新たに直面するところとなる。倒産に陥ることで直面する困難のことを倒産コストと称する。

以上のことから，現実の貸倒れを経済モデルとして表現するには，まず定常状態の仮定をやめること，そして倒産コストを明示することの2点が必要不可欠である。こうすることで，修正 MM 命題にはない新たな効果が資本構成に影響を及ぼすことになる。この資本構成理論が後で説明する倒産コストモデルである。

**＜補論：「定常状態」と仮定するということは＞**

定常状態については前で詳しく説明した。企業収益が毎期同じ確率分布に従うことが見込まれるなら，収益を産み出す源，つまり企業の保有している資産も毎期同じものが想定できなければならない。企業の保有する資産に変化があれば，その資産の産み出す収益の確率分布も変化するからである。企業が資産を一定に維持するためには，いく

## 4.3 貸倒れリスクと MM 命題

つかの条件が設定される必要がある. 企業金融論において, 定常状態が仮定されると, これらの条件を前提に議論がなされることになる.

その条件とは, 更新投資の仮定と内部留保をしないという仮定である. これら2つについては前で述べた. 企業の保有する資産の一部は時間の経過とともに劣化減耗する. この劣化減耗を防ぐために, 資産の修理・改修が毎期実施されると想定する必要がある. これが更新投資の仮定である. また, 仮に内部留保がゼロでなければ, 次期の資産は, 必ず今期の値から内部留保の金額分だけ増えてしまう. そこで資産を一定に維持するには, 内部留保をゼロと仮定する必要がある. 残余利益はすべて株主に配当金として企業の外に流出させるのである. これら2つの条件に加えて, 資本構成の問題として負債を扱うなら, 実はもう1つ条件が追加されなければならない. 3番目の条件とは, 負債の元本返済についてである. もし負債の元本が返済されるなら, それは借り換えによって返済されるものと仮定される. ただし, 返済される元本と借り換えによる新しい負債の調達額が異なってしまうと, その分だけ企業の資産は必ず変化してしまう. 従って返済される元本金額と, 新発行される負債価値とはいつも同じでなければならない. 負債元本に負債価値が等しくなるよう, 金利支払額の値が決定される必要がある. この結果, 定常状態の仮定の下, 負債の存在する企業 L は永久に負債 B を負い続けるのである.

以上が, 定常状態を仮定したことによって生じる, 企業金融論を議論する際の制約, 配慮すべき条件である. さて以下では, 定常状態における債権者へのキャッシュフロー $\tilde{Y}_{LB}$ と株主へのキャッシュフロー $\tilde{Y}_{LS}$ を再検討したい.

この節のこれまでの議論では, 期末に債権者に支払う金利支払額 $H$ を企業収益 $\tilde{X}$ が下回るときをもって貸倒れと仮定して, $\tilde{Y}_{LB}$ と $\tilde{Y}_{LS}$ を定式化した. ここで検討すべき問題は, $\tilde{X}$ が $H$ を下回ったからといって, 即座に企業が $H$ の支払不能に陥るわけではないという点である. $\tilde{X}$ が $H$ を下回り, 企業収益のみから金利をすべて支払うことができなくても, 不足資金を何らかの方法で調達すれば, 企業は $H$ の支払を履行できる. この調達方法には2つ考えられる. 1つは資産の一部売却であり, もう1つは新株発行である.[*8] 現実には, 企業はこ

---

[*8] なぜ新しい負債の発行を取り上げないのか. (既存の) 負債の支払を履行できないから新

れらを実行して債務不履行を回避しようとするであろう。

ところが，証券の価値評価のために定常状態が仮定されるとなると，資産売却という手段は自動的に排除されることになる。資産の一部を売却すれば，当然，売却後に企業の保有する資産は売却前のものと変化するからである。これは企業収益の確率分布を変化させるであろうから，定常状態の仮定と矛盾が生じてしまう。

それでは次に新株発行の方はどうであろうか。実は新株発行が可能であれば，定常状態の世界では貸倒れは発生し得なくなる。しかし貸倒れを回避するために新株発行がなされると，これは，既存株主の富の最大化という企業の目標と矛盾することになる可能性が大きい。従って，やはり新株発行が利用されることはないといえる。

証券の価値評価として定常状態に依拠しているということは，債権者と株主のキャッシュフローに $\tilde{Y}_{LB}$ と $\tilde{Y}_{LS}$ を毎期毎期想定していることに他ならない。ある期間の期末で貸倒れが発生したとしても，この直後の次の期間の期首には，何事もなかったかのように，前と同様，期末キャッシュフローとして債権者は $\tilde{Y}_{LB}$ を予想し，株主は $\tilde{Y}_{LS}$ を予想するということである。

であるならば，期末になって $\tilde{X}$ の実現値が $H$ を下回り，貸倒れが発生しそうになっても，そのときの株価はすでに次の期末以降の $\tilde{Y}_{LS}$ を予想して形成されているから(株価は権利落ち価格)，株価はいつも正である。株価が正である限り，新株を発行すれば資金をいくらでも調達することができ，$H$ の支払に不足する金額を常に確保することが可能となる。すなわち，定常状態の世界で新株発行が可能である限り，企業は債権者に必ず $H$ を支払うことができて，貸倒れは発生しない。負債は安全資産なのである。

ところが，新株が発行されれば，既存株主の権利はその分，希薄化されてしまう。一度新株が発行されてしまったなら，その前から株主であった既存株主は，永久に株式価値 $S_L$ の一部しか享受できなくなる。$S_L$ の一部は新株主に帰属するようになるからである。それならば新株発行せずにそのときは貸倒れとし，一度きりの $\tilde{X}$ の実現値を

---

たな借金をするというのは，俗にいう「追い貸し」である。「追い貸し」は既存債権者との再交渉が前提となる。実は既存債権者と交渉して，金利を値切る，あるいは追い貸しを受けるというモデルも存在する。しかしこれは「再交渉」という全く別の要因を持ち込むことになるため，議論の混乱を避けるためここでは取り上げない。

4.4 法人税と所得税を考慮する場合：Miller 均衡　　　225

あきらめて債権者に譲り渡し，その代わり $S_L$ すべてを保持し続けた方が，既存株主はきっと得であろう．それ故，定常状態が想定される限り，貸倒れを回避するために新株を発行するという手段も，既存株主の富の最大化を目標とする企業に選択されることはない．

　以上の理由から，定常状態の世界において資産の一部売却や新株発行といった手段は利用できず，定常状態の下で貸倒れを表現するには，債権者と株主のキャッシュフローをこの節の $\tilde{Y}_{LB}$ や $\tilde{Y}_{LS}$ のように定式化せざるを得ない．企業収益 $\tilde{X}$ が金利支払額 $H$ を下回るとき，貸倒れが発生するのである．

================================＜補論終わり＞

## 4.4　法人税と所得税を考慮する場合：Miller 均衡

　MM 命題で，負債は企業価値に無関連とされたが，法人税を考慮した修正 MM 命題では，負債の増加により企業価値は上昇する．Miller(1977) は，法人税に加えて，投資家に対し課される (個人) 所得税を新たに考慮したなら，再び負債は企業価値に無関連になることを示した．これは Miller 均衡とも称されるが，証券の価値評価には定常状態を想定した議論である．そこで，Miller の所得税を考慮した議論をここで紹介しておこう．4.4.1 節で企業価値の定式化を導き，4.4.2 節で Miller 均衡について説明する．

### 4.4.1　企業価値の定式化

　企業に対する法人税のみならず，投資家に対する所得税をも考慮した場合の議論が Miller(1977) である．まずここでは，債権者に対しては一律に $\tau_B$ の税率が課され，株主に対しては税率 $\tau_S$ が一律に課される場合，企業価値 $V_L$ と $V_U$ の関係がどうなるかを導出してみよう．

　負債のない企業 U では，企業収益 $\tilde{X}$ が正であるなら，$(1-\tau)\tilde{X}$ が株主に配当されるが，これに税率 $\tau_S$ の所得税が株主に課税されるものとする．課税後の株主の取り分は $(1-\tau_S)(1-\tau)\tilde{X}$ となる．このことから，企業 U の株主のキャッシュフロー $\tilde{Y}_U$ は次のように書ける．ただし，所得税を考慮した

場合であることを明示して，上付き添字 $(p)$ を付ける．

$$\tilde{Y}_U^{(p)} = \begin{cases} (1-\tau_S)(1-\tau)\tilde{X} & (\tilde{X} \geq 0 \text{ のとき}) \\ 0 & (0 > \tilde{X} \text{ のとき}) \end{cases}$$

同様の考え方から，企業 L の株主には $\tau_S(1-\tau)(\tilde{X}-H)$ の所得税が課税されるので，株式 L のキャッシュフロー $\tilde{Y}_{LS}$ は，

$$\tilde{Y}_{LS}^{(p)} = \begin{cases} (1-\tau_S)(1-\tau)(\tilde{X}-H) & (\tilde{X} \geq H \text{ のとき}) \\ 0 & (H > \tilde{X} \text{ のとき}) \end{cases}$$

のように変更される．次に債権者に対する所得税額は，貸倒れがなければ $\tau_B H$，貸倒れが発生するときは $\tau_B \tilde{X}$ であるから，負債のキャッシュフローは次のとおりである．

$$\tilde{Y}_{LB}^{(p)} = \begin{cases} (1-\tau_B)H & (\tilde{X} \geq H \text{ のとき}) \\ (1-\tau_B)\tilde{X} & (H > \tilde{X} \geq 0 \text{ のとき}) \\ 0 & (0 > \tilde{X} \text{ のとき}) \end{cases}$$

ここで，企業 L の投資家全体へのキャッシュフロー $\tilde{Y}_L^{(p)}$ を求めるのに，$\tilde{Y}_{LS}^{(p)}$ と $\tilde{Y}_{LB}^{(p)}$ を合計したものを

$$\tilde{Y}_L^{(p)} = \begin{cases} (1-\tau_S)(1-\tau)\tilde{X} + ((1-\tau_B)-(1-\tau_S)(1-\tau))H & (\tilde{X} \geq H \text{ のとき}) \\ (1-\tau_S)(1-\tau)\tilde{X} + ((1-\tau_B)-(1-\tau_S)(1-\tau))\tilde{X} & (H > \tilde{X} \geq 0) \\ 0 & (0 > \tilde{X} \text{ のとき}) \end{cases}$$

のようにしておいて，さらに次のような変数

$$T \equiv 1 - \frac{(1-\tau_S)(1-\tau)}{1-\tau_B}$$

を定義しておくと，$\tilde{Y}_L^{(p)}$ は簡単な形に記すことができる．

$$\tilde{Y}_L^{(p)} = \tilde{Y}_U^{(p)} + \begin{cases} T(1-\tau_B)H & (\tilde{X} \geq H \text{ のとき}) \\ T(1-\tau_B)\tilde{X} & (H > \tilde{X} \geq 0 \text{ のとき}) \\ 0 & (0 > \tilde{X} \text{ のとき}) \end{cases}$$

これは $\tilde{Y}_L^{(p)} = \tilde{Y}_U^{(p)} + T\tilde{Y}_{LB}^{(p)}$ という関係式に書き直せ，前節の法人税のみの場合と同じ形の式である．(4.36) 式との違いは，前の法人税率 $\tau$ のところを上で定義した $T$ に変更するだけである．

## 4.4 法人税と所得税を考慮する場合：Miller均衡

法人税に加えて所得税を考慮すると，表面上は，株式Lのキャッシュフローの定式化が，前の$\tau$を$T$に変えるだけであるから，株式Lの要求利回りやリスクの定式化，そして企業価値の関係式など，すべて前の$\tau$を$T$に置き換えるだけで済む。これにより，資本市場均衡における企業価値の定式化は，$V_L = V[\tilde{Y}_L^{(p)}]$ と $V_U = V[\tilde{Y}_U^{(p)}]$, $B = V[\tilde{Y}_{LB}^{(p)}]$ のように定義すると次のとおりである。

$$V_L = V_U + TB \qquad ただし，T = 1 - \frac{(1-\tau_S)(1-\tau)}{1-\tau_B}$$

ここで$\tau_S = \tau_B$であるなら，$T = \tau$となるから，所得税の効果は消滅して，法人税のみを考慮した修正MM命題と同じになってしまう。また，$(1-\tau_S)(1-\tau) < 1 - \tau_B$であるなら，$T > 0$となるので，モデルの含意は修正MM命題と類似する。このとき負債$B$の増加はやはり企業価値を上昇させる。ただし容易に確認できるように，$\tau_S < \tau_B$であれば$T < \tau$であるから，負債の企業価値を増大させる効果，つまり節税効果は，所得税を考慮することで法人税のみの場合よりも小さくなる。例えば，これら税率の現実値として，所得税から$\tau_S$=10%と$\tau_B$=20%，法人税から$\tau$=30%とすると，$(1 - 0.1) \times (1 - 0.3) < 1 - 0.2$であるから，$T = 0.2125$となって節税効果が発生するが，この値は節税効果が法人税単独の場合よりも小さいことがわかる。

### 4.4.2 Miller均衡

前の企業価値の定式化は，投資家の間で税率がすべて一律同じ値であることを前提としている。証券を発行する企業は1つであるのに対して，証券を購入する投資家は多数であり，さらにこれら投資家に課される所得税は，企業に課される法人税よりも累進性の高いのが通常であろう。すなわち，投資家の所得税率$\tau_S$や$\tau_B$は，投資家によって様々な値を取り得る。しかし，$\tau_S$や$\tau_B$が様々となると，企業価値$V_L$も投資家によって様々な値となり得て，資本市場均衡の定式化として具合の悪いことになる。そこで一番簡単な方法は，前で見たように，所得税率の$\tau_S$や$\tau_B$を投資家にかかわらず一律同じ値

として想定することである。

ところが Miller(1977) は，所得税率の累進性に着目し，投資家によって税率の異なる状況下での議論を展開した。これは Miller 均衡と称される。そこでは，企業の発行する負債の需給均衡における企業価値を導いている。Miller 均衡の議論では，簡単化のためとして，$\tau_S = 0$ と，負債の大きさに関係なく法人税率 $\tau$ が一定であることが仮定される。また所得税率 $\tau_B$ の方は投資家によって様々で，$\tau_B = 0$ の投資家から，様々な値の税率 $\tau_B$ が適用される多様な投資家の存在が仮定される。ただし多様なのは税率だけであって，これら投資家の負債に対する税引後の要求利回りは共通に $R_0$ であるとされる。

このような想定の下，負債の需給均衡を描いたのが図 4.1 である。右上がりの曲線は，投資家による負債の需要曲線を表わしている。図の横軸は負債の量を表わし，縦軸は所得税の税引前利回りである。この需要曲線には水平部分があり，これは非課税の投資家による需要である。非課税，つまり $\tau_B = 0$ の投資家は，需要価格として税引前利回りが $R_0$ であれば，この負債を購入しようとする。非課税の投資家すべての需要量の合計が図の A であり，この需要量は税引前利回り $R_0$ の所で発生する。そこで需要曲線の一部は $R_0$ での水平線となる。次に，投資家に A 以上の負債を需要させるためには，税引前利回りは上昇しなければならない。A を超える負債を需要させるには，$\tau_B$ がゼロではない投資家にも負債を購入してもらう必要があるが，そのためには $R_0/(1-\tau_B)$ の税引前利回りを提供しなければならない。負債を需要する最後の投資家の，いわば限界的な所得税率は，負債の需要量が大きくなるに伴って上昇していく。なぜなら，より大きな負債を投資家に需要させるには，より高い税率の投資家にも負債を購入してもらえるよう，より高い税引前利回りを提供していかなければならないからである。そのため需要価格としての税引前利回り $R_0/(1-\tau_B)$ は，負債の需要量とともに限界的な $\tau_B$ の上昇でより高くなっていく。これが図 4.1 にある負債の需要曲線が右上がりとなる理由である。

他方，企業による負債の供給曲線を描いたのが図 4.1 の水平線である。負債の利払は法人税の節税効果をもたらすが，この節税分を株主にではなく，

## 4.4 法人税と所得税を考慮する場合：Miller 均衡

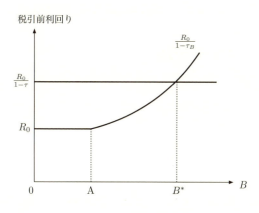

図 4.1　Miller 均衡

負債を購入する投資家 (債権者) に提供したなら，企業の提供し得る所得税の税引前利回りはいくらであるか．これは $R_0/(1-\tau)$ である．企業収益 $\tilde{X}$ が正であるとして，企業が負債を発行しないとき，株主のキャッシュフローは $(1-\tau)\tilde{X}$ である．もし企業が債権者に $R_0 B/(1-\tau)$ の金利を支払ったなら，負債 $B$ の存在する企業の株主へのキャッシュフローは，$(1-\tau)\tilde{X} - R_0 B$ となって，法人税の節税分がちょうど消滅する．このことから，企業は負債の税引前利回りが $R_0/(1-\tau)$ であれば，負債を供給しようとする．ここの法人税率 $\tau$ は一定と仮定されているので，負債の供給曲線が $R_0/(1-\tau)$ の所で水平線となる理由である．

負債市場の均衡は，負債の需要曲線と供給曲線の交点で実現する．このとき $\tau = \tau_B$ が成立し，企業の負債の発行量は図の横軸 $B^*$ で表わされる．ところで，$\tau_S = 0$ と $\tau = \tau_B$ においては $T = 0$ となり，$V_L = V_U$ が成立する．すなわち，負債市場の均衡において，負債を発行することは，負債を発行しないときと差異がないのである．以上が Miller 均衡の概説である．Miller は，企業価値が不変であることをもって当初の MM 命題と同じ負債の無関連性を主張した．ただし，負債の大きさで企業価値に変化がないとしても，負債

は $B^*$ だけ発行されているという点では大きな違いがある。[*9]

## 4.5 倒産コストモデル

この節では倒産コストモデルを取り上げる。まず 4.5.1 節で概説を述べた後、4.5.2 節でモデルを形式的に詳しく紹介する。そして 4.5.3 節で、倒産コストモデルの経済的な特徴を示す。

### 4.5.1 概説

前の 4.2 節では法人税を考慮することで修正 MM 命題を導いた。その結論は、負債が大きくなるほど企業価値は大きくなるというものであった。ということは、企業の目標は企業価値 (あるいは株価) の最大化であるから、企業は、負債を資本構成の中で 99.999…％までできる限り極大化すべきで、最適資本構成は端点解であるということになってしまう。しかし現実の企業で負債を極大まで発行しているものは皆無であるから、法人税という現実要因を導入することで、修正 MM 命題の結論はかえって現実企業の姿と大きく乖離することになってしまった。また 4.3 節では、法人税のみならず、貸倒れリスクを考慮して MM 命題の拡張を試みたが、貸倒れリスクそのものは、MM 命題や修正 MM 命題の結論を変更させるものではない。

最適資本構成は負債の極大化であるという結論がどうして導かれるかというと、理由は簡単で、理論モデルが負債を利用することから発生するメリットのみしか考慮していないからである。節税効果という負債利用のメリットのみしか理論モデルの中で明示されていないなら、その理論モデルから導かれる結論が、負債をできる限り利用すべきというものになるのは当然である。企業価値を最大化する最適資本構成あるいは負債の量を、端点解ではなく内点解として決定できるようにするには、負債の利用にブレーキをかける

---

[*9] Miller(1977) の Miller 均衡では、負債を発行する企業の合理性という点で問題があるように思う。なぜ法人税の節税効果を帳消しにするような利回りを企業が投資家 (債権者) に提供しようとするかが不明確であるからである。

## 4.5 倒産コストモデル

ような負債のデメリットが，理論モデルの中で明示されなければならない。それでは負債の利用を抑制するような要因は何かというと，負債の貸倒れから発生する倒産という問題である。ここでいう「倒産」とは，企業が正常な活動を継続的に営むのに著しく困難をきたすような状態のことをいう。「正常な活動継続が困難」という状態は，仮に正常な状態であったなら被らないようなコストを，被らなければならない状態として考えることができるので，倒産に伴う企業の困難さは，理論モデルの中では倒産コストとして表現することが適当であろう。

4.3 節で貸倒れリスクを考慮しても，修正 MM 命題の結論そのものは不変であると考えられた。これは，貸倒れに伴って企業が直面することになる困難さを，何ら理論モデルの中で明示していなかったからである。すなわち，負債利用のデメリットとなり得るのは，貸倒れリスクそのものではなく，貸倒れに伴って発生する企業の困難さ，倒産コストの存在なのである。期末に貸倒れが発生するとき，これが同時に倒産であるとすると，このとき倒産コストの大きさだけ，投資家全体のキャッシュフローは小さくなってしまうから，このことを反映して，倒産コストの存在は現在時点の企業価値にマイナスの影響を及ぼすはずである。倒産コストを明示して構築された理論モデルを倒産コストモデルという。

それでは倒産コストとは何か。倒産コストとは具体的には次の 3 種類から成る。まず 1 番目は直接的倒産コストと称されるもので，これは倒産に伴い直接的に必要となるコストのことである。倒産には様々な法的手続きが必要になるが，そのためには弁護士・会計士などの専門家を雇わなければならないし，倒産後の企業が再建されるにしろ清算されるにしろ，その事務手続きや管理作業は膨大な量になるであろう。これら倒産に伴い直接的に発生する様々なコストを直接的倒産コストという。

2 番目のコストは間接的倒産コストと称されるもので，倒産による機会費用のことをいう。仮に倒産しなかったら得られたであろう収益が，倒産により失われてしまう。これをコスト (機会費用) として考える。具体的には，倒産した企業が仮に再建されたとしても，信用の喪失により，その売上および収益は低迷せざるを得ないであろう。また倒産企業が仮に清算されるなら，

その保有資産の処分に際して，その価格は恐らく本来の価値よりも著しく買い叩かれるであろう。

3番目のコストとしては，税金の還付金を喪失することが考えられる。もし課税所得が負であるなら，企業は倒産しない限りいくらかの還付金を受け取ることができるが，企業が倒産してしまうならこの還付金を受け取ることはできない。受け取るはずの還付金が受け取れなくなってしまうという点は，企業が倒産に至ったことによる不都合であるから倒産コストである。

以上が具体的な倒産コストの中身であるが，資本構成の理論では，上記の倒産コストは一纏めにされて，何らかの変数の関数とみなされる。企業のキャッシュフローの関数，または企業価値の関数と仮定されることが多い。この倒産コスト関数が，倒産という状態でのみ登場するよう，キャッシュフローが定式化されることになる。ところで，定常状態の仮定が利用できないのであるから，証券の価値評価はどうすればよいか。今日の理論モデルには2種類の考え方がある。1つは1期間モデルを仮定する方法である。1期間モデルであれば，定常状態と同様にCAPMが利用可能である。もう1つの考え方は，オプション理論を応用する方法である。

1期間モデルでは期首と期末の2時点しかない。期末のことを予想して期首に意思決定する。期末の後は何もないので，企業は期末に解散することが仮定される。期末における企業のキャッシュフローは，期間中の活動の成果である企業収益のみならず，企業が保有する資産の期末売却代金も含まれる。すなわち，企業収益に期末の資産価値を加えたものが，企業のキャッシュフローとなる。この値から，債権者に対して約束金額を支払い，法人税額を支払い，最後に残った金額が株主へのキャッシュフローとなる。期末で負債は返済されるので，債権者への約束金額とは負債の金利と元本の合計である。1期間モデルにおいては，企業のキャッシュフローの期末実現値が負債の元利合計額を下回る状態が貸倒れで，これを倒産と定義する。このとき，倒産コストが発生するが，これは債権者により負担される。倒産時，株主のキャッシュフローは有限責任によりゼロで，企業のキャッシュフローは支配権の移転により債権者に帰属する。債権者は，企業のキャッシュフローから倒産コストを負担して，残りをキャッシュフローとして受け取る。残り

## 4.5 倒産コストモデル

がゼロあるいは負であれば,債権者も有限責任であるから,キャッシュフローはゼロであると仮定される。以上が1期間モデルに依拠した倒産コストモデルの概要である。[*10]

1期間モデルでは,期末の後は何も考慮しないので,期末において新たに外部から資金調達することは自動的に排除される。従って,企業のキャッシュフローの期末実現値が負債の元利合計額を下回ると,必然的に貸倒れ・倒産とならざるを得ない。しかし実際には,新株発行が可能であれば,債権者への支払に不足した資金を調達でき,貸倒れを回避することができるかもしれない。そこで,新株発行が不可能な状態をもって倒産発生と定義する方がよいであろう。新株発行が不可能な状態とは,株価がゼロとなる状態である。株価,つまり株式価値がゼロとなる状態でもって倒産が発生し,倒産コストを被るようモデル化するのが,もう1つの考え方,オプション理論を応用する手法である。[*11]

オプション理論に依拠した手法では,倒産が発生しない限り,同じ状態が永久に続くと予想されること,つまり定常状態が想定される。ただ前で述べた本当の定常状態との決定的な差異は,倒産発生時にそこですべてのことが止まると考えて,そのことを前提に証券価格を定式化するところにある。また,株価がいつゼロになるか,事前には未知であるから,倒産の発生する時点は確率変数になる。そして,倒産の状態でやはり倒産コストが債権者に負担されることはいうまでもない。ここではオプション理論の基本を何も述べていないので,これ以上の記述はできないが,もう1つの興味深い問題として,負債の再交渉の問題がある。倒産を回避する手法は何も新株発行による資金調達だけとは限らない。負債の再交渉を行うのである。倒産しそうになれば,支払額を値切るべく債権者と交渉するのである。あるいは債権者から

---

[*10] 倒産コストモデルは長い歴史があって多数の文献がある。古くは Baxter(1967) に始まり,Stiglitz(1972) や Kraus-Litzenberger(1973),Scott(1976),Kim(1978),Chen(1978),Chen-Kim(1979),金子 (1987) などが代表的な研究である。

[*11] 株価ゼロをもって倒産発生という考え方は意外と古くから存在する。恐らく Black-Cox(1976) が最初の文献であろう。Black-Scholes(1973) や Merton(1973) に始まるオプション理論に依拠して,企業金融論を論じた代表的な文献は Merton(1974) であるが,この分野の今日の隆盛をもたらしたのは Leland(1994) の貢献であろう。

追い貸しを受けるのである。債権者としても，倒産させて倒産コストを被るより，元利を減免して企業の存続を図った方が得かもしれない。負債の再交渉に失敗したときが倒産であるようにモデル化することもできる。[*12]

さて以上のように，証券の価値評価方法に応じて，異なる形で倒産コストモデルが定式化されているが，その理論的帰結は共通で単純なものである。修正 MM 命題では，負債の金利支払に伴う節税効果でもって，負債が大きくなるほど企業価値は増大するとの結論を得た。倒産コストモデルでは，これに加えて，倒産コストが登場する。節税効果が投資家へのキャッシュフローを増大させる効果があったのに対し，倒産コストは倒産時に債権者のキャッシュフローを減じるので，投資家へのキャッシュフローに負の影響を与える。

このことにより，企業価値を求めるなら，これは次のように導出される。

$$V_L = V_U + 節税効果の価値 - 倒産コストの価値$$

負債のある企業の企業価値 $V_L$ は，$V_U$ に負債の節税効果の価値を加え，倒産コストの価値を減じたものに等しい。さらに節税効果の価値は節税効果の期待値を，また倒産コストの価値は倒産コストの期待値を，それぞれ適当に割り引いて価値評価したものである。ごく大雑把にいえば，節税効果の期待値は (節税額)×(1− 貸倒れ確率)，倒産コストの期待値は (倒産コスト)×(貸倒れ確率) のようになるので，貸倒れ確率がどうなるかを見積もれば，負債の大きさが変化するとき，企業価値がどのように変化するかを推量することができよう。

負債の大きさがあまり大きくないとき，貸倒れ確率はほとんどゼロであろうから，倒産コストの期待値はほとんどゼロで，その価値も微々たるものであろう。そのような範囲内なら，負債の増加は，節税額を大きくして，節税効果の価値が大きくなることで企業価値を上昇させる。しかし，負債が一定の大きさを超えて，貸倒れ確率が無視できないような値になってくると，負債の増加で節税額が増えても，貸倒れ確率も上昇するため，節税効果の価値

---

[*12] 負債の再交渉を考慮した最適資本構成の決定については，富田・池田・辻 (2015) を参照願いたい。

## 4.5 倒産コストモデル

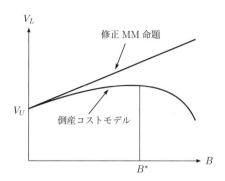

図 4.2　修正 MM 命題と倒産コストモデル

はそれほど増えなくなる。他方，倒産コストの価値は，貸倒れ確率の上昇で確実に増大する。従って負債を大きくしていくと，やがて節税効果の価値の増分を凌駕するほど，倒産コストの価値増分が大きくなって，全体としては企業価値が低下し始めるような状況が訪れる。企業価値が小さくなり始めるちょうどそのときの負債の大きさが，企業価値を最大化する最適な負債量である。これが最適資本構成である。以上のことを直感的にイメージしたのが図 4.2 である。

最適資本構成は存在しないという，実務の現実感覚からして受け入れ難いMM 命題の内容であったが，モデルを現実に近づけるという意図で導入した法人税で，修正 MM 命題は現実の資本構成からかえって乖離してしまった。法人税のみならず，倒産コストを考慮することで始めて，負債の最適量が内点解として存在することになり，実務的な直感どおり，最適資本構成の存在が証明される。このように負債の利用には，節税効果というメリットのみならず倒産コストというデメリットも存在する。となると，このような負債のメリットとデメリットとのトレードオフ，あるいは両者のバランスでもって，負債の最適な大きさを決めようということになる。時に倒産コストモデルは，トレードオフ理論とかバランス理論などと称されている。

今日，倒産コストモデルそのものは時代遅れになった感を否めない。負債

のメリットやデメリットが具体的に何であるかという点は，その後の資本構成の理論展開において微妙に変化してきているが，負債のメリットとデメリットとのバランスあるいはトレードオフの中から，最適な資本構成が決まるという理論のアイディアは，今日でも資本構成理論の中で大きなウエイトを占めているといっても過言ではない．それ故，次の小節で 1 期間モデルに依拠した倒産コストモデルを詳しく検討することにしたい．

## 4.5.2 モデルの説明

ここでは，1 期間モデルの倒産コストモデルを詳細に提示する．まず 1 期間モデルとは，期首と期末の 2 時点のみから成るモデルで，企業は，期首で設立され資金調達を行い，期末で収益をあげて解散する．企業が 1 期間営業して稼いだ EBIT と期末時点の保有資産から，まず負債と法人税が支払われ，残りがあれば全額株主に配当される．そして負債の支払約束額が満たされなければ，貸倒れの発生である．ここでは，EBIT と期末時点における保有資産価値との合計を $\tilde{Z}$ で表そう．$\tilde{Z}$ は，この企業の産み出す期末キャッシュフローとみなせる．また負債の約束する期末時点での支払額を $L$ とする．1 期間モデルは，貸倒れの有無にかかわらず，期末時点ですべてのことが終了することを想定しているので，その特徴は，期末時点のキャッシュフローに果実部分のみならず元本部分が含まれていることにある．負債の支払約束額 $L$ は期末の金利支払額のみならず元本返済額をも含んでいる．1 期間モデルでは期末における新たな資金調達は考察の対象外なので (期末ですべてのことが終了)，貸倒れは $\tilde{Z}$ が $L$ に満たないときに発生するものと想定できる．企業の稼いだ EBIT と保有資産すべてを処分した売却代金を使っても，債権者に約束した負債支払額 (元本＋金利) の全額をカバーできないのであるから，企業は貸倒れを起さざるを得ない．

ここの負債は期首時点で発行されるが，これについては多少注意が必要である．企業は期首時点で設立されるが，設立そのものは株式の発行でなされるとする．つまり株式発行で調達した資金でもって企業は資産を購入し，1 期間の営業を開始する．そして資産購入後かつ営業開始の前に負債を発行

## 4.5 倒産コストモデル　　　　　　　　　　　　　　　　　　　　　　　　237

する。この負債は期末に $L$ の返済を約束するものである。負債発行で得た資金は即，全額自社株の買入消却に充てられるか，株主に配当されて社外から流出する。前でも述べたようにどちらでも本質的な結論は同じなのであるが，説明の便宜上，以下では自社株の買入消却がなされる場合を想定しよう。その結果，発行済株式数は設立時のものより減少する。

　なぜストレートに株式と負債のミックスを設立時点で発行し営業開始とする，という具合にしないかというと，それは次のような理由による。今，企業の負債依存度により企業価値が異なるものとしよう。もし設立時点で株式と負債の両方を発行し，その資金でもって資産を購入し営業を開始したとすると，株式と負債の発行比率 (資本構成) の違いにより，株式価値と負債価値の合計額である企業価値は異なることになり，これは調達される資金量が異なるということを意味する。ということは，営業開始に先立ち購入される資産の量は資本構成の違いによって異なることになる。いいかえると，資本構成の違いにより，企業の保有資産が異なってしまうのである。従って株式と負債を同時に発行して企業が設立されるとなると，期末時点の保有資産価値と EBIT の合計額 $\tilde{Z}$ は負債の量，正確にいうと $L$ の大きさに依存してしまう。そこで $\tilde{Z}$ が $L$ から独立であるため，そして保有資産が負債の大きさにかかわらず一定であるために，企業の設立・資産購入は株式発行で資金調達され，その直後に負債を発行して，その入手資金はすべて社外に流出するものと考える。

　いわば期首時点を，企業設立 (そして資産購入) のステップと，負債発行 (そして自社株買入消却) のステップという 2 段階から成るものとみなしているのであるが，第 2 ステップで負債を発行する意味は何か。負債を資本構成に混ぜると，たとえ $\tilde{Z}$ が負債から独立であっても企業価値が変化するかもしれない。そして上で述べた設定の下では，第 2 ステップを実行する際の株価は企業価値と 1 対 1 の関係にあるので，企業価値の増加は株主の富 (株価) の上昇となる。今，第 1 ステップ実行時の際の企業価値を，資本構成は株式のみであるから $V_U$ で表そう。企業は株式発行で $V_U$ の資金を入手して資産を購入するので，$V_U$ は期首時点での保有資産の価値を表している。次に第 2 ステップが実行されると，保有資産は同じままで資本構成には負債が混在

することになり，この時の企業価値を $V_L$ としよう。期末に $L$ の返済を約束する期首時点の負債価値を $B$ とすると，負債発行で資金 $B$ を入手し，これを使って自社株の買入消却をするのであるから，第 3 章で説明したように，企業価値と株価との間には $V_L = n_U P_L$ という関係が成立する ($n_U$ は企業設立時の発行済株式数)。従って企業は第 2 ステップで負債を発行する際，企業価値 $V_L$ が最大となるような $L$ の支払約束の負債を発行すれば，それは株主の富(株価)の最大化を達成していることになる。

それでは上で説明したような 1 期間モデルで，企業価値 $V_L$ はどのように表されるかを考えよう。株式価値 $S_L$ と負債価値 $B$ を合計すれば，企業価値 $V_L$ を求められるが，株式価値と負債価値を求めるには，株式と負債のキャッシュフローを定式化しなければならない。これらは 1 期間モデルではどのように表現できるか。企業 L の株式と負債のキャッシュフローを説明する前に，法人税を説明しておかなければならない。

法人税はあくまでも企業活動の果実部分に課税され，また損金算入の対象になるのは金利支払のみで負債元本の返済支払は対象外である。$\tilde{Z}$ は保有資産価値を含んだものであるから，果実部分は $\tilde{Z}$ から保有資産の当初の価値 $V_U$ を控除したものである。負債の支払約束額 $L$ は負債元本の返済を含んだものであるから，$L$ のうち金利部分は $L - B$ とみなすのが適当であろう。従って法人税率を $\tau$ とすると，法人税額は $\tau(\tilde{Z} - V_U - [L - B])$ で表される。$\tilde{Z}$ が $V_U + L - B$ を超えるなら，法人税額は正の値であるが，もし $\tilde{Z}$ が $V_U + L - B$ 未満なら，法人税額は負の値になってしまう。マイナスの法人税とは，企業が税務当局からお金を受け取ることを意味し，このこと自体は税金の還付があり得るので，それほど非現実的な想定というわけではない。しかし負の法人税額の値が常にそのまま企業に還付されるわけではない。

法人税額 $\tau(\tilde{Z} - V_U - [L - B])$ が負になるとき，実際には，企業はこの金額そのものを還付金として受け取るのではなく，過去に納付した税金の一部が還付される (欠損金の繰戻還付 tax carryback) か，またはこの負の金額を将来時点で発生する法人税額と合算できる (欠損金の繰越控除 tax carryforward) ということにすぎない。従って負の法人税額として $|\tau(\tilde{Z} - V_U - [L - B])|$ がそのまま還付されるかのようにモデルを作ると，法人税の節税効果が

## 4.5 倒産コストモデル

過大評価されてしまうことは明白である。理論モデル構築上は，法人税額 $\tau(\tilde{Z} - V_U - [L-B])$ が負であるとき，法人税額をゼロとする「非対称的法人税」が妥当な想定と思われる。以下では $\tilde{Z}$ が $V_U + L - B$ 以上であるときに $\tau(\tilde{Z} - V_U - [L-B])$ の法人税が発生し，$\tilde{Z}$ が $V_U + L - B$ 未満なら，法人税額はゼロであるとする。

このような「非対称的法人税」を想定するなら，税金の還付金は無視されることになるので，倒産時において還付金を失うという前で述べた3番目の倒産コストは意味がない。そこで以下の倒産コストとは，直接的倒産コストと間接的倒産コストとの合計額であるとする。この倒産コストを $K$ で表し，ここでは $K$ は $K = kV_U$ のように特定化する。先行研究では倒産コストを，期末キャッシュフロー (ここでは $\tilde{Z}$) の関数であるとする場合が多い。その方がキャッシュフローの定式化がほんの少しだけ容易になるからである。しかしここの $\tilde{Z}$ には，EBIT のみならず保有資産の期末価値額も含まれているから，実感としてその大きさを把握しにくい。また実証研究では「倒産コストは企業価値の概ね何割」というような記述がよくなされる。そこでここの倒産コストモデルでは，倒産コストを $V_U$ に比例する形を採用する。どちらの形を採用したとしても，モデルの経済的含意や数量的な効果はほとんど同じである。

1期間モデルであるから，企業は期末で解散するものとし，期末キャッシュフロー $\tilde{Z}$ の実現値が全額投資家 (株主と債権者) に分配される。$\tilde{Z}$ の実現値から，債権者に対して $L$ が支払われ，法人税が支払われ，最後に残りが株主に支払われる。法人税額は $\tau(\tilde{Z} - V_U - [L-B])$ であり，これが負の値になるなら，法人税額はゼロである。今，$V_U > B$ であるとしよう。このとき，必ず $V_U + L - B > L$ が成立する。もし $\tilde{Z} \geq V_U + L - B$ の $\tilde{Z}$ が実現するなら，企業は正の値の法人税額を支払い，かつ貸倒れも発生しない。すなわち，企業は債権者に約束額 $L$ を支払い，法人税を支払って，残りが株主へのキャッシュフローとなる。これは $\tilde{Z} - L - \tau(\tilde{Z} - V_U - [L-B])$ である。[13] 次

---

[13] $\tilde{Z} - L - \tau(\tilde{Z} - V_U - [L-B])$ が非負であるような，最小の $\tilde{Z}$ の値を $\Phi$ として求めると，これは

$$\Phi \equiv L + \frac{\tau(B - V_U)}{1 - \tau}$$

に $V_U + L - B > \tilde{Z} \geq L$ の範囲に $\tilde{Z}$ が実現するなら，法人税額はゼロになるものの，債権者への支払約束は実行できるので，株主へのキャッシュフローは $\tilde{Z} - L$ である．しかし $L > \tilde{Z}$ の $\tilde{Z}$ が実現するなら，企業は債権者への支払約束を実行できず，貸倒れが発生して倒産する．倒産に伴い発生する倒産コストは $K$ で，ここでは $L > K$ であるとする．このとき株主へのキャッシュフローは，株主の有限責任によりゼロである．倒産により，$\tilde{Z}$ は全額債権者の下に移転するが，債権者が $\tilde{Z}$ の実現値から倒産コスト $K$ を負担するものとする．もし $\tilde{Z}$ から倒産コストを負担できなければどうなるか．債権者も有限責任であるので，そのときは債権者のキャッシュフローもゼロである．従って倒産が発生する場合の債権者へのキャッシュフローは，$L > \tilde{Z} \geq K$ であるなら $\tilde{Z} - K$ と表せ，$K > \tilde{Z}$ であるならゼロである．

以上の説明から，期末時点の株主へのキャッシュフローを $\tilde{Q}_{LS}^{(b)}$，債権者へのキャッシュフローを $\tilde{Q}_{LB}^{(b)}$ で表すとすると，各々次のようにまとめられる．

$$\tilde{Q}_{LS}^{(b)} = \begin{cases} \tilde{Z} - L - \tau(\tilde{Z} - V_U - [L - B]) & (\tilde{Z} \geq V_U + L - B \text{のとき}) \\ \tilde{Z} - L & (V_U + L - B > \tilde{Z} \geq L \text{のとき}) \\ 0 & (L > \tilde{Z} \text{のとき}) \end{cases} \tag{4.46}$$

$$\tilde{Q}_{LB}^{(b)} = \begin{cases} L & (\tilde{Z} \geq L \text{のとき}) \\ \tilde{Z} - K & (L > \tilde{Z} \geq K \text{のとき}) \\ 0 & (K > \tilde{Z} \text{のとき}) \end{cases} \tag{4.47}$$

なお上でも述べたが，この定式化は $V_U > B$ と $L > K$ を前提にしている．もしこの不等式が満たされない場合，定式化は若干変更されなければならないが，これについては議論が煩雑になるため後の節で述べたい．記号 $Q$ の上付き添字 $^{(b)}$ は，倒産コストモデルのキャッシュフローであることを明示するためのものである．

このように定式化される $\tilde{Q}_{LS}^{(b)}$ と $\tilde{Q}_{LB}^{(b)}$ の合計が企業の投資家全体への

---

であるが，$V_U > B$ であれば $V_U + L - B > L > \Phi$ であるから，$\tilde{Z} > V_U + L - B$ であるなら，$\tilde{Z} - L - \tau(\tilde{Z} - V_U - [L - B])$ は必ず正値である．

## 4.5 倒産コストモデル

キャッシュフロー $\tilde{Q}_L^{(b)}$ になる。

$$\tilde{Q}_L^{(b)} = \begin{cases} (1-\tau)\tilde{Z} + \tau V_U + \tau(L-B) & (\tilde{Z} \geq V_U + L - B \text{ のとき}) \\ \tilde{Z} & (V_U + L - B > \tilde{Z} \geq L \text{ のとき}) \\ \tilde{Z} - K & (L > \tilde{Z} \geq K \text{ のとき}) \\ 0 & (K > \tilde{Z} \text{ のとき}) \end{cases} \quad (4.48)$$

仮にこの企業が期首時点の第 2 ステップを実行しないなら，企業の資本構成は株式のみから成り，そのときの株主への期末キャッシュフローを $\tilde{Q}_U^{(b)}$ とすると，

$$\tilde{Q}_U^{(b)} = \begin{cases} (1-\tau)\tilde{Z} + \tau V_U & (\tilde{Z} \geq V_U \text{ のとき}) \\ \tilde{Z} & (V_U > \tilde{Z} \geq 0 \text{ のとき}) \\ 0 & (0 > \tilde{Z} \text{ のとき}) \end{cases}$$

である。式の 1 行目では，負債のない企業 U は $\tau(\tilde{Z} - V_U)$ の法人税を支払い，残りが株主への配当金であることを表している。式の 2 行目は，法人税額はマイナスになるのでゼロであり，$\tilde{Z}$ の全額が株主に配当されることを表している。3 行目は，株主の有限責任より，$\tilde{Z}$ が負であるなら株主へのキャッシュフローはゼロである。この $\tilde{Q}_U^{(b)}$ に確実性等価アプローチを適用して価値評価されるのが，ここの企業価値 $V_U = V[\tilde{Q}_U^{(b)}]$ である。[*14]

$\tilde{Q}_U^{(b)}$ を使って (4.48) 式の $\tilde{Q}_L^{(b)}$ を書き換えよう。

$$\tilde{Q}_L^{(b)} = \begin{cases} \tilde{Q}_U^{(b)} + \tau(L-B) & (\tilde{Z} \geq V_U + L - B \text{ のとき}) \\ \tilde{Q}_U^{(b)} + \tau(\tilde{Z} - V_U) & (V_U + L - B > \tilde{Z} \geq V_U \text{ のとき}) \\ \tilde{Q}_U^{(b)} & (V_U > \tilde{Z} \geq L \text{ のとき}) \\ \tilde{Q}_U^{(b)} - K & (L > \tilde{Z} \geq K \text{ のとき}) \\ \tilde{Q}_U^{(b)} - \tilde{Z} & (K > \tilde{Z} \geq 0 \text{ のとき}) \\ \tilde{Q}_U^{(b)} & (0 > \tilde{Z} \text{ のとき}) \end{cases} \quad (4.49)$$

(4.49) 式は $\tilde{Z}$ の値について 6 つの場合分けが必要になってしまうが，各々の場合について，$\tilde{Q}_L^{(b)}$ と $\tilde{Q}_U^{(b)}$ を比較すればその意味は明確であろう。まず 1 行目は，債権者に $L$ が支払われ法人税も支払われている場合である。このと

---

[*14] $V_U = V[\tilde{Q}_U^{(b)}]$ の右辺は $V_U$ を含んでいるため，この式は $V_U$ についての解ではない。解析的な解は求められないが，数値解は求めることができる。企業が第 2 ステップを実行する際，$V_U$ の値は所与であり，これに依存する倒産コスト $K$ の大きさも所与である。

き金利支払による節税額 $\tau(L-B)$ の分だけ $\tilde{Q}_L^{(b)}$ は $\tilde{Q}_U^{(b)}$ よりも大きい。2 行目の意味は，$V_U+L-B > \tilde{Z} \geq V_U$ の範囲の $\tilde{Z}$ において，負債のある場合は法人税を支払わなくてもよいが，仮に負債がなければ $\tau(\tilde{Z}-V_U)$ の法人税を支払わなければならない。従って負債が存在することでこの金額の法人税を免れることができるので，負債の節税効果であり，この金額だけ $\tilde{Q}_L^{(b)}$ は $\tilde{Q}_U^{(b)}$ よりも大きくなる。そして 3 行目の $\tilde{Z}$ の範囲において，負債の有無にかかわらず企業は法人税を支払わないので，$\tilde{Q}_L^{(b)}$ は $\tilde{Q}_U^{(b)}$ と等しい。4 行目以降は貸倒れが発生して企業は倒産に至る。倒産コスト $K$ の発生する分，$\tilde{Q}_L^{(b)}$ は $\tilde{Q}_U^{(b)}$ よりも小さくなってしまう (4 行目)。5 行目の $\tilde{Z}$ の範囲では，仮に債権者が倒産コストをすべて負担するなら，$\tilde{Q}_L^{(b)}$ は負になってしまうが，債権者の有限責任により $\tilde{Q}_L^{(b)}$ はゼロである。それ故，$\tilde{Q}_L^{(b)}$ は倒産のない $\tilde{Q}_U^{(b)}$ よりも $\tilde{Z}$ だけ小さく，本来得られるはずの $\tilde{Z}$ が倒産コストの存在により失われてしまうのであるから，この $\tilde{Z}$ も倒産コストの大きさを表している。

このように定式化される投資家へのキャッシュフロー $\tilde{Q}_L^{(b)}$ に，1 期間モデルの確実性等価アプローチを適用すれば，企業価値 $V_L = V[\tilde{Q}_L^{(b)}]$ が求められる。(4.49) 式から企業価値を形式的に書くと次のとおりである。

$$V_L = V_U + V[\tau(L-B)\tilde{b}_{[V_U+L-B,\infty)} + \tau(\tilde{Z}-V_U)\tilde{b}_{[V_U, V_U+L-B)}] \\ - V[K\tilde{b}_{[K,L)} + \tilde{Z}\tilde{b}_{[0,K)}] \quad (4.50)$$

第 2 項と第 3 項の $V[\cdot]$ の括弧内は価値評価の対象となるキャッシュフローであるが，第 2 項の括弧内は，$\tilde{Z}$ が $V_U+L-B$ 以上なら $\tau(L-B)$，$\tilde{Z}$ が $V_U+L-B > \tilde{Z} \geq V_U$ の範囲内なら $\tau(\tilde{Z}-V_U)$，それ以外の $\tilde{Z}$ ならゼロというキャッシュフローであるから，これは節税効果のキャッシュフローである。また第 3 項の括弧内は，$\tilde{Z}$ が $L > \tilde{Z} \geq K$ の範囲内なら $K$，$\tilde{Z}$ が $K > \tilde{Z} \geq 0$ の範囲内なら $\tilde{Z}$，それ以外の $\tilde{Z}$ ならゼロというキャッシュフローであるから，これは倒産コストに伴うキャッシュフローである。従って第 2 項の $V[\cdot]$ は負債の節税効果を，第 3 項の $V[\cdot]$ は倒産コストを各々価値評価したものといえる。この (4.50) 式から，負債が存在する場合の企業価値 $V_L$ は，負債が存在しない場合の企業価値 $V_U$ に負債のメリットである節税効果の価値を加え，負債のデメリットである倒産コストの価値を減じることで求められるこ

## 4.5 倒産コストモデル

とがわかる。以下では便宜上，負債の節税効果を価値評価したものを $V(TS)$ で，倒産コストを価値評価したものを $V(BC)$ のように略記する。

さてこのモデルでは，企業が $L$ を決めると，市場がこれを情報として負債や株式の市場価値，そして企業価値を決定するようになっている。株主の富の最大化を目標とする企業にとって，最適な $L$ は企業価値の最大化をもたらすような $L$ の値である。そこで次に考えなければならないのは，$L$ の大小によって企業価値の大きさがどのように変わるかという点である。これを明らかにするには，$V_L$ の $L$ に関する微分を調べなければならない。しかしここのモデルでは，たとえ微分計算をしたとしても数式から明確なことはあまりわからない。そこで微分計算の表記は省略して，シミュレーションによって倒産コストモデルの含意を明らかにしよう。シミュレーションの詳細は後で述べるとして，ここでは先にシミュレーション結果のみをまとめておく。

$L$ が増加していくときに，節税効果の価値 $V(TS)$ と倒産コストの価値 $V(BC)$ がどのように推移するかを示したのが図 4.3 である。この図の横軸は $L$ で [0,98.5] という範囲の値を取る。縦軸が $V(TS)$ と $V(BC)$ である。この図を見ると，節税効果の価値は $L$ の増加とともにほぼ直線的に増加していくのに対し，倒産コストの価値は $L$ が 20 ぐらいまではほとんどゼロに近い値で，それ以降上昇を始め，$L$ が 50 を超えると急激に増加する。これらのことから，企業価値 $V_L$ は $L$ に関して最大値を持つことは明らかであろう。$L$ に関する $V_L$ の最大値は，図 4.3 の $V(TS)$ と $V(BC)$ との差が最大になる所である。このことは次の図 4.4 で確認できる。この図は横軸が図 4.3 と同じ $L$ の範囲を取り，縦軸が企業価値と負債価値を表したものである。企業価値 $V_L$ は，$L=0$ のときは $V_U$ であるが，$L$ の増加につれ $V_U$ から上昇し，やがて最大値に到達した後は $L$ の増加に対して一貫して低下していく。図 4.4 では $V_L$ を最大化する $L$ の値を $L^*$ として表している。

もう 1 つ特徴的なことは，$L$ の増加に対する負債価値 $B$ の推移である。負債価値 $B$ も $L$ に関して最大値を持つ。図 4.4 では少々わかりにくいが，$L$ が 95 を超えたところで，確かに $B$ は最大値を持つ。$B$ に最大値が存在するということは，負債の支払約束額 $L$ の上昇につれて負債価値は始め増加していくが，$L$ の大きさがある一定の水準を超えると，どれだけ $L$ が大きくなっ

**244**　　　　　　　　　　　　　　　　第 4 章　最適資本構成の理論

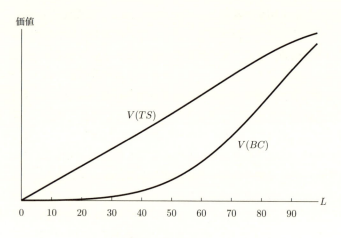

図 4.3　節税効果の価値と倒産コストの価値

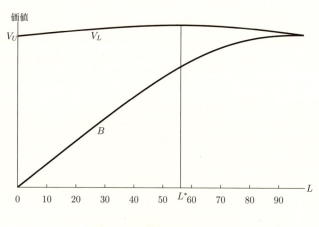

図 4.4　企業価値と負債価値

## 4.5 倒産コストモデル

ても負債価値 $B$ はそれ以上増加せずかえって低下してしまう。これは $L$ の上昇により貸倒れ確率が増大し，倒産コストの存在が負債価値に強く反映されるようになることによる。倒産コストを負担するのは債権者であるから，倒産コストの存在が無視できないような水準にまで貸倒れ確率が上昇してしまうなら，負債の支払約束額がいくら増えようとも負債価値はかえって低下する。負債価値に最大値が存在するということは，負債により調達できる資金量はその最大値が限界ということになるので，これは負債のキャパシティ debt capacity と称されている。

いうまでもないであろうが，図 4.4 において $V_L$ を表す曲線と $B$ を表す曲線との垂直距離は株式価値 $S_L$ である。$S_L$ は $L$ の増加とともに一貫して低下する。$L$ が上限の 98.5 に近くなるとほとんど $V_L$ と $B$ とが一致するように見えるが，これは $S_L$ の値が非常に小さくなることによる。株式価値は株価に発行済株式数を乗じたものであり，注意すべきはここのモデルでは，株式価値が小さくなるとき株価も同時に小さくなるわけではないという点である。$L$ が増加して $B$ が上昇するなら，自社株の買入消却額は大きくなり，その結果，発行済株式数はより低下するからである。

前でも述べたが，(後の章の議論との関連で) 極めて重要なことであるので誤解のないよう繰り返すと，株価は企業価値と連動していて，株式価値と連動しているわけではない。$L$ が増加するとき，株式価値は低下するが，負債価値が増加するなら発行済株式数は小さくなり，発行済株式数の低下が株式価値の低下よりも大きいなら，株価は上昇する。負債発行で調達した資金 $B$ を自社株の買入消却に充てる限り，株価と企業価値には $V_L = n_U P_L$ という定義的な関係が成立しなければならないので，$L$ の増加が企業価値を高めるのであれば，それは株価も上昇させることになるのである。ということは，企業価値最大化をもたらす $L$ の値で株価は最大化されている。

次の図 4.5 は，横軸に ($L$ ではなく) 負債価値 $B$ をとって企業価値 $V_L$ を記したものである。図の曲線が倒産コストモデルから計算される企業価値と負債価値の関係である。当然のことながら，$V_L$ が最大化されるときの $B$ の値 $B^*$ は $L^*$ に対応する負債価値である。いいかえると，$V_L$ を最大化するような $L$ の値 $L^*$ が存在し，その $L^*$ の値から資本市場均衡において負債価値 $B^*$

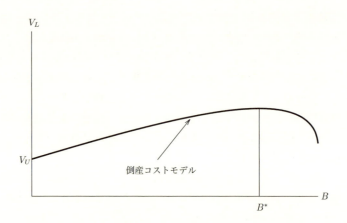

図 4.5　企業価値 $V_L$ が縦軸，負債価値 $B$ が横軸

と株式価値 $S_L^*$ が決定される．この $B^*$ と $S_L^*$ とから成る資本構成が，企業価値を最大化するという意味での最適資本構成である．

### 4.5.3　比較静学：シミュレーション

前の小節で，倒産コストモデルは企業価値を最大化するような最適資本構成を与えることが示された．この小節ではモデルの外生的なパラメターが変化するとき，最適資本構成はどのように変化するのかという比較静学を検討したい．本来なら比較静学のための微分の計算結果を数式で提示すべきであるが，複雑な数式が羅列されるだけで，相当に無理な単純化をしないとそれほど明確なことはわからない．そこでここではシミュレーションを行い，結果の経済的な意味を考えることにしたい．

ところで倒産コストモデルのシミュレーションであるが，前の小節のグラフを描くのに用いた計算結果を多少詳しく表 4.1 にまとめておく．この表の $Prob$ は貸倒れ確率で $Pr\{\tilde{Z} < L\}$ のことであり，また $\rho_L$ と $\rho_B$ は CAPM から計算される株式と負債に対する要求利回りである．最下行は企業価値を最大化する最適な $L^*$ における計算結果である．

## 4.5 倒産コストモデル

| L | Prob | $\rho_L$ | $\rho_B$ | $S_L$ | B | $V_L$ | $V(TS)$ | $V(BC)$ |
|---|---|---|---|---|---|---|---|---|
| 0.0 | 0.0002 | 0.0841 | 0.0000 | 36.033 | 0.000 | 36.033 | 0.000 | 0.000 |
| 5.0 | 0.0004 | 0.0857 | 0.0601 | 33.600 | 2.787 | 36.387 | 0.355 | 0.001 |
| 10.0 | 0.0008 | 0.0875 | 0.0602 | 31.167 | 5.567 | 36.734 | 0.708 | 0.007 |
| 15.0 | 0.0014 | 0.0896 | 0.0604 | 28.738 | 8.333 | 37.071 | 1.060 | 0.022 |
| 20.0 | 0.0025 | 0.0919 | 0.0606 | 26.316 | 11.077 | 37.394 | 1.412 | 0.051 |
| 25.0 | 0.0042 | 0.0947 | 0.0609 | 23.907 | 13.793 | 37.700 | 1.763 | 0.096 |
| 30.0 | 0.0070 | 0.0980 | 0.0613 | 21.517 | 16.466 | 37.984 | 2.114 | 0.163 |
| 35.0 | 0.0112 | 0.1018 | 0.0618 | 19.159 | 19.079 | 38.238 | 2.468 | 0.263 |
| 40.0 | 0.0175 | 0.1064 | 0.0624 | 16.846 | 21.609 | 38.456 | 2.827 | 0.404 |
| 45.0 | 0.0267 | 0.1119 | 0.0632 | 14.598 | 24.029 | 38.627 | 3.192 | 0.598 |
| 50.0 | 0.0395 | 0.1184 | 0.0641 | 12.435 | 26.306 | 38.742 | 3.564 | 0.855 |
| 55.0 | 0.0569 | 0.1263 | 0.0653 | 10.383 | 28.410 | 38.793 | 3.946 | 1.185 |
| 60.0 | 0.0799 | 0.1359 | 0.0667 | 8.467 | 30.306 | 38.773 | 4.335 | 1.595 |
| 65.0 | 0.1094 | 0.1477 | 0.0684 | 6.713 | 31.966 | 38.679 | 4.730 | 2.084 |
| 70.0 | 0.1459 | 0.1625 | 0.0702 | 5.141 | 33.366 | 38.508 | 5.125 | 2.650 |
| 75.0 | 0.1899 | 0.1813 | 0.0723 | 3.770 | 34.495 | 38.265 | 5.512 | 3.280 |
| 80.0 | 0.2411 | 0.2062 | 0.0745 | 2.607 | 35.349 | 37.956 | 5.880 | 3.957 |
| 85.0 | 0.2991 | 0.2409 | 0.0768 | 1.651 | 35.942 | 37.594 | 6.216 | 4.655 |
| 90.0 | 0.3627 | 0.2949 | 0.0791 | 0.897 | 36.284 | 37.180 | 6.511 | 5.364 |
| 95.0 | 0.4303 | 0.4055 | 0.0815 | 0.324 | 36.430 | 36.754 | 6.752 | 6.031 |
| 56.167 | 0.0618 | 0.1283 | 0.0657 | 9.923 | 28.872 | 38.795 | 4.036 | 1.274 |

(注)$E(\tilde{Z}) = 100$, $\sigma(\tilde{Z}) = 28.46$, $\tau = 0.3$, $k = 0.4$, $\lambda = 2.566$, $\text{corr}(\tilde{R}_M, \tilde{Z}) = 0.4$ として計算.

表 4.1 倒産コストモデルのシミュレーション

この計算結果を得るのに用いた数値は次のとおりである。法人税率は $\tau = 0.3$, 倒産コストは $K = kV_U$ とし，この $k$ の値を 0.4 とした。なおシミュレーションは 1 期間を 10 年とみなして計算している。$E(\tilde{Z}) = 100$ と $\sigma(\tilde{Z}) = 28.46(= 9 \times \sqrt{10})$ は，1 期間 10 年とみなした値である。収益率を意味するパラメターは，その値を 1 年当りにして表すと，$E(\tilde{R}_M) = 0.13$, $\sigma(\tilde{R}_M) = 0.25$, $R_F = 0.06$ である。実際にはこれらを 1 期間 10 年に換算する。$E(\tilde{R}_M)$ は $2.39(= 1.13^{10} - 1)$, $R_F$ は $0.791(= 1.06^{10} - 1)$, $\sigma(\tilde{R}_M)$ は $0.791(= 0.25 \times \sqrt{10})$ という値になる。このときリスク価格 $\lambda$ は $2.566(= (2.39 - 0.791)/0.791^2)$ である。また共分散を求めるのに相関係数が必要であるが，$\text{corr}(\tilde{R}_M, \tilde{Z}) = 0.4$ としている。

| $\tau$ | $L^*$ | Prob | $S_L$ | $B$ | $V_L$ | $B/V_L$ |
|---|---|---|---|---|---|---|
| 0.20 | 44.922 | 0.0265 | 16.115 | 23.951 | 40.066 | 0.598 |
| 0.25 | 50.438 | 0.0408 | 12.954 | 26.466 | 39.421 | 0.671 |
| 0.30 | 56.167 | 0.0618 | 9.923 | 28.872 | 38.795 | 0.744 |
| 0.35 | 62.577 | 0.0943 | 6.936 | 31.265 | 38.201 | 0.818 |
| 0.40 | 68.210 | 0.1320 | 4.567 | 33.094 | 37.661 | 0.879 |
| 0.45 | 71.687 | 0.1599 | 3.089 | 33.897 | 36.986 | 0.916 |

(注)$E(\tilde{Z}) = 100$, $\sigma(\tilde{Z}) = 28.46$, $k = 0.4$, $\lambda = 2.566$, $\text{corr}(\tilde{R}_M, \tilde{Z}) = 0.4$ として計算。

表 4.2　倒産コストモデルのシミュレーション：法人税率 $\tau$ の変化

| $k$ | $L^*$ | Prob | $S_L$ | $B$ | $V_L$ | $B/V_L$ |
|---|---|---|---|---|---|---|
| 0.2 | 75.553 | 0.1952 | 3.472 | 36.268 | 39.740 | 0.913 |
| 0.3 | 63.977 | 0.1028 | 7.000 | 32.138 | 39.138 | 0.821 |
| 0.4 | 56.167 | 0.0618 | 9.923 | 28.872 | 38.795 | 0.744 |
| 0.5 | 51.228 | 0.0433 | 11.950 | 26.615 | 38.565 | 0.690 |
| 0.6 | 47.666 | 0.0330 | 13.480 | 24.919 | 38.399 | 0.649 |
| 0.8 | 42.657 | 0.0220 | 15.703 | 22.480 | 38.183 | 0.589 |
| 1.0 | 39.161 | 0.0163 | 17.287 | 20.801 | 38.088 | 0.546 |

(注)$E(\tilde{Z}) = 100$, $\sigma(\tilde{Z}) = 28.46$, $\tau = 0.3$, $\lambda = 2.566$, $\text{corr}(\tilde{R}_M, \tilde{Z}) = 0.4$ として計算。

表 4.3　倒産コストモデルのシミュレーション：倒産コスト $k$ の変化

　これらの数値を基本にして，比較静学のシミュレーションは，これらパラメータを1つだけ変化させて $L^*$ がどのように変化するかを見る。変化させるパラメータは法人税率 $\tau$ と倒産コストを表す $k$，$\tilde{Z}$ の期待値 $E(\tilde{Z})$ と標準偏差 $\sigma(\tilde{Z})$ である。

　まず法人税率 $\tau$ であるが，$\tau$ が変化するとき，最適な $L^*$ がどのように変化するかを調べたのが表4.2である。この表は $\tau$ が上昇するとき $L^*$ は増加することを示している。$\tau$ が上昇すると $L$ をもう1単位増加させる際の節税額が大きくなるので，負債の節税効果は大きくなると考えられる。この大きな節税効果を享受すべく，企業は負債依存をより高めようとする。これが $\tau$ が上昇するとき $L^*$ も上昇することの経済的な意味である。逆に倒産コストが変化するときであるが，$k$ が上昇して倒産コストが大きくなると，$L^*$ は低

## 4.5 倒産コストモデル

| E($\tilde{Z}$) | $L^*$ | Prob | $S_L$ | B | $V_L$ | $B/V_L$ |
|---|---|---|---|---|---|---|
| 70.0 | 39.128 | 0.1390 | 5.538 | 17.667 | 23.205 | 0.761 |
| 80.0 | 43.404 | 0.0993 | 7.378 | 20.916 | 28.294 | 0.739 |
| 90.0 | 49.299 | 0.0763 | 8.802 | 24.708 | 33.510 | 0.737 |
| 100.0 | 56.167 | 0.0618 | 9.923 | 28.872 | 38.795 | 0.744 |
| 110.0 | 63.663 | 0.0517 | 10.828 | 33.291 | 44.118 | 0.755 |
| 120.0 | 71.587 | 0.0445 | 11.576 | 37.888 | 49.464 | 0.766 |

(注)$\sigma(\tilde{Z})$ = 28.46, $\tau$ = 0.3, $k$ = 0.4, $\lambda$ = 2.566, corr($\tilde{R}_M, \tilde{Z}$) = 0.4 として計算。

表 4.4 倒産コストモデルのシミュレーション：E($\tilde{Z}$) の変化

| $\sigma(\tilde{Z})$ | $L^*$ | Prob | $S_L$ | B | $V_L$ | $B/V_L$ |
|---|---|---|---|---|---|---|
| 18.97 | 64.615 | 0.0311 | 8.805 | 34.905 | 43.710 | 0.799 |
| 22.14 | 61.155 | 0.0396 | 9.428 | 32.616 | 42.044 | 0.776 |
| 25.30 | 58.320 | 0.0497 | 9.803 | 30.600 | 40.403 | 0.757 |
| 28.46 | 56.167 | 0.0618 | 9.923 | 28.872 | 38.795 | 0.744 |
| 31.62 | 54.776 | 0.0763 | 9.780 | 27.454 | 37.233 | 0.737 |
| 37.95 | 54.674 | 0.1162 | 8.690 | 25.615 | 34.305 | 0.747 |

(注)E($\tilde{Z}$) = 100, $\tau$ = 0.3, $k$ = 0.4, $\lambda$ = 2.566, corr($\tilde{R}_M, \tilde{Z}$) = 0.4 として計算。

表 4.5 倒産コストモデルのシミュレーション：$\sigma(\tilde{Z})$ の変化

下するのが表 4.3 からわかる。$L$ が増加すると貸倒れ確率が上昇し，倒産コストを被る可能性が大きくなる。倒産コスト自体が大きくなるなら，企業は $L$ をもう 1 単位増加させる場合に被るかもしれない倒産コストが大きくなるのであるから，倒産する可能性を減らすべく負債依存を低めようとする。このことによって，$k$ の上昇は $L^*$ の低下を招くと考えられる。なお $k$ が 0.1 の場合，$L^*$ は存在しなかった。すなわち，計算上最大の $L$ に達するまで一貫して企業価値は増大し，内点解として企業価値最大化をもたらす $L^*$ の値が存在しなかった。

　E($\tilde{Z}$) や $\sigma(\tilde{Z})$ が変化するということは，$\tilde{Z}$ の確率分布が変化するということであり，これは貸倒れ確率を変化させる。このことが $L^*$ に与える影響をごく直感的に考えると，次のようなことである。もし貸倒れ確率が小さくなるように確率分布が変化するなら，これは倒産コストを被る可能性が低下し

て，節税効果を享受する可能性が増大することを意味する。ということは，企業は負債依存をもっと増やそうとするであろう。また貸倒れ確率が大きくなるよう確率分布が変化するなら，逆に企業は負債依存をもっと減らそうとする。貸倒れ確率が小さく (大きく) なるような確率分布の変化とは，期待値 $E(\tilde{Z})$ が上昇 (低下) するか標準偏差 $\sigma(\tilde{Z})$ が低下 (上昇) する場合である。表 4.4 は，$E(\tilde{Z})$ が変化する場合の $L^*$ の動きであるが，確かに $E(\tilde{Z})$ の上昇により $L^*$ は上昇している。表 4.5 は $\sigma(\tilde{Z})$ が変化する場合であるが，これは $\sigma(\tilde{Z})$ の上昇により $L^*$ は低下することを示している。以上が倒産コストモデルにおける比較静学の結果である。[*15]

## 4.6 負債以外の節税要因

ここでは負債以外の節税要因を取り上げる。負債以外の節税要因とは，具体的には減価償却費を想定すればよい。これが資本構成にどのように影響するか。4.6.1 節で概説を述べた後，4.6.2 節で形式的なモデルを紹介する。4.6.3 節でモデルの持つ経済的特徴を示す。

### 4.6.1 概説

法人税額を計算する際，負債の金利支払額は損金算入されるという点から，金利支払が大きくなるほど課税対象所得は小さくなって，法人税額は小さくて済む。負債は節税の手段である。ところで実際の法人税において，節税手段は負債の金利支払だけとは限らない。例えば企業の投資活動を促進するという政策的配慮から，実物投資を行うほど法人税額が小さくなるようにすることで，企業に実物投資の実施を動機づけるような施策がなされて

---

[*15] 以上 4 つのパラメータの効果を調べたが，これが倒産コストモデルに関する，今日の定説的な解釈である。上記の説明は，あくまでも負債の支払約束額 $L^*$ への効果について述べたものであるという点に注意していただきたい。実証分析をする際は，資本構成の変数として $L^*$ ではなく負債比率 $B/V_L$ が取り上げられることが多い。ところが，負債比率 $B/V_L$ への効果ということになると，それほど素直な結果ではない。特に $E(\tilde{Z})$ と $\sigma(\tilde{Z})$ についてである。これらが上昇すると，負債比率は始め低下するが，やがて反転して上昇する。つまり単調な変化ではない。この点は実証分析の解釈で十分注意すべき点である。

## 4.6 負債以外の節税要因

いる。もっと具体的にいうと，企業の計上する減価償却費は，実際にキャッシュアウトフロー (現金流出) が発生しないにもかかわらず，損金として課税対象所得から控除される。これは企業の実物投資促進という観点から施されている措置と考えられる。またもっと直接的に，投資減税と称される措置も存在する。ある分野の投資活動を行うと，その経費の全額ないしは一部を損金として課税対象所得から控除することができる (所得控除) とか，法人税額そのものを減じることができる (税額控除) という措置がなされている。このように法人税額の節税をもたらす (金利支払以外の) 様々な要因を，ここでは負債以外の節税要因として総称しよう。

負債以外の節税要因を考慮したなら，これと併せて負債の金利支払がもたらす節税効果をフルに享受するには，それなりに大きな企業収益を実現しなければならない。課税対象所得は

$$\text{企業収益 EBIT} - \text{負債の金利支払} - \text{負債以外の節税要因}$$

であり，これが正の値であるなら，節税効果をフルに享受していることになる。もし企業収益が十分に大きくなく，課税対象所得が負になってしまうなら，法人税額はゼロとするのが妥当であろうが，法人税額ゼロということは，負の値をマイナスの税額 (つまり補助金) として得られるわけではなく，その部分は切り捨てられるということを意味する。この切り捨てられる部分は，節税効果の一部をロスしていると考えることができよう。

このように，負債以外の節税要因が非常に大きいなら，負債の金利支払による節税効果をフルに享受できる可能性は小さくなってしまう。このことが負債利用にブレーキをかける。負債の金利支払による節税額をフルに享受することができるよう，負債以外の節税要因が大きくなると，最適な金利支払額は小さい方が良いかもしれない。これが負債以外の節税要因の資本構成に与えるメカニズムである。

### 4.6.2 モデルの説明

前節では法人税額を計算する際，$\tau(\tilde{Z} - V_U - [L - B])$ という式を用いたが，これは，1 期間の企業活動がもたらした果実部分 $\tilde{Z} - V_U$ から，負債の金利

支払相当額 $L-B$ を控除したものが課税対象所得であることを前提にしていた。負債の金利支払が大きくなるほど課税対象所得は小さくなるから，これは節税の手段である。ところで実際の法人税において，節税手段は負債の金利支払だけとは限らない。

負債以外の節税要因を $\Gamma'$ とする。そして課税対象所得が $\tilde{Z}-V_U-\Gamma'-(L-B)$ のように計算されるものとしよう。以下展開されるモデルの表記では，$V_U$ と $\Gamma'$ を一まとめにして $\Gamma(=V_U+\Gamma')$ のように記しても何ら支障はないので，表記の単純化のため $\Gamma$ を用いることにしよう。すると法人税額は $\tau(\tilde{Z}-\Gamma-[L-B])$ で表される。負債の金利支払により節税される金額は $\tau(L-B)$ であったが，この節税額を全額フルに享受するためには，$\tilde{Z}$ が $\Gamma+L-B$ 以上でなければならない。もし $\tilde{Z}$ が $\Gamma+L-B$ 未満であるなら，法人税額はゼロになり，負債の金利支払による節税額は $\tau(L-B)$ より小さくなってしまうかもしれない。$\Gamma$ が大きくなればなるほど，$\tilde{Z}$ が $\Gamma+L-B$ よりも大きくなる確率は小さくなるので，これは負債の金利支払による節税額をフルに享受できる確率が小さくなってしまうことを意味する。ということは，節税額をフルに享受することができるよう，$\Gamma$ が大きくなると，最適な負債支払額 $L^*$ は小さい方が良いかもしれない。すなわち，負債以外の節税要因を考慮すると，負債の金利支払から生じる節税効果をフルに享受できるよう，負債への依存をある程度抑制するような作用が発生する。

負債以外の節税要因を考慮する議論では，このような観点から最適な資本構成の存在をモデル化する。それではモデルの中心的な部分を展開してみよう。モデルの前提は前節の倒産コストモデルと同様で，違いは法人税に負債以外の節税要因を考慮している点と，倒産コストを明示していない点である。以下の定式化は $\Gamma>B$ を前提にしたものである。まず負債の存在しない企業 U について期末キャッシュフロー $\tilde{Q}_U^{(n)}$ は，

$$\tilde{Q}_U^{(n)} = \begin{cases} (1-\tau)\tilde{Z}+\tau\Gamma & (\tilde{Z} \geq \Gamma \text{ のとき}) \\ \tilde{Z} & (\Gamma > \tilde{Z} \geq 0 \text{ のとき}) \\ 0 & (0 > \tilde{Z} \text{ のとき}) \end{cases}$$

のように定式化できる。上付き添字の $(n)$ は負債以外の節税要因を考慮したモデルであることを表す記号である。負債以外の節税要因は，負債の存在し

## 4.6 負債以外の節税要因

ない企業 U にも適用される．負債が存在しないとき法人税額は $\tau(\tilde{Z}-\Gamma)$ となって，これを $\tilde{Z}$ から支払った残り $\tilde{Z}-\tau(\tilde{Z}-\Gamma)$ が株主に期末配当金として分配される．上式の 1 行目はこのことを表している．2 行目は法人税額ゼロになり，$\tilde{Z}$ がそのまま株主に分配される場合である．3 行目は $\tilde{Z}$ が負になり，株主の有限責任からキャッシュフローはゼロである．

次に期末に支払額 $L$ を約束する負債の存在する企業 L について考えよう．

$$\tilde{Q}_{LB}^{(n)} = \begin{cases} L & (\tilde{Z} \geq L \text{ のとき}) \\ \tilde{Z} & (L > \tilde{Z} \geq 0 \text{ のとき}) \\ 0 & (0 > \tilde{Z} \text{ のとき}) \end{cases} \quad (4.51)$$

$$\tilde{Q}_{LS}^{(n)} = \begin{cases} \tilde{Z}-L-\tau(\tilde{Z}-\Gamma-[L-B]) & (\tilde{Z} \geq \Gamma+L-B \text{ のとき}) \\ \tilde{Z}-L & (\Gamma+L-B > \tilde{Z} \geq L \text{ のとき}) \\ 0 & (L > \tilde{Z} \text{ のとき}) \end{cases} \quad (4.52)$$

負債の期末キャッシュフロー $\tilde{Q}_{LB}^{(n)}$ であるが，ここでは倒産コストが存在しないものと仮定されているので，$L$ 未満の $\tilde{Z}$ が実現し貸倒れとなるとき，債権者に $\tilde{Z}$ 全額が分配される．株式の期末キャッシュフロー $\tilde{Q}_{LS}^{(n)}$ は，倒産コストモデルの場合と比べて，$V_U$ が $\Gamma$ に置き換わるだけであるのであらためて説明する必要はないであろう．

$\tilde{Q}_{LB}^{(n)}$ と $\tilde{Q}_{LS}^{(n)}$ を合計して企業の投資家全体へのキャッシュフロー $\tilde{Q}_L^{(n)}$ を求めよう．

$$\tilde{Q}_L^{(n)} = \begin{cases} (1-\tau)\tilde{Z}+\tau\Gamma+\tau(L-B) & (\tilde{Z} \geq \Gamma+L-B \text{ のとき}) \\ \tilde{Z} & (\Gamma+L-B > \tilde{Z} \geq 0 \text{ のとき}) \\ 0 & (0 > \tilde{Z} \text{ のとき}) \end{cases} \quad (4.53)$$

この式において，$\Gamma+L-B > \tilde{Z} \geq L$ の範囲と $L > \tilde{Z} \geq 0$ の範囲とで，投資家全体のキャッシュフローは同じ $\tilde{Z}$ になるので，これらを 1 つにまとめている．ここで前の $\tilde{Q}_U^{(n)}$ を使い (4.53) 式の $\tilde{Q}_L^{(n)}$ を書き換えよう．

$$\tilde{Q}_L^{(n)} = \begin{cases} \tilde{Q}_U^{(n)}+\tau(L-B) & (\tilde{Z} \geq \Gamma+L-B \text{ のとき}) \\ \tilde{Q}_U^{(n)}+\tau(\tilde{Z}-\Gamma) & (\Gamma+L-B > \tilde{Z} \geq \Gamma \text{ のとき}) \\ \tilde{Q}_U^{(n)} & (\Gamma > \tilde{Z} \text{ のとき}) \end{cases} \quad (4.54)$$

このキャッシュフローに確実性等価アプローチを適用すれば，各々の価値

が求められる。$V_U = V[\tilde{Q}_U^{(n)}]$，$V_L = V[\tilde{Q}_L^{(n)}]$ とすると，

$$V_L = V_U + V[\tau(L-B)\tilde{b}_{[\Gamma+L-B,\infty)}] + V[\tau(\tilde{Z}-\Gamma)\tilde{b}_{[\Gamma,\Gamma+L-B)}]$$

のような結果を得る。このように定式化される企業価値 $V_L$ は $L$ の増減によりどのように変化するか。本来なら $V_L$ を $L$ で微分したものを検討すべきであるが，煩雑な数式の羅列になるだけであるので，ここでは以下のシミュレーションで結果を提示したい。

### 4.6.3 シミュレーション

モデルの詳細は次節で展開するとして，ここでは負債以外の節税要因を考慮することで，たとえ倒産コストが明示されていなくても，最適資本構成が存在することを数値例で示す。

負債以外の節税要因は $\Gamma'$ であるが，モデルの定式化では $\Gamma = V_U + \Gamma'$ としていた。シミュレーションでは $\Gamma = \gamma V_U$（ただし $\gamma > 1$）のように特定化し，この $\gamma$ の値をいろいろ変更させることで，最適な $L^*$ がどのように変化するかを見ることにする。まず $\gamma$ の値は 2.0 に設定する。この値が現実的かどうかはともかくとして，企業は法人税額を計算するとき，$\tilde{Z}$ から期首の資産価値額の倍を控除することができるものとする。他のパラメーターの値は，基本的には倒産コストモデルの場合と同様である。モデルの 1 期間を 10 年として考え，$E(\tilde{Z}) = 100$，$\sigma(\tilde{Z}) = 28.46$ である。収益率については，1 年当りの値で表すと，$E(\tilde{R}_M) = 0.13$，$\sigma(\tilde{R}_M) = 0.25$，$R_F = 0.06$ であり，また $\text{corr}(\tilde{R}_M, \tilde{Z}) = 0.4$ とする。また法人税率は $\tau = 0.3$，倒産コストは $k = K = 0$ である。

このような数値例の下で，$L$ が増加するのに伴い企業価値 $V_L$ がどのように変化するかを見たのが表 4.6 である。確かに企業価値は $L = 70$ を境に増加から減少に転じている。企業価値を最大化する $L^*$ を求めると，これは最下行にある 68.96 である。従ってこの 1 期間モデルは，倒産コストがゼロであったとしても最適資本構成が存在する。

次に負債以外の節税要因の値が変化して $\Gamma$ が変化するとき，$L^*$ がどのように変化するかを調べたのが表 4.7 である。ここでは $\Gamma$ の変化として，$\gamma$ の

## 4.6 負債以外の節税要因

| $L$ | Prob | $\rho_L$ | $\rho_B$ | $S_L$ | $B$ | $V_L$ |
|---|---|---|---|---|---|---|
| 0.0 | 0.0002 | 0.0831 | 0.0000 | 42.200 | 0.000 | 42.200 |
| 5.0 | 0.0004 | 0.0847 | 0.0601 | 39.564 | 2.789 | 42.352 |
| 10.0 | 0.0008 | 0.0866 | 0.0601 | 36.916 | 5.574 | 42.490 |
| 15.0 | 0.0014 | 0.0886 | 0.0602 | 34.259 | 8.355 | 42.614 |
| 20.0 | 0.0025 | 0.0910 | 0.0603 | 31.597 | 11.128 | 42.725 |
| 25.0 | 0.0042 | 0.0938 | 0.0604 | 28.934 | 13.889 | 42.823 |
| 30.0 | 0.0070 | 0.0970 | 0.0605 | 26.279 | 16.630 | 42.908 |
| 35.0 | 0.0112 | 0.1007 | 0.0608 | 23.640 | 19.342 | 42.982 |
| 40.0 | 0.0175 | 0.1051 | 0.0611 | 21.031 | 22.013 | 43.044 |
| 45.0 | 0.0267 | 0.1102 | 0.0615 | 18.469 | 24.626 | 43.096 |
| 50.0 | 0.0395 | 0.1163 | 0.0620 | 15.975 | 27.162 | 43.137 |
| 55.0 | 0.0569 | 0.1237 | 0.0626 | 13.573 | 29.595 | 43.168 |
| 60.0 | 0.0799 | 0.1325 | 0.0634 | 11.289 | 31.901 | 43.190 |
| 65.0 | 0.1094 | 0.1433 | 0.0643 | 9.152 | 34.050 | 43.202 |
| 70.0 | 0.1459 | 0.1566 | 0.0654 | 7.188 | 36.016 | 43.205 |
| 75.0 | 0.1899 | 0.1736 | 0.0667 | 5.424 | 37.775 | 43.198 |
| 80.0 | 0.2411 | 0.1957 | 0.0681 | 3.878 | 39.306 | 43.184 |
| 85.0 | 0.2991 | 0.2262 | 0.0697 | 2.565 | 40.598 | 43.162 |
| 90.0 | 0.3627 | 0.2721 | 0.0713 | 1.488 | 41.647 | 43.135 |
| 95.0 | 0.4303 | 0.3569 | 0.0731 | 0.645 | 42.461 | 43.106 |
| 100.0 | 0.5000 | 0.8817 | 0.0749 | 0.020 | 43.055 | 43.075 |
| 68.960 | 0.1377 | 0.1536 | 0.0652 | 7.581 | 35.624 | 43.205 |

(注)$E(\tilde{Z}) = 100$, $\sigma(\tilde{Z}) = 28.46$, $\tau = 0.3$, $k = 0$, $\gamma = 2.0$, $\lambda = 2.566$, $\text{corr}(\tilde{R}_M, \tilde{Z}) = 0.4$ として計算。

表 4.6 負債以外の節税要因の効果：$L$ と企業価値 $V_L$

値が 1.6 から 2.2 までの値を取ることを想定している。なお $\gamma$ が 1.5 以下の場合は，$L$ の増加に従い企業価値は一貫して上昇して減少に転じることはなかった。$\gamma$ が 1.6 以上になると，企業価値を最大にする $L^*$ が存在し，各 $\gamma$ の値に対する $L^*$ が表 4.7 のようにまとめられる。この表から，負債以外の節税要因が大きくなって $\gamma$ の値が大きいほど，$L^*$ は小さくなることがわかる。このように，負債以外の節税要因が大きいほど，負債依存度を抑制する程度も大きくなるのである。

| $\gamma$ | $L^*$ | Prob | $S_L$ | $B$ | $V_L$ | $B/V_L$ |
|---|---|---|---|---|---|---|
| 1.6 | 96.029 | 0.4445 | 0.604 | 42.601 | 43.205 | 0.986 |
| 1.8 | 83.588 | 0.2821 | 2.947 | 40.257 | 43.205 | 0.932 |
| 1.9 | 76.591 | 0.2054 | 4.917 | 38.288 | 43.205 | 0.886 |
| 2.0 | 68.960 | 0.1377 | 7.581 | 35.624 | 43.205 | 0.825 |
| 2.1 | 60.633 | 0.0833 | 11.023 | 32.182 | 43.205 | 0.745 |
| 2.2 | 51.626 | 0.0446 | 15.239 | 27.966 | 43.205 | 0.647 |

(注)$E(\tilde{Z}) = 100$, $\sigma(\tilde{Z}) = 28.46$, $\tau = 0.3$, $k = 0$, $\lambda = 2.566$, $\mathrm{corr}(\tilde{R}_M, \tilde{Z}) = 0.4$ として計算。

表 4.7　負債以外の節税要因の効果

## 4.7　最適資本構成の複合化モデル

前節では負債以外の節税要因を考慮したモデルを展開したが，モデルの形式の上では，倒産コストモデルを少し変更するだけで，このモデルを倒産コストモデルの中に取り込むことができる。倒産コストモデルの中に負債以外の節税要因を取り込んでモデルを展開する方が，より一般的なモデルの構築ということができるであろう。そこでこの節では，倒産コストモデルと負債以外の節税要因とを複合化したモデルを提示することにしよう。この複合化は形式的には簡単である。倒産コストモデルにおける期末キャッシュフローの定式化の中の $V_U$ を，単純に $\Gamma$ に置き換えるだけである。4.7.1 節でモデルの形式的な説明を与える。4.7.2 節でこのモデルの特徴を示す。形式的な数式に興味のない読者は 4.7.2 節までスキップしても構わない。

### 4.7.1　1 期間モデルの定式化

前で説明した倒産コストモデルの定式化は，負債の支払約束額 $L$ が $L > K$ かつ $V_U > B$ の範囲内であることを前提にしている ($B$ は $L$ の関数である)。しかし様々な $L$ の値に対して，$V_L$ がどのような値を取るのかというシミュレーションを実行するとき，$L$ が $K$ よりも小さいときや，$B$ が $V_U$ よりも大きくなるときも併せて検討する必要がある。以下では様々な $L$ の値に応じ

## 4.7 最適資本構成の複合化モデル

て，負債や株式，企業価値の期末キャッシュフローと価値を定式化しておく。前で示したシミュレーション結果はこれらの定式化を用いたものである。

### ＜負債のない場合＞

まずは企業に負債のない場合の企業価値 (株式価値) を提示しておこう。負債のない企業 U の期末キャッシュフローはそのまま株主へのキャッシュフローであり，これを $\tilde{Q}_U$ で表す。前節の繰り返しになるが

$$\tilde{Q}_U = \begin{cases} (1-\tau)\tilde{Z} + \tau\Gamma & (\tilde{Z} \geq \Gamma \text{ のとき}) \\ \tilde{Z} & (\Gamma > \tilde{Z} \geq 0 \text{ のとき}) \\ 0 & (0 > \tilde{Z} \text{ のとき}) \end{cases}$$

であった。この $\tilde{Q}_U$ に確実性等価アプローチを適用して，企業価値を $V_U$ とする。

$$V_U = V[\tilde{Q}_U] = \frac{\mathrm{E}(\tilde{Q}_U) - \lambda\,\mathrm{cov}(\tilde{R}_M, \tilde{Q}_U)}{1 + R_F}$$

$\tilde{Z}$ は $\mathrm{N}(\mathrm{E}(\tilde{Z}), \sigma(\tilde{Z})^2)$ の正規分布に従うものと仮定されると，上式の期待値と共分散は付録の公式を用いると計算でき，結果のみを記すと次のとおりである。

$$\mathrm{E}(\tilde{Q}_U) = \mathrm{E}(\tilde{Z})[1 - \tau + \tau F(\Gamma) - F(0)] + \sigma(\tilde{Z})^2[f(0) - \tau f(\Gamma)] + \tau\Gamma[1 - F(\Gamma)]$$
$$\mathrm{cov}(\tilde{R}_M, \tilde{Q}_U) = \mathrm{cov}(\tilde{R}_M, \tilde{Z})[1 - \tau + \tau F(\Gamma) - F(0)]$$

### ＜ケース (A)：$K \geq L(> 0)$ の場合＞

$L$ が倒産コスト $K$ よりも小さい場合，$L > \tilde{Z}$ の $\tilde{Z}$ が実現し倒産となるとき，この $\tilde{Z}$ で倒産コスト $K$ を全額まかなうことはできない。このとき有限責任の債権者に支払われるキャッシュフローはゼロとなる。債権者への期末キャッシュフローを $\tilde{Q}_{LB}^{(1)}$ で表すと，これは次のとおりである。

$$\tilde{Q}_{LB}^{(1)} = \begin{cases} L & (\tilde{Z} \geq L \text{ のとき}) \\ 0 & (L > \tilde{Z} \text{ のとき}) \end{cases}$$

他方，株主への期末キャッシュフローを $\tilde{Q}_{LS}^{(1)}$ とする。ここのモデルでは，倒産コスト $K$ は $K = kV_U$ (ただし $k \leq 1$) として特定化され，また $\Gamma$ は

$\Gamma = \gamma V_U$ (ただし $\gamma > 1$) である。従って $K \geq L$ の場合であるなら、必ず $\Gamma > L$ という関係にある。ということは、$L > B$ であるから必ず $\Gamma > B$ が成立するので、$\Gamma + L - B > L$ が成り立つ。このことから、$\tilde{Q}_{LS}^{(1)}$ は (4.52) 式と同じ形になり、繰り返しになるがもう一度記す。

$$\tilde{Q}_{LS}^{(1)} = \begin{cases} \tilde{Z} - L - \tau(\tilde{Z} - \Gamma - [L - B]) & (\tilde{Z} \geq \Gamma + L - B \text{ のとき}) \\ \tilde{Z} - L & (\Gamma + L - B > \tilde{Z} \geq L \text{ のとき}) \\ 0 & (L > \tilde{Z} \text{ のとき}) \end{cases}$$

上記のキャッシュフローに確実性等価アプローチを用いて、負債価値 $B$ と株式価値 $S_L$ が求められるが、これらはキャッシュフロー期待値と $\tilde{R}_M$ との共分散に依存して、結果は次のとおりである。

$$E(\tilde{Q}_{LB}^{(1)}) = L[1 - F(L)]$$
$$\text{cov}(\tilde{R}_M, \tilde{Q}_{LB}^{(1)}) = \text{cov}(\tilde{R}_M, \tilde{Z})Lf(L)$$

$$\begin{aligned} E(\tilde{Q}_{LS}^{(1)}) &= E(\tilde{Z})[1 - \tau + \tau F(\Gamma + L - B) - F(L)] \\ &\quad + \sigma(\tilde{Z})^2[f(L) - \tau f(\Gamma + L - B)] \\ &\quad - L[1 - F(L)] + \tau(\Gamma + L - B)[1 - F(\Gamma + L - B)] \end{aligned}$$
$$\text{cov}(\tilde{R}_M, \tilde{Q}_{LS}^{(1)}) = \text{cov}(\tilde{R}_M, \tilde{Z})[1 - \tau + \tau F(\Gamma + L - B) - F(L)]$$

次に企業 L の投資家全体へのキャッシュフローを $\tilde{Q}_L^{(1)}$ とすると、$\tilde{Q}_L^{(1)} = \tilde{Q}_{LS}^{(1)} + \tilde{Q}_{LB}^{(1)}$ であるから、

$$\tilde{Q}_L^{(1)} = \begin{cases} (1 - \tau)\tilde{Z} + \tau\Gamma + \tau(L - B) & (\tilde{Z} \geq \Gamma + L - B \text{ のとき}) \\ \tilde{Z} & (\Gamma + L - B > \tilde{Z} \geq L \text{ のとき}) \\ 0 & (L > \tilde{Z} \text{ のとき}) \end{cases}$$

のようになり、企業価値 $V_L$ は $V_L = V[\tilde{Q}_L^{(1)}]$ から求められるが、これは $S_L$ と $B$ の合計としても求められる。ところで節税効果と倒産コストの価値を求めるために、この $\tilde{Q}_L^{(1)}$ を負債のない企業のキャッシュフロー $\tilde{Q}_U$ を使っ

## 4.7 最適資本構成の複合化モデル

て書き換えよう。

$$\tilde{Q}_L^{(1)} = \begin{cases} \tilde{Q}_U + \tau(L-B) & (\tilde{Z} \geq \Gamma + L - B \text{ のとき}) \\ \tilde{Q}_U + \tau(\tilde{Z}-\Gamma) & (\Gamma + L - B > \tilde{Z} \geq \Gamma \text{ のとき}) \\ \tilde{Q}_U & (\Gamma > \tilde{Z} \geq L \text{ のとき}) \\ \tilde{Q}_U - \tilde{Z} & (L > \tilde{Z} \geq 0 \text{ のとき}) \\ \tilde{Q}_U & (0 > \tilde{Z} \text{ のとき}) \end{cases}$$

この定式化において,節税効果を表すキャッシュフローを $\widetilde{TS}^{(1)}$,倒産コストを表すキャッシュフローを $\widetilde{BC}^{(1)}$ という記号で記す。各々の期待値と共分散は次のとおりである。

$$\widetilde{TS}^{(1)} \equiv \tau[L-B]\tilde{b}_{[\Gamma+L-B,\infty)} + \tau(\tilde{Z}-\Gamma)\tilde{b}_{[\Gamma,\Gamma+L-B)}$$
$$\widetilde{BC}^{(1)} \equiv \tilde{Z}\tilde{b}_{[0,L)}$$

$$\mathrm{E}(\widetilde{TS}^{(1)}) = \tau(L-B)[1-F(\Gamma+L-B)] - \tau\Gamma[F(\Gamma+L-B)-F(\Gamma)]$$
$$+ \tau\mathrm{E}(\tilde{Z})[F(\Gamma+L-B)-F(\Gamma)] - \tau\sigma(\tilde{Z})^2[f(\Gamma+L-B)-f(\Gamma)]$$
$$\mathrm{cov}(\tilde{R}_M, \widetilde{TS}^{(1)}) = \mathrm{cov}(\tilde{R}_M, \tilde{Z})[\tau F(\Gamma+L-B) - \tau F(\Gamma)]$$

$$\mathrm{E}(\widetilde{BC}^{(1)}) = \mathrm{E}(\tilde{Z})[F(L)-F(0)] - \sigma(\tilde{Z})^2[f(L)-f(0)]$$
$$\mathrm{cov}(\tilde{R}_M, \widetilde{BC}^{(1)}) = \mathrm{cov}(\tilde{R}_M, \tilde{Z})[F(L)-F(0)-Lf(L)]$$

以上求めた期待値と共分散を用いれば,節税効果の価値は $V[\widetilde{TS}^{(1)}]$,倒産コストの価値は $V[\widetilde{BC}^{(1)}]$ として計算することができる。

以上のキャッシュフローから各々の価値が求められ,これらをまとめると,

$$S_L = V[\tilde{Q}_{LS}^{(1)}]$$
$$B = V[\tilde{Q}_{LB}^{(1)}]$$
$$V_L = S_L + B = V_U + V[\widetilde{TS}^{(1)}] - V[\widetilde{BC}^{(1)}]$$

であるのは明らかであろう。以上が $K \geq L > 0$ の場合の定式化である。

**＜ケース (B)：$\Gamma \geq L > K$ の場合＞**

　$L$ が $\Gamma \geq L > K$ の範囲にある場合，負債や株式の期末キャッシュフローは前で詳しく検討した。負債のキャッシュフローは (4.47) 式であるが，これをここでは，負債のキャッシュフローの2番目のケースであることを明示して，$\tilde{Q}_{LB}^{(2)}$ のように記そう。

$$\tilde{Q}_{LB}^{(2)} = \begin{cases} L & (\tilde{Z} \geq L \text{のとき}) \\ \tilde{Z} - K & (L > \tilde{Z} \geq K \text{のとき}) \\ 0 & (K > \tilde{Z} \text{のとき}) \end{cases}$$

この $\tilde{Q}_{LB}^{(2)}$ の期待値と共分散は，

$$E(\tilde{Q}_{LB}^{(2)}) = L[1 - F(L)] - K[F(L) - F(K)]$$
$$+ E(\tilde{Z})[F(L) - F(K)] - \sigma(\tilde{Z})^2[f(L) - f(K)]$$
$$\text{cov}(\tilde{R}_M, \tilde{Q}_{LB}^{(2)}) = \text{cov}(\tilde{R}_M, \tilde{Z})[F(L) - F(K) + Kf(L)]$$

として導くことができる。また必ず $L > B$ であるから，$\Gamma \geq L$ ということは $\Gamma > B$ であり，$\Gamma + L - B > L$ が成立する。このことから，株式の期末キャッシュフローはケース (A) の $\tilde{Q}_{LS}^{(1)}$ と全く同じである。

　この場合の投資家全体のキャッシュフローを $\tilde{Q}_L^{(2)}$ で表すと，$\tilde{Q}_L^{(2)} = \tilde{Q}_{LS}^{(1)} + \tilde{Q}_{LB}^{(2)}$ である。$\tilde{Q}_L^{(2)}$ の定式化は

$$\tilde{Q}_L^{(2)} = \begin{cases} (1-\tau)\tilde{Z} + \tau\Gamma + \tau(L-B) & (\tilde{Z} \geq \Gamma + L - B \text{のとき}) \\ \tilde{Z} & (\Gamma + L - B > \tilde{Z} \geq L \text{のとき}) \\ \tilde{Z} - K & (L > \tilde{Z} \geq K \text{のとき}) \\ 0 & (K > \tilde{Z} \text{のとき}) \end{cases}$$

であり，これを $\tilde{Q}_U$ を用いて書き直したものが次の式である。

$$\tilde{Q}_L^{(2)} = \begin{cases} \tilde{Q}_U + \tau(L-B) & (\tilde{Z} \geq \Gamma + L - B \text{のとき}) \\ \tilde{Q}_U + \tau(\tilde{Z} - \Gamma) & (\Gamma + L - B > \tilde{Z} \geq \Gamma \text{のとき}) \\ \tilde{Q}_U & (\Gamma > \tilde{Z} \geq L \text{のとき}) \\ \tilde{Q}_U - K & (L > \tilde{Z} \geq K \text{のとき}) \\ \tilde{Q}_U - \tilde{Z} & (K > \tilde{Z} \geq 0 \text{のとき}) \\ \tilde{Q}_U & (0 > \tilde{Z} \text{のとき}) \end{cases}$$

## 4.7 最適資本構成の複合化モデル

この式を見ると，節税効果のキャッシュフローはケース(A)と同じであるから，$\widetilde{TS}^{(1)}$ で表そう。倒産コストのキャッシュフローの方は異なっているので，これを $\widetilde{BC}^{(2)}$ で表そう。$\widetilde{BC}^{(2)}$ の期待値と共分散は次のとおりである。

$$\widetilde{BC}^{(2)} \equiv K\tilde{b}_{[K,L]} + \tilde{Z}\tilde{b}_{[0,K)}$$

$$\mathrm{E}(\widetilde{BC}^{(2)}) = K[F(L) - F(K)] + \mathrm{E}(\tilde{Z})[F(K) - F(0)] - \sigma(\tilde{Z})^2[f(K) - f(0)]$$
$$\mathrm{cov}(\tilde{R}_M, \widetilde{BC}^{(2)}) = \mathrm{cov}(\tilde{R}_M, \tilde{Z})[F(K) - F(0) - Kf(L)]$$

キャッシュフローの定式化は以上のとおりであるが，各々の価値の定式化は次のようにまとめられる。

$$S_L = V[\tilde{Q}_{LS}^{(1)}]$$
$$B = V[\tilde{Q}_{LB}^{(2)}]$$
$$V_L = S_L + B = V_U + V[\widetilde{TS}^{(1)}] - V[\widetilde{BC}^{(2)}]$$

**＜ケース(B')：$L > \Gamma > B$ の場合＞**

たとえ $L$ が $\Gamma$ よりも大きいとしても，$\Gamma > B$ であるなら，$\Gamma + L - B > L$ のままであるから，ケース(B)と比べて，株式や負債の価値および企業価値の定式化は表面上何ら変更を必要としない。唯一の違いは，$\tilde{Q}_L^{(2)}$ を $\tilde{Q}_U$ を用いて表現したときである。これを $\tilde{Q}_L^{(3)}$ で表そう。

$$\tilde{Q}_L^{(3)} = \begin{cases} \tilde{Q}_U + \tau(L-B) & (\tilde{Z} \geq \Gamma + L - B \text{ のとき}) \\ \tilde{Q}_U + \tau(\tilde{Z}-\Gamma) & (\Gamma + L - B > \tilde{Z} \geq L \text{ のとき}) \\ \tilde{Q}_U + \tau(\tilde{Z}-\Gamma) - K & (L > \tilde{Z} \geq \Gamma \text{ のとき}) \\ \tilde{Q}_U - K & (\Gamma > \tilde{Z} \geq K \text{ のとき}) \\ \tilde{Q}_U - \tilde{Z} & (K > \tilde{Z} \geq 0 \text{ のとき}) \\ \tilde{Q}_U & (0 > \tilde{Z} \text{ のとき}) \end{cases}$$

この $\tilde{Q}_L^{(3)}$ とケース(B)の $\tilde{Q}_L^{(2)}$ を見比べて欲しい。違いは3行目にある。$L > \tilde{Z} \geq \Gamma$ の $\tilde{Z}$ が実現すると，$\tilde{Z}$ は $\Gamma$ 以上であるから，負債のない企業Uであるなら法人税を支払わなければならないが，負債のある企業Lは法人税を

支払わなくて済む。$\tau(\tilde{Z}-\Gamma)$ の項がこの節税効果を表している。また $\tilde{Z}$ は $L$ を支払えないから倒産であり、企業 L に倒産コスト $K$ が発生する。つまり $L>\Gamma$ の場合には、この 3 行目の式のように、節税効果と倒産コストが同時に発生する。

しかし負債や株式のキャッシュフローに変化はないため、負債価値や株式価値、そして企業価値もケース (B) と比べて変化はない。事実、企業価値 $V_L$ を $V_L = V[\tilde{Q}_L^{(3)}]$ から価値評価すると、

$$V_L = V_U + V[\tau(L-B)\tilde{b}_{[\Gamma+L-B,\infty)} + \tau(\tilde{Z}-\Gamma)\tilde{b}_{[\Gamma,\Gamma+L-B)}]$$
$$- V[K\tilde{b}_{[K,L)} + \tilde{Z}\tilde{b}_{[0,K)}]$$

となって、ケース (B) の企業価値の式と全く同じになる。故に、節税効果の価値や倒産コストの価値の定式化もケース (B) と同じになり、$V[\widetilde{TS}^{(1)}]$ と $V[\widetilde{BC}^{(2)}]$ がそのまま利用できる。当然のことであるが、$\tilde{Q}_L^{(3)}$ を関数 $\tilde{b}$ を用いて表した定式化は、$\tilde{Q}_L^{(2)}$ のそれと完全に一致するからである。

### <ケース (C)：$L > B \geq \Gamma$ の場合>

$B > \Gamma$ であれば $L > \Gamma + L - B$ となってしまうから、ケース (A) とケース (B) における定式化の前提が崩れてしまう。株式や負債のキャッシュフローは再検討を要する。まず株式のキャッシュフローから考えよう。

仮に今、$\tilde{Z} = L$ が実現したとする。法人税額 $\tau(\tilde{Z}-\Gamma-[L-B])$ は、$\tau(B-\Gamma)$ となって確かに正の値である。しかし $\tilde{Z} = L$ である企業が負債に $L$ を支払うと、その段階で残りはゼロになってしまい、さらに法人税額を支払うなら、株主のキャッシュフローは負になってしまう。これは企業に代って株主が法人税を支払うことを意味し、株主の有限責任が満たされていない。また負債よりも前に法人税を全額支払うなら、株式のキャッシュフロー $\tilde{Z}-\tau(\tilde{Z}-\Gamma-[L-B])-L$ は、$\tilde{Z} = L$ のとき $\tau(\Gamma-B)$ であるから、負の値になってしまう。以上のことは、株主の有限責任を満たそうとするなら、$\tilde{Z}$ が $L$ よりも大きかったとしても、負債と法人税を両方同時に全額支払うことのできない領域が存在することを意味する。

そこで株主へのキャッシュフローが負にならないような $\tilde{Z}$ の最小値を求

## 4.7 最適資本構成の複合化モデル

めよう．これは

$$\tilde{Z} - L - \tau(\tilde{Z} - \Gamma - [L - B]) \geq 0 \Rightarrow \tilde{Z} \geq L + \frac{\tau(B - \Gamma)}{1 - \tau} \equiv \Phi$$

のように求められ，右側の不等式右辺の値を $\Phi$ で表す．[*16] この $\Phi$ を用いると，株式のキャッシュフローは次のとおりにするのが妥当である．これを株式に関する 2 番目のキャッシュフローの定式化という意味で $\tilde{Q}_{LS}^{(2)}$ と記そう．

$$\tilde{Q}_{LS}^{(2)} = \begin{cases} \tilde{Z} - L - \tau(\tilde{Z} - \Gamma - [L - B]) & (\tilde{Z} \geq \Phi \text{ のとき}) \\ 0 & (\Phi > \tilde{Z} \text{ のとき}) \end{cases} \quad (4.55)$$

この 1 行目では，$\tilde{Z} > \Phi$ であるなら，$\Phi$ の定義から，$\tilde{Z}$ から債権者に $L$ を支払い，法人税 $\tau(\tilde{Z} - \Gamma - [L - B])$ を支払っても，残りはまだプラスである．$\tilde{Q}_{LS}^{(2)}$ の期待値と共分散は次のように求められる．

$$E(\tilde{Q}_{LS}^{(2)}) = (1 - \tau)\{(E(\tilde{Z}) - \Phi)[1 - F(\Phi)] + \sigma(\tilde{Z})^2 f(\Phi)\}$$
$$\text{cov}(\tilde{R}_M, \tilde{Q}_{LS}^{(2)}) = \text{cov}(\tilde{R}_M, \tilde{Z})(1 - \tau)[1 - F(\Phi)]$$

次に負債のキャッシュフローについてである．$\tilde{Z}$ が $\Phi > \tilde{Z} > \Gamma + L - B$ であるなら，法人税額はプラスで，これを全額支払うなら負債に $L$ を支払うことができない．法人税と負債，どちらが支払いの優先順位が高いかが問題となるが，通常，税金債務の方が一般債務よりも優先順位が高い．そこで企業は，$\tilde{Z}$ から法人税額 $\tau(\tilde{Z} - \Gamma - [L - B])$ を支払い，その残り全額を負債に支払うものとする．簡単に確認できるように，この残りは $L$ よりも小さくなる．[*17] つまりこの場合，企業は倒産となって，倒産コスト $K$ が発生する．以

---

[*16] $B > \Gamma$ であれば，$\Phi > L$ であることは明らかであろう．また

$$\Phi - (\Gamma + L - B) = \frac{B - \Gamma}{1 - \tau}$$

という関係があるので，$B > \Gamma$ であれば，$\Phi > \Gamma + L - B$ となっている．

[*17] $\Phi > \tilde{Z} > \Gamma + L - B$ の $\tilde{Z}$ であるなら，

$$\tilde{Z} - L - \tau(\tilde{Z} - \Gamma - [L - B]) = (1 - \tau)(\tilde{Z} - \Phi) < 0$$

であるから，$\tilde{Z} - \tau(\tilde{Z} - \Gamma - [L - B]) < L$ である．

上のことから，負債のキャッシュフロー $\tilde{Q}_{LB}^{(3)}$ は，

$$\tilde{Q}_{LB}^{(3)} = \begin{cases} L & (\tilde{Z} \geq \Phi \text{ のとき}) \\ \tilde{Z} - \tau(\tilde{Z} - \Gamma - [L-B])L - K & (\Phi > \tilde{Z} \geq \Gamma + L - B \text{ のとき}) \\ \tilde{Z} - K & (\Gamma + L - B > \tilde{Z} \geq K \text{ のとき}) \\ 0 & (K > \tilde{Z} \text{ のとき}) \end{cases}$$

である．この1行目は $\tilde{Z} \geq \Phi$ であるから，負債は約束どおり $L$ のキャッシュフローをもたらす．2行目以降が倒産である．この $\tilde{Q}_{LB}^{(3)}$ の期待値と共分散は次のとおりである．

$$\mathrm{E}(\tilde{Q}_{LB}^{(3)}) = \mathrm{E}(\tilde{Z})[(1-\tau)F(\Phi) + \tau F(\Gamma + L - B) - F(K)] + L[1 - F(\Gamma + L - B)]$$
$$- \sigma(\tilde{Z})^2[(1-\tau)f(\Phi) + \tau f(\Gamma + L - B) - f(K)]$$
$$- (1-\tau)\Phi[F(\Phi) - F(\Gamma + L - B)] - K[F(\Phi) - F(K)]$$
$$\mathrm{cov}(\tilde{R}_M, \tilde{Q}_{LB}^{(3)}) = \mathrm{cov}(\tilde{R}_M, \tilde{Z})[(1-\tau)F(\Phi) + \tau F(\Gamma + L - B) - F(K) + Kf(\Phi)]$$

企業 L の投資家全体へのキャッシュフローを $\tilde{Q}_L^{(4)}$ とすると，$\tilde{Q}_L^{(4)} = \tilde{Q}_{LS}^{(2)} + \tilde{Q}_{LB}^{(3)}$ より，

$$\tilde{Q}_L^{(4)} = \begin{cases} (1-\tau)\tilde{Z} + \tau\Gamma + \tau(L-B) & (\tilde{Z} \geq \Phi \text{ のとき}) \\ (1-\tau)\tilde{Z} + \tau\Gamma + \tau(L-B) - K & (\Phi > \tilde{Z} \geq \Gamma + L - B \text{ のとき}) \\ \tilde{Z} - K & (\Gamma + L - B > \tilde{Z} \geq K \text{ のとき}) \\ 0 & (K > \tilde{Z} \text{ のとき}) \end{cases}$$

のように表せるが，ここでも節税効果と倒産コストの価値を計算するために，$\tilde{Q}_U$ を使って上の $\tilde{Q}_L^{(4)}$ を書き直したい．多少複雑になってしまうが

$$\tilde{Q}_L^{(4)} = \begin{cases} \tilde{Q}_U + \tau(L-B) & (\tilde{Z} \geq \Phi \text{ のとき}) \\ \tilde{Q}_U + \tau(L-B) - K & (\Phi > \tilde{Z} \geq \Gamma + L - B \text{ のとき}) \\ \tilde{Q}_U + \tau(\tilde{Z} - \Gamma) - K & (\Gamma + L - B > \tilde{Z} \geq \Gamma \text{ のとき}) \\ \tilde{Q}_U - K & (\Gamma > \tilde{Z} \geq K \text{ のとき}) \\ \tilde{Q}_U - \tilde{Z} & (K > \tilde{Z} \geq 0 \text{ のとき}) \\ \tilde{Q}_U & (0 > \tilde{Z} \text{ のとき}) \end{cases}$$

のとおりである．各行の式を簡単に説明する．1行目の $\tilde{Z}$ では，負債のある企業 L は $\tau(\tilde{Z} - \Gamma - [L-B])$ の法人税を支払い，負債のない企業 U は $\tau(\tilde{Z} - \Gamma)$ の法人税を支払っているから，企業 L は $\tau(L-B)$ だけの法人税を

## 4.7 最適資本構成の複合化モデル

節約している。2行目の $\Phi > \tilde{Z} \geq \Gamma + L - B$ の範囲にある $\tilde{Z}$ では，法人税額 $\tau(\tilde{Z} - \Gamma - [L-B])$ を全額支払うと，債権者に $L$ を支払うことができないから倒産で，倒産コストが発生する。ただ倒産ではあるが，債権者から法人税額がフルに納付されているので，$\tau(L-B)$ という節税効果も発生している。これが式の2行目の意味である。3行目は，$\tilde{Z} \geq \Gamma$ であるから，負債のない企業 U は $\tau(\tilde{Z} - \Gamma)$ の法人税を支払わなければならないが，負債の存在により企業 L は法人税の支払いを免れるから，$\tau(\tilde{Z} - \Gamma)$ の節税をしていることになる。4行目の $\tilde{Z}$ では，$\Gamma > \tilde{Z}$ より企業 U の方も法人税を免れるので，両企業の差は倒産コスト $K$ である。5行目の $\tilde{Z}$ の範囲では倒産コストが存在するために，企業 U では投資家(株主)に $\tilde{Z}$ が支払われるのに対し，企業 L では投資家(債権者)に何も支払われない。つまり倒産コストの存在により，企業 L の投資家は $\tilde{Z}$ を喪失していることになり，この $\tilde{Z}$ は倒産コストの大きさを表している。6行目は $\tilde{Z}$ が負であり，投資家は有限責任であるのでキャッシュフローは両企業ともゼロである。

さて企業のキャッシュフローを上のように定式化したので，節税効果の価値と倒産コストの価値を計算できる。節税効果に伴うキャッシュフローは

$$\tau(L-B)\tilde{b}_{[\Gamma+L-B,\infty)} + \tau(\tilde{Z}-\Gamma)\tilde{b}_{[\Gamma,\Gamma+L-B)}$$

であるから，これはケース (B) と結果的に同じである。そこで，ケース (C) においても前の $\widetilde{TS}^{(1)}$ が該当する。また倒産コストの方は若干異なっていて，これを $\widetilde{BC}^{(3)}$ とする。

$$\widetilde{BC}^{(3)} \equiv K\tilde{b}_{[K,\Phi)} + \tilde{Z}\tilde{b}_{[0,K)}$$

$\widetilde{BC}^{(3)}$ の期待値と共分散は次のとおりである。

$$\mathrm{E}(\widetilde{BC}^{(3)}) = K[F(\Phi) - F(K)] + \mathrm{E}(\tilde{Z})[F(K) - F(0)] - \sigma(\tilde{Z})^2[f(K) - f(0)]$$
$$\mathrm{cov}(\tilde{R}_M, \widetilde{BC}^{(3)}) = \mathrm{cov}(\tilde{R}_M, \tilde{Z})[F(K) - F(0) - Kf(\Phi)]$$

最後にケース (C) における各々の価値を記しておく．

$$S_L = V[\tilde{Q}_{LS}^{(2)}]$$
$$B = V[\tilde{Q}_{LB}^{(3)}]$$
$$V_L = S_L + B = V_U + V[\widetilde{TS}^{(1)}] - V[\widetilde{BC}^{(3)}]$$

**＜まとめ＞**

ここで展開したモデルでは，$L$ の大きさに応じて株式や負債のキャッシュフロー，そして節税効果や倒産コストのキャッシュフローの定式化をそれぞれ変更しなければならなかった．整理すると以下の表のようにまとめられる．

| | | | | キャッシュフロー | | |
|---|---|---|---|---|---|---|
| | $L$ の範囲 | 株式 | 負債 | 投資家全体 | 節税効果 | 倒産コスト |
| (A) | $K \geq L \geq 0$ | $\tilde{Q}_{LS}^{(1)}$ | $\tilde{Q}_{LB}^{(1)}$ | $\tilde{Q}_L^{(1)}$ | $\widetilde{TS}^{(1)}$ | $\widetilde{BC}^{(1)}$ |
| (B) | $\Gamma \geq L > K$ | $\tilde{Q}_{LS}^{(1)}$ | $\tilde{Q}_{LB}^{(2)}$ | $\tilde{Q}_L^{(2)}$ | $\widetilde{TS}^{(1)}$ | $\widetilde{BC}^{(2)}$ |
| (B') | $L > \Gamma > B$ | $\tilde{Q}_{LS}^{(1)}$ | $\tilde{Q}_{LB}^{(2)}$ | $\tilde{Q}_L^{(3)} = \tilde{Q}_L^{(2)}$ | $\widetilde{TS}^{(1)}$ | $\widetilde{BC}^{(2)}$ |
| (C) | $L > B \geq \Gamma$ | $\tilde{Q}_{LS}^{(2)}$ | $\tilde{Q}_{LB}^{(3)}$ | $\tilde{Q}_L^{(4)}$ | $\widetilde{TS}^{(1)}$ | $\widetilde{BC}^{(3)}$ |

### 4.7.2 シミュレーション

このモデルを用いてシミュレーションする際，$\Gamma$ と $K$ を $\Gamma = \gamma V_U$，$K = kV_U$ のように特定化する．この $\gamma$ の値を 1，$k$ を 1 以下の任意の定数とすると，ここのモデルは倒産コストモデルとなり，また $k$ の値を 0，$\gamma$ を 1 以上の任意の定数とすると負債以外の節税要因のモデルとなる．そして $k$ を 1 未満の任意の定数および $\gamma$ を 1 を超える任意の定数とするなら，モデルは倒産コストモデルと負債以外の節税要因を複合化したモデルとなる．ここでは複合化したモデルを使って，数値例を計算した．表 4.8 は $\tau$ の値を 0.3，$k$ の値を 0.4 にして，$\gamma$ の値を変化させる場合の最適な負債支払額 $L^*$ の変化を調べたものである．その他のパラメターの値は，倒産コストモデルのものと同じである．

前でも述べたように，負債以外の節税要因が増大すると，負債の金利支払

## 4.7 最適資本構成の複合化モデル

による節税効果をフルに利用できる可能性が減少するため，負債利用を抑制しようとする効果が生まれる．表 4.8 では，負債以外の節税要因の増大により $\gamma$ が上昇すると $L^*$ は減少している．

この表 4.8 を提示した本当の理由は，この複合化したモデルがどの程度，現実企業の資本構成を把握する能力を持っているか調べたいからである．結論を先にいうと，実は倒産コストや負債以外の節税要因を考慮した複合化モデルでも，現実企業の資本構成に十分対応できるとはいえない．なぜなら現実企業の資本構成にモデルで計算される最適資本構成を適応させるためには，倒産コストや負債以外の節税要因を非現実的なレベルにまで大きくしなければならないからである．倒産コストの大きさを具体的に明示することは困難であるが，アメリカの研究によれば，企業価値の 1 割前後，大きくてもせいぜい 2～3 割というのが定説になっている．[*18]

ここで想定したシミュレーションの数値例では，倒産コストの大きさが期首資産価値の 4 割となっているが，この想定は現実の値としては少々大きい．4.5.3 節のシミュレーション結果によれば，このとき最適資本構成の負債比率 $B/V_L$ は 7 割を超えてしまうし，仮に倒産コストを期首資産価値のすべて (つまり倒産すると期首資産価値のすべてを失う) としても，最適資本構成の負債比率は 5 割を超える．負債以外の節税要因を考慮せず，倒産コストだけで最適資本構成を求めるなら，その最適な負債比率は現実企業のそれよりも高すぎる．

負債以外の節税要因を導入した複合化モデルを使えば，負債比率 5 割以下の最適資本構成を導くことも可能ではあるが，その際，負債以外の節税要因の大きさは，非現実的なくらいに大きいのかもしれない．表 4.8 によると，倒産コストが $V_U$ の 4 割とするとき，負債以外の節税要因は $V_U$ の 1.8 倍に設定すれば，負債比率 5 割以下の最適資本構成を導くことはできる．しかし，$\gamma = 1.8$ という設定が妥当かどうかは，あらためて検証する必要があろうが，感覚としてはこれも少々大きすぎる印象は否めない．近年のわが国大企業の大半が 2～3 割前後の負債比率であることを考えると，倒産コストや

---

[*18] 倒産コストの大きさに関する研究は，Warner(1977) や Altman(1984), Haugen-Senbet(1978), Titman(1984) などを参照願いたい．

| $\gamma$ | $L^*$ | $Prob$ | $S_L$ | $B$ | $V_L$ | $B/V_L$ |
|---|---|---|---|---|---|---|
| 1.2 | 51.364 | 0.0437 | 12.967 | 26.863 | 39.831 | 0.674 |
| 1.4 | 46.251 | 0.0295 | 16.233 | 24.563 | 40.796 | 0.602 |
| 1.6 | 40.737 | 0.0187 | 19.703 | 21.926 | 41.630 | 0.527 |
| 1.8 | 34.805 | 0.0110 | 23.335 | 18.945 | 42.280 | 0.448 |
| 2.0 | 28.453 | 0.0060 | 27.105 | 15.625 | 42.730 | 0.366 |

(注)$E(\tilde{Z}) = 100$, $\sigma(\tilde{Z}) = 28.46$, $\tau = 0.3$, $k = 0.4$, $\lambda = 2.566$, $\mathrm{corr}(\tilde{R}_M, \tilde{Z}) = 0.4$ として計算。

表 4.8 モデルのシミュレーション

 負債以外の節税要因だけでは，現実企業の資本構成を十分に捉えきれていないことだけは明らかであろう。そこで全く別の新しい要因が必要で，この新しい何かを追加しない限り，理論モデルは現実企業の資本構成に十分適応できないのである。資本構成理論の展開において，この「新しい何か」とは情報の経済学に依拠した視点ということになる。これについては次の章で取り上げる。

## 4.8 企業価値最大化の意味

 この章では，最適資本構成の理論として，企業価値を最大化する資本構成(負債の量)を問題にしてきた。この章の最後のトピックスとして，資本構成の意思決定に関し，企業価値最大化を目標にすることの意味についてここでまとめておきたい。これについては，今まで必要に応じてその都度何回か指摘してきた。話の繰り返しになってしまうが，企業金融論における資本構成理論を理解する最も大切なポイントでもあるから，この節であらためて整理しておきたい。
 この章で取り上げた理論モデル，具体的には MM 命題や修正 MM 命題，そして倒産コストモデルや，これに負債以外の節税要因を追加した複合化モデルではすべて，企業価値最大化を目標とすることの理由は，株主の富の最大化にある。企業は，株主の富の最大化を達成するため，企業価値を最大化するような資本構成を選択するのである。ところが企業価値の定義は，株式

## 4.8 企業価値最大化の意味

価値に負債価値を加えたものであるから，企業価値が常に株主の富を表象しているとは限らない．企業価値の対象となる投資家には，株主に加え債権者が存在する．債権者は株主と同じ主体である必要性は全くない．従って企業価値と株主の富は本来，必ずしも同じものではない．しかし，若干特殊な財務行動が仮定され，この仮定を置くことが，企業価値と株主の富との間に同値あるいは1対1の関係をもたらす．

この章で取り上げた理論モデルは，資本構成(負債の量)が変化しても，企業収益 EBIT の確率分布が不変であることを仮定する．収益の確率分布が不変であるということは，その収益を産み出す源，企業の保有している資産が資本構成にかかわらず一定不変であることを意味する．従ってこれらの理論モデルにおいては，企業の保有資産を不変に維持しながら，資本構成(負債の量)のみを変化させることを考えているといってもよい．これは，資本構成が変化することによる純粋な効果を抽出しようとする意図による．この意図を実現するため，資本構成の変化に伴って若干特殊な財務行動が仮定される必要がある．そしてそのとき，結果として，資本構成の変化に対し，企業価値と株主の富とが同値になるということである．

それでは，資本構成の変化に伴う若干特殊な財務行動とは何か．負債を発行すると，企業は負債価値の分だけ現金を入手する．この現金が企業に流入すると，負債の発行前後で，企業の保有する資産は異なるものになってしまう．そこで，企業の資産を不変に維持するため，負債発行で得た現金すべてを即，企業の社外に流出させる必要がある．このための手段が株主に配当金を支払う，あるいは自社株を買入消却することである．資本構成の変化に伴う若干特殊な財務行動とは，負債発行で得た現金を株主に配当金支払をすること，あるいは自社株の買入消却をすることである．これを仮定すれば確かに，資本構成(負債の量)が変化しても，企業の保有する資産は一定不変に維持され，企業収益の確率分布が不変であるという仮定と整合性を保てる．

定常状態のモデル(MM 命題や修正 MM 命題)であれ，1 期間モデル(倒産コストモデルや複合化モデル)であれ，本質的には同じことなのであるが，若干表現の変更が必要であるので，別々に説明した方がよいであろう．当面，株主への配当金支払のケースを念頭に置いて説明する．自社株の買入消

却のケースは，多少形式的な議論が必要になるので後述する．

**配当金支払の場合**

定常状態の議論では，今までは企業 U と企業 L として 2 つの企業を想定してきた．しかし 2 つの企業といっても，保有する資産は同じで，同じ収益が予想され，異なる点は唯一負債が存在するか否かという点のみであった．そこで，企業 U と企業 L とが実は 1 つの企業で，前者が負債のない場合，後者が負債のある場合とみなす．負債の有無にかかわらず，企業の保有する資産が同じままなら，負債の有無による純粋な効果が比較できよう．負債のない場合の企業価値が $V_U$ で，これは株式価値でもある．ここで企業が負債を発行したとする．その負債価値は $B$，株式価値は $S_L$，これらの和が企業価値 $V_L (= S_L + B)$ である．

負債価値 $B$ の負債が発行されると，$B$ の現金が企業に流入するので，企業の保有する資産を不変に維持するため，この流入現金全額を社外に流出させる．そこで現金 $B$ を株主に配当金として支払う．他方，負債発行がなされると，株式価値の方は $V_U$ から $S_L$ に変化する．なお，株価は権利落ち価格であるから，この株式価値 $S_L$ の中に，配当金 $B$ は含まれていない．ということは，企業価値 $V_L$ は $S_L$ と $B$ の合計であるから，これは株主の富を表していることになる．株主の保有している株式の時価が $S_L$ で表され，今受け取った配当金が $B$ である．ところで，配当金を今受け取ることのできる株主は，「今」の前の時点から株主である必要がある．「今」の時点で新しく株主になったものは，$B$ の配当金を得ることはできない．従って $V_L$ が表す株主の富とは，より正確には既存株主の富というべきである．

負債価値 $B$ は債権者へのキャッシュフローを価値評価したものである．負債に資金提供する債権者は，必ずしも株主である必要はない．全く別の主体であると思ってよい．負債のある企業 L に関連した主体は，株主と債権者という別々の投資家ということになり，両者を価値評価した和が企業価値なのであるが，以上のような財務行動，つまり負債発行代金を株主への配当金として支払ってしまう結果，企業価値は既存株主の富を表象するものになるのである．

## 4.8 企業価値最大化の意味

次に1期間モデルについて見てみよう。1期間であるから，期首と期末しかなく，企業は期首に設立され，期末に解散される。期首では次のような2段階が仮定される。まず企業は設立に際して株式のみを発行し，負債の存在しない企業として設立される。その企業価値は $V_U$ である。企業は株式発行で $V_U$ 円の現金を入手し，この現金で資産を購入して活動を開始する。この段階では負債が存在しないので，企業価値 $V_U$ は株式価値でもある。さて次に，設立の直後，企業は負債を発行するものとする。負債価値が $B$ であれば，企業は $B$ 円の現金を新たに入手し，この現金は即座に株主に配当金として支払われる。負債発行がなされると，株式価値は $V_U$ から $S_L$ に変化し，このとき企業価値は $V_L(= S_L + B)$ である。負債に資金提供する債権者は，株主とは全く別の主体である。とはいえ，企業価値は，株主の保有する株式の時価として株式価値 $S_L$ と，今受け取った配当金 $B$ との和でもあるから，それは株主の富を表象するものと考えられる。[*19]

1期間モデルの期首において，なぜ一度に株式と負債のミックスを発行して設立するものとしないのか。もし株式と負債のミックスを発行したなら，企業価値は始めから $V_L$ となって，設立時に企業は株式から $S_L$ 円を，負債から $B$ 円を調達して，あわせて $V_L$ 円の現金を入手する。そしてこの現金でもって資産を購入することになる。資本構成の差異で企業価値が異なるなら，設立時に資本構成が異なると，企業の得る現金の大きさが異なり，保有することになる資産も異なってしまう。これは，資本構成にかかわらず期末収益の確率分布が一定であるという仮定と矛盾してしまう。そこで負債に関係なく，期首で $V_U$ 円の資産を保有し，負債発行で得る現金すべてを株主への配当金として社外に流出させてしまうということを仮定する必要がある。

### 自社株の買入消却の場合

前の配当金支払のケースでは，多数存在する株主全体で見た株主の富を企業価値と同値であるとした。現金を株主に還元する方法には他に，自社株の買入消却がある。これを実施すると，発行済株式数が変化し，そのため1株

---

[*19] 1期間モデルにおいて，期首よりも前の時点は存在しないので，既存株主というものは存在せず，株主を既存株主と新株主で区別する必要性はない。

当りの株価も変化する。自社株の買入消却によって，企業が現金を株主に還元することを明示的に検討するには，株主の富を，1株を保有する株主の富として検討する必要がある。

今負債のないときの企業価値 $V_U$ は，発行済株式数が $n_U$ で，1株当り株価が $P_U$ であるとする。従って $V_U = n_U P_U$ である。次に負債が発行され，その負債価値が $B$ である。負債が存在するときの企業価値 $V_L$ は，株式価値 $S_L$ と負債価値 $B$ の和である。株式価値 $S_L$ は，発行済株式数が $n_L$，株価が $P_L$ で，$S_L = n_L P_L$ であり，企業価値は $V_L = n_L P_L + B$ である。

負債が発行されると，企業は現金 $B$ を入手するが，この現金すべてを即，自社株買いに使うものとする。発行済株式数は，負債の発行前は $n_U$ であるが，自社株の買入消却で変化する結果，負債の発行後は $n_L$ になる。つまり発行済株式数の $n_U$ と $n_L$ は，この自社株買いによって一定の関係にある。それでは自社株買いで何株を購入することができるであろうか。企業が負債発行および調達現金での自社株買いをアナウンスするや否や，株価は $P_U$ から $P_L$ へと変化するので，現金 $B$ で購入することのできる株式数は $B/P_L$ である。現金 $B$ だけ自社株買いが実行されると，発行済株式数は $n_U$ から $B/P_L$ だけ減少するので，$n_L = n_U - B/P_L$ という関係が成立する。これを使って企業価値 $V_L$ を次のように書き換えてみよう。

$$V_L = S_L + B = n_L P_L + B = n_U P_L$$

上記の式で，$n_U$ は負債の大きさにかかわらず一定で，資本構成の変化に対して定数である。従って企業価値 $V_L$ は，1株当り株価 $P_L$ と1対1の関係にある。

自社株買いに応じて株式を売却した株主には売却代金としての現金 $P_L$ が支払われ，株式を保有し続けた株主のところには現金は一切行かない。自社株買いが実行される場合，株主の富は，株式の時価である株価だけで表され，受け取る配当金は存在しない。従って1株を保有する株主の富は，自社株買いに応じるか否かにかかわらず，株価 $P_L$ そのものである。負債発行で調達した資金すべてが即，自社株買いで社外に流出するなら，企業価値は株主の富を表す株価と1対1の関係にある。このとき，企業価値 $V_L$ を最大化

するような資本構成は，株価 $P_L$ を最大化することと同値であり，同時にこれは株主の富の最大化ということになる。

以上のことから，資本構成にかかわらず企業収益の確率分布が不変であるという仮定に整合性を保たせるため，負債発行で得た現金を社外に流出させるという，若干特殊な財務行動を仮定することが，企業価値と株主の富を同値にするということがわかるであろう。

## 4.9　結び

この章では，完全資本市場の下で成立する MM 命題に対し，現実的要因である様々な不完全性を考慮することでその拡張を試みた。ここで取り上げた現実的要因とは法人税，貸倒れリスク，所得税，倒産コスト，負債以外の節税要因の 5 つである。

まず法人税を考慮して MM 命題を拡張したのが修正 MM 命題である。その結論は負債が増えるほど企業価値は大きくなるというものであった。そして次に負債の貸倒れリスクを考慮した場合，MM 命題や修正 MM 命題がどのように影響を受けるかを検討した。その結果，貸倒れリスクの存在そのものは，MM 命題や修正 MM 命題の結論を変更させるものではないことがわかった。企業の目標は企業価値の最大化であるから，貸倒れリスクの有無にかかわらず，法人税の存在は負債の極大化が最適資本構成であるという結論をもたらすことになる。

このような結論が導かれるのは当然のこととも考えられる。なぜならこれらの議論は負債利用のメリットのみを考慮していて，負債利用のデメリットが十分に明示されていないからである。そこで登場するのが倒産コストモデルである。貸倒れに伴う様々な不便益を倒産コストという形で明示し，これを負債利用のデメリットと考える。最適資本構成は，負債利用のメリットである節税効果とデメリットの倒産コストとのバランス(トレードオフ)から決定される。また負債利用のデメリットとなり得る別の要因に，負債以外の節税要因 non-debt tax shield がある。

この章では，これら要因を複合化したモデルを最適資本構成のモデルとし

て提示した．そして簡単なシミュレーションをして，その致命的な欠陥を明らかにした．それは，このモデルから計算される最適な(企業価値を最大化する)負債比率は，現実企業の値に比べて大きすぎるという点である．現実企業の負債比率は大半が5割未満であり，これをこのモデルで把握するには限界がある．[*20] この章で取り上げた現実的要因のみでは，現実企業の資本構成を捉えきれないのである．そこで次の章以降では視点を変えて，情報の経済学から提供される新たな不完全性が検討されることになる．

## 4.10 付録：修正MM命題と投資の意思決定

　修正MM命題が成立しているとき，投資の意思決定がどうなっているかについて，ここでまとめておきたい．恐らく，ここの議論が実務で広く利用されている手法ではないかと著者は思っている．前でも述べたように，修正MM命題そのものは，最適資本構成を決定するための理論とは考えない方がよい．これによると，負債の極大化が最適になってしまうからである．そうではあるものの，現実の資本構成(負債の量)を与件とみなし，その下で修正MM命題 $V_L = V_U + \tau B$ が成立していると考えるなら，そのとき，投資の意思決定の手法はどうなるのか．これがこの付録の議論の内容である．なぜこれが実務で広く援用されているのかというと，実際に利用できるような実用的手法が他にないからである．

　あくまでも修正MM命題の成立がベースであるから，ここの議論は4.3.3節の延長で，定常状態が仮定され，法人税が存在し，また貸倒れリスクも考

---

[*20] 通常の企業では貸倒れ確率が小さいため，節税効果の方が倒産コストの効果よりどうしても強く出てしまう．そのためモデル上の最適な負債比率は大きくなりやすい．そこで節税効果を弱めるべく，税率を小さく見積ろうとする傾向がある．その根拠として使われるのが，4.4節で紹介したMillerの所得税の議論である．Millerの議論では，本来の法人税率 $\tau$ を $T$ という変数で機械的に置き換えればよいことが示される．これにより，法人税率が $\tau = 0.3$ であったとしても，(所得税率にも依存して) $T = 0.2$ 前後という値が導けるので，節税効果を税率 0.2 でもって計算するという研究が散見される．しかしMillerの議論はあくまでも定常状態に依拠した話であって，$\tau$ を $T$ に機械的に置き換えることができるのは定常状態だからである．もし1期間モデルであるなら，Millerの議論のような機械的な置き換えはできない．また定常状態が仮定されている限り，本当の貸倒れのモデルとはならないことは本文で詳しく述べた．

## 4.10 付録：修正 MM 命題と投資の意思決定

慮されるという世界が想定されている。ところで，バランスシート B/S を考えるとすると，投資は資産サイド (B/S 左側) を拡大させるから，必ず調達サイド (B/S 右側) の拡大を伴っていなければならない。すなわち，企業の投資の意思決定とはその資金調達に関する考察が密接不可分なはずである。そして企業の資金調達を考慮するには，企業の発行する株式や負債の価値評価が必要不可欠になる。定常状態の世界ならば，これら価値評価は単純な形で求められる。

定常状態の場合，各時点のキャッシュフロー増分には $\overline{\Delta}_1 = \overline{\Delta}_2 \cdots = \overline{\Delta}$ が仮定され，各時点のキャッシュフロー増分 $\overline{\Delta}_i$ はみな等しく $\overline{\Delta}$ である。このとき，NPV 法では

$$NPV = \frac{\overline{\Delta}}{\rho} - I$$

のように $NPV$ の値が計算できる。投資でキャッシュフローが変化するのは，投資が企業収益を変化させるからであるが，企業収益がそのままキャッシュフローとなるわけではない。それでは，ここの $\overline{\Delta}$ として，何をどのように計算すべきであるか。またここの $\rho$ は投資の必要収益率であるが，これをどうやって求めるか。ここでいう投資の意思決定の手法とは，$\overline{\Delta}$ や $\rho$ をどうするのかということが問題である。ここで説明する手法に従って計算される $NPV$ の値は，既存株主の富の増減に等しくなる。この理由はあまり自明とはいい難いであろう。

また NPV 法とは異なる類似した手法も存在する。APV 法や FTE 法と称されるものである。実はこれらは，同じ既存株主の富の増減を計算しているという意味で，NPV 法の派生型とも考えられる。以下では，NPV 法を中心に，まず数値例を使ってこれら 3 つの手続きを説明した後，モデルを用いた形式的な証明を与えよう。

### 4.10.1 数値例：NPV 法

まず負債のない企業から始めよう。この企業を企業 U と称し，企業 U の数値をまとめたのが表 4.9 である。表の左側の列を説明しよう。定常状態が仮定されるので，企業 U は収益として毎期 1000 の EBIT を永久に期待でき

|  | 投資前 | 投資後 |
|---|---|---|
| $\tau$ | 0.3 | 0.3 |
| $\rho_U$ | 0.2 | 0.2 |
| $I$ |  | 300 |
| $E(\tilde{X})$ | 1000 | 1080 |
| $E(\tilde{Y}_U) = (1-\tau)E(\tilde{X})$ | 700 | 756 |
| $V_U = E(\tilde{Y}_U)/\rho_U$ | 3500 | 3780 |

表 4.9　数値例：企業 U

るものとされる (表の $E(\tilde{X})$)。企業 U の株式の資本コスト $\rho_U$ は 0.2 で，法人税率 $\tau$ は 0.3 である。株主へのキャッシュフローの期待値は，法人税を支払った残りの 700 である (表の $E(\tilde{Y}_U)$)。これを資本コスト $\rho_U$ で割れば，企業価値 $V_U$ は 3500 になる。以上が投資を実行する前の企業 U の姿である。[*21]

ここで企業 U が投資を実行したとする。投資を実行した場合の数値が表 4.9 の右側に記されている。$I$ は投資にあたって初期に支出される金額で，この投資によって EBIT の期待値は $E(\tilde{X}) = 1080$ に変化する。これにより株主へのキャッシュフロー期待値は $E(\tilde{Y}_U) = 756$ に増える。すなわち，$I = 300$ の投資を今，実行することで，将来の収益が毎期 80 だけ永久に増加し，これにより株主へのキャッシュフローが毎期 56 だけ永久に増加することが期待される。この 56 が投資によるキャッシュフロー増分で，前の $\overline{\Delta}$ に相当する。定常状態が仮定されているので，この現在価値は $\overline{\Delta}/\rho_U$ という単純な計算で求められる。

さてここで，投資は企業 U の株式の営業上のリスクを不変に保つものであることが仮定される。そうであるなら，企業 U の株式に対する資本コスト $\rho_U$ は 0.2 のまま不変であり，さらに今，負債は存在しないので，この $\rho_U$ が投資の必要収益率 $\rho$ ということになる。従って，$\overline{\Delta} = 56$ というキャッシュ

---

[*21] 本当は必ずしも $\tilde{Y}_U = (1-\tau)\tilde{X}$ ではない。企業収益 $\tilde{X}$ がマイナスであるなら，$\tilde{Y}_U$ はゼロだからである (株主の有限責任)。しかし，株主へのキャッシュフロー期待値の増分が，企業収益の変化から発生したものであることを明示しておくことは，後の議論で重要になってくる。そこでこの付録では，$\tilde{X} < 0$ となる確率がゼロであると仮定して，$E(\tilde{Y}_U) = (1-\tau)E(\tilde{X})$ であるとする。

## 4.10 付録：修正 MM 命題と投資の意思決定

フロー増分に対する現在価値は 280(= 56/0.2) として求めることができる。ただ投資の $NPV$ は、

$$NPV = \frac{56}{0.2} - 300 = -20$$

のようにマイナスの値となる。NPV 法によれば、この投資は実行すべきでないという結論に至るが、それではなぜ投資を実行すべきでないのであろうか。$NPV$ の値は何を意味しているのであろうか。

表 4.9 の右側の一番下に、投資実行時の企業価値が記されている。$E(\tilde{X}) = 1080$, $\rho_U = 0.2$, $\tau = 0.3$ を代入すると、3780 という値が得られる。確かに、企業価値は投資前の 3500 から 280 だけ増加している。これは、投資によって EBIT が 1000 から 1080 へ増え、これに伴い株主へのキャッシュフローが 56 だけ増加したことの現在価値 280 である。投資を実行した場合、企業価値は増加しているが、投資を実行するには誰かがこの投資のための資金 300 を負担しなければならない。この投資資金は新株発行で調達されるものとしよう。投資前からの株主 (既存株主) に加えて、投資実行で新株主が存在するので、新しい企業価値 3780 のすべてが既存株主に帰属するわけではない。資金調達した直後であるから、3780 という企業価値の中で、新株主に帰属する価値は提供した資金の値そのもの、つまり 300 である。ということは、企業価値のうち既存株主に帰属する価値は、残りの 3480(= 3780 − 300) という値になる。投資を実行する前、企業価値は 3500 であったから、投資実行で既存株主は 20 だけ損害を被っていることになる。この値は正しく $NPV$ の値 (−20) である。いうまでもなく、$NPV$ の値が正である場合は、その値だけ既存株主は儲かっていることになる。これが $NPV$ の経済的な意味であり、$NPV$ の値は既存株主の富の増減を表した数字なのである。

それでは次に、企業に負債が存在する場合の NPV 法を述べよう。負債が存在するという点を除いて、他は全く企業 U と同じ企業である。これを企業 L と称する。企業 L の数値は表 4.10 にまとめられている。企業 U と同様に、投資前の $EBIT(E(\tilde{X}))$ は毎期 1000 を期待でき、法人税率 $\tau$ は 0.3 である。負債の存在する企業 L の資本構成であるが、企業 L はその負債比率 $B/V_L$ を常に 0.4 に維持するものとする。この値を $B/S_L$ の形に直すと、表にあるようにこれは 2/3 = 0.6667 という値となる。理由は問わず、とにか

|  | 投資前 | 投資後 |
|---|---|---|
| $\tau$ | 0.3 | 0.3 |
| $\rho_U$ | 0.2 | 0.2 |
| $\rho_B$ | 0.08 | 0.08 |
| $\frac{B}{S_L}$ | 0.6667 | 0.6667 |
| $\rho_L = \rho_U + (\rho_U - \rho_B)\frac{B}{S_L}(1-\tau)$ | 0.256 | 0.256 |
| $I$ |  | 300 |
| $\mathrm{E}(\tilde{X})$ | 1000 | 1080 |
| $\mathrm{E}(\tilde{Y}_{LB})$ | 127.27 | 137.45 |
| $B = \mathrm{E}(\tilde{Y}_{LB})/\rho_B$ | 1590.91 | 1718.18 |
| $S_L = (1-\tau)(\mathrm{E}(\tilde{X}) - \mathrm{E}(\tilde{Y}_{LB}))/\rho_L$ | 2386.36 | 2577.27 |
| $V_L = S_L + B$ | 3977.27 | 4295.45 |

表 4.10　数値例：企業 L

く企業は資本構成をこの値に維持したいものとする.

　資本構成がこの値になるよう，負債価値や株式価値を求めなければならないが，そのためには，各々のキャッシュフロー期待値や資本コストの値を知る必要がある．これは少々面倒なのであるが，次のようにして求める．負債のキャッシュフロー期待値 $\mathrm{E}(\tilde{Y}_{LB})$ の値を何か与えれば，負債の資本コスト $\rho_B$ は 0.08 で，そのときの負債価値 $B$ の大きさが決まる．また株式の資本コスト $\rho_L$ については，(4.38) 式を使う．$B/S_L = 0.6667$ の下で，(4.38) 式に各値を代入すれば，

$$\rho_L = 0.2 + (0.2 - 0.08) \times 0.6667 \times (1 - 0.3) = 0.256$$

という具合に，株式の資本コスト $\rho_L$ には 0.256 という値が得られる．これを使えば，$\mathrm{E}(\tilde{Y}_{LB})$ に何か値を与えると，株式価値 $S_L$ を決めることができる．$S_L$ がどうして表 4.10 にあるような式で計算できるかは，後で説明するので，今はそういうものと考えていただきたい．こうして決まった $B$ と $S_L$ の比率が 0.6667 となるような $\mathrm{E}(\tilde{Y}_{LB})$ の値，これが今，所望する負債へのキャッシュフロー期待値である．これは表 4.10 にあるように $\mathrm{E}(\tilde{Y}_{LB}) = 127.27$ となる．このときの負債価値 $B$ と株式価値 $S_L$ の値は表 4.10 のとおりである．確かに $B/S_L$ は 0.6667 になっている．以上が投資を実行する前の企業 L の

## 4.10 付録：修正 MM 命題と投資の意思決定

姿である。[*22]

ここで，企業 U の場合と同様の投資を企業 L が実行したとする。すなわち，今 300 という投資の支出 $I$ をすることで，将来の EBIT が毎期 80 だけ永久に増加する。またこの投資は，株式の営業上のリスクを不変に保つような投資である。企業に負債が存在する場合，この投資の $NPV$ の計算は，次のようにすることが今日の定石になっている。まず投資に伴う将来のキャッシュフロー増分 $\overline{\Delta}$ は，企業 U の場合と同様に $56(=(1-0.3)\times 80)$ としておく。このキャッシュフロー増分の現在価値を求めるときに必要な割引率は何か。これについては投資の資金調達を考慮する必要がある。

企業は投資後の負債比率を不変に保持すべく，投資の資金調達は，株式と負債のミックスが新たに発行されるものと仮定される。負債比率が不変であるなら，株式の財務上のリスクも不変である。営業上のリスクの方も不変であるから，投資が実行されても，企業 L の株式の資本コスト $\rho_L$ はやはり不変である。投資の資金調達は株式と負債のミックスが発行されるから，この資金調達のコストは，株式の資本コストと負債の資本コストとを，負債比率を反映させた形でミックスさせた値となる。そこで，$NPV$ を計算する際の割引率には，

$$\hat{\rho}_W \equiv \frac{S_L}{V_L}\rho_L + \frac{B}{V_L}\rho_B(1-\tau) \tag{4.45}$$

の形で定義される平均資本コスト $\hat{\rho}_W$ が用いられる。この $\hat{\rho}_W$ は一般に WACC(weighted average cost of capital の略称) と称される。ここの数値例で $\hat{\rho}_W$ を求めると，負債比率 0.4 から

$$\hat{\rho}_W = (1-0.4)\times 0.256 + 0.4\times 0.08 \times (1-0.3) = 0.176$$

---

[*22] 表 4.10 にある式を使うと，

$$\frac{B}{S_L} = \frac{\mathrm{E}(\tilde{Y}_{LB})/\rho_B}{(1-\tau)(\mathrm{E}(\tilde{X})-\mathrm{E}(\tilde{Y}_{LB}))/\rho_L}$$

が得られるので，この左辺には 0.6667 という比率を代入し，右辺の各変数には，$\mathrm{E}(\tilde{X})=1000$，$\tau=0.3$，$\rho_L=0.256$，$\rho_B=0.08$ を代入して，$\mathrm{E}(\tilde{Y}_{LB})$ について解く。すると $\mathrm{E}(\tilde{Y}_{LB})=127.27$ が求められる。またこれとは別に，修正 MM 命題の式 $V_L=V_U+\tau B$ を用いて $\mathrm{E}(\tilde{Y}_{LB})$ を求めることもできる。

という値が，$\overline{\Delta} = 56$ というキャッシュフロー増分を現在価値に割引く際の割引率 $\rho$ となる．これらのことから，この投資を企業 L が実行する場合の $NPV$ は，

$$NPV = \frac{56}{0.176} - 300 = 18.18$$

のように，正の値となるので，この投資は実行されるべきと結論される．以上が企業に負債が存在する場合の NPV 法に関する標準的な手法である．

重要なことなのでまとめておくと，負債の有無にかかわらず，投資に伴うキャッシュフロー増分は，負債を無視した税引後の $(1-\tau)\mathrm{E}(\tilde{X})$ の変化分を計算する．割引率の方は $\hat{\rho}_W$ で定義される平均資本コストを求め，これらを用いて $NPV$ を計算する．それでは，このように計算された $NPV$ の値が何を意味するのかを見てみよう．前の企業 U について計算した $NPV$ は，投資実行の前から株主であった既存株主の富の増減を表していた．今の企業 L について計算した $NPV$ も同じであろうか．

この点を明確にするには，投資に伴う資金調達についてもう少し細かく調べる必要がある．表 4.10 には，投資実行後の株式価値および負債価値，企業価値が記されている．前と同様の手法で計算すると，投資の実行後の負債へのキャッシュフロー $\mathrm{E}(\tilde{Y}_{LB})$ は 137.45 であり，これに対する負債価値 $B$ は 1718.18，株式価値 $S_L$ は 2577.27 となる．確かに $B/S_L$ は 0.6667 である．企業価値は投資により 4295.45 となって，投資を実行する前の 3977.27 から 318.18 だけ増加している．形式的には，企業 U の場合と同様，$NPV$ の値は企業価値の増分から投資支出額 300 を引いた値に等しい．また企業価値の増分は，株式価値の増分 190.91(= 2577.27 − 2386.36) と負債価値の増分 127.27(= 1718.18 − 1590.91) とから成っている．

まず負債価値の増分の意味から説明しよう．投資の資金調達で負債が増加しているから，負債へのキャッシュフロー期待値 $\mathrm{E}(\tilde{Y}_{LB})$ も増加する．この増分は 10.18(= 137.45 − 127.27) で，これは新たに発行された負債へのキャッシュフローである．これを $\rho_B = 0.08$ で割引くと 127.27(= 10.18/0.08) という値を得る．つまり，負債価値の増分は，新たに発行される負債の価値に等しくなっている．従って，企業 L が投資資金として負債で調達する金額は 127.27 であるといえる．投資全体では 300 という資金が必要であるから，残

りの 172.73(= 300 − 127.27) は新株発行で調達されなければならない。株式価値の増分は 190.91 であるが，このうち 172.73 は新株に帰属する。残りの 18.18(= 190.91 − 172.73) が既存株主に帰属する部分で，やはり $NPV$ の値と同じになる。この正の値は既存株主の富が投資により増加すること，もっというと，投資により株価が値上りして，既存株主が儲かる金額を表している。以上のことから，負債が存在する場合の NPV 法の計算でも，その値は，投資によって既存株主の富がどれぐらい増加するかを表したものになっていることがわかる。

ここで 1 点注意すべきなのは，株式価値に対する負債価値の比率 $B/S_L$ は，確かに投資の前も後も 0.6667 で一定になっている。しかし，だからといって，投資の資金調達もこの比率で株式と負債のミックスが発行されるわけではない。事実，必要な投資資金 300 のうち，負債で 127.27 という金額が調達され，株式で 172.73 という金額が調達されている。この比率は 0.7368(= 127.27/172.73) となっていて，決して 0.6667 ではない。この理由を直感的に述べると次のとおりである。$NPV$ が正となるような投資の場合，株価は上昇するので，仮に投資の資金調達を元の負債比率でもって行うとすると，株価上昇分だけ株式価値が増加して，投資実行後の負債比率は低下してしまう。そこで元の負債比率を投資後も維持するためには，負債比率よりも大きな比率で負債を発行しなければならない。ここの数値例では，投資の資金調達に際し，元の 0.6667 よりも高い比率 0.7368 でもって，負債が発行されることになる。企業の資本構成と投資の資金調達の比率については，誤解されることが散見されるので，注意しておく。

### 4.10.2 数値例：APV 法と FTE 法

企業に負債が存在するときの投資の意思決定方法としては，前で説明した NPV 法以外に 2 つの手法がよく登場する。APV 法と FTE 法である。これらは NPV 法で求められる値と同じ値をもたらすが，計算の手続きが随分と異なっている。以下では APV 法と FTE 法による手法を前の数値例を用いて説明しよう。

APV 法とは，adjusted present value の略であり，仮に負債が存在しない場合の NPV の値をまず始めに求めておいて，次に負債が存在することから生じる負債の節税効果を考慮して，最初の NPV の値を調整しようというものである。負債が存在しない企業 U の NPV を求めると，これは $-20$ であった。企業 L には負債が存在していて，負債価値は投資によって 127.27 だけ増加している。ということは，節税効果の方も，負債価値の増分に税率を乗じた 38.18($= 0.3 \times 127.27$) だけ増加しているはずである。従って APV 法は，元の NPV の値 $-20$ を節税効果の分だけ調整して，

$$APV = \frac{56}{0.2} - 300 + 0.3 \times 127.27 = -20 + 38.18 = 18.18$$

という計算式から，APV の値は 18.18 となる。

次に FTE 法であるが，FTE とは flow to equity の略で，その考え方は，投資に伴う株式への効果のみでもって，投資の意思決定を定式化しようとするものである。考え方は単純であるが，計算は少々面倒である。実は前で，NPV の値が既存株主の富の増減に等しくなることを説明した際，同様の計算は既に行っているのであるが，FTE 法の計算手続きを説明するため，もう一度簡単に述べる。投資により EBIT は 80 だけ増加するが，負債へのキャッシュフローは 10.18 の増加が期待される。株式のキャッシュフロー増分は 48.87($= (1 - 0.3) \times (80 - 10.18)$) であり，これを $\rho_L = 0.256$ で割引いて現在価値を求めると，190.90($= 48.87/0.256$) という値になる。投資の資金調達で，株式発行から 172.73 の資金が企業に提供されているので，これらの差額を求めた 18.18($= 190.90 - 172.73$) が $FTE$ と称される値である。FTE 法を式に書いて整理しておくと，

$$FTE = \frac{(1 - 0.3) \times (80 - 10.18)}{0.256} - (300 - 127.27) = 190.90 - 172.73 = 18.18$$

である。いい換えると，投資資金のうち株式で負担した金額と，投資による株式価値の増分とを比較して，投資を実行するか否かを決めようというのが FTE 法である。

確かに APV 法も FTE 法も，負債が存在するときの NPV 法の計算と結果が一致している。ではなぜそうなるのであろうか。そもそもなぜ，APV 法

## 4.10 付録:修正 MM 命題と投資の意思決定

や FTE 法では,説明したような手続きをすることになるのであろうか。これらの理由は,企業の投資の意思決定に関する,多少フォーマルな議論が必要不可欠である。これについては次の小節で述べる。

### 4.10.3 企業価値の定式化と投資の意思決定方法

まず重要なことを確認しておこう。ここで想定している投資とは,単純化のため,

**投資の仮定** 投資および資金調達は,株式の営業上のリスクと財務上のリスクを不変に保つようなものである。

という仮定が設定されている。この仮定により,株式や負債の要求利回りは,投資の実行により変化しない。すなわち,投資を実行しないときの株式や負債の要求利回りは所与であり,これらは投資実行後もそのまま不変で所与とみなされる。

さて,第 3 章で既に説明したように,投資実行の条件式を企業価値で表現するなら,

$$V_L^{(1)} - V_L^{(0)} - I > 0 \tag{3.26}$$

である。投資額 $I$ に対し,企業 L の企業価値が投資実行前の $V_L^{(0)}$ から投資実行後に $V_L^{(1)}$ に変化する。そして $V_L^{(1)} - V_L^{(0)} - I$ は,投資による既存株主 (全体) の富の増減を意味する。NPV 法であれ,APV 法や FTE 法であれ,計算手続きは異なっているものの,これらはすべてこの $V_L^{(1)} - V_L^{(0)} - I$ を計算したものに他ならない。計算手続きが異なるのは,企業価値の定式化が異なっているからである。

同じ $V_L$ であったとしても,企業価値にはいくつかの定式化が可能である。これについては既に 4.3.3 節のコラム< 2 つの平均資本コスト>で述べたことであるが,ここでもう一度触れておこう。

株式へのキャッシュフロー期待値を $E(\tilde{Y}_{LS})$,負債へのキャッシュフロー期待値を $E(\tilde{Y}_{LB})$,株式と負債の要求利回り (資本コスト) はそれぞれ,$\rho_L$ と $\rho_B$ とする。いうまでもなく,資本市場均衡では株式価値について $S_L = E(\tilde{Y}_{LS})/\rho_L$

が，また負債価値について $B = \mathrm{E}(\tilde{Y}_{LB})/\rho_B$ が成立している．企業価値は株式価値と負債価値の和であるから，企業価値の計算対象となるキャッシュフローは，株式のキャッシュフローと負債のキャッシュフローの和(投資家へのキャッシュフロー)とするのが普通であろう．これを $\tilde{Y}_L = \tilde{Y}_{LS} + \tilde{Y}_{LB}$ で表そう．平均資本コスト $\rho_W$ が

$$\rho_W = \frac{S_L}{V_L}\rho_L + \frac{B}{V_L}\rho_B \tag{4.39}$$

であるなら，企業価値 $V_L$ は，$V_L = \mathrm{E}(\tilde{Y}_L)/\rho_W$ のように表現できる．ところで修正 MM 命題における投資家へのキャッシュフローには，

$$\mathrm{E}(\tilde{Y}_L) = \mathrm{E}(\tilde{Y}_U) + \tau\,\mathrm{E}(\tilde{Y}_{LB})$$

という関係があり，さらにここでは，$\tilde{X}$ がマイナスになる確率はゼロと仮定して，$\mathrm{E}(\tilde{Y}_U) = (1-\tau)\,\mathrm{E}(\tilde{X})$ を仮定しているから，

$$V_L = \frac{(1-\tau)\,\mathrm{E}(\tilde{X}) + \tau\,\mathrm{E}(\tilde{Y}_{LB})}{\rho_W} \tag{4.56}$$

というように企業価値の定式化を書き換えることができる．「資本コスト」とは要求利回りのことである，という言葉の定義の整合性を保持するには，企業価値のこの定式化が最も基本的なものと考えるべきであるが，ただ，実際にこれが投資の意思決定に利用されることはあまりない．それでは，NPV 法を始めとする投資の意思決定方法が想定する企業価値の定式化とは，どのような形なのか．順に見ていくことにしよう．

### NPV 法

NPV 法の場合，その元となる企業価値の定式化が (4.56) 式とは異なっている．平均資本コストが (4.39) 式の $\rho_W$ とは異なる形で定義され，

$$\hat{\rho}_W = \frac{S_L}{V_L}\rho_L + \frac{B}{V_L}\rho_B(1-\tau) \tag{4.45}$$

という形の平均資本コスト $\hat{\rho}_W$ を用いるなら，(4.56) 式の企業価値 $V_L$ は，

$$V_L = \frac{(1-\tau)\,\mathrm{E}(\tilde{X})}{\hat{\rho}_W} \tag{4.57}$$

## 4.10 付録：修正 MM 命題と投資の意思決定

のように表記することもできる。(4.57) 式から求められる企業価値 $V_L$ は，(4.56) 式から求められる企業価値 $V_L$ と同じ値になる。

今，投資実行前の企業収益 EBIT を $E(\tilde{X}^{(0)})$，投資実行後のそれを $E(\tilde{X}^{(1)})$ として記す。企業価値が (4.57) 式のように表記できるなら，この表記を用いて，投資実行条件は，

$$V_L^{(1)} - V_L^{(0)} - I = \frac{(1-\tau)\Delta X}{\hat{\rho}_W} - I > 0$$
$$\text{ただし，} \Delta X \equiv E(\tilde{X}^{(1)}) - E(\tilde{X}^{(0)}) \tag{3.26}$$

のように書ける。この式の等号右側は，表 4.10 で見た NPV 法の計算方法を数式で表現したものになっている。以上のことから，NPV 法の計算の根拠は，本来なら (4.56) 式とすべき企業価値を，(4.57) 式として定式化したところから導かれる手法なのである。

### ＜企業価値 (4.57) 式の導出＞

ここでは，(4.56) 式で定式化される企業価値が，どのようにして (4.57) 式の形で導出できるのかについて述べておこう。

(4.56) 式を書き換えると，

$$\rho_W = \frac{(1-\tau)E(\tilde{X}) + \tau E(\tilde{Y}_{LB})}{V_L}$$

であるが，この式の両辺から $\tau E(\tilde{Y}_{LB})/V_L$ を引く。

$$\rho_W - \frac{\tau E(\tilde{Y}_{LB})}{V_L} = \frac{(1-\tau)E(\tilde{X})}{V_L}$$

式左辺の方は，$\rho_W$ が (4.39) 式であることと $E(\tilde{Y}_{LB}) = \rho_B B$ とを用いて書き換えると，

$$\rho_W - \frac{\tau E(\tilde{Y}_{LB})}{V_L} = \frac{S_L}{V_L}\rho_L + \frac{B}{V_L}\rho_B(1-\tau) \equiv \hat{\rho}_W$$

を得る。これをあらためて $\hat{\rho}_W$ として表そう。以上のことから，

$$\hat{\rho}_W = \frac{(1-\tau)E(\tilde{X})}{V_L} \quad \Leftrightarrow \quad V_L = \frac{(1-\tau)E(\tilde{X})}{\hat{\rho}_W}$$

のように表記することができる。

==============================<補論終わり>

## APV 法と FTE 法

　APV 法と FTE 法は簡単である。これらも企業価値の定式化から，投資実行条件を適用することで導出される。企業価値の定式化が異なっているため，計算手続きも異なるものとなる。

　APV 法については，企業価値を次のように定式化する。修正 MM 命題を使うと，

$$V_L = V_U + \tau B = \frac{(1-\tau)\mathrm{E}(\tilde{X})}{\rho_U} + \tau B$$

のように企業価値を書くことができるので，これに投資実行条件を適用すると，

$$V_L^{(1)} - V_L^{(0)} - I = \frac{(1-\tau)\Delta X}{\rho_U} - I + \tau \Delta B > 0$$

$$\text{ただし，}\begin{cases} \Delta X \equiv \mathrm{E}(\tilde{X}^{(1)}) - \mathrm{E}(\tilde{X}^{(0)}) \\ \Delta B \equiv B^{(1)} - B^{(0)} \end{cases}$$

が APV に他ならない。投資実行前の負債価値が $B^{(0)}$，実行後のそれが $B^{(1)}$，投資の資金調達に伴う負債価値の増分が $\Delta B$ である。この式の等号右側第 1 項と第 2 項は企業 U の NPV であり，これを節税効果の増分 (第 3 項) で調整して，APV が得られることになる。

　最後に FTE 法は，企業価値 $V_L$ を株式価値 $S_L$ と負債価値 $B$ の和と表記して，企業価値の差分を，株式価値の差分と負債価値の差分の和として考える。株式価値については，株主へのキャッシュフロー期待値 $\mathrm{E}(\tilde{Y}_{LS})$ をその要求利回り (資本コスト)$\rho_L$ で割引くことで求められるが，$\mathrm{E}(\tilde{Y}_{LS})$ は，

$$\mathrm{E}(\tilde{Y}_L) = \mathrm{E}(\tilde{Y}_{LS}) + \mathrm{E}(\tilde{Y}_{LB}) = (1-\tau)\mathrm{E}(\tilde{X}) + \tau \mathrm{E}(\tilde{Y}_{LB})$$

を書き換えて，$\mathrm{E}(\tilde{Y}_{LS}) = (1-\tau)(\mathrm{E}(\tilde{X}) - \mathrm{E}(\tilde{Y}_{LB}))$ を得るから，株式価値 $S_L$ は次のとおりに定式化できる。

$$S_L = \frac{(1-\tau)(\mathrm{E}(\tilde{X}) - \mathrm{E}(\tilde{Y}_{LB}))}{\rho_L}$$

## 4.11 付録：partial moment の導出

上記の株式価値から，企業価値については

$$V_L = S_L + B = \frac{(1-\tau)(\mathrm{E}(\tilde{X}) - \mathrm{E}(\tilde{Y}_{LB}))}{\rho_L} + B$$

のようにしておいて，投資実行条件 (3.26) 式を適用すると，

$$V_L^{(1)} - V_L^{(0)} - I = \frac{(1-\tau)(\Delta X - \Delta Y_{LB})}{\rho_L} - (I - \Delta B) > 0$$

$$\text{ただし，} \begin{cases} \Delta X \equiv \mathrm{E}(\tilde{X}^{(1)}) - \mathrm{E}(\tilde{X}^{(0)}) \\ \Delta Y_{LB} \equiv \mathrm{E}(\tilde{Y}_{LB}^{(1)}) - \mathrm{E}(\tilde{Y}_{LB}^{(0)}) \\ \Delta B \equiv B^{(1)} - B^{(0)} \end{cases}$$

となって，この式右辺が前で計算した $FTE$ を表している。$\mathrm{E}(\tilde{Y}_{LB}^{(0)})$ と $\mathrm{E}(\tilde{Y}_{LB}^{(1)})$ は，負債への期待キャッシュフローの投資実行前と実行後の値である。この式の等号右側第 1 項は，投資の実行で株式価値がどれぐらい変化するかを示すもので，第 2 項の $I - \Delta B$ は，投資資金のうち株式を通じて調達された金額である。

以上のように，NPV 法であれ，APV 法や FTE 法であれ，これらはすべて $V_L^{(1)} - V_L^{(0)} - I$ を計算していることに違いはないので，計算結果は同じ値になることは明らかであろう。そしてこれらの値は既存株主の富の増減を表しているのである。

## 4.11 付録：partial moment の導出

確率変数の期待値や分散，共分散は，通常 $-\infty$ から $\infty$ までを範囲とする積分で定義されるが，この積分範囲が一部の区間に限定されるなら，これらはどのように表現できるか。具体的にいうと，確率変数 $\tilde{X}$ の期待値 $\mathrm{E}(\tilde{X})$ は $\int_{-\infty}^{\infty} x f_X(x) dx$ のことであるが，この積分が $\int_{B}^{\infty} x f_X(x) dx$ であるなら (ただし $f_X(x)$ は $\tilde{X}$ の確率密度関数，$B$ は任意の定数)，これは期待値 $\mathrm{E}(\tilde{X})$ や分散 $\sigma(\tilde{X})^2$ を使ってどのように表現できるのか。このように積分範囲が一部の区間に限定されているモーメントのことを partial moment というが，確率変数が正規分布に従っているなら，partial moment の積分を実際に計算して，こ

の問いに答えることができる。ここでは計算の過程をまとめておきたい。本文ではこれら結果を公式として利用している。

確率変数 $\tilde{X}$ は正規分布 $N(\mu, \sigma^2)$ に従うものとする。いうまでもないが、$\tilde{X}$ の確率密度関数 $f_X(x)$ と累積分布関数 $F_X(B)$ は次のとおりである。

$$f_X(x) = \frac{1}{\sqrt{2\pi}\sigma} \exp(-\frac{(x-\mu)^2}{2\sigma^2})$$

$$F_X(B) = \int_{-\infty}^{B} f_X(x)dx$$

まず $\int_B^\infty x f_X(x) dx$ を求めてみよう。ここではこれを部分期待値と称する。$z = \frac{x-\mu}{\sigma}$, $\Psi = \frac{B-\mu}{\sigma}$ として記号を定義すると、部分期待値は次のように置換積分できる。

$$\int_B^\infty x f_X(x)dx = \int_\Psi^\infty (\mu + \sigma z)\frac{1}{\sqrt{2\pi}}\exp(-\frac{z^2}{2})dz$$
$$= \mu\int_\Psi^\infty \frac{1}{\sqrt{2\pi}}\exp(-\frac{z^2}{2})dz + \sigma\int_\Psi^\infty \frac{z}{\sqrt{2\pi}}\exp(-\frac{z^2}{2})dz$$

この 2 行目の式第 1 項の積分は簡単である。累積分布関数 $F_X(B)$ で表現する。

$$\int_\Psi^\infty \frac{1}{\sqrt{2\pi}}\exp(-\frac{z^2}{2})dz = \int_B^\infty \frac{1}{\sqrt{2\pi}\sigma}\exp(-\frac{(x-\mu)^2}{2\sigma^2})dx = 1 - F_X(B) \quad (4.58)$$

第 2 項の積分は若干計算が必要で、$y = z^2$ として置換積分すると、

$$\int_\Psi^\infty \frac{z}{\sqrt{2\pi}}\exp(-\frac{z^2}{2})dz = \int_{\Psi^2}^\infty \frac{1}{2\sqrt{2\pi}}\exp(-\frac{y}{2})dy = \frac{1}{\sqrt{2\pi}}\exp(-\frac{\Psi^2}{2})$$
$$= \frac{\sigma}{\sqrt{2\pi}\sigma}\exp(-\frac{(B-\mu)^2}{2\sigma^2}) = \sigma f_X(B) \quad (4.59)$$

となる。これら (4.58) 式と (4.59) 式から、部分期待値は元の期待値や分散を使うと次のように表現できる。

$$\int_B^\infty x f_X(x)dx = \mu[1 - F_X(B)] + \sigma^2 f_X(B) \quad (4.60)$$

## 4.11 付録：partial moment の導出

次に求めるべきは，Winkler-Roodman-Britney(1972) により 2 次の partial moment と称された

$$\int_B^\infty x^2 f_X(x)dx - \mu \int_B^\infty x f_X(x)dx \tag{4.61}$$

の計算結果である。前と同様に記号を定義すると，この第 1 項は

$$\int_B^\infty x^2 f_X(x)dx = \int_\Psi^\infty (\mu+\sigma z)^2 \tfrac{1}{\sqrt{2\pi}} \exp(-\tfrac{z^2}{2})dz$$
$$= \mu^2 \int_\Psi^\infty \tfrac{1}{\sqrt{2\pi}} \exp(\tfrac{-z^2}{2})dz + 2\mu\sigma \int_\Psi^\infty \tfrac{z}{\sqrt{2\pi}} \exp(\tfrac{-z^2}{2})dz + \sigma^2 \int_\Psi^\infty \tfrac{z^2}{\sqrt{2\pi}} \exp(\tfrac{-z^2}{2})dz$$

として展開できる。2 行目の第 1 項の積分は (4.58) 式を利用でき，第 2 項の積分は (4.59) 式を利用できる。第 3 項の積分は計算が必要になるが，$z$ と $-\exp(-\tfrac{z^2}{2})$ という 2 つの関数から成る部分積分を考えれば容易に解くことができる。

$$\int_\Psi^\infty \tfrac{z^2}{\sqrt{2\pi}} \exp(-\tfrac{z^2}{2})dz = \tfrac{1}{\sqrt{2\pi}} \Big(-[z\exp(-\tfrac{z^2}{2})]_\Psi^\infty + \int_\Psi^\infty \exp(-\tfrac{z^2}{2})dz\Big)$$
$$= \tfrac{B-\mu}{\sigma} \tfrac{1}{\sqrt{2\pi}} \exp(-\tfrac{(B-\mu)^2}{2\sigma^2}) + \int_B^\infty \tfrac{1}{\sqrt{2\pi}\sigma} \exp(-\tfrac{(x-\mu)^2}{2\sigma^2})dx$$
$$= (B-\mu)f_X(B) + 1 - F_X(B) \tag{4.62}$$

以上 3 つの積分の計算結果と部分期待値 (4.60) 式を (4.61) 式に適用すると，次のような結果を得ることができる。

$$\int_B^\infty x^2 f_X(x)dx - \mu \int_B^\infty x f_X(x)dx = \sigma^2[1 - F_X(B) + Bf_X(B)] \tag{4.63}$$

今度は 2 つの確率変数 $\tilde{X}$ と $\tilde{R}$ が 2 変量正規分布に従う場合，

$$\int_B^\infty \int_{-\infty}^\infty xr f_{XR}(x,r)drdx - \mathrm{E}(\tilde{R}) \int_B^\infty x f_X(x)dx$$

のような形の partial moment を考えよう。$\tilde{R}$ に関する積分範囲は $(-\infty,\infty)$ であるが，$\tilde{X}$ に関する積分範囲が $[B,\infty)$ となっている点に注意されたい。これを部分共分散と称しよう。なお $f_{XR}(x,r)$ は 2 変量正規分布の同時確率

密度関数である．さて $\tilde{X}$ の値を条件とする $\tilde{R}$ の条件付き確率密度関数を $f_{R|X}(r)$ で表すと，$f_{R|X}(r) = f_{XR}(x,r)/f_X(x)$ であるからこれを用いると，上の部分共分散の式は

$$\int_B^\infty x f_X(x) \left( \int_{-\infty}^\infty r f_{R|X}(r) dr - \mathrm{E}(\tilde{R}) \right) dx \qquad (4.64)$$

という具合いに書き直すことができる．この式の大括弧の中は $\tilde{R}$ の条件付き期待値と無条件期待値の差であり，2変量正規分布の条件付き期待値は

$$\mathrm{E}(\tilde{R}|x) = \mathrm{E}(\tilde{R}) + \frac{\mathrm{cov}(\tilde{R}, \tilde{X})}{\sigma^2}(x - \mu)$$

であることが知られているので，これを (4.64) 式に代入すると，

$$\frac{\mathrm{cov}(\tilde{R}, \tilde{X})}{\sigma^2} \left( \int_B^\infty x^2 f_X(x) dx - \mu \int_B^\infty x f_X(x) dx \right)$$

が得られる．この式の大括弧の中は前の (4.63) 式を利用することができるので，最終的な部分共分散の計算結果は次のとおりである．

$$\int_B^\infty \int_{-\infty}^\infty x r f_{XR}(x,r) dr dx - \mathrm{E}(\tilde{R}) \int_B^\infty x f_X(x) dx$$
$$= \mathrm{cov}(\tilde{R}, \tilde{X})[1 - F_X(B) + B f_X(B)] \qquad (4.65)$$

本文で用いられているのは部分期待値と部分共分散であるが，これらを (積分記号を使わずに) 簡単に表現するための便法が次の関数 $\tilde{b}_{[B,C)}$ である．任意の定数 $B$ と $C$ (ただし $B < C$) を所与として，

$$\tilde{b}_{[B,C)} = \begin{cases} 1 & (B \leq \tilde{X} < C \text{ のとき}) \\ 0 & (\text{それ以外のとき}) \end{cases}$$

のように定義する．関数 $\tilde{b}_{[B,C)}$ は，値こそ 0 か 1 のどちらかのみであるが，どちらが実現するかは確率変数 $\tilde{X}$ の値に依存して未知であるので，やはり確率変数である．このことを明示して波線を付している．区間 $[B, \infty)$ に関

## 4.11 付録：partial moment の導出

する関数 $\tilde{b}_{[B,\infty)}$ を用いるなら，

$$E(\tilde{X}\tilde{b}_{[B,\infty)}) = \int_B^\infty x f_X(x) dx$$

$$\text{cov}(\tilde{R}, \tilde{X}\tilde{b}_{[B,\infty)}) = \int_B^\infty \int_{-\infty}^\infty x r f_{XR}(x,r) dr dx - E(\tilde{R}) \int_B^\infty x f_X(x) dx$$

であることは自明であろう。また $\tilde{b}_{[B,\infty)}$ の期待値も自明であろう。

$$E(\tilde{b}_{[B,\infty)}) = \int_B^\infty f_X(x) dx = 1 - F_X(B)$$

$\tilde{b}_{[B,\infty)}$ と $\tilde{R}$ との共分散は若干計算が必要になる。これは次のように展開できる。

$$\begin{aligned}
\text{cov}(\tilde{R}, \tilde{b}_{[B,\infty)}) &= \int_B^\infty \int_{-\infty}^\infty r f_{XR}(x,r) dr dx - E(\tilde{R}) \int_B^\infty f_X(x) dx \\
&= \int_B^\infty f_X(x) \left( \int_{-\infty}^\infty r f_{R|X}(r) dr - E(\tilde{R}) \right) dx \\
&= \frac{\text{cov}(\tilde{R}, \tilde{X})}{\sigma^2} \left( \int_B^\infty x f_X(x) dx - \mu \int_B^\infty f_X(x) dx \right) \\
&= \text{cov}(\tilde{R}, \tilde{X}) f_X(B)
\end{aligned}$$

1 行目から 2 行目の式展開は，$\tilde{X}$ の値を所与とした $\tilde{R}$ の条件付き確率密度関数を使って書き換えたもので，3 行目の式は $\tilde{R}$ の条件付き期待値を使っている。そしてこれに部分期待値 (4.60) 式を代入して整理したのが 4 行目の計算結果である。

今までは積分範囲として上限に無限大を考えていた。実用上は有限区間 $[B, C]$ に関する部分期待値や部分共分散を求めておいた方が公式として便利である。これは積分範囲に注意して，例えば

$$\int_B^C x f_X(x) dx = \int_B^\infty x f_X(x) dx - \int_C^\infty x f_X(x) dx = E(\tilde{X}\tilde{b}_{[B,\infty)}) - E(\tilde{X}\tilde{b}_{[C,\infty)})$$

という具合に求めればよい。以下，同様にして計算される結果を整理して

おこう。

$$\mathrm{E}(\tilde{X}\tilde{b}_{[B,C)}) = \mu[F_X(C) - F_X(B)] - \sigma^2[f_X(C) - f_X(B)] \tag{4.66}$$

$$\mathrm{E}(\tilde{b}_{[B,C)}) = [F_X(C) - F_X(B)] \tag{4.67}$$

$$\mathrm{cov}(\tilde{R}, \tilde{X}\tilde{b}_{[B,C)}) = \mathrm{cov}(\tilde{R}, \tilde{X})[F_X(C) - F_X(B) - Cf_X(C) + Bf_X(B)] \tag{4.68}$$

$$\mathrm{cov}(\tilde{R}, \tilde{b}_{[B,C)}) = \mathrm{cov}(\tilde{R}, \tilde{X})[f_X(B) - f_X(C)] \tag{4.69}$$

さらに $F_X(\infty) = 1$, $F_X(-\infty) = 0$, $f_X(\infty) = 0$, $f_X(-\infty) = 0$, $\lim_{C \to \infty} Cf_X(C) = 0$ であるから，これらを用いれば，有限区間の上記公式から $\infty$ や $-\infty$ を含む場合の結果を導くことができる。

# 第5章
# 情報の不完全性と資本構成

## 5.1 はじめに

　資金調達に際して，調達者は将来の支払約束 (証券) を資金提供者に発行する。支払約束はあくまでも約束であるから，それが将来に必ず実行されるとは限らない。従って支払約束が実行される確実性の程度，その支払約束がどれくらいの確からしさでいくら支払うのかということが，支払約束の財としての「品質 quality」を決めることになる。支払約束の約束額が不確実ということは，約束額は確率変数であり，その確からしさは確率分布で表現できるから，支払約束の品質とは具体的には約束額の確率分布のことであると考えてもよい。支払約束を取引する市場においてすべての市場参加者は，支払約束の品質を評価する際，約束額の確率分布を想定することになる。
　ここでいう「情報」とは，その確率分布の形成に影響するあらゆる要因のことを抽象的に指している。いわゆる完全資本市場では，まず完全情報の仮定ということで，主体が確率分布の形成に有用なあらゆる情報を保有することが想定される。そしてその結果として，期待の同質性の仮定ということで，すべての市場参加者が同じ確率分布を正しく形成していることが想定される。つまり完全資本市場では，主体があらゆる情報を正しく評価することによって正しい確率分布の形成に行きついて，結果として，すべての主体が同じ確率分布を想定するような世界を仮定しているといってもよい。

これに対して情報の不完全性とは，市場参加者により想定される確率分布が異なっているような状態のことを指す．市場参加者の保有する情報には正しいものから誤ったものまでバラつきがあり，また情報を評価する能力も異なるため，結果として各々の主体は異なる確率分布を形成する．ある主体は正しい確率分布を形成することができるが，他の主体がみな正しい確率分布を形成するとは限らない．特に企業金融論で分析される情報の不完全性とは，支払約束の発行者である企業と支払約束を購入する投資家との間で，保有される情報が異なっていて，その結果想定される確率分布が異なるような状況が問題にされる．

　支払約束がどれくらい確実に実行されるかは，企業の実物投資等の様々な活動によって規定されるが，企業の様々な活動は企業自身によってなされ，投資家はそれを不完全に観察するにすぎない．従って支払約束の品質を評価するための情報は，それを発行する企業の方が投資家よりも正しい情報を入手しやすい立場にある．このことから，企業と投資家は単に異なる情報を持つということに留まらず，企業の情報は投資家の情報よりも正しい情報に近いという意味で優れていると考えることができる．すなわち，企業は情報優位者であり，投資家は情報劣位者である．さらに，いつの時点で企業が情報優位者になり投資家が情報劣位者になるかによって，情報の不完全性に関する問題は2種類に分類される．

　1つは，資金調達時点で既に企業が情報優位者であり，投資家が情報劣位者であるような場合であり，これは情報の非対称性といわれる．この場合，企業が投資家から資金を調達しようとしても資金調達は成功しない．なぜなら情報の非対称性は，市場の需給調整という価格の機能を麻痺させてしまうからである．このことを逆選択といって5.2節で詳しく述べる．この逆選択の問題を回避して資金調達を成功させるための手段がシグナルである．シグナルとは，情報優位者の企業が情報劣位者の投資家に情報を伝達する手段である．ある一定の条件の下でシグナルを用いると，情報が開示され結果的に情報の非対称性が解消されてしまうという均衡が成立する．これをシグナル均衡といい，5.3節で説明される．

　また情報の非対称性に関わる他の問題として，企業金融論では過小投資の

## 5.1 はじめに

議論がある。シグナル均衡が成立しなければ逆選択の問題が生じるが，これを無視して，情報の非対称性の存在するまま均衡が達成されることを前提にするならば，その均衡では，優良な企業について，正の NPV(net present value) の投資がすべて実行されないという過小投資の問題が起る。この議論から，ペッキングオーダー理論といわれる従来の資本構成理論とは全く異なる概念が提示された。これは 5.4 節で説明される。

もう1つは資金調達後の情報の不完全性を問題にする議論である。資金調達時において企業と投資家の保有する情報は同じで，前で指摘した問題は生じないと仮定されるが，資金調達後に企業の行動を投資家が完全に観察することはできないために，投資家は企業に対して情報劣位者になり得る。これを本書では情報の事後的不完全性と称しよう。一般に，企業が元来のあるべき行動・望ましい行動をとらず，情報優位者になることを利用して自分の利益を上げ，情報劣位者の利益を損なうような機会主義的行動をモラルハザードというが，モラルハザードの問題として企業金融論で取り上げられるのがエージェンシー問題である。

企業とは様々なグループから成る集合体であり，各グループの利害は通常一致しない。ここのグループとは経営者と株主，債権者であり，これらグループの関係は，多かれ少なかれ，依頼人 principal と代理人 agent との関係とみなすことができる。例えば債権者は資金使用を企業に委ねるのであるから，委ねられる企業の所有者である株主は債権者に対して代理人となる。しかし株主は実際の企業経営を経営者に任せるのであるから，経営者に対しては依頼人となる。このことから企業金融論では 2 種類の依頼人・代理人関係を議論する。

1つは株主対債権者の間の関係で，依頼人が債権者，代理人が株主である。もう1つは経営者対株主の間の関係で，依頼人が株主，代理人が経営者である。これら依頼人・代理人関係から発生する問題点は，一言でいえば次のようにまとめられる。代理人にとっての最適行動が依頼人にとっても最も望ましいという保証はなく，さらに依頼人が代理人の行動を完全に観察することはできないから，代理人は依頼人の目標よりもむしろ自分自身の目標に沿って行動する。この代理人の行動は依頼人の利益を損なうことになるから，依

頼人と代理人との間の利害は衝突することになり，何らかの利害調整をしなければならない。この結果生じる損失(ロス)がエージェンシーコストといわれるものである。

以上のことから，経営者と株主の間の関係から生じるエージェンシーコストと，負債が存在する場合の株主と債権者の間の関係から生じるエージェンシーコストとが，企業金融論では議論されることになる。

エージェンシー問題とは，そもそも情報の不完全性の問題というよりはグループ間の利害調整，すなわちどのグループの利益をどれだけ尊重したら，より望ましい企業経営がなされ得るのかという意味で，コーポレートガバナンスに直結する問題であるが，エージェンシー問題の発生する根本的な原因は，依頼人が代理人の行動を無コストで完璧に観察・コントロールすることはできないという点にある。この観点から，近年では，エージェンシー問題を契約の不完備性として捉えるのが流行となっている。

しかしなぜ契約が不完全なものにならざるを得ないかという点を考えれば，その根本的な原因は，代理人は契約後にあくまでも自分の利益に沿って行動し，しかもその行動を，他人が無コストで完全に把握することはできないという点にあることは明らかであろう。いいかえれば，資金調達の契約後に，代理人が情報優位者，依頼人が情報劣位者になるという意味で，ある種の情報の非対称性が発生する。この章ではエージェンシー問題をこのように考えて，情報の不完全性の問題として位置付ける (この点については 5.5.3 節で詳しく説明する)。

5.5 節と 5.6 節では，具体的なエージェンシー問題として，資金調達がなされた後に代理人の利益に沿って投資の意思決定がなされると，それが依頼人によって観察・コントロールできないために，正の NPV の投資機会のみを過不足なく実行するという最適投資がなされず，依頼人の利益が損なわれることを説明する。5.5 節では債権者対株主の関係で発生するエージェンシーコストを取り上げ，5.6 節では経営者対株主の関係で発生するエージェンシーコストを取り上げる。

ところでこの章の 5.3 節から 5.6 節において，各節の前半部分は一切数式を使わず直感的な説明により議論の骨格を与えている。しかし言葉のみでは

どうしても限界があるので，厳密な点は数式を使ったモデルでの説明を試みている。[*1] モデルを展開している小節については，省略しても後に読み進めることが可能であるよう配慮してある。

またこの章におけるモデルの価値評価方法は，前の章までのものと大きく異なる。前の章までは投資家が危険回避者であることを前提に，証券の価値評価方法は CAPM に依っていた。この章 (と次の章) は投資家が危険中立者であることを仮定している。これはリスクプレミアムを考慮する必要がないため，モデルは大幅に単純化される。のみならず，ほとんどのモデルで無危険利子率はゼロであると仮定される。その結果，期待キャッシュフローの割引率がゼロになるから，期待キャッシュフローの定式化がそのまま価値評価を意味することになる。この手法は，今日の企業金融論における理論モデルでは定石となった印象がある。確かにこの手法の方が，情報の不完全性のもたらす諸問題の本質をストレートに表現できるので，本書でもこの章と次の章ではこの手法に沿って議論する。

## 5.2 逆選択

情報の非対称性の下，情報優位者の企業が情報劣位者の投資家から資金を調達しようとしても，その調達は成功しない。なぜなら Akerlof(1970) のいう逆選択 adverse selection の問題が発生するからである。Akerlof は中古車市場を取り上げているが，ここでは資金貸借を例にして逆選択を説明しよう。

貸借市場が完全市場であるとすると，市場が不均衡にあれば，例えば超過需要が発生していれば，金利の上昇によって資金需要は減り資金供給は増

---

[*1] 企業金融論に関するアメリカの著名なテキストが，ほぼ例外なく入門的な記述に終始し，テキストと専門論文とのレベルのギャップが著しく開いてしまっているのが現状であると著者は考える。本書で情報の不完全性に関する諸問題を敢えて数学モデルで表現しようとしたのは，このような現状を憂慮して試みたものである。部分的に難解な所もあるため，もちろん初学者はスキップしても構わない。この試みがどの程度成功しているかはわからないが，企業金融論を専門的に研究しようとされる方にとって，ここで提示されるモデルは，理論的な専門論文をきちんと理解するための橋渡しにならんことを願っている。

え，やがて需給が一致して均衡が達成される。しかし情報の非対称性の下での貸借市場では，超過需要が発生しているからといって，金利の上昇によりこの超過需要が解消されるとは限らない。むしろ金利の上昇により市場の不均衡は拡大することすら考えられる。このように，資金貸借の価格である金利の調整によって市場均衡の達成に失敗すること，すなわち，価格による需給調整メカニズムが働かないことを逆選択という。

どれくらい確実に資金を返済できるかということを，借手は自分のことであるからよく知っているのに対し，貸手は他人のことであるからわからない。従って支払約束の品質に関して，借手は情報優位者であり貸手は情報劣位者である。もし様々な品質の支払約束が市場に存在するなら，そして貸手が今，資金提供しようとする借手の支払約束の品質を全く知り得ないならば，貸手はその支払約束の品質を，市場に存在する平均的な品質のものとして評価せざるを得ない。

貸借市場が超過需要であり金利が上昇したとする。借手は調達資金を投資プロジェクトに投入し，金利を支払ってでもなお正の収益が期待できるから資金を需要するのであるが，金利が上昇すれば，金利支払後の期待収益が正にならない借手が出てくる。そのような借手は資金調達をあきらめ市場から退出するであろう。期待収益の低い借手が金利上昇後に市場から退出してしまうのであるから，市場の借手全体について期待収益の平均をとれば，その平均値は金利上昇により上昇するはずである。すなわち，金利上昇前に資金を需要していた借手全体の中で，期待収益の低い借手は金利上昇により資金需要を止め市場から退出するのであるから，金利上昇後もまだ資金を需要している借手全体で見た期待収益の平均値は，金利上昇前と比べて上昇する。

ハイリスク・ハイリターンの法則を当てはめると，高い収益が期待できるような投資プロジェクトは高いリスクを持っているはずであり，低い収益しか期待できない投資プロジェクトのリスクは低い。そうであるならば，金利上昇後に市場から退出するのはリスクの低い投資プロジェクトをもつ借手であり，市場に残るのは高いリスクの借手のみということになる。それ故，借手全体の期待収益の平均値が上昇するということは，借手全体のリスクの平均値も高くなっていることを意味する。リスクが高くなるということは，支

払約束が実行される可能性が低下するということであるから，金利上昇後に市場に残っている借手の支払約束の平均的な品質は低下している．支払約束の品質が低下するのであれば，貸手は資金の返済を受けられない可能性が増すから，資金供給をやめるかもしれない．従って金利の上昇で資金の超過需要が解消される保証はない．[*2]

このように情報の非対称性の下，資金調達できない借手が，資金提供者となる貸手を見い出そうとして，より高い支払金利を提示したとしても，貸手が，その借手はリスクの大きい借手であると推測するなら，提示された金利が高いからといって資金を提供する気にはならないであろう．その結果，借手の資金調達は成功しない．情報の非対称性は金利という価格の需給調整メカニズムを麻痺させてしまうのである．

## 5.3 シグナル均衡

企業が資金を調達しようとするとき，企業の発行する支払約束の品質に関する情報が資金提供者の投資家に伝わらなければ，逆選択の問題のために資金調達は成功するとは限らない．そこで情報優位者の企業は，情報劣位者の投資家になんとかしてその情報を伝えようとするであろう．その情報伝達の手段となるのがシグナルである．この節ではシグナル均衡を取り上げる．5.3.1 節で要点を概説した後，5.3.2 節で具体的なモデルを提示する．形式的な議論に興味のない読者は，5.3.2 節を省略しても構わない．

### 5.3.1 概説

シグナルの概念は Spence(1973) の労働市場に関する分析で提唱され，資本構成理論への応用は Ross(1977)，Leland-Pyle(1977) に始まる．シグナルになり得る変数は，投資家が観察可能であり，かつ投資家の未知の情報と相関するような変数でなければならない．そしてシグナルを使って投資家に情報を伝達する結果，ある一定の条件の下，シグナル均衡とよばれる均衡状態

---

[*2] この点のモデル化は，Stigliz-Weiss(1981) を参照願いたい．

の成立することが知られている。

　ところで，一言でシグナル均衡といっても様々なバリエーションがあり，今日におけるシグナル均衡とは，ゲーム論のシグナリングゲームの均衡を指すのが一般的になっているようである。しかし企業金融論で盛んに議論されたシグナル均衡とはゲーム論以前のもので，具体的には Riley(1979) が証明した均衡概念に依存するものである。企業金融論においては，この Riley の議論を直接適用することにより実に多数のシグナル均衡モデルが展開された。代表的なものをあげると，配当をシグナルにする John-Williams(1985) や Miller-Rock(1985)，投資のカットオフレートと負債をシグナルにする John(1987)，転換社債の転換比率をシグナルにする Kim(1990) などである。[*3] また Riley の均衡モデルに直接依存していないが，これを前提に独自の議論を展開したものに，Brennan-Kraus(1987) や Constantinides-Grundy(1989) がある。[*4]

　Riley のシグナル均衡の特色を，一言で述べるなら次のようになるであろう。多数の企業が存在し，これらが様々な品質の支払約束を発行するような状況の下でも，ある一定の数学的条件を満たせば，これら企業は，他人を装うことなく，シグナル変数の異なる値を各々の最適値として選ぶような均衡状態が出現する。このとき投資家はシグナルの値から，企業の発行する支払約束の品質を推測できるようになるので，品質という未知の情報が結果的に顕示 reveal されることになる。このように情報が顕示される結果，品質の異なる企業は異なる条件で投資家から資金を調達することになるから，このような均衡のことを分離均衡という。

　ゲーム論の隆盛の著しい現在では，Riley の議論はその役割を終えている

---

[*3] Riley のシグナル均衡は reactive equilibrium とも称される。一般的なシグナル均衡の概念や，それと Riley のシグナル均衡との関係については，Kreps(1990) が解説を与えている。ここではこれについて一切取り上げないが，興味のある方は Kreps(1990)17.2 節を参照願いたい。

[*4] Riley のシグナル均衡では，後の (5.7) 式で見るように，市場の評価は真の価値に等しくなる。このことを前提に Brennan-Kraus(1987) と Constantinides-Grundy(1989) では，これが成立する必要条件を独自に検討し，さらにこの必要条件を満たす資金調達はいかなるものであるのかという点を分析している。

## 5.3 シグナル均衡

のかもしれない。[*5] しかし企業金融論をサーベイする際, シグナル均衡に関する文献をきちんと消化するには, Riley の議論は必要不可欠な知識である。そこでここでは以下, シグナリングゲームではなく, Riley に沿ったシグナル均衡を解説しよう。ただし Riley の議論は技術的な点が多いため, これを直接解説するのは次の小節にして, ここでは最も単純なものとして Ross(1977) の提唱した, 社債額面 (満期償還額) がシグナルになることを解説する。

冒頭で述べたように, 支払約束の品質はその約束金額の支払の確からしさのことである。この確からしさはどのようにして決まるか。企業が支払約束として社債 (割引債) を発行しているとする。割引社債の約束する支払金額は満期償還額 (通常は額面に等しい) であるから, この社債の品質とは満期償還額が返済される確実性でもって表現される。この確実性は, 単純に考えれば, 企業のあげる収益が, どれくらいの確からしさで満期償還額を超えられるかという確率のことである。[*6] この確率はいうまでもなく, 企業の収益の確率分布と社債の満期償還額から決まる。

企業外部の一般投資家にとって, 社債の満期償還額は容易に知ることができるが, 企業収益の確率分布を知ることには相当の困難を伴う。もし社債発行時点 (資金調達時点) で, 企業は収益の確率分布を知っているが, 社債購入者はこれを知らないとしたら, 情報の非対称性が存在する。すなわち, 企業が情報優位者で社債購入者が情報劣位者である。このとき社債購入者は, 社債の品質がわからないのであるから, その真の価値を知らないことになる。しかし社債購入者は, 社債を購入するのに何らかの価格を設定しなければな

---

[*5] Riley モデルの役割は終わったとした理由は, Riley のモデルよりもゲーム論によるモデルの方が汎用性があるからである。確かに一定の数学的条件を満たせば, Riley モデルは実にエレガントに分離均衡を導く。しかしその条件が満たされなければ, どのような世界が導かれるかについて全く見当がつかない。対してゲーム論は, Riley モデルよりも緩やかな数学的条件で, 分離均衡以外の均衡状態をも視野に入れて, どのような世界が成立するのかに一定の見解を与えることができる (もちろん分析をゲーム論の枠組みにのせるための仮定をしなければならないが)。

[*6] 実際には, 企業の収益が社債額面を超えられなくても, これが即, 返済不能をもたらすわけではない。というのは, 企業が収益を産むには何らかの資産を保有しているはずであり, この資産を売却すれば償還可能になるかもしれない。議論を単純にするため, ここではこの点を無視している。

らないので，何とかして社債の品質を評価しなければならない。前節の逆選択の議論では，この社債の評価を，市場に存在する借手(企業)全体に関する品質の平均値でもって考えたが，シグナル均衡の議論ではこれとは異なる考え方で社債を評価しようとする。

　この考え方の基本的ポイントは次の点に集約できる。社債の満期償還額が大きい企業とはどのような企業なのかというと，それは，大きな償還額を返済するに足る十分大きな収益をあげられるような企業である。もし投資家がこのように考えて社債評価を行うのなら，大きな収益を大きな確からしさで実現し得るような高品質の企業は，自分が高品質であることを顕示するために，大きな償還額の社債を発行しようとするであろう。しかしこれだけではこの社債評価は上手く機能しないのは明らかである。なぜなら，大きな収益を小さな確からしさでしか実現できないような低品質の企業が共存するものとすると，社債購入者は企業の収益の確率分布を知らないのであるから，高品質と低品質の企業の区別ができないので，低品質な企業は高品質の企業を装い，大きな償還額の社債を発行するかもしれない。

　今述べたような，偽って他人を装う誘因(インセンティブ)が存在する場合，シグナル均衡は成立しない。従ってシグナルが上手く機能するためには，他人を装うようなシグナルは選択しないという誘因を，シグナルの発信者(情報優位者の企業)に持たせなければならない。そのために重要なのが貸倒れに伴い発生する様々なコストの存在である。もし満期償還額が返済されなければ貸倒れが発生するが，これは企業に様々なコストを発生させる(ここではこれを貸倒れコストと称する)。このコストが十分に大きいなら，企業は他人を装うようなシグナルを選択しない。

　例えば簡単化のため，高品質と低品質の2つの企業のみを比較しよう。これら2つの企業が，同じ満期償還額の社債を発行しているとすると，当然，低品質の企業は，高品質の企業に比べ貸倒れの発生する確率が大きくなるから，このコストを被る可能性は大きい。つまり低品質の企業が，高品質を装って大きな償還額の社債を発行すると，期待貸倒れコストは真に高品質な企業よりも大きくなってしまう。従ってこの期待コストを低下させるために，低品質の企業は高品質企業よりも小さな償還額の社債を発行しようと

5.3 シグナル均衡   303

する。

　実際に貸倒れが起った場合のコスト (貸倒れコスト) がすべての企業で同じとすると，上の議論は次のような均衡状態を生み出す可能性がある。社債の償還額が大きくなれば，その企業は市場で投資家から高品質な企業という評価を受ける一方，他方では同時に期待貸倒れコストが上昇する。すなわち，社債発行を大きくする際の，前者はメリットであり，後者はデメリットである。このメリットとデメリットとのトレードオフの結果，企業には最適な社債償還額が存在する。この最適な社債償還額は企業の品質 (収益の確率分布) に依存して決まり，企業の品質が異なれば，その最適な社債償還額は異なる値になるはずである。企業はその値を最適なものとして選択するのであるから，当然他の値を採用することはない。これは企業が自分の品質以外の品質を偽って装うことがないことを意味する。

　であるなら，投資家は企業の選択する償還額から，企業の品質を正しく類推することができ，結果的に企業の品質は投資家に顕示されてしまう。このように，異なる品質の企業が異なる条件で投資家から資金調達を行うという形で，分離均衡が成立する。これが企業金融論のシグナル均衡である。

### 5.3.2　モデル：Riley のシグナル均衡

　ここでは，Riley(1979) の均衡概念に基づくシグナル均衡をモデルを使って提示する。過去の研究の多くがそうであるように，この議論は，Riley の証明した均衡のための必要十分条件を，モデルが満たしているかどうかチェックするという作業に帰着される。ここでは，前で説明した Ross の議論を Riley のシグナル均衡にのるようにモデル構築し，これを使って Riley のシグナル均衡の概説を試みる。

　第 0 時点と第 1 時点の 2 つの時点を考え，第 0 時点で企業は額面 $F$ の社債を発行し，第 1 時点で実現する収益 $y$ からこの社債が償還されるとしよう。$y$ は第 0 時点では確率変数 $\tilde{y}$ であり，$\tilde{y}$ は $U[0, M]$ の一様分布に従うものと仮定する。この社債がどれくらい確実に第 1 時点で返済されるかは，社債の額面 $F$ と確率分布のパラメーター $M$ に依存し (ただし $M > F$ とする)，$F$

を所与とすれば，$M$ がこの社債の品質を決めるパラメターであると考えられる．

今，異なる $M$ の値を持つ多数の企業が存在し，第 0 時点で企業は自分の $M$ の値を知っているが，投資家は個々の企業の $M$ の値を知らないものとしよう．すなわち，調達時点 (第 0 時点) における企業と投資家との情報の非対称性は，パラメター $M$ を知っているか否かという点に集約される．なお投資家は危険中立者で，同質的で相互に競争的であり，また無危険利子率はゼロであるとする．ということは，投資家の要求利回りはゼロで，期末の期待キャッシュフローの定式化がそのまま証券価値を意味する．

さて社債の真の価値を $B$ で表すと，$B$ は $M$ と $F$ の関数で，

$$B(M, F) = \int_F^M \frac{F}{M} dy + \int_0^F \frac{y}{M} dy = F - \frac{F^2}{2M} \tag{5.1}$$

として定式化できる．積分の項の中の $1/M$ は収益 $\tilde{y}$ の確率密度関数である．投資家は $M$ の値を知らないから社債の真の価値を知らない．しかし投資家は社債の額面 $F$ を観察することはできるため，この $F$ の値から真の価値やパラメター $M$ を推測することができるかもしれない．(5.1) 式を $F$ と $M$ で各々微分すると，

$$\frac{\partial B}{\partial F} = 1 - \frac{F}{M} > 0, \quad \frac{\partial B}{\partial M} = \frac{F^2}{2M^2} > 0 \tag{5.2}$$

であり，社債の真の価値 $B$ は額面 $F$ や品質 (パラメター $M$) と正の関係にある．そこで投資家は，額面 $F$ の大きな社債は真の価値 $B$ が大きく，それは品質が高い ($M$ が大きい) ためであるというように推測できるかもしれない．

もちろんこの推測がいつも正しいとは限らないが，以下のような条件を満たすとき，企業は個々の $M$ に応じて最適な $F$ の値を選択し，投資家は $F$ の値から $M$ の値を推測でき，結果的に $F$ が $M$ の情報を投資家に正しく伝達するという均衡状態が成立する．このとき $F$ は $M$ に関するシグナルの役割を果たしているので，この均衡がシグナル均衡である．

シグナル均衡において最も重要なことは，情報優位者の企業が正しいシグナルを送る，つまり他人を装うようなシグナルを選択しないという誘因が存

## 5.3 シグナル均衡

在しなければならないことである。この誘因はスペンス条件といわれる条件で表現され，以下これを簡単に説明しよう。

まずシグナルの伝達には何らかのコストを伴うことが暗黙に考慮されて，企業の目的関数が適当に設定される。この目的関数は，シグナルを正しく選択する誘因を企業に与えるよう，スペンス条件を満たさなければならない。そこで企業の目的関数を次のように設定しよう。

$$U(M, F, P) = \int_0^M \frac{y}{M} dy + \{P - B(M, F)\} - \int_0^F \frac{Q}{M} dy \qquad (5.3)$$
$$= \frac{(M-F)^2}{2M} + P - \frac{QF}{M}$$

$Q$ は貸倒れ発生時に企業に課されるペナルティである。貸倒れが発生すれば企業は信用を著しく失墜させ経営者は解雇されるから，これらのコストを $Q$ で表している (これを以下，貸倒れコストと称する)。企業が貸倒れを是が非でも回避しようと考えるなら，$Q$ は極めて大きな値とみなすことができ，ここでは $Q > F$ と仮定する。(5.3) 式の第 3 項は，貸倒れ発生の可能性と $Q$ の存在により被る期待貸倒れコスト (貸倒れコストの価値) である。また (5.3) 式の第 2 項のカッコ内の $P$ は，シグナル $F$ に基づいた投資家による社債の市場評価である。これと真の社債価値 $B(M, F)$ との差は，発行される社債市場での過大評価を意味している (マイナスなら過小評価)。最後に (5.3) 式の第 1 項は真の企業価値である。

他の条件を一定にして，シグナルに基づいた投資家による社債の市場評価 $P$ が大きいことは，企業にとって望ましいから，目的関数は

$$U_3 \equiv \frac{\partial U(M, F, P)}{\partial P} = 1 > 0 \qquad (5.4)$$

が成立する。他方，シグナル $F$ を大きくすれば，それは同時に貸倒れ発生の確率を上昇させ貸倒れコスト価値を増大させる。シグナル $F$ にはこのようなコストが存在するため，社債の市場評価に過大評価がなく，それが真の価値に等しいならば (つまり $P = B(M, F)$ であれば)，$U$ は $F$ の減少関数に

なっていなければならない。これを計算すると，

$$\frac{\partial U(M, F, B(M, F))}{\partial F} = \frac{\partial \left\{ \frac{(M-F)^2}{2M} + F - \frac{F^2}{2M} - \frac{QF}{M} \right\}}{\partial F}$$

$$= -\frac{Q}{M} < 0 \quad (5.5)$$

である。このような前提の下，スペンス条件とは

$$\frac{\partial(-U_2/U_3)}{\partial M} = \frac{F}{M^2} - \frac{Q}{M^2} < 0 \quad \text{ただし,} \quad U_2 \equiv \frac{\partial U(M,F,P)}{\partial F} \quad (5.6)$$

が成立することをいう。この条件は，シグナル $F$ と市場評価 $P$ との限界代替率が，品質 $M$ の優良な企業ほど小さくなるというものである。この意味は次のとおりである。

この限界代替率が小さくなるということは，シグナル1単位の増加と代替するのに必要な(目的関数の値を維持するための)市場社債評価の上昇が小さくて済むということであり，なぜ小さくて済むかというと，それはシグナルの限界単位のコストが小さいからである。従って優良な企業ほどこの限界代替率が小さいということは，優良な企業ほどシグナルに伴うコストが小さくて済むということを意味している。このような状況で，優良な企業ほど大きなシグナルの値を採用するならば，劣悪な企業が優良企業を装ってシグナル $F$ を大きくすると，優良企業よりも高いコストを負担しなければならなくなるから，劣悪な企業はそのような偽ったシグナルを送る誘因を持たないことになる。

Riley(1979) はこれらの仮定から，次の2つの条件

$$P(F) = B(M, F) \quad (5.7)$$

$$\frac{\partial U(M, F, P(F))}{\partial F} = 0 \quad (5.8)$$

を満たすような，INC(informationary consistent) 関数と呼ばれる関数 $P(F)$ の存在を証明している。(5.7) 式は，シグナルによって評価される市場価値が，均衡では真の価値に等しくなければならないことを表し，(5.8) 式は，企業が関数 $P(F)$ を所与としてその目的関数を最大化していることを表してい

## 5.3 シグナル均衡

る。この INC 関数 $P(F)$ の存在証明は非常に技術的な議論であるため，ここでは省略するが，この関数の存在を所与とすれば，シグナル均衡は次のような単純な手続きを経て，情報の非対称性の問題を解決してしまう。

**＜補論：Riley(1979) によるシグナル均衡のための条件とは＞**

Riley(1979) は INC 関数が存在するための諸仮定を 6 つ設定しており，Riley の議論を企業金融論に適用する際には，モデルがこれらの仮定を満たすことを調べる。ここのモデルについて形式的に確認すると，次のようになる。

① $M$ は，$M$ の厳密な増加関数である確率分布関数に従い，$[m, \infty)$ の上で分布する。
② $U$ と $B$ は，各々の関数のすべての説明変数について微分可能である。
③ $U$ は $P$ の厳密な増加関数である。
④ 関数 $B(M, F)$ は $M$ や $F$ に関する増加関数である。
⑤ スペンス条件が成立する。
⑥ $U(M, F, B(M, F))$ は，$F$ の減少関数である。

①と②は明らかで，③は (5.4) 式から，④は (5.2) 式から，⑤は (5.6) 式から，⑥は (5.5) 式から各々成立している。

================================＜補論終わり＞

企業はその目的関数を最大化するようにシグナル $F$ を選ぶが，企業は $M$ を知っているため，最適な $F$ は $M$ の関数になるであろう。これを $F(M)$ で表す。ここで INC 関数 $P(F)$ の存在を所与とすると，均衡において $F(M)$ は (5.7) 式を満たすから，$P(F(M)) = B(M, F(M))$ が成立しなければならない。これを $M$ で微分する。ただし $P'$，$F'$ は各々の関数の導関数である。

$$P'F' = F' - \frac{F}{M}F' + \frac{F^2}{2M^2}$$

また (5.8) 式の条件を，(5.3) 式を使って具体的に表すと，

$$-\frac{M-F}{M} + P' - \frac{Q}{M} = 0$$

であるから，これらの式から $P'$ を消去して，

$$F' = \frac{F^2}{2QM}$$

という微分方程式が導かれる。$M$ の値の下限を $m$，$F$ の値の下限を $f$ と仮定すると，$M = m$ の企業がシグナルとして $F = f$ を採用することが，Riley(1979) のいうパレート優位であり，[*7] これを初期条件として解くと，

$$F(M) = \frac{2Qf}{2Q + f\log(m/M)} \tag{5.9}$$

という関数が解として求められる。個々の $M$ を持つ企業はこの関数 $F(M)$ に従って $F$ を決める。$F$ は $M$ の単調増加関数になっているから，投資家は $F$ の値を観察して $M$ の値を逆算して知ることができる。

以上のように，Riley のシグナル均衡では，シグナル $F$ が未知の情報 $M$ を開示することになり，結果的に情報の非対称性が解消されてしまって，あたかも情報が完全であるかのような均衡状態が成立するのである。

## 5.4 ペッキングオーダー理論

前節で述べたシグナル均衡が成立しなければ，均衡の有力な候補は一括均衡である。一括均衡とは，品質の異なる支払約束が，市場に存在する平均値として評価される状態のことをいう。従って市場には，その支払約束が過大評価される企業と過小評価される企業とが共存することになる。もちろんこのとき，前で述べたような逆選択の問題が発生するから，一括均衡は不安定である。しかし逆選択の問題を無視し一括均衡が成立することを前提にするならば，その均衡の特徴は企業金融に1つの重要な見解を与える。この一括均衡の特徴を理論的に指摘したのは Myers-Majluf(1984) であり，この議論

---

[*7] ここのパレート優位とは直感的には次のような意味である。劣悪な ($M$ の小さい) 企業ほどシグナル ($F$) に伴うコストは大きくなり (スペンス条件)，(5.9) 式で $F$ は $M$ の単調増加関数になる (つまり優良な企業ほど大きなシグナルの値を採用する) ことが導かれるから，最も劣悪な企業が $F$ をその最小値 $f$ にすれば，企業全体のシグナルに伴うコストは最低になる。

## 5.4 ペッキングオーダー理論

からMyers(1984)は，ペッキングオーダーpecking order理論といわれる従来の資本構成理論とは異なる見解を企業金融論に提供した。以下ではまず，5.4.1節でペッキングオーダー理論を概説し，次の5.4.2節では，ペッキングオーダー理論の中心的な主張，なぜ社債が株式よりも優先されるかについて，モデルを用いて証明する。形式的な議論に興味のない読者は5.4.2節を省略しても構わない。

### 5.4.1 概説

　企業の資金調達手段には，増資や社債発行などの外部金融と，内部留保などの内部金融とがあるが，ペッキングオーダーとは，これら調達手段について企業の利用順序が予め決まっていて，この順番に従って調達手段が選択されるというものである。利用順序は，まず外部金融より内部金融が先であり，外部金融では株式よりも社債の方が先である。この順番に従って各調達手段を利用可能額まで利用し，それでも足りないときに次善の調達手段を利用する。[*8]

　それではMyers-Majluf(1984)による一括均衡の特徴について，議論のエッセンスをごく簡単に述べよう。企業は投資の資金調達として株式か社債かどちらかを発行するものとしよう。企業が過小評価された証券を発行することは，既存株主から発行証券の購入者へ富の移転がなされることになる。すなわち，発行証券の購入者は過小評価分だけ得をしたことになるから，既存株主はそれだけ損をしていることになる。企業が既存株主の富の最大化を目標とするのであれば，たとえNPV(正味現在価値)が正の投資であっても，その投資のNPVが証券の過小評価額を下回るならば，証券を発行して投資を実行したとしても，既存株主は損をしてしまうから，その投資は実行されない。従って一括均衡の下では，正のNPVの投資がすべて実行されないという過小投資の問題が発生する。

---

[*8] 従来の資本構成理論について，最適資本構成が存在するという立場から資金調達行動を考えると次のとおりである。最適資本構成は予め決定されているが，現実の資本構成は何らかの要因(例えば取引コスト)によって最適値から乖離せざるを得ない。このとき資金調達は，資本構成が最適値に近づくような調達手段が選択される。

一括均衡における発行証券の市場価値は，品質の優良な企業のものが過小評価され，劣悪な企業のものが過大評価される。過小評価された企業が証券を発行して投資を実行するのは，過小評価額よりも大きい NPV の投資のみであるのに対し，過大評価された企業は少なくとも NPV が正であれば投資を実行する。一般に，過小評価・過大評価の大きさは株式発行の方が社債発行よりも大きい。もしそうであるなら，過小評価の企業は，正の NPV の投資のロスを小さくするため，過小評価額の小さい社債発行を選び，また過大評価の企業は，過大評価(新証券の購入者から既存株主への富移転)を最大限利用するため株式発行を選ぶ。このとき，優良な企業は社債を発行し，劣悪な企業は株式を発行することになるから，どちらが発行されるかで企業が優良か劣悪かが顕示されてしまう。

　しかし，過大評価された企業が株式を発行しようとしても，劣悪である(過大評価されている)ことのわかっている株式を購入する投資家はいないので，過大評価されたままでの資金調達は不可能である。結局，劣悪な企業は資金調達を成功させるため，優良企業を装い社債発行を選ばざるを得ない。従って優良・劣悪にかかわらず，企業の証券発行としてまず社債が選ばれる。そして株式が発行されるのは，社債発行額の上限が各企業に存在し，企業が既にその上限まで社債を発行してしまって株式以外に調達手段のないときである。

　以上が外部金融の調達手段に関するペッキングオーダーであるが，もし企業が，投資を実行するに十分な内部留保を保有しているなら，証券を発行して外部資金を調達する必要はなく，発行証券の過小評価に関する問題はなくなるので，内部金融の方が外部金融よりも好ましく，順序が先になる。

　ところでペッキングオーダーは資本構成を決定するための理論ではない。なぜならこの理論の場合，資本構成は内部留保の大きさと社債の発行可能額とに依存して決まるが，これらは外生的に所与と仮定されるからである。むしろペッキングオーダー理論は，資金調達のときにどの調達手段が選択されるのかという問いに答えを与えるにすぎないのであり，そのとき企業の資本構成は，その時点までの資金調達行動の過去からの結果になる。従ってペッキングオーダー理論では，事前的な意味での最適資本構成は存在しないもの

## 5.4.2 モデル：社債発行が株式発行よりも優先される理由

前の小節では資金調達手段の選好順序 (ペッキングオーダー) として，内部金融が外部金融よりも優先し，外部金融では社債発行の方が株式発行よりも優先されることを述べた。内部金融が外部金融よりも選好される理由は，外部金融の調達に際して直面することになる情報の非対称性の問題を，内部金融による調達では一切回避することができるからである。この考え方は直感的に明らかであり納得的なものである。あまり明らかとはいい難いのは，社債が株式よりも優先されるという議論の方であろう。ここではモデルを使ってその考え方を証明する。ここのモデルは Gibbons(1992) を参考に著者が拡張したものである。

第 0 時点と第 1 時点から成る 1 期間モデルを考える。第 0 時点で企業は既存の資産を持ち，その資産から第 1 時点で収益 $\tilde{\pi}$ を得る。第 0 時点で企業は投資機会に直面し，資金 $I$ を調達して投資することで，第 1 時点で収益 $R$ が新たに得られるものとする。単純化のため，$R$ の値は企業も投資家も確実に知っており，$R > I$ である。投資の NPV は正であるから，社会的にはこの投資機会を確実に実行するのが望ましい。また $\tilde{\pi}$ の実現し得る値は 2 つで，確率 $p$ で $\tilde{\pi} = L$，確率 $1 - p$ で $\tilde{\pi} = H$ であるとする。ただし $H > L > 0$ である。さらにこの $\tilde{\pi}$ の実現値に関して情報の非対称性を仮定しよう。第 0 時点で，企業は $\tilde{\pi}$ が $L$ であるか $H$ であるかを確実に知っているのに対し，投資家は $\tilde{\pi}$ が確率 $p$ で $L$，確率 $1 - p$ で $H$ であることしか知らない。

なおここの企業が 1 社であるのに対し，投資家は多数存在し，彼らは同質的で相互に競争しているものとする。また投資家は危険中立者で，無危険利子率はゼロであるとする。

### (1) 新株発行の場合

まず投資資金 $I$ を調達するために，新株を発行することを考えよう。株主全体（第 0 時点の既存株主と新株主）に対する新株主の持ち分比率を $s$ で表

す．もし投資家がその信念 belief として，企業の $\tilde{\pi}$ が $L$ である確率を $q$, $H$ である確率を $1 - q$ という具合に考えているなら (以下これを投資家の信念 $q$ と称する)，$I$ の資金調達を成功させるためには，$s$ は次の式を満たさなければならない．

$$s[qL + (1 - q)H + R] = I$$

この左辺は発行証券の期待キャッシュフローでその市場価値を意味し，これが右辺の $I$ よりも小さければ，企業は投資資金の確保に失敗するから $s$ を増やさなければならない．また左辺が右辺より大きいなら，投資家間の競争により右辺と左辺とが等しくなるまで $s$ は小さくなる．[*9] この等式が成り立つときの $s$ が，投資家の信念 $q$ を前提とする新株主の持ち分比率になる．これを $s$ について解いて $q$ の関数として表す．

$$s(q) = \frac{I}{qL + (1 - q)H + R}$$

他方，企業の方は，この資金調達・投資活動が何もしない場合より望ましいものでなければならない．ここの企業は既存株主の利益に従い行動するものと仮定する．資金調達・投資活動が企業によって実行されるためには，

$$(1 - s)(\tilde{\pi} + R) \geq \tilde{\pi} \quad \text{for} \quad \tilde{\pi} = H, L$$

でなければならない．この左辺と右辺は既存株主の持ち分，具体的には既存株主の期末配当を表している (もちろん企業は内部留保を持たず，すべてを投資家に分配することを仮定している)．左辺は資金調達をして投資する場合，右辺は何もしなかった場合である．この左辺が右辺よりも大きいとき，企業が資金調達・投資を実行することが既存株主にとって望ましい．この式

---

[*9] 「投資家間の競争」とは次のような意味である．ここの投資家は危険中立者で，また割引率がゼロであるからその要求利回りはゼロである．これは，投下する金額に等しい金額の返済が見込めるなら，投資家は満足して証券を購入することを意味する．従ってもし $s[qL + (1-q)H + R] > I$ であるなら，この期待キャッシュフロー金額 (左辺) を下回るような見込金額でも，進んで $I$ 円を投下する投資家が存在する．このような投資家間の競争により，均衡では $s[qL + (1-q)H + R] = I$ が成立する．

## 5.4 ペッキングオーダー理論

を書き換えると $s \leq \frac{R}{\tilde{\pi}+R}$ である。今,

$$s^H \equiv \frac{R}{H+R} < s^L \equiv \frac{R}{L+R}$$

のように記号 $s^H$ と $s^L$ を定義すると, $\tilde{\pi} = H$ の企業は $s(q) \leq s^H$, $\tilde{\pi} = L$ の企業は $s(q) \leq s^L$ であるならば, 資金 $I$ を調達して投資を実行する誘因を持つことになる。また $s$ が小さくなればなるほど, 既存株主の持ち分は大きくなるから, 企業にとっては望ましいことといえる。

このモデルにおける第 1 の結論をまとめると次のようになる。

**命題 1** 調達手段が新株発行に限定され, かつ $s(p) \leq s^H$ であるならば, 均衡は $s = s(p)$ の一括均衡になる。

一括均衡の意味するところは, 投資家が企業の $\tilde{\pi}$ が $H$ なのか $L$ なのか区別できないということである。ところで $s^H < s^L$ であるから, 任意の $s$ の値 $s^*$ が $s^* < s^H$ であれば, これは $s^* < s^L$ であることを意味する。もし $\tilde{\pi} = H$ である企業が $s = s^*$ を望ましい資金調達と考えるのであれば, それは, $\tilde{\pi} = L$ の企業であっても望ましい資金調達ということになる。このことから, $s^*(< s^H)$ という資金調達において, 投資家は $\tilde{\pi}$ の値がどちらなのかを企業行動から区別することはできない。投資家が $\tilde{\pi}$ を識別できない以上, その合理的な信念は $q = p$ とならざるを得ないので, その信念の下で資金 $I$ の確保を可能にする新株主の持ち分比率は $s(p)$ で与えられる。$s(p) \leq s^H$ であるならば, それは $s(p) < s^L$ でもあるから, 企業は $\tilde{\pi}$ の値にかかわらず資金調達して投資を実行するのが望ましい。そして $s$ は小さいほど企業にとって望ましいので, 投資家間の競争の結果, $s = s(p)$ で一括均衡が成立する。[*10]

---

[*10] ところで $s(p) \leq s^H$ が成立しないなら, 命題 1 の一括均衡は成立しない。そのとき均衡は一見すると分離均衡になるように思われるが (事実そのように解説している文献もある。例えば Gibbons(1992)), 著者はその様に結論することは不適当であると思う。確かにこのモデルのように, 企業の目標の既存株主の利益を期末の配当額としてのみ考える場合, 次のような分離均衡を導くことができる。

**命題 1'** $s^H < s(p) \leq s^L$ であるなら, $\tilde{\pi} = H$ の企業は資金調達・投資を実行しないが, $\tilde{\pi} = L$ であるなら, $s = s(1)$ の新株発行で資金調達して投資を実行する。

**(証明)** $s^H < s(p)$ であるから, $\tilde{\pi} = H$ の企業は何もしない方が既存株主の利益になり,

この議論の意義は次のようにまとめられる。確実に $R > I$ が成立するのであるから、この投資機会は必ず実行されるべきである。しかし企業が $\tilde{\pi} = H$ の場合、$R > I$ だからといって投資を実行することが既存株主に有利であるとは限らない。もし仮に投資家が $\tilde{\pi} = H$ であることを知ることができるなら、投資家の信念は $q = 0$ で、資金 $I$ を確保するのに必要な新株主の持ち分比率は $s(0) = \frac{I}{H+R}$ となり、$R > I$ である限り $s(0) < s^H$ が成立するから、企業は必ず投資を実行する。

ところが投資家が $\tilde{\pi}$ の値を知り得ない場合、投資が実行される限り、企業は $\tilde{\pi} = H$ であることを投資家に伝達する手段を持たない (前で述べたように、$\tilde{\pi} = H$ で有利なものであれば、必ず $\tilde{\pi} = L$ でも有利であるから)。投資家は $\tilde{\pi}$ を識別できない以上、$\tilde{\pi} = L$ の可能性を考慮して証券価格を付けざるを得ないから、株式価値は真の評価よりも過小評価されてしまう。この結果、資金 $I$ を確保するのに必要な新株発行数は増加し、既存株主の持ち分は余分に希薄化されてしまう。つまり新株主の持ち分比率は $s(0)$ から $s(p)$ に上昇し、これは既存株主がその分損していることを意味する。このように $\tilde{\pi} = H$ の場合、単に $R > I$(NPV が正) という条件の投資が既存株主に利益をもたらすわけではない。投資が既存株主に利益をもたらすためには、証券の過小評価に伴う損失を相殺して余りある収益を産む投資でなければならない。従って証券価値の過小評価の程度に依存して、$R > I$(NPV が正) の投資が必ず実行されるわけではないので、社会的な非効率が発生する。

---

資金調達・投資を実行しない。ということは、資金調達を実行する企業に対して、投資家は $q = 1$ という信念 ($\tilde{\pi} = L$ の確率が 1) を持つことが合理的になり、$s(1) = \frac{I}{L+R}$ が資金 $I$ を確保するのに必要な新株主の持ち分比率になる。$s(1) < s^L$ であるから、確かに $\tilde{\pi} = L$ の企業は資金調達して投資を実行するのが合理的となる。また $s^H < s(p)$ であれば $s^H < s(1)$ が成立するので、$\tilde{\pi} = H$ の企業が $\tilde{\pi} = L$ の企業を装って資金調達を実施する誘因は存在しない。以上のことから、$\tilde{\pi} = L$ の企業は $s = s(1)$ の新株を発行して投資を実行し、$\tilde{\pi} = H$ の企業は何もしないという分離均衡が成立する。(証明終)
ところがこの分離均衡は、新株を発行すると企業の $\tilde{\pi}$ が $L$ であることを顕示してしまうので、このことで株価が下落する。株価を下落させるような資金調達が既存株主に望ましくないのは明らかで、この命題 1' は不適当である。このことは、既存株主の利益を期末配当のみで考えるのは不十分で、期首の株価も併せて考慮しなければならないことを意味している。

## 5.4 ペッキングオーダー理論

### (2) 債券発行の場合

次に投資資金 $I$ の調達に債券を発行する場合を考えよう。債券の額面(満期償還額)$D$, 第1時点が満期の割引債を第0時点で発行する。貸倒れのないケースを考えよう。つまり $D < L + R$ である。前と同様，投資家の信念を $q$ で表すと，資金 $I$ の調達に成功するには，

$$qD + (1 - q)D = I$$

を満たすように $D$ が決定されなければならない。この $D$ を $D^*$ で表す。当然 $D^* = I$ である。

他方，企業は資金調達して投資を実行する方が，何もしない場合より(既存)株主の利益が増えなければならない。従って

$$\tilde{\pi} + R - D \geq \tilde{\pi} \quad \text{for} \quad \tilde{\pi} = H, L$$

が成立しなければならず，これは $R \geq D$ であるから，企業が投資を実行すべきか否かは $\tilde{\pi}$ の値に依存しない。資金 $I$ を確保するには $D = I$ でなければならないから，この条件は $R \geq I$ となり，投資実施の有無は投資の NPV の正負と一致する。以上のことから，企業の $\tilde{\pi}$ が $H$ であろうと $L$ であろうと，企業は $D = D^*(= I)$ の額面の債券を発行して投資を実施する一括均衡が成立する。この場合，$R > I$ であれば企業は必ず投資を実行するから，新株発行の場合のような社会的非効率は発生しない。[*11]

以上のことをまとめると次のとおりである

---

[*11] 本文では貸倒れのない場合を考えたが，貸倒れの発生し得る場合はどうなるか。貸倒れが発生し得るケースとして $D > L + R$ としよう。この場合，企業が投資を実行する条件 $R \geq D$ は明らかに成立しないから，企業は $\tilde{\pi}$ の値にかかわらず投資を実行しない。従って投資家は $\tilde{\pi}$ の値を識別できないのでその信念は $q = p$ である。仮に企業が投資を実行するとして，もし $\tilde{\pi} = L$ であれば貸倒れが発生し，$\tilde{\pi} = H$ であれば貸倒れの発生しないような範囲内で $D$ を決めるのであれば，一括均衡の候補は

$$q(L + R) + (1 - q)D = I$$

から求められる $D$ の値 $\hat{D}$ である。しかし $\hat{D} \equiv [I - q(L+R)]/(1-q) > L + R$ であるためには，$L + R < I$ でなければならず，この条件は $R > I$, $L > 0$ の仮定と矛盾するので，やはりこの一括均衡はモデルの仮定により排除される。

**命題 2** 調達手段が債券発行に限定されるなら,企業は $\tilde{\pi}$ に関らず $D = I$ の額面の債券を発行する。

### (3) 新株発行 vs 債券発行

前の 2 つのケースは新株発行と債券発行を各々独立に考えていたが,これらを比較して選択できる場合,均衡はどのようになるであろうか。ここでは企業の $\tilde{\pi}$ が $H$ の場合と $L$ の場合とで,各々新株発行と債券発行のどちらが企業にとって好ましいかを検討する。そのため $s(p) < s^H$ が満たされ,新株発行の場合に命題 1 のような一括均衡が成立する状況を検討する。すなわち,新株発行による一括均衡と債券発行による一括均衡とで,どちらの方が資金調達して投資を実行するのにより好ましいか。

このモデルでは,企業は既存株主の利益に従って行動するものと仮定されている。既存株主の利益とは,これまでは既存株主への期末配当を考えていた。今度はこれに加えて既存株主の株式価値をも考慮する。期末配当は第 1 時点の株主の富を意味し,株式価値は第 0 時点の株主の富を意味する。ここでは第 0 時点と第 1 時点の既存株主の富を考慮して,企業は意思決定するものとする。

一括均衡が成立し企業の $\tilde{\pi}$ が顕示されない限り,投資家の信念は $q = p$ である。この信念の下,既存株主の株式価値は新株発行であろうと債券発行であろうと同じになる。新株発行の場合,既存株主の株式価値は

$$[1 - s(p)][pL + (1-p)H + R] = pL + (1-p)H + R - I$$

である。$s(p)$ は資金 $I$ を確保するのに必要な新株主の持ち分比率,$pL + (1-p)H + R$ は投資家の抱く期待キャッシュフローである。同様に債券発行の場合の既存株主の株式価値は

$$pL + (1-p)H + R - D^* = pL + (1-p)H + R - I$$

となって,両者は等しい。

他方,期末配当の方は,企業の $\tilde{\pi}$ が $H$ であるか $L$ であるかに依存して調達方法の違いにより差が生じる。$\tilde{\pi} = H$ の場合,新株発行による既存株主へ

## 5.4 ペッキングオーダー理論

の期末配当 ($W_H^S$) は,

$$W_H^S \equiv [1 - s(p)](H + R) = H + R - \frac{H + R}{pL + (1 - p)H + R}I$$

であり,債券発行による既存株主への期末配当 ($W_H^B$) は,

$$W_H^B \equiv H + R - D^* = H + R - I$$

である。次の不等式に注目すれば,

$$\frac{H + R}{pL + (1 - p)H + R} = \frac{H + R}{H + R - p(H - L)} > 1$$

であるから $W_H^B > W_H^S$ が成立し,$\tilde{\pi} = H$ の企業にとって,新株発行の一括均衡より債券発行の一括均衡の方が好ましいことがいえる。

また $\tilde{\pi} = L$ の場合,新株発行による既存株主の期末配当 ($W_L^S$) と債券発行による株主の期末配当 ($W_L^B$) は各々,

$$W_L^S \equiv [1 - s(p)](L + R) = L + R - \frac{L + R}{pL + (1 - p)H + R}I$$
$$W_L^B \equiv L + R - D^* = L + R - I$$

である。次の不等式に注目して,

$$\frac{L + R}{pL + (1 - p)H + R} = \frac{L + R}{L + R + (1 - p)(H - L)} < 1$$

であるから $W_L^S > W_L^B$ が成立し,$\tilde{\pi} = L$ の場合は,債券発行の一括均衡より新株発行の一括均衡の方が好ましいことになる。

　従って投資家の信念が $q = p$ である限り,企業の $\tilde{\pi}$ が $H$ であれば債券が必ず発行され,$\tilde{\pi}$ が $L$ であれば新株が発行される。しかしこの点を考慮すると議論はここで終わらない。なぜなら企業が新株か債券かどちらの証券を発行するかで,$\tilde{\pi}$ の値が投資家に顕示されてしまうからである。とすると,$\tilde{\pi} = L$ で新株発行を実行する企業に対し,投資家の合理的な信念は,$q = p$ ではあり得ず,$q = 1$(つまり $\tilde{\pi} = L$ である確率が 1)となってしまう。ところが投資家の信念がこのように変化してしまうと,当然,既存株主の株式価値

は下落し，また資金 $I$ の確保に必要な新株主の持ち分比率は $s(p)$ から $s(1)$ に上昇するから，既存株主の期末配当も変化する。

それでは企業の $\tilde{\pi}$ が $L$ である場合，新株を発行することで ($\tilde{\pi}$ が顕示されることで)，既存株主の期末配当や株式価値はいくらであると考えなければならないか。投資家の新しい信念 ($q = 1$) の下における既存株主への期末配当は，

$$[1 - s(1)](L + R) = L + R - I$$

であり，これは債券発行の場合の株主への期末配当 ($L + R - I$) と同じものになる。また既存株主の株式価値は，当然，期末配当と同じ形をしていて，

$$[1 - s(1)](L + R) = L + R - I$$

と記すことができる。これは $\tilde{\pi}$ が顕示されることで投資家の期待キャッシュフローが $L + R$ となることによる。明らかにこれは，債券発行の場合 ($\tilde{\pi}$ は顕示されず，投資家の信念は $q = p$ のまま) の既存株主の株式価値 $pL + (1 - p)H + R - I$ に比べて下落している。

$\tilde{\pi} = L$ の企業を整理すると，$\tilde{\pi}$ が顕示されずに投資家の信念が $q = p$ である限り，既存株主の株式価値は新株発行と債券発行とで同じであるが，その期末配当は新株発行の方が債券発行よりも大きくなる。しかし実際に新株を発行しようとすると，$\tilde{\pi}$ が顕示されて投資家の信念が $q = 1$ に変化するから，$\tilde{\pi}$ の顕示されない債券発行と比べ，既存株主の期末配当は同じになり，その株式価値はむしろ小さくなってしまう。

以上のことから，$\tilde{\pi} = L$ である企業が債券発行と新株発行とでどちらを選ぶべきかという問題は，債券発行を選んで期末配当を犠牲にするか (このとき $\tilde{\pi}$ は顕示されない)，新株発行を選んで株式価値の下落を被るか (このとき $\tilde{\pi}$ は顕示される)，どちらの損が小さいかという選択になる。企業が債券発行する場合，犠牲になる期末配当は $W_L^S - W_L^B$ から求められる。

$$W_L^S - W_L^B = (1 - p)(H - L)\frac{I}{pL + (1 - p)H + R}$$

他方，新株発行する場合の株式価値の下落は

$$pL + (1 - p)H + R - I - (L + R - I) = (1 - p)(H - L)$$

であるから，新株発行の損の方が債券発行の損よりも大きい。従って企業の $\tilde{\pi}$ が $L$ である場合，その合理的選択は債券発行になる。つまり企業の $\tilde{\pi}$ が $L$ であろうと $H$ であろうと，新株発行よりも債券発行が選好されることになり，投資家は $\tilde{\pi}$ の値を識別できないので，その信念は $q = p$ である。

以上の議論で次の命題が証明されたことになる。

**命題 3** 企業は既存株主の利益に従って行動するものとする。既存株主の利益とは，既存株主の第 0 時点の富 (株式価値) と第 1 時点の富 (期末配当) の最大化である。この企業が，投資の資金調達として債券発行か新株発行かどちらかを選択するものとすると，企業は新株発行よりも債券発行の方を選好する。均衡は，企業の $\tilde{\pi}$ にかかわらず，額面 $D = I$ の債券を発行して資金調達・投資を実行する一括均衡になる。

## 5.5 負債のエージェンシーコスト

前節までの議論は資金調達時点での情報の不完全性，つまり情報の非対称性を問題にした。しかし情報の不完全性が資金調達行動に影響を与え得るのは，調達時点での情報の非対称性のみではない。たとえ資金調達時点で情報の非対称性がなかったとしても，資金提供者の投資家は調達者である企業の行動を完全に観察することは不可能であるので，資金調達後の企業の行動に関して情報の不完全性が存在する。この点を分析するのがエージェンシー問題であり，これは Jensen-Meckling(1976) に始まる。

企業金融論におけるエージェンシー問題は経営者，株主，債権者との間の利害関係が問題にされるが，ここではまず負債のエージェンシーコストということで，負債が存在する場合の株主と債権者の間のエージェンシー問題について説明しよう。株主対債権者の議論をする際には，単純化のため，経営者は株主の利益のために行動するものと仮定され，経営者と株主の間に発生するエージェンシーコストは無視されるのが通常である。ここでもそのように仮定する。

株主対債権者のエージェンシー問題として有名な議論は 2 種類あり，1 つ

はデットオーバーハング debt overhang といわれる過小投資を誘発する問題と，もう1つは資産代替 asset substitution といわれる過大投資を誘発する問題がある。企業の直面する投資機会は様々であり，投資の NPV を計算すると，それは正であったり負であったりする。社会的には負の NPV の投資を一切実行せず，正の NPV の投資のみを残らず実行するのが望ましい。しかし仮に企業が株主の利益に従って行動しているとしても，企業は正の NPV の投資のみを残らず実行するとは限らない。貸倒れリスクのある負債が存在すると，NPV が正であっても実行されない投資が存在する。これは本来の望ましい投資よりも小さな投資しかなされないという意味で，過小投資である。他方，同様に企業が株主の利益に従っているとしても，貸倒れリスクのある負債が存在すると，企業は負の NPV の投資まで実行してしまう誘因も存在する。これは実行すべきではない余分な投資を実行しているという意味で過大投資である。

このように貸倒れリスクのある負債が存在することで，企業が株主の利益に従って行動することが，必ずしも社会的に好ましい投資行動をもたらすわけではないのである。それでは以下これらを具体的に説明する。[*12] 5.5.1 節でデットオーバーハングを，5.5.2 節で資産代替を説明する。これら具体的な問題点を踏まえて，5.5.3 節であらためてエージェンシーコストの意味を考えてみたい。続く 5.5.4 節と 5.5.5 節では，デットオーバーハングと資産代替について形式的なモデルを与える。最後の 2 つの小節について，形式に興味のない読者は割愛可能である。

---

[*12] 貸倒れリスクのある負債が過小投資を引き起こすという発想は Myers(1977) である。またリスクを増大させるような投資は過大投資をもたらす可能性があることを指摘したのは，Jensen-Meckling(1976) である。ところで，前の 3.4.3 節では，NPV の値は既存株主の富の増減を計算したものであることを導出した。ここの過小投資・過大投資の問題は，この 3.4.3 節の議論が妥当でないことを意味する。この点についての詳しい説明はこの章の付録を参照願いたい。

## 5.5 負債のエージェンシーコスト

| 状況 (確率) | 収益 | $Y_B$ | $Y_S$ |
|---|---|---|---|
| 好況 (0.5) | 140 | 100 | 40 |
| 不況 (0.5) | 60 | 60 | 0 |
| 期待値 | 100 | 80 | 20 |

表 5.1　企業収益と投資家のキャッシュフロー

| 状況 (確率) | 収益 | $Y_B$ | $Y_S$ |
|---|---|---|---|
| 好況 (0.5) | 170 | 100 | 70 |
| 不況 (0.5) | 90 | 90 | 0 |
| 期待値 | 130 | 95 | 35 |

表 5.2　投資実行後の企業収益と投資家のキャッシュフロー

### 5.5.1　過小投資問題：デットオーバーハング

次のような極めて簡単な状況を考えよう．企業は期末に償還額 100 を支払わなければならない社債 (割引債) を発行しており，期末の状況は，0.5 の確率で好況となり 0.5 の確率で不況になるとする．好況であれば期末収益は 140 であるが，不況であれば期末収益は 60 に落ち込み貸倒れが発生する．このとき社債保有者，株主へのキャッシュフローをまとめたのが表 5.1 である．表の $Y_B$ は社債のキャッシュフロー，$Y_S$ は株式のキャッシュフローである (収益は残らず配当されるものとする)．表の最下行はそれぞれの期待値である．企業収益の期待値は 100，社債は 80，株式は 20 である．

このような状況にある企業が今，20 の資金で期末の収益を確実に 30 だけ増加させるような投資機会に直面したとしよう．投資の NPV は 10 であるから，社会的にはこの投資機会を実行するのが望ましい．投資の結果，社債と株式のキャッシュフローは表 5.2 のとおりである．

ところがこの投資機会は実行されない．というのは，この投資の資金調達まで考えると，誰がこの資金を提供したとしても，既存株主にとっては十分な収益が得られないからである．最も単純なケースとして既存株主が投資資金 20 を負担するとしよう．もし既存株主が 20 の資金を新たに提供する

のであれば，それは，その資金で投資が実行される結果，期待キャッシュフローが20以上増えると考えるからであろう。ところが確かに企業の期待収益自体は30増加するのであるが，既存株主への期待キャッシュフローは20から35へと15しか増えない。従って既存株主にとって，20の新規資金の提供で期待キャッシュフローは15しか増えないのであるから，これは既存株主の利益を損なう。従って企業はこの投資を実行する動機を持たない。また資金調達を新株発行や社債発行でまかなう場合は，若干の説明を要するので次の補論で述べるが，既存株主の期末期待キャッシュフローは元の20よりも小さくなってしまい，やはりこの投資は既存株主の利益を損なう。従って調達方法に関わりなくこの投資は実行されない。

このようなことが起る理由は，貸倒れリスクのある負債が存在することによる。上で述べた数値例(既存株主が資金提供する場合)で説明すれば次のとおりである。企業収益の確実な増加(30)を反映して，株式の期待キャッシュフローは15だけ増加しているが，同時に社債の期待キャッシュフローも15増加している。貸倒れリスクがある限り，社債の期末キャッシュフローの期待値は額面(満期償還額)より小さくなるので，企業収益の増加は社債の期末キャッシュフローの期待値を増加させ，これは社債保有者の利益となる。つまり貸倒れリスクのある限り，企業収益増加の効果は一部が社債保有者に回り，残った部分が既存株主の利益となる。従って投資による企業収益の増加分が，仮に投資金額を上回っていたとしても，この増加分の一部が社債保有者に漏れてしまうのであるから，株主に回る残りの部分が投資金額を上回る保証はない。このようなメカニズムのために，正のNPVの投資であったとしても，その実行は既存株主の利益を損なってしまう可能性がある。

このメカニズムは，負債が過剰にだぶついてoverhang発行され，貸倒れが起り得るようなときに発生するので，デットオーバーハングといわれる。このとき，正のNPVの投資がすべて実行されず，社会的に望ましい水準よりも少ない投資しか実行されないという過小投資の問題が発生する。

### ＜補論：新株発行あるいは社債発行の場合＞

本文では，既存株主が投資資金20を負担する場合を述べた。ここ

## 5.5 負債のエージェンシーコスト

ではまず，この 20 の資金を新株発行で調達する場合を説明しよう。新株発行で投資を実行すると，株主への期待キャッシュフローは既存株主と新株主とで分け合うことになる。投資実行時の株主への期待キャッシュフローは 35 であるが，この 35 全額が既存株主に帰属するのではなく，この一部，20 は新株主のものである。今，(要求利回りはゼロで) 期待キャッシュフローは価値でもあり，新株主は，20 のキャッシュフローが期待できるから，20 という資金を提供しようとする。従って既存株主への期待キャッシュフローは残りの 15 である。投資を実行しないなら，それは 20 であったから，この投資実行で既存株主は損をすることになる。

次に社債発行の場合である。もし投資資金の調達で新たに発行される社債が，元々存在した 100 という償還額の社債と同じ優先順位にあるとするなら，実は若干複雑な議論となる。この議論は大変重要なのであるが，ここで説明したいデットオーバーハングのメカニズムそのものとは異なる次元の問題であるため，この議論を省略したい。そのため，ここで新たに発行される負債とは劣後社債であるとする。つまり，投資の資金調達で発行される社債は，元の社債よりも支払の優先順位が劣後する。劣後債であれば話しは単純である。この劣後社債へのキャッシュフローを $\tilde{Y}_{Bn}$ で表し，投資実行後の投資家へのキャッシュフローが次のとおりであったとする。

| 状況 (確率) | 収益 | $Y_B$ | $Y_{Bn}$ | $Y_S$ |
|---|---|---|---|---|
| 好況 (0.5) | 170 | 100 | 40 | 30 |
| 不況 (0.5) | 90 | 90 | 0 | 0 |
| 期待値 | 130 | 95 | 20 | 15 |

この劣後社債は期末に 40 の償還を約束する。劣後社債のキャッシュフローは，好況時に 40 であるが，不況の貸倒れ時には元の社債よりも劣後しているので，そのキャッシュフローはゼロとなる。期待キャッシュフローは 20 となって，この劣後社債の発行で投資資金 20 の調達が可能になる。このとき，株主への期待キャッシュフローは 15 であり，投資を実行しない場合の 20 から減ってしまうので，やはり株主は損をすることになる。

===============================&lt;補論終わり&gt;

| 状況 (確率) | 収益 | $Y_B$ | $Y_S$ |
|---|---|---|---|
| 好況 (0.5) | 190 | 100 | 90 |
| 不況 (0.5) | 90 | 90 | 0 |
| 期待値 | 140 | 95 | 45 |

表 5.3　投資案件 A による企業収益と投資家のキャッシュフロー

### 5.5.2　過大投資問題：資産代替

　企業が投資を実行すれば，その収益の期待値が変化するのはいうまでもないことであるが，のみならず企業収益のリスクも変化するのが通常であろう。前節の過小投資の議論では企業収益のリスクという点を無視していたが，実はこの点を考慮すると，(貸倒れリスクのある) 負債の存在は過大投資を誘発し得る。つまり企業が既存株主の利益に従い行動すると，NPV が負の投資であっても実行される場合がある。以下この点を簡単な数値例で示そう。

　前小節のような表 5.1 の状況にある企業を考える。企業は期末償還額が 100 の社債を発行している。今この企業は次のような 2 つの投資機会に直面し，どちらかを選択するものとする。なお前小節と同様，説明を単純にするため，投資の資金調達は既存株主による資金提供であるとする。

　　投資案件 A：投資資金 20。この投資を実行することで企業の期末収益は，好況時に 190，不況時に 90 となる。

　　投資案件 B：投資資金 20。この投資の実行により，企業の期末収益は好況時に 200，不況時に 80 となる。

これらの投資案件は，どちらも資金 20 の投下で企業収益の期待値を 40 だけ増加させるから，NPV は 20 である。投資の NPV が正であるから社会的にはどちらを実行しても構わないのであるが，企業が既存株主の利益に従い行動するならどちらを選ぶであろうか。

　投資案件 A ないしは B を実行することで実現する企業収益と，そのとき

## 5.5 負債のエージェンシーコスト

| 状況 (確率) | 収益 | $Y_B$ | $Y_S$ |
|---|---|---|---|
| 好況 (0.5) | 200 | 100 | 100 |
| 不況 (0.5) | 80 | 80 | 0 |
| 期待値 | 140 | 90 | 50 |

表 5.4　投資案件 B による企業収益と投資家のキャッシュフロー

の社債と株式のキャッシュフローをまとめたのが表 5.3 と表 5.4 である。これらの表を見るとわかるように、株式のキャッシュフローの期待値は、投資案件 B の方が投資案件 A よりも大きい。つまり既存株主にとって 20 の資金提供により、期末キャッシュフローの見込みが 25(=45−20) 増える投資案件 A よりも、30(=50−20) 増える投資案件 B の方が望ましい。その結果、投資案件 B が選択されることになる。

このようなことが起る条件は 2 つ必要である。1 つは社債に貸倒れリスクのあること。もう 1 つは企業収益のリスクの異なることである。確かに今の数値例では不況時に貸倒れが発生し、また企業収益のリスクは投資案件 A よりも B の方が大きい。一般に、期末に実現する企業収益 $X$ に対し、株式や社債のキャッシュフローを描くと図 5.1 のようになる。$X$ が 100 以下であれば、株主の有限責任から株式へのキャッシュフロー $Y_S$ はゼロであるが、$X$ が 100 以上であれば $Y_S$ は $X - 100$ の直線となる。他方、社債へのキャッシュフローは $X$ が 100 以上であれば 100, $X$ が 100 以下であれば $X$ である (有限責任から下限はゼロ)。

このようなキャッシュフローの形状は、株式の場合、下限ゼロで上は限りなく大きくなり得るのに対して、社債の場合、上限が設定 (100) されるのに下はゼロを下限にいくらでも小さくなり得ることになる。もし企業の収益が期待値一定のままリスクのみ大きくなるとすると、これは、より大きな収益が実現し得る一方でより小さな収益も実現し得るということになるから、株主を利し社債保有者を損なう。すなわち、株主は、企業収益がどれだけ小さくなっても下限ゼロであるから収益リスク増大のデメリットは受けず、企業収益が大きくなることのメリットのみを受ける。他方、社債保有者は、上限は 100 であるから収益リスク増大のメリットは受けられずそのデメリット

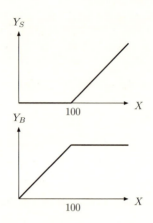

図 5.1　株式と社債のキャッシュフロー

のみを受ける。以上のことから，企業収益のリスクが増大すると，株式の期待キャッシュフローは増加し，社債の期待キャッシュフローは減少する。

　企業が既存株主の利益に従い行動するなら，企業は今述べたメカニズムを背景に，企業収益のリスクを小さくする投資案件よりも，そのリスクを大きくする投資案件を選好する。企業収益の期待値が同じであるから，リスクの大きくなる投資をして株主を利するということは，その分債権者の利益を損なうことを意味する。そこでこのメカニズムのことをリスクによる富移転の誘因という。またこれは，資産の産み出す収益リスクの大きい方が株主にとって利益になるから，収益リスクの小さいものから大きいものに資産を代替しようとする誘因を企業に与える。この点から資産代替といわれることもある。

　この資産代替のメカニズムは，前で述べた過大投資という深刻な経済問題を引き起す。次の投資案件 C を見てみよう。

　　　投資案件 C：投資資金 20。この投資を実行することにより，企業収益は好況時 210，不況時 10 である。

この投資は，20 の資金を投下して，企業収益の期待値を 10(=110−100) し

## 5.5 負債のエージェンシーコスト

| 状況 (確率) | 収益 | $Y_B$ | $Y_S$ |
|---|---|---|---|
| 好況 (0.5) | 210 | 100 | 110 |
| 不況 (0.5) | 10 | 10 | 0 |
| 期待値 | 110 | 55 | 55 |

表 5.5 投資案件 C による企業収益と投資家のキャッシュフロー

か上昇させないから,その NPV は −10 である.また企業収益と社債・株式のキャッシュフローは表 5.5 にまとめられる.NPV が負であるにもかかわらず,投資を実行しない元の状況と比べて,株式の期待キャッシュフローは 35(=55−20) 増加するから,既存株主は 20 の資金提供に応じる.のみならず既存株主から見れば,この投資案件 C は,先の投資案件 B(期待キャッシュフローは 30 増加) よりもさらに有利な投資になっている.従って企業が投資案件 A,B,C を比較するなら,NPV が正の A や B ではなく,NPV が負の C を選択するであろう.

このように企業が既存株主の利益に従い行動すると,本来は社会的に見て実行すべきではない負の NPV の投資が実行されてしまう.もちろん投資の NPV が小さくなれば,これは株式の期待キャッシュフローを小さくする方向に作用する.しかし投資案件 C を見ればわかるように,投資が企業収益のリスクを非常に大きくするのなら,株式の期待キャッシュフローは上昇し得る.つまり NPV の効果を凌駕するほど資産代替の効果が大きいなら,株式の期待キャッシュフローは上昇する.投資案件 C は B と比べて,NPV が負になる効果を上回るほどにリスクが大きくなっているので,これが株式の期待キャッシュフローを上昇させるのである.以上のように,資産代替のメカニズムは,負の NPV の投資でも実行され得るような誘因を企業に与え,社会的には余分な投資,つまり過大な投資を引き起こすことになる.

### 5.5.3 情報の不完全性とエージェンシーコスト

前の 2 つの小節で述べたことを要約すると,企業が既存株主の利益に従い行動することが,貸倒れリスクのある負債の存在する下では社会的に最適な

投資行動を引き起さない，つまり歪んだ投資行動を引き起す，ということである。社会的に歪んだ投資行動とは，NPVの正負が投資実行の有無の分岐点になっていないということであるが，企業は株主の利益で行動しているのであるから，歪んだ投資行動の結果は具体的には債権者の損になっている。

実はこれらの議論には，情報の問題は表面上登場していない。事実，情報の不完全性には一切依存することなしに，企業と投資家とが同じ情報を保有していることを暗黙の前提にして，デットオーバーハングと資産代替のメカニズムを説明した。しかし本当にこれらメカニズムが情報の不完全性と無関係なのであろうか。答えは否である。

5.1節でエージェンシーコストは，資金調達後の情報の不完全性を問題にする議論であると述べた。これを情報の事後的な不完全性と称しよう。仮に情報が事後的に完全であったとしよう。もし本当に情報が事後的に完全であるなら，投資家は資金調達後も企業の行動を完璧に観察できるはずであるから，これは検証可能な強制力のある契約が無コストで締結できるという意味にもなる。もしそうであるなら，デットオーバーハングや資産代替のメカニズムを阻止することは容易である。

これらのメカニズムによって損をするのは債権者であるから，債権者は資金提供する際に，「投資のNPVが正なら実行し，負なら実行しない」という条項を付けて契約すればよい。企業の意思決定者である経営者の方もこの契約に応じる誘因が存在する。それは企業買収の可能性である。歪んだ投資を実行しているということは，企業のあげ得る最大限可能な収益をあげていないわけであるから，このような非効率な経営をしている企業は企業買収のターゲットになる。[*13] 情報が事後的に完全であるのだから，非効率な経営をしている企業は一目瞭然であろう。通常，被買収企業の経営者は解雇されてしまうから，買収されるのを回避しようとして，経営者は企業収益が最大になるような投資行動をする。従って本当に情報が事後的に完全なら，企業は投資のNPVの正負に基づいて投資を実行することになり，実はデットオー

---

[*13] この企業買収の最も簡単な戦略は次のようなものであろう。買収者はこの企業の株式すべてを買収する。さらにその企業の負債をすべて返済する。その上で正のNPVの投資のみを残らず実行すれば，買収者は利益を得るであろう。

## 5.5 負債のエージェンシーコスト

バハングや資産代替といったメカニズムは起り得ないのである。

しかし実際には，企業行動はせいぜい不完全に観察されるにすぎない。この点は近年発展した契約の理論において，企業行動は観察可能ではあるが検証可能 verifiable ではないという具合いに表現される。このような契約を不完備契約 incomplete contract という。検証不可能とは，中立的な第3者(例えば裁判所)に対して具体的な立証ができないことをいう。確かに企業の行動は，それなりのコストがかかるであろうが，ある程度観察可能である。しかしこれを実際に法廷で立証しようとすると，具体的な企業行動を子細にわたって調査しそれを客観的に裏付ける必要があり，これを行うのは，状況によっては全く不可能でないにしても，ほとんど禁止的な高コストになるであろう。第3者に対して立証不可能なら，契約は事実上強制力を持ち得ない。なぜなら契約の当事者が契約違反をしても，それを立証する術がないからである。強制力のない契約ならそれは実効性を伴わないことになる。

この契約の不完備性を，前の企業と債権者との間の契約に当てはめると，次のようになる。確かに企業の投資行動は観察不可能ではない。しかし投資のNPVが正であるか負であるかは，基本的には契約後の将来に関する見込み(期待)であるから，これを第3者に客観的に証明することは不可能である。従って「投資のNPVが正であれば実行し，負であれば実行しない」という契約は，強制力を持たないし実効性を伴わない。従ってたとえこのような契約を締結したとしても，企業は債権者の利益を損ねるような投資行動を実行する余地を持つことになり，デットオーバーハングや資産代替のメカニズムが作用する余地が発生する。

それではこの契約の不完備性の原因は何か。いうまでもなくその根本的な原因は，契約(資金調達)後の事後的な企業行動を，部外者の投資家が完全には観察できないというところにある。これは企業行動に関する情報の事後的不完全性を意味する。そして企業行動を完全には観察できないからこそ，それに基づく契約は不完備なものにならざるを得ないし，契約の不完備性のために，投資家は企業行動を完全にコントロールする術を持たない。

それ故，デットオーバーハングや資産代替といった投資行動の究極的な原因は，やはり情報の事後的不完全性ということになる。さらにまた，これは

企業が本当に非効率な経営をしているのかどうかが不明確であることを意味するから，企業買収される可能性は格段に小さくなる。この点からも企業は歪んだ投資行動を実行する余地を持つことになる。

以上，情報の事後的な不完全性の下，投資家は企業の投資の歪みを完全に是正する手段を持たない。しかしこれを緩和する手段は存在する。この節で述べたようなデットオーバーハングや資産代替によって損をするのは債権者であるから，債権者は自らコストをかけてでも企業を監視 moniter し，この損を小さくする誘因を持つ。[*14] この監視に伴い発生するコストをモニタリングコストという。他方，企業の方は，経営者が企業買収を怖れて，自ら妥当な投資行動を約束 bond し，それを証明するための情報を開示しようとする誘因が存在する。これに伴うコストをボンディングコストという。これら2種類のコストを伴う活動の結果，企業の投資行動の歪みは幾分緩和されるであろうが，完全に是正される保証はない。それでもなお残る投資の歪みによって被る企業の損失の可能性を，残されたロス residual loss という。以上の3つの合計がエージェンシーコストである。エージェンシーコストの存在は，それがない場合と比べて，資金調達の際に債権者の資金提供額を減少させるから，企業の資本コストはエージェンシーコストの分だけ上昇する。[*15]

---

[*14] 債権者が不特定多数である場合，そのモニタリングコストを負担する誘因はそれほど強くない。なぜなら，1人の債権者が大きなコストをかけ，熱心に企業活動を監視したとしよう。その結果，債権者から見て企業収益に改善があったとしても，その利益は債権者全員が享受することになる。その場合，自分以外の債権者はコストをかけることなく利益のみを享受することになるから，これはただ乗り free lunch の発生である。従って債権者個人々にはモニタリングコストを負担しようとする誘因は小さい。もし債権者が少数である場合はどうであろうか。今述べたただ乗りの可能性が小さくなるなら，個々の債権者は企業を監視しようとする誘因を持つかもしれない。これを特定の1人の債権者で代表させて企業を監視させるというのが，わが国で盛んになされたメインバンクの理論的骨子である。

[*15] このエージェンシーコストは，企業の投資行動を制約する付帯条項 covenant を社債発行に際して設定することで緩和される (Smith-Warner(1979))。また社債の発行条件決定に企業の評判 reputation がもたらす効果を考慮することによっても，このエージェンシーコストは緩和されることが知られている (John-Nachman(1985), Diamond(1989))。さらに Green(1984) は，ワラントの発行条件を適当に決めることで資産代替の誘因を打ち消すことができると論じている。

### 5.5.4 モデル：デットオーバーハング

この小節では，前の 5.5.1 節で説明したデットオーバーハングのメカニズムをモデルによって示してみたい。特に投資の資金調達方法に関してモデルを使うことで補足する。投資資金を誰 (既存株主や新株主，債権者) が負担したとしても，貸倒れリスクのある負債が存在するとデットオーバーハングの発生することが示される。そしてこの負債が大きくなるほど，デットオーバーハングはより深刻な問題になることを示す。

今，時点としては第 0 時点，第 1 時点，第 2 時点の 3 つを考える。簡単化のため，企業は第 2 時点で利用可能なキャッシュフローをすべて投資家に配分するものとする。企業は第 0 時点において，第 2 時点でのみ収益を産む資産を保有しており，その収益 $\tilde{y}$ の確率分布は一様分布 $U[0, M]$ に従う。この企業は第 1 時点で投資機会に直面し，投資を実行すれば，資産が第 2 時点に産み出す収益の確率分布は $U[a, M+a]$ (ただし $M > 0$, $a > 0$) に変化する。すなわち，この投資は収益性を改善して $\tilde{y}$ の確率分布を $a$ だけシフトさせる。しかし投資を実行するには，第 1 時点で新たに $I$ の資金を投下しなければならない。この資金の調達機会は第 0 時点でのみ可能で，企業は第 0 時点で投資家から資金調達するものとする。また第 0 時点以前において株主であるものを既存株主と称する。

この投資の NPV を計算すれば次のとおりである。

$$NPV = \left\{ \int_a^{M+a} \frac{y}{M} dy - \int_0^M \frac{y}{M} dy \right\} - I = a - I$$

上式のカッコ内は資産からの期待収益の増分で，この投資がもたらす収益である。なお $1/M$ は一様分布の確率密度である。これを見るとわかるように，$a > I$ であれば NPV は正であり，$a < I$ であれば NPV は負になる。今，ちょうど NPV がゼロであるような $a$ の値を $a^{NPV} (\equiv I)$ として定義する。

もしこのような企業が，第 2 時点で $F$ の支払を約束する負債を既に第 0 時点以前において発行していたなら (ただし $F > a$)，NPV の正負に基づいて投資実行の有無を決めることが，既存株主にとって有利であるとは限らな

い．既存株主から資金調達するケースを考えよう．説明の都合上，情報の事後的不完全性の存在しないような状況から始める．すなわち，企業も投資家も $\tilde{y}$ の確率分布 (パラメター $M$ や $a$ の値) を第 0 時点で知っている．そして後で，事後的な情報の不完全性が存在する状況として，企業は投資実行時点 (第 1 時点) で投資の収益性 (パラメター $a$) を知っているが，投資家はこれを知らないような場合を考えることにする．

もし投資が実行されるなら，株主の期待キャッシュフローは

$$\int_F^{M+a} \frac{y-F}{M} dy = \frac{(M-F)^2 + a^2 + 2a(M-F)}{2M} \equiv S(F;a)$$

で表される．今，第 0 時点で $a$ は投資家に既知と想定され，かつ割引率がゼロであるので，これは第 0 時点の株式価値を表すことにもなる．これが $F$ と $a$ に依存することを明示して関数 $S(F;a)$ として記す．他方，投資が実行されないなら，株主の期待キャッシュフロー・株式価値は，

$$\int_F^{M} \frac{y-F}{M} dy = \frac{(M-F)^2}{2M} \equiv S_0$$

で表され，これは先の関数を使えば $S(F;a=0)$ であるが，表記を単純にするため $S_0$ と記す．

さて第 0 時点で $a$ が投資家に既知で，既存株主が投資資金 $I$ を提供するものとすると，企業が投資を実行する場合の株式価値 $S(F;a)$ が，投資を実行しない場合の株式価値 $S_0$ と投資資金 $I$ の合計を上回るなら，資金調達・投資実行は既存株主の利益になる．すなわち，投資の収益性 $a$ が

$$S(F;a) > S_0 + I \tag{5.10}$$

を満たすものであるならば，既存株主は資金提供に応じ，投資が実行される．ところで $S(F;a) = S_0 + I$ を満たすような $a$ の値を，投資が実行されるか否かの臨界値 $\hat{a}$ として表そう．簡単な計算から，

$$\hat{a} \equiv \sqrt{(M-F)^2 + 2IM} - M + F$$

である．すると $a > \hat{a}$ であれば，$S(F;a) > S_0 + I$ であるので投資が実行され，逆に $a < \hat{a}$ であれば，$S(F;a) < S_0 + I$ であるので投資が実行されない．

## 5.5 負債のエージェンシーコスト

この $\hat{a}$ は,前に述べた投資の NPV に関する正負の臨界値 $a^{NPV}$ と比較すると,$F > I/2$ である限り $\hat{a} > a^{NPV}$ が成立する。[*16] このことの意味は次のとおりである。企業が既存株主の利益に沿って行動するなら,負債がある一定水準以上に達すると,投資の NPV が正であるからといって必ず実行されるとは限らない。$\hat{a} > a > a^{NPV}$ の範囲内にある $a$ のような収益性の投資は,NPV は正であるが,既存株主の利益を損なうので実行されない。つまり一定水準以上の負債の存在は過小投資を誘発する。これがデットオーバーハングである。

ここで $\hat{a}$ を $F$ で微分してみよう。

$$\frac{d\hat{a}}{dF} = 1 - \frac{M-F}{\sqrt{(M-F)^2 + 2IM}} \tag{5.11}$$

この式の右辺第 2 項は 1 よりも小さいので,この微分は正である。つまり $F$ が大きくなると $\hat{a}$ も大きくなる。他方,$a^{NPV}$ は $F$ にかかわらず一定である。従って $F$ が大きくなると $a^{NPV}$ と $\hat{a}$ の間の範囲が拡大することになる。これは NPV が正であるにもかかわらず実行されない投資が増えることを意味するから,負債の増大は過小投資の程度をより深刻なものにすることがわかる。

モデルのこの段階ではまだ情報の事後的不完全性を明示していないので,デットオーバーハングのメカニズムそのものは,一見すると情報の問題とは無関係に見える。しかし前の小節で述べた理由により,情報の事後的不完全性を前提にしなければ,このようなメカニズムを考えること自体に意味がない。そこで情報の事後的不完全性を導入することにしよう。まず資金調達時点 (第 0 時点) において,投資家も企業も投資の収益性 (パラメター $a$ の値)

---

[*16] この証明の概略は次のとおり。

$$\hat{a} - a^{NPV} = \sqrt{(M-F)^2 + 2IM} - M + F - I$$

であるが,次の関係が成立していることを使うと,

$$(M-F)^2 + 2IM - (M-F+I)^2 = I(2F-I)$$

$F > I/2$,$I > 0$ であるなら,明らかに $\hat{a} - a^{NPV} > 0$ である。

を知らない。この時点で情報の非対称性は存在せず，企業も投資家も知っているのは $a$ の確率分布のみである。この確率分布の密度関数を $g(a)$ で表す (単純化のため，分布の下限を 0, 上限を $A$ とする)。

次に投資実行時点 (第 1 時点) になって，企業は $a$ の値を知ることができるが，投資家はこれを知ることができない (今日的にいうと，観察可能かも知れないが検証可能でない)。従って投資家にとって，$a$ に基づく企業との契約は実効性を持たない。このように資金調達後になって，企業の行動に情報の不完全性が発生する。このような想定の下で投資家ができることは，企業が既存株主の利益に従い行動することを前提に，第 1 時点の $a$ が $a > \hat{a}$ であれば投資が実行され，$a < \hat{a}$ であれば投資が実行されないということを，$g(a)$ に基づき予想して証券を評価することである。

完全情報のケースであれば，企業はもちろん投資家も資金調達時点で $a$ の値を知っていたので，資金調達を実行することがそのまま投資の実行を意味した。ところが，ここで想定した情報の事後的不完全性のケースでは，状況は若干複雑になるため注意が必要である。第 0 時点では企業ですら $a$ の値を知らない。本当に投資が実行されるかどうかは，第 1 時点で実現する $a$ の値に依存し，企業ですら第 1 時点にならないとわからない。しかし資金調達は第 0 時点で実行されなければならない。そこで次の 3 つの状況が想定され得る。

**(状況 1)** 第 0 時点で資金調達が実行され，第 1 時点で投資が実行される。
**(状況 2)** 第 0 時点で資金調達が実行され，第 1 時点で投資は実行されない。
**(状況 3)** 第 0 時点で資金調達が実行されない (もちろん投資も実行されない)。

完全情報のケースと比べて，情報の事後的不完全性を想定することで新たに状況 2 が起り得る。この状況 2 に関して新たな仮定が必要になり，ここでは次のように仮定する。第 0 時点で $I$ の資金を調達したが，第 1 時点で投資が実行されなかった場合，この $I$ は第 2 時点でそのまま返済される。この返済は，第 0 時点で株式によって調達されたなら株主に，負債によって調達されたなら債権者になされる。ところで第 0 時点では，投資実行の有無は未知

## 5.5 負債のエージェンシーコスト

で，唯一資金調達がなされたか否かしか知ることができない。従って投資家による証券の価値評価は，先の説明よりも厳密に述べると，第 0 時点で資金調達された場合は状況 1 と状況 2 とを考慮して証券の価値が決まり，また第 0 時点で資金調達されない場合は状況 3 のみを考慮して証券の価値が決まる。

以上のことから，株式の発行で資金調達する場合，株式の市場価値 $P^S$ は次のように定式化できる。

$$P^S = \int_{\hat{a}}^{A} S(F;a)g(a)da + \int_{0}^{\hat{a}} \{S_0 + I\}g(a)da \tag{5.12}$$

上式の第 1 項の積分は状況 1 が発生する $(a > \hat{a})$ という予想に基づく価値評価，第 2 項の積分は状況 2 が発生する $(a < \hat{a})$ という予想に基づく価値評価を，各々表している。他方，資金調達が行われなかった場合であるが，この場合は第 1 時点で投資が実行されないことが確定するから情報の不完全性はなくなり，第 0 時点の株式価値は単に $S_0$ として評価される。

もし既存株主が資金 $I$ の調達に応じるとすると，そのときの既存株主の富は株式価値 $P^S$ そのものである。他方，これと比較すべき既存株主の富は，資金調達を実行しない場合の企業の株式価値 $S_0$ に $I$ を加えたものである。そして $P^S$ の方が $S_0 + I$ よりも大きければ，既存株主は資金提供に応じるのが有利であり，企業は既存株主の利益に従い行動するのであるから，実際に資金調達が実行される。逆にもし $P^S$ が $S_0 + I$ より小さければ，既存株主は資金提供に応じないし，企業は資金調達を実行しない。ところで $P^S > S_0 + I$ という条件を簡単な計算で書き換えると

$$\int_{\hat{a}}^{A} \{S(F;a) - S_0 - I\}g(a)da > 0$$

であるから，既存株主が資金提供に応じるかどうかという条件は，結局 $S(F;a) > S_0 + I$ という条件に帰着できる。これは前で述べたように過小投資の誘発を意味している。従って既存株主が資金提供者になる場合，過小投資，デットオーバーハングの問題が引き起こされることになる。

それでは次に，資金調達を既存株主以外の投資家から行う場合はどうであろうか。第 0 時点で新株主に，全体に対する持ち分 $s$ の割合で新株を発

行して資金 $I$ を調達するとしよう。資金調達が実行される時の株式価値は前と同様 (5.12) 式の $P^S$ で表され，このうち $s$ が新株主，$1-s$ が既存株主に帰属する。また企業が資金 $I$ を確保するには，$sP^S = I$ でなければならない。そして企業は既存株主の利益に従い行動するから，$(1-s)P^S > S_0$ であるなら，資金調達は既存株主の富を高めるために実行されることになる。ところで，$(1-s)P^S > S_0$ という条件を $sP^S = I$ を使って書き換えると，$P^S > S_0 + I$ であるから，既存株主から資金調達する場合と同様，この条件は $S(F;a) > S_0 + I$ に帰着できる。従って新株主から資金調達する場合も，過小投資，デットオーバーハングの問題が誘発される。

今度は第 0 時点で負債を新たに発行する場合はどうなるであろうか。この新しい負債は第 2 時点で $D$ の支払を約束するものとする。ただし新規の負債は，第 0 時点前に発行された元の負債に比べて劣後している (支払の順番が元の負債の後になる) ものとする。資金調達が実行された場合，この新規負債の第 0 時点での価値 $P^B$ は，

$$P^B \equiv \int_{\hat{a}}^{A} \left\{ \int_{F+D}^{M+a} \frac{D}{M} dy + \int_{F}^{F+D} \frac{y-F}{M} dy \right\} g(a) da + \int_{0}^{\hat{a}} I g(a) da$$

と記すことができる。この第 1 項の積分の中のカッコ $\{\cdot\}$ 内は，$a$ を所与とした場合の劣後負債の価値であり，これは，$y$ が $F+D$ 以上であれば償還額 $D$ が支払われ，$y$ が $F+D$ 以下であれば貸倒れで，かつ $F$ 以上であれば，$y$ から $F$ を除いた部分がこの劣後負債保有者に支払われることを意味している。そして第 1 項の積分全体が，状況 1 が発生する $(a > \hat{a})$ という投資家の予想に基づく価値評価になっている。また第 2 項の積分は状況 2 が発生する $(a < \hat{a})$ という予想に基づく価値評価である。この場合，債権者は第 2 時点で $I$ をそのまま受け取るにすぎない。

ところで資金調達が実行された場合の株式価値の定式化は，以下のように変更されなければならない。この株式価値を $P_D^S$ で表そう。

$$P_D^S \equiv \int_{\hat{a}}^{A} \left\{ \int_{F+D}^{M+a} \frac{y-F-D}{M} dy \right\} g(a) da + \int_{0}^{\hat{a}} \left\{ \int_{F}^{M} \frac{y-F}{M} dy \right\} g(a) da$$

第 1 項の積分のカッコ内は $a$ の値を所与として投資が実行される場合の株式価値であり，第 1 項の積分全体で状況 1 が発生するという予想に基づく価

## 5.5 負債のエージェンシーコスト

値評価になっている。また第 2 項の積分のカッコ内は投資が実行されない場合の株式価値 $S_0$ であり，第 2 項の積分全体で状況 2 が発生するという予想に基づく価値評価になっている。

さて企業が資金 $I$ を確保するには $P^B = I$ でなければならない。また企業が資金調達を実行するには，既存株主の富を損なってはならないから $P_D^S > S_0$ が成立しなければならない。$P_D^S > S_0$ という条件を，$P^B = I$ を使い若干の計算を経て書き換えると，

$$\int_{\hat{a}}^{A} \{S(F;a) - S_0 - I\}g(a)da > 0$$

を導くことができる。つまり新規に負債を発行するための条件 $P_D^S > S_0$ は，前と同様，$S(F;a) > S_0 + I$ という条件に帰着できる。従って負債により投資資金を調達する場合も，やはり過小投資，デットオーバーハングの問題が発生する。

結局のところ，どのような資金調達方法に依ったとしても，資金調達が実行されるための条件はすべて同一の $S(F;a) > S_0 + I$ という不等式に帰着され，このとき投資の収益性 $a$ が $\hat{a}$ よりも大きいなら，その投資は実行されることになる。ところが $F > I/2$ であるなら $\hat{a}$ は $a^{NPV}$ よりも大きいため，$\hat{a} > a > a^{NPV}$ の範囲内にある $a$ の収益性を持つ投資は，正の NPV であるにもかかわらず実行されない。従って第 0 時点前に存在する負債が一定水準以上であると，情報の事後的不完全性を前提にした投資の資金調達は過小投資を誘発することがわかる。また $\hat{a}$ は，(5.11) 式から $F$ の増加によって上昇することがわかっているので，過小投資の程度は，この負債の増大によってより深刻化することになる。

### 5.5.5 モデル：資産代替

前の小節のデットオーバーハングは，投資の実行により収益のリスクが不変であるような場合に発生し得る問題であった。今度は，投資の実行により収益のリスクも変化するような場合に発生し得る資産代替の問題を，モデルにして示す。特に，情報の事後的な不完全性の下での資金調達を考慮し，調

達方法にかかわらず等しく資産代替の問題が発生することを示そう。そして資産代替の問題は，元々存在する負債が大きいものであるなら，より深刻な問題になることを示す。

資産代替の最重要点を一言でいうなら，収益リスクの増加は株価を上昇させるため，たとえ収益の期待値を低下させるような投資でも，それが収益リスクを十分に高めるなら，その投資の実行は既存株主の利益になる。この点を反映させるため次のようにモデルは変更されなければならない。

資金調達前の第 0 時点において，企業が保有する資産は，もし何もしなければ第 2 時点で確実に収益 $H$ を産むようなものであるとする。しかし，もし第 0 時点で資金 $I$ の調達を行い，第 1 時点でその $I$ を投下して投資を実行するなら，この資産からの第 2 時点での収益はリスクの存在する $\tilde{y}$ に変化し，その確率分布は $U[M-e, M]$ の一様分布に従うものとする (ただし $M-e < H < M$, $M > 0$, $e > 0$)。これだけの変更をして，後は 5.5.4 節と全く同様の議論をすればよい。

この投資の NPV を計算すると次のとおりである。

$$NPV = \left\{ \int_{M-e}^{M} \frac{y}{e} dy - H \right\} - I = M - \frac{e}{2} - H - I$$

大カッコの $\{\cdot\}$ 中はこの投資を実行することによる企業収益の増加分で，$1/e$ は $\tilde{y}$ の確率密度関数である。収益分布のパラメーターは $M$ と $e$ の 2 つであるが，ここでは以下，$M$ を一定とし，$e$ の値でもって投資の収益性とリスクを代表させることにする。というのは，$e$ が大きくなるほど，一様分布の範囲は大きくなるからこれはリスクの増加を意味する。また NPV を見るとわかるが，$e$ が大きいほど NPV は小さい。すなわち $e$ の値が大きければ大きいほど，その投資は高リスク・低収益のものであるといえる。

ところでちょうど NPV をゼロにするような $e$ の値を，NPV の正負の臨界値 $e^{NPV}$ として表す。これは前の式から $e^{NPV} \equiv 2(M-H-I)$ である。任意の $e$ の値が $e < e^{NPV}$ であればその投資の NPV は正であり，$e > e^{NPV}$ であれば投資の NPV は負である。もちろん以下，$e^{NPV}$ が正であること ($M > H + I$) を仮定する。

さて第 0 時点以前にこの企業は負債を発行しており，その負債は第 2 時点

## 5.5 負債のエージェンシーコスト

で $F$ の支払を約束しているものとする.ただし単純化のため $M-e<F<H$ とする.資金調達時点で既に負債が存在する場合,投資の NPV の正負に基づいて投資実行の意思決定をすることは,必ずしも既存株主の利益にはならない.説明の都合上,まず情報の事後的不完全性を想定しないケースを取り上げよう.資金調達時点 (第 0 時点) で企業も投資家も $\tilde{y}$ の確率分布を知っている.つまり第 0 時点で企業も投資家もパラメータ $M$ と $e$ の値を知っている.

このとき資金調達・投資を実行する場合の株式の期待キャッシュフローは,

$$\int_F^M \frac{y-F}{e}dy = \frac{(M-F)^2}{2e} \equiv S(F;e)$$

のように記すことができるが,割引率はゼロであるから,これは第 0 時点の株式価値を表している.これが $F$ と $e$ に依存することを明示して関数 $S(F;e)$ のように定義する.他方,資金調達・投資を実行しない場合は,単純に

$$H - F \equiv S_0$$

が株式の期末キャッシュフロー,そして第 0 時点での株式価値を表す.同様にこれを $S_0$ で表す.

誰が投資資金 $I$ の提供に応じるかであるが,最も単純なものとして,既存株主が資金 $I$ の提供に応じる場合を考えよう.[*17] もし既存株主が資金提供に応じるなら,そのときの既存株主の富は株式価値 $S(F;e)$ である.他方,既存株主が資金提供に応じないなら,その時の株式価値は $S_0$ で,比較されるべき既存株主の富は $S_0+I$ で表される.従って資金調達・投資の実行が既存株主の利益を損なわないためには,

$$S(F;e) > S_0 + I$$

でなければならない.今, $S(F;e) = S_0 + I$ を満たすような $e$ の値を,投資

---

[*17] 投資の資金提供者が新株主であれ債権者であれ,既存株主の利益を損なわないような投資の実行基準はすべて同じになる.この点はすぐ後で情報の事後的不完全性を導入するところで説明する.

実行の臨界値 $\hat{e}$ として表す。簡単な計算から，

$$\hat{e} \equiv \frac{(M-F)^2}{2(H-F+I)}$$

を導くことができる。この完全情報のケースでは第 0 時点で $e$ が既知であるから，$e$ が $e < \hat{e}$ であれば，これは $S(F;e) > S_0 + I$ を意味し，資金調達・投資を実行することが既存株主の利益になる。また逆に $e$ が $e > \hat{e}$ であれば，これは $S(F;e) < S_0 + I$ であるので資金調達・投資は実行されない。

上記の $\hat{e}$ と $e^{NPV}$ とを比較すれば，

$$\hat{e} - e^{NPV} = \frac{(M + F - 2(H+I))^2}{2(H - F + I)} > 0$$

であるから，これは $\hat{e} > e > e^{NPV}$ となるような $e$ の値の投資については，NPV が負であるにもかかわらず，投資を実行することが既存株主の利益になることを意味している。つまり NPV が負の投資でも実行されるという意味で過大投資が発生し得る。これが前の節で述べた資産代替のメカニズムである。

ここで $\hat{e}$ を $F$ で微分してみよう。

$$\frac{d\hat{e}}{dF} = \frac{(M-F)[M + F - 2(H+I)]}{2(H - F + I)^2} \quad (5.13)$$

もし $F$ が $F > 2(H+I) - M$ であるなら，この微分は正である。つまり $F$ が大きくなると $\hat{e}$ も大きくなる。他方，$e^{NPV}$ は $F$ にかかわらず一定である。従って $F$ が大きくなると $e^{NPV}$ と $\hat{e}$ の間の範囲は拡大する。これは NPV が負であるにもかかわらず実行されてしまう投資が増えることを意味する。このことから，負債の増大は過大投資の程度をより深刻化させる。

資産代替のメカニズムそのものは，5.5.3 節で述べたように情報の事後的不完全性を考慮しないと意味がない。そこで情報の事後的不完全性を導入するが，ここでは次のような想定をしよう。資金調達時点 (第 0 時点) で，企業も投資家も $M$ の値を知っているが，$e$ の値を知らない。この時点で情報の非対称性は存在しない。しかし第 1 時点になると，企業のみが $e$ の値を知ることができ，投資を実行するか否かの決定をする。投資家は第 1 時点でも $e$

## 5.5 負債のエージェンシーコスト

の実現値を知らない.投資家がなし得ることは,第 1 時点での投資の意思決定が既存株主の利益に沿って行われることを前提に,$e$ の予想に基づいて第 0 時点で証券の価値を評価することである.$e$ の予想は確率密度関数 $g(e)$ に反映されているものとする (分布の下限を 0,上限を $A$ とする).また第 0 時点で企業の方は,投資家の価値評価を所与として,資金調達を実行する場合と実行しない場合とを比較して,既存株主の利益になる方を選択する.

後の議論は前の 5.5.4 節と形式的に同様であるので,以下,概要のみ述べる.まず株式の発行で資金調達する場合,株式の市場価値 $P^S$ の定式化は次のとおりである.

$$P^S = \int_0^{\hat{e}} S(F;e)g(e)de + \int_{\hat{e}}^A \{S_0 + I\}g(e)de \qquad (5.14)$$

もし既存株主が資金 $I$ の調達に応じるとすると,そのときの既存株主の富は株式価値 $P^S$ そのものであり,他方,資金調達が実行されない場合の既存株主の富は $S_0 + I$ である.従って $P^S > S_0 + I$ という条件が資金調達実行のための条件となる.これを書き換えると,

$$\int_0^{\hat{e}} \{S(F;e) - S_0 - I\}g(e)de > 0$$

であるから,この条件は結局 $S(F;e) > S_0 + I$ という条件に帰着できる.これは過大投資の誘発を意味している.

次に第 0 時点で新株主に,全体に対する持ち分 $s$ の割合で新株を発行して資金 $I$ を調達する場合を考えよう.資金調達が実行される時の株式価値は $P^S$ で,このうち $s$ が新株主,$1-s$ が既存株主に帰属する.企業が資金 $I$ を確保するには $sP^S = I$ でなければならない.そして企業は既存株主の利益に従い行動するから,$(1-s)P^S > S_0$ であるなら資金調達は実行されることになる.この条件を $sP^S = I$ を使って書き換えると,$P^S > S_0 + I$ であるから,やはり $S(F;e) > S_0 + I$ という条件が導出できる.従って新株主から資金調達する場合も,同様に過大投資の問題が誘発される.

最後に第 0 時点に負債を新たに発行する場合を考えよう.この負債は劣後負債で,第 2 時点で $D$ の支払を新たに約束する.この新規負債の第 0 時点

での価値 $P^B$ は，

$$P^B \equiv \int_0^{\hat{e}} \Big\{ \int_{F+D}^{M} \frac{D}{e} dy + \int_{F}^{F+D} \frac{y-F}{e} dy \Big\} g(e) de + \int_{\hat{e}}^{A} I g(e) de$$

と記される。この場合，資金調達が実行された場合の株式価値 $P_D^S$ の定式化は，

$$P_D^S \equiv \int_0^{\hat{e}} \Big\{ \int_{F+D}^{M} \frac{y-F-D}{e} dy \Big\} g(e) de + \int_{\hat{e}}^{A} \{H - F\} g(e) de$$

である。企業が資金 $I$ を確保するには $P^B = I$ でなければならない。また企業が資金調達を実行するには，$P_D^S > S_0$ が成立しなければならない。$P_D^S > S_0$ という条件を，$P^B = I$ を使い若干の計算を経て書き換えると，

$$\int_0^{\hat{e}} \{S(F;e) - S_0 - I\} g(e) de > 0$$

を導くことができる。従って条件 $P_D^S > S_0$ は $S(F;e) > S_0 + I$ という条件に帰着できる。

　資産代替のメカニズムもデットオーバーハングと同様，どのような資金調達方法に依ったとしても，資金調達が実行されるための条件はすべて同一になり，$S(F;e) > S_0 + I$ という不等式に帰着する。この不等式から $e < \hat{e}$ という $e$ の投資が実行されることになるが，この $e$ は $e^{NPV}$ より大きいかもしれない（ということは NPV は負）。それ故，調達手段にかかわらず，貸倒れリスクのある負債の存在は，資産代替・過大投資を誘発するメカニズムの存在することがわかる。また (5.13) 式により，$F$ が一定水準以上大きくなると，この $\hat{e}$ は $F$ の増加によって上昇する。このことから，過大投資の程度は，第 0 時点前に存在する負債の増大によってより深刻化することもわかる。

## 5.6　フリーキャッシュフローのエージェンシーコスト

　次にこの節では，株主と経営者との間に生じるエージェンシーコストを説明しよう。議論を単純にするため，負債は存在しないものとしよう。

## 5.6 フリーキャッシュフローのエージェンシーコスト                343

すなわち，前節で考えたような株主対債権者の間のエージェンシーコストは無視される。株主対経営者のエージェンシーコストの議論も Jensen-Meckling(1976) に始まり，この点を 5.6.1 節で簡単に説明しよう。これは今日，Jensen(1986) のフリーキャッシュフロー問題と称されることも多い。そこでこの点を 5.6.2 節で概説する。フリーキャッシュフローのモデルは 5.6.3 節で展開する。このモデルは Stulz(1990) を若干簡単化したものである。モデルに興味のない読者は省略可能である。

### 5.6.1 経営者の役得 perquisite

経営者は多かれ少なかれ，自分の会社の株式を保有しているのが普通であろう。また経営者の満足・効用は，経営者であることによってはじめてもたらされるような，経営者であることの役得 perquisite に依る部分が小さくないことも事実であろう。ここでいう経営者の役得とは贅沢なオフィス・高級な移動手段などを利用できることである。そこで経営者の効用関数は自社株式の保有による富と，経営者であることで得られる役得とからなるものと仮定する。この効用関数を横軸に経営者の役得，縦軸に株式保有の富を計った図 5.2 で表現すると，それは図にあるような下に凸な無差別曲線で表される。

ところで経営者の役得の増加は企業の資源を浪費するから企業価値を低下させる。今，経営者の役得 1 円の増加が企業価値を $L$ 円減少させるものとしよう。もし経営者が 100% の株主であれば，役得 1 円の増加は企業価値 $L$ 円の低下により株式保有の富を $L$ 円減少させる。これは図 5.2 の傾き $L$ の直線で表される。この直線は経営者の役得と富の予算制約線に相当するものである。このとき経営者は，最も高い満足をもたらす役得と富の組合せとして，この直線と無差別曲線との接点を選択するであろう。

ところが外部の投資家に株式を発行していて，経営者が全株式のうち $\alpha(<1)$ の割合しか保有していないとしたらどうなるか。役得 1 円の増加は企業価値を $L$ 円減少させるが，経営者の富は $\alpha L$ 円しか減少しない。つまり予算制約線を描けば，これは傾き $\alpha L$ の直線となる。このとき経営者が最適な選択として選ぶ役得と富の組合せは，100% の株主のときと比べて役得を

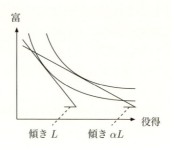

図 5.2　経営者の役得の選択

増やそうとするものであろう。このように外部の投資家に株式を発行すると，経営者の持株比率が低下することによって，経営者は役得を増加させても株主としての富の減少は小さくて済む。従って持株比率が小さくなればなるほど，経営者は役得を増加させようとする誘因を持つ。

　しかし部外者である外部株主にとっては，経営者のこの行為は何の利益をもたらさないばかりか，企業価値の低下による富の損害のみを被ることになる。すなわち，経営者の役得をめぐって経営者と株主との利害は完全に対立している。これが経営者対株主の間のエージェンシー問題である。

　この問題によって生じるエージェンシーコストを形式的に定義すると，それは経営者の役得の存在によって引き起される企業価値の損失である。負債のエージェンシーコストの場合と同様，経営者の役得を抑え企業価値の損失を軽減緩和するには，株主による監視 monitor や経営者による自らの約束 bond がある程度は有効であろうが，それでも経営者の役得をゼロにすることは不可能であろう。ところで株主の監視にしろ，経営者の約束にしろ，これらには様々な活動費用がかかる。これら費用をモニタリングコスト，ボンディングコストと称するが，これは究極的には企業価値の低下となる。なぜなら外部株主から資金調達する際，外部株主はこれらの費用を勘案し控除した金額しか資金提供しないからである。以上のことからエージェンシーコストとは，モニタリングコストとボンディングコストに伴う企業価値の低

## 5.6 フリーキャッシュフローのエージェンシーコスト

下 (損失) と，なお残る経営者の役得による企業価値の損失分との合計である。[*18]

### 5.6.2 フリーキャッシュフロー

Jensen-Meckling(1976) の述べた経営者の役得の存在から発生するエージェンシーコストは，経営者対外部株主の間の議論であったが，今日ではこの議論を発展拡大させる形で，経営者対外部投資家との間のエージェンシー問題が取り上げられることが多い。これはフリーキャッシュフロー問題といわれ，ここでこれを説明しよう。

経営者の役得による支出は企業価値を減少させるから，前の小節の議論は，正の NPV の投資のみならず，さらに余分な支出をしようとする誘因が経営者に存在することを意味する。すなわち，経営者の役得による支出は企業収益・企業価値に負の効果を持つから，これを負の NPV の投資支出とみなすことができるであろう。Jensen(1986) は，正の NPV の投資支出額を上回るキャッシュフローのことをフリーキャッシュフローとよび，このフリーキャッシュフローを経営者が使ってしまうことで生じる企業価値の減少を，エージェンシーコストとして考えた。[*19]

企業を経営していく上で経営者は何らかの行動目標に従っているものとすると，今述べたフリーキャッシュフロー問題の存在は，どのような経営者の行動目標を前提にしているのであろうか。結論からいうと，フリーキャッシュフロー問題は，経営者が投資支出額を最大化するような行動目標に従っ

---

[*18] 外部に株式ではなく社債を発行すれば，経営者の役得増加の誘因は生じないから，これは社債発行のメリットと考えられる。前で述べた負債のエージェンシーコストを社債発行のデメリットとすると，これらメリットとデメリットから最適資本構成が決定されるというのが，Jensen-Meckling(1976) のアイディアである。

[*19] フリーキャッシュフローという言葉の定義は今日若干違った意味で使われているように思うかもしれない。今日の一般的な定義とその使い方については手嶋 (2011) を参照願いたい。ここで紹介する本来の定義と今日の一般的な定義とは基本的には同じものであろうと著者は考えている。ただ考察の対象範囲が異なるため，定義も異なるように見える。フリーキャッシュフローの一般的な定義は実務での応用を視野に入れていて，これに相当するキャッシュフローの適当な名称がそれまでなかったために，ちょうど折良く「フリーキャッシュフロー」の名が冠されるようになったということではないだろうか。

ていることを前提にしている。

　経営者が投資実行の可否を決める基準は，それが企業収益に貢献するかどうかではなく，それがいかに経営者としてのステータス・権威を高めるかどうかにかかっている。例えば収益的には全く儲かる見込みのないプロジェクトであっても，それを実行するとなると担当チームを編成するため新しい人間を雇わなければならない。また受注をめぐって納入業者から積極的なアプローチを受けることもできるであろう。どのみち (悲惨な結果に終るであろう) 収益が実現・確定するのは遠い将来なのであるから (その時，経営者は既に引退している?)，とにかくプロジェクトを今多数実行しさえすれば，雇用者数は増加し，その企業周辺の社会的評価は高まり，経営者は企業の内外から有能な経営者としての評判を勝ち得て，その権威を高めることができるであろう。

　つまり企業の経営者は，将来の企業収益を拡大できるかどうかよりも，現在の自分のステータス・権威を高めるかどうかを大切に考える傾向にある。であるなら，経営者は利用可能なキャッシュをすべて使い果たすまで，様々なプロジェクトを実行するであろう。以上のことを端的にいえば，経営者の行動目標はその投資支出額の最大化であるということになり，いうまでもなく，このとき投資は NPV が負のものまでも実行されているであろう。

　このフリーキャッシュフロー問題は，前の小節で述べた経営者の役得の問題を含んでいるのはもちろんのこと，それよりもはるかにスケールの大きな問題である。これを緩和解消するには，モニタリングやボンディングのような間接的な方法では不十分で，もっと直接的なメカニズムが必要とされる。そのメカニズムとして中心的な役割を果たすと考えられているのが負債である。

　負債によって約束される支払額は，強制的にキャッシュフローを社外に流出させることになり，経営者はこれを拒むことはできない。もし拒めば，貸倒れ・倒産となって経営者は解雇されてしまう。解雇されてしまえば役得を得ることも投資を実行する権限も奪われてしまうから，経営者は何としても負債の約束支払額だけは履行しようとするであろう。とすると，負債の支払は社外へのキャッシュフロー流出を通じて，フリーキャッシュフロー発生の

## 5.6 フリーキャッシュフローのエージェンシーコスト

余地を小さくし,それから派生するエージェンシーコストを小さくできるかもしれない。このように,フリーキャッシュフローの問題を緩和できるほとんど唯一の手段といえるのが負債なのである。

以上は Jensen(1986) の議論であるが,実は問題はそれほど単純ではない。フリーキャッシュフローを社外に強制的に流出させるために負債を発行するとしても,当然発行するのは,投資の実行時点よりも時間的に前になる。負債発行時点で投資実行時点におけるすべての投資プロジェクトが正確にわかっていて,なおかつ投資実行時点における利用可能なキャッシュフローの金額までも正確に把握できるのであるなら,フリーキャッシュフローに等しい額の,ちょうど過不足ない量の支払を約束する負債を発行することができるであろう。その結果,投資実行時点ではフリーキャッシュフローは存在せず,正の NPV の投資のみが実行される。

しかし負債発行時点で,将来時点のキャッシュフローを把握することは不可能であろう。投資実行時点のキャッシュフローがわからなければ,フリーキャッシュフローの金額を知ることも不可能である。従ってフリーキャッシュフローを発生させないよう負債を発行するとしても,どれぐらいの負債を発行すればよいかを前もって正確に知ることはできない。負債を適当量発行し,投資実行時点での負債支払額がフリーキャッシュフローよりも小さくなってしまうならば,フリーキャッシュフローはすべて社外に流出しないから,社内に残ったものは負の NPV の投資に使われてしまう。これは過大投資である。逆に負債支払額がフリーキャッシュフローよりも大きくなるなら,正の NPV の投資を残らず実行するのに必要なキャッシュフローの一部が,負債支払に回らざるを得ないから,正の NPV の投資がすべて実行されない。つまり過小投資である。

このように,負債発行時点で,将来の投資実行時点でのキャッシュフローを正確に見積もることができないので,フリーキャッシュフローの問題を完全に解消することは不可能で,過大投資・過小投資の可能性が残ることになる。いうまでもなく過大投資・過小投資の可能性は,最適な投資を実行する場合に比べて企業価値を低下させる。この企業価値の低下がフリーキャッシュフローに伴うエージェンシーコストとなる。これは Stulz(1990) の議論

であり,そこではどのような条件の下であれば,負債の発行がエージェンシーコストの低下に貢献できるのかを導出している。

### 5.6.3 モデル:フリーキャッシュフロー

それでは,フリーキャッシュフロー問題を,Stulz(1990)を参考に簡単なモデルにして提示しよう。Jensen(1986)は,フリーキャッシュフロー問題の軽減に負債が有用であることを主張したが,いつもそうであるとは限らない。ここでは,どのような条件の下で負債が本当に有用になるのかを求めてみよう。

第0時点,第1時点,第2時点の3つの時点を考える。企業は第0時点で株式を発行して設立され,経営者はこの資金で資産を購入し,この資産は第1時点で$\tilde{R}$(確率変数)のキャッシュフローを産み出す。第1時点では2つの投資機会が存在し,1つは,投資1円当り収益が定数の$\Phi(>1)$であり,最大$K$円までの投資がこの収益率$\Phi$を産む。もう1つの投資機会は投資1円当り収益が定数の$\Lambda(<1)$である。いうまでもなく,前者の投資機会のNPVは正であり,後者のNPVは負である。これら投資の結果は第2時点で実現し,収益はすべての投資家に配分される。なお第0時点での株主を既存株主と称し,また$\tilde{R}$の確率分布は$U[0,M]$の一様分布である(ただし,$K<M$)。ここでも投資家は危険中立者で,無危険利子率はゼロである。

もし経営者が,既存株主の富を最大化するのであれば,第1時点での投資機会のうち正のNPVの投資のみを過不足なく最大限利用しなければならない。しかし第1時点で実現する$\tilde{R}$の値が$R<K$であれば,正のNPVの投資をすべて実行できないから,経営者は不足資金を第1時点で新たに調達しなければならない。逆に$R>K$であれば,正のNPVの投資をすべて実行してもなお余剰な資金が発生する。この余剰資金は負のNPVの投資に使わずに,第1時点でそのまま既存株主に配当される。このような場合に既存株主の富は達成可能な最大値となる。この値を$V^{MAX}$と記すと,それは次のよう

## 5.6 フリーキャッシュフローのエージェンシーコスト

に書ける。

$$V^{MAX} \equiv \int_0^K \frac{\Phi K - (K-R)}{M} dR + \int_K^M \frac{\Phi K + R - K}{M} dR$$
$$= K(\Phi - 1) + \frac{M}{2}$$

第1項の積分は資金不足が発生する場合である。このとき第1時点で $K-R$ の不足資金を調達することになるが、これは第2時点で実現する収益 $\Phi K$ から返済される。その結果、既存株主への配当は $\Phi K - (K-R)$ となる。第2項の積分は資金余剰が発生する場合である。このときの既存株主への配当は投資収益 $\Phi K$ と余剰資金 $R-K$ である。

さてここでフリーキャッシュフロー問題を議論するため、経営者の目的は、既存株主の富の最大化ではなく、第1時点での投資を最大にすることであるとする。すなわち、経営者は第1時点での利用可能な資金を、その NPV の正負にかかわらずすべて投資に使おうとする。この場合、もし株主が $\tilde{R}$ を観察できなければ、経営者に株主の富の最大化を保証させることは不可能なばかりか、経営者は投資拡大のために常に資金不足を主張して新たな調達をしようとするであろう。そこでここの情報の(事後的)不完全性は次のようなものを想定する。第1時点で $\tilde{R}$ の実現値を、企業は知ることができるが、投資家は知ることができない。しかし第0時点で情報の非対称性は存在せず、企業も投資家も $\tilde{R}$ の確率分布 $U[0, M]$ を知っている。

もし第1時点において、資金の調達・償還が一切なく、実現する $R$ のすべてが投資に使われるとするとき、既存株主の第0時点の富を $V(M)$ とすると、これは次のように表される。

$$V(M) = \int_0^K \frac{R\Phi}{M} dR + \int_K^M \frac{K\Phi + (R-K)\Lambda}{M} dR$$

第1項の積分は、$R < K$ の場合、実現するキャッシュフローがすべて正の NPV の投資に使われ、その結果、収益 $\Phi R$ が第2時点に実現することを表している。第2項の積分は、$R > K$ の場合、実現するキャッシュフローのうち、まず $K$ が正の NPV の投資に、残りの $R-K$ が負の NPV の投資に使われ、その結果、第2時点の収益が $\Phi K + (R-K)\Lambda$ であることを表す。

上の積分を解くと，

$$V(M) = K(\Phi - 1) + \frac{M}{2} - \frac{(\Phi - 1)K^2}{2M} - \frac{(1 - \Lambda)(M - K)^2}{2M} \quad (5.15)$$

である．第 1 項と第 2 項は，経営者が株主の富の最大化を目標とするときの企業価値 ($V^{MAX}$) であり，また容易に確認できるが，第 3 項は過小な投資の可能性によるロス (価値の減少分)，第 4 項は過大な投資の可能性によるロス (価値の減少分) を，各々表している．[20] これら第 3 項と第 4 項が，フリーキャッシュフローに伴うエージェンシーコストを意味している．

この企業価値 (既存株主の富) の低下を軽減緩和するには，第 1 時点で資金を投資家へ償還すればよいが，経営者の目的は資金をできる限り投資に回すことにあるので，第 1 時点で投資家への資金償還を実行させるためには，これを経営者に強制する手段が必要である (Jensen(1986))．この手段となり得るのが第 1 時点で満期になる負債である．[21]

経営者は負債の満期に償還額 $F$ 円を必ず支払わなければならない (ただし $F + K < M$)．さもないと貸倒れが発生して投資機会を喪失することになる．第 1 時点での負債の償還は，経営者がフリーキャッシュフローを使える余地を小さくするが，厳密にはこのことが常に既存株主に有利であるとは限らない．負債の返済により，負の NPV にまで投資 (過大投資) する可能性は小さくなるが，正の NPV の投資をすべて実行できる可能性も小さくなる (過小投資の可能性が大きくなる) からである．

---

[20] 過小な投資の可能性によるロスを定式化して計算すると，

$$\int_0^K \frac{(\Phi - 1)(K - R)}{M} dR = \frac{(\Phi - 1)K^2}{2M}$$

であり，また過剰な投資によるロスを求めると次のとおりである．

$$\int_K^M \frac{(1 - \Lambda)(R - K)}{M} dR = \frac{(1 - \Lambda)(M - K)^2}{2M}$$

[21] その他の手段は強制的に第 1 時点で配当を支払わせることであるが，これは株主による第 1 時点での collective action を必要とする．collective action のコストは設立時 (第 0 時点) の方が第 1 時点よりも小さくて済むから，株主は第 0 時点で経営者に社債発行を要請する方が有利である (Stulz(1990))．

負債がエージェンシーコストを減らすのに有用かどうかは，キャッシュフロー $\tilde{R}$ の確率分布と投資の収益率とに依存する．負債を第 0 時点で発行し，経営者は入手資金を即，既存株主に配当するものとすると，第 0 時点の企業価値 $V^F(F, M)$ は (これは既存株主の富を意味している)，

$$V^F(F, M) = \int_F^{F+K} \frac{\Phi(R-F)}{M} dR + \int_{F+K}^{M} \frac{K\Phi + (R-F-K)\Lambda}{M} dR + \int_0^F \frac{R}{M} dR + \int_F^M \frac{F}{M} dR$$

となる．この第 1 項の積分と第 2 項の積分は株式価値を表し，第 3 項の積分と第 4 項の積分は負債の価値を表している．

これを解くと，

$$V^F(F, M) = V(M) + \frac{2[(1-\Lambda)M - (\Phi - \Lambda)K]F - (1-\Lambda)F^2}{2M} \tag{5.16}$$

であり，(5.15) 式と (5.16) 式とを比較すると，$F$ は正であるから，

$$M > \frac{(\Phi - \Lambda)K}{1 - \Lambda} \Rightarrow V^F(F, M) > V(M) \tag{5.17}$$

$$M < \frac{(\Phi - \Lambda)K}{1 - \Lambda} \Rightarrow V(M) > V^F(F, M) \tag{5.18}$$

が成立する．このことから，$\tilde{R}$ の確率分布 (パラメター $M$) や $\Phi$，$\Lambda$ の値が (5.17) 式を満たす場合に限り，負債がフリーキャッシュフローに伴うエージェンシーコストを低下させる (企業価値を上昇させる) のに有用であることがわかる．しかし (5.18) 式が成立するような場合は，逆に企業価値は負債により低下 (エージェンシーコストは上昇) してしまう．

このように負債が，フリーキャッシュフローに伴うエージェンシーコストを常に軽減させるわけではないのである．

## 5.7 結び

この章では情報の不完全性を前提にした資本構成の理論を議論した．情報の不完全性の議論は，いつの時点で情報が不完全になるかによって 2 種類に

分類される。1つは資金調達時点において既に情報が不完全であり，これは情報の非対称性といわれる。もう1つは資金調達時点の後に情報が不完全性になる場合で，この章ではこれを情報の事後的不完全性と称した。

　情報の非対称性の下では，価格の持つ市場の需給調整機能が麻痺してしまう。この逆選択の問題のために資金調達は非常に困難になってしまう。この困難を回避して資金調達を成功させるための手段がシグナルである。ある一定の条件の下でシグナルを用いると，シグナルが情報を開示して，結果的に情報の非対称性が解消されてしまうというシグナル均衡が成立する。もしシグナル均衡が成立しなければ，逆選択の問題が生じ得るが，これを無視して，情報の非対称性の存在するまま均衡が達成されることを前提にするならば，その均衡では優良企業に関する過小投資問題が起る。この議論から企業金融論では，ペッキングオーダー理論といわれる従来の資本構成理論とは全く異なる概念が提示された。

　情報の事後的不完全性とは，資金調達時点において投資家と企業の保有する情報は同じで，情報は完全であると仮定されるが，資金調達の後に企業の行動を投資家が完全に観察することはできないため，情報は不完全になるというものである。このとき発生するエージェンシーコストは，誰と誰の間の問題かによって，企業金融論では2種類のエージェンシーコストが取り上げられる。1つは，負債が存在する場合の株主と債権者の間の関係から生じるエージェンシーコストで，もう1つは，経営者と株主の間の関係から生じるエージェンシーコストである。

　前者のエージェンシーコストは負債のエージェンシーコストと称され，負債が一定水準以上存在すると，デットオーバーハングと資産代替という2つの誘因によって，企業の投資行動に歪みの発生することが示される。デットオーバーハングは過小投資を誘発し，資産代替は過大投資を発生させる。これら投資の歪みは，投資の資金調達にどの調達手段を用いようとも同様に発生する。そして投資の歪みは元の負債が大きくなるほど深刻になることも示される。

　後者のエージェンシーコストは，経営者の役得ないしはフリーキャッシュフローが具体的な問題である。経営者は自分自身の満足を高めるため，収益

5.8 付録：企業価値最大化の意味 (その 2)　　　　　　　　　　　　　　　353

に貢献しない投資をも実行してしまうが，この過大投資を阻止し得るのが負債である。しかし負債がいつもフリーキャッシュフローのエージェンシーコスト削減に有用であるとは限らない。負債はその返済を通じて，キャッシュフローを社外に強制的に流出させる手段となり，このことによって確かに過大投資の可能性は小さくなるが，これは同時に過小投資の可能性を大きくしてしまう。

## 5.8　付録：企業価値最大化の意味 (その 2)

　この章では，情報の不完全性のメカニズムを明確にするため，証券の価値評価を無視した。この付録では，特に負債のエージェンシーコストについて，企業価値と株式価値，負債価値という観点から，もう一度議論を整理しておこう。これが次の 5.8.1 節である。この議論は，実は企業価値最大化とは何かという問題を再び提起する。企業価値最大化の意味について，5.8.2 節であらためて取り上げる。

### 5.8.1　負債のエージェンシーコストの補足説明

　5.5 節では負債のエージェンシーコストを取り上げた。貸倒れリスクのある負債は企業投資を歪めることが，その原因であった。負債のエージェンシーコストの議論では，株主対債権者の利害が問題で，企業は株主の利益に従い行動するものとされる。そして，企業が株主の利益に従って行動する結果，企業の投資が歪むのである。「投資が歪む」とは，正の NPV(正味現在価値) を持つ投資のみが常に実行されるとは限らないことをいう。ところで第 3 章 (3.4.3 節) では，投資の NPV は既存株主の富の増減を計算したものであることを導出した。すなわち，企業が既存株主の利益に従い行動するなら，常に正の NPV を持つ投資のみが実行されるはずである。しかし，5.5 節の簡単な数値例で示されているように，企業が (既存) 株主の利益に従って行動しても，正の NPV の投資のみが常に実行されるとは限らない。ということは，負債のエージェンシーコストの問題とは，3.4.3 節の議論がそのまま

成立しないことを意味する。

　それでは，3.4.3 節の議論のどこが誤りなのか。それは負債価値についての関係式

$$B^{(1)} = B^{(0)} + I_B \tag{3.29}$$

に問題がある。なお投資実行前の負債価値が $B^{(0)}$，投資実行後の負債価値が $B^{(1)}$，投資資金を負債で調達した金額が $I_B$ である。これは負債のエージェンシーコストの問題というよりはもっと一般的な問題であって，負債に貸倒れリスクがある限り，この (3.29) 式は成立しない。3.4.3 節の議論はあくまでも貸倒れリスクを無視した世界の話である。貸倒れリスクのない，安全資産の負債であるならば，確かに (3.29) 式は成立するのであるが，負債のエージェンシーコストは，負債の貸倒れリスクの存在が大前提である。従って，(3.29) 式は成立しないし，(3.29) 式が成立しなければ，企業価値で表現した投資の実行条件

$$V_L^{(1)} - V_L^{(0)} - I > 0 \tag{3.26}$$

の式左辺は既存株主の富の増減と一致しない。ここで $V_L^{(0)}$ と $V_L^{(1)}$ は投資実行前と実行後のそれぞれの企業価値，$I$ は投資の資金調達額を表す。第 4 章の付録で示したように，NPV の具体的な計算方法は，(3.26) 式から企業価値の定式化を通じて導出されたことを思い出してほしい。NPV の値は企業価値に直接的にリンクしている。以上のことから，(3.29) 式が成立しないために，NPV の正負 (あるいは (3.26) 式) は既存株主の富の増減を表さず，そのため，企業が既存株主の利益に従って行動することが，必ずしも正の NPV の投資のみ実行されるわけではなくなる。つまり負債のエージェンシーコストが発生する。

　では次に，負債の貸倒れリスクが存在すると，なぜ (3.29) 式が成立しないのか。それは次のような理由による。投資実行前からの元々の債権者と，投資の資金調達で発行される負債の新しい債権者とが，同じ優先順位にあると仮定しよう。元の債権者が元々持っていた負債価値は $B^{(0)}$ であるが，投資が実行され新しい債権者が加わり，投資実行後の負債価値は $B^{(1)}$ に変わる。この $B^{(1)}$ には，元の債権者の持分と新しい債権者の持分，両方が含まれる。投資が実行された後の元の債権者の持分は，この $B^{(1)}$ を適当に按分した値で

## 5.8 付録：企業価値最大化の意味 (その 2)

あって，決して $B^{(0)}$ ではない。この按分方法は通常，期末に約束された支払額の比率であろう (債権者の持つ債権金額に比例)。債権者に約束された期末支払額が，投資実行前に $L^{(0)}$ であったものが，投資実行で新しい負債の加わる分，これが全体で $L^{(1)}$ に増えたとしよう。この $L^{(1)}$ に対する負債価値が $B^{(1)}$ である。この $B^{(1)}$ の中で，元の債権者の持分は $\frac{L^{(0)}}{L^{(1)}} B^{(1)}$ ということになる。負債の貸倒れリスクがある限り，この持分が $B^{(0)}$ のままである保証はない。

ということは，投資の資金調達に応じる新しい債権者は，負債全体の中で $1 - \frac{L^{(0)}}{L^{(1)}}$ という割合の請求権を持つことになるので，新しい債権者が合理的であるなら，

$$\left(1 - \frac{L^{(0)}}{L^{(1)}}\right) B^{(1)} = I_B \tag{5.19}$$

が成立するように $I_B$ という資金を提供するはずである。この (5.19) 式が，投資資金を負債で調達する際に成立しなければならない一般的な条件式である。もし

$$\frac{L^{(0)}}{L^{(1)}} B^{(1)} = B^{(0)}$$

であるなら，(5.19) 式は (3.29) 式と同じになるが，もしそうでないなら，(5.19) 式の成立は (3.29) 式の不成立ということになる。

既存株主の富の増減は (3.28) 式で表現できるが，これを簡単に $S_L^{(1)} - S_L^{(0)} - I_S$ で表そう ((3.28) 式の $I_R$ をゼロとする)。$S_L^{(0)}$ と $S_L^{(1)}$ は投資実行前と実行後のそれぞれの株式価値，$I_S$ は投資資金 $I$ のうち新株発行での調達額である。ここでは $I = I_S + I_B$ とする。$S_L^{(1)} - S_L^{(0)} - I_S$ が正であれば，既存株主の富は増えるので，そのような投資の実行は株主の利益になる。逆にこれが負なら，その投資は既存株主の利益にならず実行されない。ところで，企業価値の定義から，

$$V_L^{(1)} - V_L^{(0)} - I = S_L^{(1)} - S_L^{(0)} - I_S + B^{(1)} - B^{(0)} - I_B \tag{5.20}$$

であることはいうまでもないであろう。

通常，新しい負債が発行されると，元々の負債が希薄化されて，元の債権者は損をする可能性がある。もし $\frac{L^{(0)}}{L^{(1)}} B^{(1)} < B^{(0)}$ であるなら，投資実行

前の元々の負債価値 (右辺の $B^{(0)}$) を投資実行後の元の債権者の持分 (式左辺) が下回っているので，この投資およびその資金調達の実行で元の債権者は損をすることになる．このとき，(5.19) 式にこの不等式を組合せると，$B^{(1)} - B^{(0)} < I_B$ である．すると，(5.20) 式から，$S_L^{(1)} - S_L^{(0)} - I_S > 0$ であっても，$V_L^{(1)} - V_L^{(0)} - I < 0$ という状況が起り得る．この状況が過大投資である．NPV が直接リンクするのは企業価値の方であるから，$V_L^{(1)} - V_L^{(0)} - I < 0$ で NPV が負の投資であるにもかかわらず，$S_L^{(1)} - S_L^{(0)} - I_S > 0$ であるから，この投資は既存株主の利益 (富の増加) になるので実行される．

逆に今度は，投資の収益性が高く，新しい負債による希薄化分を補ってしまうような場合，$\frac{L^{(0)}}{L^{(1)}} B^{(1)} > B^{(0)}$ が成立するなら，投資実行前の負債価値 (右辺の $B^{(0)}$) を投資実行後の元の債権者の持分 (式左辺) が上回っているので，この投資で元の債権者は得をすることになる．このとき $B^{(1)} - B^{(0)} > I_B$ である．ならば，(5.20) 式から，$V_L^{(1)} - V_L^{(0)} - I > 0$ であっても，$S_L^{(1)} - S_L^{(0)} - I_S < 0$ という状況が起り得る．これが過小投資の状況である．$V_L^{(1)} - V_L^{(0)} - I > 0$ であるから，この投資の NPV は正である．しかし，$S_L^{(1)} - S_L^{(0)} - I_S < 0$ であるから，この投資は既存株主の利益にならない (富は減少する) ので実行されない．[*22]

以上のように，負債のエージェンシーコストを問題にする際 (より広く，負債の貸倒れリスクを問題にする際)，一般的には，企業価値の増減は，既存株主の富の増減とは無関係なのである．それでは次の疑問として，企業はなぜ企業価値を最大化しようとするのか．実際問題として，最適な資本構成 (負債の量) を決定するには，企業価値を目標にしてこれを最大化するしか他に方法がない．これについては節を変えて議論しよう．

---

[*22] 前の 5.5.4 節と 5.5.5 節の議論において，$I$ の資金調達で新規発行された負債は劣後債であったことに注意されたい．すなわち，そこで想定された新規負債とは，元々存在した (既存の) 負債より支払の優先順位が劣るものであった (この想定なしに簡潔な結論は導けない)．しかしここで今問題にしている負債は，投資に伴う新規負債が元の負債と同じ優先順位を持つ場合である．ここの議論を前の 5.5.4 節と 5.5.5 節の議論にあてはめるなら，劣後債が新規に発行されても，最優先の (元の) 負債への支払額に変化はないので，$L^{(0)} = L^{(1)}$ となり $I_B = 0$ である．従って $B^{(1)} - B^{(0)} > 0$ がデットオーバーハングのケースであり (5.5.4 節)，$B^{(1)} - B^{(0)} < 0$ が資産代替のケースである (5.5.5 節)．

5.8 付録：企業価値最大化の意味 (その 2)　　357

### 5.8.2　企業価値最大化の意味

　ここで投資の問題から離れて，企業価値最大化の一般的な意味についてまとめておく。

　第 4 章で述べたように，エージェンシーコスト仮説よりも時代的に前の理論モデル，具体的には MM 命題や修正 MM 命題，倒産コストモデルでは，企業価値最大化を目標とすることの意味は，(既存) 株主の富の最大化であった。企業は，株主の富の最大化を達成するため，企業価値を最大化するような資本構成を選択するのである。ところが，企業価値は株式価値に負債価値を加えたものであるから，企業価値が常に株主の富を表象しているとは限らない。企業価値の対象となる投資家には，株主に加え債権者が存在する。債権者は株主と同じ主体である必要はない。従って企業価値と株主の富は，本当なら必ずしも同じものではない。しかし，エージェンシーコスト仮説よりも前の理論モデルでは，「若干特殊な財務行動」を暗黙に仮定していて，この仮定が，企業価値と株主の富との間に同値な関係をもたらす。この仮定によって，企業が企業価値を最大化するのは，株主の富を最大化するためであることを保証しているのである。

　しかし，この「若干特殊な財務行動」を仮定しないなら，企業価値を最大化する理由は何であろうか。負債のエージェンシーコストでは，元の債権者に損をさせ，その分 (既存) 株主に儲けさせるような行動，すなわち，債権者から株主への富移転が問題になる。このとき，企業価値は必ずしも株主の富を表象していない。もちろん，上記の「若干特殊な財務行動」も仮定されない。仮に企業価値が減ることになっても，負債価値から富移転した分で株式価値を増大させることができるなら，それは株主の富を増やすことになる。このように企業価値と株主の富とはもはや同値な関係とはいえない。この場合，株主の富を反映するのは株式価値である。しかし資本構成を決めようとして，どれぐらいの負債の大きさが最適かという問題を解こうとすると，株式価値の最大化では役に立たない。株式価値が最大になるのは，大概の場合，負債が存在しないときだからである。理論的にも，実際問題としても，

資本構成を決定するための目標としては，企業価値最大化に依存せざるを得ない。

それでは，そのようなときに企業価値を最大化する理論的根拠は何か。その理由はもはや株主の富とは何の関係もない。それは，そうしないと企業そのものが存在できないからである。もし企業価値を最大化しないような資本構成の企業が存在するなら，投資家は，その企業を買収することで裁定の利益を得ることができるようになる。この裁定の可能性により，企業の資本構成は，企業価値最大化を達成するものにならざるを得ない。資本市場均衡では，このような裁定の機会は排除されるはずで，企業価値を最大化するような資本構成がすべての企業で選択されることになる。これが企業価値を最大化する本当の意味である。

以下では，企業の資本構成が企業価値最大化を達成しない場合，その企業を使っていかなる裁定が可能であるかを説明する。この議論は，基本的には Kane-Marcus-McDonald(1984)(1985) に依拠しているが，その表現は多少変更されていることを断っておく。

第4章で用いたような1期間モデルを想定しよう。期首にどれだけの負債の量を発行すべきかという問題は，企業価値 $V_L$ を最大化するような負債の量ということになる。具体的には，企業は負債発行時に期末の支払額を約束する。この約束額を $L$ で表す。この $L$ はあくまでも約束で，期末になって実際には支払われないかもしれない。$L$ の支払約束が履行されなければ貸倒れで，倒産コストモデルではそのときに倒産コストが発生する。これらのことを考慮して，負債の期末キャッシュフローの期待値とそのリスクを反映させた要求利回りでもって，期首の負債価値 $B$ が決まる。負債価値 $B$ は $L$ の関数であろう。普通は，期末の支払約束額 $L$ が大きくなれば，負債価値 $B$ も大きいであろうが，必ずしもそうではないかもしれない。ともかく負債価値 $B$ は $L$ の関数として，$B(L)$ のように記そう。

また株主の方は，負債が発行されると，企業が負債に約束した支払額 $L$ を見て，株主の期末キャッシュフローの期待値と，そのリスクを反映させた要求利回りを考慮し，株式価値 $S_L$ が決定される。これもやはり $L$ の関数で，$S_L(L)$ のように記そう。企業から負債発行 ($L$ の値) のアナウンスがあるや否

## 5.8 付録：企業価値最大化の意味 (その 2)

や，株式価値は $S_L(L)$ という関数の与える値へと変化する．どれぐらいの負債の量が発行されるべきかという問題は，

$$\max_L V_L \equiv S_L(L) + B(L)$$

を満足させるような $L$ の値を解くことである．この問題の解 ($L^*$) に対応する負債価値 $B(L^*)$ と株式価値 $S_L(L^*)$ が，企業価値を最大化させる資本構成，つまり最適資本構成である．

ここで実際に発行された負債が $L^*$ とは異なるものであったとしよう．これを $\hat{L}(\neq L^*)$ で表し，実際の資本構成が $S_L(\hat{L})$ と $B(\hat{L})$ であるとする．$L^*$ の定義により，企業価値には次の関係が成立する．

$$S_L(\hat{L}) + B(\hat{L}) \equiv V_L(\hat{L}) < V_L(L^*) \equiv S_L(L^*) + B(L^*)$$

このとき，次のような裁定の機会が存在することになる．

今，企業の支配権を確保すべく株式の $\alpha$ 割合を購入する．企業の支配権を確立するような $\alpha$ の値は一概には不明であるが，とりあえず $\alpha$ は 0.5 以上としておこう．株式を購入して企業を買収した後，現在の経営者を解雇し，新経営者に負債価値が $B(L^*)$ になるよう財務政策 ($L$ の値を $\hat{L}$ から $L^*$ へ) を変更させる．もし $B(L^*) > B(\hat{L})$ であれば，事情は単純である．企業は新たに借入などをして負債を増やし，この調達資金全額を即，株主に配当金として支払えばよい．このとき，株式価値は $S_L(L^*)$ になっていて，次に裁定者は $\alpha$ 割合の株式持分すべてを市場で売却する．この裁定者の利益は

$$\alpha S_L(L^*) - \alpha S_L(\hat{L}) + \alpha[B(L^*) - B(\hat{L})] = \alpha[V_L(L^*) - V_L(\hat{L})] > 0$$

のとおりで，上式左辺の第 1 項は売却代金，第 2 項は購入費用，第 3 項は株主に支払われた配当金である．この利益は企業価値の定義から正である．この裁定の結果，裁定者は株式を購入後即，売却しているので将来においては得るものも負うものも何もないが，現在において裁定者はプラスの確実な利得を得ることができる．このような状況が存在する限り，企業は常に企業買収の対象となり，この状況は均衡とはいえない．

次に負債価値が $B(L^*) < B(\hat{L})$ のときはどのように考えればよいか．新しい負債価値は元のそれより小さいので，負債の一部が返済されることにな

る。ではどうやってこの返済資金を作り出すか。議論の単純さを保持するための最も簡単な方法は，この場合，裁定者が企業の株式すべてを買収することである。つまり $\alpha = 1$ である。このとき裁定者は，始め $S_L(\hat{L})$ 円で株式すべてを購入し，さらに $B(\hat{L}) - B(L^*)$ 円を自分のポケットから提供して企業の負債を返済し，その後 $S_L(L^*)$ 円で株式すべてを売却する。従って裁定の利益は次のとおりに書ける。

$$S_L(L^*) - S_L(\hat{L}) - [B(\hat{L}) - B(L^*)] = V_L(L^*) - V_L(\hat{L}) > 0$$

企業価値の定義より，やはり裁定の利益は正である。前と同様に，この裁定者は将来において得るもの負うもの何もないが，しかし現在においてプラスの確実な利得を得ることができる。このような状況が存在する限り，やはり均衡とはいい難い。

　以上のような裁定の機会が存在しないためには，企業は常に企業価値を最大化すべく負債の量 (具体的には $L$ の値) を決定していなければならない。もっというと，無裁定の均衡では，資本構成に関して企業価値を最大化していない企業は，企業買収の対象となって存在できないのである。企業価値最大化の意味とは，企業買収を使った裁定の機会を排除することといってもよい。

# 第6章

# 契約理論と資本構成

## 6.1 はじめに：負債と株式

　この章では，契約理論の観点から負債や株式，さらにそのミックスである資本構成を論じたい。前の章で，エージェンシーコストの原因は契約の不完備性にあると述べた。ところで不完備契約を前提にして構築された理論のことを一般に契約理論といい，1990年代の経済学において一大潮流を形成した。企業金融論も例外ではなく，かつて盛んであった情報の(事後的)不完全性の議論は，契約の不完備性の問題として契約理論の観点から取り上げられることも多い。それでは不完備契約とは何か。もちろん一言で「契約理論」といっても，その論点は多岐にわたり，展開されたモデルも様々であるため，それらを体系的に扱うことはとても不可能である。広範な契約理論の話題を網羅的にサーベイした優れた文献は既にいくつか存在するので，[1] ここではサーベイではなく3つの問題に絞って議論を展開したい。ここの議論も体系的とはいい難いが，本書の他の章でも関連し，資本構成の理論を考える際に特に重要な含意や示唆を与えると思われる。

　不完備契約とは完備された契約ではないという意味である。これは，起り

---

[1] 著者の知る限り，最初の本格的なサーベイはHart-Holmstrom(1987)であろう。これは金融分野だけではなく幅広く契約理論全般を扱っている。その後金融分野に対象を限定したサーベイとしては，Harris-Raviv(1992)とAllen-Winton(1995)が有名であろう。

得るすべての状態を網羅して，状態毎の権利と義務を契約で完全に記述することが事実上不可能であることをいう。どうして不可能かというと，状態毎に逐一記述するのは禁止的に高い費用がかかって実効性がないからである。どうして費用が禁止的に高くなるかというと，状態を定義するにはその状態を表す変数が必要不可欠であるが，この世の変数の多くが莫大な費用をかけないと検証可能にならないか，または元々検証不可能であるということがその根本的理由である。

たとえ状態毎の詳細な記述が(費用的に)可能であったとしても，状態を定義する変数が検証不可能な変数に基づいた契約であるなら，その契約は実効性を持たない。つまりその契約を履行しようとしても実行できない。契約に記述されている状態の中でどの状態が実現したのか，裁判所などの第3者に対し客観的に検証不可能なら，また検証可能であっても莫大な費用がかかるなら，契約はどう履行されるべきか容易に判別できないので実行不可能である。

そこで実際に契約が締結されるためには実効性を持つことが必要不可欠で，そのためには，検証可能な数少ない変数に基づいた大雑把な記述の契約にならざるを得ない。「検証可能な数少ない変数」とは，状態を定義する変数として本来不十分かもしれないが，容易に検証可能なため，状態を定義する代理変数となり得るような変数で，具体的には，実際に支払われたキャッシュフローなどがこれに相当する。また「大雑把な記述」とは，本当に重要なこと以外は多かれ少なかれ簡略化された記述という意味である。このように実際の契約は不完備契約にならざるを得ないのである。

不完備契約を以上のように考えるなら，これに基づく議論は，状態を定義する最重要な変数が検証不可能であるということを議論の前提にしている。金融分野の研究では，資金調達者の産み出す収益が検証不可能な変数であると仮定されることが多い。資金調達者は資金提供者から現在の資金を入手するのと交換に，将来の支払(キャッシュフロー)を約束する証券を発行する。資金調達者の収益が検証不可能であるなら，証券の約束する支払額がいくらであるか，この金額を資金調達者の収益と直接的に1対1で関係付けるような契約は締結できない。そこで契約の中身は単純に支払金額を掲示するだけ

## 6.1 はじめに：負債と株式

ではなく，どういう時にどういう権利と義務が発生するかといった約束全般の内容が問題になる。これには様々なタイプが考えられ得るが，通常は2種類に大別される。1つは負債であり，もう1つは株式である。

負債とは次のような約束をした契約である。資金調達者は証券保有者に対し，一定の支払額を将来必ず支払うことを約束する。そしてこの一定の支払額が支払われる限り，資金調達者の資産の所有権はそのまま資金調達者にあるが，もし一定の支払額が支払われないなら，この所有権はすべて証券保有者の下に移転するというものである。他方，株式とは，資金調達者の得た収益の中から，最終的な残余すべてを証券保有者に提供するという約束の契約である。以下では前者のタイプを負債型の契約，後者のタイプを株式型の契約と称しよう。

さて順序が前後するが，便宜上まず株式型の契約から説明しよう。株式型契約の証券保有者は株主と称される。株主は残余請求権者 residual claimer ともいわれ，上で述べたように資金調達者の収益の残余は株主に帰属する。重要なのは，残余を処分できるということは，一般的には所有権を意味することになるということである。

これは Hart(1995) が述べた有名な例を用いると理解しやすい。ある人が車を貸したとする。車の貸借に際し(不完備な)契約が締結されるであろう。この契約は賃貸料や返済期限とか，車が破損したら借手が弁償するとか様々なことが列挙されている。しかし起り得るすべてのことが網羅されているわけではない。例えば賃貸期間中，借手がカーナビを交換したくなったとしても，これは契約に書かれていない。借手がどうしてもカーナビを交換したいなら，所有者の貸手と交渉してその許可を得る必要がある。つまり契約にないような状態が起ったなら，それを処置・処分できる権利は所有者の側にあるのが通常である。ということは，所有権とは予め想定された以外または以上のこと(つまり残り)が発生したなら，それを自由に処分できることを可能にする権利といってもよい。

従って株主は資金調達者の収益の残余が自分のものなのであるから，その収益を産み出す源である対象物に対して所有権を持っていることになる。この対象物は何かというと，これは企業そのものである。第3章で述べたよう

に,企業とは収益を産み出すための保有資産の有機的構成物のことをいう。よって株主は収益を産み出す源,「企業」に対して所有権を持っていることになる。いうまでもなくここで問題にされている資金調達者とは企業のことに他ならない。

株主が企業の所有者であるという論理は以上のとおりであるが,所有者であるがゆえに,株主は企業に対して様々な支配権 control right を持つ。収益の残余を処分できるという権利のみならず,企業の運営に関する最終的かつ最高位の意思決定者である。具体的には,企業の日常活動を行う経営者を任免したり,企業の活動継続や清算して活動終了を決めたりできる。このような企業に対する様々な支配権を,以下では簡単に「企業の支配権」と称しよう。企業の支配権の行使を意思決定する場が株主総会である。もちろん株主が現実にどれほどの力を持っているのか,株主による企業の支配権が現実に行使可能なのかどうか,これらは大いに議論のあるところであろう。[*2] しかしここでは企業支配権の現実妥当性を問題にしたいのではない。企業支配権の存在が様々な主体にどのような誘因を与え,これが資金の融通にどのような影響を与え得るかといった理論的な問題がここの検討対象である。そこで株主が企業の所有者ゆえに行使し得る様々な権利を,単に「企業の支配権」という具合いに抽象化して捉えることにする。

ところで収益の残余は検証可能な変数であろうか。収益が検証不可能であるならこれも検証不可能であろう。しかし収益の残余は配当金という形で株主に分配される。配当金それ自体は株主への支払(キャッシュフロー)であるから,いくらの金額が支払われたのか容易に検証可能である。そこで株式型契約とは,検証不可能な収益の残余を検証可能な配当金という形で株主に支払い,株主は配当金の大きさに不満があるなら,企業の支配権を行使して企業の意思決定に関与することができるような契約,という具合いにまとめることができる。なお配当金はあくまでも収益の残余の分配であるから,収益の大きさによって配当金の大きさも変化するであろう。しかしこれら両変数は必ずしも1対1の関係にあるわけではない。

---

[*2] これに関する体系的な議論は深尾・森田 (1997) を参照願いたい。

## 6.1 はじめに：負債と株式

　上で述べた企業の支配権という観点から，次に負債型契約について再度説明する。資金調達者は同様に企業としよう。負債型契約における資金調達者を債務者，証券保有者を債権者と称するのが一般的である。負債型契約は生起した状態，つまり収益の実現値の大小にかかわらず，債務者の企業が一定の支払額を債権者に支払うことを定めた契約である。株主への支払はあくまでも収益残余の分配であったのに対し，債権者への支払は企業にとって事実上の義務であるから，債権者に対する一定の支払額は株主への配当金よりも，収益からの支払順序が優先する。また企業がこの一定の支払額を支払えないときは，企業の保有する資産すべての所有権が債権者に移転する。これは企業の支配権が債権者に移転することを意味している。このとき株主による企業の支配権は剥奪される。この状態は一般に倒産 bankruptcy といわれる。

　債権者への支払額も検証可能な変数である。債権者に一定の支払額が履行されたのかどうか容易に判別できるであろう。そこで負債型契約とは次のようにまとめられる。検証可能な一定の支払額が債権者に支払われる限り，企業の支配権はそのまま株主の下に置かれるが，この一定の支払額が支払われないなら，企業の支配権は債権者に移転し，企業の所有者は株主から債権者に変更される。従って企業が倒産すると，債権者は企業の所有者として最終的かつ最高位の意思決定者となる。

　以上が負債型契約および株式型契約の概説であるが，そこでは企業の支配権という概念が重要なポイントになっていることがわかる。それでは企業の支配権は，資金調達者の企業や資金提供者の債権者・株主にどのような誘因を与え，どのようなメカニズムで資金の融通を可能にするのか。これがこの章の目的の1つである。まず6.2節では負債型の契約から検討しよう。企業の収益が検証不可能であることを仮定した不完備契約の議論では，資金調達に伴う契約のタイプが，なぜ前で述べたような負債型の契約になるのかというテーマが盛んに論じられた。このテーマは恐らく金融分野における不完備契約の諸議論の発端であろう。負債型契約は最適契約の1つであるからというのが，その理由として今日ではコンセンサスになっている。この点を証明した文献は既に多数存在するが，どれもみな非常に難解であるというのが著

者の正直な印象である。単純なモデルを構築し，誰もが知っている基本的な数学ツールを使った明快な論理で，負債型契約の最適性を直接的に導いた文献は著者の知る限り存在しない。そこで 6.2 節で負債型契約の最適性を示したい。

　ここの最適性とは，資金提供者にとって最も望ましい契約という意味である。企業の収益が検証不可能であると，企業は常に最悪の収益が実現したと主張することで，仮にもっと良い収益が本当は実現しているなら，企業は差額を隠し盗むことができる。検証不可能なのであるから，資金提供者はこのことを受け入れざるを得ないし，常に最悪のケースの支払額を受け取るだけとなる。そこで企業の支配権が効果を発揮する。もし最悪のケースが主張される場合，企業の支配権が資金提供者に移転するのであるなら，企業は最悪のケース以外の状態が実現したとき，支配権を保持するためにそのことを正直に資金提供者に主張する誘因を持つ。このことによって，資金提供者は最悪のケースの支払額以上の金額を受け取ることが可能になる。そしてこのような契約を結ぶことが資金提供者にとって最適であることが示される。

　6.3 節では株式型の契約が議論される。株式型契約が資金提供者にとって最適な契約かどうかを議論した文献を著者は知らない。そもそもの問題として，収益が検証不可能な世界において，収益の残余に対する請求権と交換に資金を提供しようという主体は存在するのであろうか。収益の残余も検証不可能であるから，資金提供者 (株主) は常に「残余はありません」と企業から主張されるだけではないだろうか。その結果，株主への配当金はゼロになる。このようなとき株主は資金提供しようとはしないし，株式は資金調達手段として機能しないことになる。株式型契約によって資金融通が可能になるためには，実は株式の満期が無限大であることが必要不可欠である。従って株主に与えられる企業の支配権は，株式の満期が無限大であるときはじめてその効果を発揮できる。この点を 6.3 節で説明する。

　6.2 節と 6.3 節では企業の収益が検証不可能であるという前提で議論されている。この前提の下で，負債型契約と株式型契約をミックスした資本構成をも検討するのが妥当かもしれない。しかし企業収益が検証不可能という前提は，仮定として強すぎるということもまた明白である。個人企業のような

## 6.1 はじめに：負債と株式

零細な企業ならともかく，本書が分析対象としている企業は，証券市場で広く不特定多数の投資家から証券発行により資金調達可能であるような企業である。つまり上場企業を念頭に置いて議論が展開されている。上場企業の場合，収益は検証不可能な数字ではない。上場企業は収益の実現値を正しく公表しなければならない義務があるので，その数字は法的・公的に認知されたものである。従って上場企業の収益実現値は (外部者にとって) 容易に検証可能と考えるべきである。これを検証したければ『有価証券報告書』を見ればよいからである。

企業収益の検証不可能性を仮定して資本構成を議論した文献は存在しないことはないが，制約が強すぎて著者個人はあまり有益な議論であるとは思えない。例えば株式が資金調達手段として機能するには，無限大の満期を考慮する必要性から無限期間モデルを構築しなければならないが，こうするだけで議論は飛躍的に煩雑かつ難解なものになってしまう。そこで不完備契約における資本構成の意義・役割を明確に (単純なモデルで) 示すためには，企業収益を検証可能な変数と仮定して議論した方がはるかに有益であろう。収益の実現値が検証可能であったとしても，主体の意思決定に重大な影響をもたらす検証不可能な変数はいくらでも存在する。

このような観点から，6.4 節では不完備契約の下での資本構成の役割を明らかにしたい。そこではまず，収益実現値が検証可能であるとしても何が検証不可能で重要な変数なのか，前で述べた企業の支配権をモデル化することに関連して議論したい。そして次に，企業の支配権に関連した諸変数が検証不可能であるがゆえに生じる不都合が，資本構成を利用することで解消されるということを示したい。仮にこれら諸変数が検証可能であるならこの不都合は発生しないので，この不都合は不完備契約に伴う損失 (ロス) と考えられる。資本構成，つまり負債と株式のミックスを上手く利用してこの損失が解消されるなら，これは不完備契約の世界における資本構成の意義・役割と考えることができるであろう。

## 6.2 負債型契約の最適性

　企業のあげる収益が検証不可能な変数であるとき，資金調達に伴う最適な契約は負債型の契約になるという議論が盛んになされている．この節では負債型契約の最適性を証明しよう．これに関しては Townsend(1979) や Diamond(1984)，Gale-Hellwig(1985) が発端であろう．これらの最も特徴的な点は議論の前提にあり，企業 (債務者) の収益は債権者にとって元々検証不可能なのであるが，債権者があるコストを負担するなら収益の値を知ることができるというものである．これは費用を伴う状態検証 costly state verification，CSV アプローチと総称され，これら 3 つの文献はいずれも 1 期間モデルの CSV アプローチから最適な契約を導いた．しかし Chang(1990) は，負債型の契約に関する最適性の証明はあまり納得的なものではないとして，これら先駆的研究を批判し，彼自身は 2 期間モデルの CSV アプローチで負債型契約の最適性を証明した．

　その後は Hart(1995) などが中心となって，CSV アプローチの前提である状態検証に伴う費用そのものに対して批判がなされ，この費用が一体何であるのか具体性がないため，この費用に依存しないでモデルが作られるようになった．CSV アプローチに依らずに最適契約を導く議論には Bolton-Scharfstein(1990) や Zender(1991)，Aghion-Bolton(1992)，Hart(1995)，Hart-Moore(1998) などが代表的である．これらの中で，Hart-Moore(1998) が負債型契約の特徴を最も詳細に分析し，その最適性を一般的かつ直接的に導いている．この文献は 1989 年より未定稿の形で有名になり，その他の研究に多大な影響を与えていると思われる．ただ残念なことに Hart-Moore(1998) は，最適性の証明のところを特殊な数学定理の形式的適用で済ましていて，肝心の議論の中身がわかりにくい．そこでここでは，もっと単純なモデルで最適契約を導いた Bolton-Scharfstein(1990) を参考に，彼らのモデルを若干拡張して負債型契約の最適性を示すことにしたい．

　3 時点の 2 期間モデルを考えよう．非常に単純な企業を問題にする．今，ある主体が第 0 時点で生産活動を開始すると，第 1 時点と第 2 時点で収益が

## 6.2 負債型契約の最適性

実現するとする。この主体は第 0 時点以前に特殊な資産を保有していて、これ以外の資産は一切保有していない。生産活動を行うにはある物的資産をこの特殊資産に組合せることが必要で、これによってはじめて収益を産み出すことが可能になるものとする。従ってこの主体が生産活動を開始するには、第 0 時点で他の主体から資金提供を受け、この資金でもって物的資産を購入(投資) する必要がある。それではこの主体が他の主体から資金提供を受けるに際し、どのような形の契約を締結すればよいか。第 1 時点と第 2 時点で実現する収益が検証不可能な場合、最適契約はどのような形の契約で導出されるのか。これがこの節の具体的問題である。

ここでは以下、生産活動を行う主体のことを起業家と称し、資金提供を行う他の主体のことを投資家と称する。起業家も投資家も危険中立者で無危険利子率はゼロとする。第 0 時点で投資家は契約を表象する証券と交換に、起業家の必要とする資金 $I$ を提供し、起業家は即この資金で物的資産を購入して生産活動を開始する。そして 2 期間活動して、第 2 時点で生産活動は停止され企業は清算されるものとする。

起業家の生産活動は第 1 時点と第 2 時点で各々収益を産む。1 期間の収益を確率変数 $\tilde{\pi}$ で表し、第 1 時点の収益と第 2 時点の収益は確率的に独立であるとする。また企業の保有する資産は、元々保有していた特殊資産と第 0 時点の調達資金 $I$ で購入した物的資産とから成り、これら資産は第 2 時点までに完全に減耗して、第 2 時点で価値合計はゼロになるものとする。第 1 時点において資産の価値は (第 2 時点で収益を産むので) ゼロではないが、単純化のためその全部および部分的な売却は不可能であるとする。

起業家は第 0 時点の契約に従い、第 1 時点と第 2 時点で実現した収益から、第 1 時点と第 2 時点の投資家に対する支払を履行する。収益から投資家への支払額を控除した残りはすべて起業家のものであり、起業家はこれを自分の取り分として受け取る。つまりここの起業家は、生産活動の意思決定者であるから経営者でありかつ、収益の残余は完全に自分のものであるから持株比率 100% の株主でもある。

数学ツールはできる限り簡単なもので済ませたいので、一般性を失わない範囲で、経済の起り得る状態の数は 1 つの時点で 3 つのみとする。2 つの時

点を考えているから全体の状態数は9つになるが，これはあまり重要でない。各時点毎に3つの状態を表現し，1つの時点で第$i$番目の状態が起るときの収益$\tilde{\pi}$の値を$\pi_i$，その確率を$\theta_i$で表す(ただし$i = 1, 2, 3$)。$\theta_i$は非ゼロ(正の値)で，$0 < \theta_i < 1$，$\theta_1 + \theta_2 + \theta_3 = 1$である。また$\pi_1 < \pi_2 < \pi_3$であるとして，$\tilde{\pi}$の期待値を$\bar{\pi}$で表し，$\bar{\pi} = \theta_1\pi_1 + \theta_2\pi_2 + \theta_3\pi_3$である。

以上の点について起業家と投資家は第0時点で全く同じ情報を持っているが，実際に第1時点と第2時点が到来したとき，どの状態が実現したのかは検証不可能であるとする。つまり$\tilde{\pi}$の実現値は検証不可能である。起り得る3つの状態のうちどれが実現したのかを起業家は正しく知ることができ，その状態を投資家に主張するが，仮にその主張が偽りであっても，投資家の方は起業家の主張を覆すことはできない。投資家は実現した状態を観察できるかもしれないが，それを検証できないので起業家の主張を偽りとして覆す術を持たない。これが$\tilde{\pi}$の実現値が検証不可能であるということの意味である。

第0時点で発行される証券は，起業家が投資家に，第1時点において第$i$番目の状態(以下，これを状態$i$と称する)が実現したと主張するなら$R_i$を支払い，第2時点において状態$i$が実現したと主張するなら$r_i$を支払うことを約束する契約である。ただしこれだけではこの契約は実効性を持たない。なぜならどの状態が実現したのか検証不可能なのであるから，どの状態が実現しようとも，起業家は最悪の状態である状態1が実現したことを常に(偽って)主張し，投資家はこの主張を覆すことができない。というのは，仮に本当に実現したのが状態2なら$\pi_2 - \pi_1$を，状態3が実現したなら$\pi_3 - \pi_1$を，起業家は投資家から隠し盗むことが可能になるからである。そこで状態1以外の状態が実現した場合，起業家に正しくこのことを主張させるような誘因を与えなければならない。

この誘因となるのが企業の支配権である。第1時点で状態$i$が実現したと起業家が主張するとき，次の期間(第1時点から第2時点まで)も続けて起業家に企業の支配権が与えられる確率を$\beta_i$とする。第1時点で起業家は企業の支配権を与えられることではじめて生産活動を続けることができ，もし企業の支配権が剥奪されるなら，次の期間は投資家が企業を支配して経営を

## 6.2 負債型契約の最適性

行い,元の起業家は企業から追い出されて第2時点の収益を得ることはできなくなる。[*3] 従って状態1が主張されるときに企業の支配権を喪失する可能性が高く設定される ($\beta_1$ の値が小さい) なら,起業家は,状態2や状態3が実現したときに偽って状態1の実現を主張すると,企業の支配権を失うかもしれないので,第1時点の収益を隠し盗むよりも,正直に主張して生産活動に従事し続ける方が有利になるかもしれない。

ところで第0時点で契約の交渉力は投資家の側にあり,投資家が契約を作成して提示し,起業家はそれを受諾するか拒否するかであるとする。さらに第1時点で契約の再交渉はないものとする。[*4] 投資家が第0時点で資金 $I$ と交換する証券は,$(R_i, \beta_i, r_i)$ (ただし $i = 1, 2, 3$) という9つの変数で表される契約であり,これらの変数は,契約の交渉力を持っている投資家にとって最も望ましいよう決定される。つまりここでいう最適契約とは,投資家の目的関数を9つの変数に関して最大化するような契約である。

投資家の目的関数は第0時点での投資家の期待収益であるとし,これは

$$V \equiv \sum_{i=1}^{3} \theta_i \Big[ R_i + \beta_i \Big( \sum_{j=1}^{3} \theta_j r_j \Big) + (1 - \beta_i) \overline{\pi} \Big] - I \tag{6.1}$$

のように表される。右辺 [·] 内の第1項の $R_i$ は,第1時点において起業家が状態 $i$ を主張したときに投資家が受け取る収益で,第2項と第3項は第2時点で予想される期待収益である。第2項は企業の支配権を次の期間も起業家に委ね続ける場合で,そのときは第2時点での状態 $j$ に応じて投資家は $r_j$ を受け取る。また第3項は企業の支配権を起業家に与えず投資家自ら経営を行う場合で,投資家は第2時点の収益の期待値 $\overline{\pi}$ を予想する。

今,第0時点の契約は9つの変数から成ると述べたが,実際はもう少し簡単な問題に帰着できる。というのは,第1時点で企業の支配権を起業家に与え続けるかどうか ($\beta_i$ の値をどうするか) という問題は,$R_i$ には影響を及ぼ

---

[*3] 企業の支配権が第1時点で起業家から剥奪されるとき,元々 (第0時点以前に) 保有していた特殊資産も当然,起業家から剥奪されるものとする。

[*4] Bolton-Scharfstein(1990) が述べているように,このモデルの設定では,たとえ可能であったとしても第1時点で再交渉は起らない。第2時点で起業家に $\pi_1$ を超える支払の誘因を与えることができないからである。

すが，$r_i$ には影響を与えない。第2時点でどのみち起業家は生産活動を停止して企業を清算し，そこで世界が終了してしまうからである。第1時点と異なり第2時点ではその後の「世界が終了してしまう」のであるから，第2時点で起業家が状態を偽って報告し収益の一部を隠し盗んだとしても，第1時点のようにその後の企業支配権の喪失といったペナルティを，第2時点の起業家に課すことはできない。

従って第2時点で起業家は，偽りであっても常に状態1が実現したと主張することになるし，投資家はその主張を受け入れざるを得ない。第2時点で企業の資産価値はゼロになっており，起業家は有限責任であることを仮定すると，投資家が第2時点で受け取ることのできる最大限の金額は，第2時点で産み出された収益である。起業家は常に状態1の実現を主張するので，投資家にとって最適な契約は $r_1 = r_2 = r_3 = \pi_1$ となる。[*5] このことを上の $V$ に代入すると，投資家の目標は次のとおりに単純化できる。

$$\max_{\{R_i, \beta_i\}_{i=1,2,3}} \sum_{i=1}^{3} \theta_i [R_i + \beta_i \pi_1 + (1-\beta_i)\overline{\pi}] - I \tag{6.2}$$

次に制約式を定式化しよう。第1時点において資産売却は不可能と仮定され，起業家の有限責任の仮定から，第1時点で起業家が投資家に支払える最大限の金額は収益 $\pi_i$ である。制約式としては

$$\pi_i \geq R_i \qquad i = 1, 2, 3 \tag{6.3}$$

である。また $\beta_i$ は確率であるから $[0, 1]$ を範囲とする値でなければならない。

$$1 \geq \beta_i \geq 0 \qquad i = 1, 2, 3 \tag{6.4}$$

---

[*5] 第1時点で投資家に支払った残りの金額 $\pi_i - R_i$ は，起業家が100%株主として全額配当金で受け取り，企業内部に留保されないものと仮定されている。従って第2時点で状態1が実現するとき，起業家が投資家に支払うことのできる最大限の金額は $\pi_1$ ということになる。$r_1 = r_2 = r_3 = \pi_1$ という結果の形式的な証明は Bolton-Scharfstein(1990) と全く同様に行うことができるが，ここの議論が冗長になってしまうため省略する。モデルの最終時点の支払額についての結果は不完備契約の議論では今日，自明なこととして扱われていて，形式こそ異なるものの Hart(1995), Hart-Moore(1998), Fluck(1998) なども証明を与えていない。

## 6.2 負債型契約の最適性

さらに第1時点では，起業家が実現した状態について正しい主張をするよりも，偽った主張をする方が利益が大きいという状況を排除する必要がある。この条件は，起業家は投資家に第1時点では偽った報告をすすんで行わないことを意味するので，誘因適合 incentive compatibility 条件と称され，第1時点に実現し得る3つの状態について，次の3つの不等式が成立しなければならない。

$$\pi_2 - R_2 + \beta_2(\overline{\pi} - \pi_1) \geq \pi_2 - R_1 + \beta_1(\overline{\pi} - \pi_1)$$
$$\pi_3 - R_3 + \beta_3(\overline{\pi} - \pi_1) \geq \pi_3 - R_1 + \beta_1(\overline{\pi} - \pi_1)$$
$$\pi_3 - R_3 + \beta_3(\overline{\pi} - \pi_1) \geq \pi_3 - R_2 + \beta_2(\overline{\pi} - \pi_1)$$

前でも述べたように，第1時点と第2時点で投資家に支払った後の残りの金額すべてが起業家の取り分である。1番目の式は，第1時点で状態2が本当に実現した場合で，左辺は状態2を正しく主張する場合の起業家の利得，右辺は偽って状態1の実現を主張する場合の利得である。2番目と3番目の式は状態3が本当に実現した場合で，両式の左辺は状態3を正しく主張する場合，2番目の式の右辺は偽って状態1を主張する場合，3番目の式の右辺は偽って状態2を主張する場合である。これらの式は，第1時点で起業家に企業の支配権が続けて与えられた場合，第2時点での投資家への支払 $r_i$ は $\pi_1$ になることを前提に，定式化がなされている。

上の3つの不等式を書き換えると，制約式は

$$0 \geq R_2 - R_1 - (\beta_2 - \beta_1)(\overline{\pi} - \pi_1)$$
$$0 \geq R_3 - R_1 - (\beta_3 - \beta_1)(\overline{\pi} - \pi_1)$$
$$0 \geq R_3 - R_2 - (\beta_3 - \beta_2)(\overline{\pi} - \pi_1)$$

であるが，このうち2番目の不等式は，1番目と3番目の不等式が成立すれば必ず成立するので，独立ではない。[*6] そこでこの2番目の式を落として，

$$0 \geq R_2 - R_1 - (\beta_2 - \beta_1)(\overline{\pi} - \pi_1)$$
$$0 \geq R_3 - R_2 - (\beta_3 - \beta_2)(\overline{\pi} - \pi_1)$$
(6.5)

---

[*6] この点について，三田村 智氏が初版の誤りを指摘下さった。記して謝意を表したい。

が誘因適合条件としての制約式になる。

最後に起業家の期待収益は非負でなければならないから，

$$\sum_{i=1}^{3} \theta_i [\pi_i - R_i + \beta_i (\overline{\pi} - \pi_1)] \geq 0 \tag{6.6}$$

であり，これは起業家の参加制約である。

以上が最適契約を導出する際の定式化である。いうまでもなくこれは不等式制約付きの最大化問題で，通常使われるキューン・タッカー条件から，最適解の $(R_i, \beta_i)$(ただし $i = 1, 2, 3$) を求めることができ，この契約が最適契約ということになる。実は数学的な最適解は無数に存在するが，そのうちの1つが負債型の契約に相当する。従って負債型契約は最適契約の1つであることが証明されることになる。その解とは次のようなものである。もし $\pi_2 > \overline{\pi}$ であるなら，$(R_1, \beta_1) = (\pi_1, 0)$，$(R_2, \beta_2) = (\overline{\pi}, 1)$，$(R_3, \beta_3) = (\overline{\pi}, 1)$ であり，もし $\overline{\pi} > \pi_2$ であるなら，$(R_1, \beta_1) = (\pi_1, 0)$，$(R_2, \beta_2) = (\pi_1, 0)$，$(R_3, \beta_3) = (\overline{\pi}, 1)$ である。

この解の意味するところをまず $\pi_2 > \overline{\pi}$ のケースについて検討しよう。第1時点で実現する収益が $\overline{\pi}$ 以上になるのは状態2と状態3である。これらの状態が発生したときは，収益の実現値 $\pi_2$ と $\pi_3$ の大きさにかかわらず起業家は $\overline{\pi}$ という一定の金額を投資家に支払う ($R_2 = R_3 = \overline{\pi}$)。そして $\beta_2 = 1$ と $\beta_3 = 1$ であるから，投資家は確実に (確率1で) 次の期間も引き続いて起業家に企業の支配権を委ねる。ところが，状態1のように収益の実現値が $\overline{\pi}$ 未満なら，起業家は投資家に $\pi_1$ しか支払えず，そのとき $\beta_1 = 0$ であるから，企業の支配権は投資家に移転して起業家は企業から追い出される。以上のことは，投資家に一定の金額 (ここでは $\overline{\pi}$) が支払われる限り，企業の支配権は起業家に委ね続けられるが，もしこの一定の金額が支払われなければ，企業の支配権は起業家から剥奪されることを意味している。これは負債型の契約に他ならない。

次に $\overline{\pi} > \pi_2$ のケースを見てみよう。このケースでは，状態1と状態2において投資家に一定の金額 $\overline{\pi}$ が支払われないので，企業の支配権は起業家から剥奪される ($\beta_1 = 0$ と $\beta_2 = 0$)。対して状態3では $R_3 = \overline{\pi}$ であるから，$\overline{\pi}$

## 6.2 負債型契約の最適性

が投資家に支払われるなら，$\beta_3 = 1$ より企業の支配権は起業家に続けて委ねられることになる。従って $\overline{\pi} > \pi_2$ のケースで得られる解もやはり負債型の契約であると考えられる。以上のことから，負債型の契約は最適契約の 1 つであるということができる。

**＜補論：解の形式的導出＞**

ここでは上で示した負債型契約の解がキューン・タッカー条件から導かれることを示そう。数学問題としては，(6.3) 式と (6.4) 式，(6.5) 式，(6.6) 式を不等式制約として目的関数 (6.2) 式を最大化するような $(R_i, \beta_i)$（ただし $i = 1, 2, 3$）を求める。ただしここでは必要以上に煩雑になることを避けるため，$\beta_i$ が $[0, 1]$ の範囲内という制約 (6.4) 式と経営者の参加制約 (6.6) 式を明示せず，事後的にこれらを考慮することで解を導く。そこでラグランジェアンを次のように定義する。

$$L \equiv \sum_{i=1}^{3} \theta_i [R_i + \beta_i \pi_1 + (1 - \beta_i)\overline{\pi}] - I - \lambda_1 [R_2 - R_1 - (\beta_2 - \beta_1)(\overline{\pi} - \pi_1)] \\ - \lambda_2 [R_3 - R_2 - (\beta_3 - \beta_2)(\overline{\pi} - \pi_1)] - \mu_1 R_1 - \mu_2 R_2 - \mu_3 R_3$$

なお $\lambda_1$, $\lambda_2$, $\mu_1$, $\mu_2$, $\mu_3$ は乗数である。最適解が満たすべき条件を以下列挙する。

$$\frac{\partial L}{\partial \beta_1} = (\overline{\pi} - \pi_1)(-\theta_1 - \lambda_1) \tag{6.7}$$

$$\frac{\partial L}{\partial \beta_2} = (\overline{\pi} - \pi_1)(-\theta_2 + \lambda_1 - \lambda_2) = 0 \tag{6.8}$$

$$\frac{\partial L}{\partial \beta_3} = (\overline{\pi} - \pi_1)(-\theta_3 + \lambda_2) = 0 \tag{6.9}$$

$$\frac{\partial L}{\partial R_1} = \theta_1 + \lambda_1 - \mu_1 = 0 \tag{6.10}$$

$$\frac{\partial L}{\partial R_2} = \theta_2 - \lambda_1 + \lambda_2 - \mu_2 = 0 \tag{6.11}$$

$$\frac{\partial L}{\partial R_3} = \theta_3 - \lambda_2 - \mu_3 = 0 \tag{6.12}$$

$$\lambda_1[R_2 - R_1 - (\beta_2 - \beta_1)(\overline{\pi} - \pi_1)] = 0 \qquad (6.13)$$
$$\lambda_2[R_3 - R_2 - (\beta_3 - \beta_2)(\overline{\pi} - \pi_1)] = 0 \qquad (6.14)$$

$$\mu_1[\pi_1 - R_1] = 0 \qquad (6.15)$$
$$\mu_2[\pi_2 - R_2] = 0 \qquad (6.16)$$
$$\mu_3[\pi_3 - R_3] = 0 \qquad (6.17)$$

$$\lambda_i \geq 0 \qquad i = 1, 2 \qquad (6.18)$$
$$\mu_i \geq 0 \qquad i = 1, 2, 3 \qquad (6.19)$$

これらの条件式から解を具体的に絞り込んでいく。まず (6.18) 式から $\lambda_1 \geq 0$, かつ $\theta_1 > 0$ より, (6.7) 式は $\partial L/\partial \beta_1 < 0$ となるので, $\beta_1$ はその下限の 0 が最適解である。また同じ理由により (6.10) 式の $\mu_1$ は非ゼロ (正の値) であることがわかるから, (6.15) 式を満たすためには $R_1 = \pi_1$ でなければならない。次に (6.8) 式と (6.11) 式から $\mu_2 = 0$ であるが, $\mu_2 = 0$ であるためには $\lambda_1 > 0$ でなければならない。$\lambda_1 > 0$ ということは (6.13) 式から $0 = R_2 - R_1 - (\beta_2 - \beta_1)(\overline{\pi} - \pi_1)$ であり, これに $\beta_1 = 0$, $R_1 = \pi_1$ を代入すると

$$R_2 - \pi_1 = \beta_2(\overline{\pi} - \pi_1)$$

であるから, これ (と他の制約条件) を満たすいかなる $(R_2, \beta_2)$ も最適解ということになる。多数の解が存在するが, その中で $(R_2, \beta_2) = (\overline{\pi}, 1)$ という解を取り出そう。もし $\pi_2 > \overline{\pi}$ であるなら, この解は $R_2 < \pi_2$ であるから実行可能で最適解であるが, もし $\overline{\pi} > \pi_2$ であるなら, この解は $R_2 \leq \pi_2$ という制約を満たさない。この場合は別の最適解として $(R_2, \beta_2) = (\pi_1, 0)$ という解を取り出す。つまり $\pi_2$ が $\overline{\pi}$ よりも大きいか小さいかによって, 異なる 2 つの最適解に注目する。最後に (6.9) 式と (6.12) 式から $\mu_3 = 0$ であり, $\mu_3 = 0$ のためには必ず $\lambda_2 > 0$ である。(6.14) 式から $0 = R_3 - R_2 - (\beta_3 - \beta_2)(\overline{\pi} - \pi_1)$ であるが, まず $\pi_2 > \overline{\pi}$ のケースとして $(R_2, \beta_2) = (\overline{\pi}, 1)$ をこの式に代入すると,

$$R_3 - \overline{\pi} = (\beta_3 - 1)(\overline{\pi} - \pi_1)$$

となって, $(R_3, \beta_3) = (\overline{\pi}, 1)$ はこの式を満たす解であることが容易にわかる。またこの解はその他の制約式も満たすので最適解の 1 つといえ

## 6.2 負債型契約の最適性

る。次に $\overline{\pi} > \pi_2$ のケースとして $(R_2, \beta_2) = (\pi_1, 0)$ を代入すると,

$$R_3 - \pi_1 = \beta_3(\overline{\pi} - \pi_1)$$

であるから,やはり $(R_3, \beta_3) = (\overline{\pi}, 1)$ がこの式を満たす解であることがわかる。重要なことは, $\pi_2$ が $\overline{\pi}$ よりも大きいか小さいかにかかわらず, $(R_3, \beta_3) = (\overline{\pi}, 1)$ が成立することである。

以上のことをまとめると,$(R_1, \beta_1) = (\pi_1, 0)$, $(R_3, \beta_3) = (\overline{\pi}, 1)$, そして $\pi_2 > \overline{\pi}$ のとき $(R_2, \beta_2) = (\overline{\pi}, 1)$, $\overline{\pi} > \pi_2$ のとき $(R_2, \beta_2) = (\pi_1, 0)$ の組合せは上の条件を満たす最適解といえる。最後にこれらの解が起業家の参加制約を満たすかどうかを確認しなければならない。(6.6) 式に代入すると, $\pi_2$ が $\overline{\pi}$ よりも大きいか小さいかにかかわらず,起業家の期待収益は $\overline{\pi} - \pi_1 > 0$ となるので,参加制約は満たされ,起業家は投資家から提示される上の契約に同意することになる。なお投資家の期待収益を求めると,やはり $\pi_2$ と $\overline{\pi}$ との大小にかかわらず,それは $\overline{\pi} + \pi_1 - I$ である。モデルとしてはこれが正であることを仮定しなければならないが,そうすると非効率性の問題が発生する。この企業の NPV は $2\overline{\pi} - I$ であるので,仮に NPV の値が正であったとしても,投資家の期待収益が負であれば資金提供がなされない。つまり正の NPV の企業活動が常に実行されるとは限らないので,最適契約といってもこれは投資の非効率性を排除するものではない。この点は検証不可能を想定したモデルでは一般的に指摘されることである。

==================================＜補論終わり＞

資金調達サイド(ここでは起業家)でその収益が検証不可能であるとき,発行される証券が負債型の契約である場合,これは最適契約の1つであることが示された。しかし最適契約とはいっても,多数のうちのわずか1つが負債型の契約を意味するというだけのことであって,負債型の契約が他に考えられ得る幾多のタイプの中で最も優れているということでは決してない。この節で紹介した議論に沿うなら,例えば確率0ないしは1で(つまり確実に)企業支配権が委ねられるか剥奪されるかではなく,中間の値で確率的に企業支配権が付与されるような契約なども最適契約になり得る。実際のところ,このような契約を分析対象としている研究も存在する。最も代表的な文献はAghion-Bolton(1992)であろう。また Hart(1995) も簡潔なサーベイを与えて

いる。いくら最適性を満たしているとはいっても，導出された契約に対して現実的な解釈を与えるのが困難であるなら，それを導いた理論モデルそのものの有用性を疑問視した方が健全であるように著者は思う。

## 6.3 株式型の契約

　企業の収益が検証不可能であるとき，企業の資金調達に伴って発行される証券が株式である場合はどうであろうか。著者の知る限り，株式型契約の最適性を議論した研究は存在しないし，この節では最適契約という観点から離れよう。以下，6.3.1 節でここの議論のエッセンスをまとめ，6.3.2 節で簡単なモデルによる形式的な議論を展開する。

### 6.3.1 株式は資金調達手段か

　そもそもの問題として，企業収益が検証不可能な世界において，企業は残余請求権という株式型の契約を第 3 者と締結することで，この第 3 者から資金提供を受けることができるのであろうか。前節では「起業家」という主体が企業の経営者でありかつ持株 100% の株主でもあった。ここでは経営者と株主が完全に別の主体であるとしよう。「所有と経営の分離」が進んだ今日の企業ではこの方が現実的であろう。

　経営者が全く資産を持っていないものとすると，企業の必要とする資金は第 3 者から調達せざるを得ない。この資金調達を株式の発行で行うなら，この第 3 者は株主となって期末に配当金を受け取り，企業の支配権を行使して経営者を交替させたり企業を清算できたりする。ただし株主は企業の支配者ではあるが，あくまでも第 3 者なのであって，企業の日常活動において必要となる意思決定には逐一関与しないのが通常であろう。いうまでもなく日常の意思決定を行うのは経営者である。

　経営者は報酬を受け取ることを条件に株主によって雇われ，日々の企業活動は経営者に委ねられていると考えることができる。従ってここの株主は，企業活動を詳細に把握する立場にはなく，企業の外部に存在する主体である

## 6.3 株式型の契約

から外部株主と称してもよい。このような株主と経営者を想定して、企業収益の実現値が第3者の株主にとって検証不可能であるなら、はたしてこの第3者は株式型契約の下で資金を提供(出資)して株主になろうとするであろうか。企業が株式発行で資金調達可能であるためには、どのような条件が満たされている必要があるのか。これがこの節の目的である。

前でも述べたが、残余請求権は所有権を意味することになる。一般に所有権に満期が明示されることはなく、所有権を一度入手すればその効力は永久であるのが普通である。残余請求権である株式にも満期は存在せず、株式を発行した企業が倒産などで消滅しない限り、また買入消却など無効化の手続きが企業によってなされない限り、株式は永久に有効である。このように株式の満期が無限大なのはなぜか。実は株式の満期が負債型契約のように仮に有限で明示されているなら、株式は資金調達手段として機能しない。すなわち、第3者は株式型の契約の下で資金を提供(出資)しようとはせず、(外部)株主というもの自体が存在しなくなってしまう。であるなら、株式の満期が無限大であることが株式型契約の必要不可欠な最重要な特徴といえる。これについて以下、Fluck(1998)の議論を紹介したい。

期末の企業収益の分配方法を具体化するのも経営者であろう。株主は、経営者の決定した収益の分配方法が気に入らなければ、企業の支配権を行使して経営者を解雇することができる。しかしそうであったとしても、企業収益の実現値が検証不可能でかつ株式の満期が有限であるなら、満期時点で経営者は必ず、株主に配当金を支払わず、収益全額を自分の報酬として受け取ってしまう。株式の満期とは、その時点で残余請求権ないしは所有権が終了するということである。所有権が終了するということは、その対象(企業)が消滅することを意味するので、満期時点以後に経営者は職を失う。経営者は株主によって解雇されなくても満期時点の後必ず失業することになるので、満期時点で株主に配当金を支払う誘因を持たない。従って満期時点で株主が受け取る配当金はゼロである。

期末の配当金が確実にゼロであるなら、株主は要求利回り(ここの議論ではゼロではない)が満たされないので、期首に企業清算を行うのが最適である。であるなら、満期時点の1つ前の時点でも同様、経営者はその直後に失

業することを承知の上で収益全額を自分の報酬として受け取り,株主に配当金を支払う誘因を持たない。このように株式の満期が有限であると,株主は配当金を一切受け取ることができないので,そもそも出資しようとはしない。従って株式を使った資金調達は成功しない。

しかし株式の満期が無限大であるなら,上で述べた状況とは違った状況が成立し得る。経営者は,収益全額を報酬にして直後に失業するより,自分の報酬を減らし株主に配当金を支払って,経営者の地位に留まり続ける方が有利である。また株主は,将来に配当金を見込むことができるので出資し,そして配当金を支払った経営者を雇用し続けることが合理的になる。このような状況が成立するなら,株式は資金調達手段として機能することになり,そのためには,株式の満期が無限大であることが必要不可欠な条件であることがわかるであろう。エッセンスは以上のとおりなのであるが,次の小節ではモデルを使って今の議論を若干詳しく検討しよう。

### 6.3.2 モデル

ここでは「満期」が問題とされるので,従来の1期間ないしは2期間モデルではなく,それ以上の期間を持つ多期間モデルが想定される。また無危険利子率はゼロではなく $R_F$ であり,その割引因子を $\delta$ で表す。なお割引因子とは $\delta = 1/(1+R_F)$ で定義される。議論の単純化のため,負債は存在しないものとしよう。登場する主体は1人の経営者と1人の株主で,これらは別々の主体であり両者とも危険中立者であるとする。株主は最初の期間の期首に出資して,経営者を雇い入れて企業活動のすべての意思決定を委ね,残余請求権者として外部株主に徹するものとする。経営者は期首から期末に企業としての様々な意思決定を行い,その対価として期末に報酬を受け取る。

それではここの企業について説明しよう。企業活動にはある物的資産が必要で,期首に資金 $I$ でこの物的資産を購入(投資)し,1期間活動すると期末にその期間の収益 $\tilde{y}$ が得られるものとする。もちろん NPV は正であり,企業としては活動するのが常に望ましいとする。この物的資産は1期間で完全に減耗して資産の期末価値はゼロになり,次の期間も活動を継続するには新

## 6.3 株式型の契約

たに資産を購入 (投資) し直さなければならない。そこで期末に収益 $\tilde{y}$ から減価償却費を計上・控除して資金 $I$ を内部留保する。さらに経営者への報酬 $\tilde{M}$ が収益 $\tilde{y}$ から支払われ，これらの残余が期末配当金 $\tilde{d}$ として株主に支払われる。内部留保された $I$ は次の期間の期首 (この期間の期末直後)，即座に物的資産の購入 (投資) に充てられ，期首時点での清算価値 (購入した直後の資産の売却価格) は $L$ で，投資のサンクコストにより $L < I$ であるとする。このような期首と期末から成る期間が多期間に渡って繰り返されるものとしよう。

最初の期間の期首 (現在時点の第 0 時点) に必要な資金 $I$ は，株主が出資していて，経営者はこの資金 $I$ を使って活動を開始する。期末にあがる収益 $\tilde{y}$ の分配方法，すなわち，減価償却費を計上するか否か，経営者の報酬をいくらとするか，これらすべてを経営者が決定する。収益 $\tilde{y}$ からこれらを控除した残余が株主への配当金なのであるから，期末配当金を決めるのも事実上経営者ということになる。

ただし株主は経営者の意思決定に同意できないなら，収益の実現値にかかわらず企業の支配権を行使することで，企業活動を終了させて企業を清算させることが可能であるものとする。このとき経営者は解雇される。また株主が経営者の意思決定に同意するなら，次の期間も引き続いて同じ経営者に企業活動のすべてを委ねるものとする。[*7] つまり株主の意思決定としての選択肢は企業の「清算」と「活動継続」の 2 つである。

収益 $\tilde{y}$ の実現値が株主には検証不可能であるとしよう。単純化のため起り得る状態は 2 つのみで，$\tilde{y}$ の実現値として $y_H$ と $y_L$ が 1/2 ずつの確率で発生するとしよう (ただし，$I < y_L < y_H$)。このとき経営者はどちらの状態が実現しようとも，常に $y_L$ の実現を株主に主張する。仮に本当の実現値が $y_H$ であ

---

[*7] 外部株主による企業支配権の行使で，いきなり企業を清算してしまうというのは現実的な姿とはいい難いかもしれない。企業清算のみならず経営者の交替 (をして，企業活動の継続) という選択肢も考慮した方が現実的であろう。もちろんこのようにしてもここと同様のモデルが構築可能なのであるが，議論が若干煩雑になってしまう。後で見るようにモデル上本質的に重要な点は，現在の経営者が株主を裏切るような行動を採用する場合，この経営者が解雇され次の期間の経営に携われないということであるので，単純化のため株主にとって，企業の「清算 (経営者解雇)」と「活動継続 (経営者続投)」という 2 つの選択肢の下で議論する。

るなら，経営者は $y_L$ の実現を主張することで $y_H - y_L$ を隠し盗むことができ，検証不可能なので株主の方は経営者の主張を受け入れざるを得ない。そして経営者は $y_L$ が実現したと主張する際の株主への配当金を $d_L$ にしたとしよう。どちらの状態が実現したとしても，株主は配当金として常に $d_L$ を受け取ることになる。このとき，はたして経営者は本当に株主に配当金を支払うのであろうか。モデルでいうと，経営者は $d_L$ にゼロ以外の正の値を設定するような意思決定をするであろうか。

経営者の直面する選択肢は説明の便宜上，次の2つであるとする。1つの選択肢は，実現した収益全額を自分の報酬として受け取り，株主への配当金をゼロにすることである (減価償却費も計上しない)。もう1つは，収益全額を自分の報酬とはせず，収益から減価償却費を計上しかつ株主に配当金を支払うことである。前者の選択肢は株主への「裏切り」であり，後者は株主との「協調」である。

ここで株式の満期が有限の第 $T$ 時点である場合を検討しよう。株式の満期とは，第0時点で株主と経営者の間で締結された残余請求権の契約 (株式) が，将来の第 $T$ 時点で確実に消滅するということである。つまり第 $T$ 時点で株主は企業活動そのものを清算する。このとき，第 $T$ 時点において経営者は実現する収益全額を，自分の報酬として受け取ってしまうであろう。なぜなら次の期に自分が経営者として留まり企業活動を続けることが不可能だからである。その結果，株主の受け取る第 $T$ 時点の配当金は確実にゼロである。するとその期の期首 (第 $T-1$ 時点) において，株主は期末配当金がゼロになることがわかっているので，企業を清算することが最適な選択となる。理由は次のとおりである。この株式をもう1期間保有する際の要求利回り (このモデルではゼロではなく $R_F$) は満たされないことが，期首時点で確実にわかっているので，株主は株式を保有しようとはしない。もちろん市場で売却もできない (購入する人がいないから)。それならば企業を清算するしかない。従って第 $T-1$ 時点で企業は清算される。

経営者は第 $T-1$ 時点で解雇されることになるから，やはり第 $T-1$ 時点で実現する収益全額を自分の報酬として受け取るであろう。その結果第 $T-1$ 時点で減価償却費 $I$ は計上されず，株主への配当金もゼロとなる。減

## 6.3 株式型の契約

価償却費が未計上なので，仮に次の期間も企業活動を継続しようとするなら，株主は新たに資金 $I$ を提供しなければならない．しかし資金提供して企業活動を継続させても，経営者は第 $T$ 時点の収益全額を確実に自分の報酬としてしまうので，第 $T$ 時点で株主の得るものは何もない．従って株主は第 $T-1$ 時点で企業を清算するのが最適である．ということは，第 $T-1$ 時点がこの契約の実質的な最後の時点 (満期) ということになる．

以上のことを同様に前の時点に向かって繰り返し類推 backward induction していくと，現在の第 0 時点において，企業清算することが株主にとって最適な選択である．第 0 時点で資金 $I$ を出資し即清算した (清算価値は $L$) とすると，$I-L$ の損失が発生するので，株主の最適な意思決定は，そもそもこのような契約を締結しないことである．それ故，残余請求権の契約は将来の満期が明示されるような形では締結され得ない．

株式に満期が存在するなら，経営者は期末に減価償却費の計上や株主への配当金支払をせず，その直後に企業清算 (解雇) されることを承知の上で，実現した企業収益のすべてを自分の報酬として受け取ってしまう．つまり経営者はすべての時点で株主への「裏切り」を選択するのが最適戦略である．他方，株主にとっては企業清算と活動続投という選択肢から，すべての時点で企業の「清算」を選ぶのが最適戦略である．

経営者と株主，お互いに最適戦略を採用するなら，これから乖離しようという誘因は存在しないので，(ナッシュ) 均衡の成立するところとなり，この均衡の下，残余請求権という株式型の契約では第 0 時点に資金 $I$ の融通は不可能になる．しかしこの均衡はあくまでも 1 回のゲームが有限回繰り返されるという想定の下での均衡であって，よく知られているように，無限回繰り返されるゲームの想定の下では，別の状況が均衡として成立することがある．

無限繰り返しゲームとは，ここのモデルでいうと，株式の満期が存在せず契約が永久無限に有効であるような世界である．この世界では株式型の契約が締結され資金融通が可能になる．その際の経営者と株主の行動は，有限繰り返しゲームのものと正反対になる．経営者は企業収益のすべてを報酬として受け取らず，すすんで減価償却費を計上して次の投資に備え，$d_L$ に正の値

を設定して株主に配当金を支払う．つまり経営者は株主と「協調」するのが最適であり，株主の方は，経営者が協調行動をとる限り，(企業の「清算」をせずに) 経営者を雇用し続けて「活動継続」するのが最適になる．

　任意の時点における経営者の戦略としては次のようなものを考えよう．過去のすべての時点で，経営者と株主が「協調」と「活動継続」を選択しているなら，その時点でも経営者は「協調」を選択する．しかしそれ以外では経営者は「裏切り」を選択する．また株主の方の戦略は，過去に＜「協調」，「活動継続」＞の組合せが選択されているなら，その時点でも「活動継続」を選択するが，それ以外の組合せであるなら「清算」を選択するというものである．このような経営者と株主の戦略の下，任意の時点で経営者が「協調」を，株主が「活動継続」を選択するための条件はどのように示されるか．その条件が満たされるよう経営者の報酬と株主への配当金が決められているなら，すべての時点で＜「協調」，「活動継続」＞の組合せが実際に選択されることになり，株主と経営者は，第0時点で株式を通じて資金 $I$ の融通を行うことができるようになるであろう．

　まず経営者の戦略から検討しよう．任意の時点で経営者が株主を裏切るなら，実現した収益全額を報酬として受け取るがその直後に失業する．失業すれば報酬は当然ゼロであるから，経営者が「裏切り」を選択するときのペイオフは1つの時点の収益全額 $y_L$ か $y_H$ である．また経営者が株主と「協調」するなら，自分の報酬を小さくして収益の中から減価償却費を計上し株主に配当金を支払う．代わりに経営者の地位に留まり続けることができる．このときの株主への配当金を $d_L(\neq 0)$ とすると，$y_L$ が実現するときの経営者の報酬 $M_L$ は $M_L = y_L - I - d_L$ であり，$y_H$ が実現するときの報酬 $M_H$ は $M_H = y_H - I - d_L$ である．将来の各時点の期待報酬は $(M_L + M_H)/2$ であり，将来も協調し続けて経営者に留まり続ける限り，経営者はこの期待報酬を見込むことができる．従って将来の期待報酬の割引価値合計は

$$\frac{M_L + M_H}{2}(\delta + \delta^2 + \cdots) = \frac{\delta(M_L + M_H)}{2(1-\delta)}$$

であるから，経営者が「協調」を選択するときのペイオフ (の現在価値) はこれに $M_L$ か $M_H$ を加えたものになる．

## 6.3 株式型の契約

経営者が「裏切り」ではなく「協調」を選ぶためには,

$$M_L + \frac{\delta(M_L + M_H)}{2(1-\delta)} \geq y_L \tag{6.20}$$

$$M_H + \frac{\delta(M_L + M_H)}{2(1-\delta)} \geq y_H \tag{6.21}$$

という2つの不等式が満たされていなければならない。(6.20) 式は $y_L$ が実現する場合, (6.21) 式は $y_H$ が実現する場合である。(6.20) 式が満たされていれば (6.21) 式も満たされることは明らかである。

他方, 株主の方であるが, まず現在の第0時点で資金 $I$ を出資することが有利でなければならないから, この条件は次の式のように書ける。

$$\frac{\delta d_L}{1-\delta} \geq I \tag{6.22}$$

経営者は収益の本当の実現値がどうであれ常に $y_L$ の実現を主張し, 株主はこの主張を受け入れざるを得ない。従ってどちらの状態が実現するとしても株主の受け取る配当金は $d_L$ である。$d_L$ を第1時点以降永久に受け取るのであれば, その現在価値合計は (6.22) 式左辺になる。実はこの (6.22) 式が満たされているなら, 任意の時点において経営者が株主との「協調」を選択している限り, 株主は企業の「活動継続」を選択し, 決して「清算」を選ぶことはない。なぜなら経営者によって内部留保された $I$ は投資で即サンクされるので, 清算価値は $L$ である。もし清算せずに企業活動を継続させるならば, その期以降の期末配当の割引価値合計は $\delta d_L/(1-\delta)$ である。これは, (6.22) 式と $I > L$ により $L$ よりも大きい。

以上, (6.20) 式と (6.22) 式という2つの条件が満たされているなら, 経営者は地位に留まり続けるために株主と「協調」して, 自分の報酬を (最大限可能な額より) 小さくしてでも減価償却費を計上し株主に配当金を支払うのが最適で, また株主の方は, 経営者がそうする限り, この経営者を雇用して企業の「活動継続」を選ぶのが最適である。経営者と株主, お互いに最適戦略から離脱する誘因が存在しないのでこの状態は均衡である。この均衡は現在時点で資金 $I$ の融通が株式を通じて実行されている。以上のことから, 株式

型の契約はその満期が無限大であること，いいかえると，契約の有効性が永久無限であることが，資金調達手段として機能するために必須なのである。

前節の負債の議論と比較すると，負債には満期が存在するが，満期時点を除いた他の時点で，資金提供者から見て最悪のケースの支払額以上の支払が，企業の支配権の存在によって実行されるようになる。この意味で企業の支配権は，企業収益が検証不可能であるとき負債による資金調達を可能にする原動力である。ところが株式では満期が存在すると，企業の支配権にかかわらず資金提供者にとっての最悪のケースのみが実現し，株式は資金調達手段として機能できず，企業の支配権は実質的に効力を持たない。株式型の契約において企業の支配権が効力を発揮するのは満期が無限大のときである。

このような議論は，あくまでも企業収益の実現値が検証不可能であるということが大前提である。もしこれが検証可能であるなら，株式の満期といった問題は生じない。収益がいくらであればいくらの配当金を支払うという契約を結ぶことができるからである。収益の実現値が検証可能であるなら，そのような契約は実行可能なはずで，この契約が経営者によって守られなかったとき，株主は企業の支配権を行使して経営者を解雇すればよい。従って株式の満期は有限であろうと無限であろうとどうでもよい問題になる。そこで本書の他の章がそうであるように，有限期間のモデルで株式を取り上げて議論することが可能であるためには，企業収益の実現値が検証可能であると仮定されることが必要で，その際には企業の収益と配当金とを直接結び付ける契約が存在するもの，と暗黙に仮定されていることになる。

しかし実際には経営者と第3者の外部株主の間で，企業収益と配当金とを直接結び付ける契約が実在するわけではない。それでは，株主による企業の支配権はどのような効果があると考えたらよいか。これについては次節の議論の中で取り上げられることになる。

## 6.4 不完備契約における資本構成の役割

前の6.2節と6.3節では，企業収益の実現値が検証不可能であることを前提に議論が展開された。ここでこの前提を変えてみよう。本書の観点からす

## 6.4 不完備契約における資本構成の役割

ると，その方が有益であるように思うからである．そこでこの節では，企業収益の実現値は検証可能であるとする．そうであったとしても，企業の意思決定に重要な影響を及ぼし得る検証不可能な変数は他にいくらでもあるであろう．資本構成という観点からすると，どのような変数を検証不可能と考えるべきか．6.4.1 節で，この点に関する問題意識を述べ，6.4.2 節でこれを形式的にモデル化してみる．

### 6.4.1 検証不可能な変数は何か

　企業収益の実現値が検証不可能であるという前提は，個人企業のような零細な企業であるなら尤もらしいが，上場企業，特に証券市場で資金調達が可能な企業の場合，あまり現実的なものとはいえない．実際の上場企業は厳しいディスクロージャー(情報開示)制度の下，詳細な財務情報を投資家に開示しなければならない．わが国企業のディスクロージャーが十分機能しているかどうか，わが国の財務情報が本当に実態を開示しているのかどうか，著者個人の見解では疑問の余地が若干あるものの，企業収益の実現値を経営者が隠し盗んだりするのはもちろんのこと，これを偽って報告することも立派な法律違反である．上場企業は企業収益を正しく報告する義務があって，実際そうしているものとみなすことができよう．少なくとも建前はそういうことになっている．従って上場企業を分析対象にする場合，企業収益の実現値が検証不可能であるという仮定は強すぎる．公表される企業収益の実現値は，公認会計士などの監査を通じて公的・法的に認知された数字であるから，これを検証可能と仮定してモデルを作る方が適当であろう．

　それでは本書のように証券発行が可能な上場企業を対象にする場合，モデル構築に際して検証不可能な変数は何であると考えるべきか．それは例えば，企業収益の確率分布のパラメターのような変数と考える方が妥当であろう．企業収益の実現値を正しく公表することが法的に強制される上場企業であっても，将来の企業収益の予想・確からしさについてまで正確かつ強制力ある数字を公表しなければならない義務はない(実際にそんなことは不可能であろう)．上場企業の経営者は，将来の収益について何らかの予想をたて

ているであろうが，経営者の考えている予想が検証不可能なのは直感的に明らかであり，経営者による企業収益の予想それ自体に基づいた契約を，投資家と締結することはまず不可能であろう．従って以下の議論では，検証不可能な変数は企業収益の実現値ではなく，経営者の考える企業収益の予想(確率分布)であるとする．

他方，株主サイドの方はどのように考えるべきであろうか．株主は所有者の立場にあり，企業が倒産して所有権が債権者に移転しない限り，企業の支配権を持っている．この支配権は株主による経営者交替を可能にさせる．今，議論の単純化のため負債は存在しないものとしよう．株主に支払われたキャッシュフローの配当金が検証可能であるとしても，いくらの金額なら経営者を交替させるのかという点について明確なルールは存在しない．例えば同じ金額の(1株当り)配当金を支払っている異なる企業について，経営者が解雇されることもあれば解雇されないことも起り得る．このことは，経済モデルでは次のように表現することができよう．

経営者交替に関する株主から見た基準が存在し，この基準とは，企業収益の実現値がある臨界値を下回れば経営者交替が行われ，これを下回らなければ経営者交替が行われないというものである．つまり株主による経営者交替の基準は，企業収益の臨界値という検証不可能な変数に依存しているため，契約で予め特定化したりルール化することができない．企業によってこの基準が異なりルール化できないために，同じ収益実現値であっても，経営者交替の起る企業と起らない企業とが発生することになる．

以下の議論において，企業収益の実現値が検証不可能であるという仮定は上場企業の分析として不適当であると考え，これは検証可能であるとする．しかしそうであるとしても，経営者と株主の両サイドには今述べたような検証不可能な変数が存在し，両者の意思決定はこれら検証不可能な変数に依存せざるを得ない．このような不完備契約の世界では，仮に変数が検証可能であるなら達成される最適な状態が，達成不可能になってしまうことが示される．そこでこのような状況を改善する役割を担うとされるのが，資本構成ないしは負債の存在である．すなわち，完備契約の世界で変数が仮にすべて検証可能であるなら実現する最適状態を，不完備契約の世界では負債の存在し

## 6.4 不完備契約における資本構成の役割

ないとき達成不可能であるのが，負債の利用を通じてこれを達成することができる。

この手法の議論には，Dybvig-Zender(1991) や Chang(1992)，Chang(1993)，Winton(1993)，Dewatripont-Tirole(1994)，Berkovitch-Israel(1996) など既に多数のモデルが提示されているが，次の小節では Berkovitch-Israel(1996) を参考に原著よりも単純化したモデルを用いて，不完備契約の世界における資本構成の役割について明らかにしよう。

### 6.4.2 モデル

第0時点，第1時点，第2時点から成る3時点モデルを考えよう。まず負債は存在せず資本構成が株式のみから成る企業で，経営者と株主の行動を定式化する。なおここでは経営者と株主は別々の主体で，両者は危険中立者であり，無危険利子率はゼロとする。

経営者サイドでは，将来の企業収益に関して経営者の考える予想(確率分布)が検証不可能であると前で述べたが，それでは経営者はどのようにして将来の企業収益を予想するか。実務的には収益拡大や経営効率の改善に向け様々な方針・施策を打出し，その影響を幅広くかつ慎重に調査検討した結果を通じて予想形成に至るのであろうが，ここでは経済モデル構築のため，このような様々な経営プロセスを経営者の「努力水準」という変数に集約させたい。努力水準の上昇は企業収益の予想を改善させ，逆に努力水準の低下は経営者の怠慢を意味し企業収益の予想を悪化させるものとする。

これをモデル化すると次のとおりである。企業収益は最後の第2時点で実現するが，これを確率変数 $\tilde{z}$ で表し，$\tilde{z}$ に関する第0時点での予想は一様分布 $U[0, M]$ という確率分布で与えられるとしよう。経営者による努力水準を $t$ で表し，経営者は第0時点で最適な努力水準を選択し，この努力水準は企業収益 $\tilde{z}$ の確率分布に影響を与える。そこで確率分布のパラメター $M$ は $t$ の関数であると仮定し，$\tilde{z}$ の確率分布は一様分布 $U[0, M(t)]$ のようにする。この上限 $M(t)$ の関数は所与であると仮定し，経営者が努力すればするほど($t$ が大きくなるほど) $M(t)$ は大きくなって，1階の導関数は $M'(t) > 0$ であ

る。また $M(0) > 0$ と $M'(0) = \infty$, 2階の導関数について $M''(t) < 0$ であると仮定する。いうまでもないであろうが，経営者の予想が検証不可能ということは，確率分布パラメター $M$ が検証不可能な変数ということであり，経営者の努力水準も検証不可能な変数である。

企業収益が実現して，投資家(株主)にキャッシュフローが分配されるのは第2時点であるが，その前の第1時点で $\tilde{z}$ の実現値は既知になるものとする。ここでは $\tilde{z}$ の実現値は検証可能と仮定されており，経営者のみならず株主もこの値を(検証可能な値として)第1時点で知ることができる。ここで，もし第1時点で判明する $\tilde{z}$ の値がある水準以下であるなら，株主は企業の支配権を行使して，全く同質的な経営者に経営を交替させることができるものとしよう。そして第1時点で経営者が交替する場合は，第2時点の企業収益は再び未知数になって，その実現値は第2時点になるまでわからなくなるものとする。「全く同質的」という意味は，元の経営者が第0時点で選択した努力水準における確率分布と全く同じ確からしさでもって，第2時点の企業収益 $\tilde{z}$ を予想できるという意味である。第1時点で経営者交替か否か，経営者交替の基準を企業収益の臨界値として $z_c$ で表す。なお $z_c > 0$ とする。[8]

さて $z_c$ を所与とした第0時点の経営者の行動を定式化しよう。経営者は第1時点で解雇されなければ，第2時点で報酬として定数 $\Phi$ を受け取ることができる。また第1時点で経営者交替により解雇されるなら，この経営者の報酬はゼロである。なお企業収益 $z$ はこの $\Phi$ を控除した後の値である。また努力水準 $t$ にはコストがかかり，この費用関数を $\psi(t)$ で表す。この1階および2階の導関数を $\psi'(t) > 0$, $\psi''(t) > 0$ としよう。後の議論の都合上，$\psi'(0) = 0$ であると仮定する。

経営者は次の問題を解くことで，最適な努力水準を選択するものとする。

$$\max_t U = \Phi \int_{z_c}^{M(t)} \frac{dz}{M(t)} - \psi(t)$$

---

[8] $\tilde{z}$ の実現値が芳しくないとき，なぜ株主は経営者を交替させるのか。このモデルの想定を直感的にいうと，経営者を交替させれば $\tilde{z}$ は再び確率変数になって，次の実現値は高い値が実現するかもしれない。つまり結果が芳しくないとき，もう1度やり直しをして，次は良好な結果が得られるかもしれない。これがここで想定される経営者交替の直感的な理由である。

## 6.4 不完備契約における資本構成の役割

この右辺第 1 項は経営者の期待報酬であり,第 1 時点で企業収益が $z_c$ 以下であることが判明すると,この経営者は解雇されて第 2 時点で報酬を受け取ることができないので,積分範囲は $[z_c, M(t)]$ である。また $1/M(t)$ は確率密度関数である。第 2 項の方は経営者の努力水準に伴う費用である。この積分を書き換えると,

$$U = \Phi\left(1 - \frac{z_c}{M(t)}\right) - \psi(t)$$

であるから,$\partial U/\partial t = 0$ の 1 階の条件は

$$\Phi \frac{M'(t) z_c}{M(t)^2} = \psi'(t) \tag{6.23}$$

となり,2 階の条件は仮定により次のように満たされる。

$$\frac{\partial^2 U}{\partial t^2} = \Phi\left[\frac{M''(t) z_c}{M(t)^2} - \frac{2M'(t)^2 z_c}{M(t)^3}\right] - \psi''(t) < 0$$

以上のように $z_c$ を所与として最適な努力水準 (これを $\hat{t}$ で表す) が選択されるが,$z_c$ が変化すれば $\hat{t}$ も変化するので,$\hat{t}$ は $z_c$ の関数である。これを $\hat{t}(z_c)$ で表そう。まず $z_c = 0$ のとき,(6.23) 式左辺がゼロになるので最適な努力水準もゼロで,$\hat{t}(0) = 0$ である。次に $\hat{t}$ が $z_c$ の増加関数であるか減少関数であるかを調べよう。これを調べるための式が

$$\frac{\partial^2 U}{\partial t \partial z_c} = \frac{\Phi M'(t)}{M(t)^2} > 0$$

である。この式は $z_c$ が増加するとき最適な努力水準 $\hat{t}$ が増加することを意味するので,関数 $\hat{t}(z_c)$ は $z_c$ の増加関数で,1 階の導関数 $\hat{t}'(z_c)$ は正である。経営者交替の基準である企業収益の臨界値 $z_c$ の増加は,経営者の最適な努力水準を高めることになる。いいかえると,解雇かどうかの基準が高まれば,経営者は (解雇されないように) 努力水準を増大させるということである。[*9]

以上が経営者サイドの定式化であるが,次に株主サイドについて述べよう。前でも述べたように,株主は企業の支配権に基づいて経営者交替か否か

---

[*9] これは $\tilde{z}$ の確率分布を一様分布に特定化したことによる。Berkovitch-Israel(1996) は一般的な確率分布を想定し,$\hat{t}$ が $z_c$ の減少関数になる場合も導出している。

を決める.それではその基準となる企業収益の臨界値 $z_c$ をどのように決定すると考えたらよいか.これは $z_c$ が最適な努力水準 $\hat{\imath}$ に影響することを考慮して,企業価値を最大化するように決定されるとしよう.今,負債がないので企業価値最大化は株式価値の最大化を意味する.第 0 時点の企業価値 (株式価値) は,

$$V = \int_{z_c}^{M(\hat{\imath}(z_c))} \frac{z}{M(\hat{\imath}(z_c))} dz + \int_0^{z_c} \frac{dz}{M(\hat{\imath}(z_c))} \int_0^{M(\hat{\imath}(z_c))} \frac{z}{M(\hat{\imath}(z_c))} dz$$

のように定式化できる.この右辺第 1 項は,第 1 時点で判明した企業収益が臨界値 $z_c$ を超える場合,経営者はそのまま第 2 時点まで続けて経営して,第 2 時点でその実現値が株主に分配されることを表している.第 2 項は第 1 時点で経営者が交替し,企業収益の実現値が第 2 時点まで未知になる場合である.仮定により経営者が交替しても,確率分布は元の経営者と (同じ努力水準によってもたらされる) 同じ確率分布である.第 2 項の最初の積分は経営者交替が発生する確率であり,2 番目の積分は経営者が交替して新しい経営者の下での $\tilde{z}$ の期待値である.

この式の積分を計算して,

$$\max_{z_c} V = \frac{M(\hat{\imath}(z_c))}{2} - \frac{z_c^2}{2M(\hat{\imath}(z_c))} + \frac{z_c}{2}$$

が株主にとって解くべき問題である.最適な $z_c$ が満たす 1 階の条件は,

$$\frac{\partial V}{\partial z_c} = \frac{\hat{\imath}'}{2}\left[M' + \frac{M' z_c^2}{M^2}\right] - \frac{z_c}{M} + \frac{1}{2} = 0$$

であるが (表記の簡単化のため関数の括弧を省略している),これは (6.23) 式を用いると,

$$\frac{\partial V}{\partial z_c} = \frac{\hat{\imath}'}{2}\left[M' + \frac{\psi' z_c}{\Phi}\right] - \frac{z_c}{M} + \frac{1}{2} = 0$$

のように書き換えることができるので,最適な $z_c$ は次の式で与えられる.

$$z_c = \frac{M(\hat{\imath}(z_c))}{2} + \frac{\hat{\imath}'(z_c) M(\hat{\imath}(z_c))}{2}\left[M'(\hat{\imath}(z_c)) + \frac{\psi'(\hat{\imath}(z_c)) z_c}{\Phi}\right] \tag{6.24}$$

## 6.4 不完備契約における資本構成の役割

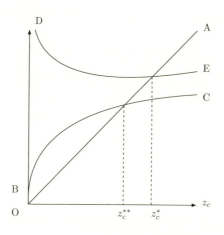

図 6.1　$z_c^*$ の決定

図 6.1 は，(6.24) 式を満たすような $z_c$ の決定方法を直感的にイメージしたものである．横軸に $z_c$ を，縦軸には (6.24) 式の左辺と右辺の値を測っている．直線 OA は (6.24) 式の左辺を表していて，これは 45 度線である．曲線 BC は右辺の第 1 項で，関数 $M(t)$ の仮定から右上がりの上に凸な曲線になる．なお $z_c = 0$ のとき $\hat{\imath} = 0$ となり，$M(0) > 0$ と $M'(0) = \infty$ の仮定から，$z_c$ がゼロに近いところで曲線 BC は直線 OA よりも必ず上にあり，$M'' < 0$ の仮定から曲線 BC は直線 OA と交わる．また曲線 DE は (6.24) 式の右辺全体の値を表し，曲線 DE と曲線 BC の垂直距離が右辺第 2 項の大きさを表している．右辺第 2 項が正の値であることは容易にわかるが，これが $z_c$ の増加関数か減少関数かは特定できない．ただ $M'(0) = \infty$ の仮定より $z_c$ がゼロに近いところでは非常に大きな値となるので，とりあえず曲線 DE のような形で図を描いている．(6.24) 式を満たす $z_c$ は直線 OA と曲線 DE が交わるときの値であり，これを図 6.1 では $z_c^*$ として表している．

このように株主は (6.24) 式を満たす $z_c$ の値 $z_c^*$ を求め，これを株主が経営者交替の基準とするなら，経営者の方は，株主の設定する $z_c^*$ の下で，(6.23) 式を満たすべく最適な努力水準 $\hat{\imath}(z_c^*)$ を選択するはずである．これがこのモ

デルにおける最適な状態である。しかしこの最適状態は，不完備契約の世界では実現することができない。どうしてこの最適状態が実現できないかというと，経営者の努力水準を決める時点 (第 0 時点) が，株主の経営者交替を決める時点 (第 1 時点) よりも先になっていて，株主が経営者交替を決める時点では，経営者の努力水準は既に与件となっているからである。

前の定式化では，株主による $z_c$ の選択が経営者の努力水準に影響することを織り込んで $z_c^*$ が決定された。しかし実際に第 1 時点が到来すると，そのときには経営者の努力水準が既に第 0 時点で決まってしまっているので，第 1 時点で株主が経営者交替の基準をどう決めようとも，第 0 時点で決まる経営者の努力水準を左右することは不可能である。もし仮に経営者の努力水準と株主による経営者交替の基準が検証可能で，これらに基づく契約が可能であるならこのような問題は発生しない。株主は経営者に対して経営者交替の基準として企業収益の臨界値 $z_c^*$ を提示し，経営者は株主に対して努力水準 $\hat{i}(z_c^*)$ を約束する契約を締結すればよいからである。しかし経営者の努力水準や株主の経営者交替の基準は検証不可能な変数である。このような不完備契約の世界では，実際に第 1 時点が到来すると，株主は (6.24) 式に基づいて経営者交替を決めようとはしない。

以上のことから株主による経営者交替の基準は，$z_c$ が $\hat{i}$ に与える効果を無視して決定されるはずである。つまり $\hat{i}' = 0$ であり，これを (6.24) 式に適用すると $z_c$ が満たすべき条件は，

$$z_c = \frac{M(\hat{i}(z_c))}{2} \tag{6.25}$$

のようになる。これを満たす $z_c$ を $z_c^{**}$ としよう。(6.24) 式の右辺第 2 項は正であるので，図 6.1 から $z_c^* > z_c^{**}$ であるのは明らかであろう。株主が第 1 時点で実際には $z_c^*$ ではなく $z_c^{**}$ を採用することは，第 0 時点の経営者にもわかっているので，今度は経営者サイドで第 0 時点において，$z_c^*$ ではなく $z_c^{**}$ に基づき努力水準を選択するに違いない。$z_c^* > z_c^{**}$ により $\hat{i}(z_c^*) > \hat{i}(z_c^{**})$ であるから，実際に選択される努力水準 $\hat{i}(z_c^{**})$ は，本来のあるべき努力水準 $\hat{i}(z_c^*)$ に比べて小さくなってしまう。努力水準が低下すると企業収益の確率分布は悪化 (確率劣位) するので，企業価値 (株式価値) は低下する。

## 6.4 不完備契約における資本構成の役割

まとめると，株主による経営者交替の決定に際し，経営者の努力水準が与件になってしまっていると，株主は本来の望ましい経営者交替の基準を採用しようとはせず，このことは経営者にもわかっているので経営者の努力水準は低下し，その分企業価値(株式価値)は低下せざるを得ない。これは，本来達成可能な最大値の企業価値に到達できないことを意味しているから，企業価値の損失(ロス)である。仮に株主と経営者の間で努力水準と経営者交替の基準とが契約可能であるなら，このような企業価値の損失は生じないので，これは不完備契約から発生した不都合である。

Berkovitch-Israel(1996)によると，このような不都合を是正するのに有用な役割を果たすのが負債(資本構成)である。彼らの議論をここのモデルで展開してみよう。第2時点で $D$ を返済しなければならない負債を，第0時点で発行しているものとする。第1時点が到来して企業収益が判明すると，もし経営者を交替させないなら，第2時点での株主の取り分は $S_I = \max\{z-D, 0\}$ で確定する。もし経営者を交替させるなら，企業収益は再び第2時点まで未知数となって，経営者の努力水準を $t$ で所与とすると，株主の受取額の期待値 $S_A$ は

$$S_A = \int_D^{M(t)} \frac{z-D}{M(t)} dz = \frac{M(t)}{2} + \frac{D^2}{2M(t)} - D$$

である。ここで $S_I = S_A$ を満たす企業収益の水準を $z_c(D,t)$ としよう。これは簡単な計算から

$$z_c(D,t) = \frac{M(t)}{2} + \frac{D^2}{2M(t)} \tag{6.26}$$

のように求められる。容易に確認できるが，第1時点で判明する企業収益 $z$ が $z > z_c(D,t)$ であるなら，$S_A < S_I$ となって経営者を交替させない方が株主の利益となる。逆に $z < z_c(D,t)$ であるなら，$S_A > S_I$ となって株主は経営者を交替させようとする。すなわち，負債が存在すると第1時点の株主による経営者交替の基準は，関数 $z_c(D,t)$ が企業収益の臨界値となる。第1時点では経営者の努力水準と負債の返済額が与件であるから，株主は $z_c(D,t)$ の値を第1時点で判明する企業収益と比べて経営者交替か否かを決める。

$z_c(D,t)$ は $D$ の増加関数であることは明らかで，$t$ を所与とすると，負債が大きくなるほど企業収益の臨界値は上昇して，経営者交替の基準はより厳し

いものになる。これは経営者の最適な努力水準を上昇させることになろう。であるなら、$z_c(D,t)$ が経営者交替の基準として最も望ましい値である $z_c^*$ に等しくなるよう、負債の返済額 $D$ を設定してやればよい。

今、負債が存在するので前で定式化した $V$ は企業価値であり、$z_c^*$ を決定する (6.24) 式は企業価値最大化の条件式である。負債が存在するときの株主による経営者交替の基準 $z_c(D,t)$ が $z_c^*$ と同じ値になるなら、その値は当然 (6.24) 式を満たすので企業価値は最大化されている。そして経営者の方は $\hat{t}(z_c^*)$ という最も望ましい努力水準を選択する。このような最適状態を実現する $D$ の値は

$$z_c^* = z_c(D, \hat{t}(z_c^*))$$

という式を満たすものであるが、関数 $z_c(D,t)$ に (6.26) 式を適用して $D$ について解いてみよう。これは次の $\hat{D}(z_c^*)$ のように $z_c^*$ の関数である。

$$\hat{D}(z_c^*) = \sqrt{M(\hat{t}(z_c^*))[2z_c^* - M(\hat{t}(z_c^*))]} \qquad (6.27)$$

以上のことをまとめると、経営者の努力水準の選択を考慮して、企業価値を最大化するような経営者交替の基準を求める。これは (6.24) 式を満たすような企業収益の臨界値 $z_c^*$ である。次にこの $z_c^*$ が実効性を持つように負債の返済額を決める。具体的には株主による経営者交替の基準がちょうど $z_c^*$ になるよう、(6.27) 式に従って $\hat{D}(z_c^*)$ の返済額の負債を第 0 時点で発行する。このとき経営者と株主は契約に依ることなく、第 1 時点で株主が自分の意思として自発的に $z_c^*$ に基づいて経営者交替か否かを決めることになるので、経営者の方も自発的に努力水準 $\hat{t}(z_c^*)$ を選択できる。従って負債を資本構成の中に含めることで、不完備契約の世界では不可能であった最適状態 (企業価値最大化) を達成することができるようになり、負債は契約の不完備性を補完することになるのである。

ところでこの小節で紹介したモデルは、第 5 章にあるエージェンシーコストの議論と本質的には全く同じである。このモデルをエージェンシーコストの観点から述べると、負債のないときに問題とされた企業価値の損失は、経営者と外部株主の間で発生するエージェンシーコストに相当する。経営者と株主は各々、自分の目標に沿って最適行動を決める。ここで重要なポイント

は，株主がその行動(経営者交替の基準)を決定する際，それが経営者の行動(努力水準)に与える影響を斟酌できないという点にある。

本当に最適な意思決定は，株主の経営者交替の基準が経営者の努力水準に影響することを含めて決められるべき ($z_c^*$ が選ばれるべき) であるが，これが不完備契約の世界では不可能である (実際には $z_c^{**}$ が選ばれる) ために，企業価値は本来達成可能な最大値の到達に失敗する (つまり企業価値の損失)。従って株主の行う最適行動は，実は本当の最適な意思決定とはいえない。この意味で株主は歪んだ意思決定をしていることになるので，この企業価値の損失はエージェンシーコストである。またここのモデルにおいて，この企業価値の損失が負債を利用することで解消できることを証明したが，これは，経営者と外部株主の間のエージェンシーコストが負債によって緩和できることを表したものである。第5章でも述べたとおり，エージェンシーコストは契約の不完備性から発生する問題であることが，この小節の議論から明らかであろう。

## 6.5 結び

この章では，不完備契約の世界において負債と株式，そしてこれらのミックスである資本構成が，どのような意義・役割を担っているのかを検討した。不完備契約の世界では，意思決定に際して重要な変数が検証不可能であることが想定される。金融分野の研究では，資金調達者(企業)の産み出す収益が検証不可能であると仮定されたのが諸議論の発端であったため，ここでもまず企業収益が検証不可能であると仮定して，負債型の契約と株式型の契約について別々に考察した。収益が検証不可能であると，企業は資金提供者に「最悪のケースが発生した」と常に主張するようになる。もし最悪以外のケースが実際に発生しているなら，その差額を企業が隠し盗むことができるからである。たとえ収益が検証不可能であっても，企業にこのような行動を阻止させる誘因となり得るのが，企業の支配権である。このような想定で締結される最適な契約は負債型の契約になることが示される。また株式型の契約については，単に企業の支配権だけでは不十分で，契約が締結される (資

金融通が実行される) ためには，株式の満期が無限大でなければならない。

　本書が分析対象とするのは，証券市場で資金調達可能な上場企業である。上場企業の分析としては，収益の実現値が検証不可能であるという仮定は明らかに強すぎて不適当である。たとえ収益の実現値が検証可能であるとしても，不完備契約の世界で，意思決定に重大な影響を与える検証不可能な変数はいくらでも考えられる。株主による企業の支配権を念頭においてモデルを作ると，例えば株主による経営者交替の基準とか，経営者の努力水準などが検証不可能で契約できない変数である。ここでは，負債と株式のミックスとしての資本構成を検討するに際し，前の議論のように収益の検証不可能性を前提とするより，今述べたような変数を検証不可能としてモデルを作る方が，簡潔かつ明快に不完備契約の世界における資本構成の役割を導出できると考えた。そこでは，株主による経営者交替の基準と経営者の努力水準とが契約不可能であることによって，企業価値の損失 (ロス) が生じてしまい，この損失は負債と株式を上手くミックスすれば解消可能であることが示される。すなわち，資本構成は不完備契約により生じる不都合を解消することができるのである。

# 第III部

# 企業金融論の応用研究

# 第 7 章

# 負債のエージェンシーコストの数量的尺度

## 7.1 はじめに

　Jensen-Meckling(1976) に始まるエージェンシーコストは，近年になって概念としては広く知られるようになった。[*1] エージェンシーコストの発生メカニズムがどのようなもので，それがどのように資本構成に影響を与えるのか，といったエージェンシーコストの定性的な問題は，広く理解されるようになったと思われる。しかし現実企業について，エージェンシーコストの大きさを具体的な数値として把握しようとか，またその大きさが資本構成にどれぐらいの影響を及ぼすのかといった定量的問題に対しては，今までにあまり研究されたとはいい難い。

　エージェンシーコストに関する理論モデルの多くは，証券の価値評価を無視している。第 5 章で紹介したモデルのように，ゼロの割引率が仮定されて，期末キャッシュフローがそのまま証券価値であるとされることが多い。このようなモデルは，エージェンシーコストの問題の本質のみを明解に表示するという点では有益で，エージェンシーコストに関する定性的な分析にお

---

[*1] この章の議論は Tsuji(2012) に依拠している。

いてはそれで十分かもしれない。しかしエージェンシーコストに関する定量的な分析，特に現実企業に対する適用までをも目指すような場合，割引率にゼロが仮定されているモデルでは無力である。理由は，現実の株価をどのようにモデルに当てはめればいいのか不明確だからである。これを可能にするようなモデルは，資本市場均衡の証券価値評価に沿ってその構築がなされていなければならない。すなわち，CAPM あるいはオプション価格理論 (連続時間モデルの危険中立化法 risk neutral pricing) に従って証券が価値評価されていなければ，現実企業に対するエージェンシーコストの定量的な分析は不可能である。

著者の知る限り，エージェンシーコストの定量的な分析は，Mello-Parsons(1992) がその端緒で，その後 Leland(1998) と Parrino-Weisbach(1999) がこれに続く。しかしいずれもエージェンシーコストの数量的尺度を提供するためのツールとしては，不満足なものといわねばならない。Mello-Parsons(1992) と Leland(1998) の手法は連続時間のオプション価格理論の拡張版である。これら研究の最大の難点は企業のリスクをどのように決めるのかという点にある。予め設定した所与の値から 1 つが選択されるというだけで，企業リスクの値そのものが内生的に決定されるわけではない。もう 1 つの問題点はエージェンシーコストの経済的なロスをモデルの中で明示的に扱っていないため，彼らのモデルが提示したエージェンシーコストの数量的尺度は十分なものとはいえない。

全く別の手法を採用しているのが Parrino-Weisbach(1999) である。離散型時間モデルを採用している点や，企業の過大投資や過小投資をモデルの中で明示的に考慮している点で，本稿と問題意識は似ているが，モデルそのものは全く異なるといってもよい。彼らによる要求利回りの計算方法では，負債の貸倒れを明示的に考慮したことにならないように思う。負債のエージェンシーコストが存在するための前提は，企業が負債の貸倒れを起す，つまり倒産する可能性があることである。この点に関する曖昧な前提で計算された数値が経済的に意味のあるものとは思えない。

エージェンシーコストの定量的分析を可能にする理論モデルで，最も洗練された議論が Morellec(2004) であろう。Stulz(1990) が提唱したエージェン

## 7.1 はじめに

シーコストの分析を，連続時間モデルの危険中立化法に沿ってモデル化することに成功している。ただし Leland(1998) 等と同様，企業のリスクに対し，予め適当な値を設定しなければならないという点で，現実企業に対する適用は困難であると思われる。現実適用性という点では本稿のモデルに分があるであろう。

ここの目的は，これら先行研究の問題点を克服し，負債のエージェンシーコストの定量的分析を可能にするようなモデルを構築することである。のみならず，現実企業について適用可能なように，エージェンシーコストをモデル化することである。そして本物の企業の株価と財務データから，実際にモデルを使って，エージェンシーコストの大きさや，それが資本構成・負債比率に与える大きさについて，定量的に答えを与えることができるようにしたい。

ここで以下展開されるモデルが依拠する基礎理論は最適資本構成の理論である。Modigliani-Miller(1958) による有名な無関連命題 irrelevancy theorem とは反対の立場で，企業の資本構成は最適な意思決定の結果であると考えるのが最適資本構成の理論である。かつての代表的な理論モデルは倒産コストモデルであろう。それは節税効果という負債のメリットと倒産コストという負債のデメリットとのバランスから，最適資本構成を決めようとする。モデルの経済的な意味が明確であり，かつ証券価値の評価に CAPM を用いることで，危険回避者の投資家を想定しつつ，現実企業の資本構成に対して定量的分析が可能であるような理論モデルの構築が可能である。しかし倒産コストモデルは，定量的分析が可能であるというその特徴のゆえに，致命的な欠陥をも露呈させてしまう。というのは，倒産コストモデルで決定される最適資本構成は，倒産コストを非現実的なくらいに大きく見積もっても，現実の資本構成より負債比率が相当高くなってしまう。単純な倒産コストモデルでは，今日の現実企業の資本構成を把握できないのが明確なのである。

エージェンシーコストの考え方も，Jensen-Meckling(1976) では，企業ないし経営者にとっての最適な意思決定の結果として資本構成が決まるということであるから，最適資本構成の理論といってよいであろう。しかしそれ以前の倒産コストモデルを代表とする理論モデルとは，議論の前提が全く違っ

ているので，エージェンシーコストのモデルはそれ以前のモデルとは異質のものと考えることもできる．ここでいう議論の前提とは，企業の収益 EBIT に関する仮定である．エージェンシーコスト以前のモデルでは，MM 命題や倒産コストモデルがそうであるが，EBIT の確率分布は資本構成が変化しても不変であることを仮定するのが通常になっていた．これは資本構成が変化することの純粋な効果を抽出しようという意図による．対してエージェンシーコストの議論は，資本構成の変化によって EBIT の確率分布も変化することになる．EBIT の確率分布の変化を許容するエージェンシーコストの議論は，ある意味モデル構築の自由度が高まったように見えるので，様々な現実の問題に対して，エージェンシーコストのモデルを用いた分析や解釈が盛んになり，今日では定説化したものも少なくない．[*2]

ところでエージェンシーコストには 2 種類あって，債権者と株主の間のエージェンシーコストと経営者と (外部) 株主の間のエージェンシーコストとに大別できる．ここで考慮されるエージェンシーコストは前者の方で，これを負債のエージェンシーコストと称しよう．負債のエージェンシーコストは，資産代替とデットオーバーハングという 2 つの誘因が原因で，これら誘因を緩和するためにモニタリングやボンディングが実施されることでコストが発生する．またモニタリングやボンディングが実施されても，2 つの誘因を完全に解消することは不可能であるから，このことがさらに企業収益を低下させるので，これもコストと解釈される．これを残りのロス residual loss という．エージェンシーコストとは，モニタリング・ボンディング・残りのロスの 3 つの合計であるが，負債が存在しなかったときと比べて負債が存在する際に発生する，これら 3 種類のコストの合計が負債のエージェンシーコストである．ここのモデルでは，この負債のエージェンシーコストの大きさが把握可能である．[*3]

---

[*2] 例えば，資産の内容 (無形資産か有形固定資産か) と資本構成との関係を示した Long-Malitz(1985) や，企業の成長機会と資本構成の関係を示した Lang-Ofek-Stulz(1996) などが代表的な研究であろう．

[*3] ここの議論では負債のエージェンシーコストのみを分析対象としているが，経営者の効用関数を明示的に導入すれば，経営者と株主の間のエージェンシーコストも併せて分析可能になる．ただしそのような一般化がなされても，あまり有益な議論のようには感じ

## 7.1 はじめに

　以下この章では，まず株式と負債の価値評価を最も基本的な CAPM を用いて導く。ここの CAPM は，1 期間モデルであるが，近年はオプション価格理論から発展した危険中立化法に主役の座を譲り，価値評価の道具として余り人気がない。しかし，少なくとも企業金融の分野に限っていえば，価値評価の道具としての現実適用力という点では，CAPM も危険中立化法も同じようなものではないかと著者は考えている。特に 1 期間を 10 年単位の長いタームで捉えるならば，CAPM の企業金融における有用性はまだまだ健在なのではなかろうか。

　この章での価値評価の定式化は，従来の倒産コストモデルと類似しているようにも見える。しかし厳密に考えると，ここの定式化と従来の倒産コストモデルとでは，経済的意味に大きな違いがある。従来の倒産コストモデルの定式化に従わなかった理由は，1 つは，この後にエージェンシーコストをモデル化できるようにするためであり，そしてもう 1 つは倒産コストモデルが流行した時代以降の議論の発展を踏まえているからである。

　CAPM によって価値評価するのは期首時点の証券価値であり，エージェンシーコストは期首の資金調達時点の後に存在する経営者の裁量によって発生する。CAPM が適用できるためには，証券市場は完全資本市場でなければならないし，投資家は完全情報の下にある。このことは，期首時点の投資家は，その後に経営者が何をするのか知っていることを意味する。ここでは，負債のエージェンシーコストが対象であるから，経営者の目標は株主の富の最大化である。この経営者の目標に従った資金調達後の経営者の行動を，投資家が期首時点で正しく予想して，その予想に基づいて証券の価格を付けること，これがエージェンシーコストをモデル化するための基本的前提である。これに従い負債のエージェンシーコストの定式化を明示し，負債の

---

ない。Stulz(1990) や Berkovitch-Israel(1996) 等が指摘するように，負債の存在は，負債のエージェンシーコストをもたらす他に，経営者と株主の間のエージェンシーコストを緩和・解消する効果も発生させることになるからである。この場合，エージェンシーコストとして数量的に把握できるものは，純粋な負債のエージェンシーコストの値ではなく，経営者と株主の間のエージェンシーコストへの効果を総合したものになってしまう。2 つのものが混じりあう結果，この数値の意味はかえって不明瞭になってしまうであろう。そこでここでは負債のエージェンシーコストに分析対象を絞っている。

エージェンシーコストの数量的尺度を提案する。

ここのモデルの特性は，様々なシミュレーションを通じて明らかになる。1つは，現実企業の資本構成として尤もらしい負債比率を最適資本構成として実現できることであり，もう1つは，企業の収益性と負債比率との間に負の関係を見い出せることである。そしてシミュレーションから判明するエージェンシーコストの定量的な特徴は，次のとおりである。負債のエージェンシーコストは負債比率の決定に非常に強い影響を及ぼすが，負債のエージェンシーコストの大きさそのものはあまり大きいものではない。エージェンシーコストの存在は，経済的な welfare の問題としてはそれほど深刻ではないのかもしれない。

また最後に試論として，ここのモデルを現実企業に適用してみる。ここで取り上げた現実の企業は，わが国を代表する大企業 15 社で，その 15 社の計算結果を提示する。ここでは，任意に選択したわずか 15 社だけのサンプルであるが，現実データとして株式時価を用いた負債比率を，ここのモデルはすべてのケースで最適資本構成として導き出せる。その意味でここのモデルは，従来の倒産コストモデルを現実へ適用可能なものに拡張することに成功していて，現実企業の動向に柔軟に対応可能であると考えられる。

この章の構成は，まず 7.2 節で形式的な定式化として，株式と負債の証券価値を導出する。次の 7.3 節では，ここのモデルの定式化と従来の伝統的な倒産コストモデルのそれとの違いについて説明した後で，負債のエージェンシーコストをモデル化して，その数量的尺度を提案する。次の 7.4 節は，様々なシミュレーションにより，ここのモデルの特性を明らかにしたい。そして 7.5 節は，ここのモデルに現実企業のデータを適用してみる。

## 7.2 証券価値の定式化

負債のエージェンシーコストを計測するためのモデルとして，次のような仮定をしよう。図 7.2 にあるような 1 期間モデルを考える。経済主体は企業と投資家である。投資家とは具体的には株主と債権者のことであり，また企業の意思決定者のことを経営者と称する。この経営者は株主の忠実な代理人

## 7.2 証券価値の定式化

図 7.1 モデルの時間

であり，株主の富の最大化を目標としている。企業は期首に設立され，株式と負債の 2 種類の証券を発行して得た資金で資産を購入した後に，1 期間の営業活動を開始する。期末になると企業は解散し，1 期間に稼いだ EBIT と期首に購入した資産の売却代金との合計額を債権者と株主に分配する。期首における証券の価値は，株式価値が $S_L$，負債価値が $B$ で，$S_L$ と $B$ の和 $V_L$ が企業価値である。期首において企業が何をしているか，この点は，ここのモデルと従来の倒産コストモデルとの差異の 1 つであって，後で再び説明する。

　負債は優先債務 senior debt で，期末に $L$ の支払を債権者に約束する。$L$ は負債元本と金利の合計である。また EBIT と保有資産の期末価値の合計を $\tilde{Z}$ で表す。期末に保有資産はすべて売却され，売却代金は EBIT とともに債権者と株主に分配されるから，$\tilde{Z}$ は企業の期末キャッシュフローということになる。$\tilde{Z}$ は確率変数で $N(\mu_Z, \sigma_Z^2)$ という正規分布に従うものとする。期末になって，もし $\tilde{Z}$ の実現値が $L$ 以上であるなら，企業はまず債権者に約束額 $L$ を支払い，法人税を支払い，最後に残った金額を株主に配当する。しかし $\tilde{Z}$ が $L$ を下回っているなら，債権者への支払約束額が履行できずに貸倒れとなり企業は倒産する。この際倒産コストが発生し，この大きさを $K$ で表して $K = kV_L$ であるとする。つまり倒産コストは，期首の保有資産価値 (企業価値) に比例するものとする。

　ところで法人税は税率 $\tau$ で課税され，非対称的法人税が想定される。非対称的法人税の想定とは課税対象所得が正の値のときのみ課税されて，課税対

象所得が負のときは法人税額がゼロと仮定されることをいう。ここの課税対象所得の計算方法であるが，1 期間の企業活動による果実部分は $\tilde{Z} - V_L$ で表されるが，金利支払の損金算入があるため $\tilde{Z} - V_L - (L - B)$ が課税対象所得である。ここの $L - B$ は金利支払である。従って課税対象所得が正であるとは，$\tilde{Z}$ が $V_L + L - B$ を超えるときであり，このとき法人税額は $\tau[\tilde{Z} - V_L - (L - B)]$ となる。また $\tilde{Z}$ が $V_L + L - B$ 未満であるなら，課税対象所得は負で法人税額はゼロである。なお課税所得に関するこの計算方法は，従来の倒産コストモデルと異なっている。これについては後で説明する。

以上のことから，株主の期末キャッシュフローを $\tilde{Q}_{LS}$ で表すと，

$$\tilde{Q}_{LS} = \begin{cases} \tilde{Z} - L - \tau(\tilde{Z} - V_L - [L - B]) & (\tilde{Z} \geq V_L + L - B \text{ のとき}) \\ \tilde{Z} - L & (V_L + L - B > \tilde{Z} \geq L \text{ のとき}) \\ 0 & (L > \tilde{Z} \text{ のとき}) \end{cases} \quad (7.1)$$

のように定式化することができる。$\tilde{Q}_{LS}$ は，課税対象所得の正負の分岐点 $V_L + L - B$ と倒産か否かの分岐点 $L$ を使って，$\tilde{Z}$ の実現値に応じた 3 つの場合分けが必要になる。なお株主の有限責任から $S_L > 0$ であるので，$V_L - B (\equiv S_L) > 0$ となって，$V_L + L - B$ は $L$ よりも必ず大きい。これが (7.1) 式導出の前提である。後は詳しい説明を要しないであろうが簡単に述べると，1 行目は課税対象所得が正の値のケースで(このとき倒産は発生しない)，企業は期末キャッシュフローからまず債権者に支払約束額を支払い，法人税を支払い，残りを株主に配当する。2 行目は倒産は発生しないが負の課税対象所得となるケースである。このとき企業は期末キャッシュフローから債権者への支払約束額を支払った後，残りを株主に配当する。3 行目が倒産の発生するケースで，企業の期末キャッシュフローは全額債権者に帰属して，株主は有限責任よりキャッシュフローがゼロとなる。

次に債権者の期末キャッシュフローであるが，これを $\tilde{Q}_{LB}$ で表そう。$\tilde{Q}_{LB}$ は負債の支払約束額 $L$ と倒産コスト $K$ の大小関係により定式化が若干異なる。$L > K$ の場合，

$$\tilde{Q}_{LB}^{(L>K)} = \begin{cases} L & (\tilde{Z} \geq L \text{ のとき}) \\ \tilde{Z} - K & (L > \tilde{Z} \geq K \text{ のとき}) \\ 0 & (K > \tilde{Z} \text{ のとき}) \end{cases} \quad (7.2)$$

## 7.2 証券価値の定式化

が債権者へのキャッシュフローになる。$L > K$ の場合であることを上付き添字で明示する。この1行目は，$\tilde{Z} \geq L$ のとき，債権者に支払約束額 $L$ が支払われることを表している。2行目は倒産が発生する場合で，$\tilde{Z}$ は全額債権者に分配されて，債権者が倒産コスト $K$ を負担する。3行目も倒産が発生する場合であるが，$\tilde{Z}$ が $K$ よりも小さいので，$\tilde{Z}$ から倒産コストを全額負担しきれない。債権者も有限責任であるから，$\tilde{Z}$ で負担しきれない倒産コストを債権者が追加的に負担しなければならない義務はなく，債権者のキャッシュフローはゼロである。この債権者の有限責任という点を考慮すると，次に $K \geq L$ の場合は

$$\tilde{Q}_{LB}^{(K \geq L)} = \begin{cases} L & (\tilde{Z} \geq L \text{ のとき}) \\ 0 & (L > \tilde{Z} \text{ のとき}) \end{cases} \tag{7.3}$$

として定式化されなければならない。この1行目は倒産が発生せず，債権者に支払約束額 $L$ が支払われる場合である。2行目は $L > \tilde{Z}$ で倒産が発生するが，$K \geq L$ であるから，この $\tilde{Z}$ では倒産コスト $K$ 全額を負担しきれない。そこで有限責任によって倒産が発生する場合の債権者のキャッシュフローはゼロとなる。

期首における株式価値 $S_L$ と負債価値 $B$ は，以上のような期末キャッシュフローを想定する場合の価値評価ということになるが，この価値評価を行うために，ここでは完全資本市場を仮定して CAPM が成立するような世界を想定する。期首時点の価値評価に CAPM が利用できるための経済的な条件については後で詳しく検討するが，今，とりあえず CAPM が成立することを前提にしよう。もし CAPM が成立するなら，1期間モデルの確実性等価アプローチを用いて，$S_L$ と $B$ は形式的に次のように定式化できる。

$$S_L = \frac{\mathrm{E}(\tilde{Q}_{LS}) - \lambda \operatorname{cov}(\tilde{R}_M, \tilde{Q}_{LS})}{1 + R_F} \tag{7.4}$$

$$B = \begin{cases} \left[\mathrm{E}(\tilde{Q}_{LB}^{(L>K)}) - \lambda \operatorname{cov}(\tilde{R}_M, \tilde{Q}_{LB}^{(L>K)})\right] \big/ (1 + R_F) & (L > K \text{ のとき}) \\ \left[\mathrm{E}(\tilde{Q}_{LB}^{(K \geq L)}) - \lambda \operatorname{cov}(\tilde{R}_M, \tilde{Q}_{LB}^{(K \geq L)})\right] \big/ (1 + R_F) & (K \geq L \text{ のとき}) \end{cases} \tag{7.5}$$

ここで $R_F$ は無危険利子率，$\tilde{R}_M$ はマーケットポートフォリオ収益率で，

$$\lambda = \frac{\mathrm{E}(\tilde{R}_M) - R_F}{\sigma(\tilde{R}_M)^2}$$

である。次に (7.4) 式と (7.5) 式で登場する期待値や共分散は，partial moment の公式を適用すると求められ，結果のみを次のようにまとめておく。なお $f(\cdot)$ は $\mathrm{N}(\mu_Z, \sigma_Z^2)$ という正規分布の確率密度関数，$F(\cdot)$ はその累積分布関数である。

$$\mathrm{E}(\tilde{Q}_{LS}) = \mu_Z[1 - \tau + \tau F(V_L + L - B) - F(L)] + \sigma_Z^2[f(L) - \tau f(V_L + L - B)]$$
$$- L[1 - F(L)] + \tau(V_L + L - B)[1 - F(V_L + L - B)]$$
$$\mathrm{cov}(\tilde{R}_M, \tilde{Q}_{LS}) = \mathrm{cov}(\tilde{R}_M, \tilde{Z})[1 - \tau + \tau F(V_L + L - B) - F(L)]$$

$$\mathrm{E}(\tilde{Q}_{LB}^{(L>K)}) = L[1 - F(L)] - K[F(L) - F(K)]$$
$$+ \mu_Z[F(L) - F(K)] - \sigma_Z^2[f(L) - f(K)]$$
$$\mathrm{cov}(\tilde{R}_M, \tilde{Q}_{LB}^{(L>K)}) = \mathrm{cov}(\tilde{R}_M, \tilde{Z})[F(L) - F(K) + Kf(L)]$$

$$\mathrm{E}(\tilde{Q}_{LB}^{(K \geq L)}) = L[1 - F(L)]$$
$$\mathrm{cov}(\tilde{R}_M, \tilde{Q}_{LB}^{(K \geq L)}) = \mathrm{cov}(\tilde{R}_M, \tilde{Z})Lf(L)$$

以上が $S_L$ と $B$ の形式的な導出であるが，注意すべきは (7.4) 式や (7.5) 式は $S_L$ や $B$ の解ではないという点である。$V_L$ は $S_L$ と $B$ の和として求められるが，期末キャッシュフローが $V_L$ に依存しているので，(7.4) 式や (7.5) 式の右辺には $V_L$ を通じて $S_L$ や $B$ が入り込んでいる。(7.4) 式と (7.5) 式を解いて $S_L$ と $B$ の解析解を求めることは不可能であるが，(7.4) 式と (7.5) 式を成立させるような $S_L$ と $B$ の値を数値解として求めることは可能である。ここのモデルでは，このようにして求められる数値解が問題とされる。

## 7.3　負債のエージェンシーコストのモデル化

7.2 節で展開したモデルをベースにして，どのような拡張を加えれば，負債のエージェンシーコストを考慮したことになるであろうか。この節では負

## 7.3 負債のエージェンシーコストのモデル化

債のエージェンシーコストをモデル化する。ところでその前の 7.3.1 節で，7.2 節の株式価値と負債価値の定式化は，従来の倒産コストモデルとどのように異なっているのかについてまとめておきたい。確かに定式化は類似した式なのであるが，その経済的意味には大きな違いがある。次の 7.3.2 節では，「完全情報」の仮定の意味について明らかにする。7.2 節の定式化では CAPM の成立が前提になっていた。CAPM が成立するにはいくつかの仮定が必要であるが，その中でも，エージェンシーコストのモデル化に際して関係するのは「完全情報」の仮定である。従って，エージェンシーコストをモデル化する際，この「完全情報」の仮定が何を意味することになるかを述べよう。これらの議論を前提に，7.3.3 節で，負債のエージェンシーコストを定式化する。

### 7.3.1 従来の倒産コストモデルとの差異

7.2 節で示した証券価値の定式化は，次の 3 つの点で，従来の倒産コストモデルとは異なっている。まず 1 番目の差異は，従来の倒産コストモデルでは資本構成が変化しても，$\tilde{Z}$ の確率分布は所与・不変であると仮定されたが，負債のエージェンシーコストを考慮するとなると，この仮定は変更される必要がある。2 番目の差異は，1 番目の変更に伴って，利払いの損金算入前の課税対象所得の定式化が異なることである。そして 3 番目の差異は，最適資本構成を決定する際の考え方が根本的に異なっているという点である。

これらの差異は，期首時点で企業が何をするのかというところから発生する。従来の倒産コストモデルでは，期首時点の企業について次のような想定がなされる。企業は期首にまず株式のみを発行して設立される。株式発行で得た資金で資産を購入して企業活動が開始される。この段階で企業に負債はないから，企業価値 (株式価値) は $V_U$ である。すなわち，企業が株式発行で入手した資金は $V_U$ 円であり，これで資産を購入しているので，企業の保有する資産の価値も $V_U$ ということになる。その直後，企業は負債 $B$ を発行してその資金全額を株主に配当する。このとき，株式価値は $V_U$ から $S_L$ に変化し，株主の富は保有株式の時価 $S_L$ と受取った配当金 $B$ の合計に等しい。

つまり企業価値 $V_L$ は株主の富を表すものになっている。このとき，負債発行で得た資金はそのまま株主に移転するだけであるから，負債の大きさ $B$ にかかわらず，資産の大きさは同じ $V_U$ のままで，その資産から産み出される期末キャッシュフロー $\tilde{Z}$ の確率分布は，負債の大きさ・資本構成に関係なく一定であると仮定される。

これに対してここのモデルでは，企業は期首に株式と負債を両方同時に発行する。株式発行から $S_L$ 円を，負債発行から $B$ 円を得て，合計が $V_L$ 円になる。この $V_L$ 円でもって資産を購入して営業を開始する。従って企業の保有する資産の価値は当初から $V_L$ である。負債の大きさ $B$ が異なれば，企業価値 $V_L$ も異なることになるので，資本構成の違いによって，企業の保有する資産の大きさも異なるものとなる。これによりここのモデルにおいて，期末キャッシュフロー $\tilde{Z}$ の確率分布は資本構成に関係なく一定とはならない。負債の大きさで $\tilde{Z}$ の確率分布は異なるものとなろう。この点が前で指摘した1番目の差異である。

以上述べたような差異から，利払いの損金算入前の課税対象所得の定式化は異なるものとなる。課税対象所得は，1期間活動したことの果実であり，これは，期中に稼いだ収益 EBIT と期末で売却する資産の売却益とから成る。定義により，$\tilde{Z}$ は収益と資産の売却代金の合計であるから，期首における資産の購入代金を $\tilde{Z}$ より控除したものが，課税対象所得となる。従って利払いの損金算入前の課税対象所得は，従来の倒産コストモデルでは $\tilde{Z} - V_U$ として定式化されるが，[*4] ここのモデルでは，$\tilde{Z} - V_L$ として定式化されることになる。これが上記の2番目の差異である。

3番目の差異として，最適資本構成を決定する際の考え方が異なると述べたが，従来の倒産コストモデルもここのモデルも，企業価値を最大化するような負債の大きさが選択されるという点で，表面的には同じである。ただその考え方が異なる。つまりなぜ企業価値を最大化するのか，その理由が決定

---

[*4] Kim(1978) は，$\tilde{Z} - A$ という具合に定式化の上では，$A$ という別の記号でもって期首の資産価値を表し，あたかも $V_U$ と別個のものであるかのように記しているが，論理的にはこれは $V_U$ でなければならない。Kim(1978) の数値例では，明記されていないが，グラフでは $A = V_U$ となっているように見える。

## 7.3 負債のエージェンシーコストのモデル化

的に異なる。従来の倒産コストモデルでは，企業価値 $V_L$ は株主の富を表すものであった。$V_L$ を最大化するような資本構成を選択すれば，それは同時に株主の富を最大化させていることにもなったのである。ところが，ここのモデルでは，企業価値 $V_L$ は株主の富と同じにはならない。企業価値 $V_L$ は株式価値 $S_L$ と負債価値 $B$ の合計で，この負債価値 $B$ は株主に配当されるわけではないので，株主は $B$ には何のかかわりも持たない。$B$ はあくまでも債権者の提供した資金で，この債権者がみな株主という保証はない。むしろここのモデルでは，株主と債権者は全く別の主体と想定されている。株式価値 $S_L$ の方は確かに株主の富であるが，これはあくまでも企業価値の一部を構成するものにしか過ぎない。それでは，最適資本構成を決定するのに，企業はなぜ企業価値を最大にしようとするのか。ここのモデルの想定の下，企業価値最大化の理由は何か。

その理由は，企業価値を最大化するよう資本構成を決定していないと，企業を利用した裁定が可能になってしまい，裁定の機会が存在するようなときは，資本市場均衡とはいえないからという考え方に依る。この考え方は，Kane-Marcus-McDonald(1984)(1985) に始まり，Fischer-Heinkel-Zechner(1989) や Goldstein-Ju-Leland(2001) に受け継がれて，今日，企業金融の動学的な意思決定モデルを構築する際のベースとなりつつある。ここのモデルは 1 期間モデルで，動学的な意思決定を扱っているわけではないが，これら近年発展した議論を踏襲してこの考え方を採用している。

Kane-Marcus-McDonald(1985) による「裁定」について，その詳細は第 5 章の付録に譲るが，簡単に要約すると次のような議論である。企業価値を最大化する最適資本構成が存在するとして，もし企業が最適資本構成以外の資本構成を選択していたなら，この企業の株式を買収して支配権を獲得し，自らの手で資本構成を最適なものに修正した後に再び企業 (その株式) を売却すれば，必ず利益を得る。この裁定の可能性により，均衡における資本構成は，企業価値を最大化するよう決定される必要がある。もし企業価値が最大化されていれば，このような裁定の機会は排除される。資本市場均衡の下では無裁定であるはずなので，企業は企業価値を最大化するように最適資本構成を決定していなければならない。すなわち，最適資本構成における企業価

値最大化は，株主の富の最大化とは関係なく，資本市場均衡を達成するための条件なのである。以上が上で指摘した3番目の差異である。

### 7.3.2 完全情報の仮定の意味

通常のミクロ経済学では，エージェンシーコストは元々，情報の不完全性の議論の1つとみなされることが多かった。ところが，株式と負債を価値評価するのに，本稿ではCAPMに依存しているし，他の研究でも，例えば，Leland(1998)をはじめオプション価格理論に依存している。CAPMやオプション価格理論が適用できるためには，完全資本市場が仮定されていることが必要で，資本市場は完全情報である必要がある。

エージェンシーコストの原因は，資金調達の後に生じ得る経営者の意思決定の裁量によって生じるのであり，(少なくとも)期首の資金調達時点では資本市場の情報は完全であると考えても差し支えない。このため，エージェンシーコストは資金調達後の事後的な情報の不完全性の問題とされたり，今日では，情報の不完全性の問題というより，契約の不完備性の問題とみなされるのが一般的になっている。[*5] このような見解に沿うと，期首時点の証券の価値評価にCAPMやオプション価格理論を想定することは，理論的には整合性を保持できる。

期首時点で経営者も投資家も皆，期末キャッシュフロー $\tilde{Z}$ について等しく同じ正しい確率分布を予想する(つまり，完全情報)。これが $\mu_Z$ や $\sigma_Z$，$\text{cov}(\tilde{R}_M, \tilde{Z})$ といった確率分布のパラメターに反映される。投資家はこの値に基づいて証券の価値評価を行うが，(7.4)式や(7.5)式が価値評価の妥当な定式化であるためには，期首時点での完全情報という仮定の他に実はもう1つ仮定を置く必要がある。それは株主や債権者のキャッシュフロー $\tilde{Q}_{LS}$ や $\tilde{Q}_{LB}$ の実現値が検証可能 verifiable でなければならない。そのためには，$\tilde{Z}$ の実現値 $Z$ と $L$ が検証可能でなければならない。$\tilde{Q}_{LS}$ の(7.1)式や $\tilde{Q}_{LB}$ の(7.2)式(ないしは(7.3)式)は，期首時点で経営者が約束し投資家が予想する期末キャッシュフローであるが，$L$ が検証可能でも，もし $Z$ が検証不可能で

---

[*5] これについてはHart(1995)を参照のこと。

## 7.3 負債のエージェンシーコストのモデル化

あるなら，例えば Hart-Moore(1998) 等が想定しているように，経営者は $Z$ の真の値を報告せず，本来投資家に分配されるべきキャッシュフローを隠し盗むことが可能になる．その結果，期末キャッシュフローは (7.1) 式や (7.2) 式 (ないしは (7.3) 式) のようにはならない．つまり経営者は期首時点の約束を破る．このことは完全情報の投資家には既知なはずで，投資家は異なる期末キャッシュフローを予想し，これに基づいた期首の価値評価を行うから，(7.4) 式と (7.5) 式は成立しない．しかし $Z$ が検証可能であるならば，経営者が $Z$ の値を偽ることは不可能で，約束どおり経営者は，株主には (7.1) 式に従い，債権者には (7.2) 式 (ないしは (7.3) 式) に従い，期末キャッシュフローを分配せざるを得ない．いいかえると，$\tilde{Z}$ の実現値 $Z$ と $L$ が検証可能であると仮定することではじめて，[*6] 株主と債権者へのキャッシュフロー $\tilde{Q}_{LS}$ と $\tilde{Q}_{LB}$ の実現値も検証可能になる．検証可能であるということは，経営者の (期首時点の) 約束は強制力をもつ約束ということになり，(7.1) 式や (7.2) 式 (ないしは (7.3) 式) を前提に，投資家は株式や負債の価値評価を行うことが可能になる．この結果の株式価値と負債価値が (7.4) 式と (7.5) 式で定式化される．

それではエージェンシーコストの原因となる経営者の裁量はモデルのどこに現れるのか．それは $\tilde{Z}$ の確率分布パラメター $\mu_Z$ や $\sigma_Z$ の値に反映される．資金調達後に経営者は自分自身の目標に沿って，$\mu_Z$ と $\sigma_Z$ が最も望ましい値になるよう企業の経営を行うことができる．すなわち，経営者の目標に沿った $\mu_Z$ と $\sigma_Z$ の値が選択され，$\tilde{Z}$ がこの確率分布となるような企業経営が行われる．ところで投資家の方は，資金調達後の経営者の行動を予想して，経営者が選択するであろう $\mu_Z$ と $\sigma_Z$ の値を正しく把握する．これがこのモデルにおける「完全情報」という言葉の意味である．もちろん $\mu_Z$ と $\sigma_Z$ は観察可能かもしれないが検証可能ではない．経営者は期首時点で投資家に，これら確率分布パラメターについて適当な約束をするかもしれない．しかし検

---

[*6] 契約の理論では元々，$L$ については検証可能であることが前提とされ，$\tilde{Z}$ の実現値 $Z$ が検証不可能であると仮定される．例えば Hart-Moore(1998) 等，数多くの文献がある．しかしここでは上場企業が念頭にあるため，会計監査システムの機能により $Z$ も検証可能であるとする．ところで次に述べるように，$\tilde{Z}$ の実現値 $Z$ が検証可能であっても，$\tilde{Z}$ の期待値 $\mu_Z$ が検証可能であるという保証は全くない．

証可能ではないので，この約束は強制力を持たず投資家には信用されない。投資家は，経営者の目標を考慮して経営者の最適行動を推測し，その行動の下での $\mu_Z$ と $\sigma_Z$ を予想して証券の価値評価を行うのである．

### 7.3.3 負債のエージェンシーコストの定式化

前の小節の議論から，負債のエージェンシーコストのモデル化は明らかであろう．

(7.4) 式と (7.5) 式の期待値と共分散を見ると，$S_L$ と $B$ は $L$ と $\mu_Z$, $\sigma_Z$, $k$, $\lambda$, $R_F$, $\text{cov}(\tilde{R}_M, \tilde{Z})$, $\tau$ といったパラメターに依存する関数であることがわかる．これらパラメターの中で，意思決定の対象として経営者が直接的に値を左右できるものは $L$ と $\mu_Z$, $\sigma_Z$ である．以下ではこれら 3 つのパラメターを問題にしたい．その他のパラメターは，間接的な効果として経営者が影響を及ぼすことのできるものも含まれているが，ここでは議論の単純化のため一定と仮定する．例えば $k$ は倒産コストの企業価値に対する割合であるが，この値は企業がどのような種類の資産で構成されるかに影響されるであろう．また $\text{cov}(\tilde{R}_M, \tilde{Z})$ も，資本市場におけるシステマティックリスクとして経営者の意思決定の対象となり得る．しかしこれらは外生的に所与であるとする．そこで株式価値と負債価値は，上で述べた 3 つのパラメターの関数として次のように書くことにする．

$$S_L = S_L(L, \mu_Z, \sigma_Z)$$
$$B = B(L, \mu_Z, \sigma_Z)$$

これらの関数を用いて，負債のエージェンシーコストのモデルを具体的に定式化しよう．まず期首時点では，7.3.1 節で述べた理由により，企業価値を最大化するよう資本構成が選択されなければならない．資本構成は企業が期首時点で約束する負債の支払約束額 $L$ で決定されるから，まず次のように定式化する．

$$L^* = \arg\max_L \{S_L(L, \mu_Z, \sigma_Z) + B(L, \mu_Z, \sigma_Z)\} \tag{7.6}$$

次に期首時点以降の企業活動において，経営者は株主の富 (株式価値) を

## 7.3 負債のエージェンシーコストのモデル化

最大化するよう行動する。ここで問題になるのが，債権者と株主との間に発生する負債のエージェンシーコストである。この原因の1つが資産代替で，企業はリスクの高い経営をすることにより，負債価値を低める代わりに株式価値を高めることができる。資産代替のメカニズムを考慮するなら，$\sigma_Z$ は $S_L$ を最大化するように決定されるはずである。[*7] これを数式で表現すると，次のとおりである。

$$\sigma_Z^* = \arg\max_{\sigma_Z} S_L(L^*, \mu_Z, \sigma_Z) \tag{7.7}$$

ところで資本市場は完全情報であるので，期首時点以降の経営者による資産代替の誘因は投資家に期首時点で予想されている。従って投資家は，(7.7) 式から決定される $\sigma_Z^*$ の値を所与として証券価値を評価することになる。他方，企業 (経営者) の方は，投資家のこの価値評価を所与として資本構成を決めるのであるから，前の (7.6) 式は，

$$L^* = \arg\max_{L}\{S_L(L, \mu_Z, \sigma_Z^*) + B(L, \mu_Z, \sigma_Z^*)\} \tag{7.8}$$

のように書き直さなければならない。数学的には，$\mu_Z$ を所与とするなら，(7.7) 式と (7.8) 式を満たすよう $L$ と $\sigma_Z$ が決まる。すなわち，(7.7) 式から $S_L$ を $\sigma_L$ について最大化する1階の条件式が，(7.8) 式から $V_L$ を $L$ について最大化する1階の条件式が各々導かれるが，これら条件式は $L$ と $\sigma_Z$ の関数であって連立方程式と考えられる。この連立方程式を解いた解が $L^*$ と $\sigma_Z^*$ である。

このように $\mu_Z$ を所与とすれば，モデルの中で内生的に $L^*$ と $\sigma_Z^*$ を決定することができるが，それでは $\mu_Z$ はどのようにして決まると考えればよいか。もちろん無制約に $\mu_Z$ を経営者が決められるなら，ここのモデルは経済的な議論とはならない。経営者，株主，債権者みんなにとって，$\mu_Z$ は大きければ

---

[*7] ここで注意しておきたい点は，もし株主の期末キャッシュフローが $\tilde{Z}$ に対して凸関数であるなら，$\tilde{Z}$ のリスクである $\sigma_Z$ が大きくなるほど，株主のキャッシュフロー期待値は大きくなり，これを反映して株式価値は大きくなると一般的には考えられている。もしそうであるなら，株式価値を最大化する最適な $\sigma_Z$ は内点解ではなく端点解になってしまうが，ここでの株主の期末キャッシュフロー $\tilde{Q}_{LS}$ は，図示すれば明らかなとおり，$\tilde{Z}$ に対して凸関数の部分と凹関数の部分とから構成される。このことから，最適な $\sigma_Z$ は内点解として存在し得る。

大きいほど望ましいのは明らかであろう。ここの議論が経済的に意味あるものであるためには，$\mu_Z$ は制約を受けなければならない。ここでは次のような制約を仮定しよう。まず仮にこの企業が全く負債のない自己資本のみの企業であるなら，企業の期末キャッシュフローの期待値は $\omega_Z$ であり，この値は経営者にとって所与であるとする。そして $\mu_Z$ はこの $\omega_Z$ と $L$ の関数であるとする。理由は次の 2 つである。1 つは $L$ の上昇が節税効果により企業価値を大きくするなら，期首の保有資産が大きくなり，企業の規模は大きくなるので，$\mu_Z$ も大きくなるであろう。この規模効果によって，$L$ は $\mu_Z$ に正の影響を及ぼす。もう 1 つの理由は，$L$ の上昇が負債のエージェンシーコスト増大をもたらして，$\mu_Z$ に負の影響を与える。

負債のエージェンシーコストの原因となるメカニズムは，資産代替とデットオーバーハングである。資産代替の方は，企業収益 EBIT にマイナスの影響を及ぼしても十分にリスクを高めるのであれば，この企業活動は株式価値を上昇させるので採用される (いわゆる過大投資の問題)。またデットオーバーハングの方は，EBIT にプラスの影響を与える企業活動でも，その効果の一部が負債価値の上昇に漏れてしまうため，株主の富を常に上昇させるとは限らない。たとえ EBIT にプラスに貢献する企業活動でも，株主の富を上昇させないならそれは採用されない (いわゆる過小投資問題)。仮に負債が存在しないなら，EBIT にプラスに貢献する企業活動は必ず株主の富を上昇させることになるから，資産代替もデットオーバーハングも作用しない。従って負債が存在しないなら，EBIT にプラスに貢献する企業活動のみが余すところなくすべて実行されるはずである。このことが $\omega_Z$ の値に反映される。しかし負債が存在し期末に $L$ の支払義務があることで，EBIT にマイナスの影響を与える企業活動が採用されたり (資産代替)，逆に EBIT にプラスに貢献する企業活動が採用されなかったりする (デットオーバーハング) から，$L$ は $\mu_Z$ を $\omega_Z$ よりも小さくする効果を持つ。

従って $\mu_Z$ は $\omega_Z$ と $L$ の関数であると考えられるが，具体的にどのような関数形になるであろうか。この関数をモデルから導出するには，企業の投資行動 (資産代替やデットオーバーハング) をモデル化する必要があるが，本稿の目的はこのような投資モデルの構築にはないから，以下では単純化のた

## 7.3 負債のエージェンシーコストのモデル化

め,投資モデルをブラックボックス化して,$\mu_Z$ が $L$ の 1 次関数になる場合を予め想定する。

$$\mu_Z = \omega_Z + aL$$

前で述べた規模効果とエージェンシーコストの効果との大小関係で,$a$ の値が正であったり負であったりする。いうまでもなく,$a$ が正であれば規模効果が大きいことを意味し,負であれば負債のエージェンシーコストの効果が規模効果を陵駕していることになる。[*8] ここでは負債のエージェンシーコストを問題にしているのであるから,$a$ が負の値であることを想定して,次のような関数を仮定する。

$$\mu_Z = \omega_Z - \alpha L \qquad \text{ただし,} \alpha > 0 \qquad (7.9)$$

この (7.9) 式は,負債が大きくなって $L$ が大きくなると,資産代替やデットオーバーハングの問題が深刻になって,$\mu_Z$ が小さくなることを表している。この点は本稿の付録で確認できる。ところで経営者の行動は完全情報の投資家に正しく予想されているため,(7.9) 式は期首時点で投資家に知られている。

以上のことをまとめると,株式価値と負債価値は $L$ と $\mu_Z$,$\sigma_Z$ の 3 つのパラメーターに依存する関数と考えられるが,これらパラメーターは,期首の資金調達,およびその後の経営者の意思決定方法により決定され,投資家は期首時点において,完全情報の仮定によりこの決定を正しく予想して,証券価値を評価する。その結果,3 つのパラメーターは (7.7) 式と (7.8) 式,そして (7.9) 式から成る 3 本の式の連立方程式の解となって,内生的に決定されてしま

---

[*8] ここでの $a$ が正の値であるなら,モデルから求められる最適資本構成は現実のものを把握できない。後の節のシミュレーションで示すが,$a = 0$ の場合,ここのモデルは倒産コストモデルと類似した性質を持つ。倒産コストモデルの最適資本構成は,現実の資本構成よりもはるかに負債比率が高い。$a$ が正の値であるなら,$L$ の増加は $\mu_Z$ を上昇させるから,明らかに $a$ は負債依存を促進させる。従って $a$ が正の値の場合は,それがゼロの場合よりモデルの最適資本構成の負債比率は高くなり,ますます現実の資本構成から乖離してしまう。ここではモデルの最適資本構成が,現実の資本構成を捉えられるようにするために,負債のエージェンシーコストを問題にしているのであるから,$a$ が負の値であると仮定するのが適当である。

う. 以下ではこの解を $L^*$ と $\sigma_Z^*$, $\mu_Z^*$ で記す. この解を用いて, 次のように連立方程式を書き直すと,

$$\frac{\partial}{\partial \sigma_Z} S_L(L^*, \mu_Z^*, \sigma_Z^*) = 0 \tag{7.7'}$$

$$\frac{\partial}{\partial L} V_L(L^*, \mu_Z^*, \sigma_Z^*) = 0 \tag{7.8'}$$

$$\mu_Z^* = \omega_Z - \alpha L^* \tag{7.9'}$$

数値計算上は, 上記3つの式を満足させるような, $L^*$ と $\sigma_Z^*$, $\mu_Z^*$ という3つの変数の値を探索するという問題である.

ところで(7.9)式には $\omega_Z$ と $\alpha$ という2つの外生的なパラメターが新たに登場する. そこで株式価値 $S_L$ と負債価値 $B$ の関数は, 負債のエージェンシーコストが考慮された結果, $\omega_Z$ と $\alpha$ の関数として考えることができる. あらためてこれを次のように表そう.

$$S_L = S_L(\omega_Z, \alpha) \tag{7.10}$$

$$B = B(\omega_Z, \alpha) \tag{7.11}$$

本稿の目的は, 負債のエージェンシーコストを数量的に把握することである. 今までに述べたモデルにおいて, その数量的尺度となり得るパラメターは何か. 1つは $\alpha$ である. (7.9)式から明らかであるが, 負債の大きさを $L$ で表すなら, $\alpha$ が大きいということは, 負債1単位当りの増加に対するEBITのロスが大きいということである. これは負債の限界的増加がエージェンシーコストに及ぼす効果の大きいことを意味する. 以下ではこの $\alpha$ のことを, 負債のエージェンシーコストの限界的効果と称する.

ここのモデルでは, 企業は $\omega_Z$ と $\alpha$ を所与として, 最適な意思決定から $L^*$ や $\mu_Z^*$ を決定する. 従って $\alpha$ の大きいことが, 結果的に負債のエージェンシーコストによる事後的なロスも常に大きいとは限らない. 例えば負債のエージェンシーコストの限界的効果 (つまり $\alpha$ の値) が大きいなら, これによるロスを避けるために負債利用を避け, $L^*$ を非常に小さな値にすることが最適な意思決定ということになり得る. このとき $\mu_Z^*$ の $\omega_Z$ からの乖離は小さいであろう. すなわち, $\alpha$ の値が大きかったとしても, $L^*$ を十分に小さ

くすることで，結果的に負債のエージェンシーコストによるロスを小さくするのが最適であるという状況は考え得る．そこでもう1つの数量的尺度として，最適な意思決定の結果，(事後的に) 企業がどれぐらい負債のエージェンシーコストによるロスを被っているかという尺度を定義する．それは

$$LOSS = \frac{\omega_Z - \mu_Z^*}{\omega_Z} \tag{7.12}$$

という比率である．これを以下，負債のエージェンシーコストによるロス率と称することにする．7.5節では，現実データから，ここのモデルのパラメター $\omega_Z$ と $\mu_Z^*$, $\sigma_Z^*$, $L^*$, $\alpha$, $LOSS$ を個々の企業について計算する．

## 7.4 シミュレーション

この節ではシミュレーションにより，前節で提示したモデルの性質を明らかにしたい．このモデルでは解析解が求められないため，外生的なパラメターが変化するとき，モデルで内生的に決定される変数がどのように変化するかを，数式を用いて表現することは極めて厄介である．非常に複雑な数式になるため，モデルの含意に直感的な解釈を与えることは不可能であろう．むしろモデルの性質を調べるにはシミュレーションを行う方が簡単である．

シミュレーションの概要は以下のとおりである．まず1期間を10年間とみなす．基本的なパラメターについては，法人税率 $\tau$ を0.3とし，倒産コストの $k$ を0.4とする．資本市場のパラメターは，$E(\tilde{R}_M) = 0.13$, $\sigma(\tilde{R}_M) = 0.25$, $R_F = 0.06$ であるとする．なお $R_M$ はマーケットポートフォリオ収益率，$R_F$ は無危険利子率である．これらの値は1期間を1年とした場合の値で，実際には1期間を10年間としているから，$E(\tilde{R}_M)$ と $\sigma(\tilde{R}_M)$，$R_F$ は上記の値を10年間に換算したものが用いられる．その結果リスク価格 $\lambda$ は2.566という値となる．また $\tilde{R}_M$ と $\tilde{Z}$ の共分散を得る際の相関係数は0.4としておく．

負債のエージェンシーコストを考慮することの効果が，どれぐらい資本構成に影響を与えるかを見てみよう．そのためにまず最も簡単な状況からはじめる．それは $\alpha$ をゼロとし，$\sigma_Z$ も外生的に与えてしまう場合である．つまり，期末キャッシュフロー $\tilde{Z}$ の分布が予め $N(\mu_Z, \sigma_Z^2)$ として外生的に所与で

あるとした場合である。このとき，前でも述べたように，モデルは形式的には倒産コストモデルと類似したものとなる。違いは期末キャッシュフローの定式化における $V_L$ のところである。従来の伝統的な倒産コストモデルであるなら，ここのところは $V_L$ ではなく代わりに $V_U$(負債のない場合の企業価値) である。これらの経済的な意味は全く異なるのであるが，表面的にはキャッシュフローが類似しているので，これを価値評価しても類似した値になるはずで，モデルの定量的な性質は従来の倒産コストモデルと似ているものとなろう。

$\mu_Z$ と $\sigma_Z$ に適当な値を与えて，$V_L$ を最大化するような資本構成をもたらす $L$ の値を計算したのが表 7.1 である。$\mu_Z$ と $\sigma_Z$ の値は 50.0 と 9.487 である。倒産コストパラメター $k$ に様々な値を想定して，各々の場合について，$V_L$ を最大化する $L$ の値 $L^*$ とそのときの株式価値と負債価値，企業価値を計算した。最右行は負債比率 $B/V_L$ である。$k$ が 0.2 のとき負債比率は 8 割を超え，$k$ が 0.9 であっても負債比率は 7 割近い値である。この結果は従来の倒産コストモデルのものと類似している。現実企業の負債比率は大半が 0.5 を下回っているので，倒産コストが非現実的なくらいに大きかったとしても，倒産コストモデルでは現実企業の負債比率を把握できない。この計算結果の示すところも同様で，キャッシュフローの定式化において，単に $V_U$ のところを $V_L$ に代えて変更しただけでは，当然のこと，現実企業の資本構成を同様に把握できない。

従来の倒産コストモデルでは，企業の収益性の増加は負債比率を高める。ここのモデルでも，$\mu_Z$ と $\sigma_Z$ を所与 ($\alpha = 0$) とする限り，同様に $\mu_Z$ と負債比率に正の関係が見い出されることを確認しておこう。次の表 7.2 は $k$ に 0.4，$\sigma_Z$ には 9.487 を与え，様々な $\mu_Z$ の値について $V_L$ を最大化する $L^*$ と，そのときの負債比率 $B/V_L$ を計算したものである。$\mu_Z$ の上昇によって，$L^*$ が上昇するのみならず負債比率も上昇しているので，収益性と負債依存度には正の関係があるといえる。しかし実証分析によると，企業の収益性と負債比率とには強い負の相関関係が観察され，この点は，従来の理論モデルでは十分に説明できないためにパズルとされていた問題である。後で示されるが，負債のエージェンシーコストを考慮するここのモデルでは，収益性と負債比率

## 7.4 シミュレーション

| $k$ | $L^*$ | $S_L$ | $B$ | $V_L$ | $B/V_L$ |
|---|---|---|---|---|---|
| 0.1 | 42.13 | 1.21 | 21.50 | 22.71 | 0.947 |
| 0.2 | 35.44 | 3.42 | 18.97 | 22.39 | 0.847 |
| 0.3 | 32.75 | 4.53 | 17.71 | 22.24 | 0.796 |
| 0.4 | 31.13 | 5.24 | 16.90 | 22.14 | 0.763 |
| 0.5 | 29.99 | 5.75 | 16.31 | 22.07 | 0.739 |
| 0.6 | 29.11 | 6.15 | 15.86 | 22.01 | 0.720 |
| 0.7 | 28.40 | 6.48 | 15.48 | 21.96 | 0.705 |
| 0.8 | 27.81 | 6.75 | 15.17 | 21.92 | 0.692 |
| 0.9 | 27.30 | 6.99 | 14.90 | 21.89 | 0.681 |

(注)$\alpha = 0$, $\omega_Z = \mu_Z = 50$, $\sigma_Z = 9.487 = 3 \times \sqrt{10}$, $\tau = 0.3$, $\lambda = 2.566$, $\text{corr}(\tilde{R}_M, \tilde{Z}) = 0.4$ として計算。

表 7.1 $\mu_Z$ と $\sigma_Z$ が所与の場合：$k$ の変化の効果

| $\omega_Z = \mu_Z$ | $L^*$ | $S_L$ | $B$ | $V_L$ | $B/V_L$ |
|---|---|---|---|---|---|
| 30.0 | 15.41 | 3.43 | 7.81 | 11.24 | 0.695 |
| 35.0 | 18.89 | 4.05 | 9.89 | 13.93 | 0.710 |
| 40.0 | 22.76 | 4.53 | 12.13 | 16.66 | 0.728 |
| 45.0 | 26.87 | 4.91 | 14.48 | 19.39 | 0.747 |
| 50.0 | 31.13 | 5.24 | 16.90 | 22.14 | 0.763 |
| 55.0 | 35.51 | 5.52 | 19.38 | 24.89 | 0.778 |
| 60.0 | 39.98 | 5.76 | 21.89 | 27.65 | 0.792 |
| 65.0 | 44.51 | 5.97 | 24.44 | 30.41 | 0.804 |
| 70.0 | 49.09 | 6.16 | 27.01 | 33.18 | 0.814 |

(注)$\alpha = 0$, $\sigma_Z = 9.487$, $k = 0.4$, $\tau = 0.3$, $\lambda = 2.566$, $\text{corr}(\tilde{R}_M, \tilde{Z}) = 0.4$ として計算。

表 7.2 $\mu_Z$ と $\sigma_Z$ が所与の場合：$\mu_Z$ の変化の効果

の間に負の関係を見い出すことが可能になる。

次に，負債のエージェンシーコストとして資産代替を考慮する場合の効果を見てみよう。$\sigma_Z$ がモデルの中で内生的に決定されるようにする。$L^*$ は前と同様に $V_L$ を最大化するよう決定されるが，$\sigma_Z^*$ は $S_L$ を最大化するよう決定される。表 7.3 は $k = 0.4$ を想定し，様々な $\mu_Z$ の値を所与とした場合の計算結果である。前の表 7.2 と比較して，$S_L$ は当然上昇している。表 7.2 で適当に与えた $\sigma_Z$ の値 (9.487) よりも表 7.3 の $\sigma_Z^*$ が大きくなるのは，$\mu_Z$ が

| $\omega_Z = \mu_Z$ | $\sigma_Z^*$ | $L^*$ | $S_L$ | $B$ | $V_L$ | $B/V_L$ |
|---|---|---|---|---|---|---|
| 30.0 | 8.48 | 15.95 | 3.47 | 8.29 | 11.76 | 0.705 |
| 35.0 | 9.89 | 18.61 | 4.05 | 9.67 | 13.72 | 0.705 |
| 40.0 | 11.31 | 21.26 | 4.63 | 11.05 | 15.68 | 0.705 |
| 45.0 | 12.71 | 23.93 | 5.21 | 12.43 | 17.64 | 0.705 |
| 50.0 | 14.13 | 26.58 | 5.79 | 13.81 | 19.60 | 0.705 |
| 55.0 | 15.55 | 29.24 | 6.37 | 15.19 | 21.56 | 0.705 |
| 60.0 | 16.95 | 31.90 | 6.95 | 16.57 | 23.52 | 0.705 |
| 65.0 | 18.38 | 34.55 | 7.53 | 17.95 | 25.48 | 0.705 |
| 70.0 | 19.79 | 37.21 | 8.11 | 19.33 | 27.44 | 0.705 |

(注)$\alpha = 0$, $k = 0.4$, $\tau = 0.3$, $\lambda = 2.566$, $\text{corr}(\tilde{R}_M, \tilde{Z}) = 0.4$ として計算.

表 7.3　$\mu_Z$ が所与で $\sigma_Z$ が内生変数の場合：$\mu_Z$ の変化の効果

35.0 以上のときであるが，このとき $B$ の値は低下している.

$\mu_Z$ が大きくなると $L^*$ も上昇するが，興味深いのは負債比率が全く変化しない点である. $\sigma_Z$ を外生的に所与とする場合に観察された収益性と負債比率の間の正の関係は，$\sigma_Z$ を内生的に決定する場合には消滅してしまう. これは，$\sigma_Z$ を固定させて所与とした値よりも，内生的に決まる $\sigma_Z^*$ が大きいなら，負債価値は小さくなるという性質に依存している. ところで $\sigma_Z$ を内生化することの負債比率に与える効果はそれほど大きなものではない. 依然として負債比率は 7 割ほど (0.705) であり，現実企業のそれとかけ離れた水準である.

負債のエージェンシーコストの経済的な影響は，$\sigma_Z$ が内生化されるという形式的なものに留まらない. より深刻な影響は，過小投資や過大投資により，$\mu_Z$ の上昇に貢献しないような歪んだ企業経営がなされることにある. そこで (7.9) 式を考慮して，負債の存在する場合の期待値 $\mu_Z$ が，負債の存在しない場合の $\omega_Z$ よりも小さくなるような状況を考えよう. 形式的には，前の数値例では $\mu_Z$ が所与であったが，今度は $\omega_Z$ と $\alpha$ を外生的に所与とみなして，$\mu_Z$ を (7.9) 式に従い内生的に決定するようにする. (7.7) 式と (7.8) 式, (7.9) 式の 3 本の連立方程式を解いて $\mu_Z^*$ と $\sigma_Z^*$, $L^*$ の 3 つを決定する. 次の表 7.4 は，倒産コストパラメーター $k$ を 0.4 とし，$\omega_Z$ が 50.0 であること

## 7.4 シミュレーション

| $\alpha$ | $\mu_Z^*$ | $\sigma_Z^*$ | $L^*$ | $S_L$ | $B$ | $V_L$ | $B/V_L$ | $LOSS$ |
|---|---|---|---|---|---|---|---|---|
| 0.01 | 49.75 | 14.75 | 25.19 | 6.09 | 13.05 | 19.14 | 0.682 | 0.005 |
| 0.03 | 49.34 | 16.12 | 22.16 | 6.79 | 11.41 | 18.21 | 0.627 | 0.013 |
| 0.05 | 49.06 | 17.61 | 18.80 | 7.66 | 9.63 | 17.29 | 0.557 | 0.019 |
| 0.07 | 48.95 | 19.18 | 15.06 | 8.74 | 7.68 | 16.42 | 0.468 | 0.021 |
| 0.09 | 49.02 | 20.82 | 10.85 | 10.08 | 5.54 | 15.62 | 0.355 | 0.020 |
| 0.11 | 49.33 | 22.47 | 6.09 | 11.77 | 3.14 | 14.90 | 0.211 | 0.013 |
| 0.13 | 49.20 | 18.75 | 6.17 | 12.96 | 3.33 | 16.29 | 0.204 | 0.016 |
| 0.15 | 49.40 | 18.44 | 4.03 | 14.17 | 2.20 | 16.37 | 0.134 | 0.012 |
| 0.17 | 49.95 | 17.77 | 0.29 | 16.45 | 0.16 | 16.61 | 0.010 | 0.001 |
| 0.18 | 50.00 | 14.06 | 0.00 | 18.09 | 0.00 | 18.09 | 0.000 | 0.000 |

(注)$k = 0.4$, $\tau = 0.3$, $\omega_Z = 50$, $\lambda = 2.566$, $\text{corr}(\tilde{R}_M, \tilde{Z}) = 0.4$ として計算。

表7.4　負債のエージェンシーコストのモデル：$\alpha$ の変化の効果

を与件に，様々な $\alpha$ について計算した場合の結果である．

この表7.4 から明らかなとおり，$\alpha$ の大きさは負債依存度に大きな影響をもたらす．$\alpha$ が 0.01 のとき負債比率は 68% ほどであり，$\alpha$ が 0.07 のとき負債比率は 50% をきる．$\alpha$ が 0.09 のときは 30% 台となって，現実企業の負債依存度として尤もらしい値になる．倒産コストモデルでは，倒産コストパラメター $k$ が非常に大きくなっても，最適資本構成の負債比率はあまり低下しなかった．対照的にここのモデルでは，$\alpha$ の値次第でいかなる値の負債比率をも最適資本構成として導くことができる．$\alpha$ が 0.17 のときは負債比率 1% となり，非常に小さな負債に依存するような状況もモデルで描写できる．$\alpha$ が 0.18 になると負債ゼロ，つまり，負債を発行しないことが最適であるような状況もモデルで実現できる．このように負債のエージェンシーコストを考慮し，$\mu_Z$ が負債の大きさとともに低下することを想定してはじめて，最適資本構成のモデルは現実企業の負債比率に対応できるようなものとなり得るのである．

表7.4 でさらに興味深い点は，$\mu_Z^*$ の上昇と同時に負債比率の低下が観察できることである．$\alpha$ が 0.13 よりも大きい場合に，$\alpha$ が大きいほど $\mu_Z^*$ は上昇している．負債比率の方は $\alpha$ の上昇により一貫して低下している．ただしこの $\mu_Z^*$ の変化がそれほど大きなものではないので，いかなるときでも

| $k$ | $\mu_Z^*$ | $\sigma_Z^*$ | $L^*$ | $S_L$ | $B$ | $V_L$ | $B/V_L$ | $LOSS$ |
|---|---|---|---|---|---|---|---|---|
| 0.1 | 47.34 | 11.62 | 29.54 | 4.17 | 15.81 | 19.98 | 0.791 | 0.053 |
| 0.2 | 48.13 | 16.30 | 20.78 | 6.82 | 10.86 | 17.68 | 0.614 | 0.037 |
| 0.3 | 48.64 | 18.89 | 15.12 | 8.67 | 7.79 | 16.46 | 0.474 | 0.027 |
| 0.4 | 49.02 | 20.82 | 10.85 | 10.08 | 5.54 | 15.62 | 0.355 | 0.020 |
| 0.5 | 49.32 | 22.16 | 7.54 | 11.23 | 3.86 | 15.08 | 0.256 | 0.014 |
| 0.6 | 49.16 | 18.93 | 9.29 | 11.45 | 4.91 | 16.37 | 0.300 | 0.017 |
| 0.7 | 49.16 | 18.93 | 9.29 | 11.45 | 4.91 | 16.37 | 0.300 | 0.017 |

(注)$\tau = 0.3$, $\alpha = 0.09$, $\omega_Z = 50$, $\lambda = 2.566$, $\text{corr}(\tilde{R}_M, \tilde{Z}) = 0.4$ として計算。

表 7.5 負債のエージェンシーコストのモデル：$k$ の変化の効果

両者に負の相関があるとまでは明言できないが，少なくとも，両者に明確な正の相関を観察することはない。

もう1つ指摘すべき点は $\omega_Z$ と $\mu_Z^*$ との差についてである。この差は，負債が存在することで発生する企業収益の低下分を反映したものであるから，負債のエージェンシーコストから生じるロスの大きさと考えられる。表 7.4 の最右列は前で定義したロス率 $LOSS$ である。$\omega_Z = 50.0$ を所与とし，それぞれの $\mu_Z^*$ を計算しているが，$LOSS$ の値は，はじめ $\alpha$ の上昇に伴い上昇するがやがて減少に転じる。$LOSS$ の大きさは最大のところでも2%ほどである。このことは負債のエージェンシーコストの大きさそのものは，あまり深刻な問題ではないことを示唆するのかもしれない。

次のシミュレーションとして，倒産コストパラメーター $k$ が変化することによる効果を調べよう。$\omega_Z$ を 50.0，$\alpha$ を 0.09 に固定し，$k$ を 0.1 から 0.7 までに変化させたときの計算結果をまとめたのが表 7.5 である。$k$ が上昇するにつれ負債比率が低下する点は倒産コストモデルと同様であるが，ただ $k$ が 0.5 を超えると，$k$ が変化しても計算結果に大きな差異はなくなってしまう。$k$ が 0.6 と 0.7 についての計算結果はほとんど同じであり，$k$ が 0.5 の場合と比較しても差はわずかである。そこで，$k$ が 0.1 から 0.5 までの範囲で見ると，倒産コストが大きいほど負債比率が小さくなり，同時に $\mu_Z^*$ は大きくなっているので，企業の収益性と負債比率の間に負の関係が成立している。また $k$ の上昇によって $\sigma_Z^*$ も上昇しているのがわかる。

## 7.4 シミュレーション

| $\tau$ | $\mu_Z^*$ | $\sigma_Z^*$ | $L^*$ | $S_L$ | $B$ | $V_L$ | $B/V_L$ | $LOSS$ |
|---|---|---|---|---|---|---|---|---|
| 0.20 | 49.73 | 17.84 | 2.98 | 16.17 | 1.64 | 17.81 | 0.092 | 0.005 |
| 0.25 | 49.39 | 18.85 | 6.72 | 13.27 | 3.62 | 16.88 | 0.214 | 0.012 |
| 0.30 | 49.02 | 20.82 | 10.85 | 10.08 | 5.54 | 15.62 | 0.355 | 0.020 |
| 0.35 | 48.40 | 17.65 | 17.72 | 7.48 | 9.09 | 16.57 | 0.549 | 0.032 |
| 0.40 | 47.96 | 15.09 | 22.68 | 5.71 | 11.72 | 17.42 | 0.673 | 0.041 |
| 0.45 | 47.62 | 12.96 | 26.44 | 4.44 | 13.76 | 18.20 | 0.756 | 0.048 |

(注) $k = 0.4$, $\alpha = 0.09$, $\omega_Z = 50$, $\lambda = 2.566$, $\text{corr}(\tilde{R}_M, \tilde{Z}) = 0.4$ として計算。

表 7.6 負債のエージェンシーコストのモデル：$\tau$ の変化の効果

次に法人税率 $\tau$ が変化することによる効果を調べたのが表 7.6 である。$\omega_Z$ を 50.0, $\alpha$ を 0.09, $k$ を 0.4 に固定し，$\tau$ を 0.2 から 0.45 まで変化させて計算した。倒産コストモデルと同様，$\tau$ が上昇すると負債依存度が高まり，負債比率は増大する。このとき，$\mu_Z^*$ は小さくなっていくので，企業の収益性と負債比率の間には負の関係が成立している。また $\tau$ が 0.45 のときロス率 $LOSS$ は若干上昇して 5% ほどになっている。

最後に $\omega_Z$ が変化する場合のシミュレーションを表 7.7 で示そう。倒産コストのパラメータを $k = 0.4$ とし，$\alpha$ の値は 0.09 に固定して，$\omega_Z$ の値を 35.0 から 70.0 まで変化させたときの計算をした。この表 7.7 を見ると，$\omega_Z$ の上昇により $\mu_Z^*$ と $\sigma_Z^*$, $L^*$ は上昇するが，負債比率と $LOSS$ には変化がなく同じ値となっている。容易に確認できるが，(7.9) 式の定式化では，規模に関する 1 次同次性が成立している。すなわち，$\omega_Z$ が 1.2 倍になれば，比率以外のすべての値も 1.2 倍になる。$\omega_Z$ の上昇は規模を大きくするだけで負債比率には中立的である。[*9]

以上のシミュレーションにより，次の 3 点が明らかである。1 つは，負債のエージェンシーコストの存在を考慮すると $\alpha \neq 0$ であり，このときモデルは，現実企業の資本構成として尤もらしい負債比率の値を最適資本構成と

---

[*9] $\omega_Z$ の 1 次同次性という特徴は，(7.9) 式を想定することに依る。ちなみに (7.9) 式に代って

$$\mu_Z = \omega_Z - \alpha L^2$$

を想定するとき，1 次同次性は消滅する。

| $\omega_Z$ | $\mu_Z^*$ | $\sigma_Z^*$ | $L^*$ | $S_L$ | $B$ | $V_L$ | $B/V_L$ | $LOSS$ |
|---|---|---|---|---|---|---|---|---|
| 35.0 | 34.32 | 14.58 | 7.60 | 7.05 | 3.88 | 10.93 | 0.355 | 0.020 |
| 40.0 | 39.22 | 16.66 | 8.68 | 8.06 | 4.43 | 12.49 | 0.355 | 0.020 |
| 45.0 | 44.12 | 18.75 | 9.77 | 9.07 | 4.98 | 14.05 | 0.355 | 0.020 |
| 50.0 | 49.02 | 20.82 | 10.85 | 10.08 | 5.54 | 15.62 | 0.355 | 0.020 |
| 55.0 | 53.93 | 22.91 | 11.93 | 11.09 | 6.09 | 17.18 | 0.355 | 0.020 |
| 60.0 | 58.83 | 24.99 | 13.02 | 12.09 | 6.65 | 18.74 | 0.355 | 0.020 |
| 65.0 | 63.73 | 27.07 | 14.11 | 13.10 | 7.20 | 20.30 | 0.355 | 0.020 |
| 70.0 | 68.63 | 29.15 | 15.20 | 14.11 | 7.76 | 21.87 | 0.355 | 0.020 |

(注)$k = 0.4$, $\tau = 0.3$, $\alpha = 0.09$, $\lambda = 2.566$, $\mathrm{corr}(\tilde{R}_M, \tilde{Z}) = 0.4$ として計算。

表 7.7 負債のエージェンシーコストのモデル：$\omega_Z$ の変化の効果

して実現できる．そしてこの $\alpha$ は最適資本構成の負債比率に大きな影響を与える．もう1つは，企業の収益性と負債比率との間に負の関係が見い出されることである．若干この関係が明確でないケースも存在するが，少なくとも従来の理論モデル (倒産コストモデル) のような正の関係を示す結果は皆無である．そして最後は，負債のエージェンシーコストの大きさをロス率 $LOSS$ で考えるなら，負債のエージェンシーコストの大きさそのものはそれほど深刻ではないことが示される．

## 7.5 現実企業への適用

CAPM から期末キャッシュフローを価値評価した株式価値と負債価値は，$L$ と $\mu_Z$, $\sigma_Z$ の3つのパラメターの関数であった．7.3.3 節で述べたような資本市場の投資家と経営者の行動を前提にすると，これら3つのパラメターはモデルの中で内生的に決定される変数とみなすことができ，結局，株式価値 $S_L$ と負債価値 $B$ は，$\omega_Z$ と $\alpha$ という2つの外生的なパラメターの関数と考えることができる．ところで $S_L$ と $B$ は現実のデータが利用可能である．$S_L$ については，株価に発行済株式数をかけて株式価値を求めればよいし，$B$ については貸借対照表の負債を代理変数として近似的に用いればよい．ここ

## 7.5 現実企業への適用

で (7.10) 式と (7.11) 式をもう一度書く。

$$S_L = S_L(\omega_Z, \alpha) \tag{7.10}$$
$$B = B(\omega_Z, \alpha) \tag{7.11}$$

これを見れば明らかなように，もし左辺の $S_L$ と $B$ の値が既知であるなら，(7.10) 式と (7.11) 式は，パラメーター $\omega_Z$ と $\alpha$ を未知数とする連立方程式とみなすことができる。この連立方程式から解を求めることで，パラメーター $\omega_Z$ と $\alpha$ の値が計算可能である。

ここで述べたモデルが現実企業のデータに適用可能であるなら，$S_L$ と $B$ の現実の値から (7.10) 式と (7.11) 式を数値計算で解いて，$\omega_Z$ と $\alpha$ の値を実際に得ることができなければならないであろう。そこで実際の企業について，$S_L$ と $B$ の現実値から $\omega_Z$ と $\alpha$，および経営者の最適な意思決定の結果である $L^*$ と $\mu_Z^*$, $\sigma_Z^*$ の各値を求めてみよう。ここでは実験的に，わが国を代表する大企業 15 社を適当に選んで，この計算を実行した。データの対象期間は 3 つで，1 つは 1974 年度から 1983 年度までの 10 年間を 1 期間とみなし，以下これを期間 [1] と称する。もう 1 つは 1984 年度から 1993 年度までの 10 年間で，以下では期間 [2] と称する。そして最後は 2004 年度から 2013 年度までの 10 年間で，これを期間 [3] とする。

$S_L$ には株価と発行済株式数の積を，$B$ には有利子負債を用いる。ここの負債はもちろん簿価であって，負債価値 $B$ とはいい難いのであるが，負債価値のデータは容易に利用可能ではない。負債比率の負債は通常，簿価をそのまま用いるのが慣例になっているので，ここでも単純化のためそうすることにした。なお倒産コストパラメーター $k$ の値であるが，各企業についてどれぐらいが妥当かを予め決めることは困難であるから，$k = 0.3$ と仮定して計算を実行した。また法人税率は，期間 [1] と [2] で $\tau = 0.45$ とし，期間 [3] では $\tau = 0.4$ としている。そして $S_L$ と $B$ の値に上記のデータを使い，モデルから $\omega_Z$ と $\alpha$, $\mu_Z^*$, $\sigma_Z^*$, $L^*$ の 5 つのパラメーターを計算する。この計算結果をまとめたのが表 7.8 である。

表 7.8: 現実企業の推定

| 企業名 市場 | corr | $S_L$ | $B$ | $B/V_L$ | $\omega_Z$ | $\alpha$ | $\mu_Z^*$ | $\sigma_Z^*$ | $L^*$ | $LOSS$ |
|---|---|---|---|---|---|---|---|---|---|---|
| アサヒグループH | | | | | | | | | | |
| (a) | 0.291 | 0.52 | 0.34 | 0.400 | 3.25 | 0.29700 | 3.00 | 1.65 | 0.87 | 0.080 |
| (A) | 0.494 | 4.16 | 3.02 | 0.421 | 23.47 | 0.22580 | 22.15 | 9.40 | 5.85 | 0.056 |
| ($\alpha$) | 0.460 | 8.67 | 2.99 | 0.256 | 19.68 | 0.01491 | 19.63 | 8.91 | 3.77 | 0.003 |
| 味の素 | | | | | | | | | | |
| (b) | 0.306 | 2.19 | 0.27 | 0.110 | 11.07 | 0.38982 | 10.83 | 4.39 | 0.62 | 0.022 |
| (B) | 0.328 | 12.38 | 0.92 | 0.069 | 40.03 | 0.29407 | 39.54 | 17.45 | 1.68 | 0.012 |
| ($\beta$) | 0.405 | 7.51 | 1.74 | 0.188 | 13.60 | 0.03361 | 13.52 | 6.16 | 2.13 | 0.005 |
| 東レ | | | | | | | | | | |
| (b) | 0.446 | 2.74 | 2.61 | 0.487 | 26.72 | 0.33141 | 24.70 | 9.37 | 6.11 | 0.076 |
| (B) | 0.359 | 9.15 | 2.48 | 0.214 | 36.70 | 0.25067 | 35.50 | 17.58 | 4.78 | 0.033 |
| ($\beta$) | 0.616 | 9.58 | 3.73 | 0.280 | 20.73 | 0.00868 | 20.69 | 9.95 | 4.76 | 0.002 |
| 旭化成 | | | | | | | | | | |
| (b) | 0.432 | 2.23 | 3.50 | 0.611 | 26.56 | 0.29354 | 24.13 | 8.70 | 8.28 | 0.091 |
| (B) | 0.385 | 11.42 | 3.77 | 0.248 | 48.40 | 0.24672 | 46.61 | 22.45 | 7.26 | 0.037 |
| ($\beta$) | 0.705 | 8.48 | 2.84 | 0.251 | 18.06 | 0.01230 | 18.02 | 8.69 | 3.61 | 0.002 |
| 武田薬品工業 | | | | | | | | | | |
| (b) | 0.314 | 3.15 | 0.47 | 0.130 | 17.45 | 0.37217 | 17.03 | 7.81 | 1.11 | 0.024 |
| (B) | 0.399 | 14.93 | 0.59 | 0.038 | 48.45 | 0.30412 | 48.13 | 20.11 | 1.08 | 0.007 |
| ($\beta$) | 0.583 | 41.53 | 1.90 | 0.044 | 63.94 | 0.06079 | 63.80 | 23.10 | 2.23 | 0.002 |
| 東燃ゼネラル石油 | | | | | | | | | | |
| (b) | 0.135 | 0.44 | 0.72 | 0.617 | 4.11 | 0.22730 | 3.69 | 1.75 | 1.83 | 0.101 |
| (B) | 0.422 | 2.08 | 0.91 | 0.304 | 9.61 | 0.23974 | 9.19 | 4.25 | 1.75 | 0.044 |
| ($\alpha$) | 0.449 | 5.49 | 1.56 | 0.222 | 11.39 | 0.03059 | 11.33 | 4.49 | 1.90 | 0.005 |
| ブリヂストン | | | | | | | | | | |
| (a) | 0.403 | 2.13 | 0.64 | 0.230 | 11.41 | 0.33977 | 10.88 | 5.83 | 1.57 | 0.047 |
| (A) | 0.324 | 7.44 | 1.43 | 0.161 | 27.83 | 0.25985 | 27.11 | 14.00 | 2.77 | 0.026 |
| ($\alpha$) | 0.593 | 17.72 | 2.01 | 0.102 | 32.58 | 0.05916 | 32.44 | 11.11 | 2.37 | 0.004 |
| 住友金属鉱山 | | | | | | | | | | |
| (b) | 0.009 | 1.77 | 1.36 | 0.435 | 10.04 | 0.28209 | 9.02 | 6.44 | 3.61 | 0.102 |
| (B) | 0.441 | 5.99 | 2.13 | 0.262 | 26.66 | 0.24803 | 25.65 | 11.89 | 4.08 | 0.038 |
| ($\beta$) | 0.561 | 8.20 | 1.70 | 0.172 | 14.90 | 0.04004 | 14.82 | 6.28 | 2.06 | 0.005 |
| 住友電気工業 | | | | | | | | | | |
| (b) | 0.472 | 1.86 | 1.46 | 0.440 | 17.28 | 0.34816 | 16.10 | 6.07 | 3.40 | 0.068 |
| (B) | 0.393 | 9.05 | 1.97 | 0.179 | 35.71 | 0.25774 | 34.74 | 17.00 | 3.76 | 0.027 |
| ($\beta$) | 0.765 | 10.15 | 2.32 | 0.186 | 19.43 | 0.03833 | 19.33 | 7.83 | 2.80 | 0.005 |
| 豊田自動織機 | | | | | | | | | | |
| (b) | 0.340 | 0.95 | 0.21 | 0.179 | 5.65 | 0.36843 | 5.47 | 2.43 | 0.48 | 0.032 |
| (B) | 0.377 | 4.64 | 0.38 | 0.075 | 15.50 | 0.29484 | 15.30 | 6.56 | 0.68 | 0.013 |

## 7.5 現実企業への適用

表 7.8: 現実企業の推定 (続き)

| 企業名 市場 | corr | $S_L$ | $B$ | $B/V_L$ | $\omega_Z$ | $\alpha$ | $\mu_Z^*$ | $\sigma_Z^*$ | $L^*$ | $LOSS$ |
|---|---|---|---|---|---|---|---|---|---|---|
| ($\beta$) | 0.756 | 11.44 | 4.55 | 0.284 | 25.59 | 0.00927 | 25.54 | 11.89 | 5.78 | 0.002 |
| 三菱電機 | | | | | | | | | | |
| (b) | 0.514 | 3.34 | 3.59 | 0.518 | 36.27 | 0.34268 | 33.42 | 11.90 | 8.32 | 0.079 |
| (B) | 0.412 | 13.15 | 5.67 | 0.301 | 60.24 | 0.23954 | 57.63 | 26.81 | 10.92 | 0.043 |
| ($\beta$) | 0.756 | 18.39 | 6.74 | 0.268 | 40.37 | 0.01096 | 40.28 | 18.98 | 8.56 | 0.002 |
| パナソニック | | | | | | | | | | |
| (c) | 0.491 | 11.56 | 0.66 | 0.054 | 46.31 | 0.38949 | 45.71 | 23.15 | 1.54 | 0.013 |
| (C) | 0.181 | 34.48 | 3.88 | 0.101 | 110.54 | 0.28260 | 108.49 | 52.45 | 7.24 | 0.019 |
| ($\beta$) | 0.636 | 36.49 | 5.86 | 0.138 | 64.07 | 0.04877 | 63.73 | 25.42 | 7.00 | 0.005 |
| デンソー | | | | | | | | | | |
| (a) | 0.283 | 3.66 | 0.41 | 0.100 | 15.52 | 0.37185 | 15.16 | 7.93 | 0.96 | 0.023 |
| (A) | 0.242 | 12.47 | 1.69 | 0.119 | 41.11 | 0.27765 | 40.24 | 19.54 | 3.16 | 0.021 |
| ($\beta$) | 0.728 | 30.16 | 2.77 | 0.084 | 49.94 | 0.05765 | 49.75 | 18.29 | 3.27 | 0.004 |
| 三井造船 | | | | | | | | | | |
| (b) | 0.158 | 0.99 | 2.03 | 0.673 | 10.62 | 0.20653 | 9.56 | 4.11 | 5.16 | 0.100 |
| (B) | 0.330 | 3.34 | 2.06 | 0.382 | 16.17 | 0.21936 | 15.28 | 7.20 | 4.03 | 0.055 |
| ($\beta$) | 0.741 | 2.06 | 1.12 | 0.353 | 4.99 | 0.00111 | 4.99 | 2.20 | 1.43 | 0.000 |
| トヨタ自動車 | | | | | | | | | | |
| (d) | 0.452 | 15.45 | 0.62 | 0.039 | 57.16 | 0.39196 | 56.58 | 32.14 | 1.46 | 0.010 |
| (D) | 0.267 | 52.75 | 4.82 | 0.084 | 189.08 | 0.30570 | 186.34 | 77.69 | 8.98 | 0.014 |
| ($\beta$) | 0.769 | 166.38 | 6.21 | 0.036 | 261.21 | 0.06174 | 260.76 | 91.28 | 7.30 | 0.002 |

(注)「市場」については表 7.9 を参照のこと。「corr」は $\text{corr}(\tilde{R}_M, \tilde{Z})$ の値で, $S_L$ と $B$ は各期間の平均値である。推定値の $\omega_Z$, $\mu_Z^*$, $\sigma_Z^*$, $L^*$ は 1 期間 10 年の値を表示している。$k = 0.3$, $\tau = 0.45$(期間 [1] と [2]) あるいは $\tau = 0.4$(期間 [3]) として計算。$LOSS$ はエージェンシーコストの数量的尺度で本文を参照のこと。

次に,この計算を実行する際に必要な,若干細かい設定を述べておく。表 7.8 にある「市場」の列は,各々の計算を実行した期間を表す記号である。リスク価格 $\lambda$ を計算するのに,マーケットポートフォリオ収益率の期待値 $E(\tilde{R}_M)$ や標準偏差 $\sigma(\tilde{R}_M)$, 無危険利子率 $R_F$ が必要である。ここでは TOPIX をマーケットポートフォリオとみなし,TOPIX の月次データからマーケットポートフォリオ収益率を計算する。ところで,決算月は企業によって様々である。企業の決算月の違いによって,株式の月次データは異なる期間を採用している。例えば同じ期間 [1] の 10 年間であっても,12 月決算の企業では,1974 年 1 月から 1983 年 12 月までを,3 月決算の企業であれば,1974 年 4 月から 1984 年 3 月までの月次データが対象となる。これが表 7.9 に

| | 市場 | 期間 | $E(\tilde{R}_M)$ | $\sigma(\tilde{R}_M)$ | $R_F$ | $\lambda$ |
|---|---|---|---|---|---|---|
| 期間 [1] | (a) | 1974 年 1 月から 1983 年 12 月 | 0.098 | 0.097 | 0.083 | 3.45 |
| | (b) | 1974 年 4 月から 1984 年 3 月 | 0.113 | 0.095 | 0.082 | 7.91 |
| | (c) | 1973 年 12 月から 1983 年 11 月 | 0.091 | 0.098 | 0.083 | 1.91 |
| | (d) | 1973 年 12 月から 1983 年 6 月 | 0.088 | 0.100 | 0.083 | 1.09 |
| 期間 [2] | (A) | 1984 年 1 月から 1993 年 12 月 | 0.096 | 0.174 | 0.060 | 2.39 |
| | (B) | 1984 年 4 月から 1994 年 3 月 | 0.096 | 0.174 | 0.059 | 2.41 |
| | (C) | 1983 年 12 月から 1994 年 3 月 | 0.105 | 0.172 | 0.059 | 3.14 |
| | (D) | 1983 年 7 月から 1993 年 6 月 | 0.115 | 0.171 | 0.061 | 4.00 |
| 期間 [3] | ($\alpha$) | 2004 年 1 月から 2013 年 12 月 | 0.057 | 0.187 | 0.016 | 1.63 |
| | ($\beta$) | 2004 年 4 月から 2014 年 3 月 | 0.037 | 0.186 | 0.016 | 0.77 |

(注)$E(\tilde{R}_M)$ と $R_F$ は上記期間における月次データから得られる平均値,$\sigma(\tilde{R}_M)$ は同様にして得られる標準偏差である。これらは 1 期間を 1 年間とする場合の値である。マーケットポートフォリオには TOPIX を,無危険利子率には日経公社債インデックス長期債指数をデータとして用いている。なお期間 [1] と [2] では配当金を無視しているが,期間 [3] では配当金を考慮している。これらを 1 期間 10 年とみなす場合に変換して,$\lambda$ の値を求めている。

表 7.9 「市場」における具体的な情報

まとめてある。前者の期間は (a),後者の期間は (b) という記号で表されている。

無危険利子率 $R_F$ のデータには,日経公社債インデックス長期債指数の月次データを用いる。$E(\tilde{R}_M)$ や $\sigma(\tilde{R}_M)$ と同様,企業の決算月の違いにより,異なる期間の月次データが採用されている。$R_F$ はその期間の平均値である。$E(\tilde{R}_M)$ や $\sigma(\tilde{R}_M)$,$R_F$ の具体的な数値は表 7.9 のとおりである。表 7.8 の計算結果では,どの期間のデータから得られた結果であるかを明示するため,「市場」の列にある記号でもって区別している。期間 [1] の場合,ここで取り上げた 15 社は表 7.9 の (a)~(d) の 4 つのパターンに分れる。この時期は半年決算からの移行期であったため,若干変則的なケースも見られる (例えば期間 (d) は厳密には 10 年間ではない)。期間 [2] については (A)~(D) の 4 つ,期間 [3] については ($\alpha$) と ($\beta$) の 2 つである。ただし期間 [1] と [2] では配当金を無視し,期間 [3] では配当金を考慮している。

以上のようにして求めた $E(\tilde{R}_M)$ や $\sigma(\tilde{R}_M)$,$R_F$ の値を 1 期間 10 年とみなす場合に変換し,変換後の値を用いて $\lambda$ が計算されている。ところで表 7.8

## 7.5 現実企業への適用

の「corr」という列は，corr($\tilde{R}_M, \tilde{Z}$) という相関係数のことであるが，これについては，表 7.9 にある期間について，TOPIX と各企業の株式の収益率から相関係数を求め，これをもって corr($\tilde{R}_M, \tilde{Z}$) の値とみなしている。モデル上は共分散 cov($\tilde{R}_M, \tilde{Z}$) が必要であるが，表 7.8 の相関係数の値から，該当する共分散に変換してその値を得ている。

表 7.8 にある $S_L$ と $B$ は株式価値と負債価値である。株式価値については発行済株式数に決算月の株価を乗じた値，負債価値については貸借対照表から得られる有利子負債の値である。これらを毎年の決算について求め，各期間についての平均値を取ったのが表 7.8 にある値で，その単位は千億円である。負債比率 $B/V_L$ を見ると，期間 [1] では 50% を超える企業が散見されるが，期間 [2] と [3] では 50% 超の負債比率は皆無である。わずか 15 社のサンプルで断定するのは危ういが，期間 [2] と [3] における負債比率は非常に低く，概ね 10%~30% ほどである。ただし，期間 [2] と [3] のどちらで負債比率が小さいかは不明確である。

表 7.8 の $S_L$ と $B$ の値と一致すべく解いたのが，$\omega_Z$ と $\alpha$，$\mu_Z^*$，$\sigma_Z^*$，$L^*$ である。本稿では 15 社しか掲載していないが，東証 1 部上場の製造業数百社について同様に計算しても，ほとんどのケースで上記パラメターを推定することができる。[*10] 様々な企業のいろいろな場合に対応できるという意味で，ここのモデルは非常に高い柔軟性を持つといえる。より重要な問題は，上記パラメターの推定値の妥当性であろうが，15 社だけのサンプルで判断するのは困難で，本稿では現実データとの比較は掲載していない。しかし，Tsuji(2012) にあるように，数百社のサンプルについて，パラメター推定値と財務データとの一致具合をテストした結果，両者はまずまずの相関を示す。従って，本稿のモデルから得られた推定値がデタラメということはなさそうである。

エージェンシーコストの数量的尺度 $LOSS$ を，パラメター推定値から求めると，概ね数パーセントの大きさである。従って，シミュレーションで見たとおり，負債のエージェンシーコストの大きさそのものは経済的に深刻な

---

[*10] この実証分析については，Tsuji(2012) の後半部分を参照願いたい。

問題ではないのかもしれない。$LOSS$ が最も大きいのは，期間 [1] の東燃ゼネラル石油と住友金属鉱山，三井造船であるが，それでも 10% ほどである。期間 [1] に比べて期間 [2] では，$LOSS$ や $\alpha$ が低下している企業が多い。注目すべきは，すべての企業で期間 [3] のこれらの値は大きく低下し，ほとんどゼロに近い値となっていることである。期間 [3] の負債比率が期間 [2] のそれと比べて，それほど大きな変化ではないのに，$LOSS$ や $\alpha$ が大きく低下している。なぜそのような結果になったのか，著者にもよく分からないが，大変興味深い観察事実であって，これについては機会を変えて議論する必要があろう。

## 7.6 結び

　近年エージェンシーコストは，概念としては広く知られるようになったが，その大きさを具体的な数値として把握しようとか，またその大きさが企業の資本構成にどれぐらいの影響を及ぼすのか，といった定量的問題に対してはほとんど研究されていないといってよい。本稿ではこのような定量的問題を扱うことができるよう，負債のエージェンシーコストを考慮した理論モデルを構築し，これを使ってその大きさを把握したり，それが資本構成・負債比率に与える影響の大きさについて検討した。ここで示したように，負債のエージェンシーコストを考慮して倒産コストモデルを修正・拡張することで，現実企業の資本構成を把握できるような理論モデルが構築可能になる。

　この理論モデルを様々にシミュレーションすることで，モデルの特性が明らかになる。1 つは，現実企業の資本構成として尤もらしい負債比率を最適資本構成として実現できることである。倒産コストモデルでは現実企業の負債比率を把握できないので，ここの理論モデルは倒産コストモデルの欠陥を克服している。もう 1 つは，企業の収益性と負債比率との間に負の関係を見い出せることである。資本構成の実証分析によると両者には強い負の相関関係が存在する。この観察事実は，従来の最適資本構成の理論では説明できないため，長い間パズルと考えられているが，ここの理論モデルではこの観察事実と整合的な結果を与えることができる。そしてシミュレーションから

7.7 付録：$\mu_Z$ が $L$ の減少関数となる点について　　　　　　　　　　　　435

判明するエージェンシーコストの定量的な特徴としては，負債のエージェンシーコストは負債比率の決定に非常に強い影響を及ぼすが，負債のエージェンシーコストの大きさそのものはあまり大きなものではなく，エージェンシーコストの存在は経済的にはそれほど深刻な問題ではないのかもしれない。

　次に実際のデータを用いて，ここのモデルが現実企業を捉えられるのかどうかを検討した。ここではわが国を代表する 15 社を適当に取り上げて，計算を実行させた。現実のデータを用いた場合でも，ここのモデルはほとんどのケースに適応できる。

## 7.7　付録：$\mu_Z$ が $L$ の減少関数となる点について

　この付録では，負債が大きくなると過小投資や過大投資が誘発されやすくなり，その結果，企業収益 $\mu_Z$ が低下することを示そう。過小投資や過大投資のモデルを作ることはそれほど難しくないが，仮にそれを本稿のモデルに組み込むとすると，モデル全体からみて屋上屋を建てているかのような印象を否めず，かえって議論が不明瞭になる。そこで，本稿のモデルのフレームワークに数値例を使うことで，$\mu_Z$ が $L$ の減少関数となることを示そう。

### 7.7.1　デットオーバーハング

　まずデットオーバーハングの問題として，負債が大きくなると，実行されるべき投資が実行されなくなるという過小投資の発生を示そう。

　企業が期中に実行する企業活動を多数のプロジェクトとして考える。各プロジェクトは企業収益に何らかの影響を与え，通常は高い収益性を持ったプロジェクトの優先順位が高いであろう。今，収益性の劣った優先順位の最も低い 4 つのプロジェクトを取り上げよう。これらを限界的なプロジェクトと称する。表 7.10 では，このような数値例として 4 つのプロジェクト 'a'～'d' を想定している。仮にこれら限界的なプロジェクトが全く実行されなければ，企業収益期待値は 293 であるとする。これを $\mu_Z^o$ という具合に添え字に

$O$(オー) をつけて表す．'a'~'d' の下の数字は，各プロジェクトが実行されるときの企業収益の増分である．また各プロジェクトを実行する際に必要な投資額はすべて 2 であるとする．例えば，プロジェクト'a' は 2 という投資額を支払うと，企業収益が 9 だけ増加する見込みがあるということである．

さて企業に負債が存在しないとき (これを企業 U と称する)，これら限界的なプロジェクトはすべて実行されるものとする．表 7.11 で確認できるように，これらの NPV(正味現在価値) はすべて正になっている．例えば，仮にプロジェクト'a' のみを実行するなら，元々の (限界的なプロジェクトを実行しない場合の) 企業収益 $\mu_Z^O$ にプロジェクト'a' による収益を加えた 302 が企業収益の期待値 $\mu_Z$ となる．なお後で説明する資産代替の効果を除去するため，企業収益の標準偏差は期待値に比例するものとしよう．元々の標準偏差 $\sigma_Z^O$ を 28.95 として設定すると，プロジェクト'a' のみを実行する場合の $\sigma_Z$ は 29.84 という値となる．プロジェクト'a' の実行による株式価値の増分 $\Delta S_L(L, \mu_Z, \sigma_Z)$ は，負債がないとき ($L = 0$) には企業価値の増分を意味し，これは 3.87 である．この企業価値の増分と投資額 2 との差額が NPV であり，この値は正となっている．

次にプロジェクト'a' に加えて'b' が実行される場合を考えよう．$\mu_Z$ は 309 となり，$\sigma_Z$ は 30.54 である．負債がないとき ($L = 0$) の株式価値増分は 3.01 で，これは投資額 2 を上回っているので，プロジェクト'b' の NPV も正である．同様にしてプロジェクト'c' が追加で実行される場合，投資額 2 に対して，株式価値の増分は 2.58 であり，さらにプロジェクト'd' も追加実行される場合は，株式価値の増分は 2.15 であるから，いずれも NPV は正である．この企業が直面する投資機会は，正の NPV を持つものはこれらプロジェクトですべてであり，これらすべてが実行される結果，企業収益の期待値は 320，標準偏差が 31.62 である．これらを今，企業が負債のない場合のものとして，$\omega_Z$ と $\sigma_Z^U$ としておく．なおプロジェクトが実行される場合を株式価値の増分の数値に添え字 * を付けて明示する．

さて企業に負債が存在する場合は，企業価値の増分の一部は負債価値の増分となるため，株式価値の増分は企業価値の増分よりも小さくなる．従って企業価値の増分が投資額を超えていたとしても (NPV が正であっても)，株

## 7.7 付録：$\mu_Z$ が $L$ の減少関数となる点について

| $\mu_Z^O$ | Projects | | | | $\omega_Z$ |
|---|---|---|---|---|---|
| | 'a' | 'b' | 'c' | 'd' | |
| 293 | 9 | 7 | 6 | 5 | 320 |

(注)4つの限界的なプロジェクト'a'~'d'による企業収益期待値の増分を表す。$\mu_Z^O$ はこれら限界的プロジェクトを実行しないときの企業収益期待値で，$\omega_Z$ は限界的プロジェクトがすべて実行されるときの企業収益期待値で，企業Uの収益期待値となる。

表 7.10　プロジェクトの収益：その1

| 追加 | $I$ | $\mu_Z$ | $\sigma_Z$ | $\Delta S_L(L, \mu_Z, \sigma_Z)$ | | | | | |
|---|---|---|---|---|---|---|---|---|---|
| | | | | $L=0$ | 265 | 272 | 283 | 287 | 289 |
| +'a' | 2 | 302 | 29.84 | 3.87* | 3.20* | 2.87* | 2.26* | 2.02* | 1.90 |
| +'b' | 2 | 309 | 30.54 | 3.01* | 2.70* | 2.50* | 2.09* | 1.92 | 1.83 |
| +'c' | 2 | 315 | 31.13 | 2.58* | 2.42* | 2.28* | 1.99 | 1.86 | 1.79 |
| +'d' | 2 | 320 | 31.62 | 2.15* | 2.07* | 1.98 | 1.78 | 1.68 | 1.63 |

(注)「追加」とは，追加で実行されるプロジェクトを示し，例えば「+'a'」というのは，プロジェクトが全く実行されない状態 $O$ にプロジェクト'a'が追加された場合を表す。「+'b'」とは「$O$+'a'」に追加でプロジェクト'b'が実行される場合である。$\mu_Z$ はそのときの企業収益期待値，$\sigma_Z$ は標準偏差である。$\Delta S_L(L, \mu_Z, \sigma_Z)$ はプロジェクト'a'から'd'を順番に追加して実行した場合の株式価値の増分，$I$ はそのときの追加の投資額である。$L=0$ のとき，これは企業価値の増分で，これから投資額を引いた値が NPV を意味する。なおこれら限界的プロジェクトを全く実行しないときの企業収益期待値は $\mu_Z^O$=293，標準偏差は $\sigma_Z^O$=28.95 とする。

表 7.11　デットオーバーハングの例

式価値の増分までもが投資額を超える保証はない。NPV が正でも株式価値の増分が投資額を下回ると，投資の実行は既存株主の富を毀損する恐れがあり，そのような投資は実行されなくなる。通常，負債が大きくなるに伴い，投資の実行による株式価値の増分は小さくなるであろう。この点を表 7.11 で計算して，上記の限界的なプロジェクトが徐々に実行されなくなることを示す。まず $L=265$ の場合の株式価値増分を計算すると，これらは企業U($L=0$)の場合と比べ減少しているが，それでもすべて投資額の2を超えているので，すべてのプロジェクトは実行される。その結果，$\mu_Z$ は $\omega_Z$ と同じ 320 である。

ところが，$L=272$ に増えると，プロジェクト'd'は株式価値の増分が投資

額2を下回るようになるので，これは実行されなくなる。このときプロジェクト'a'～'c'までは実行されるが，'d'は実行されないために$\mu_Z$は$\omega_Z$から低下して315となる。さらに$L=283$でプロジェクト'c'も株式価値増分が投資額を下回るようになり，その結果，プロジェクト'a'と'b'だけが実行されて，$\mu_Z$は309に低下する。続いて$L=287$でプロジェクト'b'も実行されなくなって$\mu_Z$は302になり，最後に$L=289$でプロジェクト'a'も株式価値増分が投資額を下回ってしまい，結局，ここで取り上げた限界的プロジェクトはすべて実行されず，$\mu_Z$は293になってしまう。このように，負債が大きくなって$L$が上昇していくと，収益性の劣ったプロジェクトから徐々に脱落して実行されなくなる結果，企業収益の期待値$\mu_Z$は$\omega_Z$よりだんだん小さくなっていく。

　デットオーバーハングの効果により$\mu_Z$が$L$の減少関数になるとしても，どのような形の関数形になるかは，企業がどのような投資機会に直面しているかに依存する。企業の投資機会は企業によって千差万別であることはいうまでもなく，どのような企業にもあてはまり易いように，近似として本文のような線形の減少関数が想定されている。

### 7.7.2　資産代替

　ここでは資産代替によって，本当なら実行されるべきではないプロジェクトが実行されてしまうという，過大投資が誘発されることを示そう。具体例として，表7.12にあるような4つのプロジェクト'A'～'D'を考える。資産代替とは，収益のリスクが大きくなるよう資産を取り替え，仮に収益性が劣ることになってもリスク増大による効果で株式価値が上昇し得ることをいう。

　企業に負債が存在しないとき，正のNPVを持つプロジェクトが余すことなく実行され，その結果，企業収益の期待値$\omega_Z$は320となり，その標準偏差$\sigma_Z^U$は31.62であるとする。ここで資産代替の例として，企業収益にマイナスの影響を及ぼすがリスクを増大させる4つのプロジェクトを考えてみる。まずプロジェクト'A'は，$\mu_Z$に−5の影響を与えて，これが実行されるなら$\mu_Z$は315となる。しかしリスクの方は，表7.13にあるように，本来の

## 7.7 付録：$\mu_Z$ が $L$ の減少関数となる点について

|  | Projects | | | |
|---|---|---|---|---|
| $\omega_Z$ | 'A' | 'B' | 'C' | 'D' |
| 320 | −5 | −10 | −15 | −20 |

(注) プロジェクト'A'〜'D' による企業収益期待値の増分を表す。$\omega_Z$ は企業 U の収益期待値である。

表 7.12 プロジェクトの収益：その 2

| Projects | $I$ | $\mu_Z$ | $\sigma_Z$ | $S_L(L, \mu_Z, \sigma_Z) - S_L(L, \omega_Z, \sigma_Z^U)$ | | | | |
|---|---|---|---|---|---|---|---|---|
|  |  |  |  | $L = 268$ | 288 | 300 | 305 | 310 |
| 'U'+'A' | 2 | 315 | 93.39 | −0.76 | 2.50* | 3.92* | 4.34* | 4.65* |
| 'U'+'B' | 2 | 310 | 91.90 | −2.07 | 1.38 | 2.92* | 3.39* | 3.74* |
| 'U'+'C' | 2 | 305 | 90.42 | −3.34 | 0.31 | 1.97 | 2.49* | 2.89* |
| 'U'+'D' | 2 | 300 | 88.94 | −4.57 | −0.71 | 1.07 | 1.63 | 2.09* |

(注) 最左列は実行されるプロジェクトを示し，$\mu_Z$ はそのときの企業収益期待値，$\sigma_Z$ は標準偏差である。$S_L(L, \mu_Z, \sigma_Z) - S_L(L, \omega_Z, \sigma_Z^U)$ は，プロジェクト'A'〜'D' を各個別に実行した場合の株式価値増分である。なお $\omega_Z = 320$，および $\sigma_Z^U = 31.62$ としている。

表 7.13 資産代替の例

比例分に 3 倍の値をとって 93.39 とする。この値は，標準偏差が $\mu_Z$ に比例したとすると，$31.13 (= 31.62 \times 315/320)$ という値になるが，これを 3 倍して 93.39 という値を想定している。プロジェクト'B' や'C'，'D' も同様である。ただ企業収益の期待値に与える影響は順に深刻になっていく。プロジェクト'B' の場合，企業収益は 10 減って $\mu_Z$ は 310 となる。プロジェクト'C' では 15 減って $\mu_Z$ は 305 に，プロジェクト'D' では 20 減って $\mu_Z$ は 300 となる。

前のデットオーバーハングの数値例との違いで注意すべきは，前ではプロジェクトの累積を考えていた。例えば，'a' に加えて'b' を実行する場合，次に「'a'+'b'」に加えて'c' を実行する場合，という具合である。対してここでは，4 つのプロジェクト'A'〜'D' を各個別に元々の $\omega_Z$ に加えることを想定している。前と同様，累積的に効果を見積もってもよいのであるが，マイナスの収益性を持ったプロジェクトを累積してもあまり意味がないと思われるので，各個に計算している。これが表 7.13 の「'U'+'A'」…「'U'+'D'」

という表記の意味である。なお4つのケースで投資額はいずれも2であるとする。また株式価値の増分は $S_L(L, \mu_Z, \sigma_Z) - S_L(L, \omega_Z, \sigma_Z^U)$ でもって計算している。$L = 0$ のときの株式価値 (= 企業価値) 増分から投資額を引いた値がNPVであり，自明であるので表7.13では省略しているが，プロジェクト'A'～'D'のNPVはすべて負である。

　さて企業に負債が存在する場合を検討しよう。負債の大きさが $L=268$ ならば，プロジェクト'A'～'D'が実行される恐れはない。株式価値の増分は負のままだからである。ところが，負債が $L=288$ まで大きくなると，'A'～'C'までの株式価値増分は正に反転する。特にプロジェクト'A'は株式価値の増分が投資額2を超えているため，これが実行されると既存株主の富は上昇してしまう。さらに負債が $L=300$ となると，プロジェクト'A'のみならず'B'までも，株式価値増分が投資額を超えてくるため，これも実行され得る。このように負債を増加させていくと，プロジェクト'C'も実行され得るようになり ($L=305$)，$L=310$ では，最劣悪なプロジェクト'D'も含めて，すべてが実行される可能性が生じる。注目すべき点は，表7.13の $L=268$ から $L=310$ までの株式価値増分は，1つのプロジェクトにつきすべて同一の標準偏差でもって計算されていることである。例えばプロジェクト'D'の $\sigma_Z$ は，$L$ にかかわらず88.94という値である。$L$ の増大で，本来実行されるべきでないプロジェクト'D'も (既存株主の富増大という点で) 実行可能なものに変わってしまう。このように，負債が増大するにつれ劣悪なプロジェクトが実行される可能性が大きくなり，その結果 $\mu_Z$ が低下していくのである。

# 第8章

# 投資の資金調達と必要収益率

## 8.1 はじめに

　この章では，第7章で展開した資本構成モデルを使って，企業投資の必要収益率を計算する。[*1] 企業投資の必要収益率とは，投資を実行するか否かを決める分岐点となるようなカットオフレート，ないしはハードルレートのことをいう。企業が IRR 法に基づいて投資の意思決定をしているなら，投資収益率 (内部収益率) の見込みが必要収益率を上回っていればその投資は実行され，下回っているなら投資は実行されない。また企業の投資の意思決定が NPV 法に依っているなら，正味現在価値 $NPV$ を求める際の割引率となるのが投資の必要収益率である。

　投資の意思決定方法としては主に，今述べた IRR 法と NPV 法とがあるが，説明の都合上，NPV 法を使って説明しよう。もちろん，IRR 法に依ったとしても全く同様の議論が成立するが，ただ表現の変更が必要になる。NPV 法では，投資によるキャッシュフロー増分を予想しなければならない。簡単な例を使うなら，今 100 という大きさの投資を実行して，企業収益 EBIT が毎年 20 だけ増える見込みがあるなら，$NPV$ を求める際の期待キャッシュフロー増分は，負債の有無にかかわらず，$(1-\tau) \times 20$ のように計算しなけれ

---

[*1] この章の議論は Tsuji(2013) に依拠している。

ばならない。$\tau$ は法人税率である。この期待キャッシュフロー増分を現在価値に割引くための割引率には，次のように定義される (加重) 平均資本コストを用いるのが学界および実務の世界の定説になっている。

$$\hat{\rho}_W = \frac{S_L}{V_L}\rho_L + \frac{B}{V_L}(1-\tau)\rho_B \tag{8.1}$$

この $\hat{\rho}_W$ が投資の必要収益率とされる。なお $S_L$ は株式価値，$B$ は負債価値，$V_L$ は企業価値である。$\rho_L$ は株式の資本コストで，CAPM から数値を求めるのが一般的になっている。$\rho_B$ は負債の資本コストで，本来なら危険資産としての要求利回りをあてるべきではあるが，計算の簡便さの都合で，企業の借入平均金利などで代用されることが多い。

　証券市場に上場されている企業であるなら，(8.1) 式を利用すれば，株式市場のデータと若干の財務データを用いることで，あたかもそれが企業の外側で外生的に決まっているかのごとく，少ない手間隙で投資の必要収益率の値を知ることができる。以上のような計算が理論的に妥当な手続きであるためには，ある特定のモデルに依拠している。第 4 章の付録で詳しく説明したが，そのモデルとは法人税のみを考慮した，いわゆる修正 MM 命題である。分析者の想定する世界 (仮定) がその範囲内であるなら，確かにこの議論は，投資の意思決定として妥当なものといえる。しかし修正 MM 命題において設定された仮定以外の諸要因を想定したなら，この議論は理論的妥当性を失う。

　今日では，修正 MM 命題は成立しないと考える方が支配的になっている。というのは，財務上の困難のコスト (倒産コスト) とか，エージェンシーコストとかいった，修正 MM 命題では考慮されなかった諸要因が学界のみならず実務の世界でも広く認知されるようになったからである。それでは，現実企業の資本構成を把握すべく，倒産コストやエージェンシーコストを取り込んだ資本構成モデルにおいては，投資の意思決定をどのように考えるべきか。前の例の $(1-\tau) \times 20$ という期待キャッシュフロー増分にあてるべき，投資の必要収益率はどうなるのであろうか。この場合の必要収益率は，もはや (8.1) 式の $\hat{\rho}_W$ のように外生的に値を求めることはできず，資本構成モデルを使って内生的に計算する必要がある。もし強引に $\hat{\rho}_W$ を必要収益率とみ

## 8.1 はじめに

なして投資の意思決定をするなら，それは根拠なく投資を歪めるだけである。そこでこの章の議論の目的の一つは，両者の差異がどの程度かを実際に計算してみることである。

もし $\hat{\rho}_W$ の値が，資本構成モデルから計算された必要収益率の値と大差ないなら，実務で広く用いられている平均資本コストは，真の必要収益率の値を近似する有用な簡便法ということになろう。しかし逆に両者の間に明確な差異が存在するなら，投資の必要収益率として $\hat{\rho}_W$ の平均資本コストに固執することは，意思決定としての合理性を欠くといわねばならない。ここの資本構成モデルとは，負債のエージェンシーコストを考慮して倒産コストモデルを拡張させた，単純な 1 期間モデルである。投資の必要収益率とは，投資に際して既存株主に損をさせないような最低限の投資の収益率のことであるから，既存株主に損をさせないような収益率を，この資本構成モデルから実際に計算すればよい。こうして求められた必要収益率の値が平均資本コスト $\hat{\rho}_W$ とどれぐらい異なるかを，数値例および現実企業について比較してみる。

ここの現実企業とは，第 7 章で取り上げた東証 1 部上場の製造業 15 社である。計算結果を検討すると，資本構成モデルから計算される必要収益率の値は，平均資本コスト $\hat{\rho}_W$ と全く無関連なものではなく，ある程度の連動性が認められる。しかし場合によっては両者の間にはっきりと差異が存在することもある。平均資本コストは，モデルの必要収益率の値より約 2 割ほど過大になることがあり，企業によっては決して看過できるような差ではない。この場合，投資の必要収益率として平均資本コスト $\hat{\rho}_W$ に固執することは，根拠なく投資を歪めることになるから，平均資本コストを利用する際は以上の点を十分留意すべきである。

資本構成モデルから投資の必要収益率を計算する際，投資の資金調達について興味深い特徴が存在し得る。それは，最適資本構成理論とペッキングオーダー理論との両立である。これらは近年，対立する 2 つの考え方として捉えられているが，[*2] ここの資本構成モデルでは，企業全体の資本構成に関

---

[*2] ペッキングオーダー理論については，Myers(1984) と Myers-Majluf(1984) が古典的文献である。彼らは情報の非対称性から，資金調達手段のペッキングオーダーを導出したが，ここでは異なる要因からこれを導出する。最適資本構成理論 (トレードオフ理論)

し確かに最適な資本構成が存在する。しかし，そこに追加的な投資およびその資金調達を考慮すると，投資の資金調達手段にはペッキングオーダーが出現し得る。このように最適資本構成理論とペッキングオーダー理論とを1つのモデルの中で両立させている点，これがこの章の議論のもう1つの特徴である。これは次のような理由による。

　資本構成モデルとして，仮に企業全体で見たときに規模に関して1次同次性が成立しているなら，投資の必要収益率は企業全体の収益率の値に等しくなるはずであるが，企業の目標が株主の富の最大化にあるなら，この値が必要収益率として採用されるとは限らない。その原因は投資の資金調達に伴う富移転にある。投資の資金を外部調達に依存し，負債と新株を新たに発行する必要があったとする。もし投資の資金調達が，投資前の元々の債権者に損をさせないようなものに限定されるなら，確かに，投資の必要収益率は企業の収益率と等しいときが最適である。しかし外部から投資資金を調達する限り，このような調達方法に限定されなければならない理由はない。事実，元々の負債比率よりも大きな割合で新しい負債を発行し，元の債権者に損をさせて，その分を既存株主に富移転するなら，この場合の投資の必要収益率は，企業全体の収益率よりも小さな値とすることができるかもしれない。従って，たとえ規模に関する1次同次性が成立していても，株主の富の最大化を達成するような投資の必要収益率は，企業全体の収益率である保証はない。

　既存株主が投資以外の別の要因で富移転を受けているなら，そうでない場合よりも投資の必要収益率は小さくすることができよう。投資からの収益率が小さくなっても，富移転により享受した利益で補填すればよいからである。ということは，債権者の損が大きいほど，富移転は大きくなって既存株主には有利となる。であるなら，投資の資金調達は全額を新たに負債で発行することが，既存株主には望ましいであろう。すなわち，投資の資金調達にはペッキングオーダー理論が成立する。このように，企業全体の資本構成に

---

とペッキングオーダー理論，どちらが現実企業の資金調達行動を説明できるかを実証分析する研究が一時盛んであった。ShyamSunder-Myers(1999) や Fama-French(2002)，Frank-Goyal(2003) である。

## 8.1 はじめに

関して，確かに最適資本構成が存在するような場合でも，追加的な投資の資金調達ということになると，ペッキングオーダーが出現し得る。

とはいえ，注意すべきことは，ペッキングオーダーの出現は1つの可能性である。資金全額を負債で調達しても，もし倒産確率がほとんど不変であるなら，元の債権者から既存株主への富移転はほとんど発生しないので，全額負債で調達するよりも，(最適資本構成を反映させて) 負債と株式のミックスで調達した方が既存株主にとって好ましいという状況も起こり得る。どちらの状況が該当するかは，パラメターに依存する極めて実証的な問題であって，現実企業については両ケースともに混在している。ただ後で見るように，ペッキングオーダー理論成立の方が圧倒的に数多い。

以上の2点，資本構成モデルから投資の必要収益率を計算して，実務で広く利用される平均資本コストの妥当性を検討した点，および最適資本構成の中で，投資の資金調達についてペッキングオーダーが出現し得るという点，これらがここの議論の特徴である。ところで，「投資」の経済学的理論モデルは，歴史も古く膨大な数の論文が存在する。投資についての伝統的な理論モデルの集大成は Hayashi(1982) に代表させることができよう。また一方で，不確実性を考慮した連続時間モデルのフレームワークを使って，Dixit-Pindyck(1994) を始めとする一連の研究が投資の動学的モデルを展開している。

両者統合の試みは，比較的最近のことで，これは Bolton-Chen-Wang(2011) に結実する。ただそこにはまだエージェンシーコストの問題など，企業金融論的な論点が十分取り込まれているとはいえない。投資に限らず様々な種類のエージェンシーコストを，連続時間モデルのフレームワークでモデル化する試みは，Leland(1998) や Morellec(2004) の先駆的な研究を経て近年1つの潮流を形成している。現在，数多くの理論モデルが発表されているが，投資をモデルの中で明示的に扱っていて，かつエージェンシーコストの視点から資金調達の影響を議論している文献には，Giat-Hackman-Subramanian(2010) や DeMarzo-Fishman-He-Wang(2012)，Hackbarth-Mauer(2012) がある。

これら近年の研究は，高級なツールに依拠した精緻な分析ではあるものの，逆にそれ故に現実との接点が分かりにくい点は否めない。実際にアメリ

カを始め世界中で共通に教えられ，現実に広く実践されている，(平均資本コストを使った) 投資の意思決定方法に対し，上記の先端研究がどのような関連を持つのか余り明確ではない。また最適資本構成やペッキングオーダーといった，企業金融論における伝統的な議論に対し，整合性ある見解を与え得るのかにも疑問の余地がある。その点，この章の議論は伝統的な1期間モデルに依拠した，ごく単純な理論モデルであるから，上記のような問題に対し，明確な答えを与えることができる。この点が先端の諸研究に対抗する本稿のアドバンテージであろう。

この章の構成は，8.2節で，企業投資を追加で導入して，投資の必要収益率の計算方法を示し，投資の資金調達の問題を検討する。8.3節では若干のシミュレーションを行い，ここのモデルを使って計算される必要収益率を提示し，モデルの特徴を検討する。次に8.4節では，ここのモデルを現実企業のデータにあてはめて，これら企業の投資の必要収益率を計算する。

## 8.2 企業投資のモデル

ここでは，第7章の資本構成モデルを拡張して，企業投資の必要収益率を定式化したい。どのようにして投資の必要収益率を計算するか。まず8.2.1節で，以下「基本形」と称される基本的な考え方を述べる。この「基本形」と比較するため，次の8.2.2節では，規模に関する1次同次性を維持するような場合を検討する。8.2.3節で，これら2つのケースの数値例を示す。

### 8.2.1 基本的な考え方：企業投資の必要収益率

第7章のモデルに次のような企業投資を追加しよう。

期首時点で企業が活動を開始した直後，新たな投資機会が突然出現したとする。この投資機会を実現すべく投資を実行すべきか否か。この意思決定をする際には，投資の必要収益率を知る必要があり，ここでは，前の資本構成モデルの中で，どうやって投資の必要収益率を計算すればよいかを説明する。なおここでの投資機会の出現はあくまでも突然であることが必要で，企

## 8.2 企業投資のモデル

業設立の資金調達時点では投資家にも企業にも未知なものでなければならない。期首時点で完全資本市場なのであるから，本当ならこの投資機会の存在は当初の資金調達に反映されるはずで，始めからこの投資分は設立される「企業」に織り込まれているであろう。しかしそうであるとすると，この投資の分だけを始めの「企業」から分離して明示することは不可能で，投資の問題を分析することはできない。この問題は多期間の動学モデルを用いれば解決できるかもしれないが，動学モデルは議論および計算を非常に複雑化させるであろう。動学モデルに依存せず，投資の意思決定を本書のような1期間モデルの範囲内で取り上げるには，投資機会の存在が当初は「未知」で，直後に突然出現するという奇抜な仮定を設定するしか方法はない。[*3]

　この投資を実行するには追加で資金が必要になるが，投資額を $I$ 円としよう。この $I$ 円は外部から新たに調達されなければならない。設立時に調達した資金はすべて収益資産の購入に使ってしまったから，企業は手元に資金を持ち合わせていない。この $I$ 円のうち $I_B$ 円を新たな負債により，また残りの $I_S$ 円を新株の発行により調達するものとする。ただし $I = I_S + I_B$ で，この $I$ の値は所与とする。投資額 $I$ そのものは外生変数であるが，この投資額のうちどれだけを負債と株式で調達するかの調達割合はモデル内で内生的に決定できる。しかし当面は議論を単純化するため，$I_S$ と $I_B$ も所与の外生変数としよう。これら調達割合の決定についてはこの後に議論する。

　ところで前章のモデルは，企業が投資を実行しなかった場合と考えられる。そこで企業が投資を実行しなかった場合を明示するのに，変数に上付き添字 $^{(0)}$ を付すことにする。記号を確認しておくため，多少の重複を厭わずに繰り返しておこう。負債が存在しないときの期末キャッシュフローの期待値は $\omega_Z^{(0)}$，負債のエージェンシーコストの大きさを表すパラメーターは $\alpha$ であり，企業にとってこれらは外生変数である。これら値を所与として，次の連

---

[*3] 投資に関するこの設定を少し弁解すると，本稿の1期間モデルの1期間とは，例えば10年という非常に長い期間を対象にしている。企業設立から数週間して投資機会の存在を認識し，1ヶ月後に投資の資金調達を行って投資を実行したならば，1期間10年の中で，この1ヶ月という時間は期首とみなして差し支えないであろう。

立方程式

$$\mu_Z^{*(0)} = \omega_Z^{(0)} - \alpha L^{*(0)} \tag{8.2}$$

$$\frac{\partial}{\partial L} V_L\left(\omega_Z^{(0)}, \alpha; L^{*(0)}, \mu_Z^{*(0)}, \sigma_Z^{*(0)}\right) = 0 \tag{8.3}$$

$$\frac{\partial}{\partial \sigma_Z} S_L\left(\omega_Z^{(0)}, \alpha; L^{*(0)}, \mu_Z^{*(0)}, \sigma_Z^{*(0)}\right) = 0 \tag{8.4}$$

を解いて，$L^{*(0)}$ と $\mu_Z^{*(0)}$，$\sigma_Z^{*(0)}$ を求める。すなわち，企業は $\Phi\left(\mu_Z^{*(0)}, \sigma_Z^{*(0)}\right)$ という期末キャッシュフローの確率分布の企業活動を行い，[*4] 負債として債権者に期末支払額 $L^{*(0)}$ を約束し，これらのことにより期首の株式価値と負債価値は $S_L^{(0)}$ と $B^{(0)}$ になる。

$$S_L^{(0)} = S_L\left(\omega_Z^{(0)}, \alpha; L^{*(0)}, \mu_Z^{*(0)}, \sigma_Z^{*(0)}\right)$$
$$B^{(0)} = B\left(\omega_Z^{(0)}, \alpha; L^{*(0)}, \mu_Z^{*(0)}, \sigma_Z^{*(0)}\right)$$

ここまでは第 7 章と同じで，変数に上付き添字 $^{(0)}$ を付けただけである。

ここで期首時点の活動開始直後に投資機会が出現したとする。企業がこの投資を実行すると，期末キャッシュフローの確率分布は変化して，これが $\Phi\left(\mu_Z^{*(1)}, \sigma_Z^{*(1)}\right)$ になるものとする。企業が投資を実行した場合であることを明示するために，変数に上付き添字 $^{(1)}$ を付ける。負債を新たに発行するので，債権者に約束する期末支払額も変化するはずで，これは $L^{*(1)}$ である。情報は完全であるので，これらのことはすべて投資家には瞬時に既知となり，このときの株式価値と負債価値は $S_L^{(1)}$ と $B^{(1)}$ として表される。

それでは，投資実行時のパラメター $\mu_Z^{*(1)}$ や $\sigma_Z^{*(1)}$，$L^{*(1)}$ はどのように決定されると考えるべきか。まず資産代替のメカニズムが存在するので，$\sigma_Z$ は $S_L$ を最大化するように決定される。すなわち，

$$\sigma_Z^{*(1)} = \arg\max_{\sigma_Z} S_L\left(L^{*(1)}, \mu_Z^{*(1)}, \sigma_Z\right) \tag{8.5}$$

---

[*4] 正規分布を表す表記は通常，$N(\mu_Z, \sigma_Z^2)$ という具合いに，期待値の後は標準偏差ではなく分散を用いるのが慣例になっているが，ここでは表記の煩雑さを避けるため，標準偏差でもって正規分布を表現したい。そこで正規分布の表記を $N(\mu_Z, \sigma_Z^2)$ ではなく，$\Phi(\mu_Z, \sigma_Z)$ のように表すことにする。

## 8.2 企業投資のモデル

でなければならない。また負債のエージェンシーコストの存在により，前の (8.2) 式と同様，$\mu_Z^{*(1)}$ は，負債が存在しないときの期末キャッシュフロー期待値 $\omega_Z^{(1)}$ より

$$\mu_Z^{*(1)} = \omega_Z^{(1)} - \alpha L^{*(1)} \tag{8.6}$$

という関係に従い小さくなるものとしよう。投資実行の有無でこの $\alpha$ が同じままである保証はないが，単純化のため，この $\alpha$ は同じ値を維持するものと仮定される。最後に $L^{*(1)}$ は，投資の資金調達と関連して決定される。[*5]

以上のような想定の下，投資実行時の株式価値 $S_L^{(1)}$ と負債価値 $B^{(1)}$ は，

$$S_L^{(1)} = S_L\left(\omega_Z^{(1)}, \alpha; L^{*(1)}, \mu_Z^{*(1)}, \sigma_Z^{*(1)}\right)$$
$$B^{(1)} = B\left(\omega_Z^{(1)}, \alpha; L^{*(1)}, \mu_Z^{*(1)}, \sigma_Z^{*(1)}\right)$$

のように表すことができる。ここで資金調達のための条件を考えてみよう。

投資を実行するのに必要な資金 $I$ のうち，負債の発行で調達する部分が $I_B$ であるなら，負債価値には次の関係が成立しなければならない。

$$\left(1 - \frac{L^{*(0)}}{L^{*(1)}}\right) B^{(1)} = I_B \tag{8.7}$$

なおこの定式化は，$I_B$ 円調達による新しい債権者と元の債権者とは，優先順位が同じという前提がある。今，債権者全体で $L^{*(1)}$ の請求権を持っている。$L^{*(1)}$ に対する価値が $B^{(1)}$ であるから，新しい債権者と元の債権者は，この価値を $\left(1 - \frac{L^{*(0)}}{L^{*(1)}}\right)$ と $\frac{L^{*(0)}}{L^{*(1)}}$ という比率で按分するものと考えられる。$I_B$ 円を提供する投資家が合理的であれば，$\left(1 - \frac{L^{*(0)}}{L^{*(1)}}\right) B^{(1)}$ が $I_B$ であるから，上式が成立するはずである。負債の資金調達 $I_B$ が実行された後における，元の債権者の有する負債価値は $\frac{L^{*(0)}}{L^{*(1)}} B^{(1)}$ であるが，これが元々の $B^{(0)}$ と同じである保証

---

[*5] (8.6) 式の $\alpha$ を所与の定数と仮定する点が，ここの議論の欠点である。投資の意思決定の対象として，$\alpha$ は内生化される必要がある。ただそのためにはエージェンシーコストの発生メカニズムを明示的にモデル化する必要があり，そのモデルなしに，いわばその誘導型である $\alpha$ をどう決定するかを議論しても余り有意義ではなかろう。ただエージェンシーコスト発生メカニズムをモデルに取り込むと，本稿のような単純な議論はもはや不可能であろう。そこで本稿では，$\alpha$ の値を一定と仮定して，その複雑な (しかし重要な) 論点を無視している。

はない．前者の方が後者よりも小さくなるかもしれない．そのときは，元の債権者は新たな債権者の登場で損をしていることになる．

　他方，新株発行によって調達する資金は $I_S$ であるが，株式価値の方はどのような関係が成立するか．この企業投資が儲かる投資であるなら，株価の値上り益が既存株主の富を増大させる．この点をもう少し具体的に示すと，投資を実行しないとき，1株当り株価を $P_L^{(0)}$，発行済株式数を $n_L^{(0)}$ で表す．いうまでもなく $S_L^{(0)} = n_L^{(0)} P_L^{(0)}$ である．投資を実行するときは1株当り株価を $P_L^{(1)}$，発行済株式数を $n_L^{(1)}$ とする．発行される新株の価格が $P_L^{(1)}$ であるとすると，新株の株式数は $I_S/P_L^{(1)}$ であり，株式価値 $S_L^{(1)}$ は次のように書ける．

$$S_L^{(1)} = n_L^{(1)} P_L^{(1)} = \left( n_L^{(0)} + \frac{I_S}{P_L^{(1)}} \right) P_L^{(1)}$$
$$= S_L^{(0)} + I_S + n_L^{(0)}(P_L^{(1)} - P_L^{(0)}) \tag{8.8}$$

投資実行時の株式価値 $S_L^{(1)}$ は，投資を実行しないときの元の株式価値 $S_L^{(0)}$ と新株主の持分 $I_S$ に加えて，既存株主の享受する値上り益 (この式の第3項) から成ることがわかる．企業が既存株主の富の最大化を目標にしているなら，投資実行時の株価 $P_L^{(1)}$ が，投資をしないときの株価 $P_L^{(0)}$ を上回るなら，その投資を実行すべきである．この (8.8) 式から次のことが成立する．

$$P_L^{(1)} \geq P_L^{(0)} \quad \Leftrightarrow \quad S_L^{(1)} \geq S_L^{(0)} + I_S$$

　ここで $P_L^{(1)} = P_L^{(0)}$ であるような投資案件を考えよう．この投資案件は，既存株主に有利か不利かの境目となる限界的な案件ということになる．この限界的な投資案件においては

$$S_L^{(1)} = S_L^{(0)} + I_S$$

であることはいうまでもない．

## 8.2 企業投資のモデル

以上のことから，次のような連立方程式を考えてみよう．

$$\sigma_Z^{*(1)} = \arg\max_{\sigma_Z} S_L\left(\omega_Z^{(1)}, \alpha\,;\, L^{*(1)}, \mu_Z^{*(1)}, \sigma_Z\right) \quad (8.5)$$

$$\mu_Z^{*(1)} = \omega_Z^{(1)} - \alpha L^{*(1)} \quad (8.6)$$

$$\left(1 - \frac{L^{*(0)}}{L^{*(1)}}\right) B\left(\omega_Z^{(1)}, \alpha\,;\, L^{*(1)}, \mu_Z^{*(1)}, \sigma_Z^{*(1)}\right) = I_B \quad (8.7)$$

$$S_L\left(\omega_Z^{(1)}, \alpha\,;\, L^{*(1)}, \mu_Z^{*(1)}, \sigma_Z^{*(1)}\right) - S_L\left(\omega_Z^{(0)}, \alpha\,;\, L^{*(0)}, \mu_Z^{*(0)}, \sigma_Z^{*(0)}\right) = I_S \quad (8.9)$$

(8.5) 式は $\sigma_Z$ を決定するための条件式であり，(8.6) 式は負債のエージェンシーコストによる制約式である．ここの (8.7) 式と (8.9) 式は前の式を関数の形に書き直しただけである．(8.7) 式は負債による資金調達，(8.9) 式は限界的投資の場合の新株発行による資金調達を表す式である．これら4本の式から成る連立方程式が，投資の必要収益率を計算する際の「基本形」である．この連立方程式において，上付き添字 $^{(0)}$ の付いている変数はすべて値がわかっている．$I_S$ と $I_B$ の値が所与であるなら，これら4本の方程式から4個の未知数 $\omega_Z^{(1)}$ と $\mu_Z^{*(1)}$，$\sigma_Z^{*(1)}$，$L^{*(1)}$ を解くことができる．この解法を直感的にいうなら，$\sigma_Z^{*(1)}$ には (8.5) 式を，また $\mu_Z^{*(1)}$ には (8.6) 式を使うことで，この連立方程式の解は，(8.7) 式と (8.9) 式の2本の方程式を満たすよう，2つの変数 $L^{*(1)}$ と $\omega_Z^{(1)}$ を探索することに帰着できる．

このようにして求められた $\omega_Z^{(1)}$ と $\mu_Z^{*(1)}$，$\sigma_Z^{*(1)}$，$L^{*(1)}$ は，既存株主に損をさせない必要最低限の企業投資の結果である．それ故これらの値から計算される収益率

$$R_q \equiv \frac{\omega_Z^{(1)} - \omega_Z^{(0)} - I}{I} \quad (8.10)$$

は投資の必要収益率ということができる．この必要収益率を上回る収益率の投資であれば，これを実行することで既存株主の富 (1株当り株価) は増加する．逆にそうでないなら，既存株主の富は減少してしまう．この意味でこの必要収益率は投資のカットオフレート，あるいはハードルレートとしての役割を果たす．以上のようにして，企業投資に関する必要収益率を計算することができる．

ところでこの議論は，投資の資金調達方法 ($I_B$ と $I_S$ の大きさ) が既知であ

ることが前提になっていた。投資額 $I$ の大きさそのものが既知であったとしても、$I_B$ と $I_S$ を何らかの方法で決定しないと、実際には $R_q$ を計算することはできない。それでは投資の資金調達方法をどのように決定すればよいか。もし $I_B$ が変化するときに $R_q$ が変化するならば、既存株主の富の最大化が目標であるから、$R_q$ の小さい方が望ましいのは明らかであろう。というのは、$R_q$ が大きいときに株価を下落させてしまうような投資案件であっても、資金調達の方法 ($I_B$ の大きさ) いかんで $R_q$ を低下させることができるなら、株価を上昇させるような投資案件に変り得るからである。そこで、投資の最適な資金調達は、

$$\min_{I_B} R_q \qquad ただし\ 0 \leq I_B \leq I,\ I_S = I - I_B \tag{8.11}$$

という問題を解くことで求められる。すなわち、$I_B$ について $R_q$ を最小化するときが最適な資金調達方法である。

### 8.2.2 純粋に規模を大きくするだけの投資

ここでは議論の比較として、最も単純なケースを取り上げることにしよう。ここでいう最も単純なケースとは、投資が純粋に規模を大きくするだけという場合である。後で確認するが、ここの資本構成モデル自体は、規模に関する1次同次性を有している。であるなら、純粋に規模を大きくするだけの投資が対象ならば、その投資の必要収益率は企業収益率 $ROA$ と同じになるはずである。事実、(8.10) 式で定義された $R_q$ は、規模に関する1次同次性の下、(8.15) 式の $R_{ROA}$ と等しくなることが簡単に確認できる。

それでは、「純粋に規模を大きくするだけの投資」とは、どのような投資であろうか。具体的には次の2つの条件が必要である。純粋に規模だけが大きくなるなら、1次同次性によって、投資実行後の負債比率は投資実行前のそれと同じままのはずである。そして必要収益率を計算するための限界的投資については、その定義により $S_L^{(1)} - S_L^{(0)} = I_S$ であるから、もし

$$\frac{I_S}{I_B} = \frac{S_L^{(0)}}{B^{(0)}} = \frac{S_L^{(1)}}{B^{(1)}}$$

## 8.2 企業投資のモデル

が成立するように投資 $I$ の資金調達を行うなら，簡単な演算により，$B^{(1)} - B^{(0)} = I_B$ が導出できる。これは (8.7) 式と比較すると，

$$\frac{L^{*(0)}}{L^{*(1)}} B^{(1)} = B^{(0)} \tag{8.12}$$

が成立していることに他ならない。この (8.12) 式は，前で述べたように，元の債権者が投資によって損をしないという意味である。

前で提示した「基本形」では，資産代替の可能性を考慮しているから，投資によって債権者に損をさせ，その分，株主を儲けさせるようなことも実行可能なはずである。これは新たな富移転を発生させることになるので，このような投資は純粋に規模を大きくするだけの投資とはいえない。そこで「純粋に規模を大きくするだけの投資」であるための 1 番目の条件は，元の債権者に損をさせないということが必要である。投資に伴い新たに $I_B$ の負債が発行され，この新しい負債は元の負債 $B^{(0)}$ と同等の優先順位を持っているから，元の債権者は自分の権利が希薄化される可能性がある。(8.12) 式は，元の債権者が新しい負債の発行後も $B^{(0)}$ の価値を保持することを示している。

そして 2 番目の条件は，営業上のリスクを表すパラメター $\sigma_Z^{*(1)}$ も一定の制約を受けるという点である。もし経営者が $\sigma_Z^{*(1)}$ を自由に決められるなら，$\sigma_Z^{*(1)}$ の値いかんで富移転が発生する可能性があるから，この可能性を排除する必要がある。そこで，投資が $\omega_Z$ を $c$ 倍だけ変化させたなら，その標準偏差も $c$ 倍だけ変化するものとしよう。つまり

$$\omega_Z^{(1)} = c\omega_Z^{(0)} \quad \Rightarrow \quad \sigma_Z^{*(1)} = c\sigma_Z^{*(0)}$$

という関係が成立しているものとする。このことから，

$$\sigma_Z^{*(1)} = \frac{\omega_Z^{(1)}}{\omega_Z^{(0)}} \sigma_Z^{*(0)} \tag{8.13}$$

という関係に従って $\sigma_Z^{*(1)}$ が決定されなければならない。

以上 2 つの条件を考慮すれば，「純粋に規模を大きくするだけの投資」について，その必要収益率の計算は以下のように定式化できる。まず投資額 $I$ (この大きさは所与) の資金調達として，元の負債比率 $B^{(0)}/V_L^{(0)}$ と $I_B/I$ が同

じになるように，負債で $I_B$ 円と新株発行で $I_S$ 円を調達する．そして，これら $I_B$ と $I_S$ の値を所与として，次のような連立方程式を解く．

$$\sigma_Z^{*(1)} = \frac{\omega_Z^{(1)}}{\omega_Z^{(0)}} \sigma_Z^{*(0)} \tag{8.13}$$

$$\mu_Z^{*(1)} = \omega_Z^{(1)} - \alpha L^{*(1)} \tag{8.6}$$

$$B\left(\omega_Z^{(1)}, \alpha; L^{*(1)}, \mu_Z^{*(1)}, \sigma_Z^{*(1)}\right) - B\left(\omega_Z^{(0)}, \alpha; L^{*(0)}, \mu_Z^{*(0)}, \sigma_Z^{*(0)}\right) = I_B \tag{8.14}$$

$$S_L\left(\omega_Z^{(1)}, \alpha; L^{*(1)}, \mu_Z^{*(1)}, \sigma_Z^{*(1)}\right) - S_L\left(\omega_Z^{(0)}, \alpha; L^{*(0)}, \mu_Z^{*(0)}, \sigma_Z^{*(0)}\right) = I_S \tag{8.9}$$

限界的投資に関する新株発行の条件を表した (8.9) 式と，負債のエージェンシーコストを表す制約の (8.6) 式は「基本形」と同じである．「純粋に規模を大きくするだけの投資」の場合，「基本形」から変更を要するのは，負債の資金調達を表した (8.14) 式と，$\sigma_Z^{*(1)}$ の決定に関する (8.13) 式である．(8.14) 式については，元の債権者が損をしないための負債の発行条件である．また (8.13) 式は，企業のリスクも純粋に規模の拡大に比例するというものである．以上の 4 本の式から，$\omega_Z^{(1)}$ と $\mu_Z^{*(1)}$, $\sigma_Z^{*(1)}$, $L^{*(1)}$ の 4 個の変数が「基本形」と同様の解法で計算される．そして最後に，$\omega_Z^{(1)}$ と投資前の $\omega_Z^{(0)}$ から，(8.10) 式を使って必要収益率を求めることができる．

### 8.2.3 数値例

ここのモデルは解析的に解くことはできない．このモデルの特徴を明らかにするためには，具体的な数値を与え，その下で求められる数値解を検討することになる．そこで実際にモデルを解く際の数値例をここで与えておく．そしてこれを使って，前で述べた「純粋に規模を大きくするだけの投資」および「基本形」の投資について，その必要収益率を計算してみる．

このモデルは 1 期間モデルであり，ここでは 1 期間を例えば 10 年という長い期間で考える．このことから，期末キャッシュフローは，1 期間 10 年分の EBIT と企業の保有資産の期末価値の合計である．モデルに数値を与えるべき基本的なパラメターの 1 つは $\omega_Z^{(0)}$ で，これは負債が存在しない (負債のエージェンシーコストがない) 場合の 10 年分の EBIT と資産の期末価値

## 8.2 企業投資のモデル

の合計の期待値である.これには50という値を仮定する.もう1つの基本的なパラメーターはエージェンシーコストの大きさを表す$\alpha$で,これは0.09という値が仮定される.

その他のパラメーターについては,倒産コストのパラメーター$k$は0.4,法人税率$\tau$は0.3,資本市場関連のパラメーターは,1年当りの利率で表記して,$E(\tilde{R}_M) = 0.13$, $\sigma(\tilde{R}_M) = 0.25$, $R_F = 0.06$である.また$\text{corr}(\tilde{R}_M, \tilde{Z})$は0.4とした.ところで,$E(\tilde{R}_M)$の13%という値は通常,1期間を1年とした表記であり,モデルでは1期間を10年としているのでこの値は適当に換算されなければならない.これは$(1.13)^{10} - 1$により計算され,2.395という値になる.つまり1期間を10年とする場合は$E(\tilde{R}_M)=2.395$という値になる.このようにして期待収益率や無危険利子率は1期間10年として換算されている.また標準偏差については$\sqrt{10}$を乗じることで換算される.このような換算を通じて求められる$\lambda$は2.566という値になる.

以上の数値例は表8.1の上段「外生変数」にまとめてある.これらの数値を所与としてモデルを解いた結果が表8.1の下段「内生変数」の値である.そこの$\mu_Z^{*(0)} = 49.02$と$\sigma_Z^{*(0)} = 20.83$, $L^{*(0)} = 10.85$は(8.2)式と(8.3)式,(8.4)式から成る3本の連立方程式を解いて求められた値である.またそのときの$S_L^{(0)}$と$B^{(0)}$,およびこれらの和である企業価値$V_L^{(0)}$も記されている.表の$DR$は負債比率で,これは$B^{(0)}/V_L^{(0)}$から求められる.最後の$ROA$は,

$$R_{ROA} = \frac{\omega_Z^{(0)} - V_L^{(0)}}{V_L^{(0)}} \tag{8.15}$$

から計算される値で,本稿ではこれを企業収益率と称する.表の$\omega_Z^{(0)}$の値(50.0)から直接この比率を計算すると,それは1期間10年とした場合の収益率で,10年分の収益を一括して(10年後に発生すると)考えた数字である.これでは現実感覚に乏しいので,表の$ROA$には$R_{ROA}$を1年当りの利率に変換した値が掲げられている.[*6] この数値例では,企業収益率は12.34%になる.なおこれは税引前の数字であることを注意しておく.

---

[*6] 表の$ROA$の値は,(8.15)式の$R_{ROA}$を,$(1+R_{ROA})^{\frac{1}{10}} - 1$に従い変換して求められたものである.

外生変数

| $\omega_Z^{(0)}$ | $\alpha$ | $k$ | $\tau$ | $E(\tilde{R}_M)$ | $\sigma(\tilde{R}_M)$ | $R_F$ | $\lambda$ | $\text{corr}(\tilde{R}_M, \tilde{Z})$ |
|---|---|---|---|---|---|---|---|---|
| 50.0 | 0.09 | 0.4 | 0.3 | 0.13 | 0.25 | 0.06 | 2.566 | 0.4 |

内生変数

| $\mu_Z^{*(0)}$ | $\sigma_Z^{*(0)}$ | $L^{*(0)}$ | $S_L^{(0)}$ | $B^{(0)}$ | $V_L^{(0)}$ | $DR$ | $ROA$ |
|---|---|---|---|---|---|---|---|
| 49.02 | 20.83 | 10.85 | 10.08 | 5.54 | 15.62 | 0.355 | 0.1234 |

(注)$E(\tilde{R}_M)$ と $\sigma(\tilde{R}_M)$, $R_F$ は1期間1年とする場合の値である。$\lambda$ はこれらを1期間10年として換算した値から求めている。$\omega_Z^{(0)}$, $\mu_Z^{*(0)}$, $\sigma_Z^{*(0)}$, $L^{*(0)}$ は1期間10年の値である。また $DR$ は負債比率で,$B^{(0)}/V_L^{(0)}$ から計算した。$ROA$ は企業収益率(税引前)で,(8.15) 式から計算される $R_{ROA}$ を1年当りの利率に変換した値である。

表 8.1 数値例

| $\omega_Z^{(0)}$ | $\mu_Z^{*(0)}$ | $\sigma_Z^{*(0)}$ | $L^{*(0)}$ | $S_L^{(0)}$ | $B^{(0)}$ | $V_L^{(0)}$ | $DR$ | $ROA$ |
|---|---|---|---|---|---|---|---|---|
| 40.0 | 39.22 | 16.66 | 8.68 | 8.06 | 4.43 | 12.49 | 0.355 | 0.1234 |
| 45.0 | 44.12 | 18.74 | 9.77 | 9.07 | 4.99 | 14.06 | 0.355 | 0.1234 |
| 50.0 | 49.02 | 20.83 | 10.85 | 10.08 | 5.54 | 15.62 | 0.355 | 0.1234 |
| 55.0 | 53.93 | 22.91 | 11.94 | 11.08 | 6.09 | 17.18 | 0.355 | 0.1234 |
| 60.0 | 58.83 | 24.99 | 13.02 | 12.09 | 6.65 | 18.74 | 0.355 | 0.1234 |

(注)$k = 0.4$, $\tau = 0.3$, $\alpha = 0.09$, $\lambda = 2.566$, $\text{corr}(\tilde{R}_M, \tilde{Z}) = 0.4$ として計算。

表 8.2 $\omega_Z^{(0)}$ が変化する場合

もう1点,数値例を用いて確認しておかなければならないのが,このモデルの特徴,規模に関する1次同次性である。表 8.2 は企業の規模を拡大する場合のシミュレーションで,$\omega_Z^{(0)}$ が増大するときを調べたものである。例えば,$\omega_Z^{(0)}$ が 50 から 60 へと 1.2 倍に増えたとする。すると,$\mu_Z^{*(0)}$ や $\sigma_Z^{*(0)}$, $L^{*(0)}$, $S_L^{(0)}$, $B^{(0)}$, $V_L^{(0)}$ すべてが 1.2 倍になっている。また $DR$ や $ROA$ のような比率は規模が変化しても不変である。この1次同次性は線形の (8.2) 式を仮定した結果である。$\omega_Z^{(0)}$ と $\mu_Z^{*(0)}$, $L^{*(0)}$ の関係が線形である保証はなく,例えば2次式が想定されるなら,1次同次性は消滅する。その意味では1次同次性はこのモデルの必然的な特徴ではないが,1次同次性を想定しておくと,企業投資の問題を考えるに際して,重要な含意が得られることになる。

## 8.2 企業投資のモデル

投資を実行しない場合

| $\omega_Z^{(0)}$ | $\mu_Z^{*(0)}$ | $\sigma_Z^{*(0)}$ | $L^{*(0)}$ | $S_L^{(0)}$ | $B^{(0)}$ | $V_L^{(0)}$ | DR | ROA |
|---|---|---|---|---|---|---|---|---|
| 50.00 | 49.02 | 20.83 | 10.85 | 10.08 | 5.54 | 15.62 | 0.355 | 0.1234 |

限界的投資を実行する場合

| $\omega_Z^{(1)}$ | $\mu_Z^{*(1)}$ | $\sigma_Z^{*(1)}$ | $L^{*(1)}$ | $S_L^{(1)}$ | $B^{(1)}$ | $V_L^{(1)}$ | $I_B$ | $I_B/I$ | RRI |
|---|---|---|---|---|---|---|---|---|---|
| 56.40 | 55.30 | 23.49 | 12.24 | 11.37 | 6.25 | 17.62 | 0.709 | 0.355 | 0.1234 |

(注) $\omega_Z$, $\mu_Z^*$, $\sigma_Z^*$, $L^*$ は 1 期間 10 年の値。添え字 $(0)$ は投資を実行しない場合,添え字 $(1)$ は限界的投資を実行する場合を表す。また DR は負債比率で, $B/V_L$ から計算した。ROA は企業収益率 (税引前) で, (8.15) 式から計算される $R_{ROA}$ を 1 年当りの利率に変換した値である。RRI は投資の必要収益率 (税引前) で, (8.10) 式から計算される $R_q$ を同様に 1 年当りの利率に変換した値である。

表 8.3　必要収益率の計算：純粋に規模を大きくするだけの投資

### 純粋に規模を大きくするだけの投資

さて,以上の数値例のような企業が, $I = 2$ という大きさの投資機会に直面し,純粋に規模を大きくするだけの投資を実行したとする。(8.6) 式と (8.9) 式, (8.13) 式, (8.14) 式から成る連立方程式を解いてみよう。この計算結果が表 8.3 である。$I = 2$ の資金調達を負債比率 0.355 と同じになるよう負債の調達額 $I_B$ を求めた。これが 0.709 である。残りの 1.291 が新株発行による調達額 $I_S$ ということになる。株式価値と負債価値を見ると,投資を実行しない場合 ($S_L^{(0)}$ と $B^{(0)}$) の値 10.08 と 5.54 から,投資を実行する場合 ($S_L^{(1)}$ と $B^{(1)}$) の値 11.37 と 6.25 へと,各々 $I_S$ と $I_B$ だけ変化している。この限界的な投資の資金調達を可能にするには,債権者全体に対し期末に $L^{*(1)} = 12.24$ の支払いを約束することが必要で,また期末キャッシュフロー期待値は $\mu_Z^{*(1)} = 55.30$ だけ見込めるのでなければならない。そのときの $\omega_Z^{(1)}$ は 56.40 という値になる。$I = 2$ という投資を実行した結果,限界的投資ゆえ株主に損をさせないためには, $\omega_Z^{(0)} = 50$ から $\omega_Z^{(1)} = 56.40$ に変化しなければならないので,これから計算される投資の必要収益率 $R_q$ は, 1 年当りに換算して 12.34% という値 (表 8.3 の「RRI」) になる。なお RRI とは, $R_q$ として計算された値を 1 年当りの利率に換算したものである。RRI の値は,

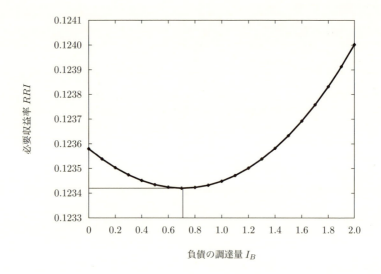

図 8.1 投資の必要収益率と負債の調達量 ($I_B$)：純粋に規模を大きくするだけの投資

当然のこと，投資を実行しない場合の企業収益率 $ROA$ の値と完全に一致している。

ところで今の議論では，負債比率 $B^{(0)}/V_L^{(0)}$ を使い，$I$ を按分する形で $I_B$ と $I_S$ を決定した。実は投資の資金調達をこのように考える必要はない。図 8.1 は投資に必要な資金 $I = 2$ を所与とし，負債の資金調達 $I_B$ を 0 から 2 まで徐々に変化させたとき (残りの $I_S = I - I_B$ は新株発行で調達)，前と同様の連立方程式 ((8.6) 式，(8.9) 式，(8.13) 式，(8.14) 式の合計 4 本) を解いて，投資の必要収益率 $R_q$ がどのように変化するかを調べたものである。この図からわかるように，はじめ負債での調達を増やしていくと $R_q$ は低下し，やがてある点に達すると $R_q$ は増大していく。つまり資金調達方法の違いによって $R_q$ は変化し，$R_q$ を最小化させる調達方法が存在する。

規模に関する 1 次同次性の存在によって，$R_q$ を最小化する $I_B$ と $I_S$ の比率は $B^{(0)}$ と $S_L^{(0)}$ の比率と完全に一致する。この特徴は，ミクロ経済学で登

## 8.2 企業投資のモデル

場する規模に関する収穫不変と同じ論理である。周知のようにミクロ経済学では，企業が規模に関して収穫不変であるなら，その生産量(規模)を変化させても，費用最小化をもたらす投入量の比率は不変である。上記の特徴はこれと同じことを形式を変えて表しているに過ぎない。この数値例が示しているように，$I_B$ と $I_S$ という投入量に関し，$R_q$ という費用(投資の必要収益率・資本コスト)を最小化させることができる。これにより，投資の資金調達方法($I_B$ の決定)は，$R_q$ の最小化を達成する $I_B$ でもって負債の資金調達を行い，残りの $I - I_B$ で新株発行を行うのが最適であると考えられる。

ここの「純粋に規模を大きくするだけの投資」，すなわち，1次同次性を維持するような投資を考慮している限りは，はじめから $I$ を適当に按分して $I_B$ を決めたとしても，あるいは $R_q$ を最小化するよう $I_B$ を探索して決めたとしても，結局は同じ解を得る。しかし次に問題とする「基本形」においては，必ずしも「純粋に規模を大きくするだけ」とは限らないような投資の可能性にまで配慮している。このとき，結果として1次同次性は維持できないので，$I$ を機械的に按分して $I_B$ の決める方法では論理整合性で問題がある。そこで，$R_q$ を最小化する $I_B$ が最適な資金調達方法になることを明らかにしておくことは，モデルの整合性を保持するのに必要不可欠である。

### 投資「基本形」の計算

「純粋に規模を大きくするだけの投資」という条件を外し，投資を実行することで元の債権者に損をさせ，その分を既存株主に富移転できるならば，投資の必要収益率 $R_q$ をもっと下げることが可能なはずである。もしそうであるなら，経営者は $R_q$ を最小化するのが望ましいから，そのような投資行動が選択されるであろう。この点をこの小節で示そう。

ここで解くべき連立方程式は，前で「基本形」として定式化したものである。その際，投資の資金調達である $I_B$ と $I_S$ の値は，$R_q$ を最小化する (8.11) 式から決定される。表 8.4 は前の数値例を使った計算結果である。この表で $I_B = 2$ となっている。これは，$I = 2$ という大きさの投資に対して，必要収益率 $R_q$ を最小化するのが，資金調達すべてを負債発行でまかなうときであることを表している。そこで，$I_B$ を 0 から 2 まで徐々に変化させたとき，$R_q$

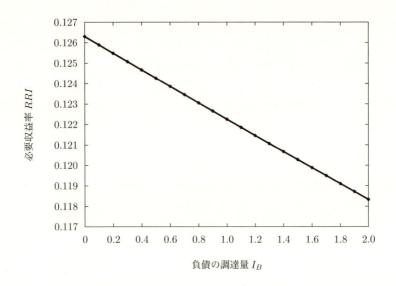

図 8.2　投資の必要収益率と負債の調達量 ($I_B$)：一般的な投資（「基本形」）の場合

がどのように変化するかを示したのが図 8.2 である。この図に示されているとおり，$I_B$ の増加で $R_q$ は一貫して低下している。

　この結果はある意味当然であろう。「純粋に規模を大きくするだけの投資」の場合と比べ，投資の資金調達で負債が大きくなると，元の債権者は権利が希薄化して損をする。この数値例では，元の債権者は 5.54 の価値を持っていたが，2 の負債が新たに発行されたために，元の債権者の価値は 5.44 に減っている（負債価値 $B^{(1)}$ の 7.44 から $I_B$ の 2 を控除）。債権者のこの損は既存株主に富移転されるので，この分，投資の必要収益率は下落する。つまり，債権者からの富移転が存在する分，収益率の低い投資でも既存株主は損をしないで済む可能性が生じる。

　ここで 1 点注意すべきことは，投資実行時の $\sigma_Z^{*(1)}$ の計算である。投資を実行しないときの $\sigma_Z^{*(0)}$ は，株式価値 $S_L^{(0)}$ を最大化する内点解として確かに計算できるのであるが，投資実行時の $\sigma_Z^{*(1)}$ の計算に際しては，内点解とし

## 8.2 企業投資のモデル

投資を実行しない場合

| $\omega_Z^{(0)}$ | $\mu_Z^{*(0)}$ | $\sigma_Z^{*(0)}$ | $L^{*(0)}$ | $S_L^{(0)}$ | $B^{(0)}$ | $V_L^{(0)}$ | DR | ROA |
|---|---|---|---|---|---|---|---|---|
| 50.0 | 49.02 | 20.83 | 10.85 | 10.08 | 5.54 | 15.62 | 0.355 | 0.1234 |

限界的投資を実行する場合

| $\omega_Z^{(1)}$ | $\mu_Z^{*(1)}$ | $\sigma_Z^{*(1)}$ | $L^{*(1)}$ | $S_L^{(1)}$ | $B^{(1)}$ | $V_L^{(1)}$ | $I_B$ | RRI |
|---|---|---|---|---|---|---|---|---|
| 56.12 | 54.78 | 23.38 | 14.84 | 10.08 | 7.44 | 17.52 | 2.0 | 0.1183 |

(注) 表 8.3 の脚注を参照のこと。

表 8.4　必要収益率の計算：一般的な投資 (「基本形」) の場合

て決定できることは皆無であった。「基本形」の計算においては，大概の場合，$S_L^{(1)}$ は $\sigma_Z^{*(1)}$ の減少関数になっていて，$\sigma_Z^{*(1)}$ がゼロのとき $S_L^{(1)}$ が最大になる。計算上，最適なのは $\sigma_Z^{*(1)} = 0$ ということになるが，これでは非現実的であるし，経済的な意味としても奇妙である。そこで本稿では，$\sigma_Z^{*(1)}$ の計算範囲として，$[\underline{\sigma_Z}, \overline{\sigma_Z}]$ という定義域を設定した。「純粋に規模を大きくするだけ」の場合を参考に，定義域の下限 $\underline{\sigma_Z}$ は

$$\underline{\sigma_Z} = \frac{\omega_Z^{(1)}}{\omega_Z^{(0)}} \sigma_Z^{*(0)}$$

とし，定義域の上限 $\overline{\sigma_Z}$ は $\sigma_Z^{*(0)}$ に 1.3 を乗じた値としている。

$\sigma_Z^{*(1)}$ にこのような定義域を設定することは，「純粋に規模を大きくするだけの投資」という制約が外れた場合，どの程度投資が歪み得るかという具合に考えることができよう。投資により $\omega_Z$ が増大すれば，通常，$\sigma_Z$ も増加するであろう。もし「純粋に規模を大きくするだけの投資」であるなら，これらは完全に比例する。このケースが定義域の下限である。逆に資産代替の誘因により，$\sigma_Z$ は無限に大きくなり得るかもしれない。無限大では計算できないので，仮に元の $\sigma_Z^{*(0)}$ の 30% 増を上限として設定している。

表 8.4 の計算結果では，容易に確認できるが，$\sigma_Z^{*(1)}$ として定義域の下限 $\underline{\sigma_Z}$ が株式価値を最大化する最適な値として選択される。このことは，投資における標準偏差 $\sigma_Z$ の選択には，純粋に規模のみを大きくするような意思決定が最適で，実物面ではこれ以上投資を歪める誘因が存在しないというこ

とになる．従って，「純粋に規模を大きくするだけの投資」から乖離する状況が望ましくなるのは，専ら全額を負債に依存するという資金調達のあり方に，その原因があることになる．

次節のシミュレーションや現実企業へ適用した結果を見ればわかるが，大半の場合で表 8.4 と同様，投資額の全額を負債で調達することが最適であり，かつ $\sigma_Z^{*(1)}$ はその定義域の下限が最適であるという結果を得る．ここの数値例は決して極端なケースではなく，オーソドックスな結果を示したものと考えられる．

以上の計算結果は何を意味しているか．ここの資本構成モデルは，規模に関して1次同次性を有しているような企業である．もし投資の資金調達方法が元の債権者に損をさせないようなものに限定されるなら，確かに元の企業収益率 $R_{ROA}$ と同じ値でもって，投資の必要収益率 $R_q$ とすることが最適である．しかし，投資の資金調達がそのように限定されないなら，元の債権者が損を被るような投資の資金調達を実施し，債権者の損を既存株主に富移転することで，投資の必要収益率 $R_q$ は元の企業収益率 $R_{ROA}$ より低い値にすることができる．企業の目標が既存株主の富の最大化であるなら，このように投資の意思決定をすることが，採用され得る投資案件を増やし，結果的に既存株主の富をより大きくすることができよう．

投資額の全額を負債で資金調達するのであれば，これはペッキングオーダー理論が投資の資金調達に関して当てはまることになる．ここの資本構成モデルでは確かに最適な資本構成が存在している．しかし投資ということになると，その資金調達には全額負債で調達する方が新株発行をミックスするより望ましい．以上のことは，企業全体に関する最適資本構成の存在と，投資の資金調達手段のペッキングオーダーとが両立していて，両者は元来別次元の議論であって，対立する概念ではないということを示唆する．

## 8.3 シミュレーション

ここではモデルで外生的に与えられたパラメーターの値が変化するとき，内生変数がどのように変化するかをシミュレーションにより明らかにしよう．

## 8.3 シミュレーション

| $\omega_Z^{(0)}$ | $\mu_Z^{*(0)}$ | $\sigma_Z^{*(0)}$ | $L^{*(0)}$ | $S_L^{(0)}$ | $B^{(0)}$ | $V_L^{(0)}$ | $DR^{(0)}$ | ROA | WACC |
| $\omega_Z^{(1)}$ | $\mu_Z^{*(1)}$ | $\sigma_Z^{*(1)}$ | $L^{*(1)}$ | $B^{(1)}$ | OldB | $DR^{(1)}$ | $I_B/I$ | RRI | $RRI_{tax}$ |
|---|---|---|---|---|---|---|---|---|---|
| 40.00 | 39.22 | 16.66 | 8.68 | 8.06 | 4.43 | 12.49 | 0.355 | 0.1234 | 0.0903 |
| 46.13 | 44.99 | 19.22 | 12.69 | 6.33 | 4.33 | 0.440 | 1.000 | 0.1185 | 0.0830 |
| 50.00 | 49.02 | 20.83 | 10.85 | 10.08 | 5.54 | 15.62 | 0.355 | 0.1234 | 0.0903 |
| 56.12 | 54.78 | 23.38 | 14.84 | 7.44 | 5.44 | 0.425 | 1.000 | 0.1183 | 0.0828 |
| 60.00 | 58.83 | 24.99 | 13.02 | 12.09 | 6.65 | 18.74 | 0.355 | 0.1234 | 0.0903 |
| 66.11 | 64.58 | 27.54 | 17.00 | 8.55 | 6.55 | 0.414 | 1.000 | 0.1182 | 0.0827 |

(注)$DR^{(0)}$ と $DR^{(1)}$ は負債比率で,各々,$B^{(0)}/V_L^{(0)}$,$B^{(1)}/V_L^{(1)}$ である.ROA は (8.15) 式の $R_{ROA}$ を,RRI は (8.10) 式の $R_q$ をそれぞれ 1 年当りの利率に換算した値である.WACC は (8.1) 式の平均資本コスト $\hat{\rho}_W$ を 1 年当りに換算した値である.OldB は投資実行時における元の債権者の負債価値で,$B^{(1)} - I_B$ から計算している.$I_B/I$ は投資額に対する負債調達額の比率で,これが 1.0 ということは,投資額のすべてが負債で調達されていることを意味する.$RRI_{tax}$ は税引後の必要収益率で,$(1-\tau)RRI$ から計算している.その他のパラメターの値は $\alpha = 0.09$,$k = 0.4$,$\tau = 0.3$,$I = 2.0$,$\lambda = 2.566$,$\mathrm{corr}(\tilde{R}_M, \tilde{Z}) = 0.4$ である.

表 8.5 $\omega_Z^{(0)}$ が変化する場合

具体的には,$\omega_Z^{(0)}$ や $I$,$\alpha$,$k$,$\tau$,$\lambda$,$\mathrm{corr}(\tilde{R}_M, \tilde{Z})$ が外生的なパラメターであり,これらパラメターの 1 つだけが変化するときの効果を調べる.

シミュレーションの際の基本的な数値は,表 8.1 で用いられたものと同じである.この数値を用いてシミュレーションした結果が表 8.5 から表 8.9 である.これらほとんどすべてのケースで収束計算は成功しているが,若干例,計算に失敗する場合もある.どのようなとき失敗したかについては後述する.

収束計算に成功したすべてのケースに共通した特徴をまず述べよう.1 つは,投資の資金調達について,全額を負債で調達するのが望ましい.これは表の $I_B/I$ という比率が 1.0 となっていることからわかる.その結果,(投資の資金調達前の) 元の債権者は負債価値の低下を被って損をしている.これは表の $B^{(0)}$ と OldB を比較するとわかる.OldB とは,投資実行時の負債価値のうち,元の債権者に帰属する部分を求めたものである.OldB はすべてのケースで $B^{(0)}$ よりも小さくなっている.また投資を全額負債で資金調達

| $I$ | $\omega_Z^{(0)}$ $\omega_Z^{(1)}$ | $\mu_Z^{*(0)}$ $\mu_Z^{*(1)}$ | $\sigma_Z^{*(0)}$ $\sigma_Z^{*(1)}$ | $L^{*(0)}$ $L^{*(1)}$ | $S_L^{(0)}$ $B^{(1)}$ | $B^{(0)}$ OldB | $V_L^{(0)}$ $DR^{(1)}$ | $DR^{(0)}$ $I_B/I$ | ROA RRI | WACC $RRI_{tax}$ |
|---|---|---|---|---|---|---|---|---|---|---|
| 1.0 | 50.00 53.05 | 49.02 51.89 | 20.83 22.10 | 10.85 12.83 | 10.08 6.49 | 5.54 5.49 | 15.62 0.392 | 0.355 1.000 | 0.1234 0.1179 | 0.0903 0.0825 |
| 2.0 | 50.00 56.12 | 49.02 54.78 | 20.83 23.38 | 10.85 14.84 | 10.08 7.44 | 5.54 5.44 | 15.62 0.425 | 0.355 1.000 | 0.1234 0.1183 | 0.0903 0.0828 |
| 5.0 | 50.00 65.45 | 49.02 63.56 | 20.83 27.26 | 10.85 21.07 | 10.08 10.31 | 5.54 5.31 | 15.62 0.506 | 0.355 1.000 | 0.1234 0.1195 | 0.0903 0.0836 |

(注) その他のパラメターの値は $\alpha = 0.09$, $k = 0.4$, $\tau = 0.3$, $\lambda = 2.566$, $\mathrm{corr}(\tilde{R}_M, \tilde{Z}) = 0.4$ である.

表 8.6 $I$ が変化する場合

| $\alpha$ | $\omega_Z^{(0)}$ $\omega_Z^{(1)}$ | $\mu_Z^{*(0)}$ $\mu_Z^{*(1)}$ | $\sigma_Z^{*(0)}$ $\sigma_Z^{*(1)}$ | $L^{*(0)}$ $L^{*(1)}$ | $S_L^{(0)}$ $B^{(1)}$ | $B^{(0)}$ OldB | $V_L^{(0)}$ $DR^{(1)}$ | $DR^{(0)}$ $I_B/I$ | ROA RRI | WACC $RRI_{tax}$ |
|---|---|---|---|---|---|---|---|---|---|---|
| 0.072 | 50.00 55.79 | 48.94 54.45 | 19.36 21.60 | 14.65 18.64 | 8.86 9.36 | 7.48 7.36 | 16.33 0.514 | 0.458 1.000 | 0.1184 0.1122 | 0.0845 0.0785 |
| 0.09 | 50.00 56.12 | 49.02 54.78 | 20.83 23.38 | 10.85 14.84 | 10.08 7.44 | 5.54 5.44 | 15.62 0.425 | 0.355 1.000 | 0.1234 0.1183 | 0.0903 0.0828 |
| 0.108 | 50.00 56.47 | 49.29 55.33 | 22.31 25.19 | 6.60 10.58 | 11.58 5.32 | 3.39 3.32 | 14.97 0.315 | 0.227 1.000 | 0.1282 0.1245 | 0.0967 0.0872 |

(注) その他のパラメターの値は $k = 0.4$, $\tau = 0.3$, $I = 2$, $\lambda = 2.566$, $\mathrm{corr}(\tilde{R}_M, \tilde{Z}) = 0.4$ である.

表 8.7 $\alpha$ が変化する場合

した結果,投資実行時の負債比率は投資を実行しない場合に比べて上昇している.これは負債比率が $DR^{(0)}$ から $DR^{(1)}$ へ上昇していることから確認できる.

共通した特徴としてもう1点指摘すべきは,$\sigma_Z^{*(1)}$ の値に関してである.これはすべてのケースで定義域 $[\underline{\sigma_Z}, \overline{\sigma_Z}]$ の下限 $\underline{\sigma_Z}$ の値となった.容易に確認できるが,$\sigma_Z^{*(1)}$ の $\sigma_Z^{*(0)}$ に対する比率は,$\omega_Z^{(1)}$ の $\omega_Z^{(0)}$ に対する比率に等しい.この事実の意味するところは,投資によって企業活動の実物的なリスク

## 8.3 シミュレーション

| $k$ | $\omega_Z^{(0)}$ $\omega_Z^{(1)}$ | $\mu_Z^{*(0)}$ $\mu_Z^{*(1)}$ | $\sigma_Z^{*(0)}$ $\sigma_Z^{*(1)}$ | $L^{*(0)}$ $L^{*(1)}$ | $S_L^{(0)}$ $B^{(1)}$ | $B^{(0)}$ OldB | $V_L^{(0)}$ $DR^{(1)}$ | $DR^{(0)}$ $I_B/I$ | $ROA$ $RRI$ | $WACC$ $RRI_{tax}$ |
|---|---|---|---|---|---|---|---|---|---|---|
| 0.2 | 50.00 | 48.13 | 16.30 | 20.78 | 6.82 | 10.86 | 17.69 | 0.614 | 0.1095 | 0.0742 |
|     | 55.35 | 53.13 | 18.04 | 24.64 | 12.75 | 10.75 | 0.652 | 1.000 | 0.1034 | 0.0724 |
| 0.4 | 50.00 | 49.02 | 20.83 | 10.85 | 10.08 | 5.54 | 15.62 | 0.355 | 0.1234 | 0.0903 |
|     | 56.12 | 54.78 | 23.38 | 14.84 | 7.44 | 5.44 | 0.425 | 1.000 | 0.1183 | 0.0828 |
| 0.5 | 50.00 | 49.32 | 22.16 | 7.54 | 11.23 | 3.86 | 15.08 | 0.256 | 0.1273 | 0.0956 |
|     | 56.36 | 55.32 | 24.98 | 11.55 | 5.76 | 3.76 | 0.339 | 1.000 | 0.1227 | 0.0859 |

(注) その他のパラメターの値は $\alpha = 0.09$, $\tau = 0.3$, $I = 2$, $\lambda = 2.566$, $\text{corr}(\tilde{R}_M, \tilde{Z}) = 0.4$ である。

表 8.8　$k$ が変化する場合

| $\tau$ | $\omega_Z^{(0)}$ $\omega_Z^{(1)}$ | $\mu_Z^{*(0)}$ $\mu_Z^{*(1)}$ | $\sigma_Z^{*(0)}$ $\sigma_Z^{*(1)}$ | $L^{*(0)}$ $L^{*(1)}$ | $S_L^{(0)}$ $B^{(1)}$ | $B^{(0)}$ OldB | $V_L^{(0)}$ $DR^{(1)}$ | $DR^{(0)}$ $I_B/I$ | $ROA$ $RRI$ | $WACC$ $RRI_{tax}$ |
|---|---|---|---|---|---|---|---|---|---|---|
| 0.25 | 50.00 | 49.39 | 18.85 | 6.72 | 13.27 | 3.62 | 16.88 | 0.214 | 0.1147 | 0.0908 |
|      | 55.80 | 54.86 | 21.03 | 10.49 | 5.57 | 3.57 | 0.296 | 1.000 | 0.1124 | 0.0843 |
| 0.3  | 50.00 | 49.02 | 20.83 | 10.85 | 10.08 | 5.54 | 15.62 | 0.355 | 0.1234 | 0.0903 |
|      | 56.12 | 54.78 | 23.38 | 14.84 | 7.44 | 5.44 | 0.425 | 1.000 | 0.1183 | 0.0828 |
| 0.4  | 50.00 | 47.96 | 15.08 | 22.68 | 5.71 | 11.72 | 17.43 | 0.673 | 0.1112 | 0.0651 |
|      | 55.35 | 52.96 | 16.70 | 26.60 | 13.58 | 11.58 | 0.704 | 1.000 | 0.1035 | 0.0621 |

(注) その他のパラメターの値は $\alpha = 0.09$, $k = 0.4$, $I = 2$, $\lambda = 2.566$, $\text{corr}(\tilde{R}_M, \tilde{Z}) = 0.4$ である。

表 8.9　$\tau$ が変化する場合

を追加的に高めようという誘因は，それほど強いものではないということであろう。ただし，前で述べたように，負債が多く発行されることで，債権者から既存株主への富移転は存在する。この富移転が原因で，投資の必要収益率 $RRI$ の値は，投資実行しない場合の企業収益率 $ROA$ よりも小さくなっている。

それでは以下，各外生変数が変化した場合のシミュレーションを簡単に整理しておく。$\omega_Z^{(0)}$ のみが変化する場合の計算結果は表 8.5 である。投資を実

行しない場合の数字 (添え字 $^{(0)}$ の付いたもの) は表 8.2 と同じである。$\omega_Z^{(0)}$ の値にかかわらず，負債比率 $DR^{(0)}$ や $ROA$ は一定不変である。しかし必要収益率 $RRI$ は，$\omega_Z^{(0)}$ が大きくなると小さくなる。

次の表 8.6 は，$\omega_Z^{(0)}$ を 50 に固定させて，$I$ のみを変化させた場合である。$I$ が増大すると必要収益率 $RRI$ は上昇するという結果を得る。表 8.5 の結果もそうであるが，企業規模を $\omega_Z^{(0)}$ で代表させるなら，企業規模に対する投資額の相対的な大きさと必要収益率とは，正の関係にあることがわかる。

表 8.7 は負債のエージェンシーコストの大きさを示すパラメター $\alpha$ が変化するときの効果を調べたものである。$\alpha$ の変化に対して敏感に負債比率 $DR^{(0)}$ が変化している。$\alpha = 0.072$ と $\alpha = 0.108$ を比較すると，負債比率は 46% ほどから半分の 23% にまで低下する。ところで通説として一般的に，エージェンシーコストの増加は投資の資本コスト，つまり投資の必要収益率を増大させると考えられている。表 8.7 では通説どおり確かに，$\alpha$ の上昇は $RRI$ を上昇させている。

表 8.8 と表 8.9 は倒産コストパラメター $k$ が変化する場合 (表 8.8)，法人税率 $\tau$ が変化する場合 (表 8.9) を各々調べたものである。$k$ が上昇するとき，または $\tau$ が低下するとき，負債比率 $DR^{(0)}$ は低下することが確認できる。$k$ や $\tau$ の変化に伴い $RRI$ がどう変化するかについては，$k$ の上昇によって $RRI$ が上昇することが表 8.8 からわかる。しかし表 8.9 から，$\tau$ の変化により $RRI$ がどう変化するかはっきりしたことはわからない。

また，資本市場関連のパラメターの変化がどのような影響を与えるかを計算した。$\lambda$ や $\mathrm{corr}(\tilde{R}_M, \tilde{Z})$ が変化する場合である。$\lambda$ や $\mathrm{corr}(\tilde{R}_M, \tilde{Z})$ の上昇は，投資家の要求利回りの上昇を通じて投資の必要収益率を増大させるものと考えられる。計算結果の掲示は紙幅の関係で省略するが，$\lambda$ や $\mathrm{corr}(\tilde{R}_M, \tilde{Z})$ の上昇は $RRI$ を上昇させる。ただし，$\lambda$ や $\mathrm{corr}(\tilde{R}_M, \tilde{Z})$ が負の値となる場合にはすべて計算が収束しなかった。これらが負のケースは現実には少なからず見受けられるので，このケースで計算が困難になりやすいというのは，このモデルの欠陥の 1 つである。

最後に，(8.1) 式で与えられる平均資本コスト $\hat{\rho}_W$ について言及しておこう。平均資本コスト $\hat{\rho}_W$ を投資の必要収益率とするのは，理論的整合性とい

う点で問題である。ここでの投資の必要収益率 $RRI$ は，モデルから計算された数字である。これらの大きさはどの程度異なっているのか。表 8.5 から表 8.9 において，平均資本コスト $\hat{\rho}_W$ の値は，1 期間 1 年当りの利率に換算した $WACC$ に示されている。この $WACC$ と比較可能にするため，投資の必要収益率を税引後の数字に変更したのが $RRI_{tax}$ である。[*7] これらの間の差異は概ね 10% ほどの大きさである。この差異が大きいか小さいか，ここでは判断できないが，ほとんどのケースでこれらは連動している。この計算結果は，投資の必要収益率として平均資本コスト $WACC$ を用いるのは本物の必要収益率の近似であるという主張に対し，一定の根拠となり得るであろう。ただし両者には 10% ほどの誤差があるという点は決して無視できる大きさでないことも事実で，平均資本コストを用いる際に注意すべき留意点であろう。

## 8.4 現実企業への適用：平均資本コストとの比較

この節では，前節で示した方法により，投資の必要収益率を現実企業について計算してみよう。そして，モデルから計算された投資の必要収益率 $RRI_{tax}$ を，実際に利用されている平均資本コスト $WACC$ と比較検討する。

企業の投資を考慮しない場合，このモデルは 2 つの変数 $\omega_Z^{(0)}$ と $\alpha$ に適当な値を与えると，これらから $L^{*(0)}$ と $\mu_Z^{*(0)}$，$\sigma_Z^{*(0)}$ を内生的に決定しながら株式価値と負債価値を導出する。ということは，株式価値と負債価値に適当な値を与えると，これらから逆算して $\omega_Z^{(0)}$ と $\alpha$ を推計することができる。この計算方法の詳細は，第 7 章を参照いただくとして，ここでは概要のみを述べる。株式価値は 1 株当り株価に発行済株式数を乗じた，いわゆる「株式時価総額」がこれに相当する。負債価値については，価値そのもののデータは

---

[*7] 本稿の $RRI$ は税引前の数字である。税引後の数字は，$RRI_{tax} = (1 - \tau)RRI$ に従って計算した。なお，本稿のモデルでは元々は，10 年分を一括した場合の収益率が計算される。これを 1 年当りの利率に変換した数字を数値例・シミュレーション結果で提示しているが，この変換方法や税引前・後の変換方法は唯一のものではなく，他にも方法はあり得る。結果的には $WACC$ と $RRI_{tax}$ の差が最も小さくなったということで，本稿の採用した方法で計算したものを掲載した。他の方法を採用したなら，この差はもっと劇的に大きくなり得る。

存在しないが，財務諸表上の簿価である有利子負債でもって価値額に代えることが実用上の慣例となっている．これらデータを与えれば，このモデルから，個別の企業に関する $\omega_Z^{(0)}$ と $\alpha$, $L^{*(0)}$, $\mu_Z^{*(0)}$, $\sigma_Z^{*(0)}$ を計算して求めることができる．これらの数値を基礎にして，さらに企業が投資を実行する際の必要収益率も求めることができる．

ここでは投資の大きさ $I$ を適当に定めて，この投資に対する必要収益率を現実企業について求めてみよう．対象とした企業は，第 7 章で取り上げた東証 1 部上場の製造業 15 社である．3 つの期間を取り上げて，1 つは 1974 年度から 1983 年度までの 10 年間 (期間 [1])，もう 1 つは 1984 年度から 1993 年度までの 10 年間 (期間 [2])，そして 2004 年度から 2013 年度までの 10 年間 (期間 [3]) である．10 年間を 1 期間として，各期間の株式時価総額の平均値を $S_L^{(0)}$ に，有利子負債の平均値を $B^{(0)}$ に用いている．また資本市場のデータは該当期間の値で，$E(\tilde{R}_M)$ や $\sigma(\tilde{R}_M)$, $R_F$, $\lambda$ は，該当期間の平均値を 1 期間 10 年として換算した値を用いている．$\mathrm{cov}(\tilde{R}_M, \tilde{Z})$ については株式のベータ係数から適当に変換した値である．最後に倒産コストパラメター $k$ と法人税率 $\tau$ であるが，倒産コストは適当なデータがなく見当がつかないので，すべての企業一律で $k = 0.3$ と仮定して計算を行った．また法人税率 $\tau$ も概算で，期間 [1] と期間 [2] で 0.45，期間 [3] では 0.4 としている．

表 8.10: 現実企業の投資の必要収益率

| 企業名 | 市場 | $B^{(0)}$ | OldB | $I$ | $I_B/I$ | $RRI_{tax}$ | WACC |
|---|---|---|---|---|---|---|---|
| アサヒグループ | (a) | 0.34 | 0.34 | 0.043 | 1.00 | 0.0737 | 0.0828 |
|  | (A) | 3.02 | 3.00 | 0.359 | 1.00 | 0.0658 | 0.0730 |
|  | ($\alpha$) | 2.99 | 2.96 | 0.583 | 1.00 | 0.0294 | 0.0319 |
| 味の素 | (b) | 0.27 | 0.27 | 0.123 | 1.00 | 0.0887 | 0.1089 |
|  | (B) | 0.92 | 0.91 | 0.665 | 1.00 | 0.0638 | 0.0749 |
|  | ($\beta$) | 1.74 | 1.72 | 0.462 | 1.00 | 0.0220 | 0.0215 |
| 東レ | (b) | 2.61 | 2.59 | 0.268 | 1.00 | 0.0931 | 0.1022 |
|  | (B) | 2.48 | 2.46 | 0.582 | 1.00 | 0.0648 | 0.0751 |
|  | ($\beta$) | 3.73 | 3.70 | 0.666 | 1.00 | 0.0240 | 0.0254 |
| 旭化成 | (b) | 3.50 | 3.48 | 0.287 | 1.00 | 0.0875 | 0.0913 |
|  | (B) | 3.77 | 3.74 | 0.760 | 1.00 | 0.0652 | 0.0751 |
|  | ($\beta$) | 2.84 | 2.82 | 0.566 | 1.00 | 0.0257 | 0.0274 |
| 武田薬品工業 | (b) | 0.47 | 0.47 | 0.181 | 1.00 | 0.0924 | 0.1142 |

## 8.4 現実企業への適用：平均資本コストとの比較

表 8.10: 現実企業の投資の必要収益率 (続き)

| 企業名 | 市場 | $B^{(0)}$ | OldB | $I$ | $I_B/I$ | $RRI_{tax}$ | WACC |
|---|---|---|---|---|---|---|---|
|  | (B) | 0.59 | 0.59 | 0.776 | 0.61 | 0.0662 | 0.0789 |
|  | ($\beta$) | 1.90 | 1.89 | 2.172 | 0.79 | 0.0236 | 0.0233 |
| 東燃ゼネラル石油 | (b) | 0.72 | 0.64 | 0.058 | 1.00 | 0.0658 | 0.0720 |
|  | (B) | 0.91 | 0.90 | 0.149 | 1.00 | 0.0655 | 0.0746 |
|  | ($\alpha$) | 1.56 | 1.55 | 0.353 | 1.00 | 0.0278 | 0.0291 |
| ブリヂストン | (a) | 0.64 | 0.63 | 0.139 | 1.00 | 0.0811 | 0.0961 |
|  | (A) | 1.43 | 1.42 | 0.444 | 1.00 | 0.0648 | 0.0758 |
|  | ($\alpha$) | 2.01 | 2.00 | 0.987 | 1.00 | 0.0306 | 0.0319 |
| 住友金属鉱山 | (b) |  |  | (N.A) |  |  | 0.0675 |
|  | (B) | 2.13 | 2.11 | 0.406 | 1.00 | 0.0671 | 0.0773 |
|  | ($\beta$) | 1.70 | 1.69 | 0.495 | 1.00 | 0.0238 | 0.0236 |
| 住友電気工業 | (b) | 1.46 | 1.46 | 0.166 | 1.00 | 0.0962 | 0.1075 |
|  | (B) | 1.97 | 1.95 | 0.551 | 1.00 | 0.0668 | 0.0783 |
|  | ($\beta$) | 2.32 | 2.31 | 0.624 | 1.00 | 0.0259 | 0.0264 |
| 豊田自動織機 | (b) | 0.21 | 0.20 | 0.058 | 1.00 | 0.0934 | 0.1140 |
|  | (B) | 0.38 | 0.37 | 0.251 | 1.00 | 0.0654 | 0.0770 |
|  | ($\beta$) | 4.55 | 4.51 | 0.799 | 1.00 | 0.0258 | 0.0277 |
| 三菱電機 | (b) | 3.59 | 3.58 | 0.347 | 1.00 | 0.0964 | 0.1038 |
|  | (B) | 5.67 | 5.62 | 0.941 | 1.00 | 0.0652 | 0.0742 |
|  | ($\beta$) | 6.74 | 6.68 | 1.256 | 1.00 | 0.0261 | 0.0280 |
| パナソニック | (c) | 0.66 | 0.66 | 0.611 | 0.96 | 0.0781 | 0.0949 |
|  | (C) | 3.88 | 3.85 | 1.918 | 1.00 | 0.0607 | 0.0702 |
|  | ($\beta$) | 5.86 | 5.83 | 2.117 | 1.00 | 0.0247 | 0.0244 |
| デンソー | (a) | 0.41 | 0.40 | 0.203 | 1.00 | 0.0779 | 0.0940 |
|  | (A) | 1.69 | 1.67 | 0.708 | 1.00 | 0.0609 | 0.0704 |
|  | ($\beta$) | 2.77 | 2.76 | 1.646 | 1.00 | 0.0253 | 0.0253 |
| 三井造船 | (b) | 2.03 | 2.02 | 0.151 | 0.91 | 0.0691 | 0.0706 |
|  | (B) | 2.06 | 2.05 | 0.270 | 1.00 | 0.0602 | 0.0669 |
|  | ($\beta$) | 1.12 | 1.11 | 0.159 | 1.00 | 0.0242 | 0.0262 |
| トヨタ自動車 | (d) | 0.62 | 0.62 | 0.803 | 0.74 | 0.0743 | 0.0898 |
|  | (D) | 4.82 | 4.79 | 2.878 | 1.00 | 0.0691 | 0.0820 |
|  | ($\beta$) | 6.21 | 6.21 | 8.630 | 0.63 | 0.0254 | 0.0256 |

(注)「市場」については表 7.9 を参照のこと。$B^{(0)}$ は投資実行前の負債価値，OldB は投資実行時における元の債権者の負債価値である。投資額 $I$ は企業価値 $V_L$ の 5% で，$I_B/I$ は投資額に対する負債調達額の比率である。$RRI_{tax}$ は税引後の必要収益率，WACC は (8.1) 式の平均資本コストで，これらは 1 年当りに換算した利率である。

以上のことから，税引後の投資の必要収益率と平均資本コストを，現実企業について計算したのが表 8.10 である。この表 8.10 にある「市場」とは，

決算月が企業によって異なる点を考慮したもので，詳しくは第 7 章の表 7.9 に関する記述を参照願いたい。各企業の計算結果の 1 行目が期間 [1] を，2 行目が期間 [2] を，3 行目が期間 [3] を表している。$B^{(0)}$ が投資実行前 (元の債権者) の負債価値で，表 7.8 の負債価値 $B$ と同じである。OldB は投資実行時における元の債権者の負債価値で，$B^{(1)} - I_B$ から計算している。$B^{(0)}$ に比べ OldB が小さくなっていることは，元の債権者が投資実行で損を被っていることを意味する。ここでの投資額 $I$ は，企業価値 $V_L$ の 5% の値を想定している。$I_B/I$ は投資額に対する負債調達額の比率で，これが 1.0 ということは，投資額のすべてが負債で調達されているということである。$RRI_{tax}$ が税引後の投資の必要収益率で，$(1-\tau)RRI$ から計算している。なおこの $RRI$ とは，(8.10) 式の $R_q$ を 1 期間 1 年とした利率に換算した値である。また平均資本コスト $WACC$ は (8.1) 式の $\hat{\rho}_W$ のことであるが，これについても同様に 1 期間 1 年とした利率である。

表 8.10 の 15 社で，計算が上手く収束しなかったのは，住友金属鉱山の期間 [1] だけである。その他のものはすべて収束計算が成功し，表には記載していないが，$\sigma_Z^{*(1)}$ は，その定義域の下限 $\underline{\sigma_Z}$ に収束している。また $I_B/I$ を見ると，ほとんどのケースで 1.0 となっている。44 例中，その値が 1.0 とならなかったものは，武田薬品工業の期間 [2] と期間 [3]，パナソニックの期間 [1]，三井造船の期間 [1]，トヨタ自動車の期間 [1] と期間 [3] の 6 つである。このことは，投資の資金調達について，ほとんどのケースでペッキングオーダー (全額を負債調達) が株式・負債のミックスより好まれるということを意味している。

それでは，投資の必要収益率 $RRI_{tax}$ と平均資本コスト $WACC$ を見比べてみよう。両者は一致しているとはとてもいえないが，概ね連動しているとみなしてもよいのではないか。実務で多用されている平均資本コスト $WACC$ は，投資の必要収益率の近似であるという主張には一定の妥当性が認められる。投資のカットオフレートは，本当ならば，本稿で求めたような投資の必要収益率をあてるべきであるが，計算が大変に面倒であるため，簡単に計算できる平均資本コストでもって代用できるのかもしれない。

ただ留意すべきは，$WACC$ が $RRI_{tax}$ の近似値とはならないケースも若干

存在するという点である．全体的に見て，$WACC$ は $RRI_{tax}$ よりも大きくなる傾向がある．場合によっては2割ほど差異があることも少なくない．特に期間 [1] で差異が顕著である．投資のカットオフレートが2割異なれば，投資の意思決定への影響は無視できるものではなかろう．

確かにここで計算した投資の必要収益率は，平均資本コストと概ね連動した値になっている．その意味では，ここの計算が一定の妥当性を持ちデタラメなものではないことの証拠とみなせよう．ただ，ここで計算した投資の必要収益率を真のカットオフレートとみなすなら，平均資本コストは，ここで求められた投資の必要収益率と完全に連動しているわけではないから，平均資本コストを近似値として実用することが常に妥当性を持っているとは限らない．場合によっては無視できない差異が生じることもあるという点は十分に留意すべきであろう．

## 8.5　結び

この章では，負債のエージェンシーコストを考慮して拡張した資本構成モデルを用いて，投資の必要収益率を計算した．従来の尺度である平均資本コストは，修正MM命題が成立しないような世界では，その理論的根拠が曖昧である．平均資本コストから計算された値をもって必要収益率の近似値とみなすこともできようが，これがどの程度正確な近似となっているのか，モデルから計算される本当の必要収益率と比較検討することが必要不可欠であろう．ここの結果では，両者は概ね連動しているものとみなせるが，平均資本コストの値はモデルから計算される必要収益率より過大になることがあり，企業によっては決して看過できる差ではない．この場合，常に平均資本コストを採用するというのは投資を歪める可能性がある．

企業全体で見たときに，仮に規模に関して1次同次性を持っていたとしても，投資の必要収益率を企業全体の収益率とすることが最適とは限らない．投資を実行するのに外部資金を調達する必要があるなら，その資金調達で元の債権者に損をさせて既存株主に富移転をなすことで，その分投資の必要収益率を低下させることが可能だからである．

元の債権者に損をさせるような資金調達とは，投資額のうち，できる限り負債で調達して，元の債権者の権利を希薄化させるものである。これは投資の資金調達に関して，ペッキングオーダー理論が成立していることに他ならない。このモデルでは，企業全体では確かに最適な資本構成が存在している。しかし投資の資金調達では，負債と株式のミックスではなく，負債で全額調達するのが望ましい。ペッキングオーダーか最適資本構成，どちらが現実企業にあてはまるのかを検証することが流行っているが，より重要な点は，両者を整合的に包含する理論的フレームワークの構築であり，ここのモデルはその1つの例となり得よう。

とはいえ，この章の議論の限界もまた明確である。上で述べたような，投資の資金調達にペッキングオーダーが成立するというのは，あくまでも1つの可能性であって，最適資本構成を反映させた負債と株式のミックスでの調達が最適という場合もあり得る。どちらが成立するかについて，より詳細な分析は，エージェンシーコストの発生メカニズムそのものをモデル化しないと何も分からない。現実への直接的適用を可能にするため，ここで依拠した資本構成モデルはごく単純な1期間モデルである。これでもって投資という動学的な問題を扱うこと自体にそもそも限界がある。また負債のエージェンシーコストを取り込んだ資本構成モデルとはいえ，エージェンシーコストの発生メカニズムをモデル化しているわけではないため，理論的な整合性でも難点がある。(8.2) 式の仮定や，投資の意思決定で (8.6) 式の $\alpha$ を所与としている点である。以上のような難点を克服するには，やはりエージェンシーコスト発生メカニズムのモデル化が必要不可欠であるが，現実への適用性を維持しながらどのようにしてモデル化するかは今後の課題である。

# 参考文献

[1] Aghion, Philippe, and Patrick Bolton, 1992. "An Incomplete Contracts Approach to Financial Contracting," *Review of Economic Studies*, Vol.59, No.3 (July, 1992), pp.473-494.

[2] Akerlof, George A., 1970. "The Market for 'Lemons': Quality Uncertainty and the Market Mechanism," *Quarterly Journal of Economics*, Vol.84, No.3 (August, 1970), pp.488-500.

[3] Allen, Franklin, and Andrew Winton, 1995. "Corporate Financial Structure, Incentives and Optimal Contracting," *Finance* edited by R. A. Jarrow, V. Maksimovic, and W. T. Ziemba. North-Holland, pp.693-720. 今野浩・古川浩一 (監訳)『ファイナンスハンドブック』朝倉書店.

[4] Altman, Edward I., 1984. "A Further Empirical Investigation of the Bankruptcy Cost Question," *Journal of Finance*, Vol.39, No.4 (September, 1984), pp.1067-1089.

[5] Arditti, Fred D., and Haim Levy, 1977. "The Weighted Average Cost of Capital as a Cutoff Rate: A Critical Analysis of the Classical Textbook Weighted Average," *Financial Management*, Vol.6, No.3 (Autumn, 1977), pp.24-34.

[6] Baron, David P., 1975. "Firm Valuation, Corporate Taxes, and Default Risk," *Journal of Finance*, Vol.30, No.5 (December, 1975), pp.1251-1264.

[7] Baxter, Nevins D., 1967. "Leverage, Risk of Ruin and the Cost of Capital," *Journal of Finance*, Vol.22, No.3 (September, 1967), pp.395-403.

[8] Ben-Horim, Moshe, 1979. "Comment on The Weighted Average Cost of Capital as a Cutoff Rate," *Financial Management*, Vol.8, No.2 (Summer, 1979), pp.18-21.

[9] Berkovitch, Elazar, and Ronen Israel, 1996. "The Design of Internal Control and Capital Structure," *Review of Financial Studies*, Vol.9, No.1 (Spring, 1996), pp.209-240.

[10] Black, Fisher, and John C. Cox, 1976. "Valuing Corporate Securities: Some Effects of Bond Indenture Provisions," *Journal of Finance*, Vol.31, No.2 (May, 1976), pp.351-367.

[11] Black, Fischer, and Myron Scholes, 1973. "The Pricing of Options and Corporate Liabilities," *Journal of Political Economy*, Vol.81, No.3 (May-June, 1973), pp.637-654.

[12] Bolton, Patrick, Hui Chen, and Neng Wang, 2011. "A Unified Theory of Tobin's Q, Corporate Investment, Financing, and Risk Management," *Journal of Finance*, Vol.66, No.5 (October, 2011), pp.1545-1578.

[13] Bolton, Patrick, and David S. Scharfstein, 1990. "A Theory of Predation Based on Agency Problems in Financial Contracting," *American Economic Review*, Vol.80, No.1 (March, 1990), pp.93-106.

[14] Boudreaux, Kenneth J., and Hugh W. Long, 1979. "The Weighted Average Cost of Capital as a Cutoff Rate: A Further Analysis," *Financial Management*, Vol.8, No.2 (Summer, 1979), pp.7-14.

[15] Bradley, Michael, Gregg A. Jarrell, and E. Han Kim, 1984. "On the Existence of an Optimal Capital Structure: Theory and Evidence," *Journal of Finance*, Vol.39, No.3 (July, 1984), pp.857-878.

[16] Brealey, Richard A., Stewart C. Myers, and Franklin Allen, 2011. *Principles of Corporate Finance(tenth edition)*, McGraw-Hill Companies, Inc. 藤井眞理子・國枝繁樹 (監訳)『コーポレートファイナンス 上・下』日経 BP 社.

[17] Brennan, Michael, and Alan Kraus, 1987. "Efficient Financing Under Asymmetric Information," *Journal of Finance*, Vol.42, No.5 (December,

1987), pp.1225-1243.

[18] Chang, Chun, 1990. "The Dynamic Structure of Optimal Debt Contracts," *Journal of Economic Theory*, Vol.52, No.1 (October, 1990), pp.68-86.

[19] Chang, Chun, 1992. "Capital Structure as an Optimal Contract Between Employees and Investors," *Journal of Finance*, Vol.47, No.3 (July, 1992), pp.1141-1158.

[20] Chang, Chun, 1993. "Payout Policy, Capital Structure, and Compensation Contracts when Managers Value Control," *Review of Financial Studies*, Vol.6, No.4 (Winter, 1993), pp.911-933.

[21] Chen, Andrew H., 1978. "Recent Developments in the Cost of Debt Capital," *Journal of Finance*, Vol.33, No.3 (June, 1978), pp.863-877.

[22] Chen, Andrew H., and E. Han Kim, 1979. "Theories of Corporate Debt Policy: A Synthesis," *Journal of Finance*, Vol.34, No.2 (May, 1979), pp.371-384.

[23] Constantinides, George M., and Bruce D. Grundy, 1989. "Optimal Investment with Stock Repurchase and Financing as Signals," *Review of Financial Studies*, Vol.2, No.4 (1989, Winter), pp.445-465.

[24] DeAngelo, Harry, and Ronald W. Masulis, 1980. "Optimal Capital Structure under Corporate and Personal Taxation," *Journal of Financial Economics*, Vol.8, No.1 (March, 1980), pp.3-29.

[25] DeMarzo, Peter M., Michael J. Fishman, Zhiguo He, and Neng Wang, 2012. "Dynamic Agency and the q Theory of Investment," *Journal of Finance*, Vol.67, No.6 (December, 2012), pp.2295-2340.

[26] Dewatripont, Mathias, and Jean Tirole, 1994. "A Theory of Debt and Equity: Diversity of Securities and Manager-Shareholder Congruence," *Quarterly Journal of Economics*, Vol.109, No.4 (November, 1994), pp.1027-1054.

[27] Diamond, Douglas W., 1984. "Financial Intermediation and Delegated Monitoring," *Review of Economic Studies*, Vol.51, No.3 (July, 1984),

pp.393-414.
- [28] Diamond, Douglas W., 1989. "Reputation Acquisition in Debt Markets," *Journal of Political Economy*, Vol.97, No.4 (August, 1989), pp.828-862.
- [29] Dixit, Avinash K., and Robert S. Pindyck, 1994. *Investment under Uncertainty*, Princeton University Press.
- [30] Dybvig, Philip H., and Jaime F. Zender, 1991. "Capital Structure and Dividend Irrelevance with Asymmetric Information," *Review of Financial Studies*, Vol.4, No.1 (1991, Spring), pp.201-219.
- [31] Fama, Eugene F., 1968. "Risk, Return and Equilibrium: Some Clarifying Comments," *Journal of Finance*, Vol.23, No.1 (March, 1968), pp.29-40.
- [32] Fama, Eugene F., 1970. "Efficient Capital Markets: A Review of Theory and Empirical Work," *Journal of Finance*, Vol.25, No.2 (May, 1970), pp.383-417.
- [33] Fama, Eugene F., and Kenneth R. French, 2002. "Testing Trade-Off and Pecking Order Predictions about Dividends and Debt," *Review of Financial Studies*, Vol.15, No.1 (Spring, 2002), pp.1-33.
- [34] Fischer, Edwin O., Robert Heinkel, and Josef Zechner, 1989. "Dynamic Capital Structure Choice: Theory and Tests," *Journal of Finance*, Vol.44, No.1 (March, 1989), pp.19-40.
- [35] Fluck, Zsuzsanna, 1998. "Optimal Financial Contracting: Debt versus Outside Equity," *Review of Financial Studies*, Vol.11, No.2 (Summer, 1998), pp.383-418.
- [36] 深尾光洋・森田泰子, 1997. 『企業ガバナンス構造の国際比較』日本経済新聞社.
- [37] Frank, Murray Z., and Vidhan K. Goyal, 2003. "Testing the Pecking Order Theory of Capital Structure," *Journal of Financial Economics*, Vol.67, No.2 (February, 2003), pp.217-248.
- [38] Gale, Douglas, and Martin Hellwig, 1985. "Incentive-Compatible Debt Contracts: The One-Period Problem," *Review of Economic Studies*, Vol.52, No.4 (October, 1985), pp.647-663.

[39] Giat, Yahel, Steve T. Hackman, and Ajay Subramanian, 2010. "Investment under Uncertainty, Heterogeneous Beliefs, and Agency Conflicts," *Review of Financial Studies*, Vol.23, No.4 (April, 2010), pp.1360-1404.

[40] Gibbons, R. 1992. *Game Theory for Applied Economics*. Princeton University Press. 福岡正夫・須田伸一 (訳)『経済学のためのゲーム理論入門』創文社.

[41] Goldstein, Robert, Nengjiu Ju, and Hayne Leland, 2001. "An EBIT-Based Model of Dynamic Capital Structure," *Journal of Business*, Vol.74, No.4 (October, 2001), pp.483-512.

[42] Green, Richard C., 1984. "Investment Incentives, Debt, and Warrants," *Journal of Financial Economics*, Vol.13, No.1 (March, 1984), pp.115-136.

[43] Hackbarth, Dirk, and David C. Mauer, 2012. "Optimal Priority Structure, Capital Structure, and Investment," *Review of Financial Studies*, Vol.25, No.3 (March, 2012), pp.747-796.

[44] Harris, M., and A. Raviv, 1992. "Financial Contracting Theory," *Advances in Economic Theory* edited by J. J. Laffont. Cambridge University Press, pp.64-150.

[45] Hart, Oliver, 1995. *Firms, Contracts, and Financial Structure*. Oxford University Press.

[46] Hart, O., and B. Holmstrom, 1987. "The Theory of Contracts," *Advances in Economic Theory* edited by T. F. Bewley. Cambridge University Press, pp.71-155.

[47] Hart, Oliver, and John Moore, 1998. "Default and Renegotiation: A Dynamic Model of Debt," *Quarterly Journal of Economics*, Vol.113, No.1 (February, 1998), pp.1-41.

[48] Haugen, Robert A., and Lemma W. Senbet, 1978. "The Insignificance of Bankruptcy Costs to the Theory of Optimal Capital Structure," *Journal of Finance*, Vol.33, No.2 (May, 1978), pp.383-393.

[49] Hayashi, Fumio, 1982. "Tobin's Marginal q and Average q: A Neoclassi-

cal Interpretation," *Econometrica*, Vol.50, No.1 (January, 1982), pp.213-224.

[50] Hicks, John R., 1946. *Value and Capital: An Inquiry into Some Fundamental Principles of Economic Theory*. Clarendon Press. 安井琢磨・熊谷尚夫 (訳)『価値と資本 I/II』岩波書店.

[51] Huang, C., and R. H. Litzenberger. 1988. *Foundations for Financial Economics*. North-Holland.

[52] 池田昌幸, 2000. 『金融経済学の基礎』朝倉書店.

[53] Jensen, Michael C., 1986. "Agency Costs of Free Cash Flow, Corporate Finance, and Takeovers," *American Economic Review*, Vol.76, No.2 (May, 1986), pp.323-329.

[54] Jensen, Michael C., and William H. Meckling, 1976. "Theory of the Firm: Managerial Behavior, Agency Costs, and Ownership Structure," *Journal of Financial Economics*, Vol.3, No.4 (October, 1976), pp.305-360.

[55] John, Kose, 1987. "Risk-Shifting Incentives and Signalling Through Corporate Capital Structure," *Journal of Finance*, Vol.42, No.3 (July, 1987), pp.623-641.

[56] John, Kose, and David C. Nachman, 1985. "Risky Debt, Investment Incentives, and Reputation in a Sequential Equilibrium," *Journal of Finance*, Vol.40, No.3 (July, 1985), pp.863-878.

[57] John, Kose, and Joseph Williams, 1985. "Dividends, Dilution, and Taxes: A Signalling Equilibrium," *Journal of Finance*, Vol.40, No.4 (September, 1985), pp.1053-1070.

[58] Kane, Alex, Alan J. Marcus, and Robert L. McDonald, 1984. "How Big Is the Tax Advantage to Debt?" *Journal of Finance*, Vol.39, No.3 (July, 1984), pp.841-853.

[59] Kane, Alex, Alan J. Marcus, and Robert L. McDonald, 1985. "Debt Policy and the Rate of Return Premium to Leverage," *Journal of Financial and Quantitative Analysis*, Vol.20, No.4 (December, 1985), pp.479-499.

[60] 金子隆, 1987.「企業の借入需要関数のミクロ的基礎」『三田学会雑誌』第80巻5号 (1987年12月) 689-706頁.

[61] Kim, E. Han, 1978. "A Mean-Variance Theory of Optimal Capital Structure and Corporate Debt Capacity," *Journal of Finance*, Vol.33, No.1 (March, 1978), pp.45-63.

[62] Kim, Yong O., 1990. "Informative Conversion Ratios: A Signalling Approach," *Journal of Financial and Quantitative Analysis*, Vol.25, No.2 (June, 1990), pp.229-243.

[63] 小宮隆太郎・岩田規久男, 1973.『企業金融の理論』日本経済新聞社.

[64] Kraus, Alan, and Robert H. Litzenberger, 1973. "A State-Preference Model of Optimal Financial Leverage," *Journal of Finance*, Vol.28, No.4 (September, 1973), pp.911-922.

[65] Kreps, David M., 1990. *A Course in Microeconomic Theory*. Harvester Wheatsheaf.

[66] Lang, Larry, Eli Ofek, and Rene M. Stulz, 1996. "Leverage, Investment, and Firm Growth," *Journal of Financial Economics*, Vol.40, No.1 (January, 1996), pp.3-29.

[67] Leland, Hayne E., 1994. "Corporate Debt Value, Bond Covenants, and Optimal Capital Structure," *Journal of Finance*, Vol.49, No.4 (September, 1994), pp.1213-1252.

[68] Leland, Hayne E., 1998. "Agency Costs, Risk Management, and Capital Structure," *Journal of Finance*, Vol.53, No.4 (August, 1998), pp.1213-1243.

[69] Leland, Hayne E., and David H. Pyle, 1977. "Informational Asymmetries, Financial Structure, and Financial Intermediation," *Journal of Finance*, Vol.32, No.2 (May, 1977), pp.371-387.

[70] Lintner, John, 1965. "The Valuation of Risk Assets and the Selection of Risky Investments in Stock Portfolios and Capital Budgets," *Review of Economics and Statistics*, Vol.47, No.1 (February, 1965), pp.13-37.

[71] Long, Michael S., and Ileen B. Malitz, 1985. "Investment Patterns and

Financial Leverage," *Corporate Capital Structure in the United States* edited by B. M. Friedman. University of Chicago Press, pp.325-348.

[72] Markowitz, Harry, 1952. "Portfolio Selection," *Journal of Finance*, Vol.7, No.1 (March, 1952), pp.77-91.

[73] Mello, Antonio S., and John E. Parsons, 1992. "Measuring the Agency Cost of Debt," *Journal of Finance*, Vol.47, No.5 (December, 1992), pp.1887-1904.

[74] Merton, Robert C., 1973. "Theory of Rational Option Pricing," *Bell Journal of Economics*, Vol.4, No.1 (Spring, 1973), pp.141-183.

[75] Merton, Robert C., 1974. "On the Pricing of Corporate Debt: The Risk Structure of Interest Rates," *Journal of Finance*, Vol.29, No.2 (May, 1974), pp.449-470.

[76] Miller, Merton H., 1977. "Debt and Taxes," *Journal of Finance*, Vol.32, No.2 (May, 1977), pp.261-275.

[77] Miller, Merton H., and Franco Modigliani, 1961. "Dividend Policy, Growth, and the Valuation of Shares," *Journal of Business*, Vol.34, No.4 (October, 1961), pp.411-433.

[78] Miller, Merton H., and Kevin Rock, 1985. "Dividend Policy under Asymmetric Information," *Journal of Finance*, Vol.40, No.4 (September, 1985), pp.1031-1051.

[79] Modigliani, Franco, and Merton H. Miller, 1958. "The Cost of Capital, Corporation Finance and the Theory of Investment," *American Economic Review*, Vol.48, No.3 (June, 1958), pp.261-297.

[80] Modigliani, Franco, and Merton H. Miller, 1963. "Corporate Income Taxes and the Cost of Capital: A Correction," *American Economic Review*, Vol.53, No.3 (June, 1963), pp.433-443.

[81] Morellec, Erwan, 2004. "Can Managerial Discretion Explain Observed Leverage Ratios?" *Review of Financial Studies*, Vol.17, No.1 (Spring, 2004), pp.257-294.

[82] Mossin, Jan, 1966. "Equilibrium in a Capital Asset Market," *Economet-

rica, Vol.34, No.4 (October, 1966), pp.768-783.

[83] Myers, Stewart C., 1977. "Determinants of Corporate Borrowing," *Journal of Financial Economics*, Vol.5, No.2 (November, 1977), pp.147-176.

[84] Myers, Stewart C., 1984. "The Capital Structure Puzzle," *Journal of Finance*, Vol.39, No.3 (July, 1984), pp.575-592.

[85] Myers, Stewart C., and Nicholas S. Majluf, 1984. "Corporate Financing and Investment Decisions When Firms Have Information that Investors Do Not Have," *Journal of Financial Economics*, Vol.13, No.2 (June, 1984), pp.187-221.

[86] Parrino, Robert, and Michael S. Weisbach, 1999. "Measuring Investment Distortions Arising from Stockholder-Bondholder Conflicts," *Journal of Financial Economics*, Vol.53, No.1 (July, 1999), pp.3-42.

[87] Riley, John G., 1979. "Informational Equilibrium," *Econometrica*, Vol. 47, No.2 (March, 1979), pp.331-359.

[88] Ross, Stephen A., 1977. "The Determination of Financial Structure: The Incentive-Signalling Approach," *Bell Journal of Economics*, Vol.8, No.1 (Spring, 1977), pp.23-40.

[89] Ross, Stephen A., Randolph W. Westerfield, and Jeffrey F. Jaffe, 2010. *Corporate Finance (ninth edition)*, McGraw-Hill Companies, Inc. 大野薫 (訳)『コーポレートファイナンスの原理』金融財政事情研究会.

[90] Rubinstein, Mark E., 1973. "A Mean-Variance Synthesis of Corporate Financial Theory," *Journal of Finance*, Vol.28, No.1 (March, 1973), pp.167-181.

[91] 酒井泰弘, 1982.『不確実性の経済学』有斐閣.

[92] 沢木勝茂, 1994.『ファイナンスの数理』朝倉書店.

[93] Scott, James H., 1976. "A Theory of Optimal Capital Structure," *Bell Journal of Economics*, Vol.7, No.1 (Spring, 1976), pp.33-54.

[94] Sharpe, William F., 1964. "Capital Asset Prices: A Theory of Market Equilibrium under Conditions of Risk," *Journal of Finance*, Vol.19, No.3 (September, 1964), pp.425-442.

[95] Shreve, Steven, 2004. *Stochastic Calculus for Finance I/II*, Springer. 長山いづみ 他 (訳)『ファイナンスのための確率解析 I・II』シュプリンガージャパン.

[96] Shyam-Sunder, Lakshmi, and Stewart C. Myers, 1999. "Testing Static Tradeoff against Pecking Order Models of Capital Structure," *Journal of Financial Economics*, Vol.51, No.2 (February, 1999), pp.219-244.

[97] Smith, Clifford W., and Jerold B. Warner, 1979. "On Financial Contracting: An Analysis of Bond Covenants," *Journal of Financial Economics*, Vol.7, No.2 (June, 1979), pp.117-161.

[98] Spence, Michael, 1973. "Job Market Signaling," *Quarterly Journal of Economics*, Vol.87, No.3 (August, 1973), pp.355-374.

[99] Stiglitz, Joseph E., 1969. "A Re-Examination of the Modigliani-Miller Theorem," *American Economic Review*, Vol.59, No.5 (December, 1969), pp.784-793.

[100] Stiglitz, Joseph E., 1972. "Some Aspects of the Pure Theory of Corporate Finance: Bankruptcies and Take-overs," *Bell Journal of Economics and Management Science*, Vol.3, No.2 (August, 1972), pp.458-482.

[101] Stiglitz, Joseph E., and Andrew Weiss, 1981. "Credit Rationing in Markets with Imperfect Information," *American Economic Review*, Vol.71 No.3 (June, 1981), pp.393-410.

[102] Stulz, Rene M., 1990. "Managerial Discretion and Optimal Financing Policies," *Journal of Financial Economics*, Vol.26, No.1 (July, 1990), pp.3-27.

[103] 田村茂, 1980.「企業金融」『経済学大辞典 2』東洋経済新報社.

[104] 田村茂, 1982.「企業評価の NI 法と MM 理論」『三田商学研究』第 25 巻 5 号 (1982 年 12 月) 733-749 頁.

[105] 手嶋宣之, 2011.『ファイナンス入門』ダイヤモンド社.

[106] Titman, Sheridan, 1984. "The Effect of Capital Structure on A Firm's Liquidation Decision," *Journal of Financial Economics*, Vol.13, No.1 (March, 1984), pp.137-151.

[107] Tobin, James, 1958. "Liquidity Preference as Behavior Towards Risk," *Review of Economic Studies*, Vol.25, No.2 (February, 1958), pp.65-86.
[108] 富田信太郎・池田直史・辻幸民, 2015.「負債構成と資本構成：銀行負債の再交渉に着目して」『金融経済研究』第 37 号 (2015 年 3 月) 19-40 頁.
[109] Townsend, Robert M., 1979. "Optimal Contracts and Competitive Markets with Costly State Verification," *Journal of Economic Theory*, Vol.21, No.2 (October, 1979), pp.265-293.
[110] Tsuji, Yukitami, 2012. "Measuring the Agency Costs of Debt: A Simplified Approah," *Journal of Business, Economics, and Finance*, Vol.1, No.3 (September, 2012), pp.70-96.
[111] Tsuji, Yukitami, 2013. "Required Return on Investment and Its Financing," *Japanese Journal of Monetary and Financial Economics*, Vol.1, No.1 (May, 2013), pp.91-121.
[112] Warner, Jerold B., 1977. "Bankruptcy Costs: Some Evidence," *Journal of Finance*, Vol.32, No.2 (May 1977), pp.337-347.
[113] Winkler, Robert L., Gary M. Roodman, and Robert R. Britney, 1972. "The Determination of Partial Moments," *Management Science*, Vol.19, No.3, Theory Series (November, 1972), pp.290-296.
[114] Winton, Andrew, 1993. "Limitation of Liability and the Ownership Structure of the Firm," *Journal of Finance*, Vol.48, No.2 (June, 1993), pp.487-512.
[115] Zender, Jaime F., 1991. "Optimal Financial Instruments," *Journal of Finance*, Vol.46, No.5 (December, 1991), pp.1645-1663.

# 索引

IRR 法, 141

EBIT, 109
1 期間モデル, 201
一物一価の法則, 123
一括均衡, 308

ウィークフォーム, 12

営業上のリスク, 128, 208
エージェンシーコスト, 296, 330, 344
NPV 法, 141, 275
MM 命題, 117

回帰分析, 86
確実性等価アプローチ, 198
貸倒れ, 26
貸倒れリスク, 202, 213
過小投資, 309, 322
過大投資, 326
価値加法原理, 186
株価, 7
株式, 25, 363
株式価値, 105
株式の満期, 379
株主, 104
株主総会, 25, 364
株主の富, 104, 268
完全競争, 19
完全資本市場, 19
完全情報, 21, 95, 293
完備市場, 35

企業価値, 105
企業価値最大化, 268, 357
企業金融論の分析対象, 91
企業の収益, 107
企業の目標, 97
企業買収を使った裁定, 360

危険愛好, 47
危険回避, 45
危険中立, 46
既存株主, 104
期待効用, 43
期待値, 48
期待の同質性, 23, 70
期待利回り, 15, 124, 190
逆選択, 297
CAPM, 75
キューン・タッカー条件, 374
共分散, 56
金利, 26

経営者交替の基準, 388
経営者の努力水準, 389
経営者の役得, 343
契約理論, 361
減価償却費, 112, 251
現在価値, 5
検証可能, 329, 362

更新投資, 112
効用関数, 43
効率的市場, 12
合理的期待, 11
合理的投資家, 22
固定利付債, 27

裁定, 120
最適契約, 368
最適資本構成, 181
最適資本構成の理論, 181
最適ポートフォリオ, 66
最適予測, 10
財務上のリスク, 128, 208
残余請求権, 25, 108, 363
残余利益, 108

**485**

CSV アプローチ, 368
時価総額, 72
シグナル, 299
シグナル均衡, 299
自己資本, 105
資産選択, 48
資産代替, 326
資産の減耗, 112
資産の独自要因, 88
資産の有機的構成, 107
自社株の買入消却, 135
市場の効率性, 11
指数型の効用関数, 53
システマティックリスク, 82, 130
支配権, 364
支払約束, 25
資本構成, 117
資本コスト, 131
資本資産, 7
資本資産価格モデル, 75
資本市場, 3
資本市場均衡, 16
資本市場線, 73
資本市場の機会軌跡, 99
資本市場の理論, 4
資本予算, 139
修正 MM 命題, 187
修正 MM 命題と投資, 274
出資者, 104
純粋利子率, 14
証券市場線, 83
条件付き期待値, 17
状態, 36
状態依存請求権, 36
消費 CAPM, 176
情報の事後的不完全性, 295
情報の非対称性, 294
情報の不完全性, 294
情報優位者, 294
情報劣位者, 294
正味現在価値, 142
所得控除, 251
新株主, 104

ストロングフォーム, 12

税額控除, 251
正規分布, 52
生産的投資の機会軌跡, 100
セミストロングフォーム, 12

相関係数, 56

第 1 種の裁定, 38
貸借取引, 32
代替的投資機会, 85
第 2 種の裁定, 39
代表的投資家の仮定, 175
多期間 CAPM, 175

2 パラメーターアプローチ, 48

定常状態, 110
DDM, 8
てこ効果, 126, 207, 217
デットオーバーハング, 322

倒産コスト, 231
倒産コストモデル, 231
投資機会軌跡, 55
投資のカットオフレート, 141
投資の資金調達, 137
投資の資金調達手段の無関連性, 138
投資の資本コスト, 141
投資の必要収益率, 141
トレードオフ理論, 235

内部金融モデル, 159
内部収益率, 141
内部留保, 108

2 次関数の効用関数, 51

残されたロス, 330

配当金, 25
配当政策, 158
配当政策の無関連性, 159
配当に関する MM 命題, 158
ハイリスク・ハイリターン, 44
発行済株式数, 20
バランス理論, 235

非システマティックリスク, 82
非対称的法人税, 239
標準偏差, 48
表面利率, 27

不完備契約, 329, 361
負債, 363
負債以外の節税要因, 251

負債価値, 105
負債の額面, 105
負債のキャパシティ, 245
負債の無関連性, 117
部分期待値, 288
部分共分散, 289
プライステイカー, 21, 95
フリーキャッシュフロー, 345
分散化投資, 59
分離均衡, 300
分離定理, 68

平均資本コスト, 132, 191
ベータ係数, 83
ペッキングオーダー理論, 309
変形曲線, 100

法人税, 184
ポートフォリオ, 48
ボンディングコスト, 330

マーケットポートフォリオ, 73
マーケットモデル, 86
摩擦的要因のない市場, 20, 94

無危険利子率, 63
無裁定, 35
無差別曲線, 49
無リスクの貸出・借入, 24, 96

モニタリングコスト, 330

誘因適合, 373
有効フロンティア, 62, 64
有効ポートフォリオ, 62

要求利回り, 14

利益還元政策, 159
利子, 25
リスク, 49
リスク価格, 75
リスクによる富移転, 326
リスクプレミアム, 14, 82
リスク分散, 59
リターン, 49
利回り曲線, 29

割引き, 7
割引配当モデル, 7
割引率, 7

《著者紹介》

**辻　幸民**（つじ・ゆきたみ）

| | |
|---|---|
| 1962年 | 名古屋市生まれ |
| 1985年 | 慶應義塾大学商学部卒業 |
| 1987年 | 同助手 |
| 1994年 | 同助教授 |
| 2002年 | 同教授 |
| | 博士（商学）［慶應義塾大学］ |
| 2003年 | 慶應義塾賞 |
| URL | http://www.fbc.keio.ac.jp/~tsuji |

（検印省略）

2002年2月22日　初版発行
2016年5月25日　改訂版発行

略称 ― 企業金融

# 企業金融の経済理論［改訂版］

著　者　辻　幸民
発行者　塚田尚寛

発行所　東京都文京区春日2-13-1　株式会社　創成社

電　話03（3868）3867　FAX03（5802）6802
出版部03（3868）3857　FAX03（5802）6801
http://www.books-sosei.com　振替00150-9-191761

定価はカバーに表示してあります。

©2002, 2016 Yukitami Tsuji　組版：トミ・アート　印刷：亜細亜印刷
ISBN978-4-7944-2483-9 C3034　製本：カナメブックス
Printed in Japan　落丁・乱丁本はお取り替えいたします。

――――― 経営選書 ―――――

|  |  |  |
|---|---|---|
| 企 業 金 融 の 経 済 理 論 | 辻　　幸 民　著 | 5,000 円 |
| 経 　営 　財 　務 　論<br>―不確実性，エージェンシー・コストおよび日本的経営― | 小 山 明 宏　著 | 2,800 円 |
| すらすら読めて奥までわかる<br>コ ー ポ レ ー ト ・ フ ァ イ ナ ン ス | 内 田 交 謹　著 | 2,600 円 |
| 脱コモディティへのブランディング<br>―企業ミュージアム・情報倫理と「彫り込まれた」消費― | 白 石 弘 幸　著 | 3,100 円 |
| や さ し く 学 ぶ 経 営 学 | 海 野　　博<br>畑　　　隆　編著 | 2,600 円 |
| 豊かに暮らし社会を支えるための<br>教 養 と し て の ビ ジ ネ ス 入 門 | 石 毛　　宏　著 | 2,800 円 |
| 東 北 地 方 と 自 動 車 産 業<br>―トヨタ国内第3の拠点をめぐって― | 折 橋 伸 哉<br>目 代 武 史　編著<br>村 山 貴 俊 | 3,600 円 |
| おもてなしの経営学［実践編］<br>―宮城のおかみが語るサービス経営の極意― | 東北学院大学経営学部<br>おもてなし研究チーム　編著<br>みやぎ　おかみ会　　協力 | 1,600 円 |
| おもてなしの経営学［理論編］<br>―旅館経営への複合的アプローチ― | 東北学院大学経営学部<br>おもてなし研究チーム　著 | 1,600 円 |
| おもてなしの経営学［震災編］<br>―東日本大震災下で輝いたおもてなしの心― | 東北学院大学経営学部<br>おもてなし研究チーム　編著<br>みやぎ　おかみ会　　協力 | 1,600 円 |
| 転 職 と キ ャ リ ア の 研 究<br>―組織間キャリア発達の観点から― | 山 本　　寛　著 | 3,200 円 |
| 昇 　進 　の 　研 　究<br>―キャリア・プラトー現象の観点から― | 山 本　　寛　著 | 3,200 円 |
| イ ノ ベ ー シ ョ ン と 組 織 | 首 藤 禎 史<br>伊 藤 友 章　訳<br>平 安 山 英 成 | 2,400 円 |
| 経営情報システムとビジネスプロセス管理 | 大 場 允 晶<br>藤 川 裕 晃　編著 | 2,500 円 |

(本体価格)

――――― 創 成 社 ―――――